U0717229

國家社科基金重大項目「中國古代方言學文獻集成」（批准號 16ZDA202）
國家社科基金項目「明代——民國時期方志所載方言詞彙研究」（批准號 13BYY108）
全國高校古委會直接資助項目「中國地方志方言資料輯校」（批准號 1404）

国家出版基金项目
NATIONAL PUBLICATION FOUNDATION

古代方言文獻叢刊

華學誠 主編

歷代方志方言文獻集成

曹小雲 曹嫄 輯校

第一册

中華書局

圖書在版編目(CIP)數據

歷代方志方言文獻集成/曹小雲,曹嫄輯校. —北京:中華書局,2021.2(2024.5 重印)
(古代方言文獻叢刊/華學誠主編)
ISBN 978-7-101-14951-7

Ⅰ.歷… Ⅱ.①曹…②曹… Ⅲ.漢語方言-文獻-匯編-中國-古代 Ⅳ.H17

中國版本圖書館 CIP 數據核字(2020)第 254778 號

責任編輯:張 可
責任印製:陳麗娜

古代方言文獻叢刊
華學誠 主編
歷代方志方言文獻集成
(全十一册)
曹小雲 曹 嫄 輯校

*

中 華 書 局 出 版 發 行
(北京市豐臺區太平橋西里 38 號 100073)
http://www.zhbc.com.cn
E-mail:zhbc@zhbc.com.cn
北京建宏印刷有限公司印刷

*

850×1168 毫米 1/32 · 248⅞印張 · 22 插頁 · 5000 千字
2021 年 2 月第 1 版 2024 年 5 月第 2 次印刷
印數:601-700 册 定價:1250.00 元

ISBN 978-7-101-14951-7

古代方言文獻叢刊總序

華學誠

一

方言痕跡可考於我國最早的出土文獻和傳世文獻，方言記載、方言論述也零星見於先秦時期的文獻，而以活的方言爲對象並結合古方言資料作出系統研究的則始於漢代揚雄，此後近兩千年，研究者代不乏人，積累的成果非常豐富。

對這漫長的方言歷史和方言研究歷史，近現代以來雖有一些專題討論，但既不全面，也不系統。形成這一局面的原因當然不是單一的，但古代方言學資料沒有得到全面收集、系統建構、科學整理，致使相關研究缺少必要的學術基礎，則是最基本也是最關鍵的原因。中國古代方言學文獻的整理出版，並不是没有取得成績，只是從總體上來説，數量很少，品質參差不齊，整理出版選題也缺乏科學規劃，所以遠遠無法滿足方言學史、方言史、漢語史、現代漢語方言研究的需要和其他相關學科研究的需要。

揚雄方言校釋匯證二〇〇六年在中華書局出版之後，我就開始思考上述問題，並與顧青編審、秦淑華編審有過多次深入的交流。在中華書局的支持下，我的想法經由全國古籍整理出版規劃領導小組批准而列入了二〇一一—二〇二〇國家古籍整理出版規劃，中華書局負責出版。二〇一二年擬出了古代方言文獻叢刊分輯及其基本選目，着手組織隊伍；二〇一三年春天在京召開了項目籌備研討會，重點討論了叢刊方案、組織方式、作者選聘、整理原則、宏觀體例等主要問題，項目正式啟動。二〇一六年由我負責申報的中國古代方言學文獻集成批准爲國家社科基金重大項目（編號：16ZDA202），研究隊伍進一步加强，入選書目進一步優化，整理方式進一步完善，爲彌補上述學術缺憾而實施的古籍整理工作得以全面展開。

本項目所整理的方言學文獻限於古代。我們所説的古代，原則上截止到清末，但一九四九年之前承紹古代學術傳統方法研究方言的重要著作如孫錦標的南通方言疏證、重要資料如方志所載方言等則予以收録。明代以來傳教士所撰方言教科書、聖經方言譯本、雙語辭書等資料，當然屬於古代方言學文獻，量很大，價值也很大，因爲這批材料與中國傳統學術無關，且文本中很多或純粹是外文，或漢文與外文間雜，須要用特殊而專門的方法進行整理，所以不納入本項目。

中國古代方言學文獻可以按照多種方式進行分類。比如可以按照周秦漢晉、南北朝唐宋、元明、清代四期來分，用分期來處理資料，時代斷限明確，有利於歷時研究對資料的利用；但是，中國古代方言研究文獻産生的實際情況和存世的情況不利於按照時代順序來處理，如果這樣處理，從古到今就會形成倒寶塔型，時代越早資料越少，時代越遲資料越多，這在項目的組織安排和實際操作上會出現困難。又如可以按照語音、詞彙、語法、文字（方言字）等内容來分，每類中再按照時代來劃分，這樣分類有利於學科内部的專題化研究；但是，中國古代方言學文獻的實際情況是，語法資料極少，詞彙最多，語音其次，且語音、詞彙、文字常常不可分離，所以不僅各類資料的數量極不平衡，而且不少資料的歸類也將面臨無解的難題。因此，按照文獻特點和存世形態來分類，就成爲最好的選擇，這也符合項目的「文獻」特點和「集成」要求。

按照文獻來源，首先把中國古代方言學文獻分成兩大類：一是中國傳統方言學文獻，二是傳教士方言學文獻。如前所説，後一類不列入本項目，所以本項目的第二步分類實質上就是對前一類的劃分。按照文獻存世形態，結合文獻内容、文獻存世數量，本項目把中國傳統方言學文獻分成五類，形成五個子課題，成果出版物則形成五輯；各子課題内部再按照時代先後爲序編排，以體現史學要求。除明代以來傳教士所撰方言類著作之外，本項目囊括了漢代以來中國古代方言學的各類主要文獻，形成以文獻特徵和時代爲經緯構成的資料集成。

本項目的完成，在學術研究上至少有如下幾點重要價值值得期待：有利於系統建構中國古代方言研究史，有利於解決漢語史、方言史研究中的相關問題，有利於深入進行方言本體各分支學科的研究，有利於拓展其他相關歷史學科的專門研究，有利於後續信息化處理歷代方言研究資料。

二

方言校注本整理，由華學誠教授、魏兆惠教授負責。自晉代郭璞以後，直到明代之前，方言的相關研究甚少。明清時期出現多個校注本，有價值者共七種，即：明陳與郊方言類聚四卷，清戴震方言疏證十三卷，清盧文弨、丁傑重校方言十三卷附校正補遺一卷，清劉台拱方言補校一卷，清錢繹、錢侗方言箋疏十三卷，清王維言方言釋義十三卷，清王秉恩宋本方言校勘記。王念孫在方言研究上下過很大功夫，有很多發明，他的一些説法散見於王氏父子存世的各類著作之中，值得輯録以彰顯他的遺説。國内出版過錢氏方言箋疏點校本和戴氏方言疏證的整理本，但戴氏疏證本的整理存在不少問題，須要重校。其他五種均無現代整理本，爲學術研究服務的集成整理從未有過。本項目對錢氏方言箋疏之外的六種明清方言校注本進行全面整理，加上王念孫遺説的輯録，構成一輯。

廣續方言整理、散存資料輯佚，由華學誠教授、王耀東副教授負責。「廣續方言」指增廣或續補揚雄方言的專書，包括杭世駿續方言，程際盛續方言補，徐乃昌續方言又補，程先甲廣續方言、廣續方言拾遺，張慎儀續方言新校補、方言别録等。「散存資料」指保存在注疏、音義、筆記、辭書等著作形態中而有明確地域指向的方言材料，不包括通行區域不明的俗語、少數民族語和社會方言，亦不包括客觀上反映方言的文學作品、音切、對音材料、外國借字和俗文學中的别字異文等。古代散存方言資料分爲方言記載和方言論述兩類，二者的區别在於有無作者的主觀認識和評價。散存資料整理難度最大，迄無全面輯佚的集成之作。清人廣續方言類著作其實就是搜集的散存方言資料，但很不完整，且訛舛不少，須要進行科學整理；新輯佚的資料與廣續方言中的資料本質上是相同的，所以合併在一起構成一個專題，構成一輯。

非音韻類方言專書整理，由周遠富教授、劉祖國副教授負責。非音韻類方言專書包括貫通方言類、分地方言類。貫通方言類如匯雅前編、方言據、諺原、鄉言解頤、方言轉注録、鄉音俗字通考、今方言溯源、新方言、續新方言等。分地方言類如安丘土語志（山東），秦音、西安村語考字録（陝西），黔雅（貴州），蜀語、蜀方言（四川），吴下方言考、南通方言疏證（江蘇），古歙鄉音集證（安徽），越語肯綮録、越言釋、越諺、湖雅（浙江），操風瑣録（福建），嶺外三州語、客方言（客家話）等。分地方言類只收録獨立的單本著作，不包括地方志中的「方言志」。非韻書類方言專書很難確定邊界，漏收在所難免；已經選入進行整理的專書，也可能會有異議，因爲有些書中的内容未必盡是方言。這類文獻，構成一輯。

歷代方言韻書整理，由徐朝東教授、高永安教授、謝榮娥教授負責。古代方言韻書的整理與研究，近些年來已經受到學界關注，如馬重奇教授帶領的團隊對閩方言韻書的整理與研究就已經取得了豐碩的成果。本項目所説的方言韻書包括官話方言韻書，整理的韻書有以下各類：官話方言包括皇極經世書聲音唱和圖、中原音韻、文韻考衷、交泰韻、元韻譜、韻略匯通、重訂司馬温公等韻圖經、合併字學集韻、音韻集成、書文音義便考私編、韻略易通、五聲譜、五方元音、拙庵韻悟、韻籟、黄鐘通韻、七音譜、徐州十三韻、射聲小譜、字音會集、韻學驪珠、古今韻表新編、中州音韻等；吴語包括荆音韻彙、聲韻會通、韻要粗釋、併音連聲字學集要、字學指南、元聲韻學大成、音韻正訛等；贛語包括類聚音韻；閩語包括戚參軍八音字義便覽、珠玉同聲、拍掌知音、彙音妙悟、建州八音、彙集雅俗通十五音、渡江書十五音、潮聲十五音等；徽語包括山門新語、新安鄉音字義考正等。這類文獻，構成一輯。

歷代方志中的方言資料整理，由曹小雲教授負責。舊方志中的「方言」，包括漢語方言和中國境内民族語言兩大類，漢語方言是主體。漢語方言有官話、晉語、吴語、粤語、湘語、閩語、贛語、客家話、平話和土話等，民族語言有壯語、苗語、瑶語、彝語、蒙古語等。搜集整理的基本原則是：凡方志中標以「方言」「言語」「語音」「俗語」「土語」「方音」等卷目、節目的，或雖未標明，但在方志中自成一節專門記録方言的，悉數收録。據此，共輯出方言文獻九百六十六種，地域上覆蓋今三十二個省、直轄市和自治區。從方志編纂時代上看，南宋一種、明代二十八種、清代四百八十三種、民國時期四百五十四種。所輯出的文獻均重新編排，文獻内容逐一録入，逐字校勘，逐篇解題，形成精校新排文本。這類文獻，構成一輯。

三

本項目規模如此之大，參與工作的有數十人之多，要把工作做好，要想實現預期目標，困難可想而知。爲了有效開展工作、儘量減少失誤，提前研判各種問題，提出針對性措施，就是必須的。因此，立項之初我們就擬定了詳細的工作規程，明確了各個工作環節的原則、方法和要求。

文獻整理的基礎工作，首先是要選定好底本。規程要求，目録確定之後，每一種書的存世版本都必須全面排查，同時釐清版本系統，在此基礎上，比勘各本，選擇底本。比如戴震《方言疏證》存世古籍版本共有二十二種，以《微波榭叢書》本爲代表的各本可稱之爲「遺書系本」，以《武英殿聚珍版》爲代表的各本可稱之爲「四庫系本」。樊廷緒在嘉慶六年有一個刊本，是《武英殿聚珍版書的翻刻本，所以還是屬於四庫系本。比勘之後，發現武英殿聚珍版所依據的是戴震最後的定本，刊行時間不遲於微波榭叢書所收戴氏遺書本，刊校質量也最精，所以確定該本爲底本。

有些古籍須要影印而不能録排，這類古籍採用圈點方式句讀。規程要求，整理結果採用録排方式形成文本的，一律斷句標點。録排採用通用繁體字形（遇有古今字、通假字、異體字、正俗字，採用底本式整理的保留底本原字形），直排，標點符號使用直排式。頓號、引號、書名號、專名號等標點符號的使用容易出現各種各樣的問題，工作規程特別做了具體詳明的規定。

由於本項目涉及的文獻資料異常複雜，校勘採用定本式還是底本式，没有要求統一。但規程明確提出了總原則，即：校各本異同，校底本是非，校引文正誤，不校立説是非。針對校勘中須要注意的問題，規程特别提出了四點要求。第一，要區分校勘與考證的界限。比如文獻中純係事實、材料等方面的出入，是箋證、考釋應當解決的問題，不屬於校勘範圍。第二，凡底本不誤而他本誤者，一般不出校記。遇有特殊情況，比如别本異文仍有參考價值，則視情況而定。第三，一般虚字出入且不影響文意者，在校記中直接表明改正意見；但如涉及文意，則須要説明校改依據。第四，古今字、通假字、異體字、正俗字，採用底本式的保持文字原貌，在校記中分别用「後作某、通某、同某、正字作某」指明，以供研究者參考。

本項目的第二個子課題，基礎工作就是輯佚。由清人完成的廣續方言作品，須要依據輯佚材料來源進行校訂，按照專著進行整理；而更爲重要的工作則是，從現存古籍中全面輯佚散存的歷代方言研究資料，合理編纂。規程確定了散佚資料的編纂通例，包括如何保障輯佚資料的完整性，輯佚資料的著録方式，輯佚資料的年代確定等等。還特别提出了輯佚工作須要注意的問題，包括謹慎選擇輯佚所依據的版本，深入瞭解輯佚所據著作的原書體例，正確處理所據資料存在的關鍵異文，注意甄别補綴、去重辨僞，注意輯佚的目的在於重建方言學術史資料，等等。

其他如，古籍整理提要式前言的撰寫，具體課題承擔人工作的步驟，各子課題成果的提交，索引的編製，項目負責人與子課題負責人的職責，定稿流程，等等，在工作規程裏都有明確要求。

四

由於文獻數量巨大，文獻樣態複雜，項目承擔人水平有限，整體協調難度較大，主編難以逐字逐句審讀，整理出的這個集成文本一定會存在很多問題，如應收而漏收的，底本選擇不理想的，標點斷句有問題的，校勘結果值得商榷的，輯佚質量有瑕疵的，前言論定不準確的，等等，希望得到學界嚴肅的批評指正。

當然，在有限人力、有限時間內，企圖把中國古代方言學文獻全部「集成」，肯定是不可能的。項目是封閉性的，但工作則是開放性的，這個項目的完成並不是這項工作的終結。希望有更多的專家參與進來，不僅能够提出嚴肅的批評指正意見，而且能够「在綫」補充新文獻、新資料，以便使這個文獻集成不斷充實，不斷完善。這不僅是本項目全體承擔人的想法，也是中華書局的意圖。

是爲序。

新冠肆虐、囚禁家中

二〇二〇年二月二十三日初稿

二〇二〇年四月二十七日改定

目録

第一册

第三册

第四册

福州市

南平市

寧德市

三明市

莆田市

龍巖市

漳州市

廈門市

江西省 凡十種……四三六〇

上饒市

南昌市

第七册

常德市

湘西土家族苗族自治州

長沙市

懷化市

株洲市

第八册

陽江市

茂名市

湛江市

廣西壯族自治區　凡九十五種……五五八七

通志

桂林市

柳州市

百色市

河池市

賀州市

來賓市

梧州市

海南省 凡二十三種……………………五八二一

第九册

第十册

第十一册

前言

一

地方志，又稱地志、地記或方志，是綜合記述某個行政區域内自然、政治、經濟、文化、社會等方面歷史與現狀的資料性文獻，是我國傳統文化寶庫中重要的組成部分。因其「志載百科，事及古今」，故而有廣泛的可資利用的學術研究和資料價值。

我國的方志修撰已有兩千多年的歷史，「啟始於兩漢，盛行于唐宋，至於明清更顯得登峰造極」〔一〕。據《中國地方志聯合目録》《中國地方志總目提要》等，現存舊方志（指一九四九年之前修撰的地方志）在八千種之上。

宋元之前的地方志修撰者没有把方言的相關内容納入方志載記的框架之中。大約從明朝開始，地方志修撰者開始有意識地把方言詞語、方音、俗語及歌謡等作爲方志的一個組成部分加以記録。這部分内容大多保存在「風俗」「地理」之類的卷目中，且往往標以「方言考」「方言志」「方言編」「語言文字」「語言」「方言」「言語」「俗語」「土語」「方音」等細目。因爲地方志的

〔一〕史念海《論歷史地理學和方志學》，載《中國史志通訊》一九八一年五—六期合刊本。

實際修撰者大多爲當地的學術或文化名流，以當地人記録當地方言、方音，因此這些記録的準確性相對較高。方志中的這些方言資料，極大地彌補了我國傳統文獻中對方言記録的不足。

較早注意並進行方志中方言資料調查的是民國時期的目録學家夏廷棫。一九二八年，夏廷棫對其所供職的國立中山大學語言歷史學研究所所藏方志中的方言資料進行了初步整理，完成了一份目録，即《本所所藏地方志中關於方言之記載》〔一〕。這份目録，共揭出語言歷史學研究所所藏方志中的方言資料六十八種，其中廣東二十四種，江蘇、浙江各十三種，湖南七種，雲南三種，福建兩種，廣西、貴州、江西、四川、山西、安徽各一種。

一九六三年至一九七二年，日本學者波多野太郎以影印的方式陸續出版了九卷本《中國地方志所録方言彙編》。《彙編》輯録了二百七十多種一九四九年之前修撰的方志中的方言資料。這是對舊方志中方言資料一次較大規模的搜求輯集。

二

舊方志中的方言資料，主要記録的是漢語方言，包括官話、晉語、吴語、粵語、湘語、閩語、贛語、客家話、平話和土話等。此外，還記録了我國境内其他民族的語言，如民國《黑龍江志

〔一〕 刊於《國立中山大學語言歷史學研究所周刊》八集（「方言專號」）八十五、八十六、八十七期合刊中（一九二九年六月二十六日）。

稿》記録了數百條滿語、索倫語、鄂倫春語資料等，光緒《綏遠志》分四十二類記録了數百條蒙古語資料，乾隆至民國《永順府志》《永順縣志》、嘉慶《龍山縣志》、同治《保靖縣志》、光緒《古丈坪廳志》等記録了豐富的土家語資料，乾隆《乾州志》《瀘溪縣志》、嘉慶《龍山縣志》、道光《鳳凰廳志》、同治《保靖縣志》、光緒《古丈坪廳志》等保存了大量的湘西苗語資料，康熙《黔書》、乾隆《普安州志》《獨山州志》、咸豐《興義府志》、道光《安平縣志》、光緒《水城廳采訪册》《黎平府志》、民國《貴州通志》《修文縣志稿》《都勻縣志稿》《八寨縣志稿》《新纂雲南通志》等保存了豐富的壯語、苗語、瑶語、彝語、夷語、傣語和藏語等民族語言資料。

舊方志修撰於不同時代，成書於衆手，因此記録方言的體例、方式、詳略程度往往不一。但從總體上看，大致呈現出逐步豐富、逐步精確、逐步科學和逐步完善的發展趨勢。清中期以前的方志，大多爲方言詞語或方音的簡單記録。如萬曆《沃史》（沃，指今山西省曲沃縣）記録了曲沃方音十五條、方言詞八條，記録方式如「紅爲魂，東爲敦，北爲卑」，「腦額爲業樓」「什器爲家火」「行腳爲賣婆」。乾隆《寧河縣志》記録了五十七個單字的寧河方音，如「學讀作鴞」「筆讀作彼」「木牧目某畝牡墓慕暮並斂口作鼻音」等，記録了五十五個方言詞，如「指手，拱手也」「紮盲盲，小兒蒙目拿人也」「夜兒個，昨日也」。這些記録，大都直接釋義，未探源流，也不作考釋。清中期之後，多數舊方志不僅僅是簡單地記録方言詞語或方音，往往會對所記録的方言音義進行詳略程度不同的考證，以此來闡明方言音義之所出以及該方言詞在前代文獻中的使用情況。如光緒《畿輔通志》《順天府志》、宣統《甘肅新通志》、民國《奉天通志》《北京市志稿》《河北通志稿》《新城縣志》《雄縣新志》《濰縣志》《象山縣志》《鄞縣通志》《福建通志》《東莞縣志》等。如民國《濰縣志》，該志用十五、十六兩卷、近十萬字的篇幅，分名物詞、形容詞和動作詞三大類，詳細考釋了八百零六個濰縣方言詞的音義源流等情況。

民國以後的舊方志，記録方言的體例更加完善，方法更加科學，内容更加可靠。如民國《宜川縣志》《洛川縣志》《同官縣志》等，先介紹修撰凡例及當地方言演變情況，次歸納該地方言的聲韻調系統，次記録同音字，再考釋方言俗語等；民國《醴陵縣志》先列「古紐」「等呼」「例字」「古音」「國音」「方音」等聲表六個，次列「古韻」「分合條件」「例字」「古音」「國音」「方音」等韻表十二個，比較系統地歸納出醴陵方音的聲韻系統以及與古音、國音之間的關係；列表之後爲「醴陵方言考」，引《説文》《方言》《爾雅》《廣雅》《廣韻》等考釋了醴陵方言詞二百八十九條。

引人注目的是民國《鄞縣通志》，該志「方言」篇幅宏大，達到了九百頁，分爲「音讀」「俗名」「諺語」「謠歌」四個部分。「音讀」部分列有五表：「注音符號表」，歸納了鄞縣聲母和韻母；「聲符韻符與守温字母、《廣韻》韻目配合表」，歸納了鄞縣聲母與守温三十六母的對應規律，以及韻母與《廣韻》韻目的對應規律；「鄞縣方音全表」，即鄞縣方言同音字表，以注音符號之韻符及複合韻符爲主，區分爲四十四攝；「鄞縣讀音轉韻表」，標明鄞縣方言中讀書音二十三部舒聲韻、五部入聲韻與《廣韻》相互轉化的關係；「鄞縣方言變音表」，列舉了鄞縣方言中六百多個一字多音的情況。上述五表，明確了鄞縣方音與他邑方音的區别，系統地分析了鄞縣方音聲韻調系統，對其歷史來源、變音、轉韻等現象給予了比較充分的揭示。「俗名」部分，總結了清代以來研究、考證方言詞的四條途徑，並對前人考證方言詞的通病進行了比較理性的評析；分現代詞語、古代詞語、外來詞語、反切詞語、市語、禽言十表，對鄞縣方言詞語，尤其是「現代方言」詞語進行了考釋。「諺語」部分，分儆戒語類表、慰勉語類表等十三類，記録、解釋諺語一千二百六十九條，並附録古鄞諺語三千六百條。「謡歌」部分，記録了大量的當地謡歌。如此規模、如此細緻的方言志，放在今天也是不多見的。

舊志中的方言資料，是我們了解、研究漢語方言及民族語言的歷史、演變等可靠而珍貴的第一手資料，有助於進一步研究明清民國時期方言狀況、漢語方言音義與民族語言音義演變情況，準確釋讀小説戲曲文獻中方言俗語等，具有重要的學術價值；同時，也爲編撰大型歷史方言工具書提供了新的歷史語料。

三

本《集成》以《中國地方志聯合目録》《中國地方志總目提要》等海内外發布的公私舊方志目録爲線索進行方言文獻輯録工作。文本資料主要來源於以下兩個方面：

一是紙本圖書。主要有《中國地方志集成》（江蘇古籍出版社、上海書店、巴蜀書社）、《中國方志叢書》（台灣成文出版社）、《宋元珍稀地方志叢刊》（四川大學出版社）、《天一閣藏明代方志選刊》及《續編》（上海古籍書店；上海書店）、《日本藏中國罕見地方志叢刊》及《續編》（書目文獻出版社；北京圖書館出版社）、《故宫博物院藏稀見方志叢刊》（故宫出版社）、《原國立北平圖書館甲庫善本叢書》（地方志部分）、《中國科學院文獻情報中心藏稀見方志叢刊》《上海圖書館藏稀見方志叢刊》《南京圖書館藏稀見方志叢刊》《南京大學圖書館藏稀見方志叢刊》《廣東省立中山圖書館藏稀見方志叢刊》《北京大學圖書館藏稀見方志叢刊》《清華大學圖書館藏稀見方志叢刊》《安慶市圖書館藏稀見方志叢刊》《重慶圖書館藏稀見方志叢刊》《湖南圖書館藏稀見方志叢刊》《吉林大學圖書館藏稀見方志叢刊》《遼寧省圖書館藏稀見方志叢刊》《河北大學圖書館藏稀見方志叢刊》《首都圖書館藏稀見方志叢刊》《中國人民大學圖書館藏稀見方志叢刊》《浙江圖書館藏稀見方志叢刊》《復旦大學圖書館藏稀見方志叢刊》（以上十八種國家圖書館出版社）、《華東師範大學圖書館藏稀見方志叢刊》《北京師範大學圖書館藏稀見方志叢刊》《福建師範大學圖書館藏稀見方志叢刊》《陝西省圖書館藏稀見方志叢刊》（以上四種北京圖書館出版社）、《廣東歷代方志集成》（嶺南美術出版社）、《廣州大典》（廣州出版社）、《揚州文庫》（廣陵書社）、《金陵全書》（南京出版社）、《上海府縣舊志叢書》（上海古籍出版社）、《中國西北文獻叢書·西北稀見方志文獻》（蘭州古籍書店）；南京圖書館、上海圖書館、安徽省圖書館、湖南省圖書館、甘肅省圖書館、廣西壯族自治區圖書館以及甘肅、廣西、山東等地縣圖書館、博物館、方志辦所藏部分單册地方志等。

二是電子圖書。主要爲國家圖書館「數字方志」「地方志」、愛如生「中國方志館」、「中國哲學書電子化計劃」、「國學大師」等網絡上的電子圖書。

本《集成》大規模的資料搜集工作完成於二〇一三年，此後輯集出版的一些方志集成性資料，未能進行普查輯録，如二〇一五年至二〇一七年出版的《四川歷代方志集成》等。

本《集成》題稱「歷代方志方言文獻集成」，這裏的「歷代方志」，指舊方志；「方言」，包括漢語方言以及中國境内其他民族語言。漢語方言包括官話、晉語、吴語、粵語、湘語、閩語、贛語、客家話、平話和土話等，民族語言包括壯語、苗語、瑶語、彝語、蒙古語等。輯録的基本原則是：凡方志中以「方言考」「方言志」「方言編」「語言文字」「語言」「方言」「言語」「語音」「俗語」「土語」「方音」等立卷目、節目者，或雖未立爲卷目、節目，但在方志中自成一節或一段專門記録方言的一律收録。而散見於「方俗志」「動、植物志」等中的零星方言詞語或音義材料，則不予輯録。

依據上述界定和輯録原則，本《集成》從歷代舊方志中共輯録出方言文獻九百六十三種（附三種）。地域上，九百六十六種文獻覆蓋今三十二個省、直轄市和自治區，其中，輯出今北京市七種，天津市五種，河北省七十五種，山西省三十種，内蒙古自治區六種，遼寧省十八種，吉林省十二種，黑龍江省六種，上海市五十七種（附一種），江蘇省八十一種（附二種），浙江省三十七種，安徽省十八種，福建省二十一種，江西省十種，山東省二十四種，河南省三十二種，湖北省十六種，湖南省六十種，廣東省一百一十一種，廣西壯族自治區九十五種，海南省二十三種，重慶市十三種，四川省四十二種，貴州省三十八種，雲南省三十六種，西藏自治區一種，陝西省三十五種，甘肅省四十二種，青海省一種，寧夏回族自治區五種，新疆維吾爾自治區二種，臺灣省四種；編纂時代上，輯出南宋一種、明代二十八種、清代四百八十三種、民國時期四百五十四種。

在輯出文獻的編排次序方面，本編以今省級行政區劃爲編排單位，省級行政區劃按民政部編《中華人民共和國行政區劃簡册》所製定順序排列；省級行政區劃内部，按先通志（包含少量區域志）、後縣志的順序排列；各地級市所屬縣志，按所處地域由北向南順序排列；同一地域的方志，按成書或刊刻時代先後順序排列。

在每篇方志題名之後，有簡要解題（詳細解題已輯集另成一書），旨在交代方志修撰者，成稿或刊刻時間，方志題名中的地名對應於今行政區劃的省、市、縣、區，輯録出的方言文獻出自該方志的卷數以及録文所據的版本等信息。

同一地域前後不同時代的方志，往往沿襲性很强，後代方志所記方言有時只是對前志内容的簡單補充完善，甚至僅僅是少量字句的改動。本編爲完整反映歷時狀態下同一地域不同時期方志中方言的沿襲與演變情況，故不避重複，除道光《雲南通志稿》、光緒《雲南通志》因篇幅較大，爲節約版面僅存目外，其餘凡成書時代不同或修撰者不同者，悉數收録。

四

舊方志徵引歷代文獻的數量巨大，本《集成》在力所能及的情況下，儘量逐條加以核對。但舊方志一如古人著述，引文多不完整、規範，節引、改寫、改字現象十分普遍，甚者張冠李戴、誤引現象所在多有。本《集成》對節引、改寫的引文，儘管不是被引者原話，但爲明確引文起迄，均施以前後引號；凡影響文意理解的改寫、改字、誤引者，予以改正，並出校記。

本《集成》所據底本的用字情況十分複雜。一是時間跨度大，有明、清、民國不同時代的本子；二是形態多樣，有刻本、石印本、鉛印本、油印本、鈔本、稿本等；三是成於衆手，不同時代、不同刻工、不同抄手書寫習慣各異。凡上因素，均導致底本用字極爲複雜。因此，想做到用字完全統一幾乎是不可能的。本《集成》大致按照以下幾種情況分别加以處理。

異體字：（一）筆畫微别的異體字，徑改作正字，如㚑改鬼、縣改縣、歴改歷等；（二）偏旁部位不同的異體字，選擇古籍中常用的一種字形，如畧改略、峰改峯、鵞改鵝等；（三）一些高頻的、不存在方音區别性的日常生活用字，選擇古籍中常用的一種字形，如雞改鷄、貓改猫、塩改鹽等；（四）其他大量的異體字，各仍其舊，一般不加改動，如粗與麤、凶與兇、閒與間、鍼與針、沖與衝、個與箇、裏與裡、吃與喫、烟與煙菸、淒與婆、訛與譌等。

記音字：按照現代用字規範，舊方志中出現的記音字，無疑屬於「錯字」，但方志中的記音字，往往承載着方音信息，本《集成》一般不予改正。

簡化字：（一）少量民國時期的方志以及二十世紀六七十年代抄録的舊方志使用了簡化字，現統一轉换爲繁體字；（二）少量舊方志中間或使用簡化字，亦統一轉换爲繁體字。

避諱字：直接改回原字，不出校。

舊字形：直接改用古籍整理通用規範字形，不出校。

明顯的訛字：大都徑改不出校。

此外，少量方志因刊刻時代久遠，或囿於當時印刷技術不發達，或我們所據的現代影印本不清晰，個别字或漫漶不清，或字形殘缺。本編對確無法查證的，以「□」替代並出校記説明。還有部分民國時期的方志使用了注音字母，但囿於刻工、抄手的認識水平，少量注音字母寫法極不規範，甚至難以拼讀。考慮到所記均爲彼時方音，無法以現代方音加以改正，因此除少量能認定錯誤加以校改外，多數仍照原寫録入。

北京市 凡七種

〔光緒〕順天府志

【解題】萬青黎等修，張之洞等纂。順天府，轄境包括通、薊、涿、霸、昌平五州和大興、宛平、良鄉、房山、東安、固安、永清、保定、大城、文安、武清、香河、寶坻、寧河、三河、平谷、順義、密雲、懷柔十九縣，習慣上稱爲順天府二十四州縣，府治在今北京市東城區。「方言」由傅雲龍纂，繆荃孫覆輯，分上下兩部分，見卷三二、三三《地理志》中。録文據光緒十二年（一八八六）刻本《順天府志》。

方言上

昔時揚子雲以典莫正於《爾雅》，作《方言》，於此方人語，采凡六十，外此散見它書，往往而有。用《靈壽志》《雲南通志》藁例纂入志，言繫曰方，方眎厥治，北人云云不著録，懼羼也，見之此方專書則録。所云北人，非異方人也。或今古殊言，或異同互見，次第略依《爾雅》例。鄭注《周禮》曰：「今燕俗名湯熱爲觀。」許氏《説文解字》曰燕謂信爲諶，猶本之揚。又曰：「聿，燕謂之弗。」《初學記》引作拂。此則輶軒所未及矣。它如劉熙之《釋名》、郭璞之《爾雅注》、陸璣之《毛詩疏》，與夫《廣韻》《玉篇》《集韻》《類篇》諸書，其于此方俗言，咸有取焉。言隨世轉，不無變譌，然古音古誼，時有存者，豈直間異辨奇云。志方言。

燕謂信訦也。《說文》言部。訦，信也。《方言》一。燕曰諶。《爾雅·釋詁》郭注引《方言》。今《方言》本諶作訦，已同《說文》，故引文之異者。

按，《說文》：「訦，燕代東齊謂信訦也。從言冘聲。」《方言》一：「訦，信也。燕代東齊曰訦。」訦，郭音諶。《爾雅·釋詁》：「諶，信也。」郭注引《方言》曰：「燕岱東齊曰諶。」邢疏《方言》作訦。《說文》：「諶，訦諦也。從言甚聲。」《集韻》訦諶、忱愖並同。《詩》「天難忱斯」，毛傳：「忱，信也。」《說文》引忱作諶。《書》「天棐忱辭」，傳：「忱，信也。」《說文》引忱作訦。《爾雅》棐，補注引《書》曰：「天威棐諶。」釋文：「諶，本今作忱。」《文選·幽通賦》注：諶與忱，古字通。今考訦諶信，並聲轉。

惇，信也。燕曰惇。《方言》七。

按，《方言》：「惇，信也。燕曰惇。」郭注：「惇，亦誠信皃。」《廣雅·釋詁》：「憚，信也。」《說文》：「憚，從心𦎫聲。今作惇。」《一切經音義》一引《蒼頡解詁》曰：「惇，古文敦同。」《素問·上古天真論》「長而敦敏」，注：「敦，信也。」與《方言》「惇，信也」合。又按信，《唐韻》息晉切，《集韻》思晉切，《漢書·叙傳》韓信之信則音新。是信與惇亦聲轉。

由，輔也。燕之北鄙曰由。《方言》六。

按，《方言》：「胥、由，輔也。吴越曰胥，燕之北鄙曰由。」郭注云：「胥，相也。由，正也。皆謂輔持也。」《廣雅・釋詁》：「由，胥，輔助也。」又按由與右祐聲近，《説文》右分二部，口部云「助也」，又部云「手口相助也」。又云：「祐，助也。」《易・繫辭》：「祐者，助也。」

侔莫，强也。北燕之外郊，凡勞而相勉若言努力者，謂之侔莫。《方言》七。燕謂勉强爲文莫。欒肇《論語駁》。北燕之外相勉努力謂之劺，一曰彊也。或作敄。《集韻》。北燕之外相勉努力謂之敄。《復古編》。

按，侔，《説文》云：「齊等也。從人牟聲。」《淮南・謬稱訓》「猶未之莫與」，注：「莫，勉之也。」《説文》：「勉，彊也。」今考彊誼有二：勉彊之彊，《説文》作勥，云迫也。剛彊之彊，《説文》作彊，云弓有力也。今經典本俱通作强。《方言》「侔莫」，又即《爾雅》「蠠没」之聲轉。郭注：「蠠没，猶黽勉。」又轉懋慔，《爾雅・釋訓》：「懋懋，慔慔，勉也。」侔懋莫慔，皆一聲之轉。郝氏《爾雅義疏》云：「侔莫，又轉爲文莫。」欒肇《論語駁》：「燕齊謂勉强爲文莫。」蓋急言之則聲或爲劺。《説文》劺作敄，云彊也。《荀子》「舉牟光」，注：牟與務同。《爾雅・釋詁》：「務，强也。」《説文》：「務，趣也。」今考《爾雅・釋詁》作鶩，義疏：「鶩者，敄之叚音也。」《集韻》敄音謀，與劺同。「北燕之外相勉努力謂之劺，一曰彊也。或作敄。」《玉篇》：「劺，勸勉也。」《廣韻》：「劺，勉也。」《廣雅》：「劺，强也。」又《方言》一：「鄙語曰薄努，猶勉努也。」《廣雅・釋詁》「薄怒，文農，勉也」，王氏疏：「努，猶怒也。文，讀爲忞。」《説文》：「忞，强也。」農，猶努也。然則薄努、薄怒、文農，亦侔莫、文莫之聲轉。

斟，汁也。北燕曰斟。《方言》三。

按，《方言》：「斟，汁也。北燕朝鮮洌水之間曰斟〔一〕，自關而東曰協，關西曰汁。」郭注謂：「和協也。或曰潘汁，所未能詳。」盧文弨曰：斟，疑本是斟字之誤。《説文》：「斟斟，盛也。」子入切。《廣韻》昌汁切，引《字統》云「會聚也」。《復古編》尺入切，「會集之也」。皆與協汁義相近。然注又云「或曰潘汁」，似郭所見已作斟。然斟縱可爲汁，若施之協，不可通矣。潘字，舊本皆然，亦有汁義。戴從劉熙《釋名》改作瀋。正文汁也胡頰反，此潘汁之入反。郭意蓋不以或説爲然。盧疑斟爲斟，其説甚辨。然考郭見本作斟，宋曹毅之、孟傳二本及明時諸本皆不作斟。《史記·張儀傳》「廚人進斟」，索隱：「斟謂羹勺，故名斟曰汁。」〔二〕宋羊斟，《史記·微子世家》云羊羹。《説文》：「斟，勺也。從斗甚聲。」《玉篇》《廣韻》作酌。《詩》：「泂酌彼行潦，挹彼注兹。」則勺酌古通也。勺之謂之斟，引申之，盛於勺者亦謂之斟；又引申之，凡增益謂之斟。《方言》曰：「斟，益也。」《易·益》九五：「有孚惠心。」有協誼，即有汁誼。《説文》：「汁，液也。從水十聲。」段注曰：「此兼瀋汁和汁而言，汁液必出於和協〔三〕，故其音義通也。」

〔一〕水：原脱，據《方言》補。

〔二〕勺：原誤作「汁」，據《史記索隱》改。故名斟曰汁：《史記索隱》作「故因名羹曰斟」，錢繹《方言箋疏》作「故名汁曰斟」。

〔三〕於：原脱，據《説文解字注》補。

今考汁古叚爲叶，《文選》左思《吴都賦》「皆與謡俗汁協」，注：「猶叶也。」又通協，《爾雅·釋天》「太歲在未爲協洽」，《史記·曆書》云汁洽，李巡云：「言陰陽化生，萬物和合，故曰協洽也。」此皆以汁爲協之左證。潘作瀋，不自戴氏據《釋名》始。考《左》哀三年《傳》「無備而官辦」者，猶拾瀋也。杜云：「瀋，汁也。」陸氏釋文：「北土呼汁爲瀋。」此作瀋碻據也。然《説文》：「瀋，淅米汁也。」《禮記·内則》釋文：「潘，淅米汁也。」然則郭注亦非譌字。

京、將，大也。凡人之大，燕之北鄙或曰京，或曰將，古今語也。《方言》一。

按，《爾雅·釋詁》，《詩》「祼將于京」傳、「曰嬪於京」傳，《左》莊二十二年《傳》「莫之與京」注，《穀梁》文九年《傳》，並云「京，大也」。景，從日京聲，故訓明，又訓大。《白虎通》：「景者，大也。」將，則《爾雅·釋詁》，《詩》「福履將之」傳、「伊其將謔」箋、《破斧》《正月》「亦孔之將」傳、「爲猶將多」箋、「我將我享」傳、「將受厥明」箋、「有娀方將」傳，《禮》「日就月將」注，《論語》「固天縱之將聖」皇疏，並云「大也」。今驗順天人謂大亦曰奘，語若在朗反，與《方言》郭音合。奘、壯聲近誼通。《詩》「鮮我方將」毛傳：「將，壯也。」《禮記·射義》「幼壯孝弟」，鄭注：「壯或爲將。」《爾雅·釋詁》：「壯，大也。」《釋言》郭本「奘，駔也」，注：「今江東呼大爲駔，駔猶麤也。」釋文引樊光、孫炎本「將，且」也。《詩·谷風》鄭箋：「將，且也。」《説文》：「奘，駔大也。」然則駔亦京、將聲轉，且同母字。

朦、厖，豐也。燕之北鄙凡大人謂之豐人。故《燕記》曰：「豐人杼首。」杼首，長首也。燕謂之杼，言圍大謂之豐。《方言》二。

按，《方言》一：「豐、龐，大也。凡物之大貌曰豐。龐，深之大也。」《説郛》本朦龐下有大字，一本無故字。《玉篇》：「大也。」《易·豐》疏：「豐者，多大之名，盈足之義，財多德大，故謂之豐。」《楚語》：「彼若謀楚，其必有豐敗也哉。」注：「大也。」然則《説郛》本有大字是也。《廣韻》：「豐，多也。」又云：「茂也、盛也。」《周禮·地官·大司徒》：「原隰，其民豐肉而痺。」據此豐又有厚誼，而圍大誼亦在其中。故郭氏《方言》圍大注云「謂度圍物也」。一曰器名，《儀禮·鄉射禮》：「司射適堂西，命弟子設豐。」注：「將飲不勝者，設豐所以承其爵也。」《海録碎事·射禮》：「置豐於西階。古豐國之君以酒亡國，故以爲罰爵，圖其人形於下寓戒也。」然則豐本豆類，後爲國、爲爵，因有豆之豐滿誼，遂叚爲盛大誼。《方言》又云「杼首，長首也」者，《説文》：「珽，大圭，長三尺，抒上，終葵首。」徐鍇繫傳：「杼取上，謂削取其上也。」《周禮》作杼，《考工記·玉人》：「大圭，長三尺〔一〕，終葵首。」注：「或謂之珽。終葵，椎也。爲椎於其杼上，明無所屈也。杼，殺也。」《禮·玉藻》注：「於杼上又廣其首，如椎頭。」《荀子·大略篇》注：「珽，大圭，長三尺，杼上，終葵首。謂剡上至其首而方也。」

棃，老也。燕之北鄙曰棃。《方言》一。

〔一〕「尺」下原衍「長」字，據《考工記》删。

按，《方言》：「燕之北鄙曰棃。」郭注：「言面色似凍棃。」郭説非其本誼。蓋棃爲黎之叚借字，黎之言黑。《説文》：「老人面凍黎若垢。」《漢書·鮑宣傳》注：「棃、黔，皆黑也。」此棃、黎訓黑之左證。《釋詁》孫炎注：「耇，面凍棃，色如浮垢。」〔一〕亦不與郭同。一本凍上有如字，衍文。考《詩·南山有臺》《書·大誓》正義所引孫炎説可證本無如字。《釋名》：「凍棃，皮有斑點，如凍棃色也。」《荀子注》：「棃謂面色，凍棃之色也。」凡此皆與郭説同。引伸之，棃、黎又叚作犂，如《尚書》「犂老」、《三公碑》「羣犂百姓」是也。又通作𨞲，如《書》「西伯戡黎」，《説文》邑部云「西伯戡𨞲」是也。又叚作菞，如《漢書·匈奴傳》贊集注：「菞，古黎字。」《韓勑後碑》「□□菞民」是也〔二〕。

台，養也。燕曰台。《方言》一。

按，《方言》台，郭音怡，注云：「台，猶頤也。」《漢書·地理志上》集注「台，養也」，與《方言》合。《説文》：「台，説也。從口㠯聲。」《史記·太史公自序》「虞舜不台」，索隱：「台，悦也。」今審《方言》台，亦有悦誼。憂能傷人，非悦胡養，以《方言》「陶，養也」例之，其誼益見。《禮·檀弓》「人喜則斯陶」，注：「陶，鬱陶也。」《文選·七發》注引《韓詩》章名「陶，暢也」。

𠐍㑀，罵也。《方言》七。燕之北郊曰𠐍㑀。《方言》七。《玉篇》同，惟𠐍作㑿。謂形小可憎之貌。《玉篇》。

〔一〕垢：原誤作「説」，據《爾雅正義》引孫炎注改。
〔二〕□：原文如此。

按，《方言》七郭注：「羸小可憎之名也。」《廣雅・釋詁》：「倸，駡也。」倸，《玉篇》作倸，渠凶切，音笻松。《廣韻》息恭切，《集韻》思恭切，並音松。《廣雅・釋詁》「倯，駡也」，盧氏文弨《方言校語》：「今駡人以二字合讀。」

嫛盈，怒也。燕之外郊，凡言呵叱者謂之嫛盈。《方言》七。

按，諸本嫛譌魏，盧本定爲嫛，云：「《玉篇》：嫛，盛貌。嫛之爲盛，猶馮之爲滿，皆盛怒意。《廣雅》作魏，亦誤。」盧説是也，然參證未詳。《集韻》：「嫛，津垂切，盈姿貌。」是音與郭合，誼與盈又合。《廣韻》嫛，姊宜切。盈，《説文》云：「滿器也，从皿夃。」盈與羸同，古字通見。《文選・古詩》「盈盈樓上女」，注：又通逞。《穀梁》昭二十三年「沈子盈滅」，釋文：「盈，本亦作逞。」《史記・齊太公世家》「晉大夫欒盈奔齊」，集解引徐廣曰：盈，《史記》多作逞。盈逞以聲轉通，則嫛魏又未始非聲轉也。

燕謂喜言人惡爲洛。《集韻》三十九過。

按，《集韻》：「洛，步臥切。燕代謂喜言人惡爲洛。」《方言》一：「自關而西秦晉之間，凡人語而過謂之過。」過，郭音于果切，洛過聲近誼通。

班，列也。北燕曰班。《方言》三。

按，《方言》：「班、徹，列也。北燕曰班，東齊曰徹。」今考列徹聲近，以班爲列，則叚借字，典籍訓頒是其本誼，訓列則方言，外有《孟子・萬章》「周室班爵禄也」注、《左》昭二年《傳》「送從迎班」注，並云列也。又《儀禮・既夕》「明日以其班祔」注、《曲禮》「班朝治軍」注、《左》桓六年《傳》「使魯爲其班」注，班，次也。《左》文六年《傳》「班在九人」注、《文選・東京賦》「尊卑以班」薛注，班，位次也。《廣雅・釋言》：「班，秩序也。」凡此與《廣韻》所謂「列，行次也，位序也」誼並合。《孟子》「若是班乎」，注：「班，齊等之貌也。」今考《漢・韋玄成傳》「恤我九列」，注：「九卿之位。」然則同列亦有齊等誼。又通作辨，《儀禮・士虞禮・記》注：「古文班或爲辨。」《漢・王莽傳中》音義引孟康曰：「辨，或作班。」按班之訓列、通辨，皆由班有分義得之。《説文》：「班，分瑞玉。从玨從刀。」段注：「會意，刀所以分也。」《説文》：「列，分解也。」段注：「列之義分解，故其字从刀。引伸爲行列之義。」又「辨，判也」「判，分也」，義同。

釗，遠也。燕之北郊曰釗。《方言》七。

按，《方言》：「釗、超，遠也。燕之北郊曰釗。」郭注：「釗，居遼反。」《説文》：「釗，刓也，从刀金。」段注：「金有芒角，摩弄泯之。」《説文》：「刓，剸也，从刀元聲。一曰齊也。」《玉篇》：「刓，削也。」《六書故》：「削去廉隅也。」然則訓遠，叚借字。釗超聲近，以遠爲超，因又以遠爲釗。又叚借爲紹，《爾雅・釋詁》：「昭、釗，見也。」郭注引《逸書》曰「釗我周王」。今考《孟子》引《書》曰：「紹我周王。」紹有繼遠誼，然則釗乃超紹之聲轉。

噬，逮也。北燕曰噬。《方言》七。北燕曰遾。《爾雅・釋言》郭注。《集韻》。

按《方言》：「蝎、噬，逮也。東齊曰蝎，北燕曰噬，逮，通語也。」今考噬，《説文》：「啗也，喙也，从口筮聲。」《一切經音義》一引《三蒼》：「嗑也。」此本誼也。與逝聲同，故借作逝。《詩・十畝之間》「行與子逝兮」箋、《日月》「逝不古處」傳，並云：「逝，逮也。」《詩・有杕之杜》「噬肯適我」，釋文引《韓詩》噬作逝。逝，及也。逝，《說文》云从辵折聲，讀如誓。故噬亦从辵作遾。《爾雅・釋言》：「遏、遾，逮也。」郭注：「東齊曰遏，北燕曰遾，皆相及逮。」然則噬之作遾，與喝之作遏例同，噬乃逝之叚借，遾又噬之或體也。逮又通迨，《集韻》逮與迨同。迨，音隶。《易》「上逮也」，虞注：「逮，及也。」《說文》辵部：「逮，及也。」「唐逮，及也，从辵隶聲。」段注曰：「唐逮雙聲，蓋古語也。隶部：隶，及也。」然則隶聲亦兼會意。《爾雅・釋詁》：「逮、及、暨，與也。」《釋言》：「迨，及也。」《說文》無迨字，引《詩》「隸天之未陰雨」，段注：「今《詩》作迨，俗字。」《廣韻》隸迨同逮。又通遝，《爾雅》：「逮，遝也。」《方言》：「迨、遝，及也。」《說文》：「遝，迨也。」《爾雅・釋言》：「遝，逮也。」逮遝誼同聲轉，故其文通。

末殺，今京師有此語。《說文》巾部段注。　瀎泧，今京師人語如此，音如麻沙。《說文》水部段注。

按，《說文》巾部：「帴，讀若末殺之殺。」此當時方言也。徐鍇本云「茱樧之樧」，《漢書・谷永傳》「末樧」，服虔注、《左傳》作「末粲」。今考《字林》云「抹樧」。《廣韻》：「抹樧，摩也。」引《公羊注》「側手曰樧」。段注《說文》云：「末殺，即水部瀎泧，拭滅皃也。今京師有此語。」《說文》水部：「瀎，拭滅皃。」「泧瀎，讀若椒樧之樧。」許書無拭字，故段氏據巾部「飾，㕞也」訂拭作飾。蓋飾、拭古今字。段云：「瀎泧，今京師人語如此，音如麻沙。」《釋名》：「摩沙，猶末殺也。」今驗順天人語摩沙，即末殺之聲轉。

奏做，不直爽也。《寧河關志·方音》。

按，今順天人謂不率真曰做作，聲若奏做。又《寧河關志·方音》：「拏卡兒，使轉動不得也。」

學讀作鴞。《寧河關志·方音》。

按，學，《唐韻》胡覺切，《集韻》《韻會》轄覺切。寧河人方音學讀如鴞，一聲之轉。

京城人勤勉出力曰精其神。《癸巳存稿》三。

按，《癸巳存稿》云：「《道藏·心印經》：上藥三品，神與氣精。人各有精，精合其神，神合其氣，氣合體真。《太平經》：人之生也，天付以神，地付以精，中付以氣。《辯正論·氣爲道本》篇：古來名儒及河上公説《老子》，夷者精也，希者神也，微者氣也。初疑精其神是精氣神，既悟其非也。」俞説甚辯。然《道經》「精合其神」，未云「精其神」也，非順天人俗語所本。

覺讀作絞。《寧河關志·方音》。

按，覺，《説文》：「悟也，从見，學省聲。一曰發也。」《唐韻》古孝切，《集韻》《韻會》訖岳切。《禮·緇衣》「有梏德行」，《詩·大雅》作「覺」。《韻會》覺通作梏。又《唐韻》古孝切，《集韻》《韻會》居效切，並音教。今寧河人覺讀若絞者，梏、絞聲近，絞、教同母，故聲轉。

欲讀作愈。《寧河關志·方音》。

按，欲，《説文》從欠谷聲，《唐韻》余蜀切，《集韻》《韻會》俞玉切，又俞戍切。揚雄《羽獵賦》：「壯士忼慨，殊鄉别趣。東西南北，聘嗜奔欲。」與俞戍切合。今順天人讀若裕，猶俞戍切之遺音。寧河人讀若愈，則聲之轉也。

肅讀作須。《寧河關志·方音》。

按，《書》「肅慎氏」，《史記》作「息慎」。肅息古通，息須聲近。

愛，讀作乃去聲。《寧河關志·方音》。

按，愛，讀若乃去聲。三河人與寧河方音同，都人則愛讀若唉去聲。然考《唐韻》烏代切，《集韻》《韻會》於代切，正與乃去聲合。

慕，斂口作鼻音。《寧河關志·方音》。

按，慕，《説文》習也，《唐韻》《集韻》《韻會》莫故切。

樂，讀作勞去聲。《寧河關志·方音》。

按，樂，《唐韻》盧各切，《集韻》《韻會》歷各切，喜樂也。又《唐韻》魯刀切，音勞。《廣韻》伯樂，一作博勞。然則勞爲樂之叚借。寧河人讀若勞去聲，亦非無自。又《寧河關志·方音》：「落劾把，喜過甚也。」

倰，哀也。燕曰倰。《方言》一。

按，《方言》：「倰、憮、矜、悼、憐，哀也。趙魏燕代之間曰倰，或曰矜，或曰悼。」郭注：「倰，亦憐耳。」《廣雅・釋詁》：「憐，哀也。」《集韻》倰，閭承切。《五音集韻》力膺切，音倰，憐也。倰又有驚怖誼，驚怖亦可憐兒。張衡《西京賦》「百禽倰遽」，薛注：「倰，猶怖也。」《集韻》盧登切，驚也。

咺，痛也。凡哀泣而不止曰咺。於方：則燕之外鄙，少兒泣而不止曰咺。《方言》一。

按，《方言》：「咺，痛也。凡哀泣而不止曰咺。燕之外鄙，少兒泣而不止曰咺。」今考咺古通喧，《詩・衛風》「赫兮咺兮」，《禮記・大學》引云「赫兮喧兮」，釋文：「喧，本作咺。」漢武帝《悼李夫人》賦「喧不可止兮」，注：「師古曰：朝鮮之間謂小兒泣不止名爲喧，音許遠反。」《集韻》喧、吅同。

謾台，懼也。燕曰謾台。《方言》一。

按，《方言》：「謾台，懼也。燕代之間曰謾台。」今考謾台，郭云「蠻怡二音」。《廣雅・釋詁》：「台，懼也。」蠻怡，蓋懼之轉聲。今語猶然。或曰謾台，懼其欺我，誼亦通。《說文》：「謾，欺也。」《爾雅・釋詁》：「台，予也。」

讙，讓也。凡言相責讓，北燕曰讙。《方言》七。

按，《方言》：「譙、讙，讓也。凡言相責讓，北燕曰讙。」讙，郭音火袁反。《說文》：「讙，譁也。從言雚聲。」段注呼官切，本《唐韻》《集韻》也。《一切經音義》九引《三蒼》曰：「讙，言語謟謟也。」今順天人謂責讓無已曰謟謟，音讀如刀。《說文》：「謟，往來言也。」正合。《詩・大雅·板》「老夫灌灌」，《毛詩》「款款」也，《爾雅》作「懽」，與此義亦相足。今驗順天人語，凡相誚讓不曰讙，曰讓。《説文》：「讓，相責讓。从言襄聲。」《唐韻》《集韻》讓，人様切。《小爾雅》：「詰責以辭謂之讓。」《左》僖五年《傳》：「公使讓之。」注：「譴讓之。」

掬，離也。燕之外郊曰掬。《方言》七。

按，《方言》：「掬，離也。燕之外郊，朝鮮洌水之間曰掬。」盧文弨《校本》云：「掬無離義，疑當作播。播，古文作䊵，形近致誤。」《校正補遺》云：「《漢幽州刺史朱君碑》「䊵徽馨」，《魏横海將軍呂君碑》「遂䊵聲于方表」可證。亦有作匊字者，《九歌·湘夫人》云：「匊芳椒兮成堂。」洪興祖云：「匊，古播字，本作匊。」其説甚辯然。匊乃離之聲轉。《方言》六：「楚曰蠡，秦晉曰離。」蠡、離亦聲近耳，方俗殊語不必概系本誼，即以誼論，掬、離亦通。考《詩·唐風》「椒聊之實，蕃衍盈匊」，《小雅》「終朝采緑，不盈一匊」，毛傳並云「兩手曰匊」。《椒聊》釋文匊字又作掬。《禮記·曲禮》「受珠玉者以掬」釋文、《左》宣十二年《傳》「舟中之指可掬也」注、《唐韻》《集韻》《韻會》並云「兩手曰掬」。掬又通弆，《説文》：「弆，兩手盛也。」或曰掬之訓離，《方言》蓋以反義相訓，如亂之訓治、毒之訓厚，古訓如此甚多。或曰經籍離多訓麗，《詩》「月離於畢」，《論衡》引作麗。《國策·燕策》「高漸離」，《論衡》書離作麗。《廣韻》《集韻》䴡與麗通。《方言》三：「䴡，數也。」注：「偶物爲麗。」此誼亦可引伸。

抋、抌，推也。幽之語或曰攩。《方言》十。

按，《方言》：「抋、扰，推也。幽之語或曰攩。」攩，郭音晃，注：「今江東人亦名推爲攩。」《列子・黄帝篇》「攩抋挨扰」，張湛注引《方言》：「扰，擊背也。」古又借攩爲推。攩字，《唐韻》多朗切，《集韻》底朗切，音黨。此因聲同叚借之證，今俗語猶然。又《唐韻》他朗切，《集韻》坦朗切，音帑，擊也。俗用爲抵攩字，遮遏也。又《唐韻》胡廣切，《集韻》户廣切，音晃，亦擊也。此與郭音合。又《集韻》止兩切，音掌，義同。又《唐韻》《集韻》胡曠切，黄去聲，搥打也，或作擴。

虔，殺也。燕之北郊謂賊爲虔。《方言》一。

按，《方言》：「虔、劉，殺也。秦晉宋衛之間謂殺曰劉，晉之北鄙、秦晉之北鄙、燕之北郊、翟縣之郊謂賊爲虔。」又《方言》三：「虔、散，殺也。」《説文》：「虔，虎行皃。从虍文聲。讀若矜。」《廣雅・釋詁》：「虔，殺也。」《左》成十三年《傳》「虔劉我邊陲」，注：「虔，殺也。」《文選・魏都賦》：「席卷虔劉。」劉注：「虔、劉皆殺也。」《玉篇》：「虔，强取也。」《漢書・武帝紀》集注引韋昭曰「强取爲虔」。《方言》一：「虔、儇，慧也。自關而東，趙魏之間謂之黠，或謂之鬼。」今順天人謂黠爲鬧鬼，即《方言》遺語。

福讀作府。《寧河關志・方音》。

按，《説文》小字本：「福，祐也。」今本作祜。漢諱祜，許必不以爲訓。鍇本作備，與《禮・祭統》「福者備也」同。福之古音爲畐聲，《説文》可據。賈誼《治安策》「以福天子」，乃以福爲偪之叚借字。又《集韻》《韻會》福，敷救切，藏也。是福有副音，其誼又別。今順天人言福祐之福音亦若副，寧河讀若府，皆聲相轉。

摇扇，疾也。燕之外鄙曰摇扇。《方言》二。

按，《方言》：「速、逞、摇扇，疾也。燕之外鄙、朝鮮洌水之間曰摇扇。」疾，《説文》作疾，云「病也，从疒矢聲」。今考亦會意。矢傷人，甚速。疾來如矢，故俗言病急來似箭。疾、急同聲。《左》襄五年《傳》「而疾討陳」注、又十一年《傳》「晉不吾疾也」注、《吕覽·愛士》「急鬬于車下」注、《廣韻》《廣雅·釋詁》《漢書·兩龔傳》集注，並云「急也」。又《方言》十二：「拊、撫，急也。」郭注：「謂疾急也。」拊、撫从手，摇例也。《説文》：「摇，動也。从手䍃聲。」又通遥。《方言》六：「遥，疾行也。」《漢·禮樂志》集注云：「如淳曰：摇或作遥。」《周禮·小師》「持其柄摇之」釋文：「本亦作遥。」《尚書·大傳》：「須摇，即須臾也。」須臾，有疾誼。《漢·禮樂志》：「神奄留臨須摇。」扇，《説文》云：「扉也。从户，从翄省。」今考翄，《説文》「翼也」。然則翄省會意，言飛之疾也。《方言》五：「扇，自關而東謂之箑，自關而西謂之扇。」郭注：「今江東亦通名扇爲箑。」盧文弨曰：「箑亦作翣。」箑、捷同聲，翣古通翜。又聲近霅。《文選·吴都賦》：「䩐霅警捷。」善注：「䩐霅，走疾貌。」《説文》：「霅霅，震電皃。」《爾雅義疏》：「俗語一霅時，亦捷疾意也。」然則疾、捷、霅、扇，一聲之轉。

額，鄂也。有垠鄂也，故幽州人謂之鄂也。《釋名·釋形體》。

按，《説文》：「䣚，从邑咢聲。」《唐韻》《韻會》五各切，《集韻》逆各切。《漢書·揚雄傳》集

注：「鄂，垠也。」《文選·甘泉賦》「紛披麗其亡鄂」注、《景福殿賦》「肅坻鄂之鏘鏘」注並云：「鄂，垠鄂也。」額，《説文》作頟，云「顙也，从頁各聲」。《方言》十：「頟，顙也。中夏謂之頟。」〔一〕額、鄂聲轉也。今呼額曰額角。

盱，揚，雙也。燕曰盱，或謂之揚。《方言》二。

按，《方言》：「驢、盱、揚、𣈶，雙也。燕代朝鮮洌水之間曰盱，或謂之揚。」盱，郭音香于反。注：「謂舉眼也。」又注揚下云：「《詩》曰『美目揚兮』是也。此本論雙耦，因廣其訓，復言目耳。」《方言》諸本雙作隻，戴據《玉篇》《廣韻》定作雙，盧本从之。今考郭注雙耦，是郭見本作雙。盱，《説文》作盱，云：「張目也。从目亏聲。一曰朝鮮謂盧童子曰盱。」《玉篇》：「盱，舉目也。」《列子·黄帝》「而盱盱」，釋文引《蒼頡》曰：「盱，張目皃。」又釋文：「盱，仰目也。」《説文》：「揚，飛舉也。从手昜聲。敭，古文。」《詩·猗嗟》「抑若揚兮」，傳：「揚，廣揚。」疏：「揚，是顙之別名。」《詩·君子偕老》「揚且之晳也」，傳：「揚，眉上廣。」又「子之清揚」，傳：「揚，廣揚而顏角豐滿。」疏：「揚者，眉上之美名。」既名眉爲揚，因謂眉之上、眉之下皆曰揚。揚又通陽。《易·夬》虞注：「乾爲揚。」《詩》：「清揚婉兮。」《説苑·尊賢》云：「清陽婉兮。」以雙爲盱揚，蓋盱揚爲雙之聲轉。《説文》：「雙，隹二枚也。从雔，又持之。」

〔一〕之：原脱，據《方言》補。

目，斂口作鼻音。《寧河關志·方音》。

按，《説文》：「目，人眼。象形。重童子也。」《唐韻》《集韻》莫六切。

血讀作捨。《寧河關志·方音》。

按，血，《唐韻》《集韻》《韻會》呼決切。劉向《九歎》：「晉申生離讒兮，荆和氏之泣血。吴子胥之抉眼兮，王子比干之横廢。」此則《韻補》所謂胡林切者，是從無捨音。今順天人血讀若寫去聲。

色讀作曬上聲。《寧河關志·方音》。

按，色，《廣韻》所力切，《集韻》《韻會》殺測切，並音嗇。寧河人讀若曬上聲，亦嗇聲之轉。今順天人讀色與廝同。

白讀作拜平聲。《寧河關志·方音》。

按，白，《説文》云：「西方色也。陰用事。」《唐韻》旁陌切，《集韻》《韻會》薄陌切，又《集韻》步化切，又《詩·小雅》：「裳裳者華，或黄或白。我覯之子，乘其四駱。」據知又有薄音。古無讀拜平聲者，然驗之今順天白讀若拜平聲，與寧河同，亦聲相轉。

踑蹵、隑企，立也。北燕之郊跪謂之踑蹵，委痿謂之隑企〔二〕。《方言》七。北燕之郊謂跪曰

〔二〕謂：原脱，據《方言》補。

𨃼。《集韻》。

按，《方言》「北燕之郊」云云，郭注：「今東郡人亦呼長跽爲𨃼𨇤。」又隑企注：「腳躃不能行也。」〔一〕《廣韻》𨃼，直良切。《集韻》𨃼，仲良切。《玉篇》：「𨃼𨇤，拜也。」《廣雅·釋詁》：「𨃼，搸也。」𨇤，郭音務。《廣韻》《集韻》並亡遇切，音與郭同爲務。《玉篇》：「長跪也。」《説文》：「跪拜也。」《廣韻》隑，五來切，音獃，云：「隑，企立也。」《集韻》隑，魚開切，音獃。《廣雅·釋詁》：「隑企〔二〕，立也。」企，郭音欺豉切。今校《方言》郭氏音義作反，此獨作切，疑有誤。《唐韻》《集韻》去智切，音器，「舉踵望也」。《廣韻》又音跂，誼同。《爾雅》：「鳧雁醜，其足蹼，其踵企。」《集韻》跂與企同。然則隑企乃躃之聲轉。《禮·王制》作躃，釋文：「兩足不能行也。」

燕人言趮操善趍者謂之訬。許慎《淮南子·修務訓》注，高注。

按，《淮南·修務訓》：「越人有重遲者，而人謂之訬。」高注：「訬，讀若『燕人言趮操善趍者謂之訬』同也。」《説文》：「訬，訬擾也。一曰訬，獪。从言少聲，讀若毚。」《玉篇》：「訬，健也，疾也。」漢班固《叙傳》「江都訬輕」〔三〕，注：「訬謂輕狡也。」《後漢·馬融傳》注：「訬，輕捷也。」《唐韻》楚交切。《集韻》有數音，一初交切，音抄；一鋤交切，音巢；一弭沼切，音眇；一

〔一〕躃：原誤作「𨇤」，據《方言注》改。
〔二〕企：原脱，據《廣雅》補。
〔三〕都：原誤作「東」，據《漢書》改。

楚教切，抄去聲。誼並同。又云七肖切，音峭，輕也；江東語。《晉書音義》中：「訬，健也。」皆與許説合。

腳讀作絞。《寧河關志・方音》。

按，腳，《唐韻》居勺切，《集韻》《韻會》訖約切，並音蹻。今順天人腳讀若教，與寧河人讀若絞者，有去上之別。然蹻、絞聲近，教、絞母同，亦一聲之諧。

凡飲藥傅藥而毒，燕謂之癆。《方言》三。

按，《方言》：「凡飲藥傅藥而毒，南楚之間謂之瘌，北燕朝鮮之間謂之癆，自關而西謂之毒。」郭注：「癆瘌，皆辛螫也。」蓋俗有辛螫語。《説文》：「朝鮮謂藥毒曰癆。」《廣韻》：「癆瘌，惡人。」《廣雅》：「癆、毒、瘌，痛也。」郭氏《方言音義》癆音澇。諸本澇作聊，與宋本異。《唐韻》《集韻》癆，郎到切。今順天人謂飲藥而毒爲癆。癆，語若勞去聲。傅藥中毒，今無此語。又遇毒曰毒瘌瘌，語瘌聲若獵去聲，與《方言》「毒瘌」合。

燕人謂勞爲谻。《史記・司馬相如傳》索隱。

按，《史記・司馬相如傳》「徼谻受屈」，索隱：「司馬彪云：徼，遮也。谻，倦也。謂遮其倦者。」谻音劇。《説文》云：「谻，勞也。」燕人謂勞爲谻。今考《説文》無燕人句，蓋小司馬説。《説文》心部：「⿰忄卻，勞也。」人部：「㑉，徼㑉受屈也。」然則卻㑉一字，谻爲⿰忄卻之叚借。《史記集解》引郭璞曰：「谻，疲極也。」《漢書・司馬相如傳》注：「蘇林曰：谻，音倦谻之谻。」《方言》：

「⿰亻卬，倦也。」《史記·匈奴傳》《趙充國傳》「儆極」，極亦⿰亻卬之聲轉。

躴𨉷，大不潔也。《寧河關志·方音》。

按，《廣韻》躴，魯當切；𨉷，苦岡切。《集韻》躴，盧當切；𨉷，丘岡切。《玉篇》：「躴𨉷，身長皃。」寧河人語大不潔爲躴𨉷。方言之異古誼者。

⿱艹⿱者⿰者者苲，不謹飭也。《寧河關志·方音》。

按，《集韻》：「⿱艹⿱者⿰者者，弋灼切，風吹水皃。」「苲，側下切，土苴也。」寧河人謂不謹飭爲⿱艹⿱者⿰者者苲，誼亦通。又按今順天人謂游蕩子曰流離。

⿰言亟，口吃也。《寧河關志·方音》。

按，《集韻》⿰言亟，訖力切，訥言也；吃，居乙切。《說文》有吃無⿰言亟，云：「吃，言謇難也。」俗言謂口吃爲⿰言亟，蓋⿰言亟即吃之聲轉。《方言》十作極，云：「謇、極，吃也。楚語。」注：「亦北方通語也。」《列子·力命篇》「謇㥛」，即《方言》「謇極」〔一〕。

瞥，乍見也。《寧河關志·方音》。

按，《說文》：「瞥，過目也。一曰財見。」寧河人乍見曰瞥，正合古誼。《集韻》瞥，亦作⿱敝見、覕。

〔一〕謇：原作「⿰言卷」，據《方言》改。

落讀作勞去聲。《寧河關志・方音》

按，落，《唐韻》盧各切〔一〕，又《唐韻》古音讀路。今寧河人讀若勞去聲，亦洛聲之轉，不當云讀作。

指手，拱手也。《寧河關志・方音》

按，《說文》：「拱，斂手也。」徐曰：「兩手大指頭相拄。」〔二〕

攙，相扶也。《寧河關志・方音》

按，《廣雅》：「攙，鋭也。」「將，扶也。」謂扶曰攙，世俗通語。

摜，擲地也。《寧河關志・方音》

按，摜，《說文》訓習，引《春秋傳》「摜瀆鬼神」〔三〕。今以慣易摜，失摜本誼。然以擲地爲摜，世俗通語。

搡，推擊也。《寧河關志・方音》

按，《集韻》搡：「寫朗切，搷也。」「四浪切，搪也。」「搷，擊也。」《廣雅》：「搪，距也。」然則寧河人語推擊曰搡，猶存古誼。

〔一〕盧：原誤作「虚」。

〔二〕頭：原脱，據《說文解字繫傳》補。

〔三〕瀆：原誤作「讀」，據《說文解字》改。

蹬蹬，小兒學立也。《寧河關志·方音》。

按，《集韻》蹬〔一〕，都騰切。「蹬蹬，立兒。」此亦方言之存古誼者。今順天語亦然。

踏踏，小兒學步也。《寧河關志·方音》。

按，踏，《玉篇》：「足著地。」《集韻》：「踐也。」《説文》：「蹋，亦訓踐。」《釋名》：「蹋，榻也。榻著地也。」

嗄，驚也。《寧河關志·方音》。

按，嗄，《玉篇》云：「聲破。」《集韻》云：「聲變也。或作歎。」據此皆有驚意。此方言之近古誼者。

唧查，耳語也。《寧河關志·方音》。

按，唧，《廣韻》資悉切，音堲。《玉篇》：「啾唧也。」《集韻》：「啾唧，衆聲也。」《廣韻》又子力切，「唧聲也」。《集韻》節力切。並音即。本字當作咠。《説文》：「咠，聶語也。從耳口。」耳部：「聶，附耳私小語也。」查，今俗用代詧字。《説文》：「詧，言微親詧也。」又通作察，《爾雅》：「明明、斤斤，察也。」釋文云：「樊讀居覲切。」是樊光讀斤爲僅。《釋名》：「斤，謹也。」是斤有微小義。察爲謹慎覆審之察，詧爲言微之詧。唧查、咠詧、啾唧，皆一聲之轉。

〔一〕蹬：原誤作「蹬」。

粘瑣，言之多也。《寧河關志·方音》。

按，粘，《廣韻》女廉切，《集韻》尼占切，並音黏。《説文》：「相著也。」即連屬不斷之義。瑣，《唐韻》蘇果切，《集韻》《韻會》損果切，並音⿱⺌貝。《韻會》：「瑣，細也，小也。」又：「瑣瑣，繁碎猥屑之皃。」《博雅》：「瑣，連也。」凡此皆有多義。又考《方言》：「囒哰、謰謱，拏也。南楚曰謰謱，或謂之支注，或謂之詀謕。」今南人謂凡牽連不斷曰詀謱，音微近哰，似詀爲粘之本字。又《説文》：「囁，多言也。」亦粘之轉音。

姑都著，蹲踞也。《寧河關志·方音》。

按，姑都二字，於義無取，蓋骨朵之轉音也。《宋·儀衛志》：「殿之東西曰朵殿。又鹵簿用骨朵，以骨飾之，或範金爲之。」《輟耕録》：「骨朵讀如脈都。」朵又通作垜。《説文》：「垜，堂塾也。」《唐六典》〔一〕。吴方言左右个爲垜頭。《玉篇》：「垜，射垜也。」今順天人謂花之含苞亦曰姑都，蓋即朵也。今淮南北人謂之骨堆，蓋皆敦字之轉音。《爾雅》「敦丘」，俗作墩。《詩》「敦彼獨宿」，傳以墩釋之。皆是蹲踞也者。《説文》：「蹲，居也。」「居，蹲也。」是爲轉注。《左傳》：「蹲甲而射之。」復引伸爲居積之義。

⿱毛心，小睡也。《寧河關志·方音》。

〔一〕《康熙字典》作「《唐六典》：武舉制有長垜馬射」。

按，𢡉，《説文》：「精戇也。從心毳聲。」又《廣韻》《集韻》並呼骨切，音忽。《玉篇》：「寢熟也。」又《集韻》：「呼八切，音聒，臥覺也。」

幽州謂老嫗爲媼。《史記·高紀》集解引文穎。

按，《史記·高祖紀》「母曰劉媼」，集解：「文穎曰：幽州及漢中皆謂老嫗爲媼。」《説文》：「嫗，母也。」「媼，母老稱。」訓可互見。《禮·樂記》「煦嫗覆育萬物」，鄭注：「以氣曰煦，以體曰嫗。」《史記·趙世家》：「左師觸龍説太后曰：媼之愛燕后賢於長安君。」此燕趙人謂嫗爲媼之證。《廣雅·釋親》：「媼，母也。」《日下舊聞》引《舊京遺事》：「京師婦人每候問親戚，遇有吉席作使女婢，即賃衣家姥嫗。」《廣韻》《集韻》媼並烏皓切，音襖。又《集韻》音醞，諠同。《廣韻》嫗，衣遇切。《集韻》《韻會》威遇切，又委羽切。是媼，母之别稱，嫗之聲轉。

娥、嬴，好也。燕曰姝，或曰妦。《方言》一。

按，《方言》：「娥、𡣍，好也。秦曰娥，宋魏之間謂之𡣍，秦晉之間凡好而輕者謂之娥，趙魏燕代之間曰姝，或曰妦。」考娥，郭注：「言娥娥也。」《集韻》：「好也。」《廣雅·釋詁》：「美也。」又《釋訓》：「娥娥，容也。」《列子·周穆王》「娥媌靡曼者」，注：「娥媌，妖好也。」𡣍，郭注：「音盈。」[二]「言𡣍𡣍也。」《説文》：「嬴，从女，嬴省聲。」《廣韻》：「嬴，秦姓。美好皃。」《正字通》：

[二]「音盈」原錯在上「考娥郭」下。

「㜲，俗嬴字。」盧文弨曰：凡籯蠃瀛等字，未有從㜲者。㜲，《説文》所無。《廣韻》以㜲爲美好皃，知《方言》之作㜲，其來已久。《廣雅》作㜲，從女嬴，他書卻未見。今從衆家本仍作㜲。姝，郭云：「昌朱反，又音株。」舊脱又，據戴本。《説文》：「姝，好也。從女朱聲。」《廣雅・釋詁》：「姝，好也。」《太玄經》「視無姝」，注：「姝，好也。」《一切經音義》引《字林》「姝，好皃也」。《集韻》：「春朱切，音樞，美好也。」女之美者曰姝。又音株。《方言》妦，郭音蜂，注：「言妦容也。」《廣韻》妦，敷容切。《集韻》音同《廣韻》，引《方言》作妦，或作㛔。姝、妦聲轉。

燕養馬者謂之娠，官婢女廝謂之娠。《方言》三。

按，《方言》「燕齊之間養馬者」云云，郭注：「今之温厚也。女廝，婦人給使者，亦名娠。」《後漢・文苑・杜篤傳》「虜傲侲」《注》引《方言》「侲，養馬人也」。是娠作侲，與今《方言》文異。《廣韻》引《字林》「侲，養馬者」。《集韻》：「侲，音震，童子也。又音真。」誼同。張衡《東京賦》「侲子萬童」，薛綜注：「侲之言善也。」《續漢・禮儀志》：「先臘一日，大儺。選中黄門子弟，十歲以上，十二以下，百二十人爲侲子。」然盧氏校《方言》，最後得宋李孟傳刊本不云作侲，則宋本與明大典、曹、吴諸本皆作娠明矣。娠，郭音振。「一曰官婢女隸謂之娠。」《左》昭元年《傳》注：「娠，女妊身動也。」《廣雅・釋言》曹憲音：「娠，疑即身也。」《禮・月令》疏引《漢書音義》：「娠，音身。」然則女妊身動是本誼，訓女隸是叚借，《方言》「官婢女廝謂娠」，從女爲是。

臧、獲，奴婢賤稱也。燕之北郊，凡民男而聓婢謂之臧，女而婦奴謂之獲。亡奴謂之臧，亡婢謂之獲。皆異方駡奴婢之醜稱也。《方言》三。

按，《方言》「臧、甬、侮、獲，奴婢賤稱也〔一〕。荆淮海岱雜齊之間，駡奴曰臧。齊之北鄙燕之北郊」云云，《漢書·司馬遷傳》注應劭引《方言》云云，無凡男二字，《莊子·駢拇》釋文引張揖曰：「壻婢之子謂之臧，婦奴之子謂之獲。」《漢·司馬遷傳》「臧獲婢妾」注引晉灼曰：「臧獲，敗敵所被虜獲爲奴隸者。」凡此皆與《方言》誼合。《文選·報任少卿書》「臧獲婢妾」注引韋昭曰：「羌人以婢爲妻，生子曰獲；奴以善人爲妻，生子曰臧。」胡本《考異》曰：「羌當作善。」《説文》：「臧，善也。從臣戕聲。⿱臧土，籀文。」考文從臣，籀加土，有臣僕誼。《左》宣十二年《傳》：「載事順成以爲臧。」《莊子·駢拇》釋文：「好書曰臧。」《方言》因奴有臧稱，遂以臧爲醜稱。然以臧詈人，則爲醜稱，呼奴曰臧，亦欲其善耳。故《周禮·校人》「秋祭，馬社臧僕」注：「臧僕，謂簡練馭者，令皆善也。」臧又有藏誼，《説文·新坿》：「藏，匿也。」《漢書》通用臧字，从艸，後人所加。《詩》「自獨俾臧」，《淮南·氾論》注云「自獨俾藏」。《左》文十八年《傳》「掩賊爲藏」，疏：「掩匿賊人是爲藏。」《國語》：「掩賊者爲臧。」獲，則《詩》「其政不獲」、《周禮》「獲者取左耳」注、《廣雅》《小爾雅》，並云得也。《書》「乃罔恒獲」，鄭注：「猶得也。」《左》定九年《傳》：「凡獲器用曰得，得用曰獲。」然則婢呼獲，其以得用歟？《説文》：「獲，獵所獲也。从犬蒦聲。」

〔一〕婢：原脱，據《方言》補。

《楚辭注》：「獲，爲人所係得也。」

獲讀作槐。《寧河關志·方音》。

按，《説文》：「獵所獲也。」《唐韻》獲，胡伯切。《集韻》《韻會》胡陌切。《周禮·夏官》「射人三獲」，釋文劉音胡伯切。《春官·司常》「凡射，共獲旌」〔一〕，釋文李音胡霸反。又忽郭切，見《集韻》《類篇》。又黄郭切、胡故切、胡化切，見《集韻》。並無槐音。寧河獲讀若槐，亦聲轉。

我讀作挪上聲。《寧河關志·方音》。

按，我，《唐韻》五可切，《集韻》《韻會》語可切，並俄上聲。今順天人語我若窩去聲，與寧河人讀若挪上聲微異，然皆聲轉。又按《廣韻》《集韻》：「俺，我也。北人稱我曰俺。」

京都語客如茄。《十駕齋養新録》四。

按，今都城人語客音近課，外屬有語如茄者。《明史·五行志》：「萬曆末，有道士歌於市曰：委鬼當頭坐，茄花徧地生。北人讀客爲楷，又轉音爲茄。魏忠賢客氏之兆。」《養新録》：「明天啓，客氏魏忠賢用事，當時有茄花委鬼之謡。」蓋京都語客如茄也。《元史》怯烈氏或作克烈，英宗《國語》謚曰格堅皇帝，石刻有作怯堅者。蓋亦讀格爲客，因與怯相近也。自注石刻下云泰安府東嶽廟聖旨碑，又讀格爲客下云見母混入溪母，又與怯近下云客怯克皆溪母。茄本

〔一〕「共」下原衍「其」字，今删。

羣母。北作溪母讀。

你老，尊輩稱也。《寧河關志·方音》。

按，《廣韻》《集韻》：「你，乃里切，汝也。」《通雅》：「爾汝若而，一聲之轉。爾又爲尒，俗書作伱。」《集韻》：「伲，你本字。」寧河人不以你呼尊輩，故加老字。你老二字急呼之則聲近儜，故順天人相稱加敬則儜，否則曰你。

某，歛口作鼻音。《寧河關志·方音》。

按，某之本義爲酸果，叚借爲泛言人物字。《儀禮》「某有子」，鄭注：「古文某爲謀。」《禮·少儀》：「問品味：子食於某乎？問道藝：子習於某乎？子善於某乎？」《左》宣十年：「某氏之守臣某。」《玉篇》：「不知名者曰某。」《韻會》：「臣諱君曰某。」《唐韻》《集韻》某，莫後切。

土豪，今人以爲土人强梁之稱，京師人或謂此輩爲土包。《晉宋書故》。

按，包即豪之聲轉。《晉宋書故》：土豪之名，今人混施以爲土人强梁之稱，其實不然。豪貴之族，爲鄉邦之望者，方足當之。《宋書·沈演之傳》：勃輕薄逐利，太宗泰始中爲太子右衛率。時欲北討，使勃還鄉里募人，多受貨賄。上怒，下詔曰：自恃吴興土豪。《殷炎傳》：叔寶者，杜坦之子，既土豪鄉望，内外諸軍事並專之。又曰皇甫道烈土豪。然則古之土豪，鄉貴之隆號；今之土豪，里庶之醜稱。京師人或謂此輩爲土包。包豪豈方俗之譌變耶？今考豪誼，不盡美稱。《漢·食貨志》：「大賈畜家不得豪奪吾民矣。」此則《韻會》訓彊誼也。《史記》：

「信陵君、平原君之游，徒豪舉耳。」此又《廣韻》訓俠誼也。然則土豪之名，亦鄉貴中彊者、俠者耳，難可概以隆號。

燕北士庶皆自稱小人。《錢氏私志》。

按，「小人有母，嘗小人之食」，其稱近古然。今順天人少有此言。

車科，車夫也。《寧河關志・方音》。

按，今順天人無此語。

北人詈婦之下劣者曰歪辣骨，京師市語曰瓦剌姑。《野獲編》。

按，《野獲編》：「北人詈婦之下劣者曰歪剌姑。詢其故，則云牛身骨皮肉，以至通體，無一棄物，惟兩角内有天頂肉少許，其穢逼人，最爲賤惡，以此比之粗婢。後又問京師之熟諳市語者，則又不然，云往時宣德間，瓦剌爲中國頻征，衰弱貧苦，以其婦女售與邊人，每口不過酬幾百錢，名曰瓦剌姑，以其貌寢而價廉也。」今驗順天人語骨若姑。

上頭，女冠笄也。《寧河關志・方音》。

按，女加笄曰上頭。今順天人通語。

希，摩也。燕摩鋁謂之希。《方言》七。

按，《方言》：「希、鑠，摩也。燕齊摩鋁謂之希。」鋁，郭音慮。摩、磨同。《文選》枚乘《諫吴王書》注引賈逵注：「礱，磨也。」《廣雅・釋詁》：「礲、礪、希、鑠、甐、甎、剴、扢、礱、錯、鑢、揩、硐、摝、鋻、衕、扨、砥、磋，磨也。」《釋器》：「鋁謂之錯。」《玉篇》：「鋁，與鑢同。」《廣韻》：「希，散也。」希訓散，與鑠訓消誼同。希，又鋁、鑢之聲轉。

平均，賦也。燕之北鄙凡相賦斂，謂之平均。《方言》七。燕北賦斂平曰均。《玉篇》。

按，《方言》七「燕之北鄙」下有「東齊北鄙」四字，是謂賦爲平均古語，不獨北燕爲然。今考《書·堯典》「平秩東作」傳、《史記·樂書》「教民平好惡」正義，並曰均也。均，《説文》云：「平徧也。」《周禮·大司徒》「以土均之灋」注、《小司徒》「平地」注，並云平也。又《周禮·地官·序官》「均人」注、「土均」注，均猶平也。《荀子·富國》：「忠信，調和，均和，均辨之至也。」此平、均互訓也。又考《漢書·食貨志》「再登曰平，三登曰泰平」、《周禮·司稼》「掌均萬民之食」注，均謂度其多少。《漢·百官表》大司農屬官有均輸平準令丞。《鹽鐵論》：「平準則民不失職，均輸則民齊勞逸。」《爾雅·釋詁》：「平，易也。」以《孟子》「易其田疇」之易例之，易訓治，治田疇正以治賦。《廣雅》言平、均並訓賦。《爾雅·釋言》：「賦，量也。」郭注：「賦税，所以評量也。」《説文》：「量，稱輕重也。」《禮運》「月以爲量」，鄭注：「量，猶分也。」《華嚴經音義上》引《國語》賈逵注：「量，分齊也。」是量亦有平均誼。量有出有入，《詩·烝民》傳：「賦，布也。」《爾雅》：「班，賦也。」《吕覽·分職》篇：「賦，予也。」是賦之出。《説文》「賦，斂也」與郭注「賦税」，是賦之入。《爾雅》不專主量入言，郭注未該。《方言》平均，則就凡相賦斂言之。

耕讀作經。《寧河關志·方音》。

按，耕，《説文》从耒井聲，井、經疊韻字。今順天人謂犂地曰耕地，語耕若經，與寧河同。

積柴水中搏魚爲罧，幽州名之爲涔。《淮南·説林》高注。積柴水中捕魚爲罧，幽州名之爲槮。《爾雅正義》。積柴養魚謂之下溺。《懷柔吴志》。

按，《爾雅》：「槮謂之涔。」涔，潛之叚音。《毛詩》「潛」，《韓詩》作涔。釋文引《韓詩》云：「涔，魚池。」又釋文「槮」，《爾雅》舊文並《詩傳》並米旁，惟《小爾雅》木旁，郭音改米从木。《詩》「潛」釋文略同。《爾雅正義》云：「毛傳：『潛，糝也。』然則槮古本作糝，故《御覽》引舍人云：『以米投水中養魚爲涔也。』《詩正義》引李巡同，惟米作木爲異。是《爾雅》所謂糝也，後人不知糝字之義，改米從木，因生積柴之説。故《詩正義》引孫炎曰：『積柴養魚曰槮。』是郭注本孫炎，陸德明謂郭始改米从木，非也。槮乃罧之叚音，《説文》：『罧，積柴水中以聚魚也。』《淮南·説林》：『罧者扣舟。』高注：『罧者以柴積水中以取魚，魚聞擊舟聲藏柴下，壅而取之。』《説文》罧字義本《淮南》，而非《爾雅》義。《爾雅》自以作糝爲是。」邵説甚辨。《淮南》罧或作罛，莊校罛當作罧。今懷柔人謂積柴養魚曰下溺，溺疑罧、涔之變轉。

牧，斂口作鼻音。《寧河關志·方音》。

按，《説文》：「牧，養牛人也。從攴牛。」《廣韻》《集韻》《韻會》莫六切，又《集韻》莫候切，音茂。

燕俗名湯熱爲觀。《周禮·司爟》注。

按，《周禮·司爟》注：「故書爟爲燋。」杜子春云：「燋當爲爟，書亦或爲爟，爟爲私火。」玄謂爟讀如「予若觀火」之觀。今燕俗名湯熱爲觀，則觀火謂熱火與？陸氏音義爟，古喚反；燋，哉約反。李又音灼。《觀，古喚反。賈疏：「子春不從古書燋，還從爟，爲私火者。民間理爨之火爲私火，亦如後鄭爲『熱火』也。後鄭『讀如予若觀火』者，盤庚告其羣臣，不欲徙而匿情者，予若觀熱也。我有刑罰如熱火可畏。故引燕俗以湯熱爲觀，亦取熱火之義。」釋文觀、爟，古喚反。然則觀爲爟之同聲叚借字。《説文》：「舉火曰爟。」熱，《説文》：「温也。」《釋名》：「爇也，如火所燒爇。」觀，疑即《説文》涫字，云：「涫，灊也。」涫、觀聲近。

飯讀作泛。《寧河關志·方音》。

按，飯，今分上去二聲。《廣韻》扶晚切，《集韻》《韻會》父遠切，即《玉篇》所謂餐飯也。《唐韻》符萬切，《集韻》《韻會》扶萬切，指炊穀爲飯言。然飯，古止反聲，《説文》可據，篆文列餐、養下，據知飯，食也。與「餱，晝食」〔一〕、「餔，申食」之食同。《儀禮·少牢》注或言食，或言飯。食，大名，小數曰飯，不必如段注《説文》加之字，其誼自明。徐切符萬，非許意。《禮·曲禮》「飯黍」、《文王世子》「一飯、再飯」，類此皆用本誼。《曲禮》「毋摶飯」，是引申意。寧河飯讀若泛，非。古音猶與唐音合，泛誼自異，不當云讀作。

〔一〕晝：原誤作「盡」，據《説文解字》改。

北燕謂麴爲䴽。《集韻》五支引《方言》。今《方言》本云「北鄙曰䴽」。幽州謂麴曰䴽。《集韻》五支。𪌉𪍊，燕曰𪍊麪。《事物紺珠》。

按，《集韻》䴽，班麋切，「幽州謂麴曰䴽」。又頻彌切，引《方言》「北燕謂麴曰䴽」。又賓彌切，引《博雅》「䴽、𪌆，𪍴也」〔一〕。今《方言》十三云：「𪍿、𪌳、𪌉、𪌆、䴽、𪎊、𪍊，麴也。自關而西秦豳之間曰𪍿，晉之舊都曰𪌳，齊右河濟曰𪌉，或曰𪌆，北鄙曰䴽，麴，其通語也。」鄙字無著，當依《集韻》訂正。曰北燕，引其辭也；曰幽州，本其旨也。䴽，郭音脾。𪌉，郭音于八反。𪍊，郭音餜，各本誤䴵。郭注：「小麥麴爲𪍊，即䴬也。」各本䴬誤䴷，今依宋本。《説文》：「麴，酒母也。」

引酵，發麪糟也。《寧河關志・方音》。

按，《廣韻》酒酵，即《集韻》所謂酒滓也。蕭子顯《齊書》：「永明九年正月，詔太廟四時祭，薦宣皇帝起麪餅。」注：「發酵也。」韋巨源《食單》有婆羅門輕高麪。今俗籠蒸饅頭，發酵浮起者是也。金天會九年，額外課其十八曰酵。泰和四年定糟酵錢。遼元志有酵課。又按順天人謂發酵曰麪酶，語酶音如肥，與《集韻》莫杯切聲近，《集韻》：「酒本曰䤕。或作酶。」《韻會》通作媒。《漢・李陵傳》師古注：「齊人名麴餅曰媒。」

〔一〕𪍴：原誤作「𪍷」，據《廣雅》改。

膊、晞，暴也。燕之外郊凡暴肉，發人之私，披牛羊之五藏，謂之膊。暴五穀之類，北燕之郊謂之晞。《方言》七。

按，《方言》七：「膊、曬、晞，暴也。東齊及秦之西鄙言相暴僇爲膊。燕之外郊朝鮮洌水之間凡暴肉，發人之私，披牛羊之五藏，謂之膊。暴五穀之類，秦晉之間謂之曬，東齊北燕海岱之郊謂之晞。」膊，郭音「膊脯」〔一〕，舊本又有「普博反」三字，盧本删。然考膊即脯也，「膊脯」或是注，非音，音字疑有譌，「普博反」乃郭音也。與《唐韻》《集韻》《韻會》「膊，匹各切」亦合。《廣雅》：「膊，脯也。」《釋名·釋飲食》：「膊，迫也〔二〕。薄椓肉，迫著物使燥也。」《説文》：「膊，薄脯，膊之屋上。从肉尃聲。」段注：「膊之屋上，當作薄之屋上。薄，迫也。」《釋名》説與許同。《左傳》：「龍人囚盧蒲就魁，殺而膊諸城上。」《周禮》：「斬殺賊諜而膊之。」皆謂去衣磔其人，如迫脯於屋上也。據段説，則舊訓膊爲磔，誼猶未盡。《淮南·説林》：「一膊炭熯。」《廣雅》：「膊，曝也。」曝與暴同。又與爆同。《墨子·親士》篇：「靈龜近灼，神蛇近暴。」《説文》：「爆，灼也。」暴之同爆，亦猶晞之通烯，膊、暴聲轉。王氏《廣雅疏證》云：「今俗語亦云薄曬。」然則薄亦膊之聲轉。晞，《説文》：「乾也。从日希聲。」《詩》「東方未明」，疏：「晞，日之光氣。」又「白露未晞」傳、「匪陽不晞」傳、《禮·玉藻》「髮晞用象櫛」注、《一切經音義》十八引《字林》《廣

〔一〕膊：原脱，據《方言注》補。
〔二〕迫：原誤作「沮」，據《釋名》改。

雅・釋詁》，並云晞，乾也。《方言》十三：「乾，熯也。」《玉篇》：「晞，熯也。或作烯。」又《方言》十：「晞、曬，乾物也。揚楚通語也。」郭注：「亦皆北方通語。」

熬讀作鐃。《寧河關志・方音》。

按，熬，《説文》云：「乾煎也。从火敖聲。或从麥。」《方言》：「火乾也。凡以火而乾五穀之類，自山而東，齊楚以往謂之熬。」《後漢・邊讓傳》：「少汁則敖而不可熟。」《唐韻》五牢切，《集韻》《韻會》牛刀切，與《説文》敖聲合。寧河人讀若鐃，則敖聲之轉。

膂，儋也。燕之外郊謂之膂。《方言》七。

按，《方言》七：「攍、膂、賀、艜，儋也。燕之外郊，越之垂甌，吴之外鄙謂之膂。」今考《説文》：「儋，何也。从人詹聲。」《釋名・釋姿容》：「儋，任也。任力所勝也。」《國語・齊語》「負任儋何」〔一〕，注：「肩曰儋。」《史記・貨殖傳》「漿千儋」，注：「一儋，兩甖也。」《漢羊竇道碑》：「騎馬負偹。」偹即儋字，儋通擔。《漢書・高紀》集注引服虔曰：「儋音負擔之擔。」是不知儋即擔本字也。膂，即《説文》呂字，云：「脊骨也，象形。昔大嶽爲禹心呂之臣，故封呂侯。膂，篆文呂，从肉旅聲。」段注：「呂，象顆顆相承，中象其系聯也。沈氏彤《釋骨》曰：『項大椎之下二十一椎，通曰脊骨，曰脊椎，曰膂骨，或以上七節曰背骨，第八節以下乃曰膂骨。』古文無膂，秦

〔一〕「語」下原衍「注」字。

文乃有膂，《急就篇》：『尻寬脊膂要背僂，骨腳膝臏脛爲柱。』云要背僂，曰脛爲柱，辭意相封。皇象碑不誤。若顔本膂呂重出，師古不得不以脊内肉、脊骨分釋之。」今考膂、旅同。《廣雅·釋詁》：「旅，擔也。」膂又作膐。《方言》六：「躧、膐，力也。東齊曰躧〔一〕，宋魯曰膐〔二〕。膐，田力也。」然則用力於田與用力於儋，皆以力名膂，故《方言》郭注：「擔者用膂力〔三〕，故名云。」

灒，今京師驅車者呼之，其音如荐。《説文釋例》。

按，《説文》：「灒，汙灑也。一曰水中人也。」《一切經音義》三引《説文》汙上有相字，與《玉篇》符，與今本異。王氏《釋例》：一曰校異文，苟不爲其中人，安問其灑乎？然驗之今京師驅車人呼灒泥必曰泥者，知灒正用「水中人」誼。段氏所謂「兼指不汙者言」是也。如用汙灑誼，又可第呼灒矣。灒通濺㖃淺湔。《一切經音義》三灒又作濺㖃。《史記·藺相如傳》：「請得以頸血濺大王。」楊泉《物理論》：「恐不知味而唾㖃。」《集韻》灒，或作淺湔濺。鄭注《士虞禮》：「槃以盛棄水，爲淺洿人也。」《通俗文》：「旁沾曰湔。」《齊策》「臣請以臣之血湔其旌」，高注：「湔，汙也。」又《一切經音義》云：「江南言灒，子旦反。山東言湔，子見反。」然則灒本與湔濺音義互通。《釋例》僅云其音如荐，似未之深考。

〔一〕躧：原誤作「踞」，據《方言》改。

〔二〕曰：原脱。

〔三〕用：原誤作「曰」，據《方言注》改。

摘讀作債〔一〕。《寧河關志·方音》。

按，摘，《説文》云：「拓果樹實也。一曰指近之也。」《唐韻》《集韻》《韻會》他歷切，音剔。又《唐韻》竹厄切，《集韻》《韻會》陟革切，音謫。寧河人摘讀若債，謫、債聲之轉。

更讀作經。《寧河關志·方音》。

按，今順天人語更改之更，音作庚。語嚴更之更，則音若經。張衡《西都賦》「衛以嚴更之署」，注：「督夜行鼓也。」

霍讀作火。《寧河關志·方音》。

按，今世輕財曰揮霍。《廣韻》虚郭切，《集韻》《韻會》忽郭切，又《集韻》曷各、靃各二切。《史記·周勃世家》注：「正義曰：霍音瑣，又蘇寡切。師古曰：山寡切。」類此皆與火音近。寧河人讀若火，不當云讀作。

訛讀作挪。《寧河關志·方音》。

按，訛，《玉篇》云與譌同。《説文》引《詩》「民之譌言」。《宋·五行志》引同《説文》。今《小雅》本作訛。「平秩南訛」，《史·五帝紀》作譌。《漢·王莽傳》「以勸南僞」，師古注：「譌讀曰訛。」《集韻》訛通作吪。《詩》「尚寐無吪」，傳：「吪，本亦作訛。」《淮南·天文》「介蟲不爲」，爲

〔一〕摘：原作「樆」，下同，據《説文解字》釋文改。

即譌省，當依《爾雅》《方言》《玉篇》訓化。《廣韻》訛，五禾切，《集韻》《韻會》吾禾切，又《集韻》牛何切。今寧河方音讀若挪，聲相轉也。

樹植，立也。燕之外郊，凡言置立者謂之樹植。《方言》七。

按，《説文》：「樹，木生植之總名也〔一〕。从木尌聲。尌，籒文。」植立之樹當爲侸，尌豎叚借作樹。故《説文》：「侸，立也。从人豆聲。讀若樹。」《玉篇》侸云：今作樹。《廣韻》侸同尌。又《説文》：「尌，立也。从壴从寸。寸，持之也。讀若駐。」侸、樹聲同，尌、樹聲近，故叚作樹。然樹實有侸、尌誼。許云尌聲者，以聲而包象形、會意也。《説文》：「壴，从中，艸木初生也，象丨。所謂丨者，引而上行有植立意。」尌从寸，即《説文》所謂持之也。持有手植意。《漢・嚴助傳》集注、《西域傳》集注、《文選・西京賦》「修旃」薛注，並云：「樹，植也。」《左》成二年《傳》「樹德而濟同欲焉」注，又襄四年《傳》「樹之詐慝」注、昭元年《傳》「引其封疆而樹之官」注，並云：「樹，立也。」又植，古通殖。《方言》十二：「蒔、殖，立也。」宋曹毅之本殖字作植，諸本作殖。《漢・景紀》集注、《韓安國傳》集注：「樹，殖也。」《周語》：「以殖義方。」其殖訓立。《玉篇》：「殖，生也，種也。」《廣雅・釋詁》：「殖，立也。」此植、殖誼同文通之證。《説文》豎部：「豎，堅立也。」「栅，編樹木也。」《一切經音義》十四引《説文》樹作豎。今順天人猶語立曰樹植，或曰豎植。

〔一〕木：原脱，據《説文解字》補。

摳揄，旋也。凡物樹稼早成熟，燕謂之摳揄。《方言》六。

按，《方言》：「摳揄，旋也。秦晉凡物樹稼早成熟謂之旋，燕齊之間謂之摳揄。」摳揄者，即旋之聲轉。《說文》：「旋，周旋，旌旗之指麾也。」指麾有遠誼，故叚借爲語早熟字。《漢書·董仲舒》集注：「旋，速也。」

策、杪，小也。木細枝謂之杪，燕之北鄙謂之策。《方言》二。

按，《方言》：「私、策、纖、䒘、穉、杪，小也。凡草生而初達謂之䒘。穉，年小也。木細枝謂之杪，青齊兗冀之間謂之蔑，燕之北鄙朝鮮洌水之間謂之策。故傳曰：慈母之怒子也，雖折蔑笞之，其惠存焉。」今考《說文》：「策，馬箠，从竹朿聲。」經籍書策、籌策，皆叚借字。《方言》呼杪爲策，亦殊語叚借字。然許云朿聲，則聲包形誼，亦與杪誼通。《說文》：「朿，木芒也。象形。讀若刺。」考刺、朿古通，芒朿即杪也。

凡草木刺人，北燕謂之茦，或謂之壯。《方言》三。《爾雅注》云燕北。

按，《方言》：「凡草木刺人，北燕朝鮮之間謂之茦，或謂之壯。自關而西謂之刺。江湘之間謂之棘。」《一切經音義》引《方言》：「凡草木㓨人，關西謂之㓨，燕朝鮮洌水之間謂之茦。」今校，㓨即茦之或體。郭注《方言》引《爾雅》：「茦，刺也。」今校，茦，諸本作策。宋李文授本茦从艸，足資訂正。郭注《爾雅》：「草刺針也。關西謂之刺，燕北朝鮮之間曰茦，見《方言》。」是郭見本从艸。《廣雅·釋詁》：「茦、刺、壯，箴也。」茦一作策。景宋本、皇甫本作茦，正與郭見本、李本《方言》合。《説文》：「刺，直傷也。」又莿、莿互訓，雙聲又疊韻也。繫傳引《爾雅》舊注：「即草木之莿也。」《集韻》莿同莿，草芒。又《説文》：「朿，木芒也。讀若刺。」又云：「梗，山枌榆，有朿。」然則朿刺莿並文異誼同。又郭注《方言》云：「今淮南人亦呼壯。壯，傷也。」《山海經》謂刺爲傷也。《易·大壯》馬融、虞翻注並云：「壯，傷也。」

癟，不飽滿也。《寧河關志·方音》。

按，《玉篇》：「癟，枯病也。」寧河人方言謂不飽滿爲癟，蓋本枯誼。今順天人謂穀屬實不飽滿曰癟穀，又謂高粱取米餘皮曰癟花。

牡，斂口作鼻音。《寧河關志·方音》。

按，《説文》：「牡，畜父也。从牛土聲。」《唐韻》《集韻》《韻會》莫后切，又《集韻》《韻會》滿補切。

凡六畜勞傷，則鼻中常流膿水，謂之嗓病。又愛訐人之短者亦謂之嗓。陶宗儀《輟耕録》二十三。

按，《輟耕録》：「王和卿滑稽挑達。中統初，燕市有一蝴蝶，其大異常。王賦《醉中天》小令，其名益著。時有關漢卿者，王常以譏謔加之，關答不能勝。王忽坐逝，鼻垂雙涕尺餘。關詢其由，或對曰：此釋家所謂坐化也。後問鼻懸何物，又對：此玉筯也。關云：不是玉筯，是嗓。咸發一笑。凡六畜勞傷則鼻中常流膿水，謂之嗓病。又愛訐人之短者，亦謂之嗓。」《正字通》：「俗以馬病鼻流涎曰嗓。」今驗順天馬醫猶有此語。

突讀作覩。《寧河關志·方音》。

按，突，《廣韻》《韻會》陀骨切，《集韻》他骨切，又他括切，又徒結切，又陁没切，均無覩音。然突、覩亦聲之近。

郁讀作於。《寧河關志·方音》。

按，郁，《集韻》：「地名。」《唐韻》於六切，《集韻》《韻會》乙六切。今寧河讀若於，聲之轉。不當價，如吴語云罪過。《帝京景物略》。

按，順天人今語猶然。價，語助辭。故言弗若是曰不價。

給讀作紀。《寧河關志·方音》。

按，《説文》：「給，相足也。」《廣韻》居立切，《集韻》《韻會》訖立切，《集韻》又極業切，又於業切，又轄夾切，然並無紀音。寧河人讀若紀，聲相轉耳。不當云讀作。

小兒羣歌尾聲作以，八聲作巴。《帝京景物略》。

按，《帝京景物略》：「凡歲時不雨，家貼龍王神馬於門，小兒塑泥龍，張紙旗，擊鼓金〔一〕，焚香各龍王廟。羣歌：青龍頭，白龍尾，聲作以。小孩求雨天歡喜。麥子麥子焦黄，起動起動龍王。大下小下，初一下到十八。聲作巴。摩訶薩。初雨，小兒羣喜而歌曰：風來了，雨來了，

〔一〕擊鼓金：原誤作「聲金鼓」，據《帝京景物略》改。

禾場背了穀聲作古來了。」〔一〕今驗順天人語尾語八猶然。穀，另詳。
窄讀作齋上聲。《寧河關志·方音》。
按，窄，《廣韻》側柏切，《集韻》《韻會》側格切，並音責。寧河人讀若齋上聲者，齋之上聲爲宰，宰、責聲轉。
闊讀作渴。《寧河關志·方音》。
按，闊，《説文》作：「闊，疏也，涽聲。」《廣韻》苦括切，《集韻》《韻會》苦活切。今順天人羨人奢曰闊，語闊若渴，與寧河同。
略讀作料。《寧河關志·方音》。
按，略，《唐韻》離灼切，《集韻》《韻會》力灼切，並音掠。今順天人語少少曰略薄，略音若料，與寧河同。料，蓋掠之聲轉。
瑞讀作蕊。《寧河關志·方音》。
按，《説文》：「瑞，以玉爲信也。」《玉篇》：「信節也。」《唐韻》是僞切，《集韻》《韻會》樹僞切。寧河方音讀若蕊，聲相轉耳，不得云讀作。
燕人謂多曰錗。《類篇》、《集韻》八戈。錗，燕人云多。《廣韻》。

〔一〕背：原誤作「骨」，據《帝京景物略》改。

按，矮，从委从多，多亦聲。《集韻》：「委，音萎，委積，牢米薪芻之總名。」少曰委，多曰積。然則矮之爲言委積也。《類篇》鄔毁切，又鄔果切。《玉篇》矮，於果切。此矮、錁聲轉之證。錁，《廣雅》：「多也。」錁同夥。《史記·陳涉世家》：「夥頤。」今湖州人亦謂幾多曰幾夥。又《類篇》矮，若禾切。《廣雅·釋詁》：「矮，多也。」《廣韻》烏禾切，「燕人云多」。然則矮又多之聲轉。

够，多也。《寧河關志·方音》。

按，够，《廣韻》《集韻》作够，《集韻》云：「多也。」

幽州人語謂耿爲簡。《蜀志》注。

按，《三國志》：「簡雍，涿郡人也。」裴注：「或曰雍本姓耿，幽州人語謂耿爲簡，遂隨音變之。」今考古有簡姓，周大夫簡師父、魯大夫簡叔是也。簡雍姓氏變自耿，則初與漢耿弇、耿況同姓氏矣。《廣韻》：「耿，介也。」馮衍《顯志賦》：「獨耿介而慕古兮。」《禮·王制》注：「簡，誠也。」《謚法》：「一德不懈曰簡。」是簡、耿誼亦通。耿，《唐韻》《集韻》古幸切；簡，《唐韻》古限切，《集韻》賈限切，音近，故聲變。

燕語呼亾爲無。《水經·㶟水注》引《地理風俗記》。燕語呼毛爲無。戴本《水經·㶟水注》引《地理風俗記》。

按，亾、無同，不獨燕語爲然。《書》「無教逸欲有邦」，《漢書·王嘉傳》引咎繇曰：「亾敖佚欲有國。」《書》「咸秩無文」，《漢書·翟方進傳》云「咸秩亾文」。《説文》：「𣞤，亾也。从亾𣞤聲。」經傳亾訓無者，難可枚舉。呼亾爲無，非殊語也。戴本作毛是也。趙本作亾，而注釋則云「無鄉」，似呼爲毛鄉，酈故引《地理風俗記》之文以釋之。《佩觿》云：「河朔謂無曰毛。」《漢書·高惠高后文功臣表》「靡有孑遺，秏矣」，注：「今俗語猶謂無爲秏，音毛。」《後漢·馮衍傳》「饑者毛食」，章懷注：「案衍集作無，今俗語猶然者，豈古語亦通乎？當讀如模。」《井觀瑣言》：「南人謂毛曰膜。」見今驗毛讀如模。謂毛曰膜，即《爾雅義疏》所謂今人言無有曰没有之没也。無讀若模，又轉爲没，又轉爲毛。毛，莫袍切，不讀如模。

燕言鉬。《淮南·説林》高注。

按，《淮南·説林》「使但吹竽」，注：「但，古不知吹竽人。」但讀燕言鉬同也。

燕人言胡。《淮南·説山》高注。

按，《淮南·説山》高注：「荷，讀如燕人强秦言胡同也。」〔一〕今驗順天人言胡若虎平聲，與湖州人言胡若吴則異矣。

燕人言勑。《淮南·覽冥》高注。《淮南·本經》高注。

按，《淮南·覽冥》「澤受瀷而無源者」，注：「瀷，讀如燕人强秦言勑同也。」〔二〕又《本經》

〔一〕强秦：原脱，據《淮南子》高注補。

〔二〕秦：原誤作「春」，下同，據《淮南子》高注改。

「淌游瀷減」〔一〕，注：「瀷，讀燕人强秦言勅之勅。」

俗讀作須。《寧河關志·方音》。

按，俗，《説文》谷聲，《唐韻》似足切，《集韻》《韻會》松玉切。今寧河人則讀若須，音近聲轉耳。

膩肥肥，味厚也。《寧河關志·方音》。

按，《説文》：「膩，上肥也。」〔二〕《廣韻》：「肥膩。」今順天人亦有此語。肥肥，未詳。

烼烼，火盛也。《寧河關志·方音》。

按，烼，《集韻》户孔切，《類篇》胡動切，「烼烼，火皃」。

喌喌，呼鷄也。《寧河關志·方音》。

按，《説文》：「喌，呼鷄重言之。从吅州聲。讀若祝。」《左傳》「州吁」，《穀梁》云「祝吁」。《博物志》：「祝鷄翁善養鷄，故呼祝祝。」《集韻》或作咮，《廣韻》亦作咮。《夏小正》：「鷄桴粥粥也者，相粥粥呼。」《風俗通》：「呼鷄朱朱。」今順天人呼喌喌聲若朱。

頤頤，呼鴨也。《寧河關志·方音》。

〔一〕減：原誤作「域」，據《淮南子》改。
〔二〕上：原誤作「土」，據《説文解字》改。

按，今順天人呼鴨亦曰頤頤。疑頤頤即鴨鴨之聲轉。《埤雅》：「鶩，一名鴨。蓋自呼其名曰鴨也。」《禽經》：「鴨鳴呷呷，其名自呼。」《寧河關志·方音》又云：「都都，呼馬驢也；犢犢，呼牛也；歟歟〔一〕，呼猪也；簇簇，呼犬也。頭口，牲口也。」

爹，父稱也。《寧河關志·方音》。

按，《廣韻》：「爹，北人呼父也。」可爲寧河方言之證。然驗之今順天人，呼父曰爸爸。《集韻》引《説文》：「爹，父也。」今本無爸，疑爹之聲轉。《廣雅》：「爸、爹，父也。」

媽媽，母稱也。《寧河關志·方音》。

按，《集韻》《類篇》並引《廣雅》「媽，母也」。今《廣雅》本脱，王氏疏證據補是也。《玉篇》：「媽，莫補切，母也。」然今順天人呼母曰媽，則爲馬平聲。

爺，祖稱也。《寧河關志·方音》。

按，《玉篇》：「俗呼爲父爺字。」寧河屬之祖稱，疑爺爺急言之則爲爺。今順天人呼祖曰爺可證。

嬭嬭，祖母稱也。《寧河關志·方音》。嬭，原作奶，今訂正。

按，《寧河志》奶，疑嬭之俗字。《廣雅》：「嬭，母也。」《廣韻》：「嬭，楚人呼母也，奴蟹切。」

〔一〕歟：原作「斆」，據光緒《重修寧河縣志》改。

《集韻》女蟹切。並音疓。然則寧河方言呼嬭嬭音如乃，遂加女作奶〔一〕。

老爺，外祖稱也。《寧河關志·方音》。

按，呼外王父爲老爺，順天人亦然。

姥姥，外祖母稱也。《寧河關志·方音》。

按，寧河人稱外王母曰姥姥，其音如老。然考姥古同姆，《廣韻》《集韻》姆，莫補切，《集韻》莫候切，並無老音，且姆，女師也，嫂也，以稱外王母，誼亦未符。姥姥，疑是媪媪。媪有母誼，母之母，故呼媪媪。《漢·外戚傳》：「地節三年，求得外祖母王媪。」〔二〕《廣韻》《集韻》媪，烏皓切，音襖。今言如襖，即姥之聲轉。《康熙字典》亦云：「北人呼祖母爲嫽。」嫽，一曰盧皓切，音老，與媪通。

郭讀作葛。《寧河關志·方音》。

按，郭，《説文》作𩫏，又从邑𩫏聲。《唐韻》古博切，《集韻》《韻會》光鑊切。然則寧河人讀若葛，與諸韻書合。

廡，幽謂之庌。《一切經音義》十四、二十同。

〔一〕奶：原誤作「乃」。

〔二〕母：原脱，據《漢書》補。

按《一切經音義》十四庌五下反，「《説文》：『堂下周屋曰廡。』幽冀之人謂之庌。今言聽庌是也」。又二十庌顔假反，「幽冀之人謂之庌。經文作雅，非體也」。《釋名》則云「并冀人謂之庌」，與玄應説微異。當是各據所聞。庌，古音户，與廡聲相近，誼亦通。雅則同聲相叚也。

閣讀作稿。《寧河關志·方音》。

按，《説文》閣从門各，意兼聲。《唐韻》古洛切，《集韻》剛鶴切，《韻會》葛鶴切，並與《説文》各聲合。而寧河人讀作稿，則各聲之轉。

翟、宅，並讀作齋。《寧河關志·方音》。

按，翟，《廣韻》徒歷切，《集韻》《韻會》亭歷切。《國語》「自竄於戎翟之間」，注：「翟，或作狄。」此翟、狄同聲之證，不獨鳥名音狄矣。又《廣韻》場伯切，《集韻》《韻會》直格切。《史記·項羽紀》注：「陽翟，河南陽翟縣。」[一]唐有陝州刺史翟璋。《姓纂》：「《姓苑》本音翟，改音宅。」是翟又有宅音。宅，《唐韻》場伯切，《集韻》《韻會》直格切。順天人宅讀作齋，故翟亦因以聲轉。

京師人呼巷爲衚衕。《疑耀》。

按，京師呼街爲某大街，巷與街通則謂之衚衕。《篇海》云：「衚衕，街也。」《正字通》云：「京師街道曰衚衕。」殊未之晰。《疑耀》：「衚衕，世以爲俗字，不知《山海經》已有之。『食䲹鳥

[一] 南：原脱，據《史記正義》補。

可以止衕』，郭璞注：『治洞下也，音洞。』又：『飛魚，食之已痔衕。』獨衕字未經見。」今考《説文》：「衕，通街也。从行同聲。」段氏云：「衕、通疊韻，今京師衚衕字如此作。」《玉篇》：「下也。亦通街也。」《唐韻》徒紅切，《集韻》《韻會》徒東切，并音同。《廣韻》徒弄切，音洞，誼同。衚衕二字，元人入詩。巷，古同衖。《唐韻》《集韻》衖並同巷。《玉篇》衖亦作巷。《韻會》引《三蒼》云：「衖，宫中别道也。」《離騷》：「五子用失乎家衖。」《廣雅》：「閤謂之衖。」《廣韻》亦作郷，《韻會》《篇海》又作閧。《詩・鄭風》：「俟我乎巷兮，悔予不送兮。」巷，古音胡貢切，今衚衕字即巷字雙聲，疾讀爲巷，緩讀爲衚衕。又按衚衕爲衙衕之聲轉。《説文》：「衙，行皃。从行吾聲。」然則衙、衚聲近。楊慎曰：「今之巷道名爲衙衕。」又作俉侗。《南齊書》「西弄」注：「弄，巷也。」南方曰弄，北曰俉侗。

道讀作刀。《寧河關志・方音》。

按，道，《唐韻》徒皓切，《集韻》《韻會》杜皓切，又大到切。《詩・衛風》道、醜，《易林》道、苦。古音所諧異矣，然無刀音。寧河人道讀若刀者，道、刀同母，故聲轉耳。

聿，所㠯書也〔一〕。燕謂之弗。《説文》聿部。燕謂句，《集韻》《玉篇》同。燕謂之拂。《初學記》二十一引《説文》。

按，《説文》：「聿，所㠯書也。楚謂之聿，吴謂之不律，燕謂之弗。从聿一。」又云：「聿，手

〔一〕「所」下原衍「以」字，據《説文解字》删。

之走巧。」本或云从聿一聲，桂氏沿之，非也。《爾雅·釋器》：「不律謂之筆。」郭注：「蜀人呼筆爲不律也。」語之變轉。今考不律合聲爲筆，聲亦近聿。《唐韻》聿，余律切。《集韻》聿，允律切。可證弗亦聿之聲轉。《唐韻》《集韻》弗，分勿切。《爾雅·釋詁》「弗，治也」，與《華嚴經音義》引《漢書音義》「筆謂增益也」其誼通。《易》「拂經，于邱頤」，釋文引子夏傳作「弗」，注：「弗，輔弼也。」《禮·曲禮》：「史載筆。」徐廣《車服雜注》：「古者貴賤皆執笏，有事則書之，常簪筆。簪筆、載筆，皆所㠯輔弼也。」其誼又通。《初學記》二十一引《説文》「燕謂之拂」，以拂爲弗，與釋文引子夏傳同。又《文選》顔延年《應詔讌曲水》詩「滯瑕難拂」注〔一〕：「拂亦作弗，古字通。」《一切經音義》十四引《聲類》：「拂，扶也。」《廣雅·釋詁》：「拂，弼也。」皆與弗誼同。段注《説文》「弗同拂拭之拂」，猶隔一誼。

筆讀作彼。《寧河關志·方音》。

按，筆，《廣韻》鄙密切，《韻會》逼密切。今寧河人筆讀若彼，蓋聲之變轉。彼誼與筆難通，不得云讀作。

墨讀作密。《寧河關志·方音》。

按，《説文》：「墨，書墨也。从土黑。」大徐本有「黑亦聲」三字。《唐韻》莫北切，《集韻》《韻

〔一〕詔：原誤作「劭」，據《文選》改。

會》密北切。今順天人墨讀若莫，寧河人讀若密，皆聲之轉。非墨本誼〔一〕，不得云讀作。

錫讀作西。《寧河關志·方音》。

按，《説文》：「錫，銀鉛之間。从金易聲。」《唐韻》先擊切，《集韻》《韻會》先的切。又《集韻》斯義切，予也；他歷切，髮也。今順天人呼錫曰錫蠟，語錫若西去聲。寧河讀若西，皆聲之變轉，不得云讀作。

葉褕，毳也。燕之北郊曰葉褕。《方言》二。

按，《方言》二：「揄鋪〔二〕、幨幓、帗縷、葉褕，毳也。荆揚江湖之間曰揄鋪，燕北之郊朝鮮洌水之間曰葉褕。」郭注：「皆謂物之扞蔽也。今名短度絹爲葉褕也。」郭音臾，與《唐韻》羊朱切、《韻會》容朱切合。葉褕，舊本云葉輸。考《漢·江充傳》：「曲裾後垂交輸。」是輸亦通扞蔽誼。然《玉篇》云：「葉褕，度絹也。」郭説同此，故戴氏校《方言》本據以改定。《説文》：「毳，獸細毛也。」

補帄，補衣布角也。《寧河關志·方音》。

按，《説文》：「靪，補履下也。」徐鍇傳：「今履下以綫爲結，謂之釘底是也。」《廣雅》：「靪，

〔一〕墨：原誤作「蒙」。
〔二〕揄：原誤作「褕」，據《方言》改。

補也。」疏證：「靪之言相丁著也。今俗語猶言補丁。」

京師稱婦人所帶冠爲提地。《野獲編》。

按，《野獲編》：「提地，蓋鬏髻兩字，俱入聲，北音無入聲者，遂訛至此。」又云：「元人命婦所帶笄曰罟罟，蓋虜語也。」今驗提地即笄之聲轉。

鞋讀作蛇。《寧河關志·方音》。

按，《廣韻》《集韻》鞋，户佳切。又《集韻》懸圭切。《玉篇》本作鞵。今考鞋、蛇雖同母字，然寧河人鞋不聞讀若蛇，今順天人鞋語若寫平聲。

盓，北燕或謂之𥁐。《方言》五。

按，《方言》：「盓，海岱東齊北燕之間或謂之𥁐。」郭氏音義：「盓音亏。𥁐，書卷。」考亏即于，《御覽》引《方言》𥁐作捲。丁公著《孟子音》亦同，丁音引「海岱之間謂盌爲𥁐」，與今本小異。《集韻》𥁐，與棬桊圈鬳同。𥁐，居願切，音眷；又古倦切，義同。又逵員切，音權。《廣雅》：「𥁐，盂也。」《孟子》以杞柳爲桮棬。《禮·玉藻》「母没而杯圈不能飲焉」，注：「圈，屈木所爲，謂卮匜之屬。」棬即𥁐。然則𥁐之言卷曲也。《説文》：「盓，飲器也。」小徐、《後漢書注》、《御覽》引並作飲。大徐、《篇韻》《急就篇》飲作飯。《説文》又云：「盌，小盂也。」《廣雅》盂謂之槃。又通杅。《説文》：「椲，木也。可屈爲杅者。」《文選·答客難》「安於覆盂」，注：「盂與杅通。」

罃，燕之東北謂之㼽。《方言》五。

按，《方言》：「罃，燕之東北朝鮮洌水之間謂之㼽。」《説文》：「備火長頸缾也。」《急就篇》：「甀缶盆盎甕罃壺。」《五經文字》罃與甖同。《爾雅·釋器》注「甈甋，小甖」，釋文甖字亦作罃，《公羊》昭五年《傳》注作甖。《廣雅·釋器》：「㼽、罃，瓶也。」㼽，《方言》郭音暢，亦腸。《廣韻》㼽，直良切。《集韻》仲良切，音長；又直亮切，音仗；又丑亮切，音悵。

北燕謂瓶爲瓿。《集韻》。《類篇》。

按，《類篇》瓿，詰結切，又結計切。《玉篇》《廣韻》並云：「瓿，瓶受一斗者。」《廣雅·釋器》：「瓿，瓶也。」

甀，幽州曰瓦。許慎《淮南·氾論訓》注。

按，《淮南·氾論訓》：「抱甀而汲。」許氏注：「兖州小武爲甀，幽州曰瓦。」一本曰幽剡曰瓦，謌也。今曰瓦者，專指《集韻》所云「施瓦於屋」、《抱朴子》所云「燒泥爲瓦」也，古則爲陶器通名。《説文》：「瓦，土器已燒之總名。象形也。」「坏，一曰瓦未燒。」然則土器未燒曰坏，已燒曰瓦。《釋名》：「瓦，踝也。踝，确堅皃也。」亦言腂也，在外腂見也。《詩》「載弄之瓦」，傳：「瓦，紡塼也。」《儀禮·聘禮》「瓦大一」，注：「瓦大，瓦尊。」又《燕禮》「公尊瓦大兩」，注：「瓦大，有虞氏之尊也。」物異，皆得瓦名。甀呼爲瓦，亦瓦中之一也。許注或即甂也，並與甒、甂通。《方言》五：「甂、甀，甖也。周魏之間謂之甂。大者謂之甀。」《廣雅》：「甀、甂，瓶也。」

疊，器破未離也。《寧河關志·方音》。

按，疊，《廣韻》許覲切，《集韻》許慎切，《韻會》許刃切，同釁，隙罅也。龜瓦裂曰疊。寧河人方言亦存古誼。

鍑，北燕或謂之錪，或謂之鉼。《方言》五。北燕謂釜曰鉼。《集韻》。

按，《方言》：「鍑，北燕朝鮮冽水之間或謂之錪，或謂之鉼。自關而西或謂之釜，或謂之鍑。」郭氏鍑音富，錪音腆，鉼音餅。《說文》：「鍑，如釜而大口。」《漢·匈奴傳》「多齎鬴鍑薪炭」，注：「鍑音富，釜之大者也。」《一切經音義》二引《三倉》云「鍑，小釜也」，與許說異。然考《博古圖》，周獸耳鍑，容五斗八升，口徑八寸六分，兩目連環，似釜而口斂，口上載鬲以熟物。漢獸耳鍑，容一斗四升八合，口徑五寸，兩耳環，與周鍑同。鍑似二甌俯仰合，甌邊稍著上有小口。然則鍑小口，豈許所見形製或異與？《急就篇》：「鐵鈇鑽錐釜鍑鍪。」《廣雅·釋器》：「錪、鉼、鍑，釜也。」《說文》：「朝鮮謂釜曰錪。」《玉篇》：「錪，小釜也。」《集韻》錪，他典切。《集韻》鉼，卑正切，音摒。《廣雅》：「鉼，鬴也。」

鍬，燕之東北謂之斛。《方言》五。今燕以插地起土者爲鐵鍬。《爾雅義疏》。

按，《方言》：「鍬，燕之東北朝鮮冽水之間謂之斛，趙魏之間謂之喿。」郭云：「斛，湯料反。此亦鍬聲轉也。喿字，亦作鍬字。江東又呼鍬刀爲鏊。」盧文弨曰：「鍬，舊本皆作臿。下斛字，郭云『亦鍬聲轉』，鍬又兩見，若上不出鍬字，則文無所承。《正字通》引《方言》云『鍬，江淮南楚間謂之臿』，此書雖出近世，亦必有所本。今改从之。七消反。」《説文》：「𣂚，斛旁有𣂚，從斗庣聲。一曰突也。一曰利也。」《爾雅》曰：「𣂚謂之疀，古田器也。」然則𣂚從斗會意。曰田器，叚借字也。《爾雅》「𣂚謂之疀」，郭注：「皆古鍬鍤字。」《廣韻》：「鍬，臿也。亦作𣂚。」《爾雅釋文》：「古鍬字。」此𣂚、鍬字同之確證。鍬又同喿。《玉篇》作鐰，同鍬。與郭注「喿亦作鍬」合。《廣雅》：「喿，臿也。」𣂚，庣聲。銚，兆聲。故𣂚又爲銚叚借字。《詩》「痔乃錢鎛」，毛傳：「錢，銚也。」《説文》：「錢，銚。古者田器。」「銚，一曰田器。」段氏《説文注》：「𣂚銚喿三字同，即今鍬字也。」今考鐰、鍬皆同《新序·刺奢》篇「許綰負虆操鍤」之操〔一〕，疑即鐰。《説文》：「疀，𣂚也。」《釋名》：「鍤，插也。插地起土也。」或曰銷，或曰鏵。是鏵與《方言》之梩，郭音駭。即疀、臿之聲轉，銷即𣂚、鍬之聲轉。《爾雅義疏》：「今燕齊間以插地起土者爲鐵鍬，登萊間謂之钁頭。古今異名耳。」

橛，燕之東北謂之椴。《方言》五。

按，《方言》：「橛，燕之東北朝鮮洌水之間謂之椴。」椴，郭音段，注：「楬杙也〔二〕。」江東呼都。」今考木形之直而短者曰橛。橛同橜。《詩·兔罝》正義引李巡云：「杙謂橜也。」〔三〕《説

〔一〕虆：原脱，據《新序》補。之：原誤作「入」。
〔二〕楬杙：原誤作「楊栈」，據《方言》改。
〔三〕杙：原誤作「栈」，據《方言》改。本條同。

文》：「弋，橛也。」又云：「橜，弋也。從木厥聲。」橜之言厥，是聲亦會意，故橛或省作厥。《荀子・大略篇》：「和之璧，井里之厥也。」厥即橜字。《列子・黃帝篇》「若厥株駒」，張諶：「崔譔《莊子注》云：厥株駒，斷樹也。」釋文云「厥」，《說文》作「身，木本也」。株駒，亦枯樹本也。《廣雅・釋宮》：「椵，杙也。」疏證：「椵之言段也。今人言木一段兩段也。」郭注《方言》呼都者，都、櫫聲近，以楬櫫急呼之〔一〕，則爲都。《說文》：「楬，楬櫫也。」《周官・蜡氏》「置楬」，鄭衆注：「今時楬櫫是也。」《廣雅》：「楬，櫫，杙也。」《爾雅》「橜謂之闑」，注：「門閫也。」《玉藻》正義：「闑，謂門中央所豎短木也。」《晏子春秋》：「井里之困也。」困，即《說文》「門梱」之梱之省作困。《說文》：「樴，弋也。」《爾雅》「樴謂之杙」，注：「橜也。」《內則》正義引李巡曰：「樴，謂橜杙也。」《爾雅》「在牆者謂之楎」，《考工記・匠人》注引《爾雅》云「在牆者謂之杙」。《禮・內則》鄭注：「楎，杙也。」又《爾雅》「在地者謂之臬」，郭注：「臬，即門橜也。」

牀，其杠，北燕謂之樹。《方言》五。

按，《方言》：「牀，其杠，北燕朝鮮之間謂之樹，自關而西秦晉之間謂之杠。」然則樹亦高牀名。《益部耆舊傳》：「刺史每自坐高牀，爲從事設單席於地。」此高牀之證。古制牀几略同，故《說文》云：「牀，安身之几坐也。從木爿聲。」牀制同几，可坐，有足，牀亦可臥。服虔《通俗

〔一〕楬：原誤作「揚」，據《廣雅》改。本條同。

文》：「八尺曰牀。」劉熙《釋名》：「人所坐臥曰牀。牀，裝也，所以自裝載也。」此牀爲可臥可坐之證。樹之言豎，又立也。《説文》：「樹，從木尌聲。」然則謂杠爲樹，叚借字也。《説文》：「杠，牀前横木也。」與樹誼異。然考《爾雅》「素錦綢杠」，《説文》㫃部「旍，旌旗杠皃」，《考工記》「輪人爲蓋達常圍三寸，桯圍倍之」注「達常，斗柄下入杠中者。桯，車杠也」〔一〕，此杠亦有直誼之證。《高士傳》：「老萊子枝木爲牀。」與樹誼亦通。今順天人呼木榻曰牀。

車釭，燕謂之鍋，或謂之錕。《方言》九。

按，《方言》：「車釭，燕齊海岱之間謂之鍋，或謂之錕。自關而西謂之釭，盛膏者乃謂之鍋。」鍋，郭音戈。錕，郭音衮衣。《一切經音義》十一引《方言》「燕齊海岱之間名釭爲鍋」〔二〕，又十九引《方言》「自關而西謂之釭，燕齊海岱之間曰鍋」，均與今本異。《後漢·班彪傳》注：「釭，轂鐵也。」《玉篇》：「錕，車釭也。」又按順天人呼盛膏者爲鍋。

劍削，燕謂之室。《方言》九。

按，《方言》：「劍削，自河而北燕趙之間謂之室，自關而東或謂之廓，或謂之削，自關而西謂之鞞。」《説文》：「削，鞞也。從刀肖聲。」徐曰：「今人音笑，刀之匣也。」《詩·公劉》正義：「古之言琕，猶今之言鞘。」《集韻》仙妙切，本作鞘，或作鞘、𩋬。《一切經音義》十五引《説文》鞞

〔一〕車：原作「蓋」，據《考工記注》改。
〔二〕鍋：原誤作「鍚」，據《一切經音義》改。

上有刀字，又云陳思王《寶刀賦》「豐光溢削」是也。《蒼頡篇》作削，《玉篇》：「削，所以貯刀劍刃。」《釋名》：「刀其室曰削。削，峭也，其形峭殺裹刀體也。」凡刀劍削通謂之室。《國策・燕策》：「拔劍，劍長，操其室。」此燕呼削爲室之證。《史記・刺客傳》索隱：「室，謂鞘也。」《廣雅・釋器》：「室，劍削也。」

佻，縣也。燕郊縣物於臺之上謂之𠄌。《方言》七。

按，《方言》：「佻、伉，縣也。趙魏之間曰佻，燕趙之郊縣物於臺之上謂之佻。」佻，郭音丁小反。注：「了佻，縣物皃。」正文及注佻字並當依《一切經音義》《集韻》所引作𠄌。𠄌，象形。佻，後人妄改也。王延壽《王孫賦》：「𠄌瓜縣而瓠垂。」今順天人呼門邊縣鐵可加鎖者曰了弔。

櫪，北燕或謂之樎，或謂之皂。《方言》五。

按，《方言》：「櫪，梁宋齊楚北燕之間或謂之樎，或謂之皂。」郭注：「養馬器也。皂隸之名，於是乎出。」《匡謬正俗》：「以牡馬壯健，堪駕乘及軍戎者，皆伏皂櫪，芻而養之。」〔一〕《廣雅》：「樎，皂櫪也。」《集韻》：「樎，本作樎。」《玉篇》：「樎，櫪也。」皂，即《說文》草字云：「草斗，櫟實也。從艸早聲。」段氏曰：「俗作皁，作皂，於六書不可通。」《周禮・大司徒》：「其植宜早物。」〔二〕叚借早晚字爲之。然則呼櫪爲皂，亦叚借字。《史記・鄒陽傳》集解引《漢書音義》

〔一〕乘、皂、而：三字原脱，據《匡謬正俗》補。
〔二〕早：原誤作「皁」，據《周禮》改。

「皀，以木作，如槽」。

飤馬橐，燕謂之帪。《方言》五。

按，《方言》：「飤馬橐，燕齊之間謂之帪。」舊本飤作飲，《集韻》《類篇》引《方言》亦作飲，盧氏校定作飤。飤，通作飼。郭注《方言》云：「《廣雅》作振，音同耳。」然則《廣雅》今本作帪，後人從《方言》改也。《廣雅》：「帪，囊也。」疏證：「帪之言振也。」

旐子，酒簾也。《寧河關志·方音》。

按，《篇海》：「旐子，呼廣切，音慌，酒家望子。」旐、望一聲之轉。

索讀作鎖。《寧河關志·方音》。

按，《説文》米部：「索，艸有莖葉，可作繩索。從米糸。杜林説：米亦朱市字。」系部：「繩，索也。」《小爾雅》：「大者謂之索，小者謂之繩。」《急就篇注》：「索，總謂切，撚之令緊者也。」《漢書·地理志》集注引如淳曰「索音繩索之索」。《廣韻》蘇各切。《左》昭十二「八索」，釋文：「索，本作素。」《離騷》「憑不厭乎求索」，注：「索，音素。」《公羊》宣十二年「多索丁夫」，釋文：「索，本作策。」《水經·河水注》：「索郎，反語爲桑落。」然從無鎖音。寧河人讀若鎖，聲相轉耳。

方言下

雹讀作包。《寧河關志·方音》。

按，雹，《唐韻》蒲角切，《集韻》《韻會》弼角切，又《集韻》蒲沃切，並與讀作包者異。然《説文》雹，從雨包聲，是寧河方音猶存古聲。《釋名》：「雹，跑也。」《韻會補》：「洮岷間雨雹曰白雨，又曰硬頭雨。」

北燕謂凚曰泂，或從水。《集韻》四十一迥。

按，《集韻》泂下云：「北燕謂凚曰泂。」泂下云：「寒謂之泂，或從水。」《説文》無泂有泂，云：「泂，滄也。從水同聲。」《廣雅·釋詁》：「滄、瀙、冷、泂、清、涇、凍、淬，寒也。」泂，不從冫，《經籍纂詁》引之泂下，誤。《説文》滄、滄同訓寒，然則訓滄之泂誼亦同泂。《玉篇》：「泂，冷也。」「凚，寒極也。」《唐韻》凚，渠飲切。泂，古迥切。據知泂凚聲近誼通。《詩》：「泂酌彼行潦。」《爾雅·釋詁》：「泂，遠也。」泂爲迥叚借字，別一誼。

今京師人謂日昳爲晌午趖。《説文》段注。

按，趖，《説文》：「走意。從走坐聲。」《廣韻》蘇和切。《花間詞》：「荳蔻花間趖晚日。」今順天人謂日午爲正晌午，少西曰晌午趖。午語若火，趖語若錯。《説文》無晌有饟，云「晝食」也。今俗謂日西爲晌午，頃刻爲半晌，猶饟之遺語也。

暮，斂口作鼻音。《寧河關志·方音》。

按，暮，《説文》作莫，云「日且冥也。从日在茻中，茻亦聲」。又云「茻讀若與冈同」。《唐韻》莫，慕各切。《集韻》末各切。

北，讀作卑上聲。《寧河關志·方音》。

按，北，《唐韻》博墨切，《集韻》《韻會》必墨切。順天人語無此音，其語北若背，與《集韻》補妹切、《韻會》蒲妹切適合。諺云：「雲跑北，發大水。」蓋讀水若雖去聲，故與讀北若卑去聲協也。寧河方音轉爲卑上聲，則又微異。

國讀若鍋。《寧河關志·方音》。

按，國，《唐韻》古或切，《集韻》骨或切。寧河人讀國若鍋者，國鍋同母，一聲之轉。

畝，斂口作鼻音。《寧河關志·方音》。

按，畝，《説文》作晦，每聲，或从十久。據知畝爲晦之或體。《周禮》作晦，與許合。《唐韻》莫厚切，《集韻》《韻會》莫後切。《詩·豳風》：「饁彼南畝，田畯至喜。」據知畝有米音。班固《西都賦》：「士食舊德之名氏，農服先疇之畎畝。商循族世之所鬻，工用高曾之規矩。」此正與《豳風》合。今順天人讀畝，斂口作鼻音，亦每聲之轉。

墳，地大也。幽凡土而高且大者謂之墳。《方言》一。

按，《禮·檀弓》「墓而不墳」，注：「土之高者曰墳。」郭注《方言》云：「即大陵也。」考《爾雅·釋地》：「大阜曰陵。」又《釋丘》：「後高，陵丘。」《釋名》：「陵，崇也。體崇高也。」並與郭誼合。又《方言》：「冢，秦晉之間謂之墳。」《説文》：「冢，高墳。」《書正義》引舍人曰：「冢，封之大也。」今考冢土、冢君、冢宰、冢子、冢祀，皆大也。墳又通賁。《周禮·司烜》：「共墳燭。」

通賁。《詩》「賁鼓維鏞」，《書》「用玆賁賁」，皆大也。

墓，斂口作鼻音。《寧河關志·方音》。

按，墓，《説文》从土莫聲，《廣韻》《集韻》《韻會》莫故切，又《集韻》蒙晡切。漢班固《叙傳》注：「墓，音模。」

燕京之音呼谷爲鼓。《二申野録》。

按，呼谷聲若鼓，今順天人猶然。《二申野録》：「北京童謡云：馬倒不用喂，鼓破不用張。馬永成、張永、谷大用、魏彬四宦，耑權害政，後皆廢出。鼓即谷也，燕京之音爲鼓云。」

寧河方音阜讀作當。《寧河丁志》。

按，阜，《説文》作𨸏，云「山無石者」。《釋名》：「土山曰阜，言高厚也。」《詩·小雅》「如山如阜」，誼取厚也。《小雅》「既阜」〔一〕，傳：「阜，猶多也。」《鄭風》「火烈具阜」，傳：「阜，盛也。」《説文》：「富，備也。一曰厚也。」《論語集解》引孔注、皇疏：「富，盛也。」然則阜、富，誼可通矣。其音亦近。阜，《唐韻》《集韻》房九切，《韻會》扶缶切〔二〕；富，並方副切。

濼，陂濼也。幽州名澱。《玉篇》。濼，幽州名淀。《一切經音義》一。陂池，幽州呼爲淀。《一切經音義》十二。

〔一〕小：原誤作「爾」。
〔二〕扶：原誤作「抉」，據《韻會》改。

按，《玉篇》：「濼，陂濼也。山東名濼，幽州名澱。」《一切經音義》一：「陂濼，大池也。山東名濼，幽州名澱，今亦通名也。」又十二：「陂池，山東名爲濼。鄴東有鸕鷀濼是也。幽州呼爲淀，音澱。」又十四：「陂池也。今關中亦名濼，幽州名淀。淀，徒見切。」《顔氏家訓》：「江陵向幽州淀中捕魚。」《文選·魏都賦》「掘鯉之淀」，劉注：「淀者，如淵而淺也。」《水經·汶水注》：「淀，陂水之異名也。」今驗淀通澱。《爾雅·釋器》「澱謂之垽」，注：「澱，滓澱也。今江東呼垽。」《説文》土部：「垽，澱也。」黑部：「黰謂之垽。」蓋黰即澱之異文。《文選·江賦》「栫澱爲涔」，注：「澱與淀古字通。」《一切經音義》二：「《字林》淤，澱滓也。今謂水中涅爲淤也。」涅，疑垽之譌。淀又省叚作定，《水經注》「巨淀」，《漢志》齊郡云「巨定」。

穀聲作古。《帝京景物略》。

按，《帝京景物略》：「小兒歌：禾場背了穀來了。」穀下注：「聲作古。餘詳尾下。」《説文》：「穀，續也。」此以疊韻字爲訓。又云「从禾㱿聲」，此制字時之本音。《唐韻》《集韻》《韻會》並古祿切，又《集韻》居候切。今順天人穀通呼若古，聲相轉也，不當云作。

今京師人謂穄爲糜。《爾雅義疏》。稷，今呼爲糜子。《寧河丁志》。

按，穄乃黍之一種。穄、稷音近，實非一物，故《説文》以穄、糜轉注，不以稷、穄互訓。《玉篇》：「關西糜似黍而不黏。」《穆天子傳》郭注：「穄似黍而不黏。」《一切經音義》十一引《倉頡篇》：「穄，大黍也。」又云「似黍而不黏，關西謂之糜」。《吕覽·本味》篇高注：「穄，關西謂之穈，冀州謂之𪎚。」《齊民要術》引《廣志》：「穄有赤白黑青黃凡五種。」《隋書·禮儀志》：「北齊藉千畝種赤黍、黑穄。」《三國志注》：「烏丸宜青穄。」今驗順天人通呼穄爲穈子。《寧河志》指穄爲稷，誤矣。然誤不自《寧河志》始，唐蘇恭云：「《本草》載稷不載穄，稷即穄也，楚人謂之稷，關中謂之穈。」《九穀考》已辨其誤。又《九穀考》云：「今太原以東呼不黏者爲穈子，武邑人亦呼之曰穈子，穈之米曰穈米。」《廣雅疏證》：「今北人呼穈爲穈黍，亦稱穄子，今江淮間亦呼穄米，無作稷稱，恐楚人自是呼穄，蘇氏誤聽爲稷。至李時珍以穄爲稷，以穈爲黍，穄穈一物而二之，此不足深辨者也。」《爾雅義疏》：「秠蒙黑黍之名，即今之穄。京師人謂穄爲穈，登州人通謂之黍。」

黍，寧河人謂之爲黃米。《寧河關志》。

按，《齊民要術》引《氾勝之書》：「黍者，暑也，種者必以暑。」《説文》：「黍，禾屬而黏者也。以大暑而種，故謂之黍。从禾，雨省聲。」據知與稷種孟春，《月令》謂之首種者異矣。《九穀考》：「今太原以東呼黏者爲黍子，不黏者爲穈子，武邑人亦呼之曰黍子、穈子，而呼黍之米曰黃米，穈之米曰穄米。」此説最晰。《湖州府志》：「黍，北方人呼黃米，亦曰黃穄。」誤也。黃穄者，穈子之黃種，《齊民要術》所謂「穄有黃色者」是，説詳穈注。今順天人亦呼黍爲黍子。

麥讀作買。《寧河關志·方音》。

按，麥，《唐韻》莫獲切，《韻會》莫白切，又《集韻》訖力切。《詩·鄘風》麥、北可證。今順天人麥語若買，寧河亦然，乃聲相轉耳，不得云讀作。

鹿藿，寧河人謂之豋豆。《寧河關志》。

按，《爾雅》「蔨，鹿藿，其實莥」〔一〕，注：「今鹿豆也。葉似大豆，根黄而香，蔓延生。」《説文》：「蔍，鹿藿也。」《廣雅》：「蔍，鹿藿也。」據知蔨、蔍物同名異，與《爾雅》蔍鹿注莓也異物同名。鹿、豋聲轉。《廣韻》豋，魯刀切。《集韻》《韻會》郎刀切。《玉篇》或作蹽。《古今注》：「豋豆，一名治豆，葉似葛而實長尺餘，可蒸食。一名豋菽。」《本草》「鹿藿」，唐本注云「鹿豆」〔二〕。《唐書・夏侯端傳》：「擷豋豆以食。」然則謂鹿藿爲豋豆，匪自寧河人始。俗又呼爲野緑豆。

王瓜，固安人謂之黄瓜。固安陳志。

按，今順天人通呼黄瓜者，種有二，一深緑，一淡黄，生熟可食，即湖州人所謂胡瓜也。以王瓜當之，則誤。《爾雅》「鉤，藈姑」，郭注：「鉤瓡也，一名王瓜，實如瓝瓜，正赤，味苦。」釋文引《字林》：「瓠瓡，王瓜也。」《廣雅》：「藈姑、瓠瓡，王瓜也。」《本草》：「王瓜，一名土瓜。」陶注：「土瓜生籬院間，亦有子，熟赤如彈丸。」《吕覽・孟夏紀》「王菩生」，高注：「菩或作瓜，瓠瓡也。」又注《淮南・時則》訓「栝樓」也〔三〕。又按鄭注《月令》：「王瓜，萆挈也。」〔四〕萆挈，與菝

〔一〕蔨：原誤作「菌」。莥：原誤作「狃」。據《爾雅》改。
〔二〕云：原作「名」。《證類本草》引作「云」。
〔三〕栝：原誤作「括」，據《淮南子》高注改。
〔四〕萆：原誤作「草」，下同，據《禮記》鄭注改。

薁同。正義云：「王瓜，萆挈也，魯《本草》文。」《廣雅》：「菝挈，狗脊也。」然則鄭注之王瓜與郭注之王瓜，同名異物。《爾雅》「菲芴」，郭注：「即土瓜也。」《廣雅》：「土瓜，芴也。」此又與「王瓜之一名土瓜」非一物矣也。

王瓜，今京師名赤雹子。《爾雅義疏》。

按，王瓜詳上。今順天人所謂赤雹子者，蔓生，葉無叉，其實生青熟赤，而小於鷄卵，與郭注《爾雅》「實正赤」、陶注《本草》「子熟時赤如彈丸」、唐本注「蔓生，葉無叉缺，子生青熟赤」正合，郝以王瓜當之，近是。然無瓜名，華黄，葉實並有毛，順天人亦呼刺包子。

菲，似葍，幽州人謂之芴。《詩·谷風》疏引陸璣《疏》。《爾雅·釋草》疏引。

按，《詩》「采葑采菲」，疏引陸《疏》云：「菲似葍，莖麤，葉厚而長有毛，三月中蒸鬻爲茹，滑美可作羹〔一〕，幽州人謂之芴。」《爾雅》又謂之「葸菜」。今河内人謂之宿菜。《續方言》葸謌葸。《爾雅》「菲，芴」，郭注：「即土瓜也。」又「菲，葸菜」〔二〕，郭注：「菲草，生下濕地，似蕪菁，華紫赤色，可食。」據郭似非一物。然菲、芴、葸菜、宿菜、土瓜，五者實一，特土瓜非《神農本草》所謂「王瓜一名土瓜」者也。《廣雅》：「土瓜，芴也。」郭説本此。《御覽》引崔實《四民月令》云：「二月盡三月，可采土瓜根。」此可補陸《疏》之漏。菲，非葍，故云似葍。《詩·谷風》鄭箋以菲爲葍

〔一〕滑：原誤作「甘」，據《爾雅正義》引文改。
〔二〕葸：原誤作「息」，據《爾雅》郭注改。

類，《左傳疏》引孫炎云「蓄類」也，本鄭義。芴、葸、宿，聲相轉也。

葈耳，菜名也。幽謂之檀菜。《淮南·覽冥訓》高注。生子如婦人耳中璫，今或謂之耳璫，幽州人謂之爵耳。陸璣《詩疏》。

按，《淮南·覽冥訓》「位賤尚葈」，高注：「葈耳，幽冀謂之檀菜，雒下謂之胡葈。」陸璣《疏》：「葉青白色，似胡荽，白華，細莖，蔓生，四月中生子。」《爾雅》「菤耳，苓耳」，郭注：「江東呼爲常枲，或曰苓耳，形似鼠耳，叢生如盤。」義疏云：「今未見蔓生者，郭注叢生亦未見。」《説文》：「苓，菤耳也。」《離騷》王逸注：「葹，葈耳也。」《本草》：「葈耳，一名胡葈，一名地葵。」《別録》：「一名葹，一名常思。」陶注：「常思菜，一名羊負來。」陳啓源曰：「卷耳，即藥中蒼耳子。」今考《列子釋文》引《倉頡篇》「葹耳，一名蒼耳」，《廣雅》「苓耳、蒼耳、葹、常葈、胡枲，枲耳也」，然則陳説其信，常思即常枲之變轉。

苕，苕饒也。幽州人謂之翹饒。《詩》陸璣《疏》。《史記·魏世家》注。翹搖，幽州謂之苕搖。《本草拾遺》。

按，《詩》：「卭有旨苕。」陸《疏》：「苕，蔓生，莖如營豆而細，葉似蒺藜而青，其莖緑色，可生食，如小豆藿。」《爾雅》「柱夫，摇車」，郭注：「蔓生，細葉紫華，可食，今俗呼曰翹摇車。」《本草拾遺》：「翹搖，幽州謂之苕搖，俗呼翹車是矣。」《爾雅正義》：「翹搖，俗謂之野蠶豆，小名小巢菜。《六書故》引項安世曰：『今之野豌豆，蜀人謂之小巢菜，豌豆謂之大巢也。』」《爾雅義疏》：「苕饒即翹搖，方音有輕重耳。」

葑，蕪菁。幽州人或謂之芥。《詩疏》引陸璣《疏》。

按，蕪菁，非菘亦非芥，芥味辛，秋以前葉可蔬，都中人謂之小芥菜，秋後醃食之曰芥菜，其根曰芥菜吃嗒。語吃音若格平聲，語嗒音若答平聲。其子研食曰芥末，辛可墮淚。《續博物志》云：「食芥墮淚。」《方言》：「蘴、蕘，蕪菁也。關之東西謂之蕪菁，趙魏之郊謂之大芥，小者謂之辛芥，或謂之幽芥。」此以蔓菁爲芥，説如陸《疏》，非也。《爾雅》：「須，葑蓯。」《説文》：「葑，須從也。」《詩·谷風》傳：「葑，須也。」鄭箋及《坊記注》並云：「葑，蔓菁也。」《書·禹貢》傳寅引鄭注：「菁，蔓菁也。」《急就篇》顔注：「菁，蔓菁也。一曰冥菁，一曰蕪菁，又曰芴菁。」《本草》陳藏器云：「蕪菁，北人名蔓菁。」《通鑑》七十二補注：「三蜀江陵之人呼蔓菁曰諸葛菜。」《爾雅義疏》：「蔓菁，味甜。《要術》引《廣志》『蕪菁有紫花、白花』。今驗紫花是蘆菔。《字林》又以葑爲蕪菁苗，亦非。《御覽》引《爾雅》舊注『江東呼蔓菁爲菘』。釋文謂郭誤。」

葍，一名蔏。幽州人謂之燕葍。《詩》「我行其野」，疏引陸璣《疏》。《爾雅疏》引陸《疏》。幽謂之燕蔏，一名爵弁，一名蕧根。《齊民要術》十引陸《疏》。按蕧一訛蔓，今正。

按，《詩》「言采其葍」疏，又《爾雅·釋草》疏引陸璣《疏》云：「葍，一名蔏。幽州人謂之燕葍，其根正白，可著熱灰中温噉之，飢荒之歲可蒸以禦飢。」漢祭甘泉或用之。其葉有兩種，葉細而花赤有臭氣也。毛晉本「幽州」上有「河内謂之蕘」五字，云「一本作花葉有兩種，一種葉細而花赤，一種葉大而花白復香」。魏賈思勰《齊民要術》十引陸璣《疏》云：「河東關内謂之葍，幽宂謂之燕葍，一名爵弁，一名蕧根。」丁晏校陸《疏》本謂「一名蔓根」，誤矣。《儀禮·士冠禮》「爵弁服，纁裳」〔一〕，注：「爵弁，色赤而微黑，如雀頭。」然此草既借以立名，則《詩疏》兩種中可斷爲赤莖之一種。葍，蕧茅。菟，雀弁。郭注一類而二種也。葍，華有赤者爲蕧，蕧、葍一種耳。其説與陸合。何于雀弁云未詳耶？《説文》：「蕧，葍也。一名舜。楚謂之葍，秦謂之蕧。」

藟，一名巨荒。幽州人謂之蓷虆。《易·困》釋文引《詩草木疏》。藟，一名巨苽。幽州人謂之蓷藟。陸《疏》丁氏校本。櫐，苣荒也。幽州謂之椎櫐。《齊民要術》引《詩義疏》。櫐，一作虆。

按，《易》「困于葛藟」，釋文引《毛詩草木疏》：「藟，一名巨荒，似蘡薁連蔓而生，幽州人謂之蓷虆。」陸《疏》丁本云：「藟，一名巨苽，似燕薁，亦延蔓生，葉如艾，白色，其子赤〔二〕，可食，酢而不美。幽州謂之蓷藟。」《齊民要術》引《詩義疏》曰：「櫐，苣荒也。苣，一作巨。幽州謂之椎櫐。」今考草種曰虆、曰藟，《説文》：「藟，草。从艸畾聲。」《詩》：「葛藟纍之。」《廣雅》：「藟，藤也。」又木種曰櫐、曰虆，《爾雅·釋木》：「諸慮，山櫐。欇，虎櫐。」《説文》：「虆，木也。从木藟聲。」《詩義疏》即陸璣《草木疏》也。或引作虆，又作藟、櫐，蓋古通用字。蓷藟疊韻，緩讀之爲蓷藟，急讀之則爲藟，方語有輕重耳。椎則蓷之叚借字，蓷非藟，蓷亦因聲叚借。

蔏苗、荻秀，幽謂之荻苕也。《淮南·説林訓》高注。

〔一〕纁：原誤作「練」，據《儀禮》改。
〔二〕赤：原脱，據《説文解字》補。

按，《淮南・説林訓》「蔿苗類絮，而不可爲絮」，高注：「蔿苗，萑秀。楚人謂之蔿。蔿，讀若敵戰之敵。幽冀謂之荻苕也。」蔿，一作藡；荻，一作萑，蓋荻蔿藡古通。《集韻》藡或从狄，《玉篇》藡同荻。《易》「萑葦」，注：「藡也。本作荻。」《周官》「司几筵」，注：「萑，如葦而細者。」藡，或作荻，萑之末未秀者也。《齊民要術》引陸璣《疏》云：「薍，或謂之荻。至秋堅成即刈，謂之萑。三月中生〔一〕。初生其心挺出，其下本大如箸，下鋭而細，一名蓫薚。揚州人謂之馬尾。」《詩正義》引陸《疏》云：「蒹，水草也，堅實，牛食之，令牛肥彊。青徐州人謂之蒹，兖州遼東通語也。」《爾雅》「蒹，薕」，郭注：「似萑而細，高數尺，江東呼爲薕藡。」又《爾雅》「菼，薍」，郭注：「似葦而小，實中，江東呼爲烏蓲。」又郭注《子虛賦》云：「薕荻也，似萑而細小。」陸、郭之説並歧，陸誤以荻與蓫薚爲一，故遂以荻與薍爲二。蓫薚，即下所謂旨苹也。郭曰似萑，是又以藡與菼薍爲二物矣。蒹之堅實，薍之實中，一也。故《説文》云：「菼，萑之初生。一曰薍，一曰騅。蒹，萑之未秀者。」《夏小正》傳云：「菼，未秀爲菼。」是《説文》所本。荻苕，則蔿苗之聲轉。雲龍驗藡與葦實爲二物，藡小而實中，《詩正義》引孫炎及《爾雅》郭注皆不誤，《詩》毛傳：「菼，蘆之初生者也。」蘆，當作萑，《説文》可證。李巡、舍人、樊光俱沿厥誤。

蓫薚，幽州謂之旨苹。《齊民要術》引《詩義疏》。

〔一〕中生：原脱，據《齊民要術》補。

按，《齊民要術》引《詩義疏》：「藬荻根下白而甜脆者，一名蓫薚。揚州謂之馬尾，幽州謂之旨苹。」今考旨苹恐非《爾雅》所謂「蓫薚，馬尾」也。郭注云：「《廣雅》曰馬尾蔏陸，《本草》云別名薚。今關西亦呼爲薚，江東呼爲當陸。」《説文》薚作募〔一〕，云：「募，草。枝枝相值，葉葉相當。」《易》「莧陸」，董遇云：陸，商陸也。《木草》商陸，一名薚根，一名夜呼。開寶本一名白昌，一名當陸。蜀本注：「葉大如牛舌而厚脆，赤花者根赤，白花者根白。」蘇頌《圖經》：「商陸，俗名章柳，春生，苗高三四尺，葉青如牛舌而長，莖青赤，至柔脆，秋開紅紫花，根如蘆菔而長。」《爾雅義疏》：「此草，俗名王母草，所見皆赤華。」〔二〕今以《玉篇》「葦柳，當陸別名」證之，是蓫薚舊有柳稱。蓫薚聲合爲當，俗謂封當草，此其一也，《説文》可證。然皆與《要術》所引陸《疏》「旨苹」異。

今羊蹏似蘆菔，幽州謂之蓫，一名蓨。《齊民要術》十引《詩義疏》。

按，《齊民要術》十引《詩義疏》云：「今羊蹏似蘆菔，莖赤，煮爲茹，滑而不美，多噉令人下痢。揚州謂之羊蹏，幽州謂之蓫，一名蓨，亦食之。」《爾雅義疏》：郝本、阮本並幽、揚二字互舛。《詩》「我行其野」，疏引陸《疏》云：「今人謂之羊蹏。」《爾雅》：「蓧，蓨。」又云：「苖，蓨。」郭注：「未詳。」今考，蓫，古通苖，或作堇，或作蓄。蓨，古通蓧。《説文》蓨、苖互訓。小徐無蓨。《玉篇》

〔一〕募：原作「薚」，據《説文解字》改。
〔二〕皆：原脱，據《爾雅義疏》補。

蓧、蓨、苗互訓。《集韻》堇，或作苗，通作蓫，羊蹏也。《説文》：「堇，里聲，讀若釐。」此蓫、堇通用之證。《詩》「言采其蓫」，箋：「蓫，牛蘈。」釋文：「蓫，本又作蓄。」《圖經》云：「《詩》蓫字或作蓄。」《名醫别録》：「羊蹏，味苦寒，一名蓄。」陶注：「今人呼爲秃菜。」郭音苗，他六反，則秃、蓄爲苗、蓫之變轉。蓫又通蓨，《易》「逐逐」，《漢書·叙傳》云「攸攸」。《釋名》：「篴，滌也。」篴，古音讀如攸。蓧、滌古音皆讀如蓨。《詩》「暵其脩矣」，釋文：「脩，本或作蓨。」《周官·司尊彝》「凡酒脩酌」，注：「脩，讀如滌。」《史記·周勃世家》「封爲條侯」，《表》條作蓨。《漢·地理志》「脩縣」，注：「脩音條。」《括地志》作蓨。《漢劉衡碑》：「除蓨令。」北魏《高植墓志》：「植，勃海蓨人。」《魏·地形志》作脩。《高肇傳》云：「渤海蓨人。」東魏《高湛墓志銘》：「湛，勃海滌人。」以滌爲條，與《漢蔡湛頌》以蕭滌爲蕭條同。

芄蘭，一名蘿藦。幽州人謂之雀瓢。《詩》陸璣《疏》。

按，《爾雅》：「雚，芄蘭。」郭注：「雚芄，芄字疑衍。蔓生，斷之有白汁，可啖。」《説文》雚作莞，云：「芄蘭，莞也。」引《詩》「芄蘭之枝」。繫傳：「芄蘭，蘿藦也。葉似女青。」《本草》陶注：「蘿藦作藤生，摘之有白乳汁，葉厚而大。」唐本注：「雀瓢，是女青别名。蘿藦葉似女青，故亦名雀瓢。」《爾雅義疏》：「葉似馬蹏，六月中開紫華，蔓延籬落，子綴如鈴，秋霜裂作小瓢，中出絮。」然今不名蘿藦，人無啖之者。有小草，細葉，色兼青白，枝蔓柔弱，其瓢圓鋭，中亦出絮，輒時兒童摘啖，有白汁味甜，疑此是蘿藦，俗呼苦蔞。與果羸之實同名。《爾雅釋文》：「雚，郭音灌。」藿蘭聲轉即苦蔞矣。苦蔞與藿蘭爲雙聲，恐此是也。

菠薐，通州人謂之赤根菜。通州高志。寧河人呼菠菜。《寧河關志》。

按，今順天人通呼菠薐爲菠菜。《玉篇》：「菠薐，菜名。」畿輔唐志：「菠菜，一名赤根。」《劉賓客嘉話》：菠薐菜，自西方僧將來，韋絢以爲頗陵國種。譌爲波，復加草。

木饅頭，京師謂之無花果。《倦遊録》。

按，《歐餘漫録》：「木饅頭，其枝梗粗，其葉比貼牆草更大。約以三言辨之，貼牆無花而無子，木饅頭有子而無花，薜荔有花而無子。」今驗京師人呼薜荔曰巴山虎。

玫瑰，寧河方言謂之離孃花。《寧河關志》。黄玫瑰，京師目爲刺梅。《日下舊聞》。

按，《遵生八箋》：「玫瑰有二種，其一種色黄，出燕中，花少小於紫玫瑰。」

蜀葵，京師呼秫稭。《爾雅·釋草》義疏。

按，《爾雅》：「菺，戎葵。」郭注：「今蜀葵也，似葵，華如木槿華。」疏：「戎蜀蓋其所自來，因以名之。」《爾雅翼》引古注：「戎葵，似木槿而光色奪目，有紅，有紫，有青，有白，有黄，莖葉不殊，但花色異耳。」《爾雅義疏》：「蜀葵，似葵而高大。戎、蜀皆大之名，非自戎、蜀來。或名吴葵、胡葵，胡、吴亦皆謂大也。蜀葵，葉如葵而大，莖高丈許，江南呼爲丈紅華，京師呼秫稭，登萊又呼秫齊華，並蜀葵之聲轉。黄者名黄蜀葵，葉如龍爪，雖冒葵名，實非葵類。崔豹、羅願並以此爲蜀葵，誤矣。《廣韻》戎作茙，其三十五馬稞字下云：稞，穀，南人食之，或云莪葵，丑寡切，是戎葵又名䔧。」郝説甚辨。然蜀固有大誼，邢疏似非無本。今四川特多，呼爲大蜀鞠，或曰棋盤華。今順天此華有淡黄者，又有黑者，莖葉及子與它色同，郭未之見，遂謂崔、羅爲誤耳。《廣韻》䔧乃穀名，當是穀類，與戎葵同名者。蜀葵非穀也，郝據以爲又名䔧，誤。

菽，蚍衃。《爾雅》。今順天人呼回回秫稭。《爾雅義疏》。

按，《爾雅》郭注：「今荆葵也，似葵，紫色。謝氏云：『小草，多華少葉，葉又翹起。』」《説文》：「菽，蚍虾也。」《詩·陳風》傳：「菽，芘芣也。」疏引舍人云：「菽，一名蚍衃。」陸璣《疏》：「一名荆葵，似蕪菁，華紫緑色，可食，微苦。」《廣雅》：「荆葵，菽也。」《古今注》：「一名荆葵，一名戎葵，一名芘芣，有紅，有紫，有白，有黄。」一曰蜀葵。羅願曰：「其説戎葵、蜀葵之狀可也，混荆葵、芘芣之名於内，非也。」《爾雅義疏》：「菽之言翹，今順天人呼回回秫稭，高二三尺，葉頗不似蜀葵，其實如蜀葵之實，惟形小耳。」羅、郝説是也。今順天人又呼小秫稭，花紫紅，又有白。

藥讀作耀。《寧河關志·方音》。

按，《説文》：「藥，治病艸。」《史記·三皇本紀》：「神農氏嘗百草，始有醫藥。」《急就篇注》：「艸木金石鳥獸蟲魚之類堪愈疾者，總名爲藥。」《唐韻》以灼切，《韻會》弋約切，音躍。《唐韻》古音，醫藥之藥去聲，音効。今順天人藥讀若耀，寧河音同，不得云讀作。

蘝，似括樓，幽州人謂之烏服。《詩・葛生》疏引陸璣《疏》〔一〕。

按，《詩》「蘝蔓於野」，釋文引陸《疏》云：「蘝，似栝樓〔二〕，葉盛而細，其子正黑如燕薁，不可食也。」又《詩疏》引陸《疏》云：「幽州人謂之烏服，《續方言補》烏譌鳥。其莖葉鬻哺牛，除熱。」蘝，《爾雅・釋草》作蘞，曰「蘞，菟荄」者，荄核通。蘝根形似核，故名曰烏服。又有白有赤，《玉篇》：「蘞，白蘝也。」《説文》作蘞，云「白蘞也」，或作蘝。繫傳云：「《本草》白蘝，藥也。」《本草嘉祐圖經》：「赤莖，葉如小桑，七月結實，根如鷄卵，三五枚同窠，皮赤黑，肉白。」

馬舄，一名車前，一名當道，喜在牛迹中生。幽州人謂之牛舌草。陸璣《疏》。

按，今順天人呼馬舄曰車前草，不曰牛舌草，蓋古今異語。《爾雅》：「芣苢，馬舄。馬舄，車前。」郭注：「今車前草，大葉，長穗，好生道邊。江東呼爲蝦蟆衣。」《詩・周南》毛傳用《爾雅》，疏引陸璣《疏》：「馬舄，一名車前，一名當道，喜在牛迹中生，故曰車前、當道。今藥中車前子是也。幽州人謂之牛舌草。其子治婦人難産。」《毛詩》釋文雖云：「《山海經》及《周書・王會》皆云芣苢，木也，實似李，食之宜子，出於西戎。《衛氏傳》及許慎並同，王肅亦同。」而後則云：「王基已有駁難也。」《御覽》九百九十八引《爾雅》郭注「蝦蟆衣」下有「《周書》所載同名耳」，非，此芣苢十字可以爲辨誤之證。《文選注》引薛君《章句》「芣苢，澤瀉也」，亦誤。蓋澤

〔一〕上「疏」字原脱。

〔二〕栝：原誤作「括」，據《經典釋文》改。

瀉，蕍瀉也，非馬舄。《本草別録》：「車前，一名蝦蟆衣，一名牛遺，一名勝舄。」蘇頌《圖經》：「春初生苗，葉布地如匙面，累年者長及尺餘，抽莖作長穗，如鼠尾，花甚細，青色微赤，結實如葶藶，赤黑色。」《莊子·至樂》篇：「鼃蠙之衣生於陵屯，則爲陵舄。」司馬彪云：「物根在水土〔一〕，布在水中，就水上視不見，抄之可得，楚人謂鼃蠙之衣。屯，阜也。物因水成而陸産，生於陵屯〔二〕，化作車前，改名陵舄。」

荷，芙渠，其根爲藕。幽州謂之光旁，爲光如牛角。陸璣《疏》丁氏校本。毛本牛作斗。藕，幽州人謂之光，爲光如牛角。《御覽》九百九十九引《毛詩義疏》。荷，水菜，夫渠也，其莖曰茄，其本曰蔤，其根曰蕅，其花曰夫容，其秀曰菡萏，其實曰蓮，蓮之藏者菂〔三〕，菂之中心曰薏。幽州謂之光。《淮南·説山訓》高注。

按，陸《疏》云：「荷，芙蕖。江東呼荷，其莖茄，其葉蕸，莖下白蒻，其花未發爲菡萏，已發爲芙蕖，其實蓮，蓮青皮裹白子爲的，的中有青，長三分如鉤爲薏，味甚苦，故俚語曰『苦如薏』是也。」「的五月中生，生啖脆，至秋表皮黑。的成實可磨以爲飯，飯，《藝文類聚》作散，《初學記》《御覽》作飯。如粟也。輕身益氣，令人强健。幽州揚豫取備飢年。其根爲藕，幽州謂之光旁，爲光如

〔一〕土：原誤作「上」，據《莊子集釋》引改。
〔二〕陵：原誤作「陸」，據《莊子集釋》引改。
〔三〕藏：原誤作「茂」。菂：原誤作「花」，下同。據《淮南子》高注改。

牛角。」毛晉本牛作斗。《御覽》九百九十九引《詩義疏》云：「其根爲藕，幽州人謂之光。謂，一譌爲。爲光如牛角。」似《御覽》脱旁字。旁，俗語之借字也，今俗謂滑潤爲光。《爾雅》「荷，其根藕」，《説文》作蕅，云：「芙蕖根，从艸水，禺聲。」《韻會》：「凡芙蕖行根如竹行鞭，節生一葉一華，華葉相偶，故謂之藕。」又郭氏《爾雅音義》云：「北方人以藕爲荷。」亦以蓮爲荷。此語今不謂然，順天人呼白華藕，白華者，其味美故名。

䓈，鷄頭也。北燕謂之䓈。《方言》三。鷄頭，水中芡，幽州謂之雁頭。《淮南子·説山訓》高誘注。

按，《方言》三：「䓈、芡，鷄頭也。北燕謂之䓈，青徐淮泗之間謂之芡，南楚江湘之間謂之鷄頭，或謂之雁頭。」郭注：「今江東亦名䓈耳。」各本䓈譌蕟，宋曹毅之本及《御覽》九百七十五引不譌。《淮南子·説山訓》「鷄頭已瘻」，高注：「鷄頭，水中芡，《御覽》九百七十五引芡譌草。幽州謂之雁頭。」與揚説異者，各述所聞也。《廣雅》䓈作䓈，云：「䓈，芡，鷄頭也。」《呂覽·恃君》篇高注：「芡，鷄頭也，一名雁頭。」崔豹《古今注》同。又《漢書·龔遂傳》「果實菱芡」，注：「師古曰：芡，鷄頭。」《周禮·籩人》注：「芡，鷄頭也。」《疏》：「鷄頭，俗有二名，今人或謂雁頭也。」《神農本草》：「鷄頭，一名雁喙。」陶注：「即今蔿子。」蘇頌《圖經》：「盤花下結實，形類鷄頭，故以名之，其莖菆之嫩者名蔿菜。」《齊民要術》：「芡，一名鷄頭，即今芰子是也。」然則蔿子、芰子亦方俗殊語。今順天人謂之鷄頭米，或曰芡實。

杏仁，味苦，一種甘者謂之巴旦杏，或謂之八達杏，又或爲八丹杏。《長安客話》。《日下舊聞》引脱末句。京師稱巴旦杏仁。《通雅》。

按，八達、八丹，乃巴旦之聲轉。《通雅》：「答烈，古大宛也，有蒲萄、巴旦杏，永樂七年麼賚等朝貢。」

銀杏，涿州人謂之白果，或呼鴨腳子。涿州吴志。北人稱爲白果。温革《瑣碎録》。

按，今順天人通呼白果，夜花有光。《格物論》：「銀杏，一名鴨腳，因葉相似也。」温革《瑣碎録》：「北人稱爲白果，南人稱爲靈眼。宋初始入貢，改名銀杏。」

羊棗，涿州人謂之軟棗，或呼丁香柿。畿輔唐志參涿州吴志。房山人呼黑棗。房山佟志。

按，順天人呼梬棗爲黑棗，軟當作檽。《説文》：「梬，梬棗也。似柿而小，一曰檽。」《古今注》：「檽棗，實似柿而小，味亦甘美。」師古曰：「梬棗，即今之檽棗也。」《内則》「芝栭」，賀氏曰：「芝，木椹；栭，軟棗。」《釋文》：「栭，本又作檽。」然則栭爲檽之叚借。又按《爾雅》：「遵，羊棗。」郭注：「實小而圓，紫金色〔一〕，今俗呼之爲羊矢棗。」引《孟子》「曾子嗜羊棗」。何氏焯曰：「羊棗非棗也，乃柿之小者，初生色黄，熟則黑，似羊矢，其樹再接即成柿矣。亦呼牛奶柿，亦呼檽棗。此以柿得棗名，《孟子正義》不得其解。」何説甚辨，段氏玉裁亦从之。然言檽棗非棗，是也；以羊矢棗爲羊棗，則非。厥誤蓋沿之郭，不知《釋木》自壺棗至捻棗皆棗也。如羊棗

〔一〕金：此蓋用《爾雅義疏》本，它本作「黑」，當作「黑」。

是梬，則非棗矣，羼入何爲？《説文》：「棗，羊棗也。」正《爾雅》所謂遵者，是《爾雅正義》「羊棗，北人俗呼爲羊妳棗」。段以梬爲羊棗，則不得不疑羊棗之羊爲衍文以自圓其説。何氏以羊棗爲梗，不得不疑正義、畿輔、涿州、房山諸志所謂羊棗皆當云梬棗。今俗曰梗棗，曰羊矢棗，曰羊妳棗，曰黑棗，曰牛奶柹，曰丁香柹，皆梬棗之别名。左思《吴都賦》「桾櫏」，注：「劉成曰：君遷之樹，子如瓠形。」《玉篇》：「桾櫏，出交趾，子如鷄卵。」司馬光《名苑》：「君遷子，似馬奶，即今牛奶柹也。」《正字通》：「桾櫏即梬。」段謂不當以羊棗當之，其云「羊棗者，羊矢棗也」，意以如瓠、如卵疑其非與？《釋木》「棗，壺棗」，郭注：「壺猶瓠。」「洗，大棗」，郭注：「如鷄卵。」梬棗雖非壺棗、大棗，而形圓微長，亦難遽斷爲非梬棗也。

樝，今順天人呼之鐵梨。《爾雅義疏》。

按，《爾雅》：「樝梨曰鑽之。」即《内則》所謂「柤梨者鑽之」也。鄭注：「梨之不臧者。」《説文》：「果似梨而酢。」與《爾雅》郭注同。張揖《子虚賦》注：「樝，似梨而甘。」《齊民要術》引《風土記》曰：「柤，梨屬，肉堅而香。」王楨《農書》：「樝，似小梨，西山唐鄧間多種之，味劣於梨，與木瓜入蜜煮湯則香美過之。」〔一〕《爾雅義疏》：「即今鐵梨，黄赤而圓，肉堅酸澀，煮熟則甜滑。今順天人呼之鐵梨。」

〔一〕煮：原誤作「魚」，據《廣雅疏證》《爾雅義疏》引文改。

蘋婆，房山人謂之頻果。房山佟志。

按，蘋婆，今順天人通呼頻果。婆果一聲之轉。《採蘭雜志》：「燕地，頻婆夜置枕邊微香，即佛書所謂頻婆，華言相思也。」王世懋《學圃餘蔬》：「北方頻果，即花紅之變也。」餘詳下。

蘋婆，一種小而色紅，房山人謂之來賓。房山佟志。涿州人謂檳子曰虎喇檳。涿州吴志。

按，虎喇檳云者，今順天人亦呼火裏檳，永清周志云唬喇檳，涿州吴志云虎喇檳，房山佟志云來賓，皆聲相變轉。其形類頻婆果而微長，色微紅，味亦遜，其晚出味澀者曰檳子。順天人亦呼聞香果。《日下舊聞》謂即赤棠，引《詩》毛傳「甘棠，杜也」、鄭注「北人謂之杜梨，南人謂之棠梨」，可證謂即陸《疏》之赤棠非也。赤棠即今所謂棠梨，徽州最多，北方亦多有之，與頻果絶不相似。

木，歛口作鼻音。《寧河關志・方音》。

按，《説文》：「木，冒也。」蓋以疊均爲訓。冒作鼻音。寧河人讀木猶近古音。

穀，幽州人謂之穀桑，或曰楮桑。《詩・鶴鳴》疏引陸璣《疏》。

按，《詩》「其下維穀」，疏引陸《疏》云：「穀，幽州人謂之穀桑，或曰楮桑，荆揚交廣謂之穀，中州人謂之楮，殷中宗時桑穀共生是也。」《説文》穀楮互訓。《五經文字》：「槃穀，上《説文》。」是《説文》篆舊作槃。《集韻》：「關中謂楮爲穀。」《廣雅》：「穀，楮也。」《南山經》「招摇有木如穀」，注：「穀，楮也。」《西山經》「鳥危之山，其陰多檀楮」，注：「即穀木。」《史記・貨殖傳》集解：「穀，木名，皮可爲紙。」《書·咸乂序》釋文：「穀，楮也。」《漢·郊祀志》「有桑穀生於庭」，注：「師古曰：穀，即今之楮樹也。」此皆穀即楮之證。《六書故》又云楮穀兩種，一種高大皮駁，實如楓實，熟則紅，《書》所謂桑穀並生者也。一種皮白葉長，實小似覆盆子，其木不能高大，俗謂扁穀，所謂楮也。《日華子本草》又謂皮斑者是楮〔一〕，皮白者是穀。其説互異，皆隨俗呼而强别也。然穀古讀若構，今順天人語猶然，構遂爲穀叚借字，故陶宏景《别録注》云：「穀即今構樹也。」《埤雅》引《物類相感志》云：「其膠可以團丹砂，語曰構膠，爲金石之漆是也，蓋俗所謂構漿也。吕書竹帛，類膠，故亦曰構膠。」《本草》：「楮實，一名穀實。」陶注：「此即今穀樹。穀音構。南人呼穀紙亦爲楮紙，武陵人作穀皮衣。」〔二〕《齊民要術》：「今世名之曰角楮。」非也。角穀聲相近，因訛耳。蘇頌《本草圖經》：「楮有二種，一種皮有斑花謂之斑穀，一種皮無花，枝葉大相類。」然則斑穀、角楮、扁穀，亦方俗殊語。

固安呼樗曰臭椿。固安陳志。

按，今順天人通呼樗曰臭椿。《説文》：「樗，木也。」今本與檴互譌。《詩》、《爾雅》釋文，《五經文字》可證。《詩》陸璣《疏》：「樗樹及皮皆似漆，青色耳，其葉臭。」《豳風》、《小雅》毛

〔一〕本：原誤作「木」。
〔二〕皮衣：原脱，據《證類本草》補。

傳：「樗，惡木也。」《唐本草》：「椿樗二樹，形相似，樗木疏〔一〕，椿木實。」蘇頌《圖經》：「椿葉香可啖，樗氣臭。北人呼爲山椿，江東人呼爲鬼目。」

今順天人呼竹篾爲竹笢，聲如泯，又轉而爲䈿，音彌。《廣雅疏證》。

按，《説文》：「笢，竹膚也。从竹民聲。」《玉篇》：「笢，竹表也。」《集韻》泥盡切。篾者，笢之聲轉。篾又轉爲䈿。《説文》：「䈿，筡也。」《一切經音義》十二引《字林》：「䈿，竹篾也。」又十五引《字林》：「䈿，析竹笢也。」《聲類》：「䈿，篾也。今中國蜀土謂竹篾爲䈿。」又云：「篾，䈿也。今蜀土及關中皆謂竹篾爲䈿。」今驗順天人呼竹笢爲竹篾，或呼竹青。徐鍇繫傳：「笢，竹青也。」《書・顧命》：「敷重篾席。」鄭注：「篾，析竹之次青者。」《説文》引《周書》「布重莧席」，莧，蓋篾之叚借字，許用孔壁古文，孔安國以今文字易蔑，衛包又改篾。又按笢名別有七：一曰筡，《説文》：「筡，析竹笢也。讀若絮。」二曰篛，《廣韻》：「篛，篾也。」三曰筠，《禮器》正義：「筠，是竹外青皮。」四曰筍，《書・顧命》鄭注：「筍，析竹青皮也。」引《禮記》：「如竹箭之有筠。」五曰簩，六曰膚，《集韻》簩音敷，聲與膚同。七曰㔶，《説文》：「㔶，古文丙。一曰竹上皮，讀若沾。一曰讀若誓。」

螗，燕謂之蛥蚗，或名之蜓蛛。《詩》陸璣《疏》，釋文引。土人呼爲蝍蟧。三伏鳴者聲躁以急，曰

〔一〕木：原誤作「本」。

伏天。入秋而涼鳴則淒短，曰秋涼。《帝京景物略》。《固安志》不云伏天，餘略同。　蛣蟟，順天謂之蝍蟟。蛩，順天人呼咨咨。　蜓蚞，順天人謂之夫爹夫娘。《爾雅義疏》。

按，蝍蟉、蛣蟟、蝍蟟，即《廣雅》蛴蛣之聲轉。《方言》十一：「蟬，海岱之間謂之蛴。」郭注：「齊人呼爲巨蛴。」《爾雅義疏》：「今黄縣人謂之蛣蟟，棲霞謂之蠽蟟，順天人謂之蝍蟟。」今驗順天人語蝍聲若鷄。《湖州志》所謂「俗名蛀蟟，亦作遮了，亦作知了」者即此。了蟟依聲叚借。　又蛥蚗、蜓蚞、伏天、夫爹夫娘，此爲蟬之一種，古今語別耳。陸璣《詩疏》：「螗，蟬之大而黑色者，一名蝘虭，一名虭蟟。青徐謂之螇螰，楚人謂之蟪蛄，秦謂之蛥蚗，或名蜓蚞。」此屬之螗，與《爾雅》《説文》《方言》異。《爾雅》：「蜓蚞，螇螰。」郭注：「即蝭蟧也，一名蟪蛄，齊人呼螇螰。」《説文》：「蛜蚗，蛁蟟也。」《方言》十一：「蛥蚗，齊謂之螇螰，楚謂之蟪蛄，或謂之蛉蛄，秦謂之蛥蚗。　自關而東謂之虭蟧，或謂之蜓蚞，西楚與秦通語也。」郭注：「江東人呼蟂蟧。」宋本蟂作蠔，此即《夏小正》傳蝭蠑、《廣雅》蹄蟧、《淮南・道應》篇注貂蟟也。《玉篇》：「蛥蚗，亦蟪蛄也。」《楚辭・九思》：「咿呹兮嚥嚥。」注：「或作蛜蚗。」《爾雅義疏》：「今東齊人謂之德勞，或謂之都盧，揚州人謂之都蟟，順天人謂之夫爹夫娘。」今驗此即《帝京景物略》所謂伏天者。　是今順天人亦呼伏涼，言聲聞伏中有涼意，或曰涼即不鳴。　自呼伏涼、夫爹夫娘，即伏天伏涼之聲轉。　蓋順天人語伏聲若夫也。　又按秋涼，如蟬而小，色青。《爾雅》：「蜺，寒蜩。」郭注：「寒螿。」《説文》：「蜺，寒蜩也。」《方言》：「蟪，謂之寒蜩。寒蜩〔一〕，瘖蜩也。」《廣雅》：「闇蜩，蟪也。」今考蟪之言瘖，闇瘖古通，瘖則不鳴，指秋深寂默言。《月令》：「孟秋，寒蟬鳴。」《夏小正》：「七月，寒蟬鳴。」指未瘖言。郭璞據《月令》以駮《方言》，未之審耳。《爾雅義疏》：「此蟬青緑色，鳴聲幽抑，俗人呼之秋涼者也。」《楚辭·九辯》曰：「悲哉，秋之爲氣也，蟬寂寞而無聲。」然則瘖蟬非《本草注》「瘂蟬，雌蟬不能鳴」者。又按順天人呼咨咨，即《爾雅》「蚻，蜻蜻」。郭注：「如蟬而小。」《方言》云：「有文者謂之螓。」《夏小正》曰：「鳴蚻，虎縣。」今《方言》十一：「蟬，有文者謂之蜻蜻，其鳴蜻謂之尐。」《夏小正》：「四月鳴札。」傳：「札者，寧縣也。」蜻蜻作螓，寧作虎，郭見本異矣。《詩·碩人》傳：「螓首，顙廣而方。」箋：「螓，謂蜻蜻也。」正義引孫炎曰：「《方言》云有文者謂之螓。」是孫見本與郭同。正義又引舍人曰：「小蟬，色青青者。」某氏曰：「鳴蚻蚻者。」《夢溪筆談》：「蛁蟟之小而緑色者，北人謂之螓。」然則蚻蚻急讀則爲螓，輕讀緩讀則爲咨咨。盧校《方言》云：「鳴，亦作蚻。」今杭人呼蚻蜩者，意即此與？蚻非蛥蚗，《廣雅》：「蛥蚗，蚻也。」文有脱竄，疏證已辨之矣。

蟋蟀，幽州人謂之趣織，里語曰：「趣織鳴，嬾婦驚。」陸璣《疏》。《御覽》九百四十九引趣作促。《續方言》引奪州字。蟋蟀聲如織，故幽州謂之促織。《帝京景物略》。京師呼促織爲趨趨。《野獲篇》。今順天

〔一〕寒：原脱，據《方言》補。

人謂之趨趨。《爾雅義疏》。蟋蟀別種三：肥大色澤如油曰油葫蘆，首大者曰梆子頭，鋭喙曰老米嘴。《帝京景物略》。

按，陸璣《疏》：「蟋蟀，似蝗而小，正黑有光澤如漆〔一〕，有角翅，一名蛬，一名蜻蛚，幽州人謂之趨織。督促之言也。里語曰『趨織鳴，嬾婦驚』是也。」《野獲編》：「京師呼促織爲趨趨，亦入聲之誤。今南客聞之，習久不察，亦襲其名誤矣。」今考順天人語趣與趨同，古音本無平入之別，促趣趨古通用，何云誤耶！《爾雅義疏》僅謂趨趨即促織、蟋蟀之聲轉，亦未之詳。陸《疏》趣織之趣，一本作趨，《御覽》引作促，《集韻》趣，趨玉切，音促；趨，趨玉切，同促。《詩》「左右趣之」，《賈子·連語》云「左右趨之」。《漢書》《高紀》、《成紀》注並云趣讀曰促。《漢書·賈誼傳》注：「趣，讀曰趨。」《廣韻》《釋名》：「疾行曰趨。」《史記·天官書》索隱：「趨謂促也。」此促趣趨誼通之左證。然則趨趨云者，其亦取紀時趨務，意與善鬬，順天人謂之鬬趨趨。據寧河丁志，知寧河人呼蟋蟀。《爾雅》：「蟋蟀，蛬。」郭注：「今促織也，亦名青蛚。」《説文》：「𧍷，悉𧍷也。」「蛚，蜻蛚也。」又云：「偲，聲也，讀若屑。」據知悉爲偲之省叚字。

蜻蜓，大而青者曰老青，紅而黃者曰黃兒，赤者紅兒。《帝京景物略》。蜻蛉，一種最大，京師名爲馬大頭。《本草衍義》。今呼赤色者爲火壺盧，大而青者，順天人呼老琉璃，亦曰馬郎。《爾雅義

〔一〕「正」上原衍「下」字，據陸《疏》刪。

疏》。今人通呼蜻蜓，順天人謂之流離，或謂之馬郎。《廣雅疏證》。

按，《爾雅義疏》：「今呼赤色者爲火壺盧，即紅胡黎之聲轉也，大而青者，順天人呼老琉璃，亦曰馬郎。馬古讀如姥，姥負音近，郎勞聲轉，然則馬郎即負勞之遺語。」今驗順天人呼馬郎，馬讀馬平聲，即《爾雅》所謂「虰蛵，負勞也」。郭注：「或曰即蜻蛉也，江東呼狐黎，所未聞。」釋文引《字林》曰：「蜻蛉，一名桑根。」與《說文》「蛉，蜻蛉也，一名桑根」同。《說文》又云：「丁蛵，負勞也。」與《爾雅》合。《列子·天瑞篇》：「厥昭。」釋文：「曾子云：孤黎，一名厥昭。」《廣雅》：「蜻蛉，𧌒蛉，倉螘也。」《方言》：「蜻蛉謂之蝍蛉。」郭注：「六足四翼蟲也，江東名爲狐黎，淮南人呼蠊蛜。」《埤雅》：「蝍蜓，飲露，六足四翼，一名蜻蛉。」《古今注》：「有青赤黃三種，青而大者曰青亭，小而黃者曰胡黎，一曰胡離，小而赤者曰赤卒，總曰蜻蛉。」《本草衍義》：「京師呼馬大頭者，身綠色。」然則蜻蛉之與虰蛵、桑根、蜻蜓、𧌒蛉、蝍蜓〔一〕、諸乘，老琉璃之與流離、火壺盧、紅胡黎，倉螘、蠊蛜、赤衣，馬郎之與蟌惹、負勞，皆聲轉。蜻蜓之與青亭，狐黎之與胡棃、胡黎、胡蟍、胡離，蝍蛉之與𧌒蛉〔二〕，皆異文。餘皆方俗異語也。

絡緯，便腹，青色，以股躍，以短翼鳴，其聲聒聒，名之曰聒聒兒。《帝京景物略》。草蟲一種，青色，善鳴者，順天人謂之聒聒，音如哥。《爾雅義疏》。

〔一〕蝍：原誤作「螂」。
〔二〕蝍：原誤作「螂」。𧌒：原誤作「畱」。

按，今順天人所謂聒聒者，色青，翼或緑或黑，善躍，振翼鳴，其聲清滑。亦謂之叫聒聒，雌不鳴，呼爲緑駒子。《文選》善注：「促織，一名絡緯。」《帝京景物略》以聒聒當之，誤。《爾雅義疏》：「登萊人謂之聒子，濟南人謂之聒聒，並音如乖。」

螻蛄，今順天人呼拉拉古。《爾雅義疏》。

按，《爾雅義疏》：「拉拉古，亦螻蛄之聲相轉耳。」今驗順天人呼拉拉蛄。《釋文》蛄，古乎切，正與今語合。俗又謂之土狗，取食土誼。土古蛄，一聲之變轉。《爾雅》：「螜，天螻。」郭注：「螻蛄也。」《夏小正》曰：「螜則鳴。」《説文》：「螻，螻蛄也。一曰螜、天螻。」「蠹，螻蛄也。」然則蠹螜一物。《廣雅》：「炙鼠、津姑、螻蜮、蟓蛉〔一〕、蛞螻，螻蛄也。」考蜮蟈同見《説文》，蟈蛄聲轉字通，而舊説多異。《月令》：「螻蛄鳴。」釋文引蔡邕《章句》以螻爲螻蛄，蟈爲蛙，《月令》鄭注以螻蟈爲蛙，《淮南》《吕覽》高誘注並以爲蝦蟆，其説不同。《孟子釋文》蚋，諸本或作蟉。一説云蟉姑即螻蛄也。

莎鷄，幽州人謂之蒲錯。陸璣《疏》。

按，陸璣《疏》：「莎鷄，如蝗斑色，毛羽數重，翅正赤，或謂天鷄。六月中飛而振羽，索索作聲〔二〕，幽州人謂之蒲錯。」《爾雅義疏》：「今謂趿塔蟲即索索，語聲之轉。」《爾雅》：「螒，天

〔一〕蟓：原誤作「蝪」，據《廣雅》改。
〔二〕索索：原誤作「孛孛」，下同。據陸《疏》改。

鷄。」郭注：「小蟲，黑身赤頭，一名莎鷄。」釋文本螒作翰，與《釋鳥》「翰，天鷄」混，引《字林》作螒。今考宋本作螒。《豳風》疏引李巡云：「一名酸鷄。」樊光謂：「小蟲，黑身赤頭，一名莎鷄。」《御覽》引孫炎説同樊，是郭所本。莎酸、蒲錯，皆聲轉，諸説陸較長。

螽斯，幽州人謂之春箕。《詩》陸璣《疏》。

按，《詩正義》引陸璣《疏》：「螽斯，幽州人謂之春箕。春箕即舂黍，蝗類也。長而青，長角長股，股鳴者也。或謂似蝗而小，班黑，其股似瑇瑁文，五月中以兩股相切作聲〔一〕，聞數十步。」《爾雅》：「蜇螽〔二〕，蜙蝑。」郭注：「蜙蠑也，俗呼蝽蟍。」《説文》：「蝑，蜙蝑也。蜙蝑，以股鳴者。蚣，蜙或省。」《考工記》：「以股鳴者。」鄭注：「蜙蝑，動股屬。」《詩·豳風》「五月斯螽動股」，《周南》「螽羽」，毛傳並云蜙蝑也。然則斯螽即螽斯，斯同蜇。釋文蜇，亦作蟴。《詩疏》引舍人曰：「蜙蝑，即所謂舂黍也。」《方言》：「舂黍謂之蜇蝑。」郭注：「又名蜙蜇，江東呼蚝蛨。」《一切經音義》二十五：「今江北通謂螽蝗之類曰蝩，亦曰簸蝩〔三〕，一名螽斯，一名蜙蝑，俗名舂黍。」今驗蚝蛨俗以呼蝗螽，亦以呼春箕，玄應説簸蝩，與《漢書·文紀》注「今俗呼爲簸蝩」同。蝩螽聲同字通，簸蝩疑蝗螽聲轉，非斯螽也。

〔一〕中：原脱，據陸《疏》改。
〔二〕蜇：原誤作「蛰」，據《爾雅》改。
〔三〕亦：原誤作「一」，據《一切經音義》改。

⿱𠂤蟲螽，涿州固安人俗呼螞蚱。涿州吴志。固安陳志。

按，⿱𠂤蟲，《説文》作𠂤，「𠂤蠜也」。《爾雅》作蛗，又作負。《詩》作阜。《玉篇》作⿰虫阜。《集韻》⿱𠂤蟲同蛗，或從蚰〔一〕。《詩正義》引李巡曰：「⿱𠂤蟲螽，蝗子。」釋文引陸《疏》：「阜螽，蝗子，一名負蠜。」然則⿱𠂤蟲螽爲螽總名。《涿州志》：「俗呼螞蚱者。」今順天人通呼蚱蜢，即《方言》所謂蟅蟒也。郭注：「蟅音近詐，亦呼虴蛨。」又郭注春黍下云：「江東呼虴蛨。」蓋春黍亦蝗類，故俗呼同耳。《爾雅義疏》：「今登萊人呼蛨虴音如禡詐，揚州人呼抹扎〔二〕，班黑者爲土抹扎也。」

螳蜋，燕謂之食肬。《藝文類聚》九十七引《鄭志》〔三〕。

按，《藝文類聚》：「王瓚問，曰：《爾雅》云：『莫貉〔四〕，螳蜋。』同類物也。今沛魯以南謂之蟷蠰〔五〕，三河之域謂之螳蜋，燕趙之際謂之食肬，齊濟以東謂之馬敫，然名其子，則同云螵蛸，是以注云『螳蜋，螵蛸母也』，此蓋鄭志之文。」《禮記疏》引作《方言》，誤也。《爾雅》云：「不過，蟷蠰。」〔六〕郭注：「蟷蠰，螗蜋別名。」《爾雅》又云：「其子蜱蛸。」郭注：「一名䗚蟭，蟷蠰卵

〔一〕「或」上原衍「⿱𠂤蟲」字，今刪。
〔二〕扎：原誤作「托」，據《爾雅義疏》改。
〔三〕聚：原作「集」。
〔四〕貉：原誤作「貂」。《爾雅》作「貈」，貈，同貉。
〔五〕蠰：原作「蜋」，據《藝文類聚》改。
〔六〕蠰：原作「蜋」，據《爾雅》改。下二同。

也。」又云：「莫貈、蟷蜋，蛑。」郭注：「螗蜋，有斧蟲，江東呼爲石蜋。」《説文》：「蠰，蟷蠰也。」「蟷蠰，不過也。」「蟲，蟲蛸也。」「蟲蛸，螳蜋子。」蟲或作蛗。又云：「堂蜋，一名蚚父。」《淮南》高注：「蟷蜋，世謂之天馬，一名齕肬。」《呂覽》高注：「蟷蜋，一名天馬，一曰齕疣。」然則食肬與蝕疣、齕肬、齕疣同。今順天人呼螳蜋曰刀蜋。

蚰蜒，或謂之入耳，北燕謂之蚭蚭、《方言》十一。蛉窮也。《淮南·泰族》篇。幽謂之蛸蚳。高注。

蚭，蟲名。蚰，蝓也。北燕謂之蚭蚭。《集韻》一屋。

按，《方言》：「蚰蜒，自關而東謂之螾𧎘，或謂之入耳，北燕謂之蚭蚭。」郭注：「江東又呼蛩。」今校諸本蜒作蝓，宋本作蜒，盧本校語云：「今人倒呼蜒蚰，見《爾雅翼》。」《考工記》鄭注：「卻行，螾衍之屬。」釋文：「此蟲能兩頭行，是卻行也。」《淮南》高注：「蛉窮，幽冀謂之蛸蚳〔一〕，入耳之蟲也。」邢疏：「此蟲象蜈蚣，黄色而細長，呼爲吐古。」

馬蚿，北燕謂之蛆蟝，其大者謂之馬蚰。《方言》十一。商蚷，北燕謂之馬蚿。《莊子·秋水》篇司馬彪注。《類篇》。《集韻》九魚。馬蚿，幽州謂之秦渠。《呂覽·季夏紀》高注。《淮南·時則訓》高注，又《説林訓》注。

按，《方言》郭注：「蛆蟝，蝍蛆。」《莊子·秋水》篇：「夔憐蚿，蚿憐蛇。」釋文引司馬彪云：「蚿，馬蚿蟲也〔二〕；夔，一足；蚿，多足；蛇，無足。」《秋水》篇又云：「使商蚷馳河，必不勝

〔一〕冀：原誤作「翼」，據《淮南子》高注改。
〔二〕蟲也：原脱，據《經典釋文》補。

任。」《淮南·時則訓》：「腐草化爲蚈。」高注：「蚈，馬蚿也，幽冀謂之秦蟝。蚈，讀奚徑之奚也。」《説林訓》：「善用人，若蚈之足，衆而不相害。」高注：「蚈，馬蚈，幽州謂之秦蟝。蚈，讀蹊徑之蹊也。」《爾雅》：「蛝，馬䗃。」郭注：「馬蠲，蚼，俗呼馬蝷。」〔一〕釋文引《字林》曰：「蝷馬。」《説文》：「蠲，馬蠲也。」引《明堂月令》：「腐草爲蠲。」《御覽》引許慎《淮南·時則》篇注：「蚈，馬蠸。」又引吴普《本草》云：「一名馬軸，又謂之馬陸。」《博物志》：「馬蚿，一名百足，中斷則首尾異行。」《本草》：「馬陸，一名百足。」陶注引李當之云：「狀如大蛩，夏月登樹鳴〔二〕，冬則蟄，今人呼爲飛蚿蟲。」《本草》云：「馬蚿，觸即側臥如環，故又名刀環。」唐本注：「此蟲大如細筆管，長三四寸，班色，一名蛐蜒。襄陽人名爲馬蚿，亦呼馬軸，亦名刀環蟲。」《宋書·隱逸·王素傳》：「蚿聲清長而形甚醜，素乃爲《蚿賦》自况。」然則秦渠、蛆蝨、蛆渠、商蚷，皆蛆蟝之變轉。馬蚿、馬䗃、馬蠲、馬蝷、蝷馬、馬蠸、馬軸、馬陸、馬蚈，皆馬軸之變轉。百足、刀環，則以形稱。唯高誘《淮南·時則訓》注「馬蚿，一名螢火」，《氾論訓》注「馬蚈，一名螢火」，非也。腐草化生爲螢，與百足皆有蠲名，百足蟲有蠲名無螢名。《本草綱目》：螢有三種，一種能飛有光，茅根所化。吕氏《月令》「腐草爲螢」是也。一種長如蠶，尾後有光，無翼，竹根所化，亦名蠲。《明堂月令》「腐草爲蠲」是也。一種水螢，居水中。此螢名蠲之證，目驗良然。高因螢有蠲名，

〔一〕蝷：原誤作「䗚」，本條下同，據《爾雅》郭注改。
〔二〕月：原脱，據《本草注》補。

遂謂馬蚿一名螢火耳。鄭注《戴記》螢作熒，《方言》郭注「蝍蛆」亦與《爾雅注》異，或曰今順天人呼百腳蟲。

蛷，今順天人謂之錢龍。《廣雅疏證》。

按，《説文》：「蝨，多足蟲也。」《廣雅》作蛷，云：「蛷蝬，蟰蛷也。」《一切經音義》九引《通俗文》：「務求謂之蚑蛷。關西呼蛩蝬爲蚑蛷。」《周官·赤犮氏》：「隙屋除其貍蟲。」注：「貍蟲，䗪，肌蛷之屬。」《博物志》：「蛷螋溺人景，隨所著處生瘡。」《廣雅疏證》：「揚州人謂之蓑衣蟲。順天人謂之錢龍。」今驗順天人呼蝨爲錢串子，壁上獵蠅蚊食之。

蠭，燕謂之蠓螉。其小者謂蠮螉，或謂之蚴蜕。其大而蜜者謂之壺蠭。《方言》十一〔一〕。 蜂之小者，燕謂蚴蜕，《集韻》。涿州人呼土蜂、蜜蜂、馬蜂。涿州吴志。

按，《方言》：「蠭，燕趙之間謂之蠓螉。」郭云：「蒙翁二音。」《説文》：「蠭，飛蟲螫人者。」《蒼頡篇》𧖅蜂字或作蠭。《廣韻》蜂，讀如蓬，又音峯。《唐韻》蜂蠭同。《集韻》蠭，通作蜂。《玉篇》古文作𧖅。《韻會》又作𧍬。然則蠭爲正字，餘皆別體。蠓螉合聲即爲蠭，有土蠭，有木蠭。木蠭蜜，土蠭間亦有蜜，土蠭而啖其子者，馬蠭也。郭注《爾雅》土蠭云：「今江東呼大蠭，在地中作房者爲土蠭，啖其子即馬蠭，今荆巴間呼爲蟺。」《本草》：「土蠭，一名蜚零。」陳藏器

〔一〕十一：原誤作「十」。

云：「赤黑色穴居，最大，螫人至死。」又按《方言》所謂蠮螉、蚴蛻者，即《爾雅》「果蠃，蒲盧」，郭注「細腰蠭也，俗呼爲蠮螉」。《爾雅》：「螟蛉，桑蟲。」郭注：「俗謂之桑蟃，亦曰戎女。」《説文》：「螭蠃，爲蒲盧，細要土蠭也。天地之性，細要，純雄，無子。」引《詩》「螟蠕有子，螭蠃負之」。螭，或作蜾。《詩》鄭箋：「蒲盧取桑蟲之子養之，以成其子。」陸《疏》：「螟蛉者，桑上小青蟲也。似步屈，其色青而細小，或在草萊上。蜾蠃，土蜂也，似蜂而小要，取桑蟲負之於木空中、筆筒中，七日而化爲其子。里語曰：祝云象我象我。」《法言・學行》篇：「螟蛉之子，殪而逢蜾蠃〔一〕，祝之曰：類我類我。」《淮南・説山訓》：「貞蟲之動以毒螫。」高注：「貞蟲，細要蜂，蜾蠃之屬。無牝牡之合曰貞。」《廣雅》：「蚴蛻、土蜂，蠮螉也。」《集韻》蠊同蠮。《爾雅翼》：「黄色細要者，穉蜂。」又按《方言》壺蠭，即《爾雅》木蠭。《説文》：「蠠，蠭也。」《説文》：「蠠，蠭甘飴也〔二〕。或作蜜。」郭注《爾雅》木蠭云：「似土蠭而小，在樹上作房，江東亦呼爲木蠭，又食其子。」注《方言》云：「今黑蠭穿竹木作孔亦有蜜者，或呼笛師。」《本草》陶注：「㼾瓠蜂云者，今順天人呼瓠瓤蠭。」即壺蠭之聲轉。又順天人呼土蠠蠭者亦有蜜。《爾雅翼》：「北方地燥，多在土中，故曰土蜜。」

蛾，一種拂燈火，寧河人謂之燈蛾。《寧河關志・方音》。

〔一〕而：原脱，據《法言》補。
〔二〕飴：原誤作「蝕」，據《説文解字》改。

按，今順天人呼燈蛾亦曰撲鐙蛾。《説文》作蛩。《古今注》：「飛蛾善拂鐙，一名火花，一名慕光。」

蚍蜉，燕謂之蛾蛘，其場謂之坻，或謂之垤。《方言》十一。北燕人謂蚍蜉曰蟻蛘。《爾雅釋文》引《字林》。《集韻》三十六養無蟻字。北燕謂蚍蜉爲蛘。《類篇》。今順天人呼馬螘。《爾雅疏證》。馬螘，螻蟻也。《寧河關志·方音》。

按，《方言》：「蚍蜉，燕謂之蛾蛘。」郭注：「亦呼蟞蜉。建平人呼蚳。」蛾蛘，郭云：「蟻養二音。」《説文》蚍或作𧖴，蜉作蠹，或從虫從孚，「大螘也」。又云：「螘，蚍蜉也。」蚍蜉，段氏訂爲𧖴蠹，是也。《爾雅》：「蚍蜉，大螘。」郭注：「俗呼爲馬蚍蜉。」又云：「小者螘。」郭注：「齊人呼蟻爲蛘。」《廣雅》：「蟞蜉，螘也。」《集韻》蛾作蝵。《學記》：「蛾子時術之。」鄭注：「蛾，蚍蜉也。」此不以蚍蜉爲大螘，與《爾雅》義異。《爾雅義疏》：「蚍蜉，今順天人呼馬螘，棲霞人呼馬蟻蟻。」〔二〕又云：「棲霞人呼螘蛘音如几養。」今驗順天人呼蟻聲亦若几。馬之言大也。又按《爾雅》：「蠪朾，螘。」郭注：「赤駮蚍蜉。」《説文》：「蠪丁，螘也。」《山海經》：「朱蛾，其狀如蛾。」郭注引《楚辭》「赤蛾如象」。今驗螘有黄者，順天人呼黄馬螘。

鼅鼄，鼄蝥也。北燕謂之蠀蛛。《方言》十一。寧河人呼蠨蛸曰蜘蛛。《寧河關志》。

〔二〕蟻：原誤作「蛘」，據《爾雅義疏》改。

按，《方言》：「鼅鼄，鼄蝥也。自關而西秦晉之間謂之鼄蝥，自關而東趙魏之郊謂之鼅鼄，或謂之蠾蝓。蠾蝓者，侏儒，語之轉也。北燕朝鮮洌水之間謂之蝳蜍。」郭注：「今江東呼蝃蝥。齊人又呼社公，亦言罔工。」《爾雅疏》引《方言》蝓作蚗。《廣雅》：「蠾蝓，蝳蜍也。」《爾雅》：「次蟗，鼅鼄。鼅鼄，鼄蝥。」釋文：「蟗，本或作蝥，郭音秋。」「蝃，或作蚍。」〔一〕《説文》：「鼅鼄，鼄蝥也。」或作蜘蛛。又云：「蠿蟊，作罔蛛蝥也。」《集韻》蠿音輟，「茅蜘蛛也」。《玉篇》：「蠿，蟊也。」是蠿蟊、蠿蟊即次蟗之異文。《集韻》：「蝳蜍，今之蜘蛛。」然則蝳蜍與蠾蝓、蝃蝥、蚍蝥、蠿蟊皆變轉。

蠨蛸，長踦，一名長腳，此蟲來著人衣，當有親客至，有喜也。幽州人謂之親客。陸璣《疏》。

鼅鼄一種扁薄貼壁間者，北人呼爲壁繭。涿州吴志。

按，陸璣《疏》：「蠨蛸，長踦，一名長腳。荆州、河內人謂之喜母，此蟲云云，亦如鼅鼄爲羅網居之。」《爾雅》：「蠨蛸，長踦。」郭注：「小鼅鼄長腳者，俗呼爲喜子。」《詩・豳風》傳：「蠨蛸，長踦也。」舍人曰：「蠨蛸，名長踦。」蠨，《説文》作蟰，云：「蟰蛸，長股者。」《玉篇》：「蠨蛸，喜子。」《御覽》引劉芳《詩義箋》：「蠨蛸，小蜘蛛長腳者，俗呼爲喜子。」與《爾雅》郭注同。《古今注》：「長蚑，蠨蛸也。身小足長，故謂之長蚑。」〔二〕喜，《唐韻》《集韻》作蟢。壁繭，北人通語

〔一〕「蚍」下原衍「掇」字，據《經典釋文》刪。
〔二〕蚑：原作「肢」，據《古今注》改。

也，見《涿州志》，故亦著録。

蠆，一名杜伯，幽州謂之蝎。《御覽》九百四十七引《詩義疏》。陸《疏》。

按，《毛詩》：「卷髮如蠆。」《御覽》九百四十七引《詩義疏》曰：「蠆，一名杜伯，幽州謂之蝎。」今驗杜伯，《本草》云：「杜白，合呼之則聲近蝎。」順天人今猶呼蝎。《説文》無蝎，有萬，萬即蠆，云：「毒蟲也，象形。或從蚰。」《詩箋》或名蠚蛪，或名蝎也。桂氏《説文義證》云：「蛪，《廣雅》作蠚，非也。」《御覽》九百四十七引《廣雅》「蠚、蠆，蝎也」，《一切經音義》五、又七、又十五、又二十引《廣雅》「蠆、蛪、蚔、⿱圭虫，蝎也」。然則蠚在蠆上，蛪在蠆下，今本脱蛪蚔⿱圭虫三字。《詩釋文》引《通俗文》：「長尾爲蠆，短尾爲蝎。」《左》僖二十二年《傳》注引《通俗文》：「蠆，長尾謂之蝎。」蝎毒傷人曰蛆。張列反，字或作蜇。」其説互異。今考俗呼蝎子者尾長，順天人謂蝎蛆曰蜇，與古語合。《癸辛雜識》：「北方火蝎比之常蝎極小，其毒甚酷。」

今涿州人謂鼃曰蝦蟆，呼青蛙曰田鷄。涿州吴志。

按，今順天人通呼蝦蟆，語蝦聲若蛤平聲，語蟆若摩。《涿州志》以鼃當之，非也。蛙鼃古今字。呼田鷄，凡語也。名歧説異。今考鼃與鼀䵹、與蝦蟆、與鼃黽並相似而異。《爾雅·釋魚》：「鼀䵹，蟾諸。」郭注：「似蝦蟆，居陸地，淮南謂之先蚥。」《説文》：「⿰虫匊，⿰虫匊鼀，詹諸。曰脰鳴者。」「鼀，先鼀，詹諸也。其鳴詹諸，其皮鼀鼀，其行先先。䵹，鼀或從酋。」「⿱爾黽，䵹⿱爾黽，詹諸也。《詩》曰『得此䵹⿱爾黽』，言其行⿱爾黽⿱爾黽。」考之《韓詩》《毛詩》云「得此戚施」，薛君注：「戚施，蟾蜍。」然則蜩爲鼀之聲轉，䵹爲鼀之或體，戚施則䵹黿之叚借也。湖州人俗呼癩黿，或呼癩團，順天人呼癩蝦蟆。《爾雅翼》：「蟾蜍，今之蚵蚾，背上礧礧。」《集韻》：「蚾，蟾蜍也。」《一切經音義》十云：「山東謂之圥蚥，江南俗呼蟾蠩。」而《書大傳》「濟中詹諸」，則似指在水之鼃黽言。《月令》疏引李巡注「蟾諸，蝦蟆也」。《廣雅》：「圥蚥，苦蠪〔一〕，蝦蟆也。」《本草・蝦蟆別録》：一名蟾蜍，一名䵹，一名圥甫，一名苦蠪。陶注：「此是腹大皮上多痱磊者。」曰痱磊，與俗言癩合。以詹諸爲蝦蟆，此當辨者也。蝦蟆云者，即《釋蟲》「蟼，蟆也」，郭注：「蛙類。」曰類，非鼃可知。《説文》蝦蟆二篆下並蝦蟆也。顔注《急就篇》：「蝦蟆，一名蟼，大腹而短腳。」《漢・武紀》元鼎元年秋，鼃與蝦蟆鬭。而《廣韻》則云「鼃，蝦蟆也」。《楚辭・七諫》王注、《晉語》韋注、《後漢・張衡傳》注同，此又當辨者也。《周官》：「蟈氏掌去鼃黽。」鄭司農云：「蟈，蝦蟆也。」《月令》曰：「螻蟈鳴。」鼃黽，蝦蟆屬。書或爲「掌去蝦蟆」。鄭注：「齊魯之間謂鼃爲蟈。黽，耿黽也。蟈與耿黽尤怒鳴，爲聒人耳，故去之。」據大鄭説，是以鼃黽爲蟈，又以蟈即蝦蟆也。後鄭知其失，故以黽爲耿黽。《爾雅・釋魚》蟾諸，云「在水者黽」，郭注：「耿黽也。似青蛙，大腹，一名土鴨。」郭蓋本鄭。《説文》：「黽，鼃黽也。」段注：「鼃黽非鼃也，許之鼃黽即鄭之耿黽。絫呼曰鼃黽、耿黽，單呼曰黽。」此説是也。惟考陶注《別録》鼃云「大而青脊者，俗名土鴨，

〔一〕苦：原作「若」，據《廣雅疏證》改。下同。

其鳴甚壯」，説與郭璞黽注合。陶以注鼃則非，而段氏從之何耶？耿黽，聲轉爲胡蜢。胡之言大。《埤雅》：「黽善怒，故音猛。」而《廣雅》則云「胡蜢，蝦蟆也」，疏證又从而爲之説曰螯蟆者，耿黽之聲轉，蝦蟆之轉聲爲胡蜢。《爾雅義疏》又以耿黽爲蟈，此又當辨者也。鼃非蝦蟆，故《説文》云「蝦蟆屬」，各本屬譌也，有《韻會》所據鍇本及《廣韻》可校。不專解一種者，散文則通稱鼃，對文則又有異也。鄭注《考工記・梓人》云「脰鳴，鼃黽屬」，《晉書音義》引《字林》「鼃似蝦蟆」，《荀子注》「鼃，蝦蟆類」。析言之，則鼃之小而青，能食蝗者曰長股，曰青蛙，曰水鷄，曰田鷄，秋肥則曰稻花田鷄。《本草》：「鼃，一名長股。」《圖經》：「俗謂之青蛙。」《釋魚》疏曰：陶注《本草》「一種小形善鳴」喚名爲鼃者，即郭璞云「青蛙」者也。後腳長，故善躍，大其聲曰鼃，小其聲則曰蛤。今考陶注云「名鼃子」，亦一名也。又鼃之鳴若孤格者，或曰孤格合聲爲蟈，此所謂螻蟈也。亦曰吠蛤，鳴止水中。然考之典籍，則鼃蟈無别。鄭注《周官・蟈氏》云：「蟈，今御所食蛙也。」《月令》「螻蟈鳴」，注：「螻蟈，蛙也。」《廣雅》：「鼃蟈，長股也。」顔注《急就篇》：「鼃，一名螻蟈，色青，小形而長股。」《周官》本亦作蜮，鄭注作蟈，考《説文》，蜮又从國作蟈，然則以之名鼃，蟈蜮同爲叚借字。《夏小正》傳「商庚也」者下有「長股也」三字，莊氏寶琛云當在「蜮也者」下〔一〕。凡此皆鼃蟈通稱之證。

〔一〕蜮：原誤作「域」，據《夏小正》改。

鱮，似魴，厚而頭大。幽州人謂之鵊鷂，或謂之胡鱅。陸璣《詩疏》。

按，陸《疏》：「鱮，似魴，厚而頭大，魚之不美者。故里語曰：網魚得鱮，不如啗茹。其頭尤大而肥者，徐州人謂之鰱，或謂之鱅，幽州人謂之鵊鷂，或謂之胡鱅。」鱅，《說文》作鰫。《集韻》鰫與鱅同。《漢·司馬相如傳》：「鰅鰫鰬魠。」郭注：「鰫似鰱而黑。」今驗順天人呼白鱅爲白鱮，與《埤雅》合。《埤雅》云：「鱮魚，色白，北土皆呼白鱮。」《集韻》鱮或作魣。胡鱅者，大鱅之謂。鵊鷂，則俗語借字。

鯙，䰲也。《廣雅》。順天人謂之枷魚。《疏證》。

按，《廣韻》：「䰲、䱀䰲〔一〕，魚名。」《集韻》云：「鯙，魚名。」又：「䱀，魚名，善醒酒。」《埤雅》：「䱀䰲魚，其膽春夏近上，秋冬近下。」《本草》：「黄賴魚，一名䱀䰲，無鱗。」李時珍云：「身尾似小鮎，腹下黄，背上青黄，腮下有二横骨，兩須，有胃，羣游作聲。」《正字通》：「羣游作聲軋軋然，一名黄鱨魚，又名黄顙魚。」《集韻》䰲，乙點切，音軋。然則䰲會意兼諧聲，枷則俗語象形之叚借字。《廣韻》：「枷，項械也。」腮下横骨似之，故名央加，亦聲轉。故䱀之謂枷，亦猶枷之謂柍。《說文》：「枷，柫也。淮南謂之柍。」《廣雅疏證》：「此魚長不盈尺，揚州人謂䱀斯魚，順天人謂之枷魚。」

〔一〕䰲：原脱，據《廣韻》補。

金光緑色甲堅鬣勁者曰金牛兒，黑色白點者曰春牛兒。《帝京景物略》。蝸牛，順天人呼水牛。《爾雅義疏》。又《廣雅疏證》：「今順天人謂之水牛。」

按，今順天人呼蠃曰水牛兒，或曰蠃兒。《士冠禮》「蠃醢」，鄭注：「今文蠃爲蝸。」又云《内則》「蝸醢」，據以知蠃、蝸古通用。崔豹《古今注》：「蝸牛殼如小螺，熱則自縣葉下。」《本草》有蛞蝓，《别録》又載蝸牛，陶注：「蛞蝓，無殼蝸牛，俗呼爲瓜牛，頭形如蛞蝓，但背負殼爾。」《廣雅疏證》：「蝸牛，有殼者四角而小，色近白；無殼者，兩角而大，色近黑。」然則王説近黑者，乃蜿蝓也。然蠃之與蜿蝓對文異，散文則通稱，故經典無别。《爾雅》：「蚹蠃，蜿蝓。」郭注：「即蝸牛也。」釋文云：「蠃，注作螺。」《説文》：「蝸，蠃也。」又云：「蝓，虒蝓也。」又云：「蠃，蜾蠃也，一曰虒蝓。」又云：「委虒，虎之有角者。」許於通稱中以一曰别虒蝓於蠃，此《説文》精處，又可見虒爲蜿之本字。《廣雅》：「蠡蠃、蝸牛，蜿蝓也。」《周官》鼈人、醢人鄭注：「蠃，蜿蝓。」此通稱之左證。《爾雅義疏》：「今海邊人謂蠃爲薄蠃子，棲霞人謂蝸牛爲薄蠃。」〔一〕《廣雅疏證》：「揚州人謂之旱蠃。」今驗湖州人呼背包蜒蚰，與《日華子本草》謂之負殼蜒蚰合。凡此異名皆方語也。《爾雅》《廣雅》列之《釋魚》，今從其列。

守宫，北燕謂之祝蜓。《方言》八。《潛確類書》。

〔一〕爲薄蠃：原脱，據《爾雅義疏》補。

按，《方言》：「守宮，秦晉西夏謂之守宮，北燕謂之祝蜓，桂林之中，守宮大者能鳴謂之蛤解。」郭注蜇易下云：「南陽人又呼蝘蜓。」又蠬螏下云：「似蜇易而大，有鱗，今所在通言蛇醫耳。」《集韻》二僊引《方言》「燕北謂易析曰祝蜓」。《爾雅》：「蠑螈，蜥蜴；蜥蜴，蝘蜓；蝘蜓，守宮也。」郭注：「轉相解博異語，別四名也。」《詩·小雅》：「胡爲虺蜴。」毛傳：「蜴螈也。」《考工記》：「以胸鳴者。」鄭注：「胸鳴，榮原屬。」《說文》：「榮蚖，蛇醫。以注鳴者。」與鄭注異。又云：「易，蜥易，蝘蜓，守宮也。在壁曰蝘蜓，在草曰蜥易。」《爾雅義疏》：「登萊人謂守宮爲蝎虎，青斑色，其在壁間，即蝘蜓。其在草間者形細長，黃斑色，謂之馬蛇子，即蜥易矣。蜥易，蛇醫，聲轉耳。」然則祝蜓乃蠦蝘、蠑螈、榮原、榮蚖之變轉。今順天人呼守宮爲蝎虎子。《爾雅》《廣雅》，此列《釋魚》。

譁、涅，化也。燕曰涅，或曰譁。鷄伏卵而未孚，始化之時，謂之涅。《方言》三。北燕謂伏鷄曰抱。爵子及鷄雛皆謂之鷇，其卵伏而未孚始化謂之涅。《方言》八。鷄伏卵，北燕謂之菢。《一切經音義》十八引《通俗文》。今京師諺語猶云孚鷄。《說文釋例》。

按，《方言》三「蔿、譌、譁、涅，化也。燕朝鮮洌水之間曰涅」云云。《方言》八：「鷄，陳楚宋魏之間謂之鸊鴟，北燕朝鮮洌水之間謂伏鷄曰抱。爵子及鷄雛皆謂之鷇，其卵伏而未孚始化謂之涅。」郭音：「譁，五瓜切。」化聲之轉，以涅訓化，它書未見。孚，郭音赴，與《集韻》芳遇切合。《説文》：「孚，卵即孚也〔一〕，從爪從子。一曰信也。」繫傳：「鳥之孚卵，皆如其期不失信也。」《一切經音義》二：「《通俗文》：『卵化曰孚。』《廣雅》：『孚，生。謂子出於卵也。』或云孚，伏也，謂育養也。」又五：「烏伏，謂傴伏其卵，伏鷄等亦作此字。今江北謂伏卵爲菢，江南曰傴。」又十八：「《通俗文》：鷄伏卵，北燕謂之菢，江東呼蓲。」考傴即蓲之譌文，《方言》「抱」注「江南呼蓲」可證。《古今注》：「燕伏戊己。」《史·樂書》：「羽者嫗伏，毛者孕鬻。」《漢·五行志》：「丞相府史家雄鷄伏子。」百里奚歌曾記臨行殺伏鷄。然則卵因伏而孚或遂呼伏爲孚，聲近誼通。孚又通桴，《大戴記·夏小正》「鷄桴粥」，傳：「桴，嫗伏也。」又通抱，《説文》爪部采，古文孚，從禾，即古文保字。抱，《説文》作裒，云裒也。《集韻》去聲有裒菢無抱，上聲有抱，此則保抱聲近之證。又《説文》手部捊，或從包作抱。《春秋》隱八年「浮來」，《公羊》浮作包。《説文》餜，古文飽，從采；𦉼，或從孚。衛宏《詔定古文官書》抱桴二字同體，此又孚抱文通之證。《説文》裒俗作抱，《釋例》：「孚，蓋今菢字，古包字一聲音變之，後人以孚讀不協，乃作菢耳。」《爾雅》鳥「生噣，雛」，釋文：「鳥子生而能自啄者。」〔二〕《方言》八：「鷄雛，徐魯之間謂之𥢶子。」《韓詩外傳》：「卵之性爲雛，不得良鷄覆伏孚育，積日累久，則不成爲雛。」《方言》鷇即《説文》鷇字，《説文》：「鷇，鳥子生哺者。」《爾雅》注：「生哺，鷇。」《列子·湯問篇》注：「生而須哺曰

〔一〕即：原脱，據《説文解字》補。
〔二〕自：原脱，據《經典釋文》補。

鷇，自食曰雛。」《史·趙世家》集解：「綦毋邃曰：鷇，爵子也。」索隱：「生受哺者謂之鷇。」《淮南·氾論訓》：「羽者爲雛鷇。」《一切經音義》十：「鷇，卵外堅也。尚在卵中謂之鷇，出卵已後名曰鷇。」又十八：「鷇，又作殼。」今驗順天人通呼鷄伏卵曰孚小鷄，呼卵曰鷄子。

鶴讀作蒿。《寧河關志·方音》。

按，今順天人呼鶴聲若呼號之號。《唐韻》鶴，下各切。《集韻》《韻會》曷各切。然則蒿爲鶴之聲轉，不當云讀作。

雛，今小鳩也，一名鵓鳩。幽州人或謂之鷍鵖。《詩疏》引陸璣《疏》。

按，陸璣《疏》「雛」云云，「梁宋之間謂之隹，揚州人亦然」。又云：「鵓鳩，灰色，無繡項。陰則屏逐其匹，晴則呼之。語曰『天將雨，鳩逐婦』是也。」陸《疏》略本《方言》而不以鵓鳩、鶻鳩爲一，是也。考鶻鳩，乃《爾雅》所謂「鶌鳩，鶻鵃也」，郭注：「似山鵲而小，短尾，青黑色，多聲。今江東亦呼爲鶻鵃。」舍人《爾雅音》：「鶌鳩，一名鶻鵃，今之斑鳩。」《廣雅》：「鶻鵃，鵖鳩也。」〔一〕又以鵖鶉爲鳩總名，以鵅鳩爲鵓鳩，即夫不也，足正《方言》之失。《通俗文》：「隹其，謂之鵓鳩。」《爾雅》：「隹其，鳺鴀。」郭注：「今鵓鳩。」《左》昭十七年《傳》「祝鳩」即此。《說文》：「雛，祝鳩也。」杜注：「祝鳩，鷦鳩也。」鷦乃鵻之異文，《釋音》鵻爲焦，《方言》各本鵻亦爲

〔一〕鵖：原作「鵠」，據《廣雅疏證》改。

鶅，戴本改之。《詩》鵻，《爾雅》隹，一也。《詩·四牡》傳：「鵻，夫不也。」《南有嘉魚》傳：「鵻，壹宿之鳥也。」《詩疏》引舍人曰：「鵻，名其夫不。」《左傳疏》無其字。《詩疏》引李巡曰：「夫不，一名鵻。今楚鳩也。」《方言》「鵆鳩」，郭注：「今荆鳩也。」荆即楚，皆鴉鳩也。《水經·濟水注》引《廣志》：「楚鳩，一名嗥啁。」《高唐賦》：「正冥楚鳩。」《詩疏》引郭曰「今鵓鳩也」，與《爾雅注》異。考《爾雅義疏》：「鵓即夫不之合聲。鵓鳩聲轉爲鵓鳩，又轉爲鴉鳩。以其棲有定所，故南方有鵓鴣定之語。以巢不完而卵易墮，故北方有鴉鳩墮卵之諺。」

雎鳩，大小如鴟，深目，目上骨露。幽州人謂之鷲。《詩疏》引陸璣《疏》。今陸《疏》本露下有出字。

按，《廣韻》：「鷲，黑色，多子。」師曠曰：「南方有鳥名羌鷲，黄頭赤目，五色皆備。」《本草》：「鷲悍多力，盤旋空中，無細不覩，即白鵰也，一作就。」今考此即《爾雅》「鵙鳩，王鵙也」，郭注：「雕類。今江東呼之爲鶚。好在江渚山邊食魚。《毛詩傳》曰：『鳥鷙而有別。』」今校毛傳鷙作摯。陸《疏》本「一作鷲」，鷲即摯之本字。然則陸《疏》作鷲近是。《左》昭十七年《傳》「雎鳩氏，司馬也」，疏引李巡云：「王雎，一名鵙鳩。」杜注：「王鳩也，鷙而有別，故爲司馬主法。」《淮南·説林》篇謂之沸波。郭注：「雕類。江南呼鶚。」《史記正義》：「王鵙，金口鶚也。」《説文》：「鵙，王鵙也。」又云：「鷻，雕也。」又云：「鳶，鷙鳥也。」鳶與鶚同。

燕之東北謂之鶡鴠。燕之東北謂之鴠。《方言》八。

按，《方言》：「鳸鳩，燕之東北朝鮮洌水之間謂之鶡鴠。自關而東謂之戴鵀，東齊海岱之間謂之戴南，南猶鵀也，或謂之鵀鸅〔一〕，或謂之戴鳻，或謂之戴勝，東齊吴揚之間謂之鵀。自關而西謂之服鶝，或謂之鵖鶝。燕之東北朝鮮洌水之間謂之鵖。」《爾雅疏》引云「東齊吴揚之間謂之鵖鴔」。今考鶝鴾、鵖即《爾雅》所謂「鵖鴔，戴鵀」。《方言》屬之鳲鳩，非也。鳲鳩，疑鵖鴔之譌。郭注《爾雅》：「鵀即頭上勝，今亦呼爲戴勝。鵖鴔猶鶝鴾，語聲轉耳。」疏引李巡云：「戴勝，一名鵖鴔。」《説文》：「鴔，鴔鵖也。」《月令》：「戴勝降于桑。」鄭注：「織紝之鳥。」疏引《爾雅》「鵖鳩，戴勝」，李巡云「戴勝，一名鵖鳩」，皆鵖鴔之譌文。《爾雅》邢疏不譌，可校。邢疏引《方言》去鳲鳩二字，意不謂然耳，然誤不止《方言》，如《呂覽》「戴任」，高注：「戴任，戴勝，鵖也。《爾雅》曰『鷗鳩』，部生於桑。」今以《淮南・時則》篇「戴鵀」高注引《詩》「尸鳩在桑」證之，知高注本以戴勝爲鳲，以《爾雅》鵖鴔爲鳲鳩，至鳲作鵖又作鷗，則傳寫之譌。《廣雅》：「尸鳩，戴勝也。」《後漢書注》亦以布穀爲戴勝。郭注《方言》鳲鳩云：「按《爾雅》即布穀，非戴勝也。或云鶝，皆失之。」《本草綱目》謂即鴶鳩，亦誤。《爾雅義疏》：「戴鵀即今之樓樓穀，小于鵓鳩，黄白斑文，頭上毛冠如戴華勝。常以三月中鳴，鳴自呼也。」鳴聲亦曰搏穀，而非布穀之倫。又按《廣雅》「鵖鶝，戴勝也」，疏證云：《方言》鵖下鶝字脱。《爾雅音義》鵖，彼及反；鴔，皮及反，又音伏；鵩，皮逼反；鶝，音逼，又音福；鵖，郭音域，一本音或，《廣韻》雨逼切，《集韻》越逼

〔一〕鸅：原誤作「澤」，據《方言》改。

切。鶪域，鳥名。又穫北切。然則鵙鶪又爲鶪域，曰鶪鴃、曰鵙鶪皆鵙鴃之變轉。

黃鸝留，或謂之黃栗留。幽州人謂之黃鸎。《爾雅》邢疏引陸璣《疏》。《詩·葛覃》疏引鸎作鶯。《御覽》引《詩義疏》。

按，陸璣《疏》：「黃鳥，黃鸝留也，或謂之黃栗留，幽州人謂之黃鶯，或謂之黃鳥。當葚熟時，來在桑間。故里語曰：黃栗留，看我麥黃葚熟不[一]。亦是應節趨時之鳥。」《爾雅疏》引此，鶯作鸎。《方言》：「驪黃，自關而東謂之鶬鶊，自關而西謂之驪黃，或謂之黃鳥，或謂之楚雀。」今考《毛詩傳》以黃鳥爲搏黍，非黃鸝留也，陸沿揚失，並以搏黍屬之，誤矣。《爾雅》：「倉庚，商庚。」郭注：「即鵹黃也。」又云：「鵹黃，楚雀。」郭注：「即倉庚也。」又云：「倉庚，黧黃也。」郭注：「其色黧黑而黃，因以名云。」《說文》：「離黃，倉庚也。鳴則蠶生。」「⿰黎隹，⿰黎隹黃也，一曰楚雀也，其色黎黑而黃。」見之《爾雅》凡三，《說文》凡二，實一物也。《月令》疏引某氏云：「黧黃，一名倉庚。」李巡云：「一名楚雀。」《夏小正》：「二月，有鳴倉庚。」黃鸝留，《呂覽》高注云「黃離」，《淮南》高注云「黃流離」，郭注《爾雅》黃鳥云「黃離留」。《詩》鄭箋以倉庚鳴爲可蠶之候，與《說文》《夏小正》合。《三百篇》中言黃鳥無定時，倉庚則皆在春。今驗黃鶯頸毛采離陸，身毛黃，而翼尾黑章，故《爾雅》「黧黃」、《說文》「⿰黎隹黃」「離黃」、《方言》「驪黃」、陸璣「鵹黃」，

[一] 不：原脫，據《毛詩正義》補。

《淮南》高注及《晉書·郭璞傳》又云「黎黄」，皆以形色名。黄鸝留、黄栗留、黄離留、黄流離、黄離、黄鸎、黄鶯，倉庚、鶬鶊、商庚，皆聲轉文借。楚雀，則異名也。

搏黍，幽謂之黄鳥。《吕覽》高注。《淮南》高注。

按，《吕覽》高注：「齊人謂之搏黍，秦人謂之黄離，幽冀謂之黄鳥。」《淮南·時則訓》高注：「黎黄，楚雀也。齊人謂搏黍，秦人謂之黄流離，幽冀謂之黄鳥。一説斲木也。」《爾雅》：「皇，黄鳥。」郭注：「俗呼黄離留，亦名搏黍。」今考《爾雅》「黄白，騜」注引《詩》「騜駁其馬」，《毛詩》作皇，傳：「黄白曰皇。」然則黄鳥名皇，非黧黑而黄矣。黍，今順天人名黄米，搏黍之名亦取黄誼。陸《疏》：「黄鳥，或謂之黄袍。」即此《詩》屢言黄鳥，毛鄭皆不云黄離，可據以斷黄離留、黄流離、黎黄、楚雀等名，皆非黄鳥。至斲木，則《爾雅》所謂鴷也，《臨海異物志》云「啄木」，非黄鳥也。餘詳上黄鶯。

桑飛，幽州人或謂之鷦鴂。《方言》八。據邢疏官本校正。鴟鴞，似黄雀而小，幽州人或謂之鷦鴂，或曰巧婦，或曰女匠。《詩·鴟鴞》疏引陸璣《疏》。《爾雅·釋鳥》疏引《御覽》，引《詩義疏》。桃雀，狀類黄雀而小，燕人謂之巧婦，亦謂之女匠。《禽經》。

按，《方言》：「桑飛，自關而東謂之工爵，或謂之過鸁，或謂之女鴎。幽州人或謂之鷦鴂。自關西謂之桑飛，或謂之韈爵。」《玉篇》亦同。今本《方言》「幽州人或」四字云「自關而東」，上文已有「自關而東」，不當重出，邢疏官本可以校正。一本脱州字。陸璣《疏》：「鴟鴞，似黄雀而小，其喙尖如錐，取茅莠爲巢，以麻紩之，如刺韈然，縣著樹枝，或一房，或二房，幽州人或謂之鸋鴂，或曰巧婦，或曰女匠。」《方言》郭注桑飛下云：「即鷦鷯也。又名鷦鶯。」女鴎下云：「今亦名爲巧婦，江東呼布母。」其説皆是。惟鸋鴂注稱：「《爾雅》云『鸋鴂，鴟鴞』，鴟屬〔一〕，非此小雀明矣。」《爾雅》注「鴟類」，邢疏：「先儒皆以爲今之巧婦，郭注與先儒意異。今《爾雅》以郭氏爲宗，且依郭氏。」蓋邢爲疏故遷就耳，郭誤會《爾雅》，即當以《爾雅》正之。《爾雅》自有鴞，非鴟鴞也，《説文》《詩》傳並从《爾雅》，《詩》疏引舍人曰「鴟鴞，一名鸋鴂」，《文選注》引《韓詩傳》「鴟鴞所以愛養其子者，適以病之。愛養其子者，謂堅固其窠巢。病之者，謂不知託於大樹茂枝〔二〕，反敷之葦蔄，風至蔄折巢覆，有子則死，有卵則破，是其病之也。」〔三〕楊倞《荀子注》：「蒙鳩，即鷦鷯也。」引《説苑》「客謂孟嘗君曰：鷦鷯巢於葦苕，著之以髮，可謂完堅矣。大風至，則苕折卵破者何也？所託者然也」，説與《韓詩》合。蒙鳩，《大戴禮記》云「蝬鳩」。《莊子·逍遥游》：「鷦鷯巢於深林，不過一枝。」《廣雅》：「鸋鴂，工雀也。」然則此即《爾雅》所謂「桃蟲，鷦，其雌鴱」者，是郭注「鷦鷯，桃雀也。俗呼爲巧婦」。疏引舍人曰：「桃蟲名鷦，其雌名鴱。」音義引《字林》曰「澤雀」。《説文》：「鷦鷯，桃蟲也。」俗呼黄脰。《詩·小毖》傳：「桃

〔一〕鴟：原誤作「鴞」，據《方言》改。
〔二〕枝：原誤作「林」，據《文選注》改。
〔三〕之：原脱，據《文選注》補。

蟲，鷦也。鳥之始小終大者。」箋：「鷦之所爲鳥，題肩也。或曰鴞。」此亦桃蟲即鴟鴞之碻左。陸璣《疏》：「今鷦鷯是也。微小于黄雀，其雛化而爲鵰，故俗語鷦鷯生鵰。」《吕覽·求人》篇鷦鷯作啁噍。今驗鴟鴞合聲爲鷦，其與雛[鳥眇]、鷦鷯、啁噍皆聲轉，鶉鳩則工爵、襪雀、桃雀之變轉。

鴟，鵂也。寧河人呼猫頭鷹。《寧河關志》。

按，寧河人猫頭鷹云者，與湖州《南潯志》同。揚州人謂之夜猫。郝氏《爾雅義疏》以之釋茅鴟，王氏《廣雅疏證》以之證怪鴟，郭注《爾雅注》茅鴟下云「今鵵鴟也」，怪鴟下云「即鴟鵂也」。然考《御覽》引孫炎《爾雅注》：「茅鴟，大目鵂鶹也。」《一切經音義》十七引舍人注：「謂鵂鶹也。南陽名鉤鵅，其鳥晝伏夜行，鳴爲怪也。」又二十引舍人曰：「一名狂鳥，一名鵂鶹。南陽名鉤鵅，一名忌欺。」然則茅鴟之與怪鴟以目較大異，其爲猫頭則同。據《寧河志》云，鴟鵂則指怪鴟云。《説文》：「䧳，[垂隹]也。籀文作鴟。」又云：「舊，䧳舊，舊留也。」舊或作鵂。舊久聲近。《海外南經》：「湯山有鴟久。」郭注：「雊鶹之屬。」又《大荒南經》：「蒼梧之野有鴟久。」郭注：「即鵂鶹也。」《莊子釋文》引許慎《淮南注》「鴟夜聚食蚤蝨不失也」。《爾雅義疏》：「今猫兒頭，其頭似猫，有毛角，其鳴曰轂轆猫，故蜀人謂之轂轆鷹，善笑。」又按《爾雅》：「鵅，鵋鵙。」郭注：「今江東呼鵂鶹爲鵋鵙，亦謂之鴝鵅。」《廣韻》：「鵋鵙，鵂鶹鳥，今之角鴟。」《本草拾遺》：「鉤鵅入城城空，入室室空，怪鳥也。似鴟有角，夜飛晝伏。北土有訓狐，二物相似。訓狐聲呼其名。」〔一〕《一切經音義》：「鵂鶹，關西呼訓侯，山東謂之訓狐。」又《爾雅》：「萑〔二〕，老鵵。」郭注：「木兔也，似鴟鵂而小，兔頭，有角，毛腳，夜飛，好食雞。」《説文》：「萑〔三〕，鴟屬也。有毛角，所鳴其民有旤。」「𦫳，鴟舊頭上角𦫳也。」「鵰，鴟也。」《廣雅》：「鵰、鴟，老鵵也。」今考鵵兔通，鵋鶀急讀之則聲近鴟，訓侯、訓狐並鵂鶹變轉，此皆鴟屬。

今順天人呼鷂鷹。《爾雅義疏》。

按，郝氏《爾雅義疏》：「鴟，今順天人呼鷂鷹，東齊人呼老鷂，亦曰老鵰。」今驗順天人呼鷂鷹非鴟也。《爾雅》所謂「鷹，鶆鳩」者是，郭注：「鶆，當爲鷞字之誤，《左傳》作鷞鳩是也。」音義引《字林》作鶆，云「鶆鳩，鷹也」。疏引樊光曰：「鶆鳩，鷞鳩也。」釋文云：「來或作鶆。」《爾雅》又云：「鷹，隼醜〔四〕。其飛也翬。」《詩疏》引陸璣《疏》引：「隼，鷂屬。齊人謂之擊征，或謂之題肩，或謂之雀鷹。」《夏小正》：「五月鳩化爲鷹〔五〕，六月鷹始摯。」《月令》：「季夏鷹乃學習，孟秋鷹乃祭鳥。」《説文》作雁，云「雁，鳥也。籀文作鷹」。徐鍇曰：「隨人指縱，故从人。」《玉

〔一〕狐：原誤作「呼」，據《本草》改。
〔二〕萑：原誤作「雀」，據《爾雅》改。
〔三〕萑：原誤作「雀」，據《説文解字》改。
〔四〕醜：原作「類」，據《爾雅》改。
〔五〕化：原脱，據《夏小正》補。

篇》「鷙鳥」。李時珍曰：「鷹以膺擊，故謂之鷹。」陸佃云：「今謂之角鷹，項有毛角微起。一曰題肩，一曰征鳥，一曰爽鳩。」《御覽》引《古樂府》曰：「豹則虎之弟，鷹則鷂之兄。」鷂之與鷹，猶虎之與豹。舊説大爲鷹，小爲鷂。俗語：「兩虎夾一豹，兩鷹攙一鷂。」

鴽，鶕也，幽州謂之鶕。《呂覽・季春紀》高注。鴽，鶉也，幽謂之鶉。《淮南・時則訓》高注。鶉當作鶕。

鵪、鶉，兩物也，今人總以鵪鶉呼之。《寧河關志》。

按，《呂覽・季春紀》高注：「鴽，鶕也。青州謂之鴾鴾，周雒謂之鴽，幽州謂之鶕。」《御覽》九百二十四引云「幽州謂之鶕」。《淮南・時則訓》：「田鼠化爲鴽。」高注：「鴽，鶉也。青徐謂之鴾，幽冀謂之鶉。」今校《淮南注》，鶉乃鶕之譌。鶕鵪同⿰酓鳥。邵氏正義鶕作鶛，誤。鴾鴾，即鴾母之借體，舊譌鴹鴹。考鴹乃《廣韻》「鷸羊」、《家語》「商羊」，非鴽也。鴽，《説文》作䳺，云「牟母也」，或作鴽。據知鴽古從奴，不從如也。《爾雅》：「鴽，鴾母。」郭注：「鶕也。青州呼鴾母。」釋文：「母，李音無，舍人本作無。」《禮・月令》疏引舍人「母作無」。鄭注：「鴽，母無。」《夏小正》：「田鼠化爲鴽。鴽爲鼠。」傳：「鴽，鵪也。」《月令》疏引李巡云：「鴽，鶕，一名鴾母。」《爾雅義疏》：「鴽鳴以嘴插地，如牛鳴窌中，故曰鴾母。今棲霞人即呼爲鴾子。鶉、鵪二鳥，本非同類，故《公食大夫》以鶉、鴽並列，《内則》鶉羹與鴽釀異名，是皆以爲二物。今鶉黄黑雜文，大如秋鷄，無尾；鶕較長大，黄色無文，又長頸長嘴。鶕之言闇，鴾之言純。純亦文也。」郝説是也。又《爾雅》：「鶉子，鳼；鴽子，鸋。」蓋種既非一，雛亦異名。《説文》云「鶕，鶉屬」，不云即鶉。《周禮》鄭注以爲「鶉，鴽之屬」，不云即鴽。《玉篇》：「鴾，鴾母。」即鴽。《廣雅》：「雉，鶉也。」「鴽，鴾也。」今本脱雉字，見《一切經音義》十五。類此並可爲《淮南注》「鶉當作鴾」之證。《正字通》鴽即鶉也，誤。《禮記疏》引皇侃《疏義》用賀瑒説，謂鴽爲蝙蝠，殆因鼠化蝙蝠，田鼠亦化爲鴽而誤爾。

譽斯，鵯鶋。順天人呼寒鴉。《爾雅·釋鳥》義疏。 鴉白頭者，涿州人呼寒鴉。畿輔唐志。涿州吴志。

按，《爾雅》：「鸛鷒，鶝鶔。如鵲，短尾，射之，銜矢射人。」郭注：「或説曰鸛鷒、鶝鶔一名墮羿。」音義：鸛音歡；鷒，徒端反；鶝音福，字亦作福；鶔，而由反，本亦作柔，或作蹂，音同；墮字又作隋，徒課反。字書云：古以爲懈惰字，言此鳥捷勁，雖羿之善射亦懈隋不敢射也，故名。疏引郭《圖讚》云：「鸛鷒之鳥，一名墮羿。應弦銜鏑，矢不著地。逢蒙縮手，養由不睨。」《説文》：「鸛專，畐蹂。如誰，短尾，射之，銜矢射人。」《廣韻》鸛鷒。《釋文》福柔。《爾雅義疏》：「俗説雅鳥，一名大觜鳥，善避繒繳〔二〕，人以物擲之，從空銜取，還以擲人，此『譽斯，鵯鶋』。順天人呼寒鴉。」

鵁鶄，涿州人呼青莊。涿州吴志。

按，涿州人呼青莊，即《湖州志》俗名茭鷄者，是皆鵁鶄之聲轉。《爾雅》：「鳽，鵁鶄。」〔三〕

〔二〕繒：原誤作「短」，據《爾雅義疏》改。

〔三〕鵁：原脱，據《爾雅》補。

郭注：「似梟，腳高毛冠，江東人家養之，以厭火災。」《説文》：「䳒，䳒鶴也。」一曰䳒鸔，《白帖》引《禽經》「交目其名䳒」，《上林賦》「交精旋目」。

蝙蝠，北燕謂之蟙䘃。《方言》八。

按，《方言》：「蝙蝠，自關而西秦隴之間謂之蝙蝠，北燕謂之蟙䘃。」《爾雅·釋鳥》：「蝙蝠，服翼。」郭注：「齊人呼蟙䘃，或謂之仙鼠。」據知燕呼同齊，仙鼠即鼸鼠，鼸蓋仙之省文。《説文》：「蝙蝠，服翼也。」又云：「魁蛍，老服翼所匕。」《御覽》引《孝經·援神契》云：「蝙蝠，服匿，故夜食。」《類聚》引服作伏。《本草》亦云伏翼。伏服字通。郭注《方言》：「蝙蝠，邊蝠兩音。蟙墨，職墨兩音。」《爾雅音義》蟙，章戈反；䘃，亡北反。《集韻》䘃，密北切。《廣雅》蟙作蚮。然則䘃蟙之與蝙蝠、服翼，語聲轉耳。今順天人呼夜蝙蝠，蝠聲若府，亦燕服翼之變轉。《爾雅義疏》：「今東齊人謂之燕蝙蝠，登州謂蹩蚨。」

貔，《方言》八。狸別名也。郭注。北燕謂之䝟。《方言》八。

按，《方言》：「貔，陳楚江淮之間謂之𤝞，北燕朝鮮之間謂之䝟，關西謂之狸。」郭注䝟下云：「今江南呼爲豾貍。」又狸下云：「此通名耳。貔，未聞語所出。」盧文弨曰：「戴云：『貔，猛獸。古今無以名狸者，貔當狸字誤。郭所見本已作貔，故注亦疑之。』」今考郭注貔下明云「狸別名」，又云「未聞語所出」者，未聞語出何方耳，蓋方言同名異物者，往往而有貔，非貔貅之貔，乃貔貍之貍〔一〕。《爾雅》：「貍子，貄。」郭注：「今或呼豾貍。」《説文》：「貍，伏獸，似貙。」《淮南子》：「貍頭似鼠。」《御覽》九百十二引許慎注「貍，食鼠」，又引《尸子》曰「使牛捕鼠，不如猫狌之捷」。《莊子·秋水》篇：「捕鼠不如貍狌。」《廣雅》：「貔、貍，猫也。」「豾，貍也。」此皆貍猫通稱之證。而郭以貔爲「貍別名」，蓋本《廣雅》。《大射儀》鄭注：「貍之言不來也。」丕與豾、貍與來，古皆同聲。然則貔，豾貍之聲轉。

今順天人猶呼鼢鼠。《廣雅疏證》。

按，今順天人呼地老鼠，即《爾雅》鼢鼠，郭注：「地中行者」。《説文》：「鼢，地中行鼠，伯勞所化也。一曰偃鼠。」鼢，或從虫作蚡。《莊子》：「偃鼠飲河。」《廣雅》：「鼹鼠，鼢鼠。」《廣韻》：「鼢，田中鼠。」《爾雅疏》：「《方言》云名犂鼠，即此，起地若耕，因名。」今考《釋文》亦作犂，今《方言》本作黎。《本草》：「一名田鼠。」《別録》：「鼹鼠，在土中行。」陶注：「一名隱鼠。」然則黎與犂通，鼹與偃通，隱即偃之聲轉，蚡乃鼢之或體。《爾雅釋文》：鼢，扶粉、扶云二反。

今俗通呼黄鼠狼，順天人呼黄鼬。《爾雅·釋獸》義疏。地猴，一名黄鼠狼。涿州吴志。

按，《爾雅》：「鼬鼠。」郭注：「今鼬似鼦，赤黄色，大尾，啖鼠，江東呼爲鼪。音牲。」音義鼬，餘又反。《字林》云：「如鼠，赤黄而文。」鼦，字書云古貂字。鼪，音性。《説文》：「鼬，如

〔一〕下「貍」字似當爲「貔」。

鼠，赤黄而大，食鼠者。」《廣雅》：「鼠狼，鼬。」《本草》：「鼬，一名黄鼠狼，又名鼪鼠，又名鼤鼠，又名地猴。」

猪，北燕謂之豭。《方言》八。

按，《方言》：「猪，北燕朝鮮之間謂之豭，吴揚之間謂之猪子。」郭注豭下云：「猶言豭斗也。」《爾雅》無豭。考《説文》豭下云「讀若《爾雅》麔豭」。今《爾雅》豭作麚。麚，牡鹿；豭，牡豕，聲同古通用。牟廷相謂《爾雅》牡豝上當脱牡豭一句，其説近是。《説文》：「豭，牡豕也。」《易・姤》注：「羣豕之中，豭强而牡弱。」《左》隱十一年《傳》「卒出豭」，《定》十四年《傳》「宋野人歌：既定爾婁猪，曷歸我艾豭？」《韻會》或作猳。《史記・秦始皇紀》豭，《衛康叔世家》作猳。今順天人通呼猪，《爾雅》：「豕子，猪。」郭注：「今亦曰彘，江東呼豨〔一〕，皆通名。」

今漁陽呼猪大者爲豟。《釋畜》郭注。漁陽以猪爲豟。《爾雅音義》引《纂文》。

按，《爾雅・釋畜》：「彘五尺爲豟。」即《釋獸》所謂其「迹，刻，絶有力，豟」者也。郭注引《尸子》曰：「大豕爲豟。」五尺也。音義豟，於革反，大豕也。《小爾雅》：「豕之大者謂之豜。」豟，《玉篇》作豟。《集韻》豟通作豟，或作豟。

〔一〕豨：原誤作「豬」，據《爾雅注》改。

〔民國〕北京市志稿

【解題】吴廷燮、夏仁虎等纂。民國二十八年（一九三九）稿本，題《北京市志》。北京市，今北京市。「方言」見《禮俗志》卷五。録文據北京燕山出版社一九九八年整理本《北京市志稿》。

方言

域殊俗别，方音各歧；燕始子雲，代有所紀。明清而後，四方交往，客語龐雜，轉易頗多，然鮮入聲，實其獨特。洎乎國語，採用京音，昔之所聞，一方土俗，遂漸普行於全國矣。

漢

訦，信也，燕曰訦。

惇，信也，燕曰惇。

由，輔也，燕之北鄙曰由。

侔莫，强也，北燕之外郊，凡勞而相勉，若言努力者，謂之侔莫。

斟，汁也，北燕曰斟。

京、將，大也，凡人之大，燕之北鄙或曰京，或曰將，皆古今語也。

朦、龐，豐也，燕之北鄙，凡大人謂之豐人。故《燕記》曰：「豐人杼首。」杼首，長首也，燕謂之杼，言圍大謂之豐。

棃，老也，燕之北鄙曰棃。

台，養也，燕曰台。

倸㑊，駡也，燕之北郊曰倸㑊。

嫢盈，怒也，燕之外郊，凡言呵叱者，謂之嫢盈。

班，列也，北燕曰班。

釗，遠也，燕之北郊曰釗。

噬，逮也，北燕曰噬。

悽，哀也，燕曰悽。

咺，痛也，凡哀泣而不止曰咺，於方則燕之外鄙，少兒泣而不止曰咺。

謾台，懼也，燕曰謾台。

讙，讓也，凡言相責讓，北燕曰讙。

摲，離也，燕之外郊曰摲。

抋、抌，推也，幽之語或曰攩。

虔，殺也，燕之北郊謂賊爲虔。

搖扇，疾也，燕之外鄙曰搖扇。

盱、揚，雙也，燕曰盱，或謂之揚。

遊漨、隑企，立也，北燕之郊，跪謂之遊漨，委痿謂之隑企。
凡飲藥傅藥而毒，燕謂之癆。
娥、嬴，好也，燕曰姝，或曰姅。
燕養馬者謂之娠，官婢女廝謂之娠。
臧、獲，奴婢賤稱也，燕之北郊，凡民男而聟婢謂之臧，女而婦奴謂之獲，亡奴謂之臧，亡婢謂之獲，皆異方罵奴婢之醜稱也。
希，摩也，燕摩鋁謂之希。
平均，賦也，燕之北鄙，凡相賦斂謂之平均。
膊、晞，曝也，燕之外郊，凡曝肉、發人之私、披牛羊之五臟謂之膊；曝五穀之類，北燕之郊謂之晞。
膂，擔也，燕之外郊謂之膂。
樹植，立也，燕之外郊，凡言置立者，謂之樹植。
摳揄，旋也，凡物樹稼早成熟，燕謂之摳揄。
策、杪，小也，木細枝請之杪，燕之北鄙謂之策。
凡草木刺人，北燕謂之茦，或謂之壯。
蘘褕，毳也，燕之北郊曰蘘褕。

盂，北燕或謂之盎。
甇，燕之東北謂之瓺。
鍑，北燕或謂之鍑，或謂之鉼。
鍬，燕之東北謂之斛。
橛，燕之東北謂之椵。
牀，其槓，北燕謂之樹。
車釭，燕謂之鍋，或謂之錕。
劍削，燕謂之室。
佻，懸也，燕郊懸物於臺之上謂之佻。
櫪，北燕或謂之樎，或謂之皂。
飲馬橐，燕謂之幨〔一〕。
墳，地大也，幽凡土而高且大者謂之墳。
蕾，鷄頭也，北燕謂之蕾。
蚰蜒，北燕謂之蛆蚭。
馬蚿，北燕謂之蛆蟝，其大者謂之馬蚰。

〔一〕幨：原誤作「帳」。

蜂，燕謂之蠓螉，其小者謂之蠮螉，或謂之蚴蛻，其大而蜜者謂之壺蜂。

蚍蜉，燕謂之蛾蛘，其場謂之坻，或謂之垤。

蜘蛛，蛛蝥也，北燕謂之蝳蜍。

守宫，北燕謂之祝蜓。

譁、涅，化也，燕曰涅，或曰譁，鷄伏卵而未孚、始化之時謂之涅。

北燕謂伏鷄曰抱，雀子及鷄雛皆謂之鷇。

鳲鳩，燕之東北謂之鴶鵴。

戴鵀、戴勝，燕之東北謂之鵖。

桑飛，幽州人或謂之鷦鳩。

蝙蝠，北燕謂之蟙蝠。

貔，北燕謂之豾。

猪，北燕謂之豭。《方言》

聿，所以書也，燕謂之弗。

燕謂信曰訦也。《説文》。

燕人言躁操善趨者謂之訬。

甈，幽州曰瓦。許慎《淮南子注》。

積柴水中搏魚爲罧，幽州名之爲涔。
鴐，䳕也，幽謂之䳕。
蔄苗，荻秀，幽謂之荻苕也。
蓮花之中心曰薏，幽州謂之光。
菒耳，菜名也，幽謂之檀菜。高誘《淮南子注》。
鵽頭，水中芡，幽州謂之雁頭。
搏黍，幽謂之黄鳥。
馬蚿，幽州謂之秦渠。
鴐，鴶也，幽州謂之鴶。高誘《吕覽注》。

晉

睢鳩，大小如鴟，深目，目上骨露，幽州人謂之鷲。
鵻，今小鳩也，一名鵴鳩，幽州人謂之鶝鴔。
黄鸝留，或謂之黄栗留，幽州謂之黄鶯。
螗，燕謂之蛥蚗，或名之蜓蚞。
莎鷄，幽州人謂之蒲錯。
螽斯，幽州人謂之舂箕。

鱮，似魴，厚而頭大，幽州人謂之鴞鷉，或謂之胡鱅。

鴟鴞，似黄雀而小，幽州人或謂之鸋鴂，或曰巧婦，或曰女匠。

蟋蟀，幽州人謂之趣織，督促之言也。里語曰：趣織鳴，懶婦驚也。

蝱，一名杜伯，幽州謂之蝎。

蠨蛸，長踦，亦名長脚，此蟲來著人衣，當有親客至，有喜也，幽州人謂之親客。

榖，幽州人謂之榖桑，或曰楮桑。

藟，一名巨荒，幽州人謂之蓷虆。

卷耳，幽州人呼爵耳。

馬舄，一名車前，一名當道，喜在牛迹中生，幽州人謂之牛舌草。

荷，芙渠，其根爲藕，幽州謂之光旁，爲光如牛角。

葑，蕪菁，幽州人或謂之芥。

菲，似葍，幽州人謂之芴。

葍，一名藚，幽州人謂之燕葍。

芄蘭，一名蘿藦，幽州人謂之雀瓢。

蘞，似括樓，幽州人謂之烏服。

苕，苕饒也，幽州人謂之翹饒。《毛詩草木鳥獸蟲魚疏》。

宋

幽州謂老嫗爲媪。《史記集解》。

梁

燕北賦斂曰平均。

濼陂，濼也，幽州名淀。

蝨，螣蝨也，螣也，燕曰蜻蜍。《玉篇》。

後魏

燕俗謂亡爲無。《水經注》。

今羊蹄，似蘆菔，幽州謂之蓫，一名蓨。

幽燕謂之燕蓄，一名爵弁，一名蔓根。

槼，苣荒也，幽州謂之椎槼。

蓫薚，幽州謂之旨蘋。《齊民要術》。

唐

燕人謂勞爲䚷。《史記索隱》〔一〕。

〔一〕隱：原誤作「引」。

罂，受一㪷，北燕人謂瓶曰罂，大瓶也。
㢈，幽謂之序。
濼，幽州名淀。
陂池，幽州呼爲淀。《一切經音義》。
宋
北燕之外，相勉努力謂之𠠎，一曰彊也，或作敄。
燕謂喜言人惡爲涾。
燕人謂多曰䅣。
幽州謂麴曰䴷。
北燕謂瓶爲罂。
北燕謂釜曰鉼。
北燕謂㶘曰洞，或從水。
蜂之小者，燕謂蚴蜕。《集韻》。
䜤䴵，河濟稱小麥麵，燕曰䴵麵。《事物紺珠》。
北燕謂蚍蜉爲蟻。《續一切經音義》。

遼

燕北風俗，不問士庶，皆自稱小人。宣和間，有遼國右金吾衛上將軍韓正歸朝，授檢校少保節度使，與諸兄同正任班，對中人以上説話，即稱小人，中人以下，即稱我家。《錢氏私志》。

北界漢人多爲契丹凌辱，駡作十里鼻。十里鼻，奴婢也。《燕北雜記》。

盧溝河，即盧龍也，燕人呼水爲龍，呼黑爲盧，亦謂黑水河。《北轅録》。

元

都下謂男覡亦曰師娘，娼婦曰花娘。

都下自庶人妻以及大官之國夫人，皆曰娘子，未嘗有稱夫人、郡君等封贈者。

搏丸又曰脱活，京師語如此。

凡六畜勞傷則鼻中常流膿水，謂之嗓病〔一〕。又愛訐人之短者，亦謂之嗓。《輟耕録》。

元時，江西人仕於朝者，多以臘鷄爲贄，故江西人呼爲臘鷄頭。《言鯖》。

元時，凡南數省人皆有臘鷄之目，至明乃惟以之嘲江西人也。《通俗編》。

元人呼命婦所帶笄曰罟。罟，蓋虜語也。《野獲編》。

明

正德丁丑，余始遊京師。初至，見交易者皆稱錢爲板兒。《碧里雜存》。

〔一〕嗓：原誤作「噪」。

南人在都求仕者，北人目爲臘鷄，蓋鷄爲南方饋北人之物也。《草木子》。

京師有依託宮府賺人財貨者，名撞太歲，蓋穿窬之行也。《菽園雜記》。

今京師勾欄中諢語謂給人者曰黄六。

京師人呼巷爲胡同。《疑耀》。

蠨蛸，亦名長腳，此蟲來著人衣，當有親客至，幽州人謂之親客。

蠆，幽州謂之蝎螗，燕謂之蛥蚗，或謂之蜓蚨。《小化書》。

今北都謂人言行差謬者俱作鄒，不知爲何字。頃觀牟融《寄范使君》詩有曰：「從來姑息難爲好，到底依棲總是諏。」所用言與北都語意相同，則所謂鄒者，當以諏書乎？《宙載》。

都城俗事對偶，以打秋風對撞太歲，蓋俗以自遠干求曰打秋風。

北人詈婦之下劣者曰歪辣骨。

京師稱婦人所帶冠爲提地，蓋鬏髻兩字俱入聲，北音無入聲者，遂訛至此。又呼促織爲趨趨，亦入聲之誤。《野獲編》。

京師謂乞兒曰花子。《五雜俎》。

都人或十五結黨横行街市間，號曰闖將。其遊手不自給者，目曰閑的兒。《白頭閑話》。

燕俗謂陰雨爲酒色天。《帝京景物略》。

明制，直房內官與司房宮人俱爲伉儷，謂之對食，又謂之菜户，若强作伉儷者，稱白浪子。

《西河詩話》。

燕都謂慌忙曰張羅。《天啓宫詞注》。

白樂天《半開花》詩：「西日憑輕照，東風莫殺吹。」自注：殺，去聲，音㪚。俗語太甚曰殺。《容齋隨筆·序》：「殺有好處。」《元人傳奇》：忒風流、忒殺思。今京師語猶然，大曰殺大，高曰殺高，此假借字。俗字作傻。《平水韻》：「傻俏，不仁。」一曰不慧也。

京師里語目形容短矮曰遳，《文選》有遳脆之語，《唐書·王伾傳》：「形容遳陋。」《通鑑音義》作七禾切。《俗言》。

清迄民國

䶥，音楚去聲，齒怯也，今京師語謂怯皆曰䶥。

《宋景文筆記》云：「關中人以腹大爲胍肝。」胍，音孤；肝，音都。俗因謂杖頭大者爲胍肝，後訛爲骨朵。今京師猶有此稱。

北京方言，將出則令備馬。

北人土語，以候爲等。

今北人駡頑童曰崽子。《天禄識餘》。

末殺，今京師有此語。

滾泧，今京師人語如此，音如麻沙。

今京師人謂日趺爲晌午趖。《説文》段注。

濽，今京師驅車者呼之，其音如薦。《説文釋例》。

蟋蟀，今順天人謂之趨趨，即促織、蟋蟀之語聲相轉耳。

蛣蟟，順天人謂之蝍蟟。

蛗，順天人呼諮諮。

蜓蚞，順天人謂之夫爹夫娘。

草蟲一種青色善鳴者，順天人謂之聒聒，音如哥。

螻蛄，今順天人呼拉拉古，亦螻蛄之聲相轉耳。

蚍蜉，今順天人呼馬螘。

蝸牛，順天人呼水牛。

鸒斯，鵯鶋，順天人呼寒鴉。

鴟，今順天人呼鷂鷹。

菣，今順天人呼回回秫稽。

蜀葵，葉如葵而大，莖高丈許，京師呼秫稽華。

王瓜，五月生黄花，花下結子，形似小瓜，今京師名爲赤雹子是也。

今京師人謂穄爲穈〔一〕。

樝，今順天人呼之鐵梨。

今燕以插地起土者爲鐵鍬。《爾雅義疏》。

燕趙人謂師爲史，今猶呼老師爲老史。

餃餌，今京師曰角子，讀如矯也。

包子綻頭者謂之稍麥，此名於古無考，今京師賣者謂之稍麥。

京師人謂粗屑爲紇頭。

今京師人謂相絞訐爲鬥根。讀上聲。

今京師人讀訾如薩，或如唼，謂曰唼底，即怎麼底也。

今京師謂女曰妞，亦作玻，音紐，呼爲妞妞。若大曰大妞，次曰二妞，又次曰三妞。

京師謂飲曰呷。

今京師人呼杏爲巴達，即巴旦也。

唉與啊，一聲之轉，今京師人應聲曰唉。

北人稱我曰俺，或曰喒，亦曰咱。《證俗文》。

〔一〕穈：原誤作「穈」，據民國《河北通志稿》改。

鯙，魟也，順天人謂之枷魚。

蛛，今順天人謂之錢龍。

今順天人呼竹篾爲竹筤，聲如泯，又轉爲篣，音彌。《廣雅疏證》〔一〕。

京師邸舍，鼠子最夥，俗呼耗子，以其耗斁什物也。《曬書堂筆録》。

《丹鉛總録》云：今之巷道，名爲胡洞，字書不載，或作衚衕，又作衙衕，皆無據也。《南齊書》有西弄，弄，巷也。南方曰弄，北方曰衙衕。弄之反切爲衙衕，蓋方言也。《古音駢字續編》又作湖洞，巷道名。余見京城書此二字無作衙衕、湖洞者。《冬集紀程》。

北方小兒呼其母曰媽媽，呼其母之乳亦曰媽媽。小兒吸乳母之乳曰吃噆噆，亦曰咂媽媽。《在園雜志》。

內外城俗稱小兒聰慧者爲乖角。

闤闠貿易暗號，一曰扁擔、二曰缺工、三曰眠川之類，總名市語。其他尚有鏁子語、紐語、葫蘆語、練語，惜無暇考證之。《水曹清暇録》。

肉䐹子，北方人細切膾之稱，音如臊，去聲，余以爲當作劁。《南史·茹法珍傳》「宮中訛曰：『趙鬼食鴨劁，羣鬼盡著調。』當時莫解。梁武帝平建鄴，東昏死，羣小一時誅滅，故稱爲諸

〔一〕證：原作「正」。

鬼也。俗間以細銼肉糅以薑桂曰劃，意者以凶黨皆當細銼而烹之也」云云。字書音劃如嘯，疑今古聲異耳。

薩四十，北方稱三作開口聲。《北史》李業興使梁武帝，問其宗門多少，答曰：「薩四十家。」正與此同〔一〕。

俗言虹曰鱟，《餘冬序録》引《雲間志》方言亦然。

北方呼岡去聲，見《菽園雜記》。

揚子《方言》：「蟅蟒，即蝗。」注：「蟅音近詐，亦呼蚝蚷。」今北方人呼螞蚱或麻札，即此二字顛倒聲轉之異。

北方呼鋤曰鎬，不知何解。

栲栳，栲字注：「柳器。」今北俗讀栲作入聲。《直語補證》。

《輟耕録》：世謂穩婆曰老娘。案：都中相呼爲老老，亦取老成穩練之意。《稱謂録》。

京師人謂騾馬爲頭口。《甌北詩話》。

託事請客斂分金曰撒網。《癸巳存稿》。

今燕秦之地，雖丐婦無不稱太太者。《通俗編》。

〔一〕正與此同：原誤作「考與北周」。

今順天人謂不率真曰做作，聲若奏做。
責讓無已曰訥，訥音讀如刀。《説文》：「訥，往來言也。」正合。
《方言》一：「虔、儇，慧也。自關而東，趙魏之間謂之黠，或謂之鬼。」今順天人謂黠爲鬧鬼，即《方言》遺語。
飲藥而毒爲痨，痨語若勞，去聲。遇毒曰毒瘌瘌，語瘌聲若臘，去聲，與《方言》「毒瘌」合。
謂遊蕩子爲流離。
謂花之含苞曰姑都，蓋即朵也。
今順天人語我若窩去聲。
相稱加敬則曰您，否則曰你。
女加笄曰上頭。
謂犂地曰耕地，語耕若經。
謂發酵曰麪酶，語酶音如肥。
語更改之更，音作庚。嚴更之更，則音若經。張衡《西都賦》：「衛以嚴更之署。」注：「督夜行鼓也。」
謂穀屬實不飽滿曰癟穀。又謂高粱取米餘皮曰癟花。
價，語助辭，言弗若是曰不價。

羨人奢曰闊，語闊若渴。
語少少曰略薄，略音若料，蓋掠之聲轉。
呼父曰爸，疑爹之聲轉。
呼母曰媽，音馬，平聲。
呼祖曰爺爺。
呼外王父爲老爺。
呼錫曰錫蠟，語錫若西，去聲。
呼門邊懸鐵可加鎖者曰了弔。
醋。按，本土呼爲老醋，有黑白二種。一稱忌諱。
引光奴，今京師名取燈兒。
土人呼黍糜爲黄米，呼稷爲小米，人無異詞。
蛇。按，土人稱爲長蟲。
蚿，足甚多，狀似蜈蚣，足長行駛，其形鬖髿，土人呼爲錢龍，或呼穿綫繩〔一〕。
草蟲，今土人稱爲聒聒。音如哥。

〔一〕綫：似爲「錢」之誤。

蟿螽，爲螇䗖形，似蚣蝑而細小，作聲唧唧，土人呼爲蛤答板。

蜻蜓。按，今大而青者，土人呼爲老琉璃。

百蛉，按，土人相呼如此，今無從定其名矣。細小如水蟣，其色白，飛無聲，昏夜潛嚙人，人覺，已飽腹而去。《光緒順天府志》。

北方謂人在某地生者則曰某地娃娃。如京裏生，則稱京裏娃娃。

京中俗語，謂何時曰多早晚。

人死後回煞之説，南方謂之回煞，京城謂之出殃。《竹葉亭雜記》。

事多乖舛不濟曰糟。京師又有糟酵之語。糟則空，酵則浮。金泰和四年，定糟酵錢。酵，苦孝切，京師訛呼平聲。

犯死罪立決者，今京師謂之熱。按《長編》，宋赦書曰熱勅。

忒殺，大也，大字切腳，京師語亦有之。如好曰殺好、聰明曰殺聰明之類。

京師譏人不慧，有傻子之目。

睥睨一切，謂之眼界大，即京師云眼眶大也。

挑繡之挑，今京師曰捺。《竇存》。

仔即崽字，音宰。《水經注》云：「變童丱女，弱年崽子。」是其所本。至北人則以爲駡詈之詞，與羔子、蹄子等矣。《兩般秋雨盦隨筆》。

竊行道人佩物者，南方謂之翦綹，京師謂之小利。

稱醫生爲大夫，又稱郎中。

稱關夫子爲老爺，不繫以關字，而聽者便知。

叔呼其嫂爲姊，嫂呼其叔爲弟，伯呼其娣爲妹，娣呼其伯爲哥。

呼優童爲相公，故大家子弟其隸僕無稱相公者。

京師乞丐謂之頂沙鍋。

優童自稱其居曰下處，到下處者謂之打茶圍。《燕京雜記》。

北方人謂失火爲走水。《庸閒齋筆記》。

飯鍋底者，南方謂之飯滯，北方謂之鍋巴。

南俗以汁和飯曰淘飯，亦曰澆飯，北方謂之泡飯。

今自京師及各省，凡鳥卵皆呼爲蛋，無稱爲卵者。

芡，《方言》云：「北燕謂之葰。」〔一〕今北地無此名，亦不聞烏頭、雁頭之稱。《食味雜詠注》。

京師名學大器派者曰做闊。

性傲而不肯吃人者，京師謂之吃生米。

〔一〕葰：原誤作「葰」，據《方言》改。

棍徒，京師曰老土，又曰茅包，近又名曰土撥勒賀。

冰核，京師讀其音曰冰壺。《京都竹枝詞》。

京師謂任性曰溺。

京師謂逋債弗償曰漂。

呼韻曰轍，謂换韻曰换頭。

戲莊及第宅綵觴宴客皆曰堂會。

俗呼旦角曰包頭，蓋昔年俱戴網子，故曰包頭。《京塵雜録》。

曰受熱，曰坐蠟者，皆京師俗呼爲難者之别名，此語有雙關之意。《雨窗消夏録》。

清代北京俗語，謂人之闒茸者曰八代半。《竹素園叢談》。

光緒初年，士大夫鄙薄洋務，在總理衙門行走者謂之洋章京。《覺花寮雜記》。

北方俗語，凡餌之屬，水餃鍋貼之屬，統稱爲扁食，蓋始於明也。

餑餑，餅餌之屬，北人讀如波波，不讀作勃字之本音也，中有餡，一作餺餺。

斟茶於杯，京諺謂之倒茶，蓋自壺傾出之也。

北方有稱姑娘者，旗人尤多，揣其意義，實較小姐爲尊也，然北方之妓女，亦稱姑娘。

京師轎車之不按站口者，謂之跑海。

京都男子之供妓女奔走者曰跑廳。

拐騙之徒，有曰念秧者，北方土語也。

京師遊手好閑之輩，好以養鳥爲消遣，養鷂子爲尤無用，故俗名無所事事者曰頑鷂鷹。

北人駡人之辭，輒有蛋字，曰渾蛋，曰吵蛋，曰倒蛋，曰黄巴蛋。故於餚饌之蛋字輒避之。鷄蛋曰鷄子兒，皮蛋曰松花，炒蛋曰攤黄菜，溜蛋曰溜黄菜，煮整蛋使熟曰沃果兒，蛋花湯曰木樨湯。木樨，桂花也，蛋花之色黄如桂花也。蛋糕曰槽糕，言其製糕時入槽也。而獨於茶葉所煮之鷄蛋則不以爲諱，曰茶鷄蛋。

京師指妓舘所在之地曰胡同。胡同者，火弄之音轉耳，凡小巷皆曰胡同。

八旗方言：阿媽，父也。額尼，母也。太太，祖母也。哥兒，公子也。妞兒，姑娘也。巴圖魯，坎肩兒。多鈕，背心也。額隆袋，長袖馬褂也。啞子嘎兒，密語也。溜杵格念，無錢也。招蘇務桂，無錢也。《清稗類鈔》。

尋常器物，無不有名，如賣藥之串鈴曰報君知，售絨綫之摇鈴曰唤嬌娘，又叫夜乞丐，所吹之竹筒曰善人知，此皆有意義。至舊武器，槍鋒未盡處，有八棱而圓，似鎚而極小，此處亦有名，謂之留客住。《東華瑣録》。

二十者，都中舊日極卑賤之土窨名目也。

京諺謂嘲笑人爲改人。《新燕語》。

挑眼，京諺猶言吹毛求疵也。《側帽餘談》。

《爾雅》：「朕，我也。」今北方音轉如簪，俗作偺。《新方言》。

《説文》：濊，濊泧，飾滅貌，莫達切。泧，濊泧，讀若「椒榝」之榝。飾滅者，謂拭去其痕迹也。今北京讀如麻沙。《釋名》：「摩娑，猶末殺也。」《廣新方言》。

京兆方言特別字：[illegible]，初瓦切，人在雨雪中行也。您，讀如凝，實南方你老人家四字之省文也。衚衕，京師俗字，今省作胡同，衕字見《山海經》。倸倯，駡也。嫛盈，怒也〔一〕。渻，喜言人惡也。此順天舊志方言，今罕用者。又京兆謂客如茄，謂耕如經，北方各省皆同。

京兆方言稱謂之異：老爺，外孫呼外祖之語，對於神則呼關聖也，京僕稱其主及信面用者已少。大人，兒童對家長而言。爹爲父，媽爲母。《京兆地理志》。

北方語無入聲，如讀賊爲宰，足爲序，陸爲路，藥爲鬱，福爲富，屋爲護，拆爲釵，服爲附，局爲拒，莫爲冒，穀爲故，録爲慮，筆爲閉，職爲治，玉爲御，曲爲去，雪爲絮，蟋蟀爲趨趨，鐵笛爲替地之類，不可盡舉。余居京師久，諸語皆能彷彿，惟至入聲字，終不免有浙人楚語、終老帶吴之誚。後彼地人謂余曰：凡入聲但作去聲讀，無不合者。已而效之，遂信口無窒礙矣。《寒夜叢談》。

京人買房宅取租以爲食者，謂之喫瓦片。販書畫碑帖者，謂之喫軟片。

京語呼輪曰較。

〔一〕怒：原誤作「怓」，據《方言》改。

京語本地曰伏地。

裝飾婦女聘賣於異鄉人，乘隙捲而颺焉，謂之放鷹，亦曰打虎。

設爲賭局誘騙愚懦，謂之腥賭。

代接婦女秘密賣淫，謂之轉當局。

引誘富家子弟遊蕩嫖賭以博其資，謂之架秧子。

都中俗稱馬料曰餵養。

北京音無入聲，凡入聲之字，皆轉入平、上、去三音，此人所習知也。然有一音而變數字者，如六、禄、陸、緑，均爲入聲，南人讀之一音也。京音則數目之六如溜，姓氏之陸、爵禄之禄均讀如路，顏色之緑讀如慮。凡如此類，不可枚舉，初學京音，往往而誤。

有一字而分兩意者，如你我之你，遇平行以下可直呼你，爾汝意也。然遇尊長則必曰您，讀如鄰，匪是則不敬。他字亦分兩意，呼平輩可直曰他，即彼意也。然述及尊長，則他字必讀如坦，匪是亦不敬。

有一字而分三意者，如得字，失手而物碎曰得，其音促，有惋惜意。見人相争而曰得了，有勸止意。令人作食物或製他物曰得了嗎，有詢問意。

亦有以平聲字作仄讀者，如兒女姻親謂之親家，此本古語，見《唐書·蕭嵩傳》。京音親讀去聲如慶。按，此意有本，唐盧綸《王駙馬花燭》詩：「人主人臣是親家。」則來久矣。京中土俗，晚輩呼姻家翁、媪曰親家爹、親家媽，官稱則否。

稱我曰咱，我所獨也；曰咱們，則與言者所共也。昔有人初至北京，學爲京語，偶與友談及其妻，輒曰「咱們内人」，友笑謝曰「不敢」。俄又談及其親，復曰「咱們的父親」，友亟避去。

京師人海，各方人士雜處，其間言龐語雜，然亦各有界限。旗下話、土話、官話，久習者一聞而辨之。亦間攙入滿、蒙語，如看曰把靠，役曰蘇拉，官曰章京，讀如音。主管曰侉蘭，大皆沿用滿語，習久乃常用之。又有所謂回宗語、切口語者，市井及倡優往往用之，以避他人聞覺。庚子後則往往攙入一二歐語、日語，資爲諧笑而已，士夫弗屑顧也。

京語有最雅者，如曰可一街、可一院，即滿街、滿院之意也。唐人詩「一方明月可中庭」「山可一窗青」，皆與此義同。謂怯曰楚。讀去聲，如醋。《天禄識餘》謂應作齼，齒怯也。引曾茶山《和魯宏父雙柑》詩云「莫向君家樊素口，瓠犀微齼遠山顰」爲證〔一〕。

有讀音最準者，如以脂膏車之膏、飲馬之飲，均必讀作去聲是也。

有最合古義者，如謂短矮人曰遳。按《通鑑音義》遳，七禾切。《唐書·王伾傳》：「形容遳陋。」〔二〕至於呼車輪曰較，物被汙曰染，節用曰撙，讀如存。吝曰剋嗇，適曰舒坦，含羞曰靦覥，巧曰機伶，增添曰續，葉序。失意曰鏖糟，忍受曰鏖，驚曰發怵，無聲曰悄默，潛藏曰隱，欺匿曰昧，

〔一〕曾：原誤作「會」。
〔二〕陋：原誤作「鄙」，據《新唐書》改。

物重曰沈，輕浮曰飄，夢語曰發囈，半眠曰迷胡，即模糊。微熱曰烏突，温暾轉音。南音曰蠻，老曰龍東，舒物曰伸，稱量物曰較，皆與古義相合，前人詩文中亦恒見之。

有雖爲俗語而有意義可尋者，如大言曰吹，視曰瞅，偷覷曰瞜，佯示以物曰晃，性急曰毛躁，曰發毛，私曰體去聲恤，私財曰體己，錯誤曰擰，上聲。執拗曰彆扭，亦曰擰，中空曰草包，閑談曰聊，閑遊曰逛，飲曰喝，吸煙曰抽，亂曰麻煩，熱鬧曰火熾，亦曰火爆，不熱鬧曰温，欺騙曰籠統，美曰俊，亦曰俏式，又曰邊式、曰得樣，性傲曰苗，柔曰温存，發怒曰火勁，剛曰標，纏足曰蠻子，天足曰旗下，乞物曰尋讀如形物，光緻曰抹麗，予人曰給，不老曰少形，説明曰告，讀如稿。借宿曰尋宿，讀如形休。大聲曰嚷，羣作曰鬨，驅逐曰轟，接近曰拉攏，勞曰累，亦曰乏，不强曰乏物，過熱曰大乏，脱空曰漂，去聲。美曰漂亮，刻薄曰損，譏人亦曰損，初起曰底根，終了曰壓根，或以形象，或以意會，皆不失字之正義者也。

有並無意義或並無其字者，如醉曰喇嘛，從旁插語曰得吥，嚮人私語曰嘀咕，則僅爲一種流俗方言，無可深考矣。

京師工藝有曰減金、減銀者，以金銀絲嵌入銅鐵器者是也。字當作鋑，讀如減。漢馬融《廣成頌》「金鋑玉瓌」〔一〕，其字甚古。

〔一〕 瓌：原作「鑲」，據《廣成頌》改。

京語有極刻薄者，如呼考生曰浩然子，初聽其名甚美，然其諧聲實爲號瓢子也。蓋喻號舍如瓜，而考生居其中如瓢。呼落第舉子曰豆芽菜，蓋喻凡物皆種而後出，種，葉中。惟豆芽菜則不種者也。呼浙紹人曰臭豆腐，譏所嗜也，久則並南人皆呼曰豆腐皮。

京人聞人道失意事，輒失聲而呼曰唉，有嘆惜之意。《史記·范增傳》：「唉！豎子不足與謀！」

謂物之圓頭者曰骨朵，其字應作胍肫。《宋景文筆記》云：「關中人以腹大爲胍肫。胍音孤，肫音都。俗音謂杖頭大者爲胍肫，後訛爲骨朵。」宋時御殿儀仗列之，今京師猶有此稱。

謂路之歧者曰岔路[一]，亦可作差，俗訛作岔。按《韻會小補》引唐詩「枯木巖前差路多」，謂歧道也。差，丑亞切，歧也。《集韻》或作岔，董逌《周景集》亦引之。

稱己所居室曰我屋裏。按陶淵明詩：「我屋南窗下，今生幾叢菊。」又王安石詩：「我屋公墩在眼中。」《舊京瑣記》。

〔民國〕古北口志

【解題】僞熱河省公署熱河辦事處編撰。古北口，今北京市密雲區古北口鎮。「語言」見第十《風俗》

[一] 岔：《舊京瑣記》作「㞧」。下同。

中。録文據民國二十四年(一九三五)油印本《古北口志》。

語言

本地語言,雖有各省雜居之人,而普通多數均操北平語言,故音節清亮,語句明白。

〔民國〕平谷縣志料

【解題】李剛修,王兆元纂。平谷縣,今北京市平谷區。「方言」見卷三《風土志》中。録文據民國二十年(一九三一)鈔本《平谷縣志料》。

方言

平谷言語,似與舊都京話無大差别。凡上平、下平字音,則辨别分明;入聲字,每不甚明晰,亦猶南人之不善讀平聲也。

一、平谷方言特别字

齁,初瓦切,人在雨雪中行也。爸,音霸,呼父也。您,讀如凝,即南方「你老人家」四字之省文也。啥,對於什麽曰啥,即什麽二字之反切。㗊,讀如匝之上聲,對於怎麽曰㗊。

二、平谷方言稱呼之異

老爺,外孫對外祖之稱。老老,外孫對外祖母之稱。慶家,姻兄弟稱親家,訛稱慶家。大爺,弟之對長兄之稱,如對長兄稱大爺,仲兄稱二爺等;兄對弟亦以爺稱之,如二弟、三弟,兄稱爲二爺、三爺等類是也。奶奶，弟之對嫂，每稱奶奶；兄長對於弟媳，亦有幾奶奶之稱，如我們大奶奶、我們二奶奶之類。第兒子，父母對於次子稱第兒子，想係第二個兒子之省音。老兒子、老姑娘，對於季生之子女，每以老字稱之，想係年老所生之義。

三、平谷方言名物之異

螞蚱，呼蟲螽爲螞蚱。趨趨，呼蟋蟀爲趨趨。馬郎，呼蜻蜓爲馬郎。刀螂，呼螳螂爲刀螂。野猫，猫讀上平聲，呼野兔爲野猫。耗子，呼老鼠爲耗子。老刮，呼烏鴉爲老刮。唧了，呼蟬爲唧了。拉拉穀，呼螻蛄爲拉拉穀。

此外，普通方言尚夥。如耕地曰經地，隔壁曰界比或曰接房，明日曰趕明，昨日曰列個，今日曰今個，明日曰明個，本日曰當讀去聲日，本地曰當地，本莊曰當莊，惟本縣不稱當縣、本人不稱當人。全部曰全兜，如全兜來、全兜去之類。騙人曰搢人，積蓄錢曰攢梯西，格外優待亦曰梯西。兩數相同曰一班多，事由兩個原因構成曰兩事夾攻的，此地曰這塊，他處曰那塊，犧牲曰破除去，如舍命曰破除命去等類。人顳頊曰二篗，或曰篗廝，或曰二百五。其劣相同曰一船貨，退步曰倒青，休息曰呆呆，何時曰多會，居住地曰他他，或係榻字之訛。物堅固曰佳壯或曰鑿實，物品劣曰罔温的，人品低曰異見的或曰罔罔的，不勝任曰擱不住，打賭曰衾東，竹戰曰頂牛，鬭紙牌曰看佛爺，吸鴉片曰啃海草等類是也。

〔民國〕平谷縣志

【解題】李興焯修，王兆元纂。平谷縣，今北京市平谷區。「方言」見卷三《社會志》中。録文據民國二十三年（一九三四）鉛印本《平谷縣志》。

方言

平谷言語，似與舊都京話無甚差別。凡上平、下平字音，則辨别分明；入聲字，每不甚明晰，亦猶南人之不善讀平聲也。志方言。

平谷方言特别字

咠，初瓦切，人在雨雪中行也。啥，即甚麽之反切也。咘，讀如匝之上聲，稱怎麽曰咘。爸，音霸，呼父也。您，讀如凝，即南方「你老人家」之省文也。

平谷方言土音字

筆讀如彼，藥讀作耀，麥讀作賣，略讀作料，俗讀作須，閣讀作稿，鶴讀作豪，福讀作府，鞋讀作邪，墨讀作密，錫讀作西，霍讀作火，所讀作灼上聲，色讀作曬上聲，落讀作勞去聲，窄讀作齋上聲，白讀作拜平聲，或獲俱讀作槐，覺腳俱讀作絞，摘謫俱讀作齋，國郭俱讀作鍋，耕更俱讀作經，善惡之惡讀作平聲，一七八十俱讀作平聲，如此之類，不勝悉舉。

平谷方言稱呼之異

老爺，外孫呼外祖之語，對於神則呼關公也。老老，外孫對外祖母之稱。大人，兒童對家長而言。

平谷方言名物之異

蝨螽，呼爲螞蚱。蟋蟀，呼爲趨趨。蜻蜓，呼爲馬郎。螳螂，呼爲刀郎。野兔，呼爲野猫。老鼠，呼爲耗子。烏鴉，呼爲老刮。螻蛄，呼爲拉拉穀。

〔民國〕順義縣志

【解題】李芳等修，楊德馨等纂。順義縣，今北京市順義區。「方言」見卷十二《風土志》中。録文據民國二十二年（一九三三）鉛印本《順義縣志》。

方言

甲、單音

愛　讀ㄋㄞ音，哀。

恩　讀ㄋㄣ音。

安　讀ㄋㄢ音，案。

我　讀ㄋㄛ音，鵝、餓。

襖　讀ㄋㄠ音，鰲、嗷、敖。

偶　讀ㄋㄡ音，歐。

昂　讀ㄋㄤ音。

案以上七音，白河東人讀上顎音，河西人讀作喉音。

您　你也，讀ㄏㄣ音，稱尊長不敢直説你。

俺　讀ㄢ上聲音，即我們也。

他　讀ㄊㄨㄛ音，方言稱他作ㄊㄚ音。

誰　讀ㄕㄨㄟ上聲音，方言稱ㄕㄟ上聲音。

什麽　甚麽　均作ㄕㄥㄇㄚ平聲音〔一〕。

那　問話讀ㄋㄚ上聲音，答話讀ㄋㄚ入聲音，如：這個東西在那一塊兒呢？這不是在那一塊兒呢。

那　一讀如内，如：這個東西在那ㄋㄟ去聲塊呢。

那時會　急讀作那會，即從前意。

那　一讀ㄋㄞ上聲音，如：你那兒去。

〔一〕音：原作「言」。

他們　急讀作ㄊㄤ音。

東　作ㄉㄨㄥ平聲音讀。

哥哥　稱ㄍ平聲。

兄弟　稱ㄒㄩㄥ平聲ㄉㄧ入聲。

叔叔　稱ㄕㄡ平聲。

姑姑　稱ㄍㄨ平聲。

莊　作ㄓㄨㄤ平聲音讀，如莊户、莊頭等村。

　案東以下音，白河東人讀陽平，白河西人讀陰平。

莊　讀作ㄓㄨㄤ，莊村解，有作ㄓㄨㄤ讀者，如馬辛莊、魏辛莊，有作ㄓㄨㄤ讀者，如石閣莊、田各莊，有作ㄓㄤ讀者，如陳各莊、相各莊是〔一〕。

做　稱ㄗㄨ去聲音，如做飯、做夥的。

險　稱ㄒㄧㄢ平聲音，這一件東西掉在地下，險一險就摔壞了。

白　讀ㄅㄞ音。

黑　讀ㄏㄟ音。

〔一〕各「ㄓㄨㄤ」字應有聲調區别，但底本未標示。

叩　轉ㄎ音，俗謂拜年叩ㄎ頭。

色　讀ㄊㄜ或ㄕㄞ上聲音。

血　讀ㄕㄝ上聲音。

落　稱樹葉落爲ㄌㄠ去聲音。

耕　耕地，讀爲ㄐㄧㄥ音。

更　三更，讀爲ㄐㄧㄥ音。

給　讀ㄐ音或ㄍㄟ上聲音。

閣　稱閣廟，爲ㄍㄠ上聲音。

還　稱還有，爲ㄈㄞ上聲音。

都　稱全都，爲ㄉㄡ音。

不用　急讀爲ㄅㄨㄥ平聲音，如那個事不用ㄅㄨㄥ管他。

駱　駱駝讀ㄌ去聲音，姓氏讀ㄌㄠ去聲音。

驢　讀ㄌㄩ平聲音。

人　讀ㄖ平聲ㄦ音，如問你們幾個人？答我一個人ㄖㄦ。

天　作個音，如今天稱ㄐㄧㄦㄍ，明天稱ㄇㄨㄝㄍ，昨天稱ㄗㄨㄛㄍ。

爺　作ㄝ音，輕讀帶ㄦ音，稱太陽爲老爺。

便　作ㄆㄨㄢ音，如便宜稱ㄆㄨㄢ宜。

料　作ㄌㄡ去聲音，如靡料稱靡ㄌㄡ去聲。

勁　作ㄐㄧ入聲ㄦ音，如你看他那個勁兒。

會　作ㄏㄨ平聲ㄦ音，如那會讀那ㄏㄨ平聲ㄦ，歇一會讀歇一ㄏㄨ平聲ㄦ。

待　作ㄉㄧㄞ音，如待一會兒讀ㄉㄧㄞ一會兒。

得　作ㄉㄟ上聲音，如我得找他，讀我ㄉㄟ上聲找他。又如得虧他，不然就壞了。

現　作ㄒㄩㄢ去聲音[一]，如現躉現賣，讀ㄒㄩㄢ去聲躉ㄒㄩㄢ去聲賣。

節　轉些音，如年節呼爲年節ㄒㄩㄝ，俗稱到年ㄒㄩㄝ啦。

怎　轉ㄗㄚ上聲音，河東人稱怎麼着爲ㄗㄚ上聲ㄓ。

親　轉ㄑㄧㄥ去聲音，親家稱曰ㄑㄧㄥ去聲家。

這　轉ㄓㄟ去聲音，你這樣了。

乙、雙聲

太太，稱父之祖母。爺爺，稱祖父也。奶奶，稱祖母也。滿人稱母親亦曰奶奶。爸爸，稱父親也。媽媽，稱母親也。小孩吃乳，亦稱吃媽媽。姑姑，稱姑母也。叔叔，稱叔父也。姥姥，

[一] 作：原誤作「在」。

稱外祖母也。舅舅，稱舅父也。公公，稱舅翁也。婆婆，稱夫之母也。哥哥，稱兄也。姐姐，稱姊也。

簇簇　驅狗聲。

嗾嗾　ㄙㄛ，叫狗聲。

汪汪　狗叫聲。

花花　叫猫聲。

米米　讀ㄇㄠ音，猫叫聲。

喔喔　讀ㄍㄦ音，鷄叫聲。

㗐㗐　讀ㄍㄨ平聲音，叫鷄聲。

來來　讀ㄌ音，叫猪聲。

攄攄　讀ㄌㄚ音，驅牛聲。

都都　讀ㄉ平聲ㄦ音，叫驢聲。

行行　讀ㄏㄤ音，驢叫聲。

喳喳　鵲叫聲。

啾啾　讀ㄐㄧㄨ平聲音，叫小雀聲。

呷呷　讀ㄧㄚ入聲音，叫鴨聲。

閣閣　讀ㄍㄨㄚ平聲音，蛙鳴聲。
踏踏　ㄓㄚ，小孩學步呼聲。
恬恬　讀ㄍㄨㄜ音，稱絡緯名。
颼颼　風聲，亦稱跑快腿。
熱熱　稱吉了之小者，稱人之親近者亦曰親親熱熱。
咨咨　秋涼之稱，俗稱二斯。
趨趨　蟋蟀之稱。
落落　讀ㄌㄠ去聲音，呼蝴蝶棲止聲。
哈哈　笑聲。
攙攙架架　富貴家婦女用人扶持樣子。
説説聽聽　言説的説，聽的聽，不必盡信人言也。
摸摸糊糊　摸讀ㄇㄚ平聲音，與摸糊同意。
嬝嬝娜娜　讀ㄏㄡㄏㄝ音，形容人走步慢摇也。
咭咭呱呱　讀ㄐㄧㄍㄚ音，連説帶笑也。
跳跳鑽鑽　讀ㄊㄧㄠㄗㄨㄢ音，形容人不安穩。
混混　無賴子之別稱。

歇歇　休息意。
洗洗　洗衣服，常説把這件衣裳洗洗。
點點　即數數意。
案，以上數字雙聲，後音似帶語尾意，如推推、搗搗、蒸蒸、煮煮、羅羅等，均與上字聲同。
摸摸　ㄇㄧㄚ音，擦擦意，你把那桌子用醮布摸摸。
叫叫。追追。趕趕。吵吵。鬧鬧。打打。蓋蓋。去去。上上。下下。

丙、單字

兒　輕讀，語尾用之，如花兒、籃兒、狗兒。
斯　語尾用之，人的乳名多帶之，如牛斯、成斯。
頭　語尾用之，如二頭、三頭等乳名，年頭、上頭、下頭。
子　讀ㄗ音，語尾用之，如牛子、馬子、帽子、褲子、銀子等。
儕　ㄕㄚ上聲音，河東人稱什麽爲儕。
客　轉爲茄ㄑㄧㄝ音，家有客來則曰ㄑㄧㄝ。
嘿　ㄏㄟ音，驚怪人的意思，嘿你敢情這樣了。
單　獨也，你爲什麽單跟我不對付。
咍　讀ㄏㄞ音，普通叫人之聲。

欸　讀ㄧㄞ音，應聲也。

偏　不順從人意也，如俗語偏不記。

也　作亦字用，俗謂你總有大力氣，我也不怕。

滿　全的意思，你們都來，我滿不在乎。

癟　ㄅㄧㄝ平聲音，不滿意。

丁、單詞

道聽　道讀上聲，俗謂要知朝中事，山溝問道聽。

人家　家讀記音，即他的意思。有時作自己用，如小孩語他竟打人家，實指自己也。

出息　誇美小孩將來有才能曰有出息，否則竟説没出息。

多趲　多少時間意，俗謂這事得多趲。

躴躿　稱糧食不潔者。

骯髒　讀ㄚㄗ音，不潔的總稱。

唧喳　讀ㄐㄧㄔㄚ音，附耳語也。

邋遢　不整潔也。

坷叭　口吃也。

胡同　街旁小巷。

補丁　衣服破處用布縫補。
晌午　日正午也。
姑都　花苞未開放者。
敢情　你這回不費一點力氣，敢情是好。
也罷
得了　這就得了，別往下趟拉。
誠心　有意的意。我們的事，你偏給往壞裏辦，不是誠心嗎？
得虧　幸虧的意。這件事得虧你辦，若不早就糟了。
一趟　一回也。
倒不　倒有甚字意，俗謂我們聽説害怕你倒不。
廠了　即散了意，如爲人調停事情不成，報告散了就説廠了。
扒房　不履行前約也。
拉倒　即破壞意，不算從前意思。
白搭　徒勞無功意。
抬槓　争辯不已。
黑心　昧天良也。

黄了　事已決定又生變化之謂。
飽成　飽滿的意，如今莊稼收得很飽成。
幹嗎
繞灣　閑遊意，您這繞灣呢。
歸齊　末了意，歸齊辦錯了。
老是　永久是的意，俗謂老不放心。
潦倒　不務正業的。
靡有　即没有意。
九花　菊花別稱。
好像　如同意。
剛才　方才意。
作踐　讀昨見，意設壞法收拾好人，叫作踐人。
一準　一定意。
動不動　含有屢次意。
差不多　不支离意。
碰巧了　事遇相當機會。

好容易　很不容易的意。
不順眼　不合眼光。
不對路　與對方所想的道路不同。
要骨頭　故意的不往正道上説話，不望做好了事。
下得去　説話行事殘苛的意，俗謂這樣作事下得去嗎？
玩意兒　不是正當東西意。
這就走　急忙動身意。
等一等　候等一會兒意。
抽冷子　在人不知道的時候突然間辦的。
冷不防　仝上意。
左不過　於猶疑没辦法時決定去做，俗謂這事就這樣辦，左不過有個壞等着呢。
無理由　不按正道上走的意。
白費心　白字即空的意。
好些個　多意。
一塊兒　同的意，俗謂咱麼一塊兒去。
不至於　揣度不能到那樣的意。

一會兒　時間短小意。

姑都着　兩人相對各無言語，又禁人説話，你姑都着罷。

不頂點　極小的意。

過不着　彼此有界限意。

老好子　頂不多事的人。

媽媽論　世上毫無意味的事，婦女專好講究，俗稱媽媽論。

公母倆　即夫婦兩口人意。

成不成　對不對　會不會　皆問答可否話，這類最多。

戊、短句

説話就得，這就辦成的意。拿起就走，趕緊就走的意。從打那起，問問起頭的意。横豎不擱，不聽人言的意。南北不順，仝上。非是不是，揣度對方下決定語。多們搗亂，嗔人好與自己攪擾意。

己、諺語

好好老先生。打騾子馬驚。望山跑死馬。拍打桌子吓唬猫。養女不打飯錢。嬪出女，潑出水。先小人，後君子。先論ㄌㄧㄣ，後不改。金打佛口出。滿天要價，就地還錢。閻王好見，小鬼難纏。嘴巴子没毛，辦事不牢。活着不孝，死了瞎胡鬧。有後媽就有後爹。那個兒媳婦是自己養的。許你滿街放火，不許人家夜裏點燈。寧堵城門，不堵水溝。念經破孝和尚飽，燒錢化紙風刮了。好漢子怕掉過説。老鸛落在猪身上，誰也不用嫌誰黑。八月葱，九月空。芒種不可强種。穀雨前後，栽瓜安豆。三伏無雨休種麥。拖泥秀穀。處暑抓黍。六月六，看穀秀。收不收，六月二十頭。半花半果。麥秀風摇，稻秀雨澆。隔道不下雨，百里不同風。窮兒不可富葬。九九加一九，偏地犂牛走。

庚、私名

老爺，外祖父之稱，普通尊者亦曰老爺。大爺，伯父之稱，對人稱長兄亦曰大爺。大娘，伯母之稱。阿爸，滿人稱父之謂。兄弟，普通稱弟弟之謂。妹子，普通稱妹妹之謂。老婆，女僕通稱，亦罵婦人語。老媽，女僕稱。夥計，男僕稱。當家的，主人通稱。掌櫃的，買賣主人的通稱。把師，御車者稱。老板，管事之總稱。夸蘭達，滿人稱總管之稱。姑子，女僧之稱。丈人，外父通稱。丈母娘，外母通稱。姨子，妻之姊妹通稱。舅子，妻之兄弟通稱。妗子，妻之嫂娣通稱。大伯子，稱夫之兄。小叔子，稱夫之弟。大姑子，稱夫之姊，妹曰小姑子。小嬸，稱夫之弟婦。小子，兒子之稱。姑娘，未嫁女子通稱。閨女，女孩通稱。

耗子，鼠也。野猫，兔也。黄鼠狼，鼬也。地裏排，鼹也。鹽變蝠，蝙蝠。老刮，烏鴉。家鴿，家雀。寒鴉，烏鴉白頭者。水鴨子，鳧也。紅靛，紅鴳鳥雀。荒裏悶，鵪鶉。蝎虎，守宫。長蟲，蛇。馬舌子，田野中蝎虎。甲魚，龜與鼈的統稱。蛤蟆，蛙。吉了，螗。馬郎，ㄌㄧㄣ音，蜻蜓。螞蚱,蝗類。刀螂,螳螂。馬蟻,蟻。屎个螂,蜣螂。同个螂,亦蜣螂種,色黃。臭姑娘,小三，體小色黑緑蜋種。臓蟲，蚜蟲。火蟲，螢。臭蟲，蜰。跳子，蚤。拉拉姑，螻蛄。錢串子，蛷。竈王馬，促織。油葫盧，促織一種。

黄瓜，王瓜。菠菜，菠薐。白菜，菘。屈蔴，芑菜。鷄頭，芡。蘋果，蘋婆。沙果，蘋婆小者。黑棗，羊棗。山裏紅，山查。虎喇車，檳子。莩薺，讀ㄅㄧㄒㄩ音。棒子，玉蜀黍。高粱，蜀黍。豆子，菽。雜豆、麻豆、爬豆，皆豇豆俗稱。香菜，芫荽。

洋錢，即銀幣，流入外洋。同子，銅幣。票子，即紙幣，有銀幣、銅幣。錫啦，錫帶語尾。旇子，酒帘。撣子，拂塵，具有鷄毛、布二種。取燈，火柴。犄角，角之名稱。寨笆，籬。稍門，栅欄。

〔民國〕通縣編纂省志材料

【解題】何紹曾修，劉鯤書等纂。通縣，今北京市通州區。「方言」見《風土》中。録文據民國二十一年（一九三二）油印本《通縣編纂省志材料》。

方言

通縣言語，似與普通京語無大差别。然細辨之，較爲譽重，偏於上聲喉音。其習慣之言語及讀音，約有如左列之差。

一、稱人

爺爺　ㄧㄝ陽平ㄧㄝ，孫呼祖父之稱。
奶奶　ㄋㄞ入聲ㄋㄞ，孫呼祖母之稱。
爸爸　ㄅㄚ去聲ㄅㄚ，子呼父之稱。
媽　ㄇㄚ，子呼母之稱。
老爺　ㄌㄠ去聲ㄧㄝ，外孫呼外祖之稱。
老老　ㄌㄠ上聲ㄌㄠ去聲，外孫呼外祖母之稱。
您　ㄋㄧㄣ陽平，讀凝上聲，尊稱第二者之呼語詞。即「你老人家」四字之意也。
他　ㄊㄢ，讀若灘，尊稱第三者之呼語詞。即「他老人家」四字之意也。

二、名物

白果ㄅㄞ陽平ㄍㄨㄛ　鷄子ㄐㄧ陽平ㄗ　俱係鷄蛋之俗名。
吉了　ㄐㄧ陽平ㄌㄧㄠ上聲，蟬之俗名。
戛大扁　ㄍㄚ去聲ㄉㄚㄅㄧㄢ陽平ㄦ，蝗之俗名。
螞蚱　ㄇㄚ去聲ㄓㄚ，蝗之俗名。
刀螂　ㄉㄠㄌㄤ陽平，螳螂之俗名。
蛐蛐　ㄑㄩㄑㄩ，蟋蟀之俗名。

麻螂　ㄇㄚㄌㄤ陽平，蜻蜓之俗名。

雀　ㄑㄧㄠ上聲，讀若巧音，俗名，鳥屬，謂之爲雀。

三、表行

上　ㄕㄤ去聲，赴也。如赴北京，則俗謂爲上北京。

下　ㄒㄧㄚ上聲，赴也。如赴天津，則俗謂爲下天津。

挪　ㄋㄨㄛ陽平，遷移物件謂挪。

銲　ㄏㄢ，金屬器之節口或縫用錫和松香就火黏固謂銲。

溜躂　ㄌㄧㄡㄉㄚ，即遊行之意。

到家　ㄉㄠㄐㄧㄚ，言行事之完善達於極點。

䠍　ㄔㄨㄚ上聲，初瓦切，人在雪泥雨水中行也。

取標　ㄘㄩㄅㄧㄠ，取銀錢款項謂爲取標。

四、狀事

撇拗　ㄅㄧㄝ去聲ㄋㄧㄠ去聲，讀爲別之去聲鈕之去聲，言不順序也。

鑿　ㄗㄠ陽平，言固執認真也。

啥法　ㄕㄚ陽平ㄈㄚ陽平，即没有法子之意。

有偏　ㄧㄡ上聲ㄆㄧㄢ，或言先偏飯後之謙詞也。

學　ㄒㄧㄠ陽平，讀作鴞，用於學徒學手藝。
覺　ㄐㄧㄠ去聲，讀作絞，用於感覺。
懸　ㄒㄩㄢ陽平，讀作玄，即在事先預料事後追思事體之危險也。
豁出去啦　ㄏㄨㄛㄔㄨㄑㄩㄌㄚ，言事已不再爲矣。
海着哪　ㄏㄞㄓㄠㄋㄚ，即言極多之意。
地道　ㄉㄧ入聲ㄉㄠ去聲，即言物或事之純正也。

五、紀時

昨隔　ㄗㄨㄛ陽平ㄍㄜ去聲，即過去之第一日也。
前隔　ㄑㄧㄢ陽平ㄦㄍㄜ去聲，即過去之第二日也。
明　ㄇㄧ陽平ㄦ，讀年棉切，即未來之第一日也。
後　ㄏㄡ去聲ㄦ，謂若後兒切，即未來之第二日也。
大前　ㄉㄚ去聲ㄑㄧㄢ，即過去之第三日也。
大後　ㄉㄚ去聲ㄏㄡ去聲ㄦ，即未來之第三日也。
年裏頭　ㄏㄧㄢㄌㄧ陽平ㄊㄡ上聲，即在本年言去年之年將終時也。

六、計數

兩　ㄌㄧㄤ上聲，即二字之意也。時不言二而言兩，如兩處。

𠮶　ㄌㄧㄚ，即二字之意也。時不言二而言𠮶，如𠮶箇。

一把　ㄧㄛㄅㄚ，即五也。

七、定位

對過　ㄉㄨㄟ入聲ㄍㄨㄛ陽平，過讀國俄切，即對過也。

隔壁　ㄍㄛ去聲ㄅㄧ入聲ㄦ，壁讀比兒切，即緊相連之鄰居也。

八、喻義

抹棹子　ㄇㄚㄓㄨㄛ陽平ㄗ，抹讀若媽，謂與人約定而不踐行也。

撿拐子　ㄐㄧㄢ陽平ㄍㄨㄞ陽平ㄗ，謂乘人之不備而陷之也。

捧瘸腿　ㄅㄨㄤ去聲ㄑㄩㄝ陽平ㄊㄨㄟ上聲，謂乘人之危而有所要也。

抓臉　ㄓㄨㄚㄌㄧㄢ上聲，謂揭人之短也。

九、發問

爲麽　ㄨㄟ入聲ㄇㄨㄚㄦ，讀若未麻，即爲什麽也。

幹麽　ㄍㄢ去聲ㄇㄨㄚㄦ，讀若幹麻，即作什麽也。

十、抒情

嘿　ㄏㄟ，讀黑兒切，驚嘆詞。

咳　ㄏㄞ，讀合挨切，歎惜詞。

唉　讀孩挨切，呼喚詞。
吻　讀丂平聲，飭呼詞。
哼　讀亨平聲，不滿詞。

十一、道姓

駱　ㄌㄠ，讀作勞之去聲。
仇　ㄑㄧㄡ陽平，讀作求音。
章　ㄗㄤ，讀作臧音。
庻　ㄑㄝ，讀作且之去聲。
狗　ㄍㄡ，讀作溝音。
律　ㄌㄩ，讀本音，爲通縣之漢人特别姓氏。
回　ㄏㄨㄟ，讀本音，爲通縣回族人之特别姓氏。
朱　ㄏㄟ，讀作黑，爲通縣回族之姓氏音轉，蓋諱於猪也。

天津市 凡五種

〔民國〕天津志略

【解題】宋藴璞纂。天津，即今天津市。「津市方言一斑」見第二十編《雜俎》中。録文據民國二十年（一九三一）鉛印本《天津志略》。

津市方言一斑

天曰天上。日曰日頭。月曰月亮。星曰星星。雲曰雲彩。電曰閃。虹霓曰絳。雹曰雹子。露曰露濕。霰曰飯撥落。霧凇曰樹挂。風之起曰刮風。雨之落曰下雨。

春曰春天。夏曰夏天，亦曰熱天。秋曰秋天。冬曰冬天。晝曰白天。夜曰黑夜。今曰今個。昨曰夜隔。元旦曰大年初一。上元曰正月十五。天中曰五月當五。七夕曰七月七。中秋曰八月十五。重陽曰九月九。下元曰十月一。除夕曰大年三十。守歲曰坐夜。年曰歲。黎明曰朦胡亮。晨曰早晨。夕曰天夕。黄昏曰擦黑。

鄉曰鄉下，亦曰莊上。巷曰胡同。地曰九地。野曰開窪。

父曰爸爸。母曰娘，亦曰媽媽。祖父曰爺爺。祖母曰奶奶。祖之姊妹未嫁曰太姑，已嫁曰姑奶奶。重奶字音。父之姊妹未嫁曰姑姑，已嫁曰姑媽。母之姊妹未嫁曰姨姨，已嫁曰姨娘。父之兄曰伯伯，亦曰大爺。父之弟曰叔叔，亦曰伯伯。弟曰兄弟。姊曰姐姐。妹曰妹子。女曰閨妮。舅姑之所謂舅曰公公，姑曰婆婆。夫兄曰大伯。夫弟曰小叔。妻父曰丈人。妻母曰丈母娘。妻兄弟曰舅子，其姊妹曰姨子。壻曰女壻。已嫁之女曰姑奶奶。重姑字音。兩壻相稱曰連襟。通家曰自家。

士曰文墨人。農曰莊稼人。商曰買賣人。工曰手藝人。醫曰醫生。卜曰算卦的。星曰算命的。巫曰頂神的。女巫曰姑娘子。相曰相面的。僕曰下人。主曰上人。

前頭曰腦頭。外頭曰後腦勺。頦曰下巴。項曰脖子。喉曰嗓眼。胸曰心坎。背曰脊梁，亦曰後脊梁。臂曰胳膊。腋曰胳子窠。指趾間曰跒吧。

健曰結實。弱曰廉薄。痛曰疼。瘉曰好。

弔唁曰弔紙。賀壽曰拜壽。賀喜曰道喜。

孝曰孝順。才曰才情。能曰本事。文曰安靜。遲曰顢頇。勤曰勤謹。懶曰懶惰。富曰寬綽。貧曰窄癟。敬曰敬奉。喚曰招呼。多曰好些個。少曰不點。

五穀曰糧食。稻曰稻子。米曰白米。麥曰麥子。麪粉曰白麪。粱曰高粱。菽曰豆子。黍曰黍子。稷曰縻子。玉蜀黍曰棒子。菘曰白菜。蕓薹曰油菜。菠薐曰菠菜。萵苣曰生菜。

胡荽曰芫荽。甘藷曰山芋。馬鈴薯曰山藥豆。芋曰芋頭。萊菔曰蘿卜。

蜀葵曰大麥熟。錦葵曰小麥熟。萱曰擸草。鳳仙曰海蒳。牽牛曰喇叭。蓼花曰水蓬蓬。合歡曰絨花樹。狗尾草曰搬不倒。橄欖曰青果。

鵲曰喜鵲。雁曰大雁。燕曰小燕。鵠曰天鵝。烏曰老鴉。伯勞曰胡不拉。鷗及鸕鷀皆曰魚鷹子。鵁鶄曰襪子。鵂鶹曰夜猫子。雄鷄曰公鷄。雌鷄曰母鷄。

牡驢曰叫驢。牝驢曰草驢。鼬曰黃鼠狼。鼠曰耗子。鼈曰王八。蛇曰長蟲。蜥蜴曰蝎虎子。蟬曰知蟟。蝶曰蛺蝶。蜻蜓曰螞螂。螳螂曰刀螂。蝗曰螞蚱。蟋蟀曰蛐蛐。蚤曰狗蚤。蟻曰馬蟻。蚓曰地蠶。蚰蜒曰錢串子。蜚蠊曰蟑猫。尾曰已巴。爪曰抓子。翅曰膀子。跳曰蹦。吠曰汪汪。鳴吼皆曰叫喚。馳曰跑。

煖牀曰炕。撲滿曰悶罐。冰橇曰托牀。物曰東西。拂塵曰撣子。箸曰筷子。小壺曰弔子。金幣曰金蹦子。銀幣曰洋錢。紙幣曰票子。銅幣曰銅子。

商家曰字號家。工藝家曰手藝作坊。習商曰學買賣。習藝曰學手藝。婚曰成家。嫁曰出閣。生曰添。殤曰遭蹋。初生而殤曰草滅。裕曰鬆動。儉曰夾細。志節曰氣性。聲名曰名氣。識重輕曰有分寸。奢華曰浮華。吝嗇曰扣索。諂佞曰巴結。識曰見識。譽曰誇獎。懷曰惦記。騙曰籠統。欺蒙曰打模糊眼。

〔民國〕薊縣志

【解題】徐葆瑩、仇錫廷等編修。薊縣，今天津市薊州區。「方言」見卷三《鄉鎮》中。録文據民國三十三年（一九四四）鉛印本《薊縣志》。

方言

方言每苦有音無字，不得不權用假借之字藉表其音，惟仍恐不甚正確，更以國音字母注之，並加淺解，揭明訛誤附會之處，閲者或可一目瞭然矣。

啥ㄕㄚ陽〔一〕　與「什麽」二字之義同，猶云「何謂也」。

怯ㄑㄧㄝ去　不在行也，非畏懼之意。

寸ㄘㄨㄣ去　恰巧、適當謂之寸。

棒ㄅㄤ去　力大也。又誇獎語，每曰「真棒」。

鬆ㄙㄨㄥ陽　柔懦也，讀陽平聲。又貶語。

甭ㄅㄥ　即不用二字省語，讀作崩。

抿ㄇㄧㄣ陽　過於稽遲也。

〔一〕原書聲調表示法爲：陰平不加符號，陽平用「ˊ」，上聲用「ˇ」，去聲用「ˋ」，今改用漢字表示。

嗎ㄇㄚ利ㄌㄧ去　爽快也。
憨ㄏㄢ陽惷ㄔㄣ上　難看也。惷，讀陳上聲。
彆ㄅㄧㄝ去扭ㄋㄧㄡ陽　不順利也。或即「背謬」之訛。
儳ㄘㄢ去頭ㄊㄡ陽　遇事羞縮，不肯出頭也。
扎ㄓㄚ陽辣ㄌㄚ去　説話聲高也。
扯ㄔㄛ上淡ㄉㄢ去　閒話也。
刀ㄉㄠ赤ㄔ去　裝束華美也。又曰「扎姑」。
別ㄅㄧㄚ陽架ㄐㄧㄚ去　禁戒之詞。
倏ㄕㄨㄚ去刮ㄍㄨㄚ　乾净利落也。
急ㄐㄧ陽竄ㄘㄨㄢ去　敏速也。
扒ㄅㄚ創ㄔㄨㄤ去　代人争勝也。
拿ㄋㄚ陽揑ㄋㄧㄝ去　不説痛快話也。故意留難也。
打ㄉㄚ上爬ㄆㄚ陽　説了不算也。毁約也。
甩ㄔㄨㄞ上脆ㄘㄨㄟ去　不沾滯也。
厏ㄔㄨㄚ上皮ㄆㄧ陽　作事中間生歧阻也。「厏」或「差」之訛音。
不ㄅㄨ癩ㄌㄞ去　賛美之意。

逃ㄊㄠ猴ㄏㄡ上　不服從之謂。

尿ㄙㄨㄟ咧ㄌㄧㄝ　遇事胆怯不敢前進也。

捲ㄐㄩㄢ上人ㄖㄣ陽　即責駡人也。

拐ㄍㄨㄞ上姑ㄍㄨ　其性與人殊之謂。又曰「格自」。

下ㄒㄧㄚ去作ㄗㄨㄛ陽　貪食無厭也。

包ㄅㄠ寒ㄏㄢ陽　譏貶也，非「包涵」之意。

嘚ㄉㄜ詁ㄍㄨ　怒而絮聒也。

搭ㄉㄚ稜ㄌㄥ　躭延時日也。

隔ㄍㄜ去膺ㄧㄥ陽　厭惡也。「隔」或即「惡」字之訛音。

拿ㄋㄚ陽乏ㄈㄚ陽　要挾也。

流ㄌㄧㄡ陽滑ㄏㄨㄚ陽　狡黠也。

力ㄌㄧ去巴ㄅㄚ　不諳習也。

挖ㄨㄚ苦ㄎㄨ上　責備過甚，口出不遜之詞。

膩ㄋㄧ去咧ㄌㄧㄝ　即久而生厭也。

啾ㄉㄧ陽咕ㄍㄨ去　私語也。又遇事毫無主張不知所可曰「犯啾咕」。

瞎ㄒㄧㄚ掰ㄅㄞ　説大話，欠誠懇也。掰讀陰平，即白之訛音。

發ㄈㄚ怵ㄔㄨ去　畏難也。

佉ㄑㄩ陽皮ㄆㄧ陽　狡黠不肯出力也。

利ㄌㄧ去落ㄌㄛ去　乾浄爽快的表現。

够ㄍㄡ去戧ㄑㄧㄤ去　勉强支撑，甚爲吃力也。

攛ㄘㄨㄢ掇ㄉㄨㄛ去　慫恿也。

窩ㄨㄛ拱ㄍㄨㄥ上　私相慫恿，即所謂「浸潤之譖也」。

歇ㄒㄧㄝ憨ㄏㄢ上　愛也。蓋即「喜懽」二字之訛。或作「稀罕」。

抖ㄉㄡ上飄ㄆㄧㄠ　行爲輕薄，藉資眩耀也。

嘮ㄌㄠ刀ㄉㄠ　絮煩也。

抓ㄓㄨㄚ瞎ㄒㄧㄚ　事前無準備，臨時忙亂，遂致手足無措也。

死ㄙ上揹ㄎㄣ去　有錢不化曰「死揹」。

護ㄏㄨ去攏ㄌㄨㄥ上　敷衍也。又欺哄也。

旮ㄍㄚ旯ㄌㄚ陽　有角隅的狹隘處所。

撇ㄆㄧㄝ輕ㄑㄧㄥ　不惜物力之態。又「假不指」之態。

硬ㄧㄥ去朗ㄌㄤ上　身體健康也。又力大也。

蹭ㄘㄥ去滑ㄏㄨㄚ陽　作事不肯出力也。

偺ㄗㄢ者ㄓㄜ去　何故也。或「怎麽」二字之訛音。

逗ㄉㄡ去哏ㄍㄣ上　説俏皮語引人發笑也。

跑ㄆㄠ陽掮ㄑㄧㄢ去　代人兜售貨物。又曰「跑合」。

憋ㄅㄧㄝ陽悶ㄇㄣ去　心不舒暢，無可排遣也。又累贅亦曰「憋悶」。

慪ㄋㄡ去氣ㄑㄧ去　故意與人爲難也。

掂ㄉㄧㄢ奪ㄉㄨㄛ陽　考慮也。

抖ㄉㄡ上摟ㄌㄡ上　展衣物，以手振動之，去其灰塵。

吾ㄨ突ㄊㄨ　手腕毒辣也。當係「武毒」之轉音。

懃ㄋㄧㄢ幹ㄍㄢ去　不機靈也。

地ㄉㄧ去道ㄉㄠ去　真實純粹也。

溜ㄌㄧㄡ哄ㄏㄨㄥ上　諂媚也。

抬ㄊㄞ陽槓ㄍㄤ去　言語互相抵觸也。

巴ㄅㄚ結ㄐㄧㄝ　結交權勢也。

將ㄐㄧㄤ去嘴ㄗㄨㄟ上　以言語辯駁也。

陽ㄧㄤ陽棒ㄅㄤ去　逞强也。

搳ㄏㄨㄚ陽拳ㄑㄩㄢ　拇戰也。又曰「猜拳」。

訛ㄋ陽人ㄖㄣ陽　設計騙人，强索財物也。
鈔ㄔㄠ去邊ㄅㄧㄢ　不費而得。
栽ㄗㄞ咧ㄌㄧㄝ　争持失敗也。又曰「栽跟頭」。
嘎ㄍㄚ上賭ㄉㄨ上　互相逞能以决雌雄。嘎或打之訛音。
嗑ㄎ巴ㄅㄚ　口吃也。又曰「嗐巴」。
呆ㄉㄞ著ㄓㄠ　閒居也。
嘔ㄋㄡ咧ㄌㄧㄝ　久處生厭也。又曰「臭咧」。
窮ㄑㄧㄥ陽磨ㄇㄛ陽　非分要求，不達目的不止也。
撑ㄓㄥ上著ㄓㄠ　相持不下。撑讀上聲。
抬ㄊㄞ陽啦ㄌㄚ　收藏起來。
拏ㄋㄚ陽堂ㄊㄤ陽　本該作而故意不作，有所要挾也。
包ㄅㄠ鍋ㄍㄨㄛ　担保債務，代人償還也。
狼ㄌㄤ人ㄖㄣ陽　騙錢也。狼，讀陰平聲。
泡ㄆㄠ去咧ㄌㄧㄝ　故意與人爲難也。又曰「泡蘑菇」。
燙ㄊㄤ去人ㄖㄣ陽　爽約騙人也。
綳ㄅㄥ上著ㄓㄠ　心已動摇，而外貌仍勉强不變。

傖ㄘㄤ猾ㄏㄨㄚ陽　狡黠也。

繞ㄖㄠ去兑ㄉㄨㄟ去　狡騙也。

憨ㄏㄢ厚ㄏㄡ去　老實正直也。

耷ㄉㄚ拉ㄌㄚ　下垂貌。

遛ㄌㄧㄡ達ㄉㄚ陽　散步遊玩也。

蹽ㄌㄧㄠ啦ㄌㄚ　遠颺也。

勿ㄨ去啦ㄌㄚ　作事肯出力也。

腥ㄒㄧㄥ膺ㄧㄥ　聲音噪雜聒耳也。

免ㄇㄧㄢ上貼ㄊㄧㄝ　羞澀也。當係「靦覥」之訛音。

撂ㄌㄧㄠ去啦ㄌㄚ　人死曰撂啦。又對於事情中途卸肩曰「撂台」。

佔ㄓㄢ去香ㄒㄧㄤ洋ㄧㄤ陽　得便宜也。

找ㄓㄠ上秀ㄒㄧㄡ去氣ㄑㄧ去　謀自利也。又曰「尋便宜」。尋，讀ㄒㄩㄝ陽。

打ㄉㄚ游ㄧㄡ陽飛ㄈㄟ　無正業者之行動。

改ㄍㄞ上透ㄊㄡ去了ㄌㄧㄠ　即欺人太甚之詞。

滚ㄍㄨㄣ刀ㄉㄠ肉ㄖㄡ去　頑劣狡賴之形容詞。

作ㄗㄨㄛ癟ㄅㄧㄝ子ㄗ上　困頓無辦法。

喇ㄌㄚ上科ㄎ兒ㄦ　閒談也。

不ㄅㄨ着ㄓㄠ陽調ㄉㄧㄠ去　擅離職守，時常誤事之謂。

捅ㄊㄨㄥ上樓ㄌㄡ陽子ㄗ上　惹禍端也。

儳ㄘㄢ去頭ㄊㄡ陽貨ㄏㄨㄛ去　成色較劣之貨物。又喻人之不出頭也。

悄ㄑㄧㄠ上没ㄇㄛ陽聲ㄕㄥ　静寂也。又行動不使人知也。

則ㄗㄛ陽摹ㄇㄛ陽　即揣摸之意。則，讀陽平聲。

糟ㄗㄠ糕ㄍㄠ　事已不堪收拾也。

找ㄓㄠ上鍣ㄔㄚ陽兒ㄦ陽　故意尋衅也。

突ㄊㄨ嚕ㄌㄨ上咧ㄌㄧㄝ　知力不敵，不敢與較，退縮不前。又曰「怯陣」。

草ㄘㄠ上鷄ㄐㄧ了ㄌㄧ上　失敗後猶有餘驚，不敢再作也。

打ㄉㄚ上平ㄆㄧㄥ陽伙ㄏㄨㄛ上　多人醵資會飲也。

處ㄔㄨ上窩ㄨㄛ子ㄗ上　羞於接見生人的人。處，或作怵。

摳ㄎㄡ澄ㄉㄥ去沙ㄕㄚ　挖取金錢飽己私囊之譬喻。

揈ㄏㄨㄥ出ㄔㄨ去ㄑㄩ去　逐出去。

揝ㄗㄢ上梯ㄊㄧ息ㄒㄧ　私蓄也。梯息，當係「體己」之訛。

坌ㄏㄨㄛ著ㄓㄠ幹ㄍㄢ去　即不顧一切，拼命去作也。

没ㄇㄟ陽稿ㄍㄠ上子ㄗ上　猶云無主張也。没字，從俗讀如梅。

没ㄇㄟ陽出ㄔㄨ息ㄒㄧ　無才能，不堪造就也。又下流也。

嘎ㄍㄚ上雜ㄗㄚ陽子ㄗ上　惡人也。又曰「生子」。生、嘎同。

有ㄧㄡ上拆ㄔㄞ兑ㄉㄨㄟ去　有辦法也。

栽ㄗㄞ跟ㄍㄣ頭ㄊㄡ陽　即跌跤。喻人辦事失敗也。

拉ㄌㄚ飢ㄐㄧ荒ㄏㄨㄤ　負債也。

不ㄅㄨ搭ㄉㄚ撒ㄙㄚ　問而不答也。或即「不答咱」之轉音。

轉ㄓㄨㄢ影ㄧㄥ上碑ㄅㄟ　欺詐負約之形容辭。

對ㄉㄨㄟ去鍣ㄔㄚ陽口ㄎㄡ上　適逢其會也。

紉ㄉㄠ陽秧ㄧㄤ子ㄗ上　巧取富有者之財物曰「紉秧子」。

新ㄒㄧㄣ陽休ㄒㄧㄡ兒ㄦ陽　借宿也。新，讀陽平聲，當是「尋宿」之轉音。

打ㄉㄚ上梯ㄊㄧ息ㄒㄧ　二人私語，即「説體己話」也。

有ㄧㄡ拿ㄋㄚ手ㄕㄡ　即有把握也。

二ㄦ去五ㄨ上八ㄅㄚ十ㄕ陽的ㄉㄧ　愚昧無知也。

虎ㄏㄨ上兒ㄦ陽賓ㄅㄧㄣ的ㄉㄧ〔一〕　猶云忽然，即突如其來也。

〔一〕ㄉㄧ：原誤作「ㄧㄉ」。

賓ㄅㄧㄣ住ㄓㄨ去了ㄌㄧㄠ上　互相謙遜，不肯先進之意。

没ㄇㄟ陽四ㄙ去至ㄓ去　猶云無定向也。

有ㄧㄡ上⿰金查ㄔㄚ陽兒ㄦ陽　猶云素有介蒂也。

廢ㄈㄟ去無ㄨ陽濟ㄐㄧ去　譏無用之人也。

窩ㄨㄛ膿ㄋㄥ陽廢ㄈㄟ去　無能爲之人也。或即「無能爲」之轉音。

褻ㄒㄧㄝ去答ㄉㄚ陽鬼ㄍㄨㄟ上　喜詼諧，欠整飭也。褻，或作諧。

睹ㄉㄨ上彆ㄅㄧㄝ上兒ㄦ陽　隱相奮鬥也。

繞ㄖㄠ去脖ㄅㄛ陽子ㄗ上　事之内容含有難題也。

打ㄉㄚ上糠ㄎㄤ登ㄉㄥ　湊趣也。亦曰「打潦」。

穰ㄋㄤ踹ㄔㄨㄞ去貨ㄏㄨㄛ去　譏老實人也。又曰「乏貨」。

死ㄙ上氣ㄑㄧ去白ㄅㄞ陽捩ㄌㄧㄝ　堅持到底不稍變更之意。

冷ㄌㄥ上不ㄅㄨ及ㄐㄧ陽的ㄉㄧ　突如其來，未曾預防也。

郎ㄌㄤ陽哩ㄌㄧ郎ㄌㄤ陽糠ㄎㄤ　雜糅、不精細之謂。

屌ㄉㄧㄠ上兒ㄦ陽郎ㄌㄤ陽當ㄉㄤ　行動過於浪漫之形容辭。

裝ㄓㄨㄤ傻ㄕㄚ上充ㄔㄨㄥ愣ㄌㄥ去　佯作不知也。

郎ㄌㄤ陽哩ㄌㄧ上郎ㄌㄤ陽當ㄉㄤ　作事太不經意也。

烏ㄨ哩ㄌㄧ上烏ㄨ突ㄊㄨ　既不涼，又不熱。以之形容作事趦趄不前也。
花ㄏㄨㄚ嗎ㄇㄚ掉ㄌㄧㄠ去嘴ㄗㄨㄟ上　無理巧辯也。
稀ㄒㄧ溜ㄌㄧㄡ去花ㄏㄨㄚ啦ㄌㄚ　聲音雜亂也。
骨ㄍㄨ上頭ㄊㄡ陽拔ㄅㄚ陽筋ㄐㄧㄣ　窮苦艱於出資之謂。

〔乾隆〕寧河縣志

【解題】關廷牧修，徐以觀纂。寧河縣，今天津市寧河區。「方音」「方言」見卷十五《風物志》中。録文據乾隆四十四年(一七七九)刻本《寧河縣志》。

方音

學讀作鴞。筆讀作彼。色讀作曬上聲。覺腳並讀作絞。藥讀作耀。摘讀作債。閣讀作稿。麥讀作買。我讀作挪上聲。墨讀作密。愛讀作乃去聲。窄讀作齋上聲。略讀作料。耕更並讀作經。雀鵲並讀作肖上聲。北讀作卑上聲。俗肅並讀作須。白讀作拜平聲。國讀作鍋。突讀作覩。訛讀作挪。熬讀作鐃。鶴讀作蒿。欲讀作愈。翟宅並讀作齋。獲讀作槐。血讀作捨。索讀作鎖。福讀作府。錫讀作西。阜讀作富。雹讀作包。鞋讀作蛇。道讀作刀。飯讀作泛。郁讀作於。給讀作紀。闊讀作渴。樂落並讀作勞去聲。郭讀作葛。霍讀作火。瑞讀作蕊。木牧目某畝牡墓慕暮並斂口作鼻音。

方言

爹，父稱也。媽媽，母稱也。爺，祖稱也。奶奶，祖母稱也。老爺，外祖稱也。姥姥，外祖母稱也。哥，兄稱也。呼小兒亦曰哥兒。相公，讀書人稱也。你老，尊輩稱也。阿，應聲也。上頭，女冠笄也。指手，拱手也。躴躿，大不潔也。藸苲，不謹飭也。𧩼，口吃也。攙，相扶也。攢，擲地也。搡，推擊也。唧查，耳語也。瞥，乍見也。蹬蹬，小兒學立也。踏踏，小兒學步也。紮盲盲，小兒蒙目拿人也。嗄，驚也。粘瑣，言之多也。璺，器破未離也。烼烼，火盛也。都都，呼馬驢也。犢犢，呼牛也。嗾嗾，呼犬也。朔朔，呼鷄也。頤頤，呼鴨也。數數，呼猪也。够，多也。𤺥，不飽滿也。惷，小睡也。旇子，酒帘也。補帄，補衣布角也。引酵，發麵糟也。膩脆脆，味厚也。嗄行子，甚麽也。奏做，不直爽也。落頦把，喜過甚也。拿卡兒，使轉動不得也。滴溜，圓也。車科，車夫也。頭口，牲口也。雜上聲了呢，如何是好也。咱兒的，怎麽樣也。姑都着，蹲踞也。今兒個，今日也。夜兒個，昨日也。候上，晚上也。多趲，多少時候也。

按四方之民，言語不通，而筮仕者又皆東西南北之人，語之不分，情何由達？故雖不得强爲同，而不可不明爲辨也。夫各操土音，何地蔑有，在著作之士，猶且不免焉。昔人謂《荀子》每言案，《楚詞》每言羌，《公羊》多齊言，《淮南》多楚語，囿於方也。然則審風氣之殊，以通天下之志者，必自發言始矣。因稽合異同，以補風俗之未備。

〔光緒〕重修寧河縣志

【解題】丁符九修，談松林纂。寧河縣，今天津市寧河區。「方音」「方言」見卷十五《風物志》中。録文據光緒六年（一八八〇）刻本《重修寧河縣志》。

方音

學讀作鴞。筆讀作彼。色讀作曬上聲。覺腳並讀作絞。藥讀作耀。摘讀作債。閣讀作稿。麥讀作買。我讀作挪上聲。墨讀作密。愛讀作乃去聲。窄讀作齋上聲。略讀作料。耕更並讀作經。雀鵲並讀作肖上聲。北讀作卑上聲。俗肅並讀作須。白讀作拜平聲。國讀作鍋。突讀作覩。訛讀作挪。敖讀作鐃。鶴讀作蒿。欲讀作愈。翟宅並讀作齋。獲讀作槐。血讀作捨。索讀作鎖。福讀作府。錫讀作西。阜讀作富。雹讀作包。鞋讀作蛇。道讀作刀。飯讀作泛。郁讀作於。給讀作紀。闊讀作渴。樂落並讀作勞去聲。郭讀作葛。霍讀作火。瑞讀作蕊。木牧目某畝牡墓慕暮並斂口作鼻音。

方言

爹，父稱也。媽媽，母稱也。爺，祖稱也。奶奶，祖母稱也。老爺，外祖稱也。姥姥，外祖母稱也。哥，兄稱也，呼小兒亦曰哥兒。相公，讀書人稱也。你老，尊輩稱也。阿，應聲也。上頭，女冠笄也。指手，拱手也。躴䠍，大不潔也。蕎茬，不謹飭也。謳，口吃也。攙，相扶也。

摜，擲地也。搡，推擊也。唧查，耳語也。瞥，乍見也。蹬蹬，小兒學立也。踏踏，小兒學步也。紮盲盲，小兒蒙目拿人也。嗄，驚也。粘瑣，言之多也。璺，器破未離也。烼烼，火盛也。都都，呼馬驢也。犢犢，呼牛也。嚛嚛，呼犬也。翙翙，呼鷄也。頣頣，呼鴨也。欶欶，呼猪也。够，多也。㾮，不飽滿也。悉，小睡也。旇子，酒帘也。補衎，補衣布角也。引酵，發麵糟也。膩脂脂，味厚也。嗄行子，甚麽也。奏做，不直爽也。落頦把，喜過甚也。拿卡兒，使轉動不得也。滴溜，圓也。車科，車夫也。頭口，牲口也。雜上聲了呢，如何是好也。咱兒的，怎麽樣也。姑都着，蹲踞也。今兒個，今日也。夜兒個，昨日也。候上，晚上也。多趲，多少時候也。

按四方之民，言語不通，而筮仕者又皆東西南北之人，語之不分，情何由達？故雖不得强爲同，而不可不明爲辨也。夫各操土音，何地蔑有，在著作之士，猶且不免焉。昔人謂《荀子》每言案，《楚詞》每言羌，《公羊》多齊言，《淮南》多楚語，囿於方也。然則審風氣之殊，以通天下之志者，必自發言始矣。因稽合異同，以補風俗之未備。

〔民國〕静海縣志

【解題】白鳳文等修，高毓浵等纂。静海縣，今天津市静海區。「方言」見《人民部申集·風俗志》中。録文據民國二十三年（一九三四）鉛印本《静海縣志》。

方言

書曰「今天下書同文，行同倫」，而不曰言同音者，可見統一言語音韻，自古難之。漢揚子雲作《方言》十三卷，清杭世駿續二卷，考據家、訓詁家多引其説，亦志書所宜備也。又按，我鄉方言與南省大别有二：一、我方無入聲；二、凡事物之大者讀如其字，小者讀如其字之尖音。譬如言寫大字，音志。寫小字。志二切。ㄗㄦ。以此類推，如言小孩、小鷄、小魚等，皆尖音，南人多不解。其他俗語末一字亦多尖音。其與文言字合者不録。

數目一。音依。二。耳去聲。又兩，里雅切。三。音沙。四。五。六。里又切。七。漆陰平聲。八。霸平聲。九。十。拾平聲。

天曉曰東方亮。尖音。薄暮曰差黑些。尖音。午刻曰晌伙。午前曰前半晌。尖音。午後曰後半晌。尖音。片時曰不大回。魂而切。太陽曰日頭。太陰曰月亮。月影曰老母地。尖音。風曰刮。雨曰下。雲曰雲采。露曰露濕。虹曰絳。野外曰窪裏。

小孩男曰小子，《書》曰：「予小子發。」女曰丫頭，亦曰閨女。

父曰爹，《南史・梁始興王憺傳》：「始興王，人之爹。」亦曰伯，不歪切。亦曰爸爸。母曰孃，亦曰媽。兄曰哥。弟曰兄弟。伯父曰大伯。不歪切。叔父曰叔。音收。父之兄妻曰大娘。父之弟妻曰嬸。祖曰爺。祖母曰奶奶。《通雅》：「李賀稱母阿嬭。」嬭同奶。既稱母曰奶，因疊稱祖母爲奶奶。外祖曰老爺。外祖母曰姥姥。

母之姊妹曰姨。母之兄弟曰舅。舅之妻曰舅母，亦曰妗子。張耒《明道雜志》言經傳無嬸與妗字〔一〕，考其説嬸乃世母二合，妗乃舅母二合也。妻謂之家裏，亦曰屋裡。沈約詩：「還家問鄉里，詎堪持作夫。」鄉里謂妻也。《南史》張彪呼妻曰：「我不忍令鄉里落他處。」其意同。妻之父曰岳父，亦曰丈人。妻之母曰岳母，亦曰丈母娘。彌子與子路謂之連襟。尖音。娶妻曰娶媳婦。按子婦曰媳，故與南人言多誤會。兄弟之妻互稱曰妯娌。

人自稱曰我、曰俺。稱人曰彼、曰他。音塔。不可曰不行。願曰可以。問如何曰怎麽樣。事之難者曰不得了。事之可以曰得了。事之不順意曰彆拗。人之善者曰老實。能其事者曰在行，否曰外行。音杭。惡者曰混帳。不識事機者曰糊塗。音突。愛財者曰嗇刻。無能者曰不中用。小兒聰明曰伶俐，否曰笨。物之美者曰精緻，否曰粗草，亦曰要不得。此物曰這個。彼物曰那個。以手取物曰拿。驚訝曰呵呀。夥頤之轉音。《史記·陳涉世家》：「夥頤，涉之爲王沈沈者。」匍匐曰爬。倒持曰滴流。行走時足向外曰刺叭腿。目不能遠視曰近視眼。閒步曰溜離幽切達笛壓切。閒遊曰玩。尖音。有志氣

〔一〕耒：原誤作「來」。

曰有昂氣。不習作曰立把。答應人之託囑曰是了。遇不如意事曰煩心，亦曰逆膈。平聲。慰人不如意事曰道煩。所求不成曰碰丁子。事之究竟不出人所料曰歸歸尖音的，亦曰高高尖音的。不好曰二五眼。謂下流人曰下山爛。謂量小易盈曰燒的五鷄子六獸。謂事物之故舊曰永樂二年的。謂勉强曰勁打鴨子上架。譏過慎者曰怕雨點淋到頭上。

房之正後遮雨處曰滴水，兩傍曰披水牆，高山國曰門限。失言切，尖音。ㄒㄧㄢ。《爾雅》：「柣謂之閾。」郭注：「門限。」庭曰院子。大街曰當街。承塵曰頂角，亦曰頂棚。承塵，《通雅》謂覆海藻井也。升庵謂爲天花板。

嫁奩曰陪送。儀仗曰執事。穿短衣謂之小打扮。衣冠整齊者謂之局面。犢鼻褌曰圍裙。《漢書》：「司馬相如身著犢鼻褌，與傭保雜作。」《方言》：無筩之褌，謂之犢鼻褌。滌器恐汙衣者。

酒不入水曰乾酢。燒酒謂之白乾。《飲膳正要》：燒酒自元始。釀酒入酵謂之酘。《抱朴子》：「一酘之酒，不可以方九醖之醇。」《齊民要術》：「桑落酒有六七投。」《集韻》：「酒再釀爲酘。」甕謂之缸。酒罈之大者曰川。

玉米曰棒子。棒子麪蒸食者曰窩頭，貼鍋者曰餅子。黍麪裹糖煮食者曰元宵，加棗蒸食者曰黏糕，市上零售者曰切糕。麥麪蒸食者曰饅頭，裹餡者曰包子。扁圓形用鍋烙熟者曰餅，有餡曰合子。麥麪用鍋貼熟者曰捲子。麪裹餡作半月形煮食者曰餃子，亦曰扁食，蒸食者曰燙麪角，貼熟者曰鍋貼，不規則者曰餛飩。以麪作片或作條和水煮食者曰片湯，曰湯條。去水以菜碼拌食者曰撈麵，和味者曰鹵子，有素鹵、葷鹵、炸醬之別。以麵塊入水煮食者曰疙瘩湯，亦曰猫耳朵。以秫麵壓成條形者曰河落。以菉豆麵和麥麵壓成短條拌食者曰蝌蚪，像形也。以麥麵用水洗成澱粉者曰麵筋。起麵謂之發麯，亦曰發肥。《周禮》「酏食」，賈疏以爲起膠餅。《齊書》永明九年詔太廟荐起膠餅，注：「今發酵也。」《通雅》：「按韋巨源《食單》有婆羅門輕高麵，正籠蒸饅頭，發酵浮起。」新麥米碾成條形曰碾碾轉。

殽謂之肘。胾謂片肉。炙謂之燒肉。《曲禮》：「左殽右胾，膾炙處外。」鄭氏曰：「殽，骨體也。胾，切肉也。」今骨體貴前肘，故曰肘。炙肉在火上，今煎以膏曰燒，代炙也。

酸紅果合糖蘸成串珠形者曰糖堆。都而切。市售一面有芝麻之餅曰燒餅，無曰火燒。

以上食品有關方言者録之，非論食譜也，故多遺漏。

禾稼早熟之種子曰知，晚熟之種子曰民。早種者曰知田，晚種者曰晚田。布種籽謂之耩地。用肥料謂之喂地。分解上層之土塊者謂之耙地。布種之器曰耬。禾稼曰莊稼。翻起土壤一足者曰犂，兩足者曰耠呼窩切子。去莠者曰鋤。除土者木質曰楸，鐵曰鍬。起堅者曰鐯。

鑿冰者曰鑽。粗彎切。磨麵者曰磨。碾米麵者曰碾子。軋場者曰碌軸。軋地者曰砘子。起曬禾稼者曰杈子。掃場者曰掃帚。割禾稼者曰鐮，大而彎者曰鈎鐮。專割高粱穗者曰爪鐮。起堅土者曰鑿鈎。載重車以繩索勒其支撐點有尖木一個曰絞棍。

其餘農器繁多，不若古者斲木爲耜、曲木爲耒之簡稱也。非關重要不及備載。

河北省 凡七十五種

〔民國〕河北通志稿

【解題】王樹枏、張國淦纂。始修於民國二十年（一九三一），歷七年，至民國二十六年（一九三七）抗日戰争爆發中止，是一部未竟之作。「方言」凡二卷，見第二册《民事志》中。録文據北京燕山出版社一九九三年點校本《民國河北通志稿》。

方言

目録〔一〕

釋言　釋天地　釋山水　釋人　釋親　釋飲食　釋衣服　釋宅第　釋器　釋穀　釋草
釋木　釋魚　釋蟲　釋鳥　釋獸　釋畜

〔一〕目録爲編者所加。

釋言

遮蓋，蓋也。遮猶蔽也。《通俗文》：「天子出，虎賁伺非常，謂之遮迾。」《淮南・説林》：「日月欲明，而浮雲蓋之。」蓋即遮也。今人有過而掩護之，謂之遮蓋，猶《論語》「父爲子隱，子爲父隱」之義。《説文》云：「隱，蔽也。」「蔽，覆蓋也。」

當，遮也。《論語》：「一言以蔽之。」包咸注云：「蔽，猶當也。」今人謂遮爲當，讀如黨音。

舀，抒也。《説文》：「舀，抒臼也。從爪臼，會意。」或從手、從冗作抭，或從臼、從冗作𦥺。字亦作掏。《廣雅》云：「掏，抒也。」凡水從器挹出曰舀，音讀要。今人猶云舀水。

應當，當也。《爾雅》：「應，當也。」今人言凡事之宜如此者曰應當如此。應、當連文。

敵當，敵也。《爾雅》：「敵，當也。」當音如黨。《呂覽・無義》篇云：「魏使公子卬將而當之。」何休注莊十三年《公羊傳》云：「當，猶敵也。」今人謂敵禦爲敵當，當，丁浪反。

滲，漉也。《説文》云：「滲，下漉也。」曹憲《廣雅音》滲，所蔭反，云「滲，盡也」。今人呼水下謂之滲。

漉，漏也。漉、盪、淥、盝，古皆通用。《方言》云：「盪，涸也。」「漉，極也。」《爾雅》云：「盝，渴也。」渴與竭同。《説文》淥即漉之重文。漉，聲轉爲漏。今人謂水漉下謂之漏。漉聲斂，漏聲侈，方俗語有輕重耳。

嘉賀，好也。《覲禮》云：「予一人嘉之。」鄭注：「嘉之，美之也。」今文嘉爲賀。古讀嘉如柯，音轉爲何。《詩》「假以溢我」，襄二十七年《左氏傳》作「何以溢我」。何、賀音同。今人誇美人曰好嘉賀，猶古訓之遺也。

奘，粗也。《爾雅·釋言》云：「奘，駔也。」釋文云：「奘，徂朗反。駔，在魯反，又子朗反。」《方言》云：「秦晉之間，凡人之大謂之奘，或謂之壯。」今河北人猶謂物之麤大者爲奘，强壯者爲壯。

不中，無用也。韓愈《毛穎傳》：「不中書矣。」言無用也。《史記·外戚世家》：「武帝擇宫人不中用者，斥出歸之。」

不肯，不可也。《爾雅·釋言》：「肯，可也。」《春秋》宣四年《經》云：「公及齊侯平莒及郯，莒人不肯。」不肯，即不可也。《齊策》云：「客肯爲寡人來靖郭君乎？」高誘注云：「肯，猶可也。」

不行，不成也。《論語》云：「有所不行。」昭公十年《左氏傳》：「千人至，將不行。不行，必盡用之。」杜注云：「行，用也。」今北人謂行不去者曰不行。

嚏，咳嚏也。《詩·邶風·終風》：「願言則嚏。」釋文云：「鄭作嚏，音都麗反，讀如啻。」河北人謂之嚏噴。鄭康成云：「今俗人嚏，云『人道我』，此古之遺語也。」今時猶然。

呻喚，痛也。《匡謬正俗》云：「今痛而呻者，江南俗謂之呻喚，關中俗謂之呻恫，太原俗謂之恫喚。」今北人猶云呻喚。呻，讀如嗔。

劤，力也。劤，《玉篇》音靳，引《埤蒼》云：「劤，多力也。」《廣雅·釋詁》云：「劤，力也。」今北人猶謂力爲劤。劤與筋音義俱近。《釋名》云：「筋，靳也。肉中之力，勒固於身形也。」

招，招呼也。今北人喚人曰招呼。

考，問也。今北人質訊人曰考問。

姡，嫭也。《廣雅·釋言》：「姡，嫭也。」嫭，讀若酒酢之酢。俗語謂姡色曰嫭。今人不知嫭乃正字，通以酢字當之，謂之喫酢，可笑也。

寒心，灰心也。哀十五年《左氏傳》：「寡君是以寒心。」《秦策》注云：「寒心，懼也。」案，寒心謂使人心寒冷，不親熱也。

只當，意想之辭也。崔述《考信録》有「只當行」。凡事之無真把握者，出於自己意想，曰只當如此。

我謂之俺。俺者，卬之轉音。王汝璧《芸簏偶存》云：「北方多呼我爲卬。《詩》：『卬須我友。』」

富謂之哿。《詩·正月》：「哿矣富人，哀此惸獨。」〔一〕毛傳云：「哿，獨單也。」非也。趙岐注《孟子》云：「哿，可也。」亦非也。今北人謂人之富足華美者曰哿，即此哿字。此古語之僅存

〔一〕惸：點校本作「窮」。

於今者。

活謂之生活。《詩·邶風·擊鼓》：「於嗟闊兮，不我活兮。」毛傳云：「不與我生活也。」《孟子》云：「民非水火不生活。」今有謀事曰求生活，蓋靠此喫飯也。

引之使長謂之弞。《爾雅·釋詁》云：「引，長也。」引與矧同。矧，古字作弞。《方言》云：「弞〔一〕，長也。東齊曰弞。」今河北人謂物之卷者引而伸之爲弞，音辰。

堅，堅牢也。《一切經音義》三引《字書》云：「堅，謂堅牢。」今時猶然。

等，待也。郝懿行云：「今語謂待爲等，等即待聲之轉也。」

梗直，直也。《爾雅·釋詁》云：「梗，直也。」今河北人謂直人曰梗直。梗亦通作鯁。骨鯁，謂强直人也。

沾滯，滯也。今河北人謂不通方者曰沾滯。滯者，不通之謂也。

歇息謂之歇泄。《説文》云：「歇，息也。一曰氣越泄也。」歇、息雙聲。又轉爲歇泄。《方言》云：「戲、泄，歇也。」注云：「歇，泄氣。」《廣雅》云：「歇，泄也。」

去滓留清謂之振。《爾雅》：「挋，清也。」挋與振同。《一切經音義》七云：「振，古文𢩱、挋二形。」《曲禮》云：「振書、端書於君前，有誅。」鄭注云：「振，去塵也。」今人謂去其渣滓而挹取

〔一〕弞：點校本作「引」，據《方言》改。

其清者曰振，河北人語猶然。

破聲謂之廝拉。《方言》云：「廝，散也。東齊聲散曰廝，秦晉聲變曰廝，器破而不殊其音亦謂之廝。」亦作嘶。《埤蒼》云：「嘶，聲散也。」《禮・内則》注：「沙，猶嘶也。」《漢書・王莽傳》注云：「嘶，聲破也。」其義全從斯得聲。《爾雅・釋言》云：「斯，離也。」今人謂器破而不殊者曰廝拉。廝拉即廝裂、斯離音轉之字。

膺謂之答膺。《爾雅・釋言》云：「畣，然也。」畣，古答字。《祭義》云：「如語焉而未之然。」鄭注：「如有所以語親而未見答。」答，膺也。答、膺複文。

富足謂之寬綽。《爾雅・釋言》云：「寬，綽也。」《詩・衛風・淇澳》：「寬兮綽兮。」寬、綽，皆有餘裕也。今北人謂富足者爲寬綽，地方寬敞者亦謂之寬綽。

塗字謂之點。《爾雅》：「滅謂之點。」〔一〕《説文》云：「點，小黑也。」點從黑，故云小黑，謂以墨筆點去也。今時語猶然。

笨重謂之磊竴。《説文》：「磊竴，重聚也，從立，辜聲，丁罪切。」今俗語猶然，而改爲累贅。

以虚言欺人謂之謊。《説文》云：「謊，夢言也。」襄二十九年：「季氏取卞，公曰：『欲之而言叛，只見疏也。』」惠棟云：「疏，當爲謊字之誤。」《吕覽・先識》篇：「無由接而言見謊。」高誘

〔一〕「滅」上原衍「筆」字，據《爾雅》删。

注云：「謊，讀如誣罔之誣。」

以手析物曰斯。《説文》云：「斯，析也。《詩》云：『斧以斯之。』」

以手扼人之腕曰捘。定公八年：「晉師將盟衛侯于鄟澤，將歃，涉佗捘衛侯之手及捥。」〔一〕釋文云：「捘，子對反。」今讀捘爲鑽之去聲。

以被掩肩不使透風曰摁。唐寅《冬晚睡起》詩云：「白木棲牀厚疊氈，烏綾袷被緊摁肩。」賽之平聲。

以足量地曰步。《吴越春秋》：「禹治水，使大章步東西，豎亥步南北。」

呼上曰上頭，下曰下頭，前曰前頭，後曰後頭，外曰外頭，裏曰裏頭。《古樂府》：「東方千餘騎，夫壻在上頭。」項斯詩：「王母前頭作伴行。」又朱慶餘詩：「鸚鵡前頭不敢言。」嘉靖初童謡：「後頭好個秤。」王建《宫詞》：「乍到宫中憶外頭。」宣和初北讖：「臻蓬蓬，外頭花花裏頭空。」

整理物事曰收拾。漢光武詔：「或在壞垣毁屋之下，而家羸弱不能收拾者。」〔二〕

奔馳某事曰張羅。古詩：「南山有鳥，北山張羅。」今移漁獵之語以形容用力作事者。

教人作事曰攛掇。朱子書：「告老兄且莫相攛掇。」

〔一〕捥：點校本作「腕」。

〔二〕弱：點校本脱，據《後漢書》補。

責人曰數落。《左傳》:「乃執子南而數之。」數落,讀如拉。

向親友化錢曰打秋豐。米元章帖作打秋豐,《諧史》作打抽豐,言於豐多處抽分之也。亦曰打把式。

營商曰買賣。《周禮·地官》:「司市掌其買賣之事。」

求人相讓,或向人問路曰借光。紇干俞《海日初出賦》:「冀餘光之一借。」

教唆人曰挑事。挑,上聲。挑事者,挑撥是非,使兩方争鬥也。

與人周旋曰應酬。裘萬頃詩:「病餘猶覺酬謝艱。」

凌人曰欺負。陸游詩:「欺負六國囚侯王。」俗亦稱欺壓。

發怒謂之生氣。《國語》:「子犯曰:我曲楚直,其衆莫不生氣。」

心不悦謂之不快活。《朝野僉載》:「桑維翰曰:居宰相如著新鞋韈,外面好看,在中不快活也。」亦曰不痛快。

運敗謂之倒竈。《太玄經》:「竈滅其火,惟家之禍。」此俗語倒竈之所本。

修飾謂之打扮。《中原雅音》:「俗以妝飾爲打扮。」或曰妝扮。

事情順心謂之得意。《荀子·儒效》篇:「揚揚如也。」揚揚,得意貌。

注意謂之留神。《後漢·朗顗傳》:「丁寧再三,留神於此。」

不整潔謂之邋遢。《敬止録》:「俗謂人之不潔者曰邋遢。」又《明史》張三丰稱張邋遢。俗亦稱離拉邋遢。

人不明白曰糊塗。《宋史》：「吕端大事不糊塗。」按，塗，俗讀都。俗亦稱希拉胡塗。

貧窮曰寒苦。《晉書·王裒傳》：「北海邴春寒苦自居。」

稱人不才曰不成器。《禮·學記》：「玉不琢，不成器。人不學，不知道。」

惡少年曰無賴。《孟子》：「富歲，子弟多賴。」賴，善也。無賴，不善之謂也。《漢書·昭帝紀》：「發三輔及郡國惡少年屯遼東。」師古云：「惡少年，無賴子弟也。」《高帝紀》：「始大人常以臣亡賴。」晉灼曰：「許慎云：『賴，利也。』無利入於家也。或曰江淮之間謂小兒多詐狡獪爲亡賴。」《張釋之傳》：「尉亡賴。」張晏曰：「材無可恃也。」亡與無同。

不能成事曰無能爲〔一〕。《左傳》：「老夫耄矣，無能爲也。」

不見進益曰不長進。晉王夫人云：「女何以都不長進？」

自慚曰不如人。《左傳》：「臣之壯也，猶不如人。」

稱人好游蕩曰風流。《南史》：「王儉曰：江左風流宰相，唯有謝安。」

語失實曰荒唐。《莊子》：「以謬悠之説，荒唐之言。」邑人凡稱人虚浮不實者皆曰荒唐。

不常見之事物曰希罕。按，希即稀之本字。罕，少也。

〔一〕爲：點校本脱，據《新城縣志》補。

譏人唐突曰冒失鬼。袁枚《子不語》有《冒失鬼》篇。梁恭宸《池上草堂隨筆》亦有之。

譏人鄙野曰村氣。唐薛萬徹尚丹陽公主，太宗嘗謂薛駙馬村氣，主羞之。按，村氣亦曰土氣。

罵人曰撒村。

不善其事曰外行。語見《詞源》。如云「非此道中人也」。

被人欺壓曰挨磕。挨，《詞源》：「身受之也。」又相近曰挨。磕，石相擊聲也。楊雄賦：「登長平兮雷鼓磕。」挨磕與挨打、挨駡俗語相類。

不潔謂之腌臢。即昂臧音轉之字也。

走路不穩謂之離拉歪耶。如醉人行路也。

念佛謂之口頭禪。《詞源》：「謂不能領會禪理，但襲取僧家膚淺之常語，資爲談助也。」

多言謂之韶刀。按，韶刀，即取燒刀酒名之義，酒後多言故也。或謂即少道二字之平聲，戒之之意。

趨炎赴熱謂之奔湊。陸士衡《輓歌》：「周親咸奔湊。」

事不順者謂之憋拗。《元曲選·生金閣》云：「我這夫人有些憋拗。」按，憋讀如別，拗讀如扭。又作彆扭。《遷安縣志》作別謬。

辦事爽快謂之趔趄。《傳燈録》：「守山宗曰：賣鞋老婆腳趔趄。」按，俗謂利速，讀如溜叟。

事之難者謂之絡索。古詩：「絡索阿姑餐。」絡索，一作邏沙。《遷安縣志》作邏梭。

聽人之言以爲是，則答之曰可不是。不是，是也。猶《詩》言「不顯不承」，不顯，顯也；不承，承也。

人品端方謂之正經，又謂之正氣。《論語》：「攻乎異端。」疏：「言人不學正經善道。」《文子·符言》篇：「君子行正氣。」

作事規矩謂之本分，亦謂之老成。《荀子·非相篇》：「見端不如見本分。」又白居易詩：「未得心中本分官。」《詩》：「雖無成老人，尚有典刑。」〔一〕又俗語少年老成。

品行不端謂之潑皮。《元典章》：「有新附軍人，結連惡少潑皮，爲害尤甚。」

人無正業謂之游手好閒。《後漢書》章帝詔：「勿令游手。」《史記·貨殖傳》：「游閒公子。」

釋天地

日謂之日頭，月謂之月亮。《田家五行》：「諺云：日頭𧺆雲障〔二〕，曬殺老和尚。」又吴諺：「早晨大日頭。」《童女謠》云：「月亮光光䋈來望。」又《讀曲歌》：「日没星不亮。」

星謂之星星。《詞源》云：「星星，猶點點也。」俗諺云：「星星之火，可以燎原。」

〔一〕刑：點校本作「型」。
〔二〕𧺆：點校本誤作「碰」。

風起謂之刮，羊角風謂之旋風。占年諺云：「夏至西風刮，麥子乾場打。」《詞源》云：「螺旋狀之風也。南半球旋風，方向與時針迴轉之方向同，北半球反之。」高適詩云：「一日千里如旋風。」

雲謂之雲彩。王儉詩云：「雲彩復經春。」又白居易詩云：「雲彩誤居青瑣地。」

大雨謂之暴雨。《詞源》云：「雨勢之猛迅者。」《禮》：「猋風暴雨總至。」

雹謂之冷子。《詞源》云：「冷子，山東人呼雹也。」今河北人亦通呼之。

巨雷謂之劈雷。劈雷，即霹靂。《爾雅注》云：「雷之急擊者。」《説文》云：「疾雷，一名震，劈歷振物破之是也。《埤雅》作「辟歷，折也，所歷皆破折也」。

雷聲不斷謂之磨子雷。元稹《樂府》云：「騰騰擊鼓風雷磨。」

電謂之閃，又謂之閃電。《田家五行》：「諺曰：南閃千里，北閃眼前。」《隋書》：「突厥大畏長孫晟，見其走馬，稱爲閃電。」

重陰謂之沈。《詞源》云：「沈，積陰也。」《禮》：「季春行夏令，則天多沈陰。」

雲下垂謂之雨腳，亦稱雲腳。《宣和畫譜》：「僧巨然所作雨腳，如有爽氣襲人。」又杜牧詩云：「林黑山高雨腳長。」韓愈詩云：「雲腳飛銀線。」李山甫詩云：「雲腳上禪袍。」

層雲謂之魚鱗。《田家五行》：「諺云：魚鱗天，不雨也風顛。」

逆風謂之頂頭風。案，頂頭風，即打頭風也。《雜俎》云：「吴越王顧左右曰：『此豈遇打頭風耶?』」

流星謂之賊星。《漢書·天文志》:「六賊星。」注:「形如彗芒。」

彗星謂之掃帚星。《詞源》云:「後曳長尾如彗,故名。」彗,帚也。《史記·天官書》注:「天彗者,一名掃星。」北人呼帚如除音,遂又名掃除星。

虹謂之絳。《爾雅·釋天》:「螮蝀,虹也。」釋文云:「《字林》工弄反,陳國武古巷反,郭音講,俗亦呼爲青絳。」今北人通呼爲絳。講、絳同音。元微之詩云:「山頭虹似巾。」亦讀虹爲絳也。《漢書·天文志》云:「螮蝀,謂之蝱。」

霧淞謂之樹挂。樹挂,古人謂之樹稼。周櫟園《書影》云:「樹若稼,三公怕。」《舊唐書·五行志》云:「開元廿九年十一月廿二日,雨木冰,凝寒凍裂〔一〕,寧王見而歎曰:『樹木稼,達官怕,必有大臣當之。』其月王薨。」諺亦曰樹介,皆同音字。

露謂之露濕。李義山《元微先生》云:「夜夜桂露濕。」

霞謂之火燒雲。岑參詩云:「三峯火雲蒸。」又里諺云:「晚霞火燒天。」

不見日光處謂之背陰。趙秉文詩云:「背陰花氣隔牆開。」

避風謂之背風。庾信詩云:「烏巢喜背風。」陸游《梅花》詩云:「背風千片遠隨人。」

〔一〕二:點校本作「九」,據《舊唐書·五行志》改。寒:點校本原脱,據《舊唐書·五行志》補。

一日謂之一天。蔡襄詩云：「白玉樓頭第一天。」

半日謂之半天。皮日休詩云：「鎔銷半段天。」

一夜曰一秀，半夜曰半秀。秀與宿同音。《莊子》云：「止可以一宿，而不可久處。」王昌齡詩云：「一宿楚雲裏。」

五更曰天亮。《田家五行》：「諺云：雨露怕天亮。」

月終有大盡、小盡之稱。《竹坡詩話》：「頃歲，郡縣不頒曆，所至晦朔不同。朱希真作《小盡行》詩云：『藤州三月作小盡，梧州三月作大盡。』《嬾真子録》：『中國節氣與印度遞爭半月，中國以廿九日爲小盡，印度以十四日爲小盡。』」

歲歉曰凶。《孟子》：「凶年饑歲。」

論歲豐歉曰年頭。戴式之詩云：「歲尾年頭一局碁。」《平江碑讖》：「會在午年頭。」

市謂之集，赴市謂趕集。《廣韻》：「集，聚也，會也。」《詞源》云：「商人定日聚于一地而相交易，既則散去。」《篇海》云：「趕，趂也。」《類篇》云：「趂趂，走急貌。」如趕廟、趕會等，均係北人通語。

路謂之大道，徑謂之小道。《爾雅》云：「一達謂之道路。」又唐詩云：「大道直如髮。」又江總《閨怨》：「寂寂青樓大道邊。」《史記·藺相如傳》：「乃使其從者衣褐懷璧，從徑道亡。」案，徑道，即小道也。

野謂之野地。《周禮·秋官》注云：「地距王都二百里以外至三百里曰野。」〔一〕楊雄《羽獵賦》云：「刮野掃地。」

地卑濕謂之窪。《唐書·南蠻傳》：「扶南在日南之南七千里，地卑窪。」今北俗通呼低下之地曰窪。

不平者謂之坡。《説文》云：「坡，阪也。」滇俗稱山嶺曰長坡。案，坡通陂。《爾雅·釋地》注云：「陂陀，不平也。」

有穴謂之窟籠。《宋景文筆記》云：「孔曰窟籠。」《集韻》别有竉字，訓曰孔。

土性饒厚謂之肥，劣則謂之薄。《書·禹貢》云：「田之高下肥瘠。」案，地瘠曰薄。《左傳》：「土薄而水淺。」

土黏謂之膠泥。《釋名》云：「土黄細密，黏昵如脂。」《詞源》云：「凡物之黏者，皆稱膠。」

黑泥謂之滓泥。《廣雅》云：「澱，謂之滓。」《釋名》云：「緇，滓也。泥之黑者曰滓。」澱，即今之滓泥也。今北人呼黑泥爲滓泥，音如紫。

塵謂之塵土。案，塵爲蠿之省。《説文》：「蠿，鹿行揚土也。從麤從土。」《玉篇》：「塵，埃塵也。」昭三年《左氏傳》：「湫隘囂塵。」杜注：「塵，土也。」今人猶呼爲塵土。

〔一〕都：點校本原脱，據《周禮》補。

呼東西南北皆加頭字曰東頭、西頭、南頭、北頭。竇鞏《新羅進白鷹》詩云：「白鷹來自海東頭。」又《平江碑識》：「日出屋東頭。」白居易詩云：「黄河東面海西頭。」《三輔黄圖》〔二〕：「長安城東出南頭第一門曰霸城門。」

兩界謂之兩頭。蘇、湖二州語：「湖接兩頭，蘇連三尾。」又李白《江上吟》云：「玉管金簫坐兩頭。」

地邊謂之地頭。《唐書·食貨志》云：「大曆元年有地頭錢。」

釋山水

山頂謂之山頭。《爾雅》：「山頂，冢。」注云：「山巔。」即山頭也。《古木蘭詩》：「暮宿黑山頭。」韓偓詩：「山頭水從雲外落。」

山腳謂之山根。《釋名》云：「山足曰麓。」山足即山根也。庾信文云：「雲出山根。」

向日謂之陽坡，背謂之陰坡。《爾雅》：「山東曰朝陽。」注云：「旦即見日。」《周禮·柞氏》疏引《爾雅》「山南曰陽，山北曰陰」。鄉俗呼向陽者爲陽坡。陽坡草木蕃茂，禽蟲健美。余昔山居，十月間猶聞蟲鳴，陰坡則否。

山田謂之山場。《芝田録》：「含元殿换一柱，勅右軍採造，下周至山場，彌年未構。」

〔二〕 黄：點校本誤作「皇」。

險陵謂之陡。陡，《玉篇》作蚪，峻也。《韻會》云：「崖壁峭絶也。」杜甫詩云：「陡上捩孤影。」

堆石作山謂之山子石。《宋史》真宗詔輔臣觀粟於御山子。案，山子，即今之假山，俗呼爲山子石也。

石謂之石頭。唐詩云：「高枕石頭眠。」紹興中童謡云：「天雷飛石頭。」

大波謂之浪頭。《爾雅》：「大波爲瀾。」《釋名》云：「瀾，連也。言波體泛流相連及也。」〔一〕木華《海賦》云：「洪濤瀾汗。」浪、瀾音近。鄉俗凡呼水之波濤曰浪頭。李頎詩云：「秋江浪頭白。」又賈島詩：「去路江西白浪頭。」

池塘謂之阬。《蒼頡篇》云：「阬，壑也。」同坑。《莊子》：「在谷滿谷，在阬滿阬。」

小水謂之河溝。戰國時秦伐魏，引河溝以灌大梁。

逆流謂之上水，順者謂之下水。王建詩云：「逆風上水萬斛重。」《國策》云：「西周不下水。」案，船行下流而下，言其速也。俗諺云：「下水船，仕宦錢。」《晏子春秋》云：「潛行逆流百步，順流七里。」

回流謂之漩渦。《説文》：「漩，回泉也。」《廣韻》云：「漩，洄漩。」《爾雅·釋水》云：「過

〔一〕泛：點校本誤作「轉」，據《釋名》改。

辨，回川。」郭注云：「旋流。」《荀子》云：「水深則回。」楊注云：「回，旋流也。」今北人呼回流爲漩渦。渦，即《爾雅》之過也。

冰謂之冰凜。《爾雅》：「淩，慄也。」釋文引樊本作凌，冰凜也。今人謂水初冰時曰冰凜。

渡口謂之碼頭。《通鑑》：「史憲誠據魏博，於黎陽築馬頭。」注云：「附岸築土，植木夾之，以便舟渡。」案，馬頭，即碼頭也。

船資謂之水腳。《宋史·食貨志》：「盡取木炭銅鉛及衣糧水腳之費。」又《趙開傳》云：「奏減利州水腳錢十分之三。」

釋人

心呼爲心頭。韓偓詩云：「尋思閒事到心頭。」

口呼爲口頭。孟郊詩云：「面結口頭交。」《詞源》云：「凡不用文書直以語言達意者爲口頭答覆。」今北俗亦呼爲嘴頭。

舌呼爲舌頭。《詞源》云：「生理學名詞有舌乳頭。」《元曲選》云：「嘴快舌頭尖。」

眉呼爲眉頭。《五代史》宦官言「郭崇韜眉頭不伸」。

指呼爲指頭。《高僧傳》有僧過天龍，天龍竪一指示之，僧大悟。後示寂曰：「吾得天龍一指頭禪。」

膝呼爲磕膝頭。《水經注·沔水》：「中有物如三四歲小兒，七八月中好在磧上自曝膝頭。」

鼻曰準頭，亦曰鼻頭。《詞源》云：「相術家以鼻之下部爲準頭。」《史記》：「高祖爲人隆準。」隆準，高鼻也。又洛中謠云：「妻從南來鼻頭汗。」

耳曰耳朵。楚蜀諺云：「凍落耳朵弦。」

髮曰頭髮。《史記·項羽紀》：「噲入，披帷西向立，瞋目視項王，頭髮上指。」

臂曰胳膊。《詞源》云：「胳，腋下也。」「膊，上肢也。」近肩之處曰上膊，近手之處曰下膊。亦曰戈臂。

肩曰肩膀，又曰肩頭。《詞源》云：「生理學肩膀曰肩帶。」俗謂人之肯任事者曰有肩膀。又薛逢詩云：「肩頭薪續廚中烟。」

脊曰脊背，亦曰脊粱。案，屋脊謂之粱。粱，屋之正中也，故脊背亦曰粱。《莊子》：「緣裻以爲經。」裻即脊背衣之中縫也。《急就篇》：「太嶽爲禹心吕之臣，封吕侯，以人身有脊吕骨也。」《説文》云：「吕，脊骨也。」吕、粱音相轉。

兩脅曰肋條，又曰肋巴骨。《詞源》云：「肋骨，在軀幹上部之兩旁，共十二對。」俗語凡長物一箇爲一條。肋巴骨，即肋骨也。

肩前左右兩横骨曰鎖子骨。吴澄《牡丹》詩：「化魄他年鎖子骨。」

足幹曰腿。《玉篇》云：「腿，脛也。」俗謂股大腿，腓小腿。

家主謂之當家，主婦則加内字。《史記・秦始皇紀》：「百姓當家，則力農工。」又范成大詩：「村莊兒女各當家。」内當家，即内助之意。《魏書・郭后傳》：「不惟外輔，亦有内助。」又《玉篇》云：「内，裏也。」今北俗呼主家事者，亦曰外當家、裏當家。

師傅謂之先生。《禮》：「從於先生，不越路而與人言。」注：「先生，老人教學者。」

經商謂之買賣人。《詞源》云：「外蒙古庫倫之北有買賣城，係中外交易之地。買賣人，即以運售貴賤物品爲營業者。」又《戰國策》云：「良賈不與人争買賣之價。」

奴僕謂之底下人。唐洋州刺史趙臣《議選舉疏》曰：「授官多底下之人。」

務農謂之莊稼人。《詞源》云：「今北人以農爲業者稱曰莊户，或稱爲莊家。」莊家，即莊稼同聲字也。

傭工謂之長工、短工。《唐書》：「凡工匠以四月至七月爲長工，十月至正月爲短工。」《三餘贅筆》云：「吴中田家凡久傭於人者爲長工〔一〕，暫傭者爲短工。」與北俗同。

工頭謂之掌作。案，傭工古稱客作，即傭人相聚共同工作。掌作者，謂主領羣工應作之事，故北俗又呼掌作爲領作。

同事謂之伙伴。案，古兵制以十人爲火，故稱同火爲火伴。古詩云：「出門看火伴。」今俗

〔一〕人：點校本作「有」，據《新城縣志》改。

作伙伴。

工作謂之作活。《詞源》云：「謂作工以謀生計也。」〔一〕張籍詩云：「貧窮作活似村中。」

土作、木作，匠人也。《方言》云：「杼、柚，作也。東齊土作謂之杼，木作謂之柚。」今人呼土木工人猶曰土作、木作。

凡工藝之人均謂之爲匠，如花匠、畫匠、油漆匠、裱糊匠、紙紮匠。韓偓詩云：「人意雲山輪畫匠。」陸龜蒙詩云：「花匠礙寒應束手。」《詞源》云：「用油漆以塗木材及屋壁器物等爲裝飾兼防腐朽，此等匠人北俗呼爲油匠。」又《禮記》：「霜始降，則百工休。」注云：「寒而膠漆之作不堅好也。」〔二〕膠漆作，即今之油漆工匠。《唐書·百官志》：「校書郎，有裝潢匠八人。」《歸田録》云：「裝潢匠，即今之表背匠。」今北俗又通呼爲裱糊匠矣。《類篇》云：「紮，纏束也。」紙紮匠，係紮稭葦成人物各形，表以色紙，專備喪家購用，間亦有供神者。

瓦匠、石匠，凡一切匠人又皆謂之爲師夫。猶《周禮》鍾師、笙師、園師、牧師之類。

使婢謂之鴉鬟，亦呼爲鴉頭。王炎詩云：「捧頮卻立鴉鬟奴。」白居易詩云：「繡面誰家婢，鴉頭幾歲奴。」劉賓客詩云：「花面丫頭十二三。」

壽高者謂之老頭，幼者謂之小夥。《侯鯖録》云：「杞人楊朴被召，其妻作詩送之曰：『這

〔一〕作工：點校本誤作「工作」。
〔二〕好：點校本脱，據《禮記注》補。

回斷送老頭皮。』」又王蘭生夜侍聖祖，立久欲睡，聖祖笑曰：「汝年輕小夥，尚不如吾老頭子之精神也。」

鄰家呼爲街坊。《韻會》：「坊，邑里之名。」《演義》云：「言人所在之里爲街坊。」即共居一街一坊者。袁桷詩云：「鄰坊爲約張隱居。」鄰坊，即街坊也。

同縣人均呼爲鄉親。《晉書・皇甫謐傳》：「其鄉親勸令應命。」今北俗泛稱同鄉曰鄉親。又韓翃詩云〔一〕：「錢塘蘇小是鄉親。」

身高者呼爲大漢。《桯史》云〔二〕：「淳熙時，姑蘇有民家唐姓，一兄兩妹，長丈有二，人謂之唐大漢。」

身低者呼爲矬，又呼曰矮子。《韻會》矬，徂禾切。《博雅》云：「短也。」《北史・宋世景傳》：「孝王學涉，形貌矬陋。」《正韻》矮，鵶蟹切。《說文》云：「短人也。」《易林》云：「猨墮高木，不矮手足。」

男孩呼爲小子。《詩》：「肆成人有德，小子有造。」

身體重拙呼爲狼抗。《世說新語》：「周嵩泣對母曰：『嵩性狼抗，恐不容於世。』」《玉篇》作躴躿，「身長貌」，讀郎康。

〔一〕韓翃：點校本誤作「王逮」。

〔二〕桯史：點校本誤作「程央」。

釋親

呼父母爲爹娘。荆州方言父母呼曰爹娘。《木蘭辭》：「不聞爹娘喚女聲。」杜詩：「爹娘妻子走相送。」〔一〕蓋爹娘之稱由來久矣。

父亦呼爲罷罷。吴處厚《青箱雜記》：「閩人呼父爲郎罷。」顧況詩：「兒餒嗔郎罷。」陸游詩：「阿囝略知郎罷老。」罷罷之稱蓋本乎此。又《玉篇》作「爸，父也。吴人呼父亦曰爸」。

母又呼爲媽。媽者，母之轉音。母，古音如米。今廣東人尚稱阿母如米音。此古音之僅存者。《廣雅》：「媽，母也。」字本音姥，今轉讀如馬〔二〕。

父之昆弟先生爲世父，後生爲叔父。今北人呼世父爲伯父，或單稱伯。《釋名》：「伯，把也。把持家政也。」《禮》：「天子同姓謂之伯父。」叔父，亦單呼爲叔。《釋名》：「仲父之弟曰叔父。叔，少也。」《詞源》稱父之弟曰叔父，亦曰叔。

父之兄妻爲世母，弟妻爲叔母。今人稱世母爲伯母，叔母又稱爲嬸。《禮》：「伯母叔母疏衰〔三〕，踊不絶地。」《野客叢談》：「俗呼叔母曰嬸。」始于北宋。

男子先生爲兄，後生爲弟。兄，《説文》：「長也。」《玉篇》：「昆也。」《詩·小雅》：「凡今之

〔一〕《木蘭辭》及杜詩中「爹」實作「耶」。
〔二〕讀如：點校本作「若惹」。
〔三〕「叔」上「母」字點校本脱，據《禮記》補。

人，莫如兄弟。」《廣雅》：「弟，順也。言順于兄。」此今古之相同而無異者也。

兄又呼爲哥哥，弟則呼爲弟弟。今北人通呼兄爲哥。案，《説文》：「哥，聲也。」古無以哥爲兄者，惟唐白居易《祭浮梁兄文》稱曰「大哥」。又《元史》泰定帝即位詔云：「諸位哥哥兄弟每也都理會的。」古人凡一言而重者，皆足其文詞，無别義也。

兄之妻呼爲嫂。嫂，《説文》：「兄妻也。」通嫂。《後漢·馬援傳》：「援敬事寡嫂。」

弟之妻呼爲婦。《説文》：「婦，服也。」《爾雅·釋親》：「服事於夫也。」今皆呼弟婦爲弟妹，餘稱古今皆同。

兄弟之子女通呼爲姪男、姪女。姪，從子也。案，姪，本姑謂兄弟之子之稱，晉以後始爲對于伯叔之通稱。《聞見録》：「宋真宗過洛，幸吕蒙正第。問諸子孰可用，對曰：『臣諸子皆豚犬〔一〕，有姪夷簡，宰相才也。』」柳宗元《祭六伯父文》稱姪男。姪女，即女姪也。《柳毅傳》：「女姪不幸。」

女子先生爲姊，後生爲妹。俗呼姊爲姐姐，妹則稱妹妹。姊，女兄也。妹，女弟也。姐與姊同。《四朝聞見録》：「上嘗語憲聖曰：『俟姐姐歸，爾其選矣。』」原注：「姐姐，謂太后也。」案，宋宮禁中呼其母與姑皆曰娘娘，不知高宗何以有姐姐之稱。《路史注》：「桀妻妹喜。妹

〔一〕豚：點校本誤作「脉」。

者，以妹妹目之。」古時亦有稱婦爲妹妹者。

女子謂兄弟之子爲姪。《儀禮注》：「謂吾姑者，吾謂之姪。姪。從子也。」

女之子爲外孫。謂女之子也。《儀禮疏》：「以女外適而生，故曰外孫。」

夫之父謂之公公，母則謂之婆婆。案，夫父稱舅，又稱翁。今北人通呼爲公公。《吕氏春秋》：「孔子弟子從遠方來，孔子荷杖問之曰：『子之公公有恙乎？』」所云公者，祖也。浙東人猶有稱祖曰公公者，蓋方俗之不同。《詞源》：「北方婦稱夫之母曰婆婆。」明《孝慈録》：「舅姑即公婆。」案，公婆之稱，古已有之。《焦仲卿妻》詩：「便可白公姥。」乃謂舅爲公也。晉樂府：「後來新婦今爲婆。」

夫之兄謂之伯。《衛風·伯兮》：「伯兮朅兮。」正義云：「伯仲叔季，長幼之字。而婦人所稱曰伯也。」案，今婦人稱夫之兄曰大伯。

弟謂之小叔。古時稱夫弟爲小郎。小叔，亦古稱也，今北人通呼之矣。

夫之姊若妹謂之大姑、小姑。王建詩：「先遣小姑嘗。」又《順適堂吟藁·蠶婦吟》：「大姑不似三姑巧。」此大姑則泛言之。

夫兄弟之妻相謂爲妯娌。妯娌，古亦稱築娌。《方言》築娌，一聲之轉。《廣雅》：「妯娌、娣姒，先後也。」

妻之父爲嶽父，又呼爲泰山。土俗呼妻父爲丈人，因東嶽有丈人峯、丈人觀也，故尊稱之。

妻之母爲嶽母，又俗呼泰水。《小知録》：「呼嶽母，或因嶽父而然。呼爲泰水，此何義耶？」

妻之兄弟稱内兄、内弟。土俗則稱兄爲大舅，弟曰小舅。舅之子爲内兄弟，見《儀禮注》。後亦稱妻之兄弟爲内兄、内弟。顔真卿《家廟碑》：「祖昭甫工書，與内弟殷仲容齊名。」《新唐書》：「楊行密曰：得舅代我，無憂矣。」謂其妻弟朱延壽也。

妻之姊妹同出爲姨。《左氏傳》莊公十年：「蔡侯曰：吾姨也。」《詩》：「邢侯之姨。」其子稱姨母。《左氏傳》襄公二十三年：「穆姜之姨子也。」杜注：「穆姜姨母之子與穆姜爲姨昆弟。」正義云：「據父言之，謂之姨。據子言之〔一〕，當謂之從母。但子效父語，亦呼爲姨。」今北人通呼爲姨，蓋自昔已然。

姨之子女遂呼爲姨兄弟、姨姊妹。《魏書·房景遠傳》：「平原劉郁言：『齊州主簿房陽是我姨兄。』陽，景遠小字也。」《江表傳》潘濬姨兄蔣琬。

母之兄弟呼爲舅父。《詩·秦風》：「我送舅氏。」《史記·孝文紀》：「封淮南王舅父趙兼爲周陽侯，齊王舅父駟鈞爲清郭侯。」今土俗亦呼爲舅舅。

母兄弟之妻爲舅母。北人通呼爲妗。《晉書》：「武帝楊后，母早卒，依舅家。舅母仁愛，

〔一〕子：點校本誤作「母」，據《左傳正義》改。

親乳之。」又《明道雜志》：「妗，乃舅母二字合呼也。」

舅之子女爲表兄弟、表姊妹。《宋史·魏野傳》：「李瀆爲野中表兄。」表與外同義。王羲之《和方帖》：「表妹委篤，示致向。」

女之夫爲壻。古皆稱壻爲甥。《孟子》：「帝館甥于貳室。」今皆稱壻，無稱甥者。又作女聟。《博物志》：「王粲與族兄凱依劉表，表有女，周率謂粲非女聟才，乃妻凱。」土俗則尊稱曰姑爺。

姊之壻爲姊夫。《釋名》：「兩壻相謂爲亞。並來女家，則姊夫在前。」

妹之壻爲妹夫，亦曰妹壻。《漢書》：「陸侯延壽坐知女妹夫亡命，笞二百。」又白居易詩：「覓得黔婁爲妹壻。」

女子未嫁以前通謂之閨女。《宛署雜記》〔一〕：「燕都自五月一日至五日，飾小閨女，盡態極妍，謂之女兒節。」

既嫁則謂之媳婦。《詞源》：「子婦之稱。」《元史·裕宗徽仁裕聖皇后傳》：「世祖每稱之爲賢德媳婦。」案，媳應作息，子息也。今土俗凡稱新嫁娘爲新媳婦，即年幼之婦，亦均稱爲媳婦矣。

〔一〕雜：點校本脱。

釋飲食

食謂之吃。賈誼《新書》云：「越王之窮，至乎吃山草。」

飲謂之喝。《至正直記》云：「元時親王貴卿飲酒，必令執事唱一聲〔一〕，謂之喝盞。」

餓謂之餧。案，餧與餒同字。桓寬《鹽鐵論》引：「語曰〔二〕：『路有餧人。』」

飼則謂之餧。《廣韻》云：「於僞切。」今北俗哺幼孩曰餧，蓄鳥獸亦曰餧。《楚辭》云：「鳳亦不貪餧而妄食。」

饕謂之饞，貪食謂之嚵。趙抃詩云：「紅嘴山杷口似饞。」案，饞、嚵通。黃山谷詩云：「嚵獠應殘達窗竹。」又貪財亦曰饞。韓愈詩云：「爲利而止真貪饞。」

共爨謂之敆火〔三〕。《爾雅》云：「敆，合也。」《説文》云：「敆，合會也。」《玉篇》公答反。今人亦謂之合火，謂共一爐也。

粥謂之周。《説文》云：「鬻，鍵也。」郝懿行云：「鬻即粥字。今讀若周，此古音也。鍵是粥之稠者。」《後漢書·馮異傳》：「倉卒無蔞亭豆粥。」今北人通呼粥爲周。

塗謂之餬。昭七年《左傳》：「以餬余口。」正義云：「將糜向口，故曰以餬余口。猶今人以

〔一〕唱：點校本誤作「喝」，據《至正直記》改。
〔二〕曰：點校本無，據《鹽鐵論》補。
〔三〕共：點校本誤作「黄」。

粥向帛，黏使相著，謂之糊帛。」《玉篇》䊵或作糊。䊵即糊字。

淅米謂之濤米。《詩・大雅・生民》：「釋之叟叟。」毛傳云：「釋，淅米也。叟叟，聲也。」釋文云：「叟又作溲。濤米聲也。」北人謂之淘米。濤即淘也。郭璞注《爾雅》作洮米。

餾飯謂之烝。《爾雅・釋言》云：「饙、餾，稔也。」稔當爲飪〔一〕。今烝飯氣起曰餾起，謂熟也。又烝飯更炊謂之餾。北俗凡麪食熟者重烝均謂之餾。

食饐謂之餿。《論語》：「食饐而餲。」《字林》云：「饐，飯傷熱食也。」葛洪《字苑》云：「饐，飯餿臭也。」今人謂食久而臭謂之餿。

蠻頭謂之饅頭。《七修類藁》云：「蠻地以人頭祭神曰蠻頭。諸葛征孟獲，命以麪包肉爲人頭以祭，謂之蠻頭，今訛爲饅頭也。」顧遯園載南唐烈祖受禪有「子母饅飳」，即饅頭也。

饅頭有餡者古謂之籠餅，亦曰蒸餅，今謂之包子。《晉書・何曾傳》：「蒸餅上不拆作十字不食。」《朝野僉載》云：「侯思止食籠餅，必令縮葱如肉。」籠餅即饅頭也。今北俗饅頭有餡者呼爲包子。《鶴林玉露》云：「有士人在京師買一妾，自云是蔡太師包子廚中人。」《東京夢華録》：「更外買軟羊諸色包子。」

渾屯謂之混沌。程大昌謂混沌出於渾氏、屯氏，乃混沌之轉。《食物志》言蘇家餛飩，可以

〔一〕稔：據文意補。

瀹茗。此非今之所謂餛飩也。《稗史》云石崇造餛飩。

湯餅，今之煮麪也，又謂之麪條。案，湯餅，古亦曰湯玉。陶穀《清異録》：「釋鑒興《天台山居頌》：『湯玉入甌，糟雲上筯。』湯玉謂湯餅瑩滑。」又歐陽修《歸田録》云：「湯餅，唐人謂之不托。今俗謂之餺飥矣。」或謂不托，今之水角子，與湯餅爲一，歐陽公所謂飲食名號，隨時俗言語不同也。《稗史》：「魯敬姜作不托。」崔寔《四民月令》云：「立秋，無煮餅及水溲餅。」案，水調粉麪謂之溲。水溲，當即今作箇答湯之法。煮餅，即湯餅，爲今之麪條。《急就篇注》：「餅之爲言并也，言其粘而也。」而，訓爲膩。又端平中語云：「喫了西湖水，打作一鍋麪。」即煮麪條也。

蕎麪軋成條者謂之河漏。王楨《農書》云：「北方多磨蕎麥爲麪，或作湯餅，謂之河漏。」漏讀如洛。《説鈴》曰：「山東以蕎麥作麪食曰河洛。」案，作河洛有木牀，下木有圓孔，孔底鋪以鐵篩，上木有圓枘，與孔相值，孔中實以麪，人持其尾而軋之。近亦有用麥麪者。

凡一切麪食通呼爲波波。《丹鉛新録》云：「麪食，北俗均呼爲波波。今南人訛爲磨磨。」

菽乳謂之豆腐。《庶物異名疏》云：「菽乳，豆腐也。」《物姓志》：「傳自淮南王，以豆爲乳，脂爲酥。」古人謂之來其。放翁詩注云：「蜀人名豆腐曰黎祁。」即來其同音字。

茗糒謂之糉子。《通鑑》胡三省注云：「糒，糉也。」《南史》虞悰作扁米糒。《戒庵漫筆》榮王賜醫官不落筴，即今之糉子。糉子古亦名角黍，北俗通呼爲糭子。糉、糭通，讀宗去聲。《正韻》云：「蘆葉裹糯米。」《風土記》云：「以菰裹粘米。」

油果子亦謂之油條。案，油果子，即古之寒具也。李綽《尚書故實》：「《晉書》中有飲食名寒具者，《齊民要術》並《食經》所謂饊餅也。桓玄請客觀法書、名畫，客食寒具，不濯手而執書畫，因有涴。玄不懌。」東坡、山谷詩嘗用寒具字。《詞源》云：「寒具，即今之饊子。以糯粉和麪搓成細繩，挽曲如環，油煎。」油果子，較饊條稍巨，辟疊四股，兩頭粘合。兩股者爲油條。

寬焦謂之薄脆。《通雅》云：「寬焦，今之薄脆。一名甘脆。」《東京夢華録》云：「胡餅店賣寬焦，側厚。」〔一〕今北人猶呼爲薄脆。

烏膩糖謂之白糖，堅固成塊者謂之冰糖。范石湖詩注：「烏膩糖，即今之白糖、冰糖也。」北俗分白糖、黑糖、青糖、冰糖數種。

釋衣服

繹棉謂之紡。《急就篇注》云：「紡麻絲之屬爲纑縷也。」案，引棉成紗曰紡紗。棉之紡爲絲縷者，撚合之則成線。劉詵詩云：「木棉紡盡白雪紗。」

穿針謂之紉。案，紉針，將線擘開股，撚合之以穿針也。《禮·内則》云：「衣裳破裂，紉鍼請補綴。」《法苑珠林》：「阿那律未得天眼，盲無所見，而以手縫衣〔二〕，時針紝脱，曰誰爲福德，

〔一〕胡：點校本作「糊」；側：點校本作「薄」。據《東京夢華録》改。

〔二〕而：點校本誤作「面」，據《法苑珠林》改。

爲我紝針？」紉、紝通。

剪衣謂之裁，綴衣謂之縫。《周禮注》云：「女御裁縫王及后妃之衣服。」

女工謂之箴黹，又謂之鍼線。《説文》云：「黹，箴縷所紩衣。」《爾雅》云：「黹，紩也。」郭注云：「今人呼縫衣爲黹。」鄭注《書·益稷》「絺繡」云：「絺，讀爲黹。黹，紩也。謂刺繡也。」今北人猶謂女紅爲鍼黹。又喬知之詩云：「曲房理鍼線。」俗稱刺繡、縫製之事均謂之鍼線。

密縫又謂之納。《廣雅》云：「紩，納也。」《急就篇》云：「納刺謂之紩。」今北人呼縫紩爲納。

布帛謂之匹，馬亦謂之匹。《漢書·食貨志》云：「布帛廣二尺二寸爲幅，長四丈爲匹。」今北俗布帛每匹各有定制。《公羊》僖三十二年注云：「匹馬，一馬也。」〔一〕

長衣謂之袍子。案，清時禪袷綿皮各有禮服，皆呼爲袍子。《國史補》云：「有客譏宋濟曰：『近日白袍子何太紛紛？』」

長袍外着短衣謂之馬褂。案，褂，俗字，外衣也。清制，禮服加於袍外者爲外褂，馬上所衣爲馬褂，扈從及出使時呼爲行裝、禮服。今北方鄉俗皆效用之，改爲長袖者多。

裲襠謂之背心。《釋名》云：「其一當胸，其一當背也。」案，背心亦名背褡，短衣無袖，止蔽胸背。今北方鄉俗均呼爲坎肩。

〔一〕一馬：點校本誤作「一匹」，據《公羊傳注》改。

袍之下端謂之下襬。《急就篇注》云：「裙，即裳也，一名襬。」〔一〕今北俗凡長衣之下端幅廣均曰下襬。

純謂之緣邊。《玉篇》云：「緣，循也。」《禮・深衣》：「純袂、緣、純邊，廣各半寸。」

編緒謂之條子〔二〕。《説文》：「條，扁緒也。」《急就篇注》云：「一名偏諸，織絲縷爲之。」《周禮・巾車》注：「其樊及纓皆以條絲飾之。」條絲、條子〔三〕，音相近。

裙之上端曰裙腰，褌之上端曰袴腰，下曰袴腳。《南史・魚腹侯子響傳》云：「密作啓數紙，藏妃王氏裙腰中。」案，北俗於裙上另綴布帛一幅曰裙腰。袴腰與裙腰製同。韓愈詩云：「袴腳凍兩骭。」

束袴腳曰腿帶。《晉書・五行志》：「太康中，以帶絡袴口。」袴口，即袴腳也。

腰巾曰腰帶。謝惠連《擣衣》詩云：「腰帶准疇昔。」李廓詩云：「金裝腰帶重。」吴以均《去妾》詩：「蓮花帶緩腰。」又《談苑・端拱中詔》作胯帶，胯帶即腰帶也。

帽纓曰帽帶。李賀詩云：「春風帽帶垂。」案，北俗呼爲帽絆。《玉篇》云：「絆，羈絆也。」《增韻》：「絡首曰羈，繫足曰絆。」今鄉俗稱屨帶亦曰絆。

〔一〕襬：點校本誤作「擺」，下同，據《急就篇注》改。

〔二〕條：點校本作「絛」。下同。

〔三〕條：點校本脱，據文意補。

帽謂之帽子。《樂府雜録》：「汝陽王花奴戴砑光絹帽子。」又王建《宫詞》云：「未戴柘枝花帽子。」

朝冠謂之朝帽。白居易詩云：「朝帽挂烏紗。」

夏謂之涼帽。薩都剌詩云：「禦羅涼帽插珠花。」

秋冬謂之纓帽。《晉書·輿服志》：裁纓施于帽，上自乘輿宴居〔一〕，下至庶人無爵者皆服之。案，纓帽至清時，非有官職及供差役者不准服用。

皮製者又謂之暖帽。白居易詩云：「重裘暖帽寬氊履。」

帽之禦寒者謂之風帽。李白《高句驪》詩云：「金花折風帽。」

毛製者謂之氈帽。《唐書·五行志》：「太尉長孫無忌以烏羊毛爲渾脱氈帽，人多效之。」

褘謂之蓋頭〔二〕。《爾雅》：「婦人之褘謂之縭。縭，緌也。」孫炎云：「褘，帨巾也。」《詩·東山》傳云：「縭，婦人之褘也。母戒女，施衿結帨。」結帨，即結縭也。蓋頭，蓋古之遺制也。王安石詩云：「地僻獨無茅蓋頭。」此借用。

破衣謂之藍縷。《左氏傳》宣公十二年〔三〕：「篳路藍縷。」服虔云：「藍蔞，言衣敝壞其

〔一〕上：點校本誤作「世」。輿：點校本原脱。據《晉書》改。
〔二〕褘：點校本原脱。
〔三〕宣公十二年：點校本誤作「昭公十年」，據《左傳》改。

簍。」《史記》作「篳路藍簍」。藍，藍然。簍、縷同字。今北人猶謂衣之破壞者爲藍縷。此古語之存於今者。

縫補敝衣謂之打補靪。《説文》云：「靪，補履下也。」段注云：「今俗謂補綴爲打補靪。」

脛衣謂之套袴。案，袴，本訓爲套袴。《急就篇注》：「合襠者謂之褌，套於褌外無襠者謂之套褌。」《釋名》云：「褌，貫也。貫兩腳，上繫要中也。」《瑯環記》：「太真常着膝袴。」即套袴所從出。

足衣謂之襪子。《説文》：「韤，足衣也。」《一切經音義》引作袜。《玉篇》云：「袜，腳衣。」《釋名》云：「在腳末也。」《樂府集·雜曲》有結韤子辭。襪、韤通。

履邊謂之鞋幫。《廣韻》云：「幫，衣治絲履。」《集韻》：「治履邊也。」《六書故》：「幫，裨帖也。」

衾端謂之被頭。《喪·大記》注云：「被頭，紞以組類爲之，綴之領側。」孔疏云：「領爲被頭。」韓偓詩云：「被頭不暖空沾淚。」

袜腹謂之兜肚。《釋名》云：「上下有帶，抱裹其腹，而施鈎肩，鈎肩之間施一襠以奄心也。」〔一〕今北俗均稱爲兜肚。兜肚，亦抱腹之意。

〔一〕《釋名》作「抱腹，上下有帶，抱裹其腹上，無襠者也。心衣，抱腹而施鈎肩，鈎肩之間施一襠以奄心也」。

釋宅第

世閥謂之門第，又謂之門户。《晉・王述傳》：「王導以門地辟述。」韋莊詩云：「不説文華與門地，自然毛骨是公卿。」案，門地，即門第也。《三國志注》云：「桓範謂曹羲曰：『卿等門户倒矣。』」又古詩云：「健婦持門户。」

房院謂之宅子。宋王銍《默記》云：「先公與閻二丈詢仁同赴省試，遇王元澤。詢仁問荆公出處。答曰：『大人先遣來京尋宅子耳。』」

衖門謂之大門〔一〕，又謂之街門。《禮記》云：「車驅而騶，至於大門。」又：「客車不入大門。」故鄉俗又稱大門爲車門。案，街門，即臨街之門也，古謂之衖門。《爾雅》：「衖門謂之閎。」閎，衖頭門，即大門也。又《左氏傳》注云：「閎，巷門。」巷從衖省。衖、巷古通用。

衖門覆瓦謂之門樓。《國老談苑》：「范質爲相，性儉約。世宗嘗語質曰：『卿所居舊宅耶？門樓一何小哉。』」

無楣謂之旋門。曹大家《東征賦》：「看成皋之旋門。」又鄭愔詩云：「旋門霧裏看。」

闔謂之門扇。《説文》：「闔，門扇也。」案，一扇爲户，兩扇爲門。北俗有單扇門、雙扇門、風門、格扇等别。

〔一〕衖：點校本作「弄」，據《新城縣志》改。下同。

門限謂之門䅬。《爾雅·釋宫》：「柣謂之閾。」郭注云：「閾，門限。」《説文》謂之門榍。榍，限也。郭音柣，千結反，讀爲切。切、䅬一聲之轉。《匡謬正俗》云：「俗謂門限爲門䅬。」今北語猶然。

呼房曰房子。《漢書·地理志》：「常山郡縣房子，莽曰多子。」案，子與爾《論語》：「則可謂云爾已矣。」皆語助辭。凡實物下加子字者，如窗子、棹子、盆子、罐子、褥子、被子等，均北人口頭語也。

複室曰裏屋。《冥通記》：「司命云：『裏屋人有木道士者，是北斗鬼官所使，勿信之。』」

僕婢居室曰下房。《漢書·武帝紀》：「詔曰：上帝博臨，不異下房。」

屋壁呼曰山。范成大詩：「一段農家好風景，稻堆高出屋山頭。」又王安石詩云：「落葉回颾動屋山。」

階曰台階。《廣雅》：「丰、梯，階也。」《説文》：「梯，木階也。」台、梯一音之轉。《王仲寶碑》云：「外耀台階。」又杜甫詩云：「台階詡戴全。」台階指宿位而言，俗語借用。

窗曰窗户。《説文》窗本作囱，在屋曰囱。郭璞詩云：「風出窗户裏。」又何遜詩：「窗户映朝光。」今北俗每言窗必帶户字。

竈曰竈火。《釋名》云：「竈，造也。創造食物也。」駱賓王詩云：「竈火通軍壁。」又李中詩〔一〕：「功就不看丹竈火。」

〔一〕李：點校本誤作「季」。

臥處曰炕。北人居室皆築炕，無用牀者。《唐書·高麗傳》：「窶民盛冬作長坑，熅火以取暖。」今人無貧富無不築炕以爲臥具者。金趙秉文有《夜臥煖炕》詩。又俗諺云：「賣席人，睡土炕。」

檐謂之滴水，滴水又謂之檐霤。《説文》云：「㮰，户樀也。」引《爾雅》：「檐謂之樀。」讀如滴。今北人呼檐爲滴水，即㮰字也。周曇《吴隱之》詩云：「徒言滴水能穿石。」《説文》：「霤，屋水流也。」又椽下承雨水之器也。《釋名》云：「水從屋上流下也。」《廣雅》作甑。今北俗檐瓦下垂者爲滴水，檐霤較滴水增巨〔一〕，故復從瓦。

屋上席謂之包。《釋宫》云：「屋上薄謂之筄。」今北人呼屋上鋪席爲包。包，即薄音之轉。又謂屋頂之席去舊换新曰挑蓋。挑即筄，此古語之僅存者。

苫謂之蓋。《説文》苫、蓋互訓。又云：「茨，以茅葦蓋屋。」《爾雅》云：「白蓋謂之苫。」李巡云：「編菅茅以蓋屋曰苫。」今北人通呼曰蓋房。

囱謂之竈桶。案，竈桶即竈突。竈上煙囱也。《孔叢子》：「竈突炎上。」〔二〕《吕氏春秋·諭大》篇云：「竈突決則火上焚棟。」《廣雅》作堗，注云：「通突。」桶、突一聲之轉。

堂廂間處謂之天井。案，天井，古承廛也。上棟之中，交木爲方形，如井幹然。陸機詩

〔一〕較：據《新城縣志》補。
〔二〕炎：點校本誤作「焚」，據《孔叢子》改。

云：「外觀天井懸。」今謂室外院落曰天井。北俗則專指主屋兩極與廂壁距離之間爲天井矣。

屋頂穴謂之天窗。案，天窗，高窗也。梅堯臣詩：「巖裂天窗窄。」又王延壽賦云：「天窗綺疏。」

宅無人居謂之閑房，室則謂之閑屋。曹植詩：「閑房何寂寞。」又王昌齡詩云：「苔蘚入閑房。」梅堯臣《答朱學士寄澄心堂紙》詩云：「漫堆閑屋任塵土。」〔一〕北俗呼閑屋亦曰空屋。《魏志·曹爽傳》注云：「丁謐常住鄴，借人空屋居其中。」空，俗讀作入聲。

垣頂謂之牆頭。劉禹錫《百花行》云：「紅焰出牆頭。」又張蠙詩：「牆頭雨細垂纖草。」

垣隅謂之轉角。元稹詩云：「稀星轉角樓。」

茅屋謂之團挑。團挑，即團焦，草屋也。《北齊書》：「抵邑人龐氏團焦中。」又《丹鉛録》作團標。案，團挑皆作圓形。《莊子·大宗師》：「撓挑無極。」注云：「宛轉循環貌。」故團挑當係象形語。今北俗間有磚築堊，頂作方形者，惟頂尖與常屋異耳。焦、挑音亦相近。

禾場築室謂之場屋。案，場屋，言于廣場中築屋也。元稹《連昌宮詞》：「賀老琵琶定場屋。」

碑亭謂之碑樓。《五代史·王處直傳》云：「初，有黃蛇見于碑樓。」

〔一〕土：點校本誤作「上」，據《宛陵先生集》改。

耒謂之犂。《説文》：「耒，手耕曲木也。」《釋名》云：「耒，推也。」《考工記》：「車人爲耒，庛長尺有一寸。直庛則利推，句庛則利發。」又《玉篇》云：「犂，耕具也。墾田器。」《釋名》云：「犂，利也。利發土絶草根也。」鄉俗通呼曰犂張。一張，即一犂也。

鍤謂之鏵。《釋名》云：「鍤，插也。插地起土也。或曰鏵。鏵，剞地爲坎也。其板曰葉，象木葉也。」今人呼爲犂鏵。《爾雅》：「斛謂之疀。」古鍤字也。

鋤謂之鋤頭，柄則謂之杠。《韻會》云：「鉏同鋤。」《説文》：「立薅所用也。」《釋名》云：「鋤，助也。去穢助苗長也。」《釋名》云：「鋤頭曰鶴，似鶴頭也。」今世亦謂鋤頭曰鶴觜。《四民月令》引農謡云：「鋤頭三寸澤。」杠，《説文》作檀，鋤柄也。《逸雅》云：「齊人謂鋤柄曰檀，檀然正直也。」北俗呼爲鋤杠。

斛謂之鍬。《爾雅》：「斛謂之疀。」郭注云：「斛，古鍬字。」《文選注》：《爾雅》作「鍬謂之鍤」。今人皆呼曰鐵鍬。鍬，音翹。

釜謂之鍋。釜，《方言》作鍑。《説文》又作鬴，云：「鍑屬也。」《廣雅》訓鬴爲釜。《急就篇》：「釜、鍑、鍪。」顔注云「鍪似釜而反脣，小釜類，即今所謂鍋也」。鍪又作鍪，土釜也。《説文》云：「鬵，三足釜也，有柄喙。」案，鬵、鍋一聲之轉。北俗鍋之巨者曰九刃，次七刃，又次五刃。刃即脣也。土製曰沙鍋，即土釜也。柄足者謂之小鍋，即古之鬵也。

盎謂之盆。《説文》云：「盎，盆也。」《爾雅》：「盎謂之缶。」可以盛水、盛酒，即今之瓦盆也。杜甫詩云：「喚婦呼兒索酒盆。」是古時亦用盆貯酒。今北俗有瓦盆、磁盆及銅鐵等類。

飯盂謂之盌，飲器謂之杯，小者謂之盅。《説文》：「盌，小盂也。」又飲器也〔一〕。《方言》云：「宋楚魏之間盂謂之盌。」《南史・沈炯傳》：「茂陵玉盌，遂出人間。」杯，《説文》作桮，飲酒器。《禮・玉藻》：「母没而杯圈不能飲焉。」盅，《説文》云：「器虚也。」小杯爲盅。北俗呼茶杯曰碗。古人飲茶有七碗、三碗之言，見盧仝《新茶》詩及《五燈會元》如寶禪師語。酒杯曰酒盅。

箸謂之筷子。《説文》云：「箸，飯攲也。」《太平御覽》引《通俗文》云：「以箸取物曰攲。」《曲禮》：「羹之有菜者用梜。」梜猶箸也。《急就篇注》云：「梜，所以取食也。」北俗箸取曰夾。夾即梜也。梜、攲音近。又呼箸爲筷子。《菽園雜記》：「吴俗舟行諱言住，住、箸同音。故以箸爲筷兒。」〔二〕子與兒均語助。

箸筩謂之筷子籠。《玉篇》云：「箸筩謂之籫。」籫，盛匕箸籠也。《方言注》云：「今俗呼小籠爲桶檧。」桶檧，即桶籠也。北俗猶用柳或竹製小籠挂竈壁間，專盛匕箸。蓋古制也。

筲謂之炊帚。《廣雅疏證》：「筲，即今之刷鍋帚也。」《説文》：「陳留謂飯帚曰筲。」筲之言捎也，所以捎去餘飯也。《廣韻》作箲帚。《通雅》云：「析竹爲帚，以洒洗。」即炊帚也。案，

〔一〕飲：點校本誤作「飯」。點校本「飲」上衍「盂」字，今删。
〔二〕點校本「兒」下衍「子」字，據《菽園雜記》删。

古時制帚多用竹，今北俗尚有束竹爲帚者，餘均易以草。巨者曰掃帚，見《南史·劉休傳》。次苕帚，見《捫蝨新話》。再次炊帚。炊帚，飯帚也。

匱謂之匱。《説文》：「匱，匱也。」《書·金縢》〔一〕：「乃内册于金縢之匱中。」《六書故》：「今通以藏器之大者爲匱。」

箕謂之簸箕。《篇海》云：「簸箕，揚米去糠之具。」《詩》云：「維南有箕，不可以簸揚。」

盛物者謂之籓籬。《廣雅》：「籓籬，箕也。」今北人無以籓籬爲箕者。《集韻》籓，逋潘切。讀如波。

甓謂之甓。《陳風·防有巢鵲》：「中唐有甓。」毛傳云：「甓，令適。」《説文》同。《考工記》賈疏云：「漢時名堂塗爲令甓裓〔二〕，令甓則今之甎也，裓則甎道也。」甎之已燒者爲甓，未燒者爲墼。今北人以未燒者爲甓。甓，讀如拔。

杙謂之橛。《説文》弋、橛互訓。「弋，象析木衺鋭者形。」案，橛之用廣，長短大小象其物爲之。《爾雅·釋宫》云：「樴謂之杙。」杙、弋同字。今北人通呼曰橛。

鏝謂之瓦刀，圬謂之抹子。《爾雅·釋宫》云：「鏝謂之圬。」郭注云：「泥鏝。」《説文》云：

〔一〕縢：點校誤作「滕」，下同。
〔二〕塗：點校本誤作「除」，據《周禮正義》改。

「鏝，鐵杇也。」或從木作槾。李巡云：「泥鏝，一名杇〔一〕，塗工之作具也。」案，今圬者，塗工皆用鐵器，無用木者。一名瓦刀，一名抹子。瓦刀爲磚瓦之用，抹子爲灰泥之用。塗房用抹子，築房用瓦刀，二者不相離也。

枹謂之槌。《説文》：「枹，擊鼓杖也。」《左傳》成二年：「左並轡〔二〕，右援枹。」《唐韻》：「槌，擊也。」《魏書·李崇傳》：「崇令各村建樓，樓置鼓，盜發，雙槌亂擊。」北俗呼鼓杖曰鼓槌，鑼曰鑼槌，鐘槌，磬槌，擣衣曰棒槌。《上藍和尚遺鐘傳偈》云：「柳條堪作打鐘槌。」槌，讀爲搥。

金銀謂之釘。《説文》云：「釘，鍊餅黄金。」《玉篇》云：「釘，都定切。」今俗以金銀稱錠，即釘字也。

錫謂之錫鑞。顔注《急就篇》云：「錫，一名鈏，在銀鉛之間，即今白鑞也。」《周禮·職方氏》：「其利金錫竹箭。」鄭注云：「錫，鑞也。」今北人或單稱錫，或稱錫鑞〔三〕，無單稱鑞者。

了鳥謂之了弔，屈戌謂之屈趨。李義山詩：「鎖門金了鳥。」何義門云：「了鳥即屈戌，今北語猶然。」案，了鳥與屈戌不同，皆在門上。屈趨爲門上挂鎖之物，了弔則扣於屈趨上者。何

〔一〕杇：點校本作「圬」，據《經典釋文》改。
〔二〕並：點校本作「執」，據《左傳》改。
〔三〕或稱錫鑞：據民國《新城縣志》補。

氏指爲一物，非也。

潼潼，擊鼓聲也。《管子・輕重》篇：「潼然擊鼓。」此字無正義，取其聲。《廣韻》作蓳，云「蓳蓳，鼓鳴」也。又作鼕鼕〔一〕。張翥詩：「官街人静鼓鼕鼕。」亦作通通。陳造詩：「通通已報衙。」

郎當，鐸摇聲也。《説文》：「鐸，大鈴也。」《世説》：「晉荀勖逢趙賈人牛鐸鳴。」今鄉俗每懸大鈴於牛頭或車上以識警。又明皇幸蜀，歸聞鈴聲郎當，感作《雨淋鈴曲》。

丁當，鈴動聲也。《説文》：「鈴，令丁也。」《正韻》云：「圜形，半裂以出聲，錮銅珠於内以鳴之。」亦有環口懸舌如鐸形者。寶祐朝門語「閣馬丁當」。閣馬，即檐馬借用。又作玎當。温庭筠詩：「小響玎當逐迴雪。」

轆轆，車行聲也。元好問詩云：「白沙漫漫車轆轆。」案，轆轆，車聲也。《阿房宫賦》：「轆轆遠聽，杳不知其所之也。」〔二〕指宫車而言。

隆隆，碾磨聲。隆隆，聲也。沛城鑄鐵，隆隆如雷聲。案，碾磨聲均似雷，故俗呼長雷曰磨子雷。韓愈《詠雪》詩：「雲平想碾雷。」又作磷磷。王禹偁詩云：「磷磷水磑聲。」水磑，水磨也。

〔一〕鼕鼕：點校本作「冬冬」，下同。
〔二〕杳：點校本誤作「查」，據《阿房宫賦》改。

磨曰磨扇。《説文》：「磨，石磑也。」《正字通》云：「俗謂磑曰磨。以磑合兩石，中琢縱横齒，能旋轉碎物成屑也。」今鄉俗呼上下兩石曰磨扇〔一〕。嘉靖初童謡云：「西街吃磨扇。」

斧曰斧子。案，斧，古名戉戚〔二〕。《説文》云：「斫也。」《釋名》云：「斧，甫也。甫，始也。凡將製器，伐木〔三〕，已乃製之也。」神龍以後民謡云：「斧子不施柯。」

箑曰扇子。《説文》云：「箑，扇也。」《方言》：「自關而東謂之箑，關西謂之扇。」又作翣。《吕氏春秋·有度》篇：「冬不用翣。」箑、翣通。《田家五行》：「諺云：扇子弗離手。」又《天寶遺事》：「王元寶家有一皮扇子，製作甚質。」

硯曰硯臺。《釋名》云：「硯，研也。研墨使和濡也。」司空圖詩云：「似要題詩落研臺。」文人又呼曰硯田。唐庚詩：「硯田無惡歲。」臺、田一音之轉。

紙曰紙張。楊萬里《讀山谷詩》詩云：「千載功名紙半張。」又并州童謡云：「一張紙，兩張紙，容量小兒作天子。」北俗呼紙必帶張字。

鐙曰鐙臺，燭曰蠟燭，持行者曰燈籠。《説文》云：「鐙，錠也。」徐鉉曰：「錠中置燭，故謂之鐙。」又通作燈。《玉篇》云：「火也。」近俗多於錠中置膏使然。宋時里諺云：「趙老送燈

〔一〕呼：點校本脱。
〔二〕戉：點校本誤作「戊」。
〔三〕伐：點校本誤作「代」，據《釋名》改。

臺。」置燭者曰蠟臺。《歸田録》云：「鄧州花蠟名著天下。」杜甫詩：「題詩蠟炬紅。」〔一〕蠟炬〔二〕，蠟燭也。江西奉使宣撫，謡云：「官吏黑漆皮燈籠。」《東齋記事》：「宋劉隨爲通判，明達，號水精燈籠。」

屏曰屏風。《説文》：「屏，蔽也。」《儀禮·覲禮》曰：「天子衮冕負斧依。」依之制如屏風然。依，扆也。《三禮圖》云：「扆，從廣八尺，畫斧文，今之屏風則遺象也。」《釋名》云：「屏風，障風也。」《史記》：「孟嘗君待客坐語，屏風後嘗有侍史。」〔三〕白居易詩云：「畫我作屏風。」温庭筠詩：「金尾屏風孔雀開。」

椅曰椅子。案，椅，本作倚〔四〕。《朱子家禮》作椅。《正韻》：「俗呼坐凳爲椅子。」《正字通》云：「坐具，後有倚者。」故名。今北俗如凳子、板凳等，形制雖異，均無倚具。

荷物曰擔子。《廣韻》：「荷，胡可切。以肩承物也。」《左傳》昭七年：「其子弗克負荷。」注云：「荷，擔也。」《論語》：「有荷蕢而過孔氏之門者。」疏云：「荷，擔揭也。」擔揭，即擔子之音轉。楚、蜀、滇諺云：「壬辰裝擔子。」語末有子字者，皆語助。

〔一〕蠟炬紅：點校本誤作「炬紅蠟」，據《杜工部集》改。
〔二〕蠟：據《新城縣志》補。
〔三〕後：據《史記》補。
〔四〕本：據《新城縣志》補。

釋穀

蕎麥謂之稜子。蕎麥，北人呼爲稜子，象其實也。近黑龍江城蕎麥最佳，其麪宜煎餅、宜河漏，甘滑潔白，他處所無。河漏，類挂麪，俗稱合絡。《本草綱目》謂之河漏。春夏旱潦及秋始得雨，百穀皆不能下種，唯種蕎麥而已。

穄謂之糜子〔一〕。糜子，從黍類也，其粒與黍全相類，所别者黏、不黏耳。《説文》以糜爲穄。《吕覽》：「陽山之穄。」高注：「冀州謂之㱍。」汪氏昂《本草注》云〔二〕：「穄乃黍類，似粟而粒大疏散。」北人呼爲糜黍，蓋一類即二種。黑龍江土人呼黍爲伊喇赫，訛爲稷，真大謬也。

稷謂之高粱。稷爲首種，其粒最粗。《論語》「飯疏食」，即此也。社稷單取稷爲名，以其於五穀中最高大故也。程易疇《九穀考》言之最詳確。

禾心謂之穰，禾身謂之稈。《説文》云：「穰，黍稈已治者。」今人以禾皮以内謂之穰，禾身謂之稈。

禾則謂之穀，其實謂之小米，莖又呼曰秆草。《九穀考》據《説文》謂：「禾，嘉穀。」「粟，嘉穀實。」〔三〕「米，粟實。」「粱，米名。」北方所謂穀子，而米爲小米者也。《説文》云：「稈，禾莖

〔一〕糜：點校本誤作「糜」。下同。
〔二〕汪：點校本誤作「江」。
〔三〕嘉穀：點校本誤作「㲄」，據《説文解字》改。

也。」《左傳注》云：「秆，藳也。」《廣雅疏證》：「北方呼禾莖曰秆草，以飼馬牛。又以爲簾薄。」簾薄，即藳薦也，貧寒之户多用之。《東京夢華録》：「近新城有草場廿餘所，每遇諸鄉繳納秆草，堆積如山。」案，秆草通稈草。北人亦呼曰穀草。

黍稷去米謂之穰。《廣雅》云：「黍穰謂之䅖，稻穰謂之稈。」《説文》云：「䅖，黍穰也。」「穰，黍䅖已治者。」《檀弓》：「以巫祝桃茢先祓殯。」鄭注云：「茢，萑苕。」謂亂穗也。今世苕帚或用亂穗，或用黍穰，即此也。去實謂之穰，竹去皮亦謂之穰，北人通語。

收五穀謂之割，連根謂之拔。《爾雅・釋詁》：「割，裂也。」謂以刀裂之也。《玉篇》云：「截也。」俗用刈、鈎截斷禾草，均謂之割，故穫禾曰割穀，芟蕪曰割草。《增韻》：「拔，抽也。」《易・泰》：「拔茅連茹。」《前漢・高帝紀》：「攻碭，三日拔之。」注云：「破城邑而取之，若拔樹木，并得其根本焉。」

高粱、芝麻謂之殺，連根謂之鉊。《禮・王制》注云：「殺，穫也。」又《月令》：「利以殺草。」注云：「薙草曰殺。」鉊，音昭。《管子・輕重乙》篇云：「鉊之言釗也。」《説文》：「釗，刓也。」北方農人刓取禾根，通呼曰鉊。

收穫禾穗謂之銍。案，銍，知乙切，音紙。《説文》云：「穫禾短鐮也。」《小爾雅》：「禾穗謂之穎，截穎謂之銍。」銍，俗讀如找。

收拾五穀謂之打場。案，打即打揲。趙參政概《聞見録》云：「須當打揲。」猶安排料理之意。場即場圃。《詩》云：「九月築場圃。」又陸游詩：「溪北溪南打稻場。」

簸揚謂之揚場。《廣韻》云：「揚，舉也。」《急就篇》：「碓磑扇隤舂簸揚。」揚場者，將禾穗置場中，碌碡旋壓後，迎風舉箕簸揚之，除無秕。

曬晾謂灑碎。案，灑碎，即灑掃之音轉。又作灑落，即灑晾也。鄉人每遇風日晴和，將各種糧粟曝之使乾，持箕簸灑掃去土穢，收貯倉箱。

五穀去皮謂之碾。《正韻》云碾應作碾，「所以轢物器也」。俗均作碾。製石如碌碡形，附以盤柱，旋轉壓物，使成碎屑，或脱除皮殼也。

麪謂之磨。案，兩石相合旋轉以碎物，北俗謂之磨麪。《鄴中記》：「石虎有磨車，置石磨於車上，行十里輒磨麥一斛。」

成屑謂之拉拉。《正韻》云：「拉，落合切。」《説文》云：「摧也。」《廣韻》：「敗也。」案，拉拉，應作倈倈。《集韻》：「倈，里亥切，磨也。」

釋草

馬莧謂之馬勺菜。《本草注》云：「馬莧，布地生實，俗呼爲馬齒莧。」李時珍云：「馬齒莧小葉者爲鼠齒草。」今北人通呼爲馬勺菜。案，馬勺菜，園野自生，莖微赤，亦有白者，蔓延地上，葉厚而軟，莖葉嫩時可爲蔬菜，解瘡毒。

女蘿謂之兔兒絲。《神農本草》云：「松蘿，一名女蘿。」《小雅·頍弁》：「蔦與女蘿。」傳云：「女蘿，菟絲，松蘿也。」《楚辭·九歌》注云：「女蘿，菟絲也。無根，倚物而生。」北方呼曰兔兒絲。

苦菜謂之蘧苣菜。《通藝録》云：「苦菜有二種，一爲苦蕒，一種北方呼爲蘧蕒菜。」案，苦蕒與蘧蕒菜相類。李時珍曰：「苣蕒菜，春初生苗，有赤白二種，取其莖葉和醬食之，或和餳皆可，其味微苦。」北人通呼爲蘧苣菜。

鷄菌謂之鷄腿磨菇。《説文》：「地蕈也。」《莊子》：「朝菌不知朔晦。」蔡氏《毛詩名物解》引《莊子》作鷄菌。今雲南呼鷄㚇，北方謂之鷄腿磨菇。雨後叢林中生，象如鷄腿，味最肥美。

邱葵謂之望日蓮。《漢書·楚元王傳》注引張晏云：「丘，大也。」葵之大者謂之藈。《廣雅疏證》：「藈，葵也。性向日。」案，葵，一年生草，七八尺高，莖頭開一花，徑六七寸，常向太陽旋轉，故名向日。鄉俗通呼曰望日蓮，以其花瓣環跗中盤，結子形似蓮花，花盤向東、向南者多，並非旋轉也。

蜀葵謂之秫稽華。《爾雅》：「菺，戎葵。」郭注云：「今蜀葵也。似葵，華如木槿華。」案，蜀葵葉如葵而大，莖高丈許，江南呼爲丈紅華，北人名爲秫稽華。今園林中到處有之。甘肅蘭州諸處有黑色者，種植輒數十畝，以染菸葉，作紫黄色。

莠謂之穀莠。《小雅·甫田》：「維莠驕驕。」鄭《志》：「韋曜問：莠，今何草？答曰：今之狗尾。」《魏策》：「幽莠之幼也似禾。」案，今人呼此草爲穀穀莠。莖葉穗全似穀子，而秕稃外多毛，即陸璣所謂宿田翁謂之守田者。穀穗有實，重而下垂；莠穗無實，輕而上翹。穀田中最多。《大田》：「不稂不莠。」稂即莠類，《爾雅》「孟狼尾」是也。莠，鄭《志》謂之狗尾，毛傳釋《詩》之稂以童粱當之，誤矣。

竹表謂之筤。《廣雅》云：「竺，竹也。其表曰筤。」謂竹外青皮也。《説文》云：「筤，竹膚也。」筤之音轉爲篾。《埤蒼》云：「篾，析竹膚也。」筤又轉爲篙，音彌。《説文》云：「篙，筡也。」「筡，析竹筤也。」《禮記》：「竹箭之有筠。」正義：筠竹，是竹外青皮。筠通作䋚。《考工記・梓人》鄭衆注云：「䋚，讀爲竹青皮之䋚。」〔一〕

麻幹謂之麻藍。《説文》云：「菆，麻蒸也。」「蒸，析麻中幹也。」「藍，麻藍也。」《廣韻》藍與秸同，麻幹也。《玉篇》：「藍，麻莖。」又音皆。今北人猶謂麻幹爲麻藍〔二〕，此古語之僅存者。

漬麻謂之漚。《説文》云：「漚，久漬也。」《詩》：「東門之池，可以漚麻。」毛傳云：「漚，柔也。」鄭箋云：「於池中柔麻，可緝績作衣服。」鄭注《考工記》引作渥。釋文云：「渥，烏豆反，與漚同。」《左氏傳》哀公八年：「拘鄫人之漚菅者。」菅似茅，漚之宜爲繩索。今北人凡漬麻者皆曰漚麻，此古今語之皆同者。

刈草謂之打草。《五代史》：「契丹滅晉，四野劫掠，號爲打草穀。」又《開元遺事》：「王魯

〔一〕青：點校本誤作「中」，據《考工記》鄭衆注改。
〔二〕麻：點校本脱。

爲宰貪賄，部民狀訴，魯判曰：『汝雖打草，吾已蛇驚。』」

釋木

栭謂之茅栗。《爾雅》：「栵，栭。」郭注云：「樹似槲樕而庳小，子如細粟可食，今江東亦呼爲栭栗。」《圖經本草》云：「茅栗，細如橡子，其樹雖小，葉亦不殊，但春生、夏秋實、冬枯爲異耳。」今茅栗有二三實作一梂者，是其子細也。北人通呼爲芧栗。《廣韻》云：「楚呼爲芧栗。」芧，當爲茅字之訛。

栗之大者謂之板栗。《事類合璧》云：「栗木高二三丈，苞生，多刺如蝟毛，每枝不下四五個。苞有青黄赤三色，中子或單、或雙、或三四。其殼生黄熟紫，殼内有膜裹仁。九月霜降乃熟。北人呼之爲板栗。」

棠實謂之杜棃。《爾雅》：「杜，甘棠。」注：「今之杜棃。」《爾雅翼》：「每棃十餘子，一惟子生棃，餘生杜。」案，杜爲棃之母，以棃接之方爲棃。

棘謂之酸棗。《爾雅》：「樲，酸棗。」注云：「樹小實酢。」《孟子》曰：「養其樲棘。」《稗雅》云：「大曰棗，小曰棘。」棘，酸棗樹也。平原不多見，近山則處處有之，叢生於荒丘土埠間，人亦不甚重惜。《詞源》云：「幹高丈餘。」當另一種，非樲棘也。

榆莢謂之榆錢。《爾雅》：「榆，白枌。」《草木疏》云：「榆有數十種。」北方則多白榆，仲春之月，葉尚未發，枝條間先結榆莢，狀如錢而小，色白成串，俗呼爲榆錢。孔平仲詩云：「春盡榆錢堆狹路。」

槐實謂之黄蠟膽〔一〕。案，槐花色黄，實爲長莢，土俗則呼爲黄蠟膽，以其色黄，液粘如蠟，而味苦于膽〔二〕，又纍纍懸垂如膽狀，故名。

樹刺謂之革針。今漁陽上谷人呼棘針曰革針。棘、革同音。北人均呼爲革針。

修樹謂之穿。《説文》：「穿，通也。」《聞奇録》云：「吕知隱于洞庭山，穿一松造草屋而居。」

伐木謂之刨。案，連根剜取曰刨。《集韻》：「刨，蒲交切。削也。」謂用鐵器刨挖，削去其土，並削斷餘根也。

釋魚

鰋謂之鮎魚〔三〕。《爾雅》：「鰋，鮎。」《爾雅翼》云：「鮧魚，偃額，兩目上陳，頭大尾小，身滑無鱗，謂之鮎魚。言其黏滑也。」案，鮧即鯷。《廣雅》云：「鯷，鮎也。以其頭扁，故曰鰋。」《説文》云：「鯷，大鮎也。」李時珍云：「鮧魚，北人曰鰋。」

〔一〕實：點校本脱。
〔二〕于：點校本誤作「子」。
〔三〕鰋：點校本脱。

鱮謂之鰱子。《廣雅》:「鰱,鱮也。」《詩疏》云〔一〕:「鱮似魴,厚而頭大〔二〕。幽州人謂之鴞鶚,或謂之胡鱅。」《埤雅》云:「鱮,色白,北土呼爲鰱子。」

魾謂之魴魚。《爾雅》:「魴,魾。」注云:「江東呼魴魚爲鯿,一名魾。」《正字通》云:「魴魚,小頭縮項,闊腹穹脊,細鱗,色青白,腹内肪甚腴。」梁水魴尤美,鄉語云:「居就糧,梁水魴。」

鱣謂之鯉。《爾雅》:「鯉,鱣。」郭璞以爲二魚,云:「鯉,今赤鯉魚。」一名鱣。今則無以鯉爲鱣者。

鰼謂之泥鰌。郭璞注《爾雅》「鰼,鰍」云:「今泥鰍。」邢昺疏云:「穴於泥中,因以名之。」〔三〕《莊子》司馬注云:「委蛇,泥鰍也。」而《庚桑楚》篇又作鯢鰍。泥、鯢同聲字。今北人通謂之泥鰍。

石首謂之黄花魚。《廣雅》:「石首,鯼也。」李善注《江賦》:「鯼、鮆常以三月八日出。」《字林》云:「鯼魚出南海,頭中有石,一名石首。」劉恂《嶺表録異》云:「石頭魚狀如鱅魚,隨其大小,腦中有二石子,如蕎麥,瑩白如玉。」王念孫云:「今石首有二種,小者名黄花魚,長尺許;

〔一〕詩疏:原誤作「義疏」。
〔二〕厚:點校本脱,據陸璣《詩疏》補。
〔三〕之:點校本誤作「云」,據《爾雅》邢疏改。

大者名同羅，長一二三尺。弱骨細鱗，首函二石。」

盆畜者謂之金魚。《述異記·關中有金魚神》：「北方畜魚家，種色繁異，如龍頭、鳳尾、龍睛、鴨蛋等，通呼爲金魚。」《爾雅》：「魵，鰕。」《説文》云：「班魚謂之魵。」〔一〕又曰：「魵魚，赤白雜美，色似鰕魚。」〔二〕金魚則五色璀璨，文斑間雜，是不僅赤白二色也。

卵謂之魚子。《本草》：「凡魚生子，有牡魚隨之灑白覆子，數日即化出，謂之魚苗。」案，魚子已生者謂之魚苗，亦稱魚花，稍大者曰魚秧。

捕魚謂之打魚。花蕊夫人《宫詞》云：「隔花催喚打魚人。」汪元量詩：「半揭蓬窗看打魚。」

釋蟲

草蟲謂之聒聒，其雌謂之緑駒。《詩·召南》：「喓喓草蟲。」鄭箋云：「草蟲鳴，阜螽躍而從之。」陸璣《疏》云：「一名負蠜，大小長短如蝗，奇音，青色，案，亦有灰色者。好在茅草中。」案，如陸所云，則今之所謂聒聒也。人家多畜之，此蟲鳴於草尖，則下必有雌者從之，古謂之阜螽。今北人謂之緑駒。緑，讀如律。大於聒聒。阜者，大也。

虰蛵謂之蜻蜓，俗呼爲馬蛉。《淮南·説林》：「水蠆爲蟌。」高誘注云：「水蠆化爲蟌。

〔一〕此句及下文「又曰」不見於《説文解字》。

〔二〕魵魚赤白雜美：點校本作「又曰鰕馬赤色雜毛謂」，據《新城縣志》改。

蟌，蜻蜓也。」細腰，四翅。案，蜻蜓有大小數種，今北人通呼爲馬蛉。蛉讀棱。

螻蛄，土狗也，謂之拉拉姑。《爾雅》：「螜，天螻。」郭注云：「螻蛄也。《夏小正》曰：『螜則鳴。』」螻蛄之名甚多，見《本草》《方言》《廣雅》。《方言》所謂杜狗，即土狗也。郝氏懿行云：「螻姑翅短，不能遠飛。黄色，四足，頭如狗。喜夜鳴，聲如蚯蚓。喜就燈光。」案，兒童每近鳴處，用兩甎中隔一小圓棍磨之，聞聲即出。今北人呼爲拉拉姑。

白魚謂之蠹魚。《爾雅》：「蟫，白魚。」郭注云：「衣書中蟲，一名蛃魚。」今北人通呼爲蠹魚。《穆天子傳》：「蠹書於羽陵。」郭注云：「謂暴書中蠹蟲，因云蠹書也。」蠹魚身長不及寸，形似魚，歧尾，身如傅粉，華色可觀，故書中多有之，衣中少見者。

蟬謂之蝍蟟[一]。蟬之類甚多，其見於《爾雅》《方言》《説文》者曰蟬、曰蜩、曰蜋蜩、曰𧋍[二]、曰螗蜩、曰螃、曰蝒馬、曰蠑、曰蠬、曰寒蜩、曰蛥蚗、曰蟋蠬、曰蟪蛄、曰蛉蛄、曰蚻螃、曰蝭螃、曰蜓蚞，今北人統呼爲蝍蟟。《説文》之蛁蟟，即《夏小正》之蝭蠑。陶注《本草》云：「七月、八月鳴者名蛁蟟。」今案，此蟬身小，三伏時鳴，其聲自呼，北人謂之伏天伏凉。

蠛蠓謂之蠓蟲。《爾雅》：「蠓，蠛蠓。」郭注云：「小蟲似蜹，喜亂飛。」孫炎云：「此蟲微細，羣飛。」郭又云：「蠓飛磑則天風，舂則天雨。」而《圖讚》則曰：「風舂，雨磑。」二説不同。今

〔一〕蟟：點校本誤作「螈」。
〔二〕𧋍：點校本誤作「崎」。

人謂蠓飛而上下如舂，主風；回旋如磑，主雨。每日將落時，迎面羣飛。今北人呼爲蠓蟲。蠓，讀如猛。

蛭蟷謂之駱駝蟲。《爾雅》：「王蛈蜴。」郭注云：「即蛭蟷，似鼅鼄，在穴中，有蓋，今河北人呼蛈蜴。」《金華子》云：「長安閭里中小兒，常以纖草刺地穴間，共邀勝負，以手撫地曰：『顛當出來。』既見草動，則釣出赤色小蟲，形似蜘蛛。江南小見謂之釣駝，其蟲背有若駝峯然也。」今案，此蟲兒童常戲釣之。此蟲穴極勁地，有小孔如蟻穴，以髮繫一蟻入穴中，此蟲捕食，即隨髮而出。土色，如駱駝形，大如土蜘蛛，而其形不類。郭璞與《酉陽雜俎》謂其窠有蓋，能啓閉。劉崇遠謂赤色小蟲。皆非余所見者，當是同種而異類。

蛺蝶，蝴蝶也。司馬彪《莊子注》云〔一〕：「胡蝶，蛺蝶也。」今北人通呼爲蝴蝶。蝶，《廣韻》作他協切，讀如帖。

蟋蟀謂之趨趨。王念孫云：「《古今注》：『蟋蟀一名蛩。』蛩與蛬同。今人謂之屈屈，則蛬之聲轉也。」蛬謂蟋蟀。「陸璣《詩疏》云：『幽州謂之趨織。里語云：趨織鳴，嬾婦驚。』」今北人通謂之趨趨。趨趨，即趨織之轉聲也。

蟻謂之蚍蜉。《廣雅·釋蟲》：「蚍蜉，蟻也。」郭注《方言》：「蚍蜉，亦呼蚍蜉。」蚍與蚍一

〔一〕注：點校本原脱。

聲之轉。蟞、蜉亦一聲之轉。今北人通呼蟻爲蟞蜉，亦呼爲馬蟻。凡名馬者，皆其種之大者也。

蠐螬謂之慈螬。《本草》：「蠐螬，一名蟦蠐。」蠐、螬雙聲。北人通呼爲慈螬。慈爲蠐之聲誤。

螾衙謂之蛐蜒。蛐蜒之名甚多，今北人通謂之蛐蜒。《爾雅》：「螾衙，入耳。」蛐蜒、螾衙一聲之轉。

蛲蜋謂之菌科蜋。《玉篇》：「蛲螂，啖糞蟲也。」案，北人俗稱蛲螂爲菌科蜋。

螳螂謂之刀螂。《爾雅》：「不過，蟷蠰。」郭璞注云：「蟷蠰，螗螂別名。」王念孫云：「螳螂，今謂之刀螂。聲之轉也。其性鷙悍，喜捕擊。」案，北人通謂之刀螂。刀、蟷聲轉字。高誘注《吕覽》云：「兖州謂之拒斧。」即刀字義也。

蝗蟲謂之馬札。郭注《方言》：「蚣蝑，江東呼蚱蜢。」案，此皆蝗類也。蚱蜢，爲抹札聲之轉。王念孫云：「揚州人謂色青者爲青抹札，斑黑者爲土抹札。」今北人凡蝗類皆呼爲馬札。至元京師童謡云：「馬札望北跳。」抹、馬聲同。

蛷螋謂之錢龍，俗呼爲錢串子。《説文》：「蛩，多足蟲也。」案，蛩即蛷螋，今北人呼爲錢龍，鄉俗通呼曰錢串子，長可盈寸，往來壁上，其行甚捷。

孑孓，化蚊蟲也。案，孑孓，北人呼跟頭蟲。生止水中，其形首大尾鋭，行則掉尾至首，左右回環。止則尾浮水面，首反在下，故謂之倒跂蟲。久之，蜕於水面而蚊出焉。《淮南子》云：「孑孓爲蟁。」高誘注云：「孑孓，蛣蟨，水上倒跂蟲也。」〔一〕

蛭謂之馬蟞，亦謂之馬蟥。《爾雅》：「蛭，蟣。」郭璞注云：「今江東呼水中蛭蟲入人肉者爲蟣。」《論衡》云：「蛭，食血之蟲。」蛭入人肉而咂其血，多生水田，耘者苦之，治之以鹽滷。今漚麻坑多有之。俗謂之馬蟞，亦有呼馬蟥者。

蜥蜴謂之蟹虎。《爾雅》蠑螈、蜥蜴、蝘蜓、守宫，《廣雅》蛤解、蠦蝘、蚵蠪，皆是一類，而大小、顔色、名稱所在不同。今北人通謂之蝎虎。蝎虎好緣壁食蝎，蝎虎在上〔二〕，蝎在下，相隔一二尺，蝎虎以口吸其氣，久之，蝎墮地，則空皮矣，故謂之蝎虎。

蛙謂之蛤馬。《周禮》：「蟈氏掌去蛙黽。」黽與馬一聲之轉，青色者爲菜蛤馬，能食，土人謂之田鷄，其鳴聲絡繹似播鼓。土色者其身似疥，土人謂之疥蛤馬，能醫瘡毒，其鳴聲甚壯，聒人耳。

螔蝓謂之蝸牛。《爾雅》：「蚹蠃，螔蝓。」郭璞注云：「即蝸牛也。」《士冠禮》：「葵菹蠃醢。」鄭注云：「今文蠃爲蝸。」《内則》「蝸醢」以下二十六物，鄭皆以人君燕所食也。今則無以爲食物者。《名醫别録》云：「蝸籬，味甘無毒，主燭館，明目。」燭館即燭睆也。許慎云：「燭

〔一〕蛣：點校本誤作「結」。上：點校本誤作「中」。據《淮南子》高注改。

〔二〕在上：點校本原脱，據《新城縣志》補。

睆，目中疾。」王念孫云：「今順天人謂之水牛。」鄉人無此稱，通謂之蝸牛。

蚌謂之蛤剌。《説文》云：「蚌，蜃屬。」《吕覽》云：「月望則蚌蛤實，月晦則蚌蛤虚。」盧辯注《大戴記》云：「月者，太陰之精，故龜蛤之屬因之以盛虧。」〔一〕今北人呼蚌蛤通謂之蛤剌。剌者，蜊之轉音。亦謂之瓦蚌。

釋鳥

玄鳥謂之燕。《爾雅》：「燕燕，鳦。」《御覽》引舊注云：「齊曰燕，梁曰鳦。」《説文》云：乙，玄鳥也。齊魯謂之乙。燕，玄鳥也。籋口，布翅，枝尾，象形。春分來，秋分去。或稱燕，或稱燕燕。燕爲蟄鳥，多藏深山大空木中。《夏小正》云：「九月陟，玄鳥蟄。」傳云：「先言陟而後言蟄何也？陟而後蟄也。」凡燕將入蟄時，必羣飛於空際，三二日即不見矣，故《夏小正》先言陟而後言蟄。

布穀謂之姑姑敦。《本草拾遺》：「布穀，江東呼爲郭公，北人云撥穀。」又謂之布姑，又稱卜姑，又稱保姑，又稱擊穀，又稱穫穀，皆聲轉。蓋鳩之類，《説文》所謂尸鳩也。身灰色，翅末、尾末並雜黑色，以三四月間鳴，其聲如姑姑敦。敦，蓋尾聲也。東坡詩以此鳥爲「脱卻布褲」。今邑人呼爲「光棍得處」，皆隨其聲而以意名之。

〔一〕蛤：點校本誤作「哈」。

鴟鴞謂之夜猫子。《爾雅》：「怪鴟。」郭璞注：即《廣雅》之鴟鵂也。今北人通呼爲夜猫子，在人屋宅中鳴，謂之不祥，尤忌其笑。《説文》云：「𨾊，鵄也。籀文從鳥。」又云：「萑，𨾊屬也〔一〕。從隹，從𦫳，有毛角，所鳴，其民有禍。」鴟鵂，晝無所見。王念孫云：「案，怪鴟頭似猫而夜飛，今揚州人謂之夜猫，所鳴有既。」一如昔人之説。今北人通呼夜猫爲不孝鳥。

鵪謂之鵪鶉，鶉謂之黃蠟鴾子。鵪、鶉本二物，故《廣雅》分釋之。今則通呼爲鵪鶉。郭璞注《爾雅》云：「鶉，鵪屬。」高誘注《淮南》云：「鶉，鵪也。」蓋二鳥相似，對文則鶉與鵪異，散文則通。今北人呼鵪鶉爲黃蠟鴾子。鴾聲俗轉爲捫。

鳭鷯謂之葦咋子。《爾雅》：「鳭鷯，剖葦。」郭璞注云：「好剖葦皮，食其中蟲，因名云。」案，此鳥巢於葦中，以馬尾繫其巢。其鳴聲如云「泥滑滑」，今北人通呼爲葦咋子。

鷣謂之鷂子。《爾雅》：「鷣，負雀。」郭璞注云：「鷣，鷂也。江南呼之爲鷣，善捉雀。」《毛詩義疏》云：「隼，鷂屬也，或謂之雀鷹，春化爲布穀者是也。」今北人通謂之鷂子，人多養之者。

瓦雀謂之家雀。案，家雀，以其專住人家房屋也。亦呼爲老家。《詩》云：「誰謂雀無角，何以穿我屋？」即此也。

烏謂之烏雅，或曰老雅。《説文》：「烏，孝烏也。」《後漢書・趙典傳》云：「烏鳥反哺報

〔一〕𨾊：點校本作「鴟」，據《説文解字》改。

德。」〔一〕《廣雅》謂之慈烏。今北人聞烏鳴爲不祥。

鴉謂之墨雅。鴉烏小於烏，而有白頸。天寒始至，其飛成羣。故又謂之寒鴉。墨，言其色。

斲木鳥謂之奔嗒喇木。《爾雅》：「鴷，斲木。」郭璞注云：「口如錐，長數寸，常斲樹食蟲。」羅願云：「此鳥褐者是雌，斑者是雄。」又有青黑者，有如鶴頂者，山中人呼爲山啄木。今北人亦呼爲啄木鳥。奔嗒喇木，狀其啄木之聲也。

雉謂之野鷄。《廣雅》：「野鷄，雉也。」顔師古注《漢書・郊祀志》云：「野鷄，亦雉也。避吕后諱，故曰野鷄。」吕后名雉。案，《易林・睽之大壯》云：「鷹飛雉遽，兔伏不起。狐張狼鳴，野鷄驚駭。」以雉與野鷄爲二。或據《急就篇》説六畜，以野鷄爲家畜之鷄，野謂鄙野人家。今北人無以爲家鷄爲野鷄者。

伏翼謂之檐蝙蝠。《爾雅》：「蝙蝠，服翼。」《方言》云：「蝙蝠，自關而東謂之服翼，或謂之飛鼠，或謂之老鼠，或謂之僊鼠。自關而西秦隴之間謂之蝙蝠。」曹植《蝙蝠賦》云：「二足爲毛，飛而含齒。巢不哺鷇，空不乳子。不容毛羣，斥逐羽族。下不蹈陸，上不馮木。」是其情狀也。今北人通呼爲檐蝙蝠，間有呼爲檐老鼠者，以其多居檐下也。檐，讀仄聲。

〔一〕烏烏：點校本誤作「鳥烏」，據《後漢書》改。

車搞謂之鴶鵴。《廣雅》：「車搞，鴶禮也。」《淮南·説林訓》云：「烏力勝日，而服鵻禮。」鵻、鴶一聲之轉。高誘《淮南注》云：「《爾雅》謂之裨笠。」今《爾雅》裨作鵯，郭璞注云：「小黑鳥，鳴自呼。」今案，鴶鵴小於烏，而烏最懼之。《荆楚歲時記》云：「春分有鳥如烏，聲如加格，即車搞也。民候此鳥鳴則入田，以爲催人駕犂格也。」此鳥黑身長尾。今北人呼爲鴶鵴。鵴讀如駒，故又訛爲旅駒。

釋獸

虎謂之大蟲，又通謂之老虎。《説文》：「虎，山獸之君。」《大戴禮》云：「毛蟲三百六十。」是古時動物均稱蟲。《就日録》：「不孝子有三變，初如蝗，次如蠹，再次如大蟲。」謂賣人而食，如虎之食人也。又王惲《趙邈齪虎圖行》：「眈眈老虎底許來。」

貍謂之貍。《説文》：「貍，伏獸，似貙也。」鄭注《周官·射人》云：「貍，善搏者也。」貍大于猫〔一〕，夜入人家捕鷄爲食。今北人呼爲野貍子。

貒謂之貛。《説文》：「貛，野豕也。」《本草衍義》云：「貒，肥矮，毛微灰色，頭連脊毛一道黑，觜尖尾短。」貛有二種，或如猪，或如狗，皆穴於地中，夜出食人鷄鴨，其毛脆而易折，北方到處有之。

〔一〕貍：點校本脱。于：點校本誤作「子」。

黄鼬謂之黄鼠狼。《廣雅》：「鼠狼，鼬。」《爾雅》「鼬鼠」郭璞注云：「今鼬似貂，赤黄色，大尾，啖鼠。」《廣志》云：「黄鼠善走。」今俗通呼黄鼠狼，北人亦呼爲黄鼬，夜出食人鷄，有小隙即能出入。人捕取之，以其尾毛爲筆，謂之狼毫。

鼴鼠謂之地排子。《説文》：「鼢，地中行鼠，伯勞所化也。一曰偃鼠。」《廣志》云：「鼢鼠，深目而短尾。」此鼠所在，田中皆有之，尾長寸許，體肥而扁，前肢短，爪似靶外向，絨毛色灰黑，行於地中，起土上出若犂，故謂之犂鼠。北人呼爲地排子。

⿰鼠倉鼠謂之倉老鼠。《廣雅疏證》云：「⿰鼠倉鼠，即鼸鼠也。」《爾雅》孫注云：「鼸者，頰裹也。」郭璞云：「以頰裹藏食也。」《夏小正》「正月田鼠出」，傳云：「田鼠，鼸鼠也。」案，田鼠生居曠野，與倉鼠異，每值仲秋，穴地築巢，盜糧分貯，若人家之倉囷然，故鄉俗呼曰倉老鼠。

彙謂之刺猬。《爾雅》：「彙，毛刺。」注云：「今猬狀似鼠。」《説文》彙作𢑴，云：「𢑴蟲〔一〕，似豪猪。從虫作蝟。」案，蝟，芒刺攢蔟，唯腹足生毛，多居場院僻處，竊食糧果，形雖似鼠，而巨則增倍。取棗之技甚慧巧，每於夜間緣登樹杪，齒其蔕斷，縮身墜地，反側旋轉，刺棗徧身，運歸巢穴以食之。

豹之子謂之豹崽子。《水經注》：「弱年崽子。」《方言》：「崽，子也。湘沅之間，凡稱子皆

〔一〕𢑴：點校本脱，據《説文解字》補。

謂之崽。」案，豹子如貍，暮時即至人家竊食猪羔，淶水山農夜聞猪羔鳴，急驚曰「豹崽子來矣」。幼孩遇之，亦有傷生命者。

熊謂之狗熊。案，狗熊，熊之小者，即《爾雅》所謂「熊虎醜〔一〕，其子狗」者也。《廣東新語》：「嶺之南，熊有三，狗熊居其一。」

狐謂之狐狸。案，狐、狸二獸名。狐似犬而小，體瘦，頭尾皆長，以蹠行。狸全身黑褐色，背有灰色斑紋，口突出，尾粗而長，四肢甚短，形似狐。《莊子》：「是狸德也。」注云：「謂貪如狐狸也。」今北人呼狐必帶狸字。

釋畜

牡馬謂之兒馬，騸者謂之扇馬。《五代史·郭崇韜傳》云：「當盡去宦官，至於扇馬，亦不可用。」

牝者謂之課馬。孔平仲《雜説》：「俗呼牝馬爲課馬，謂凡四歲而課一駒也。」案，《魏書·蠕蠕傳》云：「父、草馬五百匹。」今北人皆云騸馬、課馬，無稱父馬、草馬者，且牝馬歲課一駒，獲利甚厚。

牡牛謂之犍子，亦謂之牤牛。牝牛謂之犉牛，又謂之乳牛。案，犍，牛之去勢者。《説

〔一〕醜：點校本誤作「丑」，據《爾雅》改。

文》：「犍，犗牛也。」《正韻》：「犗，居拜切，音戒。」《增韻》云：「凡畜健强者曰犗。」犍、犗一音之轉。《説苑》：「愚公畜牸牛，生子而賣之。」牸牛，牝牛也。

牡驢謂之叫驢，牝驢謂之草驢。案，叫，鳴也。《詩·小雅》云：「或不知叫號。」牡驢善鳴，故云。陸游詩云：「平頭奴馭草驢歸。」

牡豕謂之牙猪，牝者謂之母猪。公狗謂之牙狗，牝者謂之母狗。案，牙，應作豭。《玉篇》豭，以遮切，入麻韻。對母畜而言。亦猶牡馬稱父馬也。

牡猫謂之郎猫，牝者謂之嬭猫。案，婦稱夫曰郎。郎猫，即牝猫之郎也。《廣韻》：「嬭，奴禮切。音禰。母也。」嬭猫即母猫，古韻嬭讀如母。今廣東人呼母曰阿嬭，此古韻之僅存者。

雄鷄謂之公鷄，雌者謂之母鷄，亦謂之草鷄。案，凡稱公者皆謂牡。草鷄與草驢同意。今鄉人呼雄雌皆曰公母。

馬驢之子曰駒，牛之子曰犢，羊之子曰羔，小鷄曰雛。《爾雅·釋畜》：「玄駒，褭驂。」注云：「玄駒，小馬，别名褭驂耳。」又《説文》：「馬二歲曰駒。」今北俗呼馬之子曰馬駒，驢之子曰驢駒。《物類相感志》：「驢駒初生時，口中有物如肉，名驢駒媚。」《禮》：「天子適諸侯，諸侯膳以犢。」犢，牛之穉者，鄉俗通呼曰犢子。唐李全交性酷，訊囚縛枷著樹，名曰犢子懸車。《魏書》：「正始元年，鄯善鎮送羊羔壹頭。」羊羔，小羊也。《説文》：「雛，鷄子也。」《爾雅·釋鳥》：「生哺，鷇。生噣，雛。」注云：「生能自食者。」案，雛生即啄米，無須母飼。

孚雛謂之抱鷄。《説文》：「孚，卵孚也。」《方言》云：「北燕朝鮮洌水之間謂伏鷄曰抱鷄。」抱，即孚也。孚有抱音，故《説文》云「古文孚從𥝌」。𥝌，即古文保字。又手部捊或從包作抱。今人亦謂抱鷄爲孚鷄。

鷄棲謂之鷄架，鷄塒謂之鷄窩。《爾雅・釋宫》云：「鷄棲於弋爲榤，鑿垣而棲爲塒。」郭注云：「寒鄉穿牆棲鷄。」今時亦然，但質言之曰鷄架、鷄窩而已。木製者亦曰鷄籠。黄庭堅詩曰：「鶴亦怕鷄籠。」

〔光緒〕畿輔通志

【解題】李鴻章等修，黄彭年等纂。舊稱京都附近爲畿輔，清代爲直隸省别稱，所轄北京周圍各縣、天津及河北近京諸市縣。「方言」見卷七二《輿地略》中，由王樹枏纂。録文據光緒十年（一八八四）刻本《畿輔通志》。

方言

嘏、戎、京、將、大也。衛謂之嘏，或曰戎。燕之北鄙或曰京，或曰將。《方言》一。

謹案，《爾雅》：「嘏、戎、京、將，大也。」京，古讀若畺，與將同聲。嘏、假通字。《鄉飲酒義》：「夏之爲言假也。」《方言》：「凡物之壯大者而愛偉之謂之夏，周鄭之間謂之嘏。」郭璞曰：「嘏音賈。」與假同音。今北人見物之大者震而驚之曰大假貨，蓋古方言之遺。嘏、將，一聲之轉。

凡土而高且大者，幽謂之墳。《方言》一。

謹案，《檀弓》鄭注曰：「土之高者曰墳。」假借用之。則凡大者俱謂之墳。猶京謂大邱冢爲大墳。而經典用之則多泛指大者而言。故《爾雅・釋詁》墳與京、冢俱云大也。墳，亦通作賁，通作頒。今北人通謂墓曰墳，土之高且大者曰塚。

融，長也。衛曰融。《方言》一、《爾雅・釋詁》郭璞注。

謹案，《詩》：「昭明有融。」毛傳曰：「融，長也。」馬融字季長，義即取此。李善《思玄賦》注曰：「融與彤古字通。」故《方言》融、彤俱云長也。今北人猶有彤長之語。

凡物盛多，魏曰夥。《方言》一。

謹案，《廣雅》：「錁，多也。」錁與夥同。《史記・陳涉世家》：「楚人謂多曰夥。」今畿輔謂衆人曰一夥人，同謀合作者曰夥計。多、夥，音近字。

矮，燕人云多。《廣韻》八戈。

謹案，《廣雅》：「矮，多也。」矮字從委，有委積之義，與夥音近字。

釗，遠也。燕之北郊曰釗。《方言》七。

謹案，釗與征，一聲之轉。《廣雅》曰：「釗、征，遠也。」釗、遼、迢、遥、超，皆疊韻字，故語聲遞變。

假、洛，至也。冀曰假，或曰洛。《方言》一。

謹案，《説文》：「假，至也。」通作格。《堯典》：「假于上下。」《説文》引作格。《西伯戡黎》「格人元龜」，《君奭》「格於皇天」「格于上下」，《史記》皆作假。郭璞曰：「洛，古格字。」《方言》：「洛，來也。」「洛，登也。」登、來皆與至義相近。

郅，登也。衛曰郅。《方言》一。

謹案，洛訓至，亦訓登。致訓登，亦訓至。其義一也。《爾雅》郭注引郅作隲，通字。

噬，逮也。北燕曰噬。《方言》七。

北燕曰遾。《爾雅·釋言》郭璞注。

謹案，遾、噬同，字通作逝。《詩》「逝不古處」「噬肯適我」，毛傳並曰「逮也」。今人謂之及，《韓詩》曰：「逝，及也。」

慧，趙魏之間謂之黠，或謂之鬼。《方言》一。

謹案，《廣雅》：「黠、鬼，慧也。」仲長統《覈性賦》曰：「蠢爾一概，智不相絶。推此而談，孰癡孰黠？」今保定人呼人之靈黠者曰鬼。郭璞《方言注》曰：「今名黠爲鬼䘑。」《詩》「爲鬼爲蜮」，亦此義。

嬴，好也。魏謂之嬴。凡好而輕者，趙魏燕代之間曰姝，或曰妦。《方言》一。

謹案，《廣雅》：「嬴、妦，好也。」嬴嬴，容也。嬴與嬴同，字又通作盈。古詩「盈盈樓上女」

「盈盈一水間」，皆謂孎好也。郭璞曰：「妦，言妦容也。」妦與丰同。《詩》毛傳曰：「丰，豐滿也。」《廣韻》：「丰茸，美也。」妦容、丰豐、丰茸，皆音同字。今保定人譏女之淫美者曰妦，即古方言之遺。《廣雅》：「姝，好也。」女之美者曰姝，《詩·邶風》「静女其姝」是也。士之美者亦曰姝，《詩·鄘風》「彼姝者子」是也。字又通作袾、殁。

豔，美也。衛曰豔。《方言》二。

謹案，《説文》：「豔，好而長也。從豐，豐，大也。《春秋傳》曰：『美而豔。』」今案，古人皆以長好者爲美。《説文》：「娙，長好也。」「嫣，長也。」「姌，弱長皃。」哀十五年《左傳》曰：「渾良夫長而美。」《史記·蘇秦傳》曰：「後有長姣美人。」《詩·鄘》「碩人其頎」傳曰：「頎，長皃。」箋曰：「碩，大也。」豔之從豐即此義。《方言》：「美色曰豔。」郭璞注曰：「言光豔也。」尚不足以盡之。

偞，容也。衛曰偞。《方言》二。

謹案，郭璞注《方言》曰：「奕、偞皆輕麗之皃。」偞與奕聲轉。《廣雅》：「偞偞，容也。」通作葉。《漢先生郭輔碑》：「葉葉昆嗣，福禄茂止。」

鑠、盱、揚，雙也。衛曰鑠，燕代曰盱，或謂之揚。《方言》二。

謹案，《爾雅》：「鑠，美也。」謂目之美，通作爍。《文選注》引郭璞《方言注》曰：「爍，言光明也。」《前漢·王莽傳》「盱衡厲色」，注曰：「眉上曰衡。盱衡，舉眉揚目也。」《詩·鄭》「清揚婉兮」，傳曰：「清揚，眉目之間。」疏曰：「眉之上下曰揚。」盱、揚皆揚眉舉目之皃。雙當讀爲擭，竦也，亦舉眉揚目之義。

北方人謂媚好爲詡畜。《漢書・張敞傳》孟康注。

謹案，畜與嬌通。《廣雅》：「嬌，好也。」好謂之畜，相悦亦謂之畜。《孟子》：「畜君者，好君也。」趙岐注曰：「言臣説君謂之好君。」好、畜古音相近。《吕氏春秋》引《周書》曰：「民善之，則畜也。不善，則讎也。」畜與讎韻。

俺，愛也。衛曰俺。《方言》一。

憮、俺，愛也。衛曰憮，或曰俺。《方言》一。

謹案，《廣雅》：「憮、俺，愛也。」憮俺通作撫掩。《爾雅》：「矜憐，撫掩之也。」又曰：「憮，撫也。」憮與煤同。《釋詁》曰：「煤、憐，愛也。」愛與薆通。《詩・烝民》毛傳曰：「愛，隱也。」《方言》：「掩、翳，愛也。」郭璞曰：「謂薆蔽也。」引《詩》「薆而不見」。今本則作愛。人相愛則互爲隱蔽。《論語》「父爲子隱，子爲父隱」是也。掩、翳一聲之轉，故《廣雅》曰：「翳，愛也。」俺、愛亦聲轉字。

㖃，欲也。趙曰㖃。《方言》六。

謹案，以我所欲，强人之從則曰㖃。今人語猶然。《説文》：「㖃，嗾犬厲之也。」奬勸之意即從此出。

苦，快也。魏曰苦。《方言》三。

謹案，《爾雅》：「苦，息也。」息訓安止，與快同義。苦、快聲轉。苦之訓快，猶亂之訓治之義。苦亦有疾意。《淮南子・道應訓》：「斲輪太疾，則苦而不入。」高誘曰：「苦，疾意也。」故《方言》逞、恔、了皆訓快。今北人凡言疾者皆謂之快。

卙，汁也。北燕曰卙。《方言》三。

謹案，《方言》原本卙誤斟，與協義不合。《説文》：「卙卙，盛也。从十从甚。」《廣韻》昌汁切，引《字統》曰：「卙，會聚也。」皆與協義近。汁與叶古字通，汁與協字亦通，見《大行人》注。

由，輔也。燕之北鄙曰由。《方言》六。

謹案，《廣雅》：「由，助也。」助即輔義。

台，養也。衛燕魏曰台。《方言》一。

謹案，《漢書・地理志》集注曰：「台，養也。」台與頤同聲，故《廣雅》曰：「頤，養也。」郭璞曰：「台，猶頤也。」台、養聲轉字。台又訓悦。《史記・太史公自序》索隱曰：「台，悦也。」而養亦訓樂，《廣雅・釋詁》：「養，樂也。」台又訓懼，《廣雅・釋詁》：「謾、台，懼也。」而養亦訓憂，《詩》「中心養養」，毛傳曰：「養養然，憂不知所定。」養與陽同聲同訓，而《爾雅》則曰「台、陽，予也」，是皆以音近而相借也。

㥄，哀也。趙魏燕代之間曰㥄。《方言》一。

謹案，㥄、憐一聲之轉。今畿輔人呼人之可哀者皆曰可憐。㥄與淩通。《爾雅》：「淩，慄也。」「慄，慼也。」釋文曰郭注淩當作倰。《埤蒼》云：「倰，慄也。」

慎、䁥，憂也。衛或謂之慎，或曰䁥。《方言》一。

謹案，《廣雅》：「慎、䁥，憂也。」「慎，恐也。」郭璞《方言注》曰：「䁥者，憂而不動。」王念孫曰：「《玉篇》䁥音潛，䁥之言潛也。」即郭璞所云失意潛沮之義。

鬱悠，思也。衛謂之鬱悠。《方言》一。

謹案，鬱悠、思，心鬱積之義。王念孫曰：「鬱猶鬱鬱也，悠猶悠悠也。《楚詞·九辨》云：『馮鬱鬱其何極。』《鄭風·子衿》篇云：『悠悠我思。』合言之則曰鬱悠。郭璞注：『鬱悠即鬱陶。』悠、陶同聲，皋陶之作咎繇，即此類也。摯虞《思游賦》、夏侯湛《大暑賦》皆用鬱陶，言暑氣鬱積，與此意同。引而伸之，則爲喜。《爾雅》『鬱、陶，喜也』是也。又爲憂，《楚詞·九辨》王逸注『鬱陶，憤念蓄積盈胸臆也』是也。鬱、陶音轉字。」

謾台、脅鬩，懼也。燕代之閒曰謾台，衛凡怒而噎噫謂之脅鬩。《方言》一。

謹案，《廣雅》：「謾台、脅鬩，懼也。」郭璞曰：「脅鬩，猶鬩沭。喘嗜皃也。」《方言》曰：「江湘之間，凡窘猝怖遽謂之潤沭。」潤、鬩同字。怒而噎噫者，郭璞曰：「噎噫，謂憂也。」《毛詩傳》曰：「噎，憂不能息。」《檀弓》注曰：「噫，不寤之聲。」噎與喘嗜義相近。

趙魏之間慙謂之聦。《方言》六。

謹案，聦、悔聲轉。《廣雅》：「悔、聦，慙也。」

譙、讙，讓也。衛曰譙，北燕曰讙。《方言》七。

謹案，《廣雅》：「譙、讙，讓也。」《説文》：「讙，嘩也。」不相責讓，則其聲讙嘩。故今北人謂讙呼者爲讓，即此義也。

傑松，駡也。燕之北郊曰傑松。《方言》七。

謹案，《廣雅》：「傑松，駡也。」郭璞曰：「羸小可憎之名也。」《方言》又曰：「庸謂之松。」亦駡詈之意。今保定人凡駡人而使之馳者，以傑松二字合讀。

燕之外郊，凡言呵叱者謂之嬰盈。《方言》七。

謹案，《廣雅》：「嬰盈，怒也。」《玉篇》：「嬰，盛皃。」「盈，滿也。」嬰盈皆言怒氣憤滿之象。盧文弨謂如馮之訓滿、訓怒也。

燕代謂喜言人惡爲渻。《集韻》二十九過。

謹案，今北人謂喜言人過爲渻觜子。

衛凡相驚曰獡，或曰透。《方言》二。

謹案，《説文》：「獡，犬獡獡不附人也。」徐鍇曰：「犬畏人也。」《廣雅》曰：「獡、透，驚也。」透與倏通。《賈子·容經》篇曰：「其始動也，穆如驚倏。」今畿輔人謂嚇之甚者曰嚇透，即《方言》之遺。

殗，微也。衛曰殗。《方言》二。

謹案，《廣雅》：「殗，病也。」《方言》：「凡病而不甚曰殗殜。」郭璞曰：「病半臥半起也。」今轉爲懨懨。

凡飲藥傅藥而毒，北燕謂之癆。《方言》三。

謹案，《説文》：「朝鮮謂藥毒曰癆。」癆、痢聲轉。郭璞曰：「皆辛螫也。」

今北方猶呼痎瘧，音皆。《顔氏家訓·書證》篇。

謹案，顔氏曰：「《左傳》『齊侯痎遂痁』，《説文》云：『痎，二日一發之瘧。』世間傳本多以痎爲疥，俗儒云病疥令人惡寒，變而成痁。此臆説也。」案顔氏之説，與梁人袁狎之説同。其作疥者，以疥、皆音近而誤。痎，又作瘄。《本草》老瘧名瘄瘧，俗呼妖瘧。

燕之外郊少兒泣而不止曰咺。《方言》一。

謹案，《説文》：「朝鮮謂兒泣不止曰咺。」今保定俗駡人哭不止、叫不止者皆曰咺，即此字。少與小古通，《易·繫辭》傳「力小而任重」，唐石經作「力少」，故郭璞曰：「少兒，猶言小兒。」

掙，取也。衛曰掙。《方言》一。

謹案，《廣雅》：「掙，取也。」亦作尋，通作探。

衛謂殺曰劉，燕之北郊謂賊爲虔，魏謂㦖曰殘。《方言》一。

謹案，虔劉見《左氏》成十三年《傳》，殘賊見《孟子·莊暴》篇，㦖即惏字。《左氏》僖二十四年《傳》「狄固貪惏」，釋文引《方言》曰：「殺人而取其財曰惏。」郭璞曰：「言欺㦖難猷也。」

抾摸，去也。趙之總語也。抾摸，猶言持去也。《方言》六。

謹案，《廣雅》：「抾莫，去也。」摸與莫通。今北人謂手捫物者皆曰摸抾，或作袪胠。

鐫，琢也。趙謂之鐫。《方言》二。

謹案，《説文》：「鐫，穿木鐫也。一曰琢石也。」今北人呼刻石者爲鐫，刻金銀者亦曰鐫。

鎃，斲也。趙謂之鎃鎃〔一〕。《方言》二。

謹案，鎃亦作鈲，音霹。《漢書·藝文志》：「鈎鎃析亂。」顔師古曰：「鎃，破也。」今北人破木猶曰鈲。

掬，離也。燕之外郊曰掬。《方言》七。

謹案，盧文弨曰：「掬無離義，疑當作播。播，古人作𢿫，形近致誤。」今案，當作撊。撊，古文揮。揮，散也。《易·文言》「六爻發揮」，孔疏曰：「六爻發越揮散。」散與離義相近，今無此語。

燕摩鋁謂之希。《方言》七。

謹案，《廣雅》：「希，磨也。」希、鑠皆銷金之義。今人謂之磨。

烈，餘也。衛曰烈。《方言》一。

〔一〕 鎃鎃：《方言》作「鎃」。

衛曰蘖。《爾雅·釋詁》郭璞注。

謹案,《爾雅》:「烈,餘也。」郝懿行曰:「烈者,裂之假音,通作厲。《詩》『垂帶而厲』,下云『帶則有餘』,是厲訓餘也。故箋謂厲字當作裂。裂、厲聲相轉也。《詩》『苞有三蘖』,《廣韻》引作『枹有三枿』。《爾雅·釋詁》:『枿,餘也。』釋文枿本或作櫱。高誘注《淮南·俶真訓》曰:『櫱讀《詩·頌》「苞有三蘖」同。』」枿、櫱、蘖皆同物。櫱,古文櫱字,《説文》:「櫱,伐木餘也。」

燕之外郊凡言置立者謂之樹植。《方言》七。

謹案,《方言》:「殖,立也。」殖、植同字。今北人凡立物皆謂之樹。樹與豎通。

趙魏之間火熟曰爛,氣熟曰糦,久熟曰酋,穀熟曰酷。熟,其通語也。《方言》一。

謹案,《廣雅》:「爛、饎、秙、酋,熟也。」《士虞禮》:「饎爨在東壁。」鄭注曰:「炊黍稷曰饎。」饎、糦同字。秙與酷亦通。《玉篇》:「秙,禾大熟也。」今保定人凡肉熟者皆曰爛,熟久而稠者皆曰酋。《周官·酒正》:「二曰昔酒。」鄭注曰:「昔酒,今之酋久白酒。」

燕之外郊凡暴肉、發人之私、披牛羊之五臟謂之膊,暴五穀之類北燕謂之晞。《方言》七。

謹案,《説文》:「膊,薄脯,膊之屋上。」《釋名》:「膊,迫也。薄椓肉迫著物使燥也。」案,今保定人以食物置釜上使燥猶曰膊。膊、暴聲轉。《説文》:「晞,幹也。」

燕之北鄙凡相賦斂謂之平均。《方言》七。

謹案,《急就篇》曰:「司農少府國之淵,遠取財物主平均。」《廣雅》曰:「平均,賦也。」

燕俗名湯熱爲觀。《周禮・司爟》注。

謹案，鄭康成曰：「爟讀如『予若觀火』之觀。爟火謂熱火。」今人謂火盛者曰爟，乃爟音之訛。

趙魏之郊，燕之北鄙，凡大人謂之豐人。《燕記》曰：「豐人杼首。」杼首，長首也。燕謂之杼，燕趙之間言圍大謂之豐。《方言》二。

謹案，豐通作寷。《廣雅》：「寷，大也。」《説文》：「豐，豆之豐滿者。」圍大即取豐滿之義。杼與抒同。《廣雅》：「抒，長也。」左思《魏都賦》曰：「巷無抒首。」

額，鄂也。有垠鄂也。故幽州人謂之鄂也。《釋名・釋形體》。

謹案，額本作頟。《説文》：「頟，顙也。」《廣雅》：「垠，咢也。」《西京賦》注引許慎曰：「垠鍔，端厓也。」鄂、咢、鍔並通字。今保定人呼頟爲葉洛蓋，葉洛乃顏頟聲之訛轉。《廣雅》：「顏，頟也。」

髀，徐邈音陛，北人用此音。《一切經音義》十四。

謹案，《説文》：「髀，股也。」《釋名》：「髀〔一〕，卑也。在下稱也。」字或作䏶。今北人猶讀徐音。

〔一〕髀：原誤作「脾」，據《釋名》改。

北燕之郊跪謂之𧿒𨅔。《方言》七。

謹案，《玉篇》：「𧿒，𨅔拜。」〔一〕「𨅔，長跪也。」郭璞曰：「今東郡人亦呼長跽爲𧿒𨅔。」

兩足不能相過，衛謂之輒。《穀梁》昭二十年《傳》。

謹案，輒與踂同音。劉兆曰：「聚合不解也。」釋文輒本亦作縶。劉兆云：「如見絆縶也。」今人呼絆腳子。

燕人言趮操善趨者謂之訬。《淮南子·修務訓》高誘注。

謹案，《玉篇》：「訬，健也，疾也。」高誘曰：「訬謂輕利善趨者。」今保定謂輕捷者曰馬利，馬即訬聲之訛轉。

燕人謂勞爲㽙相。《史記·司馬相如列傳》索隱引《說文》。

謹案，今本《說文》：「㽙，相踦㽙也。」踦㽙者，足倦相倚也。《方言》：「㑧，倦也。」㑧即㽙之俗字。顔師古曰㽙音與劇同。

棃、耇，老也。燕之北鄙曰棃，衛曰耇。《方言》一。

謹案，郭璞注曰：「棃，面色似凍棃。」義本《釋名》，此鑿也。棃與黎通。《荀子·堯問》曰：「顔色黎黑而不失其所。」楊注曰：「黎，讀爲棃。」黎、老聲轉，故《方言》又曰「黎，老也」。

〔一〕𨅔：原誤作「登」，據《玉篇》改。

《吴語》：「今王播棄黎老。」老者面有班點，多黎黑，故首黑者謂之黎民，面黑者謂之黎老，其義一也。《説文》：「八十曰耋。」《釋名》：「耋，鐵也。皮膚變黑色如鐵也。」

傻、艾，老也。衛凡尊老謂之傻，或謂之艾。《方言》六。

謹案，《廣雅》：「傻、艾，老也。」傻與傻同。今順天、保定人止言老。年壽之字，北人讀作受音。《匡謬正俗》八。

謹案，師古謂壽北人讀受音，南人讀授音。案，授從受得聲，古本同聲，後人皆强爲分別耳。《周禮》故書受皆爲授。

訦、恂，信也。燕代曰訦，衛曰恂。《方言》一。

燕代謂信曰訦。《説文》言部。

惇，信也。燕曰惇。《方言》七。

謹案，訦恂通作諶詢。《爾雅》：「諶詢，信也。」郭璞引《方言》亦作諶詢。諶亦通忱，恂亦通洵，俱見《詩》。《廣雅》：「惇，信也。」《大戴禮》「士信民敦」，敦亦與惇通。訦、詢、惇、信，皆音近字。

撊、梗，猛也。魏曰撊，趙曰梗。《方言》二。

謹案，《小爾雅》曰：「撊，忿也。」《楚詞》王逸注曰：「梗，强也。」忿、强皆與猛義近。撊亦通作僩，梗亦通作鯁。

摇扇，疾也。燕之外鄙曰摇扇。《方言》二。

謹案，《方言》：「遥，疾行也。」摇與遥通。《爾雅》：「蠅醜，扇。」郭璞注曰：「好摇翅。」摇扇蓋不定之皃，與疾義相近。今保定呼行走不定者曰摇摇扇扇，即此義。

譁、涅，化也。燕曰涅，或曰譁。《方言》三。

謹案，《廣雅》：「譁、涅，匕也。」匕與化同。《風俗通義》曰：「西方崋山。崋者，華也，萬物滋然，變華於西方也。」華、譁聲義皆同。涅有染變之義，涅、譌聲轉，譌亦化也。

班，列也。北燕曰班。《方言》三。

謹案，今北人皆呼成列者爲班。

掍、綷，同也。衛曰綷，或曰掍。《方言》三〔一〕。

謹案，《説文》：「掍，同也。」與混同。今北人猶名物之會合一處者曰掍。《史記・司馬相如傳》：「綷雲蓋而樹華旗。」師古曰：「綷，合也。」

緜，施也。趙曰緜。《方言》六。

謹案，《説文》：「緜，聯微也。」緜連不絶之意，與施義近。緜所以覆人，故郭璞曰緡緜，「相覆及之名也」。緡、緜聲轉而通。

〔一〕三：原誤作「二」。

杜，跿也。趙曰杜。《方言》七。

謹案，《廣雅》：「杜，跿也。」郭璞曰：「今俗語通言跿如杜，杜棃子跿，因名之。」今北人通曰跿。

讙，吃也。北方通語也。《方言》十郭璞注。

謹案，《一切經音義》引《通俗文》曰：「言不通利爲之謇。」謇、讙同字。今北方轉其聲讀如皆。郭璞曰：「江南名吃爲喋，若葉反。」

佻，縣也。趙魏之間曰佻，燕趙之郊縣物於臺之上謂之佻。《方言》七。

謹案，郭璞注曰：「了佻，縣物皃。丁小反。」王念孫曰：「今俗語謂縣物爲弔，聲相近也。」案，今北人謂舉於上爲佻。

稅，舍車也。趙魏之間謂之稅。《方言》七。

謹案，《爾雅》：「稅，舍也。」郭璞《方言注》曰：「稅，猶脱也。舍，宜音寫。」《晉書·潘岳傳》曰：「發槅寫鞍，皆有所憩。」寫與卸音義同。《説文》：「卸，舍車解馬也。」今北人通言卸。

侔莫，强也。北燕之外郊凡勞而相勉若言努力者謂之侔莫。《方言》七。

燕謂勉强爲文莫。楊慎《丹鉛録》引晉欒肇《論語駁》。

謹案，《廣雅》：「劺莫，强也。」「文，勉也。」劺與侔同，侔與莫一聲之轉。單言之，則侔之聲轉爲孟，轉爲茂，轉爲懋，轉爲明，轉爲閔，轉爲蘉。合言之，則侔莫之聲轉爲閔勉，轉爲黽没，轉爲文莫。急言之，則轉爲亹亹，轉爲没没，轉爲明明，轉爲穆穆，轉爲懊懊。語音遞變，而其義皆通。

末豁，北人謂麤疏也〔一〕。魏泰《臨漢隱居詩話》。

謹案，《詩話》云：「予在真定觀大閱，有一卒植五方旗少不正，大校恚曰：『你可末豁如此！』予召問之，大校笑曰：『北人謂麤疏也。』《永叔詩話》載陶穀詩云：『尖檐帽子卑凡厮，短靿靴兒末厥兵。』豈厥之音豁乎？」今案，厥、豁古同聲字。《書·君奭》：「割申勸寧王之德。」鄭康成謂博士讀爲「厥亂勸」，知割之與厥通，即知豁之與厥通矣。今保定人謂遇事不經意者爲末豁。

趙魏之東實、寔同聲。《詩·韓奕》鄭箋。

謹案，《玉篇》寔，時弋切，是也。實，時質切，不空也。兩字音義皆别。《詩·小星》「寔命不同」，韓詩作實。《覲禮》「伯父實來」，鄭注曰今文作寔，古讀同聲，故通借之。今北人此二字猶讀如一音。

燕俗謂亡爲無。《水經注》引《風俗地理記》。

謹案，亡有無、忘二音，古皆與無通用。《詩·葛生》：「予美亡此。」鄭箋曰：「亡，無也。」

〔一〕 謂：據體例補。

今北人凡小兒亡喪者多言無。

膂，儋也。燕之外郊謂之膂。《方言》七。

謹案，《廣雅》：「旅，擔也。」旅、膂，擔、儋，皆同字。郭璞曰：「擔者用膂力，因名云。」今人謂之擔。以驢馬馲駝載物者謂之佗。

北方名强直爲慨。《玉篇》心部。

謹案，《史記·貨殖列傳》：「人民矜懻忮，好氣，任狹爲姦。」集解引瓚曰：「懻音慨。今以土名彊直爲懻中也。」索隱曰：「懻音冀。」

冀州人謂懦弱曰孱。《史記·陳餘列傳》集解引孟康。

謹案，《説文》：「孱，迮也。从孨在尸下。一曰呻吟也。」今保定人笑人懦弱者曰孱憐。

幽州人語謂耿爲簡。《蜀志·簡雍傳》注。

謹案，耿與簡一聲之轉。《説文》：「耇，占聲，而讀若耿介之耿。」耇、簡聲相近，故轉讀皆如耿也。《廣雅》：「耿，明也。」《漢書·薛宣傳》集注曰：「簡，明也。」義亦相通。

北人以舉、莒爲矩。《顔氏家訓·音辭》篇。

謹案，顔之推曰：「北人以舉、莒爲矩，唯李季節云：『齊桓公與管仲於臺上謀伐莒，東郭牙望見桓公口開而不閉，故知所言者莒也。然則莒、矩必不同呼。』此爲知音矣。」今案，舉、莒、矩三字同出見母。

庇、寓，寄也。衛曰庇，或曰寓。《方言》二。

謹案，《爾雅》：「庇，蔭也。」蔭即寄義。今北人託物曰寄，借居曰寓。

北人以庶爲戍，以如爲儒，以紫爲姊，以洽爲狎。《顔氏家訓·音辭》篇。

謹案，庶、戍同母，如、儒同母，紫、姊同母，洽、狎同母。今北人讀此數字猶如顔所云。

兄音所榮反，今北俗通行此音。《顔氏家訓·音辭》篇。

謹案，兄音所榮反，今深州人猶如此。讀其音許榮反者，則北俗通行之音也。

甫者，男子之美稱，古書多假借爲父字，北人遂無一人呼爲甫者。《顔氏家訓·音辭》篇。

謹案，《釋名》：「父，甫也。始生己也。」《詩·崧高》序「尹吉甫」，釋文本作父。今時人有號稱甫而借作父者，亦仲父、亞父之遺。

邪者，未定之詞，而北人即呼爲也，亦爲誤矣。《顔氏家訓·音辭》篇。

謹案，邪、也二字聲近而通。《大戴禮·五帝德》篇：「請問黄帝者，人邪？抑非人邪？」《樂記》正義引此邪作也。《莊子·大宗師》篇：「夫造物者又將以予爲此拘拘也。」《淮南·精神》篇也作邪。顔氏蓋昧于古人音借之義。

緷，府結反，北俗今猶有此語。《周禮·考工記》釋文。

謹案，緷從畢聲，沈音畢是也。

摶者，都果反，北人行此音。《一切經音義》十四。

謹案，搏從專聲，與搏迴別。字書無音都果反者。

矖音霜智反，北土行此音。《一切經音義》十四。

謹案，《説文》：「矖，暴也。」今北人並讀所隘切。

天，冀以舌腹言之。天，顯也，在上高顯也。《釋名·釋天》。

謹案，《説文》：「天，顛也。」《元命包》：「天之言瑱。」《禮統》：「天之爲言鎮也、神也、珍也。」古讀天鐵因反，取同聲爲訓，今讀他前反，皆舌頭音。

北方謂雨曰䨢。《集韻》引吕静説。

謹案，《廣雅》：「䨢，舒也。」謂雨勢舒散也。《釋名》：「雨，羽也，如鳥羽動則散也。」羽、䨢同義。

冀州凡水大小皆謂之河。《漢書·司馬相如傳》注引文穎。

謹案，《釋名》：「河，下也，隨地下處而通流也。」《廣雅》：「河，何也。」何與荷通。《水經·河水注》引《春秋説題辭》云：「河之爲言荷也。」今直隸凡水通名曰河，古則專指黄河而言。

陂池，幽州名淀，淀音從見反。《一切經音義》十四。

謹案，《玉篇》：「淀，淺水也。」《吴都賦》：「掘鯉之淀。」注云：「淀如淵而淺。」蓋古皆以淺水爲淀。今則聚水處名淀，直隸有東西兩淀。

湫，水池名，北人呼。《廣韻》十八尤。

謹案，《左氏》昭二年《傳》：「湫隘囂塵。」注曰：「湫，下也。」《唐韻》子了切，古音蓋如是。

畖，境也，一曰陌也。趙魏謂陌爲畖。《説文》田部。

畖，境也。趙魏陌名也。《玉篇》田部。

亢，讀常山人謂伯爲亢之亢也。《淮南子·地形訓》高誘注。

謹案，伯與陌同，亢與畖同。《管子·四時》篇曰：「修封疆，正千伯。」《史記·酷吏傳》《漢書·地理志》陌並作伯。《廣雅》曰：「畖，陌也。」《釋名》曰：「鹿兔之道曰亢，行不由正，亢陌山谷草野而過也。」《淮南子》亢澤，今本誤作元澤，高注同，注中下二亢字誤作穴。莊逵吉謂《説文》元，從一從兀爲聲，古聲兀、穴相同。王念孫曰：「《初學記》地部上、《御覽》地部一引此並作沆澤，亢與沆同。」《説文》：「沆，莽沆，大水。」亢澤，大澤也。注曰：「常山謂伯爲亢。」常山爲戰國時趙地，與《説文》訓釋正合。沆、畖古同聲而並通作亢，故高讀如之。

窋，北方謂地空，因以爲土穴爲窋户。《説文》穴部。

謹案，《廣雅》：「窋，窟也。」《漢·百官表》「司空」，應劭曰：「空，穴也。司空主土，古者穴居，主穿土爲穴以居人也。」窋、空音近字。

大屋曰廡。并、冀人謂之序。《釋名·釋宫室》。

廡，堂下周屋也，幽、冀人曰序。《玉篇》广部。

廡，幽、冀之人謂之序，今言聽序是也。《一切經音義》十七。

謹案，《釋名》：「廡，幠也。幠，覆也。序，正也，屋之正大者也。」《説文》：「廡，堂下周屋。」「序，廡也。」牙、無古同聲，故幽、冀人呼廡爲序。《春秋内事》：「軒轅氏始有堂廡。」《檀弓》注曰：「夏屋，今之門廡，其形旁廣而卑。」

凡飴謂之餳，衛之通語也。《方言》十三。

飴即軟糖也，北人謂之餳。韓保昇《蜀本草》。

謹案，《説文》餳，從食易聲，徐盈切。易聲當作昜聲，誤脱一畫。《周禮・小師》釋文：「辭盈反，李音唐。」今保定土人皆呼餳聲如唐。《釋名》：「餳，洋也。」餳、洋疊韻字，故取以爲詁。《方言》：「飴謂之餯。」《釋名》曰：「小弱於餳形，怡怡然也。」今案，稀清者爲飴，今人謂之糖稀。稀、飴疊韻字。陶宏景謂飴是濕餹如厚蜜者，其凝結而白者，餳餹是也。飴餳用麥蘖或穀芽同諸米熬煎而成，春冬之交多食之者。

北方多種蕎麥，磨而爲麪，作湯餅，謂之河漏。王禎《農書》。

謹案，蕎麥，立秋前時下種，九月收，赤莖緑葉，小白花，實有三稜，老則皮黑，保定土人呼爲稜子。河漏，直隸人通呼爲河洛。《説鈴》曰：山東以蕎麥作麪食曰河洛，向不辨其何字。《唐書》明皇以鹿血煎酪賜安禄山，曰熱洛河。似本此。河洛有牀，形如今北人鍘草刀。牀下木有圓孔，孔底鋪以鐵篩，上木有圓枘，與孔相值。孔中實以麪，置釜上，人持其尾而軋之，麪漏入釜中，即名河洛。蕎麥麪者尤修美。

北人食麪名餺飥。《猗覺寮雜記》。

謹案，《方言》：「餅謂之飥。」《齊民要術》：「麥麪堪作餅飥。」《稗史》：「魯敬姜作不托。」不托，即餺飥，蓋始於魯。《澠水燕談》又作餺飥。

畢羅，今北人呼爲波波。《潛確類書》。

謹案，《玉篇》：「饆饠，餅屬。」用麪爲之，中有餡。《資暇集》：「畢氏、羅氏好食此味，因名畢羅。」《酉陽雜俎》：「有人夢入畢羅店，及醒，店子曰：『郎君與客食畢羅二斤，何不計直而去。』」即饆饠也。波即畢羅之合聲，波、磨疊韻字，故或呼爲磨磨。今順天人稱波波，畿南人稱磨磨。

幽州謂麴爲𪎰。《集韻》。

謹案，《方言》：「𪎰，麴也。北鄙曰𪎰。」郭璞注曰：「細餅麴。」王念孫曰：「𪎰之爲言卑下也。」

北燕謂鳥腊曰腒。《説文》肉部。

謹案，《内則》：「夏宜腒鱐。」鄭注曰：「腒，乾雉也。」《士相見禮》注曰：「夏用腒，備腐臭也。」《廣雅》：「腒，脯也。」又曰：「腒，久也。」《文選·七命》注引賈逵曰：「腊，久也。」腒腊蓋皆言肉之久而乾者。

今河間名豚脅聲如鍛鎛。《周禮·天官·醢人》注。

謹案，《方言》：「豚，北燕謂之䱐。」鍜與䱐同音，鏄與膊同音，則鍜鏄疑䱐膊之訛。《醢人》「豚拍」，鄭大夫、杜子春皆以拍爲膊，謂脅也。鍜鏄蓋䱐膊借之字也。

魿，北方謂之鮺。《説文》魚部。

魿，北方曰鮓。《廣韻》二十一侵。

謹案，《説文》：「鮺，藏魚也。」字或作鮺，俗作鮓。《釋名》：「鮓，葅也。以鹽米釀魚而爲葅也。」楊泉《五湖賦》：「鹹鹽白糝，雜以菜菓。連埛柳鮓，積如陵邱。」《齊民要術》言作鮓之法尤詳。《説文》兩載異説，一就南北言，一就大小言，皆言藏魚之異名也。

爹，北方人呼父。《廣韻》三十三哿。

謹案，《南史·梁興王憺傳》：「詔徵遠朝，人歌曰：『始興王，人之爹。赴人急，如水火。何時復來哺乳我？』」爹之稱始此。今南北呼父多稱爹者。

幽州謂老嫗爲媪。《漢書音義》引文穎。

謹案，《説文》：「嫗，母也。」「媪，女老稱也。」《史記索隱》曰：「媪是婦人之老者通號，故趙太后自稱媪，及劉媪、衛媪之屬是也。」嫗、媪皆母老尊稱。今保定人呼外王母曰媪媪，音又轉爲老老。

凡人獸乳而雙産，趙魏之間謂之孿生。《方言》三。

謹案，《説文》：「孿，一乳兩子也。」徐鍇曰：「孿，猶連也。」孿、連同聲，孿、𥟍音轉。《廣雅》𧇖、健、孿與孿同字。今人皆謂之雙生。《吕氏春秋・疑似》篇曰：「夫孿子之相似者，其母常識之。」《譙周法訓》：「一産二子者，當以後生者爲兄，言其先胎也。答曰：此野人之鄙語耳，君子不測暗，安知胎之先後也？」

養馬者，燕謂之娠，官婢女厮謂之娠。《方言》三。

謹案，郭璞曰：「娠，今之温厚也。」「女厮，婦人給使者，亦名娠。」

燕之北郊，凡男而聟婢謂之臧，女而婦奴謂之獲。《方言》三。

謹案，《方言》：「罵奴曰臧，罵婢曰獲。亡奴謂之臧，亡婢謂之獲。皆異方罵奴婢之醜稱也。」《墨子・小取》篇曰：「獲，人也。愛獲，愛人也。臧，人也。愛臧，愛人也。」《廣雅》：「獲，辱也。」臧、獲皆汙辱之義。今北方人呼物之不潔者猶曰臧。新城俗罵人曰害娭獲。《廣雅》：「娭獲，婢也。」皆古方言之遺。《猗覺寮雜記》曰：「顧況哀閩云：『囝生南方，閩吏得之，乃絶其陽，爲臧爲獲。』」《方言》男爲臧、女爲獲，絶其陽則可爲臧，又云爲獲，是男女不辨也。

保庸，魏謂之甬。《方言》三。

謹案，《方言》：「甬，奴婢賤稱也。」庸與傭通。《漢書・欒布傳》：「窮困，賣庸與齊。」師古曰：「謂庸作受顧也。」《司馬相如傳》：「與庸保雜作。」師古曰：「庸謂賃作者，保謂庸之可信者也。」今保定人通謂之庸工，亦曰顧工人。

絡頭，帞頭也。自河以北趙魏之間曰幧頭。《方言》四。

謹案，《釋名》：「綃頭，綃，鈔也，鈔髮使上從也。或謂之陌頭，言其從後横陌而前也。」陌頭即帞頭。綃、幧疊韻字。鄭注《士喪禮》云：「《喪服·小記》曰：『斬衰，括髮以麻〔一〕，免而以布。』此用麻布爲之，狀如今之著幓頭矣。自項中而前，交於額上，卻繞紒也。」喿、參同字，幧又與蕉、帩疊韻。《吴越春秋》：「越王服犢鼻，著蕉頭。」《晉書·五行志》「太元中，人不復著帩頭」是也。帞又作貊、袹。鄭注《問喪》云：「今時始喪者，邪巾貊頭，笄纚之存象也。」釋文貊作袹，是也。帞爲冒之轉聲。晉灼曰：「《巴蜀異物志》謂頭上巾爲冒絮。」鬖、帑爲幧之轉聲，《玉篇》幧亦同帑。幧頭亦謂之幞頭。《士喪禮》疏云：「掩若今人幞頭，但死者以後二腳於頤下結之，與生人爲異也。」

覆結謂之幘巾，或謂之承露，或謂之覆鬖。皆趙魏之間通語也。《方言》四。

謹案，《説文》：「髮有巾曰幘。」《釋名》：「幘，蹟也，下齊眉蹟然也。賤者所著曰兑髮，作之裁裹髮也。或曰兑〔二〕，上小下大兑兑然也。或曰帢帢，折其後也。或曰牛心，形似之也。」《廣雅》：「纙、蚧，幘也。」「承露、幘巾，覆結也。」〔三〕《獨斷》云：「幘者，古之卑賤執事不冠者之所服也。元帝額有壯髮，不欲使人見，始進幘服之，羣臣皆隨焉。然尚無巾，如今半頭幘而已。

〔一〕括：原作「髺」，據《喪服》改。
〔二〕或曰：據《釋名》補。
〔三〕結：據《廣雅》補。

王莽無髮乃施巾，故語曰：『王莽秃，幘施屋。』」《續漢書·輿服志》云：「古者有冠無幘，其戴也，加首有頍〔一〕，所以安物。下至戰國，文武並用。秦乃加武將首飾爲絳袙，以表貴賤，其後稍稍作顏題。漢興，續其顏，却摞之，施巾連題，却覆之，今喪幘是其制也。名之曰幘，幘者，賾也，頭首嚴賾也。至孝文乃高顏題，續之爲耳，崇其巾爲屋，合後施收，上下羣臣貴賤皆服之。文者長耳，武者短耳，稱其冠也。」《輟耕録》云：「《儀禮·士冠》庶人巾，則古者士以上有冠無巾，幘惟庶人戴之。秦謂民爲黔首，漢謂僕隸爲蒼頭，《漢書》謂卑賤者所服，此其證也。後世上下通用之，謂之燕巾。」結與髻、紒同字。《説文》：「髻，結髮也。」《士冠禮》鄭注云：「紒，結髮也。」古文紒爲結。《廣雅》云：「鬃、髤，髻也。」曹憲云：「《説文》髤，即籀文髻。」覆鬃，即覆結，亦音近字也。

襌衣，有褱者，趙魏之間謂之袏衣；無褱者，謂之裎衣。《方言》四。

謹案，郭注《方言》云：「褱，前施褱囊也。」《玉篇》云：「袏，衣包囊也。」包、褱同字。《集韻》：「裎，深衣也。」蓋本《方言》。深衣，鄭康成謂：「連衣裳而純之以采。」孔疏曰：「餘服上衣下裳不相連，深衣衣裳相連，被體深邃，故謂之深衣。」江永曰：「深衣之裳十二幅，前後八幅，用正裁，裳旁四幅，用斜裁。斜裁者名衽，與朝祭喪服垂下揜裳際之衽同名，但彼是屬於衣

〔一〕加：原誤作「如」，據《後漢書·輿服志》改。

而垂之，此是屬於裳而縫之，以合前後也。深衣法服斷無裳幅皆欹斜不正之理。《玉藻》云：『衽當旁。』鄭注：『衽謂裳幅所交裂也。』玩所之一字，則裳幅惟在旁，名衽者用交裂，其餘在中者皆用正幅可知。」案，此說足正疏家六幅之誤。裎與深音近字，故《方言》轉爲裎。

汗襦，魏謂之襜襦，或謂之襌襦。《方言》四。

謹案，《釋名》：「汗衣，近身受汗垢之衣也[一]。《詩》謂之澤，受汗澤也[二]。或曰鄙袒，或曰羞袒。作之，用六尺裁，足覆胸背，言羞鄙於袒而衣此耳。」汗襦即汗衣。《說文》：「襦，短衣也。」襌衣不重，通作單。襌襦，蓋短衣而單者。襌、襜同音字。《廣雅》云：「襌襦謂之襜。」襜褕即襜襦。顏師古注《漢書》曰：「襜褕，直裾襌衣也。」王逸注《楚詞》曰：「裯，祇裯也。若襜褕矣。」祇裯，短衣。郭璞謂祇裯「亦呼爲掩汗」，則襜褕之用可知。襜者，取其障蔽之意。《東觀記》云光武解所被襜襦以衣來歙，蓋解汗襦也。郭璞曰：「今或呼衫爲襌襦。」袀纏，即衫之合聲，故《方言》又曰「袀纏謂之襌。」袀纏，涼衣。涼衣即汗衣，方言之不同耳。

帬，魏謂之帔。《方言》四。

謹案，《說文》[三]：「帬，下裳也。」或作裠。《急就篇》：「袍襦表裏曲領帬。」顏注曰：「帬

[一] 垢：原誤作「汙」，據《釋名》改。
[二] 汗：原誤作「汙」，據《釋名》改。
[三] 說：原作「謂」。

即裳也。」《釋名》：「帬，下裳也。帬，羣也。聯接羣幅也。」《方言》：「繞衿謂之帬。」繞衿即繞領。《廣雅》云：「繞領、帔，帬也。」《説文》：「帔，宏農謂帬帔也。」顔注《急就篇》曰：「帬一名帔，一曰襬。」《廣韻》：「帔，關東人呼襬。」今人通呼曰裙，或曰帴子。帴，《唐韻》音設，今保定音又訛爲薘。

蔽膝，魏謂之大巾。《方言》四。

謹案，《釋名》云：「韍，韠也。韠，蔽膝也，所以蔽膝前也。婦人蔽膝亦如之。」蔽膝，《漢書・東方朔傳》作敝膝。蔽、敝同字。韠即蔽膝之合聲。《詩正義》引《乾鑿度注》云：「古者田漁而食，因衣其皮，先知蔽前，後知蔽後。後王易之以布帛，而猶存其蔽前者，重古道不忘本也。」《説文》：「市，韠也。」大巾之意，即取市義。《釋名》：「蔽膝，齊人謂之巨巾。田家婦女出至田野，以覆其頭。故因以爲名也。」巨巾，即大巾也。婦人既以蔽膝，又以覆頭。今保定婦人猶有以巾覆首者，其遺制也。《説文》：「帤，覆衣大巾。或以爲首帤。」然則大巾即取首帤之義歟？

留幕，冀州所名大褶下至膝者也。《釋名・釋衣服》。

謹案，《釋名》：「留，牢也。幕，絡也。言牢落在衣表也。」《史記・蘇秦傳》：「當戰則斬堅鐵幕。」索隱引劉氏云：「謂以鐵爲臂脛之衣。」鄒氏云幕一作貊，同音字。

毳，衛謂之帔縷，燕之北郊曰葉褕。《方言》二。

謹案，《玉篇》：「葉褕，短度絹也。」帔縷，即揄鋪之聲近字。葉、褕雙聲，揄、鋪疊韻。郭璞注：「皆謂物之扞蔽也。」〔一〕

趙魏間呼經而未緯者曰機絨。《方言》。

謹案，《説文》：「絨，樂浪挈令織。」徐鉉曰：「挈令，蓋律令之書也。」《玉篇》：「絨，古文織字。」

今人言家産器物猶云什物，北土名五行。《一切經音義》二。

謹案，玄應曰：「《三蒼》：什，十也。什，聚也，雜也，亦會數之名。」又謂：「資生之物也。」物即器也。《史記》：「舜作什器于壽邱。」《漢書》：「貧人賜田宅什器。」今北人猶稱什物，南人有稱什器者，皆不言五行。《洪範》疏：五行，即五材。器物皆由五行而成，故統言之。今保定人俗皆呼物爲東西。東西二字始見於《易林》。《堅瓠廣集》：「物産四方，東主生發，西主收斂，取東作西成之意。」《日下舊聞》載：「思陵問詞臣：『交易買東西，不及南北。』周延儒曰：『南方火，北方水，昏暮求之，無弗與者，此不待交易，故止言買東西。』」東西，亦即五行之義。二説皆以意舉之。朱珪言：「東謂吾儒之教，即孔子之東家某。西即彼教，即西方之聖人。」紀昀謂珪篤信彼教，故其論如此。《齊書·豫章王嶷傳》：「上謂嶷曰：『百年亦何可得，止得東

〔一〕 皆謂：原作「謂皆」，據《方言注》改。

西一百，於事亦得。』」當時蓋皆謂物爲東西。

鍑，北燕或謂之錪，或謂之鉼。《方言》五。

謹案，《説文》：「鍑，釜大口者。」《漢書・匈奴傳》顔注同。《一切經音義》十八引《三蒼》：「鍑，小釜也。」《急就篇》顔注亦云：「大者曰釜，小者曰鍑。」與《説文》異義。今案，釜、鬴、鍑，三字皆通，有二用。《左傳》豆區釜鍾，《周官》四鬴三鬴二鬴，皆量名也，與此釜異。此釜，今人謂之錢。《廣雅》云：「錪、鉼、鍑，釜也。」《説文》云：「朝鮮謂釜曰錪。」《集韻》云：「北燕謂釜曰鉼。」皆本《方言》。

盂，魏謂之盌，北燕之間或謂之䀇。《方言》五。

謹案，《説文》：「盂，飯器也。」盂通作杅。顔注《急就篇》云：「齊人謂盤爲杅。」《既夕禮》「兩杅」，鄭注云：「杅，盛湯漿。」郭注《釋丘》「敦丘」曰：「敦，盂也。」《鈎命決》：「敦，規首，上下圓，相連。」則盂之形當類此。王念孫曰：盂之言迂曲也，䀇之言捲曲也，盌之言宛曲也，三者皆曲貌也。䀇與圈、捲通。《玉藻》杯圈、《孟子》桮棬是也。䀇、盌聲近。《説文》：「盌，小盂也。」顔注《急就篇》云：「盌似盂而深長。」盌或作㼝、埦、椀。盌之聲緩讀之則曰𥁫、䀇。李尤有《安殘銘》，安殘即𥁫䀇也。盌之聲又與梋、棬相近，故《廣雅》俱謂之盂也。

椷、盞、温、問，桮也。趙魏之間曰椷，或曰盞，或曰温。其大者謂之問。《方言》五。

謹案，《説文》：「桮，𩢰也。」「𩢰，小桮也。」或作槶。𩢰，《唐韻》古禫切，與椷同聲。椷即

《説文》匵之音借字。椷、盞、盌，皆音近字。盞本作琖，或作棧。《爾雅》：「鐘小者謂之棧。」李巡注曰：「棧，淺也。」故郭注《方言》曰：「最小桮也。」《太平御覽》引《通俗文》云：「漿杯曰盞。」或謂之盌。《玉篇》盌通作盜、䍃、瓬。盌之言汜也，盞之言淺也，椷之言函也，三者皆謂小桮。《説文》：「閜，大開也。」大桮亦爲閜。大開即大義。李尤《杯銘》云：「小之爲杯，大之爲閜。」

⿸广甒、瓮，甖也。魏謂之⿸广甒，趙魏之郊謂之瓮，或謂之甖。《方言》五。

謹案，《廣雅》：「⿸广甒、瓮、甖，瓶也。」郭璞《方言注》曰：「今江東呼甖爲⿸广甒子。」《士喪禮》下篇「甒二」，鄭注曰：「甒，瓦器。」古文甒皆作廡。《禮器》「君尊瓦甒」，鄭注曰：「瓦甒，大五斗。」⿸广甒、甒、廡皆同字。⿸广甒亦作武。《淮南子・氾論訓》高誘注曰「⿸广甒，武也」是也。《説文》：「瓮，罌也。」《集韻》瓮或作甕。《士喪禮》下篇注曰：「甕，瓦器。其一容蓋一觳。」《御覽》引《説文》：「罌，䍃也。」罌與甖同，䍃與甀同。《方言》：「罃，周洛韓鄭之間謂之甀。」罃亦與罌同。顔注《急就篇》曰：「罌，甀之大腹者也。」《漢書・韓信傳》：「以木罌缶渡軍。」顔注曰：「罌缶謂瓶之大腹小口者也。」通作嬰。《西山經》：「嬰以百珪百璧。」郭注曰：「嬰，即古罌字。」

⿸广甒，武。幽州曰瓦。《淮南子・氾論訓》高誘注。

謹案，武、甒通字。《禮器》：「君尊瓦甒。」鄭注曰：「瓦甒，大五斗。」正義曰：「此瓦甒，即《燕禮》『公尊瓦大』也。《禮圖》：『瓦大受五斗，口徑尺，頸高二寸，大中，身鋭，下平。』瓦甒與瓦大同。」瓦、甈聲轉字。

罃，魏曰甋，或曰甁，燕之東北謂之瓺。《方言》五。

謹案，《說文》：「罃，備火長頸缾也。」顏注《急就篇》曰：「甁、瓺、罃，瓶也。」《廣韻》曰：「甁，小罌。」「瓺，瓶也。」

北燕謂瓶爲𤭈。《集韻》十六屑。

謹案，《廣雅》：「𤭈，瓶也。」《玉篇》：「𤭈，瓶受一斗者。」

甂，魏謂之㼮。《方言》五。

謹案，《說文》：「甂，似小瓿，大口而卑。」顏注《急就篇》曰：「甂，瓦杅也。其形大口而庳。」庳與卑同。《說苑・反質》篇曰：「瓦甂，陋器也。」《廣雅》：「㼮〔一〕、瓯，甂也。」《方言》郭注曰：「今河北人呼小盆爲㼮子。」《太平御覽》引《通俗文》云：「小甌曰㼮。」王念孫曰：「甂㼮猶匾㔸也。《衆經音義》卷六云：『《韻集》匾，方殄反。㔸，他奚反。《纂文》云：匾㔸，薄也。』今俗呼廣薄爲匾㔸。關中呼㼶㔸，器之大口而卑者，與廣薄同義。故亦有甂㼮之名。又匾㔸與㼶㔸，一聲之轉。大口而卑者謂之甂，猶匾榼謂之椑矣。」

栝落，衛謂之栝落，又謂之豆筥。《方言》五。

〔一〕㼮：原誤作「趧」，據《廣雅》改。

謹案，郭璞注曰：「桮落，盛桮器籠也。」《説文》：「笿，杯笿也。」《一切經音義》引《字林》：「笿，杯籠也。」笿與落同字。或作𥲎。《玉篇》曰：「桮𥲎，籠也。」又作落。《廣雅》：「豆籢，杯落也。」《廣雅》又曰：「落，居也。」院落、屯落、籬落，皆遮絡之義。《漢書·鼂錯傳》：「爲中周虎落。」注云：「以竹篾相連，遮落之也。」桮落之義與此同。今人則皆謂之桮籠。笿亦名篝，《廣雅》：「篝，籠也。」《急就篇》：「笎篅篗筥籅箄篝。」顔注曰：「篝，一名笿，盛杯器也。」豆，食肉器。筥，盛米器。桮籠之形或制同豆筥而名之歟？

箸筩，衛謂之筲，或謂之籯。《方言》五。

衛謂箸筩爲䈾。《説文》竹部。

謹案，郭注《方言》曰：「箸筩，盛朼箸籫也。今俗呼小籠爲桶檧。」《廣雅》曰：「籯筲、桶檧、籫，箸筩也。」籫、檧雙聲，桶、檧疊韻。《御覽》七百六十箸下注云：「筩音桶，桶音籠。」三字蓋一音也。今人呼爲籫子，或呼爲快子籠，俗名箸爲快子。陸容《菽園雜記》謂起於吴中[一]，凡舟行諱住諱翻，故呼箸爲快子，幡布爲抹布也。筲與䈾同。《御覽》曰：「䈾，亦盛箸籠，又作筲。」筲之言削，猶劍削、刀削之謂。徐鍇曰：「今言䈾箕。箸，匕箸也。」籯之言嬴。賈逵注襄三十一年《左傳》曰：「嬴，受也。」則籯爲盛受之名。《廣雅》曰：「籯，籠也。」

[一] 園：原誤作「原」。

篝，魏謂之牆居。《方言》五。

謹案，《説文》：「篝，答也，可熏衣。宋楚謂篝牆居也。」《廣雅》：「熏篝謂之牆居。」篝者，籠絡之義。《史記·陳涉世家》：「夜篝火。」《滑稽傳》：「甌窶滿篝。」徐廣並曰：「篝，籠也。」篝或作𥵾。《龜策傳》：「以𥵾燭此地。」音義曰：「然火而籠罩其上。」《太平御覽》七百十一引《方言》曰：「南楚江沔之間籠謂之䈠，或謂之笯，陳楚宋魏之間謂之廌。若今薰籠是也。」齊謝朓《詠竹火籠》詩曰：「庭雪亂如花，井冰粲成玉。因炎入豹袖，懷温奉芳蓐。體密用宜通，文斜性非曲。」劉向《别録》曰：「淮南王有《薰籠賦》。」今保定人通謂之薰籠。

案，魏謂之𣘤。《方言》五。

謹案，《急就篇》：「橢杅槃案桮問盌。」顔師古注曰：「無足曰槃，有足曰案。所以陳舉食也。」《考工記·玉人》：「案十有二，棗栗十有二列。」鄭注云：「案，玉飾案也。玉案十二以爲列，棗栗實於器，乃加於案。」戴震曰：「案者，棜禁之屬。《儀禮注》曰：『棜之制，上有四周，下無足。』《禮器》注云：『禁，如今方案，橢長，局足，高三寸。』此以案承棗栗，上宜有四周。漢制小方案局足，此亦宜有足。」今案，案有二用。《説文》：「案，几屬。」《廣韻》：「曹公作欹案，臥視書。」張衡《四愁》詩：「何以報之青玉案。」李善注曰：「玉案，君所凴倚。」《江表傳》：「孫權拔刀斫前奏案。」此《説文》所謂「案，几屬」也。今人謂之棹。有進食之案，古人謂之承槃，今人謂之托槃。《漢書·外戚傳》：「許后朝皇太后，親奉案上食。」《後漢書·梁鴻傳》：「妻爲具食，舉案齊眉。」此即鄭注所謂「椀禁之屬」也。《廣雅》：「案謂之槁。」王念孫曰：「槁之言寫也。《説文》：『寫，置物也。』《玉篇》：『案之别名。』」

北方人名匕曰匙。《晉書音義》上。

謹案，《説文》：「匕，所以用比取飯，一名柶。」匕之别有四，有黍稷之匕，有疏匕，有挑匕，有喪匕。三匕以棘，喪匕以桑。《少牢》廩人之所概，黍稷之匕也；雍人之所概，牲體之匕也。字或作朼。《士喪禮》鄭注曰：「古文朼爲匕。」又或作枇。《雜記》「枇以桑」，釋文曰：「枇音匕。」《太平御覽》引《三禮圖》曰：「匕以載牲體，長二尺四寸，葉博三寸，長八寸，漆丹柄頭。疏匕形如飯操，以棘心爲之。」與《雜記》所言匕之長短不合。《方言》：「匕謂之匙。」《説文》：「匙，匕也。」字或作鍉。《後漢書·隗囂傳》：「奉盤錯鍉。」李賢注曰：「鍉即匙字。」又通作提。《前漢·食貨志》「朱提」注曰：「北方人曰提。」

蠡，魏或謂之簞，或謂之㰏，或謂之瓢。《方言》五。

謹案，郭璞注《方言》曰：「蠡，瓠勺也。」《一切經音義》十八引《三蒼》云：「瓢，瓠勺也。」瓢、蠡蓋通言瓠勺。蠡本作蠡，《説文》曰：「瓢，蠡也。」《周禮·春官·鬯人》：「禜門用瓢齎。」杜子春曰：「瓢謂瓠蠡也。」《丹鉛録》曰：「今閩廣之地以鱟魚殼爲瓢，江淮間或用螺之大者爲瓢，是以蟲殼代瓜瓠用也，故蠡字取義兼之。」《廣雅》：「蠡、𤬁，瓢也。」《一切經音義》十八引《廣雅》作戲，音義。𤬁戲同音，戲即㰏字。《一切經音義》曰：「江南曰瓢㰏，蜀人言蠡㰏。」《玉篇》：「⿰木獻，勺也。」蠡爲⿰木獻也。⿰木獻亦作桸。《類篇》：「桸，勺也。」或作獻。《王莽傳》：「立斗獻。」師古注：「謂斗魁及杓末〔一〕，如勺之形也。」

箕，魏謂之籮。《方言》五。

謹案，《説文》：「箕，簸也。」《急就篇》曰：「簁箄箕帚筐篋簍。」李尤《箕銘》曰：「神農植穀，以養蒸民。箕主簸揚，糠粃及陳。」《廣雅》曰：「籓、籮，箕也。」《玉篇》：「籮，竹器也。」《廣韻》：「籮，篩籮。」今人呼箕爲簸箕，呼篩籮爲篩子，二物不同。篩形圓有孔，漏糠粃，不能簸揚。

籮，以注斛，魏謂之篅。《方言》五。

謹案，郭璞注曰：「篅亦籮屬也，形小而高，無耳。」《廣雅》云：「斛注謂之篅。」蓋本《方言》。

碓機，魏謂之梴。《方言》五。

謹案，郭璞注曰：「碓機，碓梢也。」梢與橚通。《説文》橚、梴皆木長皃〔二〕，故碓梢謂之梴。《御覽》引《廣雅》：「磃，碓也。」桓譚《新論》曰：「宓犧開杵臼之利，後世加巧，借身踐碓，而利十倍。」孔融《肉刑論》曰：「水碓之巧，勝於斷木掘地。」《晉諸公讚》曰：「杜預作運機碓。」

〔一〕末：原誤作「未」，據《漢書注》改。

〔二〕皃：原誤作「兒」。

北方謂轆轤之軸曰禽。《周易·象義》。

謹案，毛奇齡《仲氏易》謂此説杜撰無據，何楷《周易訂詁》亦引是説，豈當時方言歟？

繘，魏謂之綆，或謂之絡。《方言》五。

謹案，《説文》：「繘，綆也。」綆，汲水繩《一切經音義》引作繩，本《説文》作綆也。虞翻注《易·井卦》「井收勿幕」曰：「收謂以轆轤收繘也。」鄭注「亦未繘井」曰：「繘，綆也。」《廣雅》：「繘、絡，綆也。」絡者，連絡之義。

篆，趙代之間謂之笤，淇衛之間謂之牛筐。篆，其通語也。《方言》十三。

趙代以筥爲笤。《太平御覽》七百六十引《纂文》。

謹案，《説文》：「篆，飤牛筐也。方曰筐，圜曰篆。」筥、篆通字。陸璣《詩疏》：「楛似荆，莖似蓍，上黨人織以爲牛筥箱器。」《廣雅》：「笤，篆也。」《類篇》曰：「笤，飯牛器。」笤與篼音近。《説文》：「篼，飤馬器也。」笤有韜義，故郭璞曰笤音「弓弢」。

箛，趙魏之郊謂之笲箛。《方言》十三。

謹案，《一切經音義》十五曰：「筥，又作箛。」二字蓋同音通用也。《三禮圖》曰：「筥圜，受五升。」《説文》：「箱，飯筥也，受五升，秦謂筥曰箱。」郭璞曰：「箛，盛餅筥也。」餅即飯字。笲箛，《儀禮·士昏禮》鄭注作筥盧，《説文》作𠙴盧，許曰：「𠙴盧，飯器，以柳爲之，象形。」

鉤，魏謂之鹿觡，或謂之鉤格。《方言》五。

謹案，《玉篇》：「鉤，曲也。」所以鉤懸物也。《廣雅》：「鹿觡、钀、釣，鉤也。」王念孫注曰：「鹿觡，謂鉤形如鹿觡也。《方言注》云：『或呼鹿角。』《玉篇》：『觡，麋鹿角也。有枝曰觡，無枝曰角。』觡之言枝格也。《史記·律書》云：『角者，言萬物皆有枝格如角也。』格與鉤同義，故鉤或謂之鉤格。」

橛，燕之東北謂之椵。《方言》五。

謹案，《説文》：「橛，弋也。」《月令》注引農書云：「土長冒橛。」《列子·黄帝篇》「厥株駒」，釋文：「厥，本或作橛。」《説文》作氒，木本也。李頤曰：「厥，豎也。」橛、氒音義皆同。今保定猶呼爲橛子。《廣雅》：「椵、橛，杙也。」王念孫曰：「椵之言段也，今人言木一段、兩段是也。」郭璞注《方言》曰：「椵，江東呼都。」都、段，雙聲字。

薄，魏謂之苖，或謂之麴。《方言》五。

北方謂薄爲曲。《史記·絳侯世家》索隱引韋昭。

謹案，《説文》：「薄，蠶薄。」「苖，蠶薄也。」《氾勝之書》：「火種，桑至春生，一畝食三薄。」薄或借撲。《淮南·時則訓》：「具撲曲莒筐。」高注曰：「撲，音薄。」三輔謂之撲，俗作箔。苖、曲同字。《説文》：「曲，蠶薄也。」《史記》：「勃以織薄曲爲生。」索隱曰：「謂勃本以織蠶薄爲生業也。」苖、麴，語聲之轉。《廣雅》曰：「笛謂之薄。」皆俗字。

槌，魏謂之植。其横，魏謂之㯰。所以縣㯰，魏謂之繯，或謂之環。《方言》五。

謹案，郭璞曰：「槌，縣蠶薄柱也。」《説文》：「關東謂之槌，關西謂之持。」《齊民要術》曰：「蠶宜於屋裏，蔟之薄，布薪於箔上，一槌得安十箔。」又云：「作麴若以牀小，不得多著麴，可四角頭豎槌，重置椽箔，如養蠶法。」《月令》：「具曲植籧筐。」注曰：「植，槌也。」植之言直也。植、持音近。《廣雅》：「㭪、持、植，槌也。」㭪與持亦音近。繯之言綰也。《説文》《字林》《廣雅》並云：「繯，絡也。」繯、環同字。繯與繳、綸音義並近，皆索類。

臿，燕之東北謂之𣂁，魏謂之鏵，或謂之鍏，趙魏之間謂之喿。《方言》五。

𣏕，兩刃臿也。魏曰𣏕。《説文》木部。

謹案，《釋名》：「鍤，插也，插地起土也。或曰銷，銷，削也，能有所穿削也。或曰鏵，鏵，刳也，刳地爲坎也。」鍤即臿之別字。銷與𣂁同音。《爾雅》：「𣂁謂之疀。」《文選·祭古塚文》注引作「鍬謂之鍤」，蓋用今字，故郭璞謂𣂁、疀皆古鍬、鍤字。秋，古音讀如喬，與𣂁音同。今保定人猶謂鍤地起土物爲鐵鍬，鍬音亦如喬。𣂁通作銚。《鹽鐵論》「犀銚利鉏」、《管子》「推引銚耨」是也。喿與𣂁亦音近字。《廣雅》：「喿，臿也。」《新序》：「魏王將起中天臺，許綰負操鍤入。」喿、操同。《玉篇》𣏕與鏵同。鏵，鍬也。《一切經音義》十一：「鏵，古文𣏕、鏵二形，今作釫，或作鋘，胡瓜切，犂刀也。」《詩·臣工》釋文引《世本》「垂作銚」〔一〕。鏵、𣏕、釫、鋘並同。

〔一〕「銚」下原衍「鏵」，據《經典釋文》删。

《廣雅》：「鍏，臿也。」鍏、鈘、梩，亦音近義同。

杷，魏謂之渠拏，或謂之渠疏。《方言》五。

謹案，《説文》：「杷，收麥器。」《釋名》：「杷，播也，所以播除物也。」《急就篇》：「捃穫秉把插捌杷。」顔注曰：「無齒爲捌，有齒爲杷，皆所以推引聚禾穀也。」今時保定人猶呼無齒者爲扒子，有齒者爲杷子。程瑶田曰：「握物謂之把，指爪微屈焉謂之爬。此杷之所由名也。」《玉篇》：「淭欅〔一〕，杷也。」渠、淭同字。又云：「欋，齊魯謂四齒杷也。」欋與渠亦音同字。渠拏、渠疏，皆分疏之義。

僉，衛謂之欇殳〔二〕，或謂之度。《方言》五。

謹案，郭璞注曰：「僉，今連枷，所以打穀者。欇殳，亦杖名也。」《釋名》：「殳，所以撞挃。」無刃，故打穀之僉亦名攝殳。攝者，持捕之義。《廣雅》：「搒、擿，投也。」投擊與度打同義，故亦名度。投、殳借字，度、打聲轉。郭璞曰：「今江東呼度爲打。」

牀杠，北燕謂之樹。其上板，衛之北郊趙魏之間謂之牒，或曰牑。《方言》五。

謹案，《説文》：「杠，牀前横木也。」《廣雅》：「樹、兆，杠也。」樹、梓音轉，杠謂之樹，亦謂之

〔一〕淭：原誤作「渠」，據《玉篇》改，下同。
〔二〕欇：原誤作「攝」，據《方言》改，下同。

梓。《釋名》：「板，版也〔一〕，昄昄平廣也。」《廣雅》：「牒，版也。」《説文》：「牑，牀版也，讀若邊。」《廣韻》書版曰牒，牀版亦稱牒者。王念孫曰：「牀版謂之牑，亦謂之牒，簡謂之牒，亦謂之編，其義一也。」

簟，魏謂之笙，或謂之籧苗。《方言》五。

謹案，《説文》：「簟，竹席也。」《詩·斯干》鄭箋曰：「竹葦曰簟。」《釋名》：「簟，覃也，布之覃覃然正平也。」簟，席之精細者，笙，亦細也。《方言》曰：「自關而西秦晉之間凡細貌謂之笙。」《南史·顧憲之傳》：「疾疫死者裹以笙席。」左思《吴都賦》：「桃笙象簟。」劉逵注曰：「桃笙，桃枝簟也。」笙與筀音義同。《集韻》引《廣雅》：「筽筀，竹席。」籧苗即籧篨語聲之轉。《廣雅》：「笙、簟、籧篖，席也。」籧篨，粗席；籧篖，則精細者，故《廣雅》亦分言之。

筕篖，魏謂之倚佯。《方言》五。

謹案，郭璞注曰：「筕篖，似籧篨，直文而粗。江東呼笪。」《廣雅》：「佯篖、倚陽，筕篖也。」倚陽即倚佯。佯篖、筕篖皆疊韻，倚、佯聲轉。

榻前几，趙魏之間謂之椸。几，其高者謂之虡。《方言》五。

謹案，《廣雅》：「虡、㮂，几也。」㮂與椸同。《鹽鐵論》：「牀移之案。」移即椸字。《曲禮》：

〔一〕版：《釋名》作「昄」。

「男女不同椸枷。」與此椸同爲安物之具，故同名。王念孫曰：「虡之言舉也，所以舉物也。」義與筍虡相近。

劍削，燕趙之間謂之室。《方言》九。

謹案，《説文》：「削，鞞也。」《玉篇》：「削，所以貯刀劍刃。」《釋名》：「刀其室曰削。削，峭也，其形峭殺裹刀體也。」字或作鞘、鞝。《小爾雅・廣器》：「刃之削謂之室。室謂之鞞。」《史記・刺客列傳》：「拔劍，劍長，操其室。」索隱曰：「室謂鞘也。」《漢書・衛綰傳》：「劍常盛，未長服也。」顔注曰：「盛謂在削室之中也。」蓋室爲刀削之通名。今人則皆謂之削，或曰庫。

矟，或作槊。北人俗字也。《一切經音義》二。

謹案，《釋名》：「矛長丈八尺曰矟，馬上所持，言其矟矟便殺也。」《通俗文》：「矛長丈八謂之槊。」矟、槊皆俗字。《一切經音義》云：「經文有作梢，所交反，木名也。」據此知矟應作梢。《漢書・郊祀志》：「飾玉梢以舞歌。」師古曰：「梢，竿也。」《淮南子》：「曳梢肆柴。」即矟是也。梢言其長。《爾雅・釋木》〔一〕：「梢，梢櫂。」〔二〕郭注曰：「謂木無枝柯，梢櫂長而殺者。」與此義相近。畢沅《釋名疏證》以《説文》鉈矛當矟。「鉈，短矛也。」《廣雅》矟、穐同出，穐即鉈，可知其非矣。

〔一〕木：原誤作「本」。

〔二〕櫂：原誤作「擢」，據《爾雅》及郭注改，下同。

聿，所以書也。燕謂之弗。《説文》聿部。

謹案，《初學記》引《説文》弗作拂。聿、律疊韻，弗、不疊韻。不律即筆之合聲，或呼聿，或呼弗，皆方言之轉也。今畿南人俗呼筆，音如博墨切。

車枸簍，魏謂之⿱竹恢，或謂之簦籠。《方言》九。

謹案，郭璞注曰：「枸簍，即車弓也。」王念孫《廣雅疏證》曰：「枸簍者，蓋中高而四下之貌，山巔謂之岣嶁，曲脊謂之痀僂，高田謂之甌窶，義與枸簍並相近。《玉篇》：『簍，車弓籠也。』」〔一〕《漢書·季布傳》：「置廣柳車中。」李奇注云：「廣柳，大隆穹也。」柳與簍通，隆穹即簦籠。《説文》：「淮陽名車穹隆轒。」蓋古疊韻之字多顛倒用之也。隆穹，《方言》又謂之隆屈，《釋名》謂之隆彊。彊、屈、穹，一聲之轉。《玉篇》：「簦，姑簍也。」姑簍即枸簍，急讀之曰簦，緩讀之則曰簦籠。《廣雅》：「⿱竹恢，傘也。」《集韻》：「⿱竹恢，蓬也。」音國。今保定人呼中高而四下者爲僂國，蓋即⿱竹恢之借字也。《釋名》：「簂，恢也，恢廓覆髮上也。」與此⿱竹恢義相近。今北人通謂之車篷。《方言》曰：「南楚之外謂之篷。」

轅，衛謂之輈。《方言》九。

輈，小車轅。冀州以北名之云爾。《公羊傳》僖元年何休注。

〔一〕籠：原脱，據《廣雅疏證》補。

謹案，《説文》：「輈，轅也。」《釋名》：「轅，援也〔一〕，車之大援也。」「輈，句也，轅上句也。」《考工記》：「舟人爲輈。」鄭注：「輈，車轅也。」《詩·小戎》：「五楘梁輈。」輈，上句衡也。正義曰：「衡者，軛也。轅從軫，以前稍曲而上至衡，則居衡之上而嚮下句之，衡則横輈下，如屋之梁，故謂之梁輈也。」

輨、軑，鍊鏅也。趙魏之間曰鍊鏅。《方言》九。

謹案，鍊即錭字。《説文》：「錭，車軸鐵也。」《釋名》：「錭，間也，間釭軸之間，使不相摩也。」軸貫轂中，轂轉則與軸相摩，而轂中有釭，恐絜其軸，故以錭裹軸使不受釭摩也。今北人通呼曰錭。輨、錭音近，軑、鏅音轉。《廣雅》：「鏅、錭，鍇也。」「鍊鏅、鈦，錧也。」錧、輨、鈦、軑同字。

車釭，燕謂之鍋，或謂之錕。《方言》九。

謹案，《説文》：「釭，車轂中鐵也。」《釋名》：「釭，空也，其中空也。」釭中空，以受軸也。《新序·雜事》篇曰：「方内而員釭。」王念孫曰：「内與枘同。車釭空中，故又謂之穿。在内爲大穿，在外爲小穿。《考工記·輪人》：『五分其轂之長，去一以爲賢，去三以爲軹。』鄭衆注云『賢，大穿。軹，小穿』是也。」案，今北人通謂之車穿。《廣雅》：「鍋、錕，釭也。」鍋即鍋字。《釋

〔一〕援：原作「猨」，據《釋名》改。

名》：「輠，裹也，裹軹頭也。」鍋、錁皆楇之借字。《方言》：「盛膏者乃謂之鍋。」《史記・孫卿列傳》：「炙轂過髡。」裴注引《别録》曰：「過字作輠。輠者，車之盛膏器也。」《説文》無鍋、輠二字，而楇字下云「盛膏器」，知其字本作楇也。過，亦音借字。

車枕以前，冀曰育，御者坐中，執御育育然也。《釋名・釋車》。

謹案，《釋名》：「齊人名爲縮，言局縮也。」縮、育同音字。

維車，趙魏之間謂之轣轆車。《方言》五。

謹案，《説文》：「維，著絲於筟車也。」《六書故》云：「筟車，紡車也。著絲於筳，著筳於車，踏而轉之，所謂紡也。」《玉篇》：「維車，亦名𡔷車，亦名軌車。」《廣雅》：「維車謂之麻鹿。」麻鹿，即轣轆。《秦風》毛傳曰：「楘，歷録也。」録、轆同字。《方言》：「車下鐵，陳宋淮楚之間謂之畢。」郭注曰：「鹿車也。」戴震曰：「鹿車，維車也。」孫得施《維車賦》曰：「微風興於輪端，霧雨散於軨輻。制以靈木，絡以奇竹。口朝日以投圓兮，準暈月以造象。若洪輪之在口兮，似蜘蛛之結網。」

櫪，北燕或謂之樎，或謂之皂。《方言》五。

謹案，郭璞注《方言》曰：「櫪，養馬器也。」《吕覽》：「猶取之内皂，而著之外皂也。」高誘注曰：「皂，櫪也。」《史記・鄒陽傳》集解引《漢書音義》曰：「皂，食牛馬器，以木作，如槽。」郭璞曰：「皂隸之名，於此乎出。」槽、皂音近。今人通謂之馬槽。《廣雅》曰：「樎、皂，櫪也。」《玉篇》：「槒，養馬器。」

飤馬橐，燕謂之帪〔一〕。《方言》五。

謹案，《廣雅》：「㡌篼、㡘篼、帪，囊也。」王念孫曰：「㡌、㡘、帪，皆收斂之名。帪之言振也。」《中庸》：「振河海而不泄。」鄭注曰：「振，猶收也。」

簰，北人名筏。《一切經音義》三。

謹案，《方言》：「泭謂之簰。簰謂之筏。」玄應曰：「筏，《通俗文》作𦪇。」《集韻》作橃，同，扶月反。編竹木浮於河以運物也，字從竹。從木作栰，非也。筏與泭、桴音轉。馬融《論語注》曰：「編竹木大者曰栰，小者曰桴。」郭璞《爾雅音義》曰：「小筏曰泭。」今保定人呼渡人者爲簰子，呼暫時絡竹木爲之者爲筏子。簰者，排比之義。字亦作箄，李賢注《後漢書》曰：「枋箄，以木竹爲之，浮於水上。」

積柴水中捕魚爲罧，幽州名之爲涔。《淮南子・說林訓》高誘注。

謹案，《說文》：「罧，積柴水中以聚魚也。」《爾雅》：「槮謂之涔。」郭璞曰：「今之作槮者，藂積柴木於水中，魚得寒，入其裹藏隱，因以薄圍捕取之。」槮即罧之借字。釋文曰：「槮，《爾雅》舊文並《詩傳》並作米旁。」今案，糝亦罧之借字，非謂以米養魚。《御覽》引舍人曰：「以米

〔一〕帪：原誤作「帳」，據《方言》改。

投水中養魚爲涔。」米乃木字之訛。觀《詩正義》引李巡義與舍人同，而米作木可知。《詩・周頌》「潛有多魚」，毛傳曰：「潛，糝也。」《韓詩》作涔，云：「涔，魚池也。」潛、涔同字。又作橬。《小爾雅》曰：「魚之所息謂之橬。橬，槮也。積柴水中而魚舍焉。」《廣雅》：「涔，栫也。」《説文》：「栫，以柴木雝水也。」栫與罧音近字。陸龜蒙《槮》詩曰：「斬木置水中，枝條互相蔽。寒魚遂家此，自以爲生計。春冰忽融冶，盡取無遺裔。」今時積柴取魚，四時皆有用此法者。

北方以二十兩爲三鋝。《説文》金部。

謹案，今本《説文》脱「三」字，戴震曰：「無『三』字者，誤也。考《尚書》僞孔傳及馬融、王肅皆云『鍰，重六兩』，鄭康成云『鍰，重六兩大半兩』，鋝即鍰。賈逵云：『俗儒以鋝重六兩。』此俗儒相傳訛失，不能覈實，脱出大半兩言之。《説文》多宗賈侍中，故曰『北方二十兩爲三鋝』，正謂六兩大半兩爲一鋝也。」鋝通作選。《漢書・蕭望之傳》有金選之品，應劭曰：「選音刷。金銖兩名也。」字本作鋝。《尚書大傳》又作饌，《史記・周本紀》又作率，皆假借字也。

床，穄也。冀州謂之穄也。《一切經音義》二。

穄，冀州謂之⿱髟黍。《吕氏春秋・本味》篇高誘注。

謹案，《説文》穄、⿱麻黍互訓。《蒼頡篇》：「穄，大黍也。」又云：「似黍，不黏，關西謂之⿱麻黍也。」床即⿱麻黍之省文。《廣雅》：「⿱臤黍、䵚、⿰禾旁、⿰禾皇，穄也。」⿱臤黍與⿱髟黍同，䵚與⿱麻黍同。《玉篇》：「⿱髟黍，⿱麻黍也。」《齊民要術》：「穄有赤白黑青黃五種。」程瑤田《九穀考》謂經傳中見黑黍、白黍、黃黍、赤黍，不見黑穈、白穈、黄穈、赤穈。又嘗索取農人所藏黍種，有赤白青黑之别，而獨無黄黍，惟穈則類多黄者，因謂穈得稱黍。《内則》注所言黄黍即穈也。今案，王粲《七釋》云「御宿青穄」，《隋書·禮儀志》云「北齊籍於帝城内種赤黍、黑穄」，此青黑之見於書者。今保定有白穈，麥後種，農人謂之晚穈子。獻縣稱黑穈者多，土人謂之黑穄子。此黑白之驗於目者。黍、穈截然二種，程氏五證未確。黍與穈種在一時，故諸書中或言種黍，或言樹穈，皆舉一以例其餘，非謂黍即穈也。今北人或稱穈黍，或稱穈子，或稱穄子，穄、稷音近，故亦訛爲稷子。蘇恭謂《本草》載稷不載穄，稷即穄也。李時珍則以穄爲稷、以穈爲黍，誤更甚於蘇恭。《説文》謂黍爲禾屬而黏者，則穈爲黍屬而不黏者可知。禾，《説文》：「嘉穀也。」即今之穀子，其米謂之粱，今人謂之小米。

黍，北人呼爲黄米。《羣芳譜》穀類。

謹案，《説文》：「黍，禾屬而黏者也。以大暑而種，故謂之黍。」《齊民要術》引《氾勝之書》云：「黍者，暑也。種者必以暑。」黍穈同類，以黏與不黏分之。朱子云：「黍，穀名，大似蘆，高丈餘，穗黑色，實圓重。」張爾岐曰：「此偶誤也。黍幹低小，即腴地豊年，亦無過五六尺者。别有一種蜀秫，乃高至丈餘，北人謂之高粱。」案，高粱，即古之稷也。程瑶田曰：高粱之種，先於諸穀，故《月令·孟春》「首種不入」注引舊説，以首種爲稷。《管子》書曰：「至七十日，陰凍釋而藝稷。」日至七十日乃八九之末，俗謂「九裹種高粱」是也。高粱實最麤大，故謂之疏。疏猶麤也。《論語》云疏食菜羹，《玉藻》云稷食菜羹，二經皆與菜羹並舉，則疏、稷一物。疏言其形，稷舉其名也。或即謂之麤。《左傳》云：「粱則無矣，麤則有之。」麤對粱言，正謂稷也。王楨《農書》云：「蜀黍，一名高粱，一名蜀秫。」郝懿行謂蜀黍假黍爲名，高粱假稷爲名，稷爲穀子，其米爲小米。不知稷即高粱，非穀子。《説文》：「禾，嘉穀也。」「㮚，嘉穀實也。」則古時穀子名禾不名稷。《月令》：「孟秋之月，農乃登穀。」鄭注云：「黍稷之屬。」蓋謂穀爲黍稷之屬，非謂穀即黍稷。郝説非也。《説文》稷之黏者爲秫，則《爾雅》「粢，稷」，言稷之不黏者；「衆，秫」，言稷之黏者。孫炎、郭璞皆以粟言，而郝氏遂以粟爲諸穀之大名，其實粟專言穀子，非稷也。緩讀之則爲蜀黍，急讀之則爲秫。蜀，大也，言稷之高大也。盛百二曰：「黍穗散，稷穗專；黍稈短，稷稈長；稷黏者少，黍黏者多。」今足之曰：黍穗下俯，稷穗上出；黍粒小，稷粒大。《内則》鄭注云：「黍，黄黍也。」言黄黍者，謂黍之米黄。故北人謂黍爲黄米。程氏以黄米屬䵷，失之遠矣。

黍之黏者爲秫。北人謂爲黄米，亦曰黄糯。蘇頌《圖經》。

秫，北人呼爲黄糯，亦曰黄米。《本草綱目》穀部。

謹案，蘇頌謂秫爲黏黍，李時珍謂秫爲粱米，皆誤。程瑶田曰：「自漢唐以來，言稷之穀者屢異，而秫爲黏稷則不能異。綴文之士，其講説秫之義者雖異，而天下之人呼高粱爲秫秫、呼其稭爲秫稭者，卒未有異。舊名之在人口，世世相受，雖經喪亂，不能一日不舉其名，此所謂

『禮失求諸野者』乎？《周官・食醫職》：『宜稌，宜黍，宜稷，宜粱，宜苽。』見稷則不見秫。《内則》：『菽、麥、蕡、稻、黍、粱、秫惟所欲。』見秫則不見稷。故鄭司農説九穀，稷、秫並見。後鄭不從，入粱去秫，以其闕粱而秫重稷也。」今案，李氏之誤，誤在孫炎之注《爾雅》，然孫炎誤以粟爲稷，而時珍則誤以秫即粱米之黏者，所謂歧中又有歧也。秫自指稷言，程氏《九穀考》辨之最詳。粟之黏者，亦有赤白黄三種，今北人謂之黏穀子，並無黄米、黄糯之稱。黄米、黄糯，《爾雅翼》則謂北人以之稱黍。今北人稱黍猶稱黄米，然無稱黄米爲秫者，《圖經》誤也。

穀，粟米之連殼者，北方直名之曰穀。《羣芳譜》穀部。

粟，北人謂之小米。《本草綱目》穀部。

謹案，《説文》：「禾，嘉穀也。二月始生，八月而孰。得時之中，故謂之禾。禾，木也。木王而生，金王而死。」「㮚，嘉穀實也。孔子曰：㮚之爲言續也。」「米，㮚實也。象禾實之形。」「粱，米名也。」程瑶田曰：「禾，㮚之有稾者也。《聘禮》及《周官》掌客之職，禾皆言若干車、車三秅、薪芻倍禾，以薪芻例禾，是禾爲有稿者矣。又《聘禮》記曰：『四百秉爲一秅。』鄭氏注：『此秉爲刈禾盈手。』然則秉秅者，束稿之名。禾爲㮚之有稿者，故以秉秅數之也。《聘禮》米禾皆兼黍稷稻粱言之，以他穀連稿者，不别立名，即穀中之實，亦無異號，惟㮚有之，遂假借通稱。抑以事難件繫，有足相包者，屬文之法耳。非謂禾爲諸穀苗幹大名也。《淮南子》：『夫子見禾之三變也，滔滔然曰：狐鄉邱而死，我其首禾乎？故君子見善而痛其身焉。』注云：『三變，始於㮚，㮚生於苗，苗成於穗也。禾穗垂而向根，君子不忘本也。』張衡《思玄賦》：『滋令德於正中兮，合嘉禾以爲敷。既垂穎而顧本兮，爾要思乎故居。』今諸穀惟㮚穗向根顧本，可驗也。《管子》書：『桓公觀於野，曰：何物可比於君子之德乎？隰朋曰：夫㮚内甲以處，中有卷城，外有兵刃，未敢自恃，自命曰粟，此其可比於君子之德乎！』管仲曰：『苗始其少也，眴眴乎，何其孺子也；至其莊也，莊莊乎，何其士也；至其成也，由由乎兹免，何其君子也。天下得之則安，不得則危，故命之曰禾。』余案兹免云者，免，俯也；兹，益也。謂其穗益俯而向根也。隰朋内甲之云，謂米處殼内；卷城謂稃周于甲，藏於芒中；兵刃者，芒在其外也。是故管仲言禾，隰朋言粟，一指謂嘉穀之連稿者，一指謂嘉穀實也。《七月》之詩云：『黍稷重穋，禾麻菽麥。』禾爲諸穀之一明矣。禾有赤苗、白苗之異，謂之虋、芑。《詩》『維穈維芑』是也。余細詢農人，又以目驗知之。《説文》解穟字云：『以毳爲䋞，色如虋，故謂之穟〔一〕。虋，禾之赤苗也。』解璊字云：『禾之赤苗謂之虋，言璊，玉色如之。』〔二〕《爾雅》之釋《詩》也，曰：『虋，赤苗。芑，白苗。』毛氏據之以爲傳，而郭璞注《爾雅》則曰赤粱㮚、白粱㮚，是不知赤白在苗，而不在㮚。㮚之赤白者，苗又或不赤白也。許氏解苗爲『艸生田中者』，故益『嘉穀』字於苗下，是又不知苗即嘉穀初生之名，言苗而嘉穀已見也。《碩鼠》之詩『無食我苗』，毛傳云：『苗，嘉穀也。』《春秋》

〔一〕穟：原作「璊」，據《説文解字》改。
〔二〕玉：原脱，據《説文解字》補。

『無麥苗』，何休注《公羊傳》云：『苗者，禾也。生曰苗，秀曰禾。』《管子》言禾，以苗字建首。孔子曰：『惡莠亂苗。』亦呼禾爲苗。《大田》之詩，毛傳云：『莠，似苗也。』趙岐《孟子注》云：『莠之莖葉似苗。』然則此一穀也，始生曰苗，成秀曰禾，禾實曰㮚，㮚實曰米，米名曰粱，其大名則曰嘉穀，言其色則曰黄茂。而禾、㮚、米、粱之次第載《説文》中者，又如物之在貫焉。以雜厠部居，讀者不能察耳。《周官·倉人職》『掌㮚入之藏』，注：『九穀盡藏焉，以㮚爲主。』鄭氏注《太宰職》，九穀中無㮚，此言九穀以㮚爲主，則是粱即㮚矣。《史記索隱》載《三蒼》云：『粱，好粟。』其證也。《内則》言飯有粱，又有黄粱，是粱者白粱也。今北方猶呼㮚米之純白者曰粱米。《禮》設簠簋，不稱黍稷稻㮚，而云粱飯，必炊米爲之，故舉米名耳。無米名者，乃稱穀名，黍稷稻是也。是故言簠簋實則稱粱宜，言九穀則稱㮚宜，言稼穡則稱禾宜。《豳風·七月》之詩所數者，言稼穡之例也；《倉人職》之云，言穀之例也。凡諸經傳云粢者，皆言其米也。《舍人職》：『掌㮚之出入，辨其物。』注云：『九穀六米，别爲書。』是以㮚主九穀，因爲諸穀之總名，義與《倉人職》同。賈公彦不知，乃云：『正言㮚，即粢也。』夫粢，稷也，以㮚爲粢，是以㮚爲稷，此説蓋據孫、郭《爾雅注》，乃漢世訓詁相承之語。孔穎達於《曲禮》『稷曰明粢』亦釋之曰『稷，㮚也』，蓋承其誤矣。」

河間以北煮穜麥賣之，名曰逢。《周禮·籩人》注。

謹案，《籩人》：「朝事之籩，其實麷蕡。」注云：「熬麥曰麷。」釋文：「麷，芳弓反，徐又芳勇反，或郎第反。」《説文》：「𪎊，煮麥。讀若馮。」鄭以漢語逢字證𪎊，則𪎊芳弓反也，與《説文》同。《荀子·富國》篇：「取其將若撥𪎊。」楊倞注云：「𪎊，麥之芽糵也。」蓋麥乾煎，則質輕，撥去之甚易，故以爲況。《説文》：「熬，乾煎也。」「煮，亨也。」熬、煮義相通。《方言》云：「熬、聚、煎、𤎅、鞏，火乾也。」聚即𩰫字，𩰫、糗聲近。徐鍇曰：「𪎊，糗類也。」《釋名》：「糗，齲也，飯而磨之使齲碎是也。」杜預注《左傳》曰：「糗，乾飯也。」王逸注《楚詞》曰：「糗，糒也。」《説文》：「糒，乾也。」然則籩實之𪎊，其乾煎之飯歟？

稗紫黑者北人呼烏禾。《本草拾遺》。

謹案，《説文》：「稗，禾别也。」氾勝之曰：「稗堪水旱，種無不熟。」今案，稗有水稗，莖扁，上青下紫，葉似穀子微細，穗如矢鏃，短而疏，粒三棱，色班。旱稗與水稗同，但莖通緑耳。又一種，農人名穇子，叢生，莖葉粒俱如稗子，穗密而長，與穀子同時播種，秋分熟，今人亦謂之稗子。宋靖康之亂，没爲奴婢者，使供作務，人月支稗子五斗，舂得米斗八升。蓋稗得米少，所以備凶饑也。陶宏景謂：「烏禾能殺蟲。」

蘴蕘，蕪菁也。趙魏之郊謂之大芥。《方言》三。

葑，蔓菁。幽州人或謂之芥。陸璣《詩疏》。

蕪菁，北人名蔓菁。蘇恭《唐本草注》、陳藏器《本草拾遺》。

北人呼菘爲蔓菁。《兼明書》。

謹案，蔓菁、蘿蔔、芥，三者迥然不同，説者多合而一之，非也。《爾雅》：「須，葑蓯。」《齊民要術》引郭注曰：「江東呼爲蕪菁，或爲菘。」菘，今之白菜，與蔓菁根葉俱異。蓋因菘、須聲轉而誤。蘇恭、汪機謂是一類，因有南北變種之説，其謬甚矣。蔓菁與芥相類，根圓而白，味辛甜，長莖肥葉，夏初起薹，開黄花，四出結角，子均圓，似芥子，微大，紫黑色。芥葉多缺刻，黄花，結莢，子如蘇子而色紫，根長不光，味辛辣。二者迥别，北人一見即知之。蘆菔，根光圓，亦有長者，有紅白二色，其味辛甘，子如今高粱粒，白者子紅，紅者子黄。又有紫色、緑色者，其形長圓不一，味尤甘美，土人謂之翠紫蘿蔔。蘴與葑同，孫愐云：「蘴，蔓菁苗也。」

北人蘿蔔一種四名，春曰破地錐，夏曰夏生，秋曰蘿蔔，冬曰土酥。王楨《農書》。

謹案，《爾雅》：「葖，蘆萉。」郭璞注曰：「萉宜爲菔。蘆菔，蕪菁屬，紫華大根，俗呼雹葖。」今案，《正論》云：「當用人參，反得蘿菔根。」蘆轉爲蘿，猶萉轉爲菔。蘿蘆、萉菔，皆雙聲也。又爲蘿蔔，又爲萊服，並音轉字。《方言》：「蘆菔，東魯謂之菈遝。」蘆突、菈遝，亦皆一音之轉。李時珍曰：「南人呼爲蘿瓝。」瓝與雹同，見晉灼《漢書注》。陶宏景言：「根可食，少臭，葉不中啖，過辛，不宜服。」此説大謬。根葉皆可生食、可熱食，蔬中美品，最利人。六月下種，秋采苗，冬掘根，春末抽高薹，花紫色，夏初結角，葉肥長有毛。土人謂根紅者爲紅蘿蔔，白者爲水蘿蔔，甘而脆者爲翠紫蘿蔔。

懷香，北人呼爲土茴香。蘇頌《圖經》。

謹案，𧃍、茴聲近。蘇頌曰：「三月生葉，似老胡荽，極疏細，作叢。至五月，莖粗，高三四尺，花頭如傘蓋，黄色。結實如麥而小，青色。八九月采實。」今按，北方有大小茴香二種。大茴香，宿根深冬，莖肥高，五六月開黄花，子大如麥粒，輕而有稜。小茴香，春種，花葉子皆相似，惟莖幹小耳。番舶來者，實大，八瓣，多用入藥，與中國形色迥別。

細莧，即野莧也。北人呼爲糠莧。《本草綱目》菜部。

謹案，《木草》：「莧實，《别録》一名莫實，細莧亦同，葉如藍，十一月采。陶宏景曰：莧實當是白莧，所以云細莧亦同，葉如藍也。細莧即是糠莧，食之冷利，被霜乃熟，故云十一月采。韓保昇曰：莧凡六種，赤莧、白莧、人莧、紫莧、五色莧、馬莧也。蘇頌曰：人莧、白莧俱大寒，亦謂之糠莧，又謂之胡莧，或謂之細莧，其實一也。但大者爲白莧，小者爲人莧耳。其子霜後方熟，細而色黑。紫莧莖葉通紫，吴人用染爪者。赤莧亦謂之花莧，莖葉深赤，根莖亦可糟藏，食之甚美，味辛。五色莧今亦稀有。細莧俗謂之野莧，猪好食之，又名猪莧。」今案，糠莧柔莖細葉，生即結子，味比家莧更勝，一如李時珍所云。赤莧，《爾雅》謂之蕢，亦可食，味厚美。郝懿行謂人家種以飾園庭，不堪啖，蓋沿陶説也。

胡瓜，北人避石勒諱，改呼黄瓜。《本草拾遺》。

謹案，杜寶《拾遺録》云：「隋大業四年，避諱改胡瓜爲黄瓜。」與陳説異。黄瓜正二月下種，三月生苗引蔓，葉如冬瓜有毛，五月開花黄色，瓜長尺餘，皮有瘖瘟微刺。老則色黄，子如菜瓜子。五月種者，秋時熟，色白，人名秋黄瓜，生熟皆可食。又冬時在火室中種，逼生花葉，二月初即結小實。或謂黄瓜即王瓜，非是。王瓜，《本草》名土瓜，乃《夏小正》之王萯也。

菜瓜，北方名苦瓜。《羣芳譜》蔬類。

謹案，《羣芳譜》云：「蔓、葉俱如甜瓜，生時色青質脆，可生食。間有苦者，亦可作豉醃菹，故名菜瓜，熟亦微甜，生秋月，大小不一，止可醃以備冬月之用。」今案，苦瓜今名醃瓜，狀如菜瓜，微短，熟在立秋前，瓤微紅，止可醃菹，無他用。周憲王《救荒》有苦瓜，名錦荔枝，即今之癩瓜，形如鷄子，皮上痱如癩，生青熟黄，内有紅瓤，味甘可食，亦謂之癩葡萄。

木耳，北人曰蛾。《本草綱目》菜部。

謹案，耳、檽音近字。耳、蛾皆象形，檽則取其軟者也。蘇恭曰：「桑、槐、楮、榆、柳，爲五木耳，軟者並堪啖。楮耳人常食，槐耳療痔。」甄權《藥性》云：「蕈耳，古槐、桑樹上者良，柘木者次之，其餘樹上多動風氣，發痼疾。」桑耳，《唐本草》名桑檽，《宋本草》名桑蛾，《藥性》名桑黄，又名桑臣。槐耳，《蜀本草》名槐鷄，《唐本草》名槐檽，又名槐菌。《圖經》又有杉菌，《拾遺》又有楊櫨耳。《日用本草》云：「蕈生桐、柳、枳、椇木上，紫色者名香蕈，白色者名肉蕈。」《食物本草》云：「香蕈生深山爛楓木上，小於菌而薄，黄黑色，味甚香美。」蓋各木皆生耳，名各不同，其實一類，宜辨其木性而食之。陳藏器曰：「木耳，惡蛇蟲從下過者有毒，采歸色變者有毒，夜視有光者、欲爛不生蟲者並有毒。生擣冬瓜蔓汁解之。」張仲景曰：「木耳赤色及仰生者，並不可食。」

葑，幽州人謂之芴。陸璣《詩疏》。

謹案，陸《疏》云：「葑似葍，莖麤，葉厚而長，有毛，三月中烝鬻爲茹〔一〕，滑美可作羹。幽州人謂之芴。《爾雅》又謂之蒠菜，今河内人謂之宿菜。」今案，野中有菜，悉如陸所説，俗名牛媽媽科，紅花如葍，三月中摘其葉，可作菜羹，四月中莖長尺餘，葉老，則不可食。《爾雅》菲芴與菲蒠菜異釋，而郭注則云菲芴即土瓜。蒠菜生下濕地，似蕪菁，紫赤色，可食，似菲，有二物，與陸説不同。《詩》鄭箋、《爾雅》孫注俱云「菲，葍類」，郝懿行曰：「此菜極似蘿蔔，野地自生，宿根不斷，冬春皆可采食，故云蒠菜。」

葍，一名蕾，幽州人謂之燕葍。陸璣《詩疏》。

謹案，《爾雅》葍，一名蕾，一名蔓茅，一名莌。陸《疏》一名燕葍，一名爵弁，一名蔓。《説文》一名舜。《廣雅》一名烏麸，《本草》一名旋花，一名筋根。蘇恭《本草》名旋葍，蘇頌《圖經》名續筋根，一名鼓子花，一名狏腸草。陸璣云：「根正白，著熱灰中温噉之，饑荒可蒸以禦饑。其華有兩種，一種莖葉細而香，一種莖赤有臭氣。」郭璞以白華者爲葍，赤華者爲蔓。今案，燕葍蔓生，其葉如牽牛葉，微長，華亦如牽牛華，粉紅色，亦有白者，其蔓著地旋復生根作華，連緜

〔一〕鬻：原誤作「鬻」，據《詩疏》改。

不絶，根無毛節，白色大如筋，味甘美，蒸煮可噉。今保定人猶謂之燕蓄。又一種莖赤不光，葉三尖如慈菇葉，花亦如燕蓄，紅色，味臭不可食，俗人呼爲長尾巴狼。此即陸後説，與燕蓄別。蓄、蓄音同，蕢、舜、蕣《釋文》蕣，古本反皆聲近字。《廣韻》：「蓄蕮，菜名。」蕮、舜亦聲之轉。《集韻》蓄或作蓾。《玉篇》云蓾不可食，即陸所指有臭氣者也。

蓫，牛蘈。幽州人謂之蓫。陸璣《詩疏》。

謹案，羊蹄入《本草·本經》下品，一名蓄，一名鬼目，一名東方宿，一名連蟲陸，一名禿菜，一名牛舌菜，一名金蕎麥，獨鄭箋及陸《疏》有牛蘈之名。蓫與蓄通，蓄禿同音，與蘈聲相轉。然郭璞注《爾雅》「藬，牛蘈」，又別是一草，與羊蹄不同。《爾雅》蓧蓨、苖蓨，郭璞皆云未詳。《説文》蓨苖、苖蓨互訓。《玉篇》蓧、蓨、苖三字互訓。蓧、蓨、苖，古皆同聲。《齊民要術》引陸《疏》「蓫，一名蓨」，是蓨、苖、蓧，皆即蓫也。由、攸、逐古同聲字。《廣雅》：「堇，羊蹄也。」《集韻》堇或作苖，通作蓫，羊蹄也。《詩·我行》正義謂蓫字《釋草》無文，蓋未深考也。李時珍曰：「羊蹄，近水及濕地極多，葉長尺餘，似牛舌之形，入夏起薹，開花結子，花葉一色，夏至即枯，秋深即生，淩冬不死，根長近尺，赤黄色，如大黄胡蘿蔔形。羊蹄，以根名。牛舌，以葉名。禿菜，以治禿瘡名也。鄭樵《通志》指蓫爲《爾雅》之菲及蕢者，誤矣。金蕎麥，以相似名。」今案，此狀保定人謂之水芥菜，水潦時多。

卷耳，幽州人呼爲爵耳。陸璣《詩疏》。

葈耳，菜名也。幽冀謂之檀菜。《淮南子·覽冥訓》高誘注。

謹案，卷耳，《爾雅》名苓耳，《廣雅》名蒼耳、名葹、名常枲、名胡枲、名枲耳，陸《疏》名耳璫草，鄭康成名白胡荽、名爵耳，《蒼頡篇》《荆楚記》名葹耳，《四民月令》名葸耳，《本草》名地葵，《別録》名常思，陶注名羊負來，《圖經》名道人頭，《記事珠》名進賢菜。凡言耳者，皆以實得名。常思，即常枲之訛，葸、葹、思，同音字。進賢菜，本《詩序》爲義也。陸《疏》謂：「葉青白色，似胡荽，白華，細莖，蔓生，可鬻爲茹〔一〕，滑而少味，四月中生子，正如婦人耳中璫。」郭注云：「叢生如盤。」與陸《疏》所謂蔓生者不同。案，今蒼耳未見有蔓生者，李時珍謂其葉形如葈麻，又如茄，故有葈耳及野茄諸名，其味滑如葵，故名地葵，與地膚同名。又《玉篇》葹，當作葹。《説文》務，皆卷耳之別名。

芣苢，幽州人謂之牛舌草。陸璣《詩疏》。

謹案，陸《疏》：「芣苢，一名馬舄，一名車前，一名當道。喜在牛迹中生，故曰車前、當道也。今藥中車前子是也。」郭璞注《爾雅》云〔二〕：「江東呼蝦蟆衣。」《別録》：「車前，一名牛遺，一名勝舄。」舄，足履也。以此草好生道邊，故有馬舄、車前、當道、牛遺、勝舄諸名。勝舄即陵舄。《莊子·至樂》篇：「生於陵屯則爲陵舄。」司馬彪注云：「生於陵屯，化爲車前，改名陵

〔一〕鬻：原誤作「鬻」，據《詩疏》改。
〔二〕爾：原誤作「而」。

烏。」陵、勝古聲相近。《别録》云：「養肺，强陰，益精，令人有子。」正與《毛詩》「樂有子」之義相合。陸《疏》言其子治婦人難産，以其性滑故也。蘇頌曰：「春初生苗，葉布地如匙面，累年者長及尺餘，中抽數莖作長穗，如鼠尾，花甚細密，青色微赤，結實如葶藶，赤黑色。」今案，車前，俗呼爲棒棒菜，葉闊寸餘，長不及四寸，厚而光，中抽長穗，細如箸。郝懿行曰：「此有二種，大葉者俗名馬耳，小葉者名驢耳。《圖經》所説葉長尺餘似是馬耳，今藥所收乃驢耳，野人亦煮噉之。其馬耳水生，不堪啖也。」

蘞，幽州人謂之烏服。陸璣《詩疏》。

謹案，《爾雅》：「萰，菟荄。」《玉篇》：「萰，白蘞也。」《一切經音義》十七引《説文》：「蘞，白蘞也。蔓生於野也。或作蘞。」《本草》白斂，一名菟核。蘞與萰古字通借。《本草》一名白草，《别録》一名白根。蘇恭曰：「根似天門冬，一株下有十許根，皮赤黑，肉白如芍藥，蔓生，枝端有五葉。」陸《疏》云：「似栝樓，葉盛而細，其子正黑如燕薁，不可食也。有赤蘞、烏蘞、白蘞三色，根形似核，故《爾雅》名菟核。」

苕，苕饒也。幽州人謂之翹饒。陸璣《詩疏》。

謹案，陸《疏》曰：「蔓生，莖如勞豆而細，葉似蒺藜而青，其莖、葉緑色可食，味如小豆藿。」今案，此狀即野豌豆，與陸《疏》所言薇狀同，可食，故云旨苕也。《爾雅》：「柱夫〔二〕，摇車。」郭

〔一〕 柱：原誤作「拄」，據《爾雅》改。

璞注曰：「蔓生，細葉，紫華，可食。今俗呼曰翹摇車。」翹摇、翹饒、苕饒，皆同音字，與《詩》「苕之華」之苕不同。

莫，冀州人謂之乾絳。陸璣《詩疏》。

謹案，陸《疏》云：「莫，莖大如箸，赤節，節一，葉似柳葉，厚而長，有毛刺，今人繅以取繭緒。其味酢而滑，始生可以爲羹，又可生食。五方通謂之酸迷，冀州人謂之甘絳，河汾之間謂之莫。」今案，此狀即今所謂醋醋流也。依水生者，高長色紅；若平原所生，不過尺許。《爾雅》謂之「須，蕵蕪」。郭璞曰：「蕵蕪，似羊蹄，葉細，味酢，可食。」陶注《本草》云：「一種極似羊蹄而味酸，呼爲酸摸，亦療疥也。」《本草綱目》一名酸母，一名山羊蹄。酸、蕵、須音轉，摸、蕪、莫、母皆同聲字。陳藏器云：「即山大黄，一名當藥，一名蓨。」此羊蹄，非蕵蕪也。

藟，一名巨荒。《齊民要術》引作苣荒。《詩·樛木》正義引作世苽，誤。幽州謂推藟。《周易釋文》引作「幽州人謂之推虆」，《齊民要術》引作「幽人謂之椎虆」，毛晉本作「幽州謂之推藟」。陸璣《詩疏》。

謹案，陸《疏》：「藟，似燕薁，亦延蔓生，葉如艾，白色，其子赤，可食，酢而不美。」陳藏器曰：「蔓似葛，葉下白赤，條中有白汁。蘇恭謂爲蘡薁。蘡薁所斷通氣，更無甘汁，深是妄言。」今案，燕薁即蘡薁，陸云似燕薁，非即燕薁也。《爾雅·釋木》：「諸慮，山櫐。」郭璞云：「似葛而麤大。」即此。郝懿行謂今之山蒲桃，是以蘡薁當之矣。《本草拾遺》名千歲虆，名苣瓜。《别録》名虆蕪。《説文》：「藟，一名秬鬯。」秬鬯與巨荒同聲，故相借也。

芄蘭，一名蘿摩。幽州謂之雀瓢。陸璣《詩疏》。

謹案，《爾雅》：「雚，芄蘭。」《説文》作完。《詩》鄭箋曰：「芄蘭柔弱，恒蔓延於地，有所依緣則起。」陸《疏》云：「蔓生，葉青緑色而厚，斷之有白汁，鬻爲茹滑美，其子長數寸，似瓠子。」《本草拾遺》名白環藤，一名斫合子，一名鷄腸，一名熏桑。《本草綱目》名羊婆奶，一名婆婆鍼線包，一名婆婆鍼袋兒。今案，陸《疏》所狀，今保定人謂之牛兒角，葉圓闊而尖，似小楊葉，角長二三寸，似佩觿狀，蔓延樹木籬落間，梗有白汁，角中有毛，此《詩》之所謂芄蘭也。瓠長尺餘，如羊角瓜。芄蘭角長，形似瓠，故陸以擬之。一種蔓弱不甚延，其瓢圓鋭，中有絮，嫖時兒童摘啖，有白汁，味甜，今俗名老鴉瓢。此狀當即蘇恭所謂女青也。

蠡實，馬蘭子也。北人訛爲馬楝子。蘇頌《圖經》。

荔草，今河南北人呼爲鐵埽帚。《本草綱目》草部。

謹案，《本草》蠡實一名劇草，一名豕首，一名三堅；吴普一名劇荔華，一名澤蘭；《別録》一名荔實。今案，蠡實即荔實，音同字。《説文》：「荔，草也，似蒲而小，根可作刷。」《廣雅》云：「馬䪥，荔也。」《月令》：「仲冬之月，荔挺出。」鄭云：「荔挺，馬薤也。」高誘注《淮南子》云：「荔，馬荔草也。」《通俗文》云一名馬蘭。荔、藺、蘭、楝皆聲轉，故字互變。葉似蒲，故《顔氏家訓》云「江東呼爲旱蒲」。今保定人通呼爲馬蘭，如《通俗文》所云也。蘇頌曰：「葉似薤而長厚，三月開紫碧花，五月結實作角，子如麻大而赤色，有稜，根細長，通黄色，人取以爲刷。五月採實。」今驗此狀，悉符《圖經》。《爾雅》「芁，東蠡」，即此。《集韻》：「芁，草名，葉似蒲，叢生。」與茘狀正相類。李時珍謂：「并，馬帚，即茘草。」大謬。郭注《爾雅》：「并，似蓍。」并秀在七月，蕭蔞之屬，非茘草也。

地膚，北人名涎衣草。《名醫别録》。

謹案，《廣雅》云：「地葵，地膚也。」《名醫别録》一名埽帚，一名地麥。《圖經》一名獨帚，一名鴉舌草。日華《本草》一名落帚。唐甄權《藥性》一名益明。《御覽》引《本草經》云一名地華，一名地脈。陶宏景曰：「取莖苗爲埽帚，其子微細。」大明曰：「子色青，似一眠起蠶沙之狀。」蘇頌曰：「初生薄地五六寸，根形如蒿，莖赤葉青，大似荆芥。三月開黄白花，結子青白色。八月、九月採實。」蘇恭曰：「葉細莖赤，出熟田中，苗極弱，不能勝舉，今云堪爲埽帚，恐未之識。」今案，恭所説乃即初生嫩苗言之，苗最柔弱，可作羹。至八月，幹老子成，用爲帚，最耐久。一科數十枝，攢簇團團。北人皆呼爲埽除科，無涎衣草之名。《爾雅》：「葥，王蔧。」郭璞注云：「王帚也，似藜，其樹可以爲埽蔧，江東呼之曰落帚。」即指此。孫淵如所訂《本草經》以《爾雅》「并，馬帚」當地膚，非也。

馬蘭，北人見其花，呼爲紫菊。《本草拾遺》。

謹案，陳藏器曰：「馬蘭生澤旁，如澤蘭而氣臭，似單瓣菊花而紫。」李時珍曰：「二月生苗，赤莖白根，長葉有刻齒，狀似澤蘭，但不香耳。南人多采汋曬乾爲蔬及饅餡。入夏高二三尺，開紫花，花罷有細子。」俗名物之大者爲馬，以其葉似薊而大也。

小薊，北人呼爲千鍼草。《圖經》《本草》。

謹案，陶宏景曰：「大薊是虎薊，小薊是猫薊，葉並多，刺相似。」寇宗奭曰：「大小薊花如髻，大薊高三四尺，葉皺。小薊高一尺許，葉不皺。以此爲異。作菜雖有微芒，不害人。」蘇頌曰：「小薊，俗名青刺薊。二月生苗，二三寸時，併根作菜，茹食甚美。四月高尺餘，多刺，心中出花頭如紅藍花而青紫色。四月採苗，九月採根，並陰乾用。」《圖經》又謂之鷄項草。日華《本草》一名刺薊，一名山牛蒡。今案，山牛蒡指大薊而言，大薊生山谷，根似牛蒡根也。今小薊，新城人呼爲刺兒菜，狀如蘇頌所説。鄭樵《通志》謂《爾雅》「虉，狗毒」即此，《説文繫傳》以狗毒爲今狼毒，非此也。

蓫葛，北音訛爲章柳。《本草綱目》草部。

藡或謂之荻，其下本大如箸，上鋭而細，噉之甜脆。一名蓫薚。幽州謂之旨苹。《齊民要術》十引陸璣《詩疏》。

謹案，《爾雅》：「蓫薚，馬尾。」郭璞注云：「《廣雅》曰：『馬尾，蔏陸。』《本草》云：『别名薚。』今關西亦呼爲薚，江東呼爲當陸。」《廣雅》又名常蓼。《説文》作葛，云：「屮，枝枝相值，葉葉相當。」《玉篇》云：「蓷柳，當陸别名。」又云：「蔏，章薩也。」常、蔏、蓷、章、當，聲近字。蔏、蓼、柳、陸、蓫，亦聲近字。《本草》商陸一名葛根，一名夜呼。《開寶本草》一名白昌。韓保昇曰：「葉大如牛舌而厚脆，赤花者根赤，白花者根白。二月、八月采根。」蘇頌曰：「根多生於人家園圃中，春生苗，高三四尺，青葉如牛舌而長，莖青赤，至柔脆。夏秋開紅紫花作朵，根如蘿蔔而長。」《齊民要術》引陸《疏》，以蘺荻根下白者當之，誤矣。《易·夬》：「九五，莧陸夬夬。」馬融、鄭玄、王肅皆云莧陸一名商陸。案，莧、陸是二物，宋衷曰：「莧，莧菜也。陸，商陸也。」荀爽曰：「莧者，葉柔，根堅且赤。陸，亦取其葉柔根堅。」是也。李時珍謂此物能逐蕩水氣，故名蓫薚，亦望文生義。

連錢草，河北柳城郡盡呼爲海蘇。《天寶單行方》。

謹案，《本草》名積雪草。蘇恭曰：「此草葉圓如錢，莖細而勁，蔓生溪澗側。荆楚人謂爲地錢草。」徐儀《藥草圖》名連錢草。《天寶方》云：「生地澤中，甚香，圓葉，經冬不死，或名胡薄荷，所在皆有。」寇宗奭曰：「形如水荇而小，面亦光潔，微尖爲異。」李時珍曰：「蘇恭注薄荷，云一種蔓生，功用相似。蘇頌云胡薄荷，與薄荷相類，但味少甘。生江浙間，彼人多以作茶飲，俗呼爲新羅薄荷，《天寶方》所用連錢草是也。據二説，則積雪草即胡薄荷，乃薄荷之蔓生者爾。」

水蘇，生下澤水側，苗似旋復，兩葉相當，河間人名爲水蘇。《唐本草注》。

謹案，《吴普本草》名鷄蘇。《别録》一名勞葙，一名芥苴，又名莱。《齊民要術》引陸璣《詩疏》「譙沛人謂鷄蘇爲莱」是也。《肘後方》名香蘇。《日用本草》名龍腦薄荷。韓保昇曰：「葉似白薇，兩葉相當，花生節間，紫白色，味辛而香。六月采莖葉，日乾。」蘇恭曰：「水蘇，江左名爲薺薴。」陳藏器謂薺薴自是一物，非水蘇。水蘇葉有雁齒，氣香而辛，薺薴葉上有毛，稍長，氣臭。李時珍曰：「水蘇、薺薴一類二種，香臭異耳。水蘇三月生苗，方莖中虛，葉似蘇而微長，密齒，面皺，色青，對節生。六七月開花，成穗如蘇，水紅色。子如荆芥，可種易生，宿根亦自生，沃地者苗高四五尺。」今案，陳嘉謨《本草蒙筌》謂龍腦薄荷種於蘇州府學地名龍腦者，今時猶然，不生水側，當是一名二物。

龍葵，近處亦稀，惟北方有之，人謂之苦葵。蘇頌《圖經》。

謹案，陶宏景曰：「益州有苦菜，乃是苦⿱艹識。」蘇恭曰：「苦⿱艹識即龍葵也。俗亦名苦菜，非荼也。關河間謂之苦菜，葉圓花白，子若牛李子，生青熟黑，但堪煮食，不任生噉。」蘇頌曰：「葉圓似排風而無毛，花白色，子亦似排風子。生青熟黑，其赤者名赤珠。又曰老鵶眼睛草，生江湖間，葉如茄子葉，故名天茄子。」《爾雅》：「蘵〔一〕，黄蒢。」郭璞曰：「蘵草葉似酸漿，葉小而白，中心黄，江東以作菹食。」《顔氏家訓·書證》篇曰：「江南別有苦菜，葉似酸漿，其花或紫或白〔二〕，子大如珠，熟時或赤或黑。此菜可以釋勞，即《爾雅》『蘵，黄蒢』。今河北謂之龍葵。」甄權曰：「龍葵，赤珠者名龍珠，蓋一種二色也。」陳藏器謂：「酸漿小者爲苦⿱艹識。」案，《爾雅》：

〔一〕蘵：原作「⿱艹識」，據《爾雅》改，下同。

〔二〕白：原誤作「曰」，據《顔氏家訓》改。

「葴，寒漿。」别爲一條，郭璞亦不以爲一物。《丹鉛録》謂龍葵即吴葵，尤誤。《千金方》言吴葵乃蜀葵也。今北方有一種，葉如茄而尖，實如杜梨大，有蒂，生青熟黑，子如茄子，味微甘酸，有青草氣，土人謂之野茄子。

燈籠草、苦耽、酸漿，皆一物也，《燕京野果》名紅姑娘。外垂絳囊，中含赤子如珠，酸甘可食。姑孃乃瓜囊之訛，古者瓜、姑同音，以孃、囊之音亦相近耳。楊慎《巵言》。

謹案，《爾雅》：「葴，寒漿。」郭璞注曰：「今酸漿草，江東呼曰苦葴。」陶宏景曰：「苗似木茄而小，葉亦可食，子作房，房中子如梅李大，皆黄赤色，小兒食之。」掌禹錫曰：「苦耽，高二三尺，子作角，如撮口袋，中有子如珠，熟則赤色，關中人謂之落神珠。」一名王母珠，一名皮弁草。今保定人謂之紅姑娘，有殼，五棱，實大如栗，赤而圓，一枝一顆，有甘苦二種。李時珍《本草綱目》以苦蘵與酸漿爲一種〔一〕，非也。

鼠麯草，北人呼爲茸母。《本草綱目》草部。

謹案，《本草拾遺》云：「鼠麯草，生平岡熟地，高尺餘，葉有白毛，黄花。」《荆楚歲時記》云：「三月三日，取鼠麯汁，蜜和爲粉，謂之龍舌料，以壓時氣。」料音板，半餅也。山南人呼爲香茅，取花雜欅皮染褐〔二〕，至破猶鮮。江南人呼爲鼠耳草。《御覽》引《廣志》云：「鼠耳，葉如

〔一〕蘵：原作「識」，據《爾雅》改。
〔二〕欅：原作「擧」。

耳，縹色。」《名醫别録》曰：「鼠耳，一名無心。」今案，鼠耳言其葉形，茸母猶鴽之名鴾母，亦象鼠形，有白毛，故謂之茸母。宋徽宗詩「茸母初生認禁煙」是也。汪機《本草會編》〔一〕：「佛耳草，一名黄蒿。」佛耳即鼠耳之訛，黄蒿即香茅音近之誤。《酉陽雜俎》云：「蚍蜉酒草，鼠耳也，一曰無心草。」蚍蜉酒當以色得名。

水英，河北信都人名水節。蘇頌《圖經》引《天寶單方圖》。

謹案，《圖》言此草原生永陽池澤及河海邊，臨汝人呼牛葒草，河北信都人名水節，河内呼水棘，劍南、遂寧名龍移草，淮南名海茌，嶺南莖葉肥大名海精木，亦名魚津草。春取苗，夏採葉及花，冬用根，主治骨風。今案，《圖》不言其形狀，以諸名求之，當即虎杖之類。似葒，故呼牛葒。有刺，故呼水棘。莖高丈餘，故呼海精木。治骨節間風，功用亦同。

藎草，緑色，可染黄，故曰黄，曰緑、莀、盭〔二〕。乃北人呼緑字音轉也。《本草綱目》草部。

謹案，《爾雅》：「菉，王芻。」孫炎注曰：「即菉蓐草也。」今呼爲鴟腳莎。《説文》：「藎，艸也。」吴普曰：「王芻，一名黄草。」《名醫别録》曰：「可以染黄，九月、十月采。」《唐本草注》云：「藎草，俗名菉蓐草，葉似竹而細薄，莖亦圓小。」緑、菉同字。《詩》毛傳作「緑，王芻」。緑、莀雙聲。《説文》：「莀，艸，可以染留黄。」莀草即盭草。《漢書・百官表》諸侯王盭綬，如淳注曰：

〔一〕本：原誤作「木」。

〔二〕盭：原作「盩」，下同。

「盭，緑也。」晉灼曰：「盭草，出琅邪，似艾，可染緑，因以名綬。」《説文》又云：「綟，帛莀草染色。」是莀又作綟也。

鬼針草，北人謂之鬼針。《本草拾遺》。

謹案，陳藏器曰：「生池畔，方莖，葉有椏，子作釵脚，著人衣如針。北人謂之鬼針，南人謂之鬼釵。味苦，平，無毒，治蜘蛛、蛇咬，杵汁服併傅。」

藜蘆，北人謂之憨葱。《本草綱目》草部。

謹案，《急就篇》云：「牡蒙，甘草，菀，藜蘆。」《本草》云藜蘆，一名葱苒。吴普《本草》曰藜蘆，一名葱葵，一名豊蘆，一名蕙葵，大葉，小根相連。《名醫别録》曰一名葱菼，一名山葱。藜、蘆雙聲，藜、豊音近字。陶宏景曰：「根下極似葱而多毛。」蘇頌曰：「三月生苗，葉似初出椶心，又似車前。莖似葱白，青紫色，高五六寸，上有黑皮裹莖，似椶皮。有花，肉紅色，根似馬腸根，長四五寸許，黄白色。此有二種，一種水藜蘆，莖葉大同，根鬚百餘莖；葱白藜蘆，根鬚三二十莖，均州土俗呼爲鹿葱。」范子計然云：「出河東，黄白者善。」

虎掌，今冀州人菜圃中種之，呼爲天南星。蘇頌《圖經》。

謹案，陶宏景曰：「虎掌，形如半夏，但大而四邊有子。」蘇恭曰：「此是由跋宿根，大如半夏二三倍，四畔無子牙。虎掌宿根，大者如拳，小者如鷄卵，都似扁柹，四畔有圓牙。」蘇頌曰：「天南星即《本草》虎掌，小者名由跋，三四月生苗，高尺餘，獨莖，上有葉如爪，五六出分布，尖而圓。一窠生七八莖，時出一莖作穗，直上如鼠尾。中生一葉如匙，裹莖作房，旁開一口，上下尖，中有花，微青褐色。結實如麻子大，熟即白色，自落布地，一子生一窠。九月苗殘，取根。」日華《本草》謂之鬼蒟蒻，《圖經》謂與蒟蒻相類，人多誤采。張載《瓜賦》有虎掌，《廣雅》亦云「虎掌，瓜屬也」，與此異。

茆，音卯，北人音柳。《周禮·天官》釋文。

謹案，《詩·泮水》：「薄采其茆。」毛傳云：「茆，鳧葵也。」陸《疏》曰：「茆與荇菜相似，葉大如手，赤圓，有肥者箸手中滑不得停。莖大如匕柄，葉可以生食。又可鬻，滑美。江南人謂之蓴菜，或謂之水葵。諸陂澤水中皆有。」釋文引干寶云：「今之鴡蹏草，堪爲葅，江東有之。」鄭小同云：「江南人名之蓴菜，生波澤中。或名水葵，一云今之浮菜，即猪蓴也。」《楚詞·招魂》：「紫莖屏風。」王逸注云：「屏風，水葵也。生於池中，其莖紫色。」是茆又名屏風。《說文》又名䒘。茆、䒘雙聲。《集韻》又有茒字，云：「茒，艸名，鳧葵。」《玉篇》《廣韻》云：「茒，茆也。」當茆字之誤。《廣雅》：「茆，蒖也。」與鳧葵迴別。《廣韻》又名蓴，蓴與蓴同。蓴、茒疊韻。李賢《後漢書·馬融傳》注云「鳧葵似蓴」，顔之推以猪蓴爲荇，皆失之。李時珍曰：「葉如荇菜而差圓，形似馬蹄，其莖紫色，大如筯〔一〕，柔滑可羹。夏月開黃花，結實青紫色，大如棠梨，中有

〔一〕筯：原誤作「筋」，據《本草綱目》改。

細子。春夏嫩莖未葉，名稚蕁。葉稍舒，名絲蕁。至秋老，名葵蕁。或作猪蕁，言可飼猪也。又訛爲瑰蕁〔一〕、龜蕁。」《醢人》注云：「鄭大夫讀茆爲茅，杜子春讀茆爲卯。」《詩・泮水》釋文：「音卯，徐音柳。韋昭萌藻反。」今案，古尤、蕭二韻同音，但其聲微有清濁耳。朱子《集傳》叶謨九切，從九得聲之字在蕭肴，如尻、虓等字，可證謨九切蓋亦音卯也。

箈，北人音秃改反。《周禮・天官》釋文引沈云。

謹案，《醢人》：「箈菹鴈醢。」先鄭云：「箈，水中魚衣。」後鄭云：「箈，箭萌。」郭璞注《爾雅》引《周禮》箈作菭。《釋文》云箈、菭同。今案，箈當即《爾雅》之「藫，石衣也」。藫、箈聲轉。郭璞曰：「水苔也，江東食之。」今北方苔生水落，即變爲菜，農人多蒸食之，俗名老雅筋。

荷，水菜，夫渠也。其莖茄，其本密，其根藕，其花夫容，其秀菡萏，其實蓮，蓮之茂者花，花之中心薏，幽州總謂之光。荷，讀如燕人强秦言胡同也。《淮南子・説山訓》高誘注。

藕，幽州謂之光旁，爲光如牛角。陸璣《詩疏》。

北方以藕爲荷，亦以蓮爲荷。《詩・澤陂》疏引郭璞。

謹案，《爾雅》：「荷，芙渠，其莖茄，其葉蕸，其本蔤〔二〕，其華菡萏，其實蓮，其根藕，其中

〔一〕又：原誤作「文」，據《本草綱目》改。
〔二〕蔤：原作「密」，據《爾雅》改。

的，的中薏。」高誘所説本此。郭璞注曰：「别名芙蓉，江東呼荷。蔤〔一〕，莖下白蒻在泥中者。蓮謂房也。的，蓮中子也。薏，中心苦。」案，《詩》：「有蒲與荷。」樊光注引《詩》荷作茄，張揖《古今字詁》茄亦荷字，故《詩・澤陂》鄭箋以芙蕖之莖曰荷也。蕸，《説文》作荷，云「扶渠葉」〔二〕。《初學記》引《爾雅》亦作「其葉荷」。《釋文》遐音加，加，古居何切，與荷音通。故遐、茄、荷三字互借。密，《説文》作蔤，云「扶渠本」，繫傳云：「藕，節上初生莖時萌牙殼也。」菡萏，《説文》作菡藺，云：「扶渠華，未發爲菡藺，已發爲夫容。」蓮，《説文》云「扶渠之實也」。比户相連，故曰蓮。藕，《説文》作蕅，云「扶渠根」。《釋文》引《本草》云：「藕，一名水芝丹。」今北俗呼夫渠根爲藕，與古義合，未嘗以藕爲荷，亦未嘗謂爲光。夫渠則通呼曰荷，亦或呼爲蓮，未嘗有莖、葉、實之别也。

芡，鷄頭也。北燕謂之葰。《方言》三。

葰，燕人呼芡。《廣韻》二十二昔。

鷄頭，水中芡。幽州謂之雁頭。《淮南子・説山訓》高誘注。

謹案，《方言》葰，又名烏頭，又名雁頭。《莊子》名鷄雍。《管子》名卯蔆。《本草》一名雁

〔一〕 蔤：原作「密」，據郭璞《爾雅注》改。

〔二〕 扶：原作「夫」，據《説文解字》改，下同。

喙。陶宏景曰：「此即今蔿子。」蘇頌曰：「其葉俗名鷄頭盤，花下結實，其莖嫩者名蔿蔌，亦名䓈菜，人采爲蔬茹。」案，䓈，曹憲音悦欒反。䓈、蔿聲近，故役、爲古互訓。《周禮·大司徒》：「其植物宜膏物。」鄭注曰：「膏當爲櫜，蓮芡之實有櫜韜。」疏云：「皆有外皮，櫜韜其實。」韓保昇曰：「苗生水中，葉大如荷，皺而有刺，花子若拳大，形作鷄頭，實若石榴，其皮青黑，肉白如菱米也。」今案，其葉面青背紫，莖長丈餘，五六月開紫花，結苞外有青刺如蝟，花在苞頂，如鷄喙，外一刺，内一子，殼内白米狀如魚目。今保定人通謂之鷄頭米。《淮南子》曰：「鷄頭已瘻。」據彼上下文，皆禽蟲，則鷄頭非謂芡也。

北人以葦與蘆爲二物。水傍下濕所生者皆名葦，其細不及指。人家池圃所植者皆蘆。蘇頌《圖經》。

謹案，《爾雅》：「葭，蘆。」郭璞注曰：「葦也。」《説文》：「葭，葦之秀者。」「葦，大葭。」《夏小正》傳曰：「葦未秀爲蘆。」《淮南子·修務》篇注曰：「未秀曰蘆，已秀曰葦。」是葭、葦、蘆蓋一物，隨時而異其名耳。《説文》薍字解曰：「八月薍爲葦。」《詩·大車》毛傳曰：「菼，蘆之初生。」菼、薍與蘆、葦非一物。據《説文》葪字解云〔一〕：「萑之初生。一曰薍，一曰騅。」《毛詩》：「八月萑葦。」傳云：「薍爲萑，葭爲葦。」判然不相假借。則葦字、蘆字皆當爲萑字之誤無疑。

〔一〕葪：原作「菼」，據《説文解字》改。

葭，古讀如姑，與蘆疊韻。

蘸苗，荻秀，幽冀謂之荻苕也。《淮南子·説林訓》高誘注。

謹案，《爾雅》：「蒹，薕。」郭璞注曰：「似萑而細，高數尺，江東呼爲薕藡。」藡、荻同字。《廣雅》：「藡，萑也。」藡與萑一物。又謂之亂，又謂之菼，又謂之騅，又謂之烏蓲，又謂之蒹。郭氏以爲似萑，非也。陸璣《詩疏》以藡、亂、萑爲一物，蒹爲一物，亦非也。據《説文》、《夏小正》傳、《毛詩》疏，初生曰菼、曰亂、曰騅，漸長未秀曰蒹、曰薕，既秀曰萑。《玉篇》《廣韻》收荻字，並以萑解之，蓋一物有八名也。

凡草木刺人，北燕謂之茦，或謂壯。《方言》三。

謹案，《爾雅》：「茦，刺。」郭璞注曰：「草刺鍼也。」《廣雅》：「茦、刺，箴也。」茦、刺音同。刺當從《説文》作莿。壯，傷也。見《易·大壯》馬注、《姤》虞注。《廣雅》亦云：「壯，傷也。」刺人見傷，故謂之壯。

栩，今柞櫟也。讀櫟爲杼，五方通語也。陸璣《詩疏》。

謹案，陸《疏》云：「徐州謂櫟爲杼，或謂之爲栩，其子爲皂，或言皂斗，其殼爲汁，可以染皂。今京洛及河内多言杼斗，或云橡斗。」《爾雅》：「栩，杼。」郭璞注云：「柞樹。」杼字通作芧。《莊子·齊物論》：「狙公賦芧。」司馬彪注曰：「芧，橡子也。」杼聲轉爲采。《史記·李斯傳》：「采椽不斲。」徐廣注云：「采，一名櫟。」蘇頌曰：「木高二三丈，三四月開花，黄色，八九月結實，其實爲皂斗。」寇宗奭曰：「櫟葉如栗，木堅而不堪充材，爲炭則他木皆不及，其殼可染，若經雨水者其色淡。」今案，《周禮・職方氏》：「山林宜皂物，柞、栗之屬。」皂物即皂斗，其實儉歲可以充饑，嫩葉可以代茶飲。有二種，不結實者名棫，結實者名栩。棫木心赤。《三蒼》云棫即柞也。《説文》：「梂，櫟實。」「樣，栩實。」「草，草斗，櫟實也。」樣、橡、草、皂，皆同字。梂者，盛實之房也。陸《疏》：「秦人謂柞爲櫟，河内人謂木蓼爲櫟，其子房生爲梂，木蓼子亦房生。」故説者或曰柞櫟，或曰木蓼。《六書故》：「櫟，不冬凋。」其實亦斗，有黑心櫟、白櫟、緜櫟。白櫟子尤細〔一〕，緜櫟以堅忍得名。白櫟即陸《疏》所謂白桵。《風土記》曰：「記云舜耕於歷山，山多柞樹。吴越之間名柞爲櫪，故曰歷山。」歷、櫟音近字。栩，亦名柔，《説文》互訓。

棠棣，實似櫻桃薁，麥時熟，食美，北人通呼之林思也。《齊民要術》十引陸璣《詩疏》。

謹案，《論語》正義引《召南・何彼襛矣》篇義疏云：「唐棣，奥李也，一名雀梅，亦曰車下李。所在山皆有，其華或白或赤，六月中熟，大如李子，可食。」《齊民要術》引《豳風・七月》篇義疏云：「欝樹高五六尺，實大如李，正赤色，食之甜。」《廣雅》曰一名雀李，又名車下李，又名郁李，亦名棣，亦名奥李。棣、郁、奥、欝皆音近字。郁李生於山，故《廣雅》又名山李。今順天人呼雀李爲側李，保定人名山李子，側、雀聲轉字。

〔一〕白：原誤作「曰」。

穀，幽州人謂之穀桑，或曰楮桑。陸璣《詩疏》。

謹案，《説文》：「楮，穀也。」「穀，楮也。」《漢書・郊祀志》有「桑穀生於庭」，顔注云：「穀，即今之楮樹也。」穀、楮古蓋以爲一木。《六書故》謂楮兩種，一種高大，皮駁，實如楓實，熟則紅，《書》所謂「桑穀並生」者也。一種皮白，葉長，實小似覆盆子，其木不能高大，俗謂扁穀，所謂楮也。李時珍曰：「不必分別，惟辨雌雄。雄者皮班而葉無椏叉，三月開花成長，穗如柳花，可食，不結實。雌者皮白，葉有椏叉，碎花，結實如楊梅。二樹葉並多澀毛。」今案，《説文》楮或從宁〔一〕，其皮可績爲紵故也。陸《疏》曰：「江南人績其皮以爲布，又擣以爲紙，謂之穀皮紙，長數丈，潔白光輝，其裏甚好，其葉初生可以爲茹。」《廣志》：「墨僰濮以穀皮布爲衣。」裴淵《南海記》：「蠻夷俗不蠶，取穀皮熟槌爲褐。」《後漢書・周黨傳》：「乃著短巾單衣，穀皮綃頭。」注云：「以穀熟皮爲綃頭也。」今案，穀皮爲布，不堅易朽，不如作紙。《晉書》王羲之《制》：「窮萬穀之皮。」謂穀皮紙也。《齊民要術》云：「今世人名曰角楮。」角、穀聲相近因訛耳。

北人呼樗爲山椿。《本草拾遺》。

謹案，椿，《集韻》作櫄，櫄、樗聲轉字。《爾雅釋文》引《方志》云：「櫄樗栲漆，相似如一。」栲，《説文》作柷，蓋樗之生於山中者，故《爾雅》曰：「栲，山樗。」郭璞曰：「栲似樗，色小白，生

〔一〕宁：原作「杧」，據《説文解字》改。

山中，因名云。亦類漆樹。」陸《疏》云：「山樗與下田樗略無異，葉似差狹耳。吴人以葉爲茗。」今案，椿木實而赤，葉香可啖；樗木疏而白，葉臭；山樗葉似樗而多鋸齒，實一物也。掌禹錫曰：「樗之有花者無莢，有莢者無花。其莢夏月常生臭樗上，未見椿上有莢者。然世俗不辨椿、樗之異，故呼樗莢爲椿莢耳。」案，今保定呼椿爲香椿，呼樗爲臭椿。

辛夷，北人呼爲木筆。《本草拾遺》。

謹案，《本草》：「辛夷，一名辛矧，一名侯桃，一名房木。」《漢書》楊雄賦云：「列新雉於林薄。」師古云：「新雉，即辛夷耳。爲樹甚大，枝葉皆芳。一名新矧。」辛新、夷雉同音字，矧夷音轉字。又名流夷。《漢書音義》曰：「流夷，新夷也。」陳藏器曰：「辛夷，花未發時，苞如小桃，子有毛，故名侯桃。初發如筆頭，北人呼爲木筆。其花最早，南人呼爲迎春。」寇宗奭曰：「先花後葉，未開時，苞上有毛，尖長如筆。花有桃紅、紫色二種。」李時珍曰：「開似蓮花而小，如盞，紫苞紅焰，亦有白色者，人呼爲玉蘭。」案，唐人亦名爲玉蕊。今保定人呼爲白木筆花。

龍眼，北人以爲佳果，目爲亞荔枝。蘇頌《圖經》。

謹案，《本草》云：「龍眼，一名益智。」吴普曰：「一名比目。」《御覽》引《廣志》云：「樹葉似荔枝蔓延，緣木生，子大如酸棗，色黑，純甜無酸。」《南方草木狀》云：「木高一二丈，似荔枝，枝葉微小，淩冬不凋。夏初開細白花，七月實熟，殼青黄色，文作鱗甲形，圓大如彈丸，核若木梡子而不堅。肉薄于荔枝，白而有漿，甘如蜜。實繁，作穗如蒲桃。」今案，别有益智，與此同名而異物。馬志曰：「甘味歸脾，能益人智，故名益智。」非今之益智子也。

北人肉杏甚佳，赤大而扁，謂之金剛拳。王楨《農書》。

謹案，杏類甚多，北方多即其色呼之。寇宗奭曰：「金杏深赭色，核大而扁，乃接成者，其味最勝。」此即所謂肉杏。不接者味多酸，實亦小。

楊柳，北人都不言楊。《本草拾遺》。

謹案，陳藏器、蘇頌皆以楊、柳二物。蘇恭曰：「水楊葉圓闊而尖，枝條短硬。柳葉狹長而青緑，枝條長軟。」今案，《説文》：「楊，木也。」「柳，小楊也。」《藝文類聚》《初學記》俱引《説文》作「楊，蒲柳也」，與《爾雅》同。陸璣《詩疏》云：「蒲柳有二種，皮正青者曰小楊，其一種皮紅者爲大楊，其葉皆長廣似柳葉，皆可以爲箭幹。」然則小楊即《説文》之柳矣。《詩》「楊柳依依」，亦以楊柳爲一種。今北方所謂小楊者，皆如蘇恭所説，人多插壓隙地，枝條輕脆易折，無謂之柳者。柳有二類，一種枝條上聳而短，人通謂之柳；一種枝條下垂而長，人謂之垂楊柳。《爾雅》之「楊，蒲柳」，其即今之垂楊柳歟？

木細枝謂之杪，冀謂之蔑，燕之北鄙謂之策。故《傳》曰：「慈母之怒子也，雖折蔑笞之，其惠存焉。」《方言》二。

謹案，《説文》：「青齊沇冀謂木細枝曰蔑。」《魏都賦》「弱蔑系實」，劉注云：「蔑，木之細枝者也。」《博雅》：「蔑，小也。」《詩》：「䈯假無言。」鄭箋云：「䈯，細也。」䈯、蔑音義同。《説文》：「策，馬箠也。」《雲南記》：「雲南出藤，小者以爲馬策。」蔆、策皆可以箠馬。《唐書·杜生傳》：「去鞭，吾無以進馬，可折道旁蔆代之。」故《廣雅》云：「策、䈊，筞也。」䈊、蔆同字，古竹草得通用。

螽斯，幽州人謂之舂箕。陸璣《詩疏》。

謹案，《詩》毛傳曰：「螽斯，蜙蝑也。」《釋蟲》：「蜤螽〔一〕，蜙蝑。」舍人曰：「今所謂舂黍也。」蜤即斯，斯螽即螽斯，故毛傳訓同。蜙舂、胥黍疊韻，螽舂、斯箕疊韻。北方土音讀蝑與箕音近，故語聲遞轉。《方言》：「舂黍謂之䗥蝑。」又爲蚣䗥，皆語聲之轉。陸《疏》謂「長而青，長角，長股，股鳴者」。今案，此狀保定人謂之叫禡詐，身青，翅土色，較今青禡詐身微長，以股鳴，廣平人謂之山叫綠。郝懿行以「綠色，腹下淺赤，體狹長者」當之，此狀乃今保定人所謂擔丈者，非陸所指也。

莎雞，幽州謂之蒲錯。陸璣《詩疏》。

謹案，《爾雅》：「螒，天雞。」郭璞注云：「小蟲，黑身赤頭，一名莎雞。又曰樗雞。」李巡曰：「一名酸雞。」莎、樗、酸，聲轉字。陸《疏》謂：「莎雞如蝗而斑色，翅數重，下翅正赤，或謂之天雞。六月中，飛而振羽，索索作聲。」案，此狀新城人呼爲紅裙禡詐，或謂之跛踏蟲，六月中

〔一〕蜤：原誤作「蜇」，據《爾雅》改，下同。

日落時飛，飛時農人以祝苗長，故永清人呼爲飛來長也，與郭説不同。《本草》：「樗鷄，生樗樹上。」蘇頌《圖經》謂「頭方腹大，翅羽外青内紅，而身不黑，頭不赤」，與郭説亦不似。郭説本樊光，蓋別指一物，同名而異實者也。《廣雅》樗鷄名樗鳩，鷄、鳩雙聲。

蟒，衛謂之蚮。《方言》十一。

謹案，蟒，郭璞注云：「即蝗也。莫鯁切。」《廣雅》：「蟅蟒，蚮也。」蓋本《方言》。郭云：「蟅，音近詐，亦呼虴蛨。」虴，竹宅反。虴蛨與蟅蟒同音。今揚州人呼抹札，直隸人呼螞詐，語聲輕重啓合之間耳。《廣雅》採《方言》遺螣字〔一〕，戴震云：「螣與蚮並徒得反，此類不宜別立名及强讀異言，張氏不取是也。」蚮與螣同字。又作蟘，《爾雅》「食葉蟘」。《詩·大田》正義引舍人注以螣爲蝗也。郝懿行《爾雅義疏》謂蟘似槐樹上小青蟲，長一寸許，與古義不合。鄭注《月令》、高注《吕覽》皆以螣爲蝗屬，與郭注同。

蟋蟀，幽州人謂之促織。陸璣《詩疏》。

謹案，《易通·繫卦》曰：「蟋蟀之蟲，隨陰近陽，居壁向外，趣婦女織績，女工之象。」《古今注》：「促織，一名絡緯，一名促機，一名紡緯，皆取其義。然以莎鷄當之，則失其實。」陸疏謂：「蟋蟀，似蝗而小，正黑有光澤似漆，有角翅，一名蛬，一名蜻蛚。」今人謂之屈屈，屈爲蛬之轉

〔一〕螣：《方言》作「螣」。

聲。屈屈，即促織之合聲也。

蟬，衛謂之螗蜩。《方言》十一。

鳴蜩，蟬也。衛謂之唐蜩。陸璣《詩疏》。

謹案，《方言》郭璞注曰：「今胡蟬也。似蟬而小，鳴聲清亮，江南呼螗蛦。」《爾雅注》亦同。《詩》毛注曰：「螗，蝘也。」蝘、蛦聲轉。今案，此種鳴最先，小於馬蟬，背緑色，亦有青灰色者，頭有花冠，鳴聲清高，如讀蛦聲。順天人呼爲熱熱，熱亦蛦聲之轉也。

虭蟟，燕謂之蛥蚗。陸璣《詩疏》。

謹案，《方言》蛥蚗、螇螰、蟪蛄、蛉蛄、虭勞、蝭蟧、蜓蚞，皆聲轉字。蛥，《説文》作呥。陶注《本草》云：「七月、八月鳴者名蛁蟟，色青。」今案，一種三伏時鳴，鳴則自呼其音，如伏天弗涼者。七月猶有之，至八月則無聞矣。《鹽鐵論》云：「諸生獨不見季夏之螇乎？音聲入耳，秋風至而無聲。」正指此。螇即螇螰，如螗蜩之單言蜩、單言螗也。

蠨蛸，長踦，一名長腳。幽州人謂之親客。陸璣《詩疏》。

謹案，陸《疏》謂「荊州河内謂喜母」，郭注《爾雅》謂「喜子」，皆取其義。今有一種，身瘦小如麥粒，長腳，土色，土人呼爲長腳蜘蛛，即郭璞所謂「小鼅鼄長腳者」。劉芳《詩義筌》與郭説同。

馬蚿，北燕謂之蛆蟝，其大者謂之馬蚰。《方言》十一。

商蚷，北燕謂之馬蚿。《莊子·秋水》篇釋文引司馬彪。

馬蚿，幽州人謂之秦渠。《吕覽·季夏紀》高誘注。

馬蚿，北燕爲且渠也。《御覽》九百四十八引司馬彪。

謹案，《爾雅》：「蛝，馬䗃。」郭璞注曰：「馬蠲，蚐，俗呼馬蜒。」《廣雅》曰：「蛆蟝、馬蜒，馬蚿也。」又曰：「馬䗃，蠽蛆也。」蚿、蛝、䗃、蠲、蚐皆同聲字。又轉爲蠸、爲蚈。《吕覽》：「腐草化爲蚈。」高誘注：「蚈，馬蚿。」《御覽》引許慎《淮南注》「蚈，馬蠸」是也。《方言注》蚰音逐，古音由、逐同聲，故《易·頤》六四「其欲逐逐」，釋文：「子夏傳作攸攸〔一〕，荀作悠悠，劉作跾。《説文》跾，音式六反。」由、攸同字。《御覽》引吴普作馬軸，《本草》作馬陸，一名百足。軸、陸俱與逐聲近。商蚷、秦渠皆蛆蟝之聲轉。且渠，即蛆蟝之正文也。今案，其蟲紫黑色，人觸之即側臥，狀若刀環，故《唐本草注》名刀環蟲。

蚰蜒，趙魏之間或謂之蚨虷，北燕謂之蛆蚭。《方言》十一。

蚰蜒，亦名入耳，北燕曰蛆蚭。《一切經音義》十四引《説文》。

蚙窮，幽冀謂之蛸蚔，入耳之蟲。《御覽》九百五十一引《淮南子》高誘注。

謹案，《方言》螾蜥、蚰蜥，聲轉字。蝭蠰、蚨虷、蛆蚭，皆聲近字。育蚔亦與蛆蚭聲近。郭

〔一〕傳：原脱，據《經典釋文》補。

璞《方言注》曰：「江東又呼蛩。」蛩即蛉窮之合音。陳藏器《本草拾遺》云：「蚰蜒，色正黄，大者如釵股，其足無數。此蟲好脂油香，能入耳及諸竅中，以驢乳灌之，化爲水。」邢昺《爾雅疏》呼爲吐舌[一]。今見此蟲細長，紫色，人竅斷之不能出，新城人呼爲流蜇。流、蚰聲近字。

蠆，一名杜伯，幽州謂之蝎。陸璣《詩疏》。

謹案，蠆，《説文》作「蠆，毒蟲也」。《詩》釋文引《通俗文》：「長尾爲蠆，短尾爲蝎。」案，《廣雅》：「杜伯、蠚、蠆，蝎也。」蓋方言之不同，不以爲二物。今俗通呼爲蝎子。

蠭，燕趙之間謂之蠓螉，其小者謂之蠮螉，或謂之蚴蜕；其大而蜜者謂之壺蠭。《方言》十一。

謹案，《説文》：「蠭，飛蟲螫人者。」蠓螉取其聲，《廣雅》：「蠓，蠮也。」「蚴蜕、土蜂，蠮螉也。」蠓、蠮同字，蠮蚴、蠮螉皆語聲之轉。郭璞曰：「蠮螉，小細腰蠭。」《爾雅》：「蜾蠃，蒲盧。」郭注云：「俗呼爲蠮螉。」陸《疏》曰：「蜾蠃，土蜂，一名蒲盧，似蜂而小腰，故許慎云細腰也。」今案，其狀腰細如鍼，黑黄色，嘗銜青蟲入筆管中，俗通呼之爲小土蜂，與陶注《本草》説相符。壺蠭，即《爾雅》之木蠭，郭注《方言》曰：「今黑蠭穿竹木作孔亦有蜜者，或呼笛師。」《楚詞》所謂「玄蜂若壺」是也。郝懿行曰：「今呼瓠瓤蜂。」

北燕人謂蜉蚍曰蟻。《爾雅釋文》引《字林》。

[一] 舌：原誤作「古」，據《爾雅》邢疏改。

蛶蚍，燕謂之蛾蛘。《方言》十一。

謹案，《方言》郭注云：「蚍蜉，亦呼蟞蜉。」蚍、蟞聲轉字。今北方謂小而黑者爲蟞蜉，大而黄者爲馬蟻。蟻乃蛾之俗字。蛾蛘，即蚼蟓聲之相轉，故《廣韻》蚼蟓作蚼蛘。今冀州、廣平、順天人猶謂之蛾蛘，此古方言之尚存於今者。

鼅鼄，鼄蝥也。趙魏之郊謂之鼅鼄，或謂之蠾蝓。蠾蝓者，侏儒語之轉也。北燕曰蝳蜍。《方言》十一。

蟊，燕曰蝳蜍。《玉篇》蚰部。

謹案，《廣雅》：「蛛蝥、冈工、蠾蝓，蝳蜍也。」蛛蝥也，蠾蝓也，蝳蜍也，皆聲近字。《説文》「蠿蟊」，鼄蟊，蟊即蝥之正字。郭璞曰：「江東呼蝃蝥。」蝃與蛛，聲之轉也。《釋文》：「蝃，或作𧊒。」《爾雅》：「次蠹，鼅鼄。」蠹從出聲，與𧊒同字。陶注《本草》：「蜘蛛數十種，有名𧊒蟱者。」𧊒蟱即蝃蝥。冈工，取其義也。今保定、順天人呼爲蛛蛛。

守宮，北燕謂之祝蜒。《方言》八。

謹案，《方言》蠦蠷〔一〕、蜤易、易蜴、蛇醫、蠑螈、螔𧍪、祝蜒，《玉篇》蚵蠪，《一切經音義》蝘蜒、蝀蜆、壁宮，吴氏《本草經》石龍子、山龍子，皆守宮之别名，語聲相轉耳。《説文》榮蚖，即蠑

〔一〕蠷：原作「蠼」，據《方言》改。

螈。在壁曰蝘蜓，在草曰蜥易。今案，在壁間者，色班黑；在草間者，形細長，土色，北人通名蝎虎。常見守宮食蝎，在壁上隔三尺餘，兩首相對，守宮摇尾而以氣吸之，須臾蝎死落地，則空皮矣。

莫貈、螳蜋、蛑，同類物色也。燕趙之際謂之食肬。《御覽》九百四十六、《類聚》九十七引鄭《志·答王瓚問》。

謹案，《方言》髦即莫貈合聲，蛑蛑即髦聲之轉。蛑、髦同音。郭璞注《爾雅》曰：「螳蜋，有斧蟲，江東呼石蜋。」《説文》云：「堂蜋，一名蚚父。」蚚父即高誘《吕覽注》所謂拒斧，《淮南注》亦作巨斧，皆取斧蟲之義。《爾雅》又云：「不過，蟷蠰。」蟷螳、蠰蜋，皆疊韻，方言不同耳。食肬即石蜋，聲相轉。高誘《吕覽注》作齕疣〔一〕，《本草》作蝕肬。《本草》蝕肬謂螵蛸，螵蛸乃螳蜋卵，與古義不合，豈以螵蛸之象如肬乎？今人通謂之刀蜋，有青色者，有羽班而腹緑者。鄭《志》又名馬敫。《吕覽注》又名天馬。

促織，有一種似蚱蜢而身肥大，京師人謂之聒聒。袁宏道《促織志》。

謹案，《詩·草蟲》疏引陸璣《詩疏》：「草蟲，常羊也，大小長短如蝗，奇音，青色好在茅草中。」當即指此。此種比蝗麤短，有青色者，有班色者，今人通謂之聒聒，音如哥。

〔一〕注：原脱。

螭，若龍而黄，北方謂之地螻。《説文》蟲部。

螭，無角，如龍而黄，北方曰地螻。《廣韻》五支。

謹案，左思《蜀都賦》：「或藏蛟螭。」劉注曰：「蛟螭，水神也。一曰雌龍，一曰龍子。」《上林賦》：「蛟龍赤螭。」文穎曰：「龍子爲螭。」張揖曰：「赤螭，雌龍也。」揚雄《解嘲》曰絳螭，《淮南子》曰白螭，宋玉《高唐賦》曰蒼螭，皆不言色黄。《吕氏春秋》曰：「黄帝之時，天先見大螻、大螾。」《史記・封禪書》：「黄帝得土德，黄龍地螾見。」地螻之説，當即本此。

鮧魚，北人曰鰋。《本草綱目》鱗部。

謹案，《爾雅》孫注、《詩》毛傳、《楚詞》王注，皆以鰋、鮎爲一物，郭璞注《爾雅》分鰋、鮎爲二，非也。李時珍曰：「鮎，無鱗之魚，大首偃額，大口大腹，鮠身鱧尾，有齒有胃有鬚，生流水者色青白，生止水者色青黄，大者至三四十斤。」案，此狀今保定人謂之黏魚。鮧，夷也；鰋，偃也；鮎，粘也；皆聲兼義。

鮠魚，北人呼鱯。《本草綱目》鱗部。

謹案，《爾雅》：「魾，大鱯，小者鮡。」《一切經音義》引孫炎曰：「鱯似鮎而大，色白也。」《説文》：「鰥，鱧也。」「鱧，鱯也。」《六書故》曰：「鰥，同鱯。」《廣韻》：「鰥魚，似鮎也。」鰥、鱯一聲之轉。李時珍曰：「邇來通稱鮰魚，鱯、鮠並鮰音近。」今案，此魚無鱗，大口，似鮎魚，肉髻，無鬚，尾有歧。今保定人呼爲淮魚，與鮰聲近字〔一〕。

鱮，幽州人或謂之鴞鷂，或謂之胡鱅。陸璣《詩疏》。

鱮魚，色白，北土皆呼白鱮。《埤雅》。

謹案，《詩・敝笱》箋曰：「鱮似魴而弱鱗。」《廣雅》：「鰱，鱮也。」陸璣謂：「其頭尤大而肥者，徐州人謂之鰱。」陸佃云：「鱮，好羣行相與也，故曰鱮；相連也，故曰鰱。」今鱮，北人連呼曰鰱子，狀如魴，形扁，口喬，細鱗，肥腹，色白。故《西征賦》曰〔二〕：「華魴躍鱗，素鱮揚鬐。」失水易死，蓋弱魚也。

黄鮰魚，北人訛爲黄骨魚。《本草綱目》鱗部。

謹案，李時珍曰：「黄鮰魚，生江湖中小魚也。狀似白魚，而頭尾不昂，扁身，細鱗，白色，闊不踰寸，長不近尺，可作鮓菹，煎炙甚美。」今此魚保定人呼爲黄瓜魚。瓜，鮰聲訛。

鷄，魏謂之鸊鷉。北燕謂伏鷄曰抱。《方言》八。

謹案，鸊鷉，郭璞音避祇。《廣雅》：「辟䧑，鷄也。」辟䧑與鸊鷉同，抱與孚同音，孚從爪聲。《一切經音義》引《通俗文》云：「卵化曰孚。」徐鍇謂：「鳥裒恒以爪反復其卵。」《夏小正》「鷄桴粥」，桴即孚也。今保定人謂伏鷄曰抱窩，蓋古義也。

〔一〕與：原作「在」，據文義改。

〔二〕征：原誤作「京」。

雉，北方曰稀。《説文》隹部。

北方曰鵗。《爾雅·釋鳥》。

北方曰鵗雉。《左傳》昭公十七年賈逵注。

謹案，鄭注：「染人作希。」希、稀、鵗，皆同字。

布穀，魏謂之擊穀。《方言》八。

布穀，北人云撥穀。陳藏器《本草拾遺》。

謹案，《爾雅》：「鳲鳩，鴶鵴。」郭璞注曰：「今之布穀也。江東呼爲穫穀。」《廣雅》：「擊穀、鴶鵴，布穀也。」鴶鵴即鴶鵴，《方言》作結誥，《説文》作桔鵴，《詩》毛傳作桔鞠，音義並同。擊穀、桔鵴，聲之轉。擊穫、布撥，一聲之轉。《月令》鄭注云：「鳩，搏穀也。」搏、撥音近。《六書故》云：「布穀，又謂勃姑，又謂布姑。」皆轉聲字。《本草拾遺》又呼郭公，郭公亦擊穀之轉聲。身似鷂，灰色，翅尾末雜黑。今保定人呼爲歌穀，又呼爲郭嫂打婆，三四月時鳴。

鳩，魏謂之鵖鷎，其䳓鳩謂之鸊鷎。《方言》八。

鵻，今小鳩也，一名鵓鳩。幽州人或謂之鵓鵖。陸璣《詩疏》。

謹案，《廣雅》：「鵖鷎，鳩也。」「鶻鵃，鴿鳩也。」「䳓鳩、鵴鳩、鷎鷎、鵓鳩，鵅鳩也。」王念孫曰：「鳩之總名曰鵖鷎。」其大而有斑者謂之鴿鳩，小而無斑者謂之鵅鳩。郭璞注《爾雅》云：「佳其，鳺鴀。今鵓鳩。」「鶌鳩，鶻鳩。似山鵲而小，短尾，青黑色，多聲。今江東亦呼爲鶻鳩。」

今案，「隹其，𫛚鴀」，即《廣雅》之鵻鳩也。「鶌鳩，鶻鵃」，即《廣雅》之鷁鳩也。𫛚鴀，毛亨、鄭康成、樊光、舍人、李巡作夫不，夫不即鳺之合聲。《詩傳》曰：「鵻，夫不也。」鵻即隹其。隹其疊韻。《一切經音義》引《通俗文》曰：「隹其謂之鵻鳩。」隹鵻、其鳩，聲轉。鵻鳩，一名鵧鳩，一名鵓鳩，一名鷎鷄，又名祝鳩。樊光引《春秋傳》曰：「祝鳩氏，司徒。」祝鳩即鵻其、夫不。舍人又謂之楚鳩，郭璞又謂之荆鳩。荆、楚同義。陸《疏》鷄鴡當即鴡鷄，誤倒之字，其云：「鳺鳩，灰色，無繡頂，陰則屏逐其匹，晴則呼之。」正得其狀。此種較鴉鳩形小，故曰「鵻，小鳩也」。《方言》鵧鳩或謂之鶻鳩，鶻鳩即鶻鵃。毛傳謂「鶻，鵰」，郭音義謂「鶻，嘲」，皆音近字。《方言》：「大者謂之鴉鳩。」鴉即鷁。陸《疏》曰：「鶻鳩，一名班鳩，似鳺鳩而大，頂有繡文班然然。」則鶻鳩乃鴉鳩，不得與鵧鳩同物也。今疑《方言》「或謂之鶻鳩」句當在「其大者謂之鴉鳩」下，後人傳寫誤倒。

鳸鳩，燕之東北謂之鶝鴀。燕之東北謂鵖。《方言》八。

謹案，《方言》鳸鳩、鶝鴀、戴鵀、戴南、鵀鷝、戴鴉、戴勝、鵀、服鶝、鵖鶝、鵖，皆以爲一物。《廣雅》：「戴鴉、戴紝、鶝鴀、澤虞、鵖鶝、尸鳩，戴勝也。」義本《方言》。郭注鳸鳩云：「案《爾雅》即布穀，非戴勝也。」又注鵀鷝云：「案《爾雅》説戴鵀，下紡鷝自別一鳥名，《方言》似依此義，又失也。」今案，鳸鳩，自爲鴶鵴，巢居，與戴勝樹穴中居者，迥然不同。《月令》疏引孫炎《爾雅注》《呂覽》高誘注皆以戴鵀爲鳸鳩，誤本《方言》也。郭注《爾雅》「鵖鴔，戴鵀」云：「鵀即頭上勝，今亦呼爲戴勝。鵖鴔猶鶝鶝，語聲轉耳。」《爾雅翼》曰：「似山鵲而尾短，青色，毛冠俱有文。」今案，其狀黃白斑文，短尾，頭上華冠，如戴華勝，今北人俗呼爲花黎和尚，擬其形也。或呼爲姑姑煞，擬其音也。鵀、南、勝、頒皆音近字，鵬、鶝同字，鶝鶝之聲變轉則爲鶝鴔。據《廣雅》「鶝鶝」，則《方言》「謂之鶝」下應脱鶝字。鵀、澤虞又一鳥，郭説得之。

睢鳩，幽州謂之鷲。陸璣《詩疏》。

謹案，《爾雅》：「鴡鳩，王鳩。」郭璞注曰：「鵰類。今江東呼之爲鶚，好在江渚山邊食魚。《毛詩傳》曰『鳥摯而有別』。」陸《疏》曰：「睢鳩，大小如鴟，深目，目上露。」而揚雄、許慎皆曰「白鷢，似鷹，尾上白」。今案，《爾雅》：「鸉，白鷢。」與王睢劃爲二物。段玉裁曰：「恐係傳寫訛誤，非許書本然。當爲正之曰『鷢者，白鷢楊也。睢者，睢鳩、王鳩也』乃合。」謂之鷲者，《廣雅》：「鷻，鵰也。」《李將軍傳》服虔注云：「雕，一名鷲。」王鳩，雕類，故或呼爲鷲。阮元《爾雅校勘記》曰：「注疏本鷲誤鷙。」

黃鳥，幽州人謂之黃鶯。陸璣《詩疏》。

黃離，幽冀謂之黃鳥。《吕覽・季春紀》高誘注〔一〕。

謹案，《詩》毛傳：「黃鳥，摶黍也。」此種較黃離身小，黃緑色，今人謂之黃雀。《爾雅》「皇

〔一〕紀：原誤作「記」。

黃鳥」是也。《詩》言黃鳥，皆指此。緜蠻、睍睆，蓋擬其音。陸璣《詩疏》、郭璞《爾雅注》、高誘《吕覽注》以黃離留當之，非是。黃離留，或作黃鸝留，或作黃栗，即離皇也。毛亨、許慎皆謂「倉庚，離黃」，《爾雅》倉庚與黃鳥亦别出，不以爲一物。離黃，身大，毛黄，嘴赤，羽尾末黑色相間，其鳴自呼如黃栗留，今人呼爲黃鸝。《詩·桑扈》傳「鶯然有文章也」，故謂之黃鶯。倉庚、商庚，皆黃鶯音近字。鶩黃、鵹黃，即離黃借字。亦曰楚雀，亦曰黃袍。

鳱鴠，魏謂之定甲。《方言》八。

謹案，《廣雅》：「城旦、倒懸、鶡鴠、定甲、獨舂，鳱鴠也。」俱本《方言》。郭璞曰：「鳥似鷄，五色，冬無毛，赤倮，晝夜鳴。獨舂，好自低仰。城旦，言其辛苦有似於罪謫者。倒懸，好自懸於樹也。」今案，《説文》作渴旦，《月令》作曷旦，《坊記》引《詩》作盍旦，《易通卦驗》作曷旦，《七發》作鳱鴠，《御覽》引《廣志》作侃旦，皆音近字。《月令》：「仲冬之月，曷旦不鳴。」鄭康成曰：「曷旦，夜鳴求旦之鳥也。」楊慎《丹鉛録》謂寒號蟲即鶡鴠。李時珍曰：「曷旦，候時之鳥，五臺諸山甚多，其狀如小鷄，四足，有肉翅。夏月毛采五色，自鳴若曰『鳳皇不如我』。至冬毛落如鳥雛，而號曰『得過且過』。其屎名五靈脂。」

鴐，鵅也。幽州謂之鵅。《吕氏春秋·季春紀》、《淮南子·時則》篇高誘注、《御覽》九百二十四引作「幽州謂之鶬」。

謹案，《廣雅》：「鵻，鶉也。」「鴐，鵅也。」鶉與鴐蓋二物，故張氏分别言之。《爾雅》：「鴐，鴾毋。」郭璞注曰：「鴽也。青州呼鴾毋。」「鶬鶉」注云：「鶉，鵅屬。」《説文》亦云：「鶉，鵅屬也。」「鴽，鶉屬也。」曰鶉屬、鴽屬則非一物明甚。《公食大夫禮》《内則》亦以鶉、鴽並舉。鴽或爲鴾，鴾韻皆鴽之别體。《月令》疏引李巡曰：「鴽鴽，一名鴾毋。」毋與無通，鴾毋音轉，故鄭注云：「鴽，母無也。」《吕覽》：「青州謂之鴾鴾。」鴾鴾即鴾毋之借聲。《夏小正》言田鼠爲鴽，《列子·天瑞篇》云田鼠爲鶉，《淮南·齊俗訓》高誘注云鶉鴽也，皆合爲一物，失之。今驗鴽比鶉長大，黄色，無後趾，鳴則以觜插地，其聲如牛，今保定人謂之黄臘鴾子。

鷂在北爲鷹。《爾雅翼》《晉書·崔洪傳》。

謹案，羅願、崔洪俱云在南爲鷂，在北爲鷹。鷹鷂同類，小爲鷂，大爲鷹。鷹與鳩同氣禪化，故《爾雅》鷹稱鵏鳩〔一〕。《左傳》昭十七年疏引樊光曰：「來鳩，爽鳩也。」《春秋》云「爽鳩氏，司寇」，鷹鷙，故爲司寇。今北人呼小者爲鷂，大者爲鷹。鷹鷂種類甚多，名不一稱。

蝙蝠，北燕謂之蟙䘃。《方言》八。

謹案，《廣雅》：「伏翼、飛鼠、仙鼠，蚔䘃也。」皆本《方言》。伏服、蚔蟙同字。李時珍曰：「伏翼形似鼠，灰黑色，有薄肉翅，連合四足及尾如一，夏出冬蟄，日伏夜飛，食蚊蚋，自能生育。」今案，其狀正如此，自生自育，小者常銜其乳飛，非鼠所化也。《新序·雜事》篇謂之燕服翼，今保定人謂燕蝙蝠。

〔一〕鵏：郭璞《爾雅注》認爲當是「鷞」之誤。

鷦鷯，桃蟲也，狀類黄雀而小，燕人謂之巧婦，亦謂之女鴎。《禽經》張華注。

謹案，《爾雅》：「桃蟲鷦，其雌鴱。」郭璞注云：「鷦鷯，桃雀也。俗呼爲巧婦。」《方言》有桑飛、工爵、過鸁、女鴎、懱爵諸名，郭璞注曰：「即鷦鷯也。」鷦鷯、鷦鷯，疊韻字。鷯轉爲懱，又轉爲蒙，故《荀子》謂之蒙鳩。鷦鷯、鷦鷯、過鸁、懱爵、蒙鳩，皆取小貌，與蛁蟟、鳭鷯、果鸁、蠛蠓，聲義並同。巧婦、女鴎、工爵，皆指其巧於作巢而言。《荀子·勸學篇》云：「蒙鳩以羽爲巢，編之以髮，繫之葦苕。」《易林·噬嗑之涣》云「桃雀竊脂，巢於小枝，摇動不安，爲風所吹」是也。鷦鷯之聲又轉爲啁噍。《吕覽·求人》篇鷦鷯作啁噍是也。鄭箋謂之題肩，郭璞又謂之布母。今見此雀，青黄色，小於黄雀，目間白色如粉，保定人謂之白眼。《詩疏》《易林》俱云「鷦鷯生鵰」，毛傳亦謂「鳥之始小終大者」，未經目驗，不敢必其然也。《方言》《廣雅》、陸《疏》及毛韓諸家並以鴟鴞當之，大謬，郭璞不從，是也。

鴟鴞，幽州人謂之鸋鴂。陸璣《詩疏》。

謹案，陸璣以鴟鴞爲桑飛，其誤蓋本於《方言》。《廣雅》《爾雅》鴟鴞、鸋鴂與狂、茅鴟等相屬，故郭注以爲「鴟類」。《説文》：「鴞，鴟鴞，寧鴂也。」「鷦，鷦鷯，桃蟲也。」亦不以爲一物。鴟鴞與鴟鵂聲同，鴟鴞即梟鴟顛倒字。劉向《九歎》云：「鴟鴞集于木蘭。」王逸注曰：「鴟鴞，鸋鴂，貪鳥也。」蔡邕《弔屈原文》云：「鸋鴂軒翥，鸞鳳挫翮。」皆以鴟鴞爲貪惡大鳥。近時王念孫《廣雅疏證》、段玉裁《説文注》、郝懿行《爾雅義疏》並以鴟鴞、鸋鴂爲鷦鷯小鳥，失之。今案，鴟鴞，頭目如猫，有毛角兩耳，晝伏夜出，其聲連轉如云鵂鶹，鵂鶹，蓋自呼也，聞者以爲不祥。

虎，魏或謂之李父。《方言》八。

謹案，《方言》李父即李耳，語聲之變轉，於䖘與虎音近，伯都與於䖘亦聲轉字。《御覽》引《風俗通》云：「俗説虎本南郡中廬李氏公所化爲，呼李耳因喜，呼班便怒。」郭璞注云：「虎食物至耳即止，以觸其諱。」皆穿鑿不經。《易林》云：「鹿求其子，虎廬之里，唐伯李耳，貪不我許。」唐伯、李耳，蓋皆方俗語也。

豼，北燕謂之豾。《方言》八。

謹案，豾，郭璞音狉，《廣雅》作狉，《方言》貔猍、豾貍皆同音字。鄭注《大射儀》云：「貍之言不來也。」不與狉、來與猍同。《説文》：「貍，伏獸，似貙也。」

費費，北方謂之吐嘍。《周書・王會》篇。

謹案，《爾雅》：「狒狒如人，被髮，迅走，食人。」郭璞注曰：「梟羊也。《山海經》曰：『其狀如人，面長，脣黑，有毛，反踵，見人則笑。』交廣及南康郡山中亦有此物，大者長丈許，俗呼之曰山都。」《説文》作䰠，云：「周成王時，州靡國獻䰠䰠。北方謂之土嘍。䰠，讀若費。一名梟陽。」費、狒皆䰠之聲借字。《方輿志》云：「狒狒，西蜀及處州山中有之，呼爲人熊，亦呼爲山大人，或曰野人及山魈也。」案，今俗人通呼爲人熊。宋建武中，獠人進雌雄二頭，帝問土人丁鸞，鸞曰：「其面似人，紅赤色毛，似獼猴，有尾，能人言，如鳥聲。善知生死，力負千鈞。反踵，無膝，睡則依物。獲人則先笑而後食之，獵人因以竹筒貫臂誘之，俟其笑時，抽手以錐釘其脣著額，候死而取之。髮極長，可爲頭髮，血堪染靴及緋，飲之使人見鬼也。」帝乃命工圖之。

貉，北曰狐。《本草綱目》獸部引王浚川。

謹案，貉與狐非一物。王浚川謂「北曰狐，南曰貉」，非也。《説文》：「貈，似狐，善睡獸也。」今字假貉爲貈。《論語》「衣狐貉」是也。李時珍曰：「貉生山野間，狀如貍，頭鋭鼻尖，斑色，其毛深厚温滑，可爲裘服。與貛同穴而異處，日伏夜出，捕食蟲物，出則貛隨之。其性好睡，人或畜之，以竹叩醒，已而復寐。故人好睡者謂之貉睡，俗作渴睡，謬矣。」

犀，北音多言兕。《本草綱目》獸部。

謹案，兕與犀不同物。《爾雅》：「兕似牛。」「犀似豕。」郭璞曰：「兕，一角，青色，重千斤。」「犀，形似水牛，猪頭，大腹，庳腳，有三蹏，黑色，三角一在頂上，一在額上，一在鼻上。鼻上者即食角也。小而不橢，好食棘。亦有一角者。」《説文》：「舄，如野牛而青，象形。」「犀，南徼外牛。一角在鼻，一角在頂，似豕。」皆以犀、兕爲二物。犀、兕皮革堅厚可爲甲，而犀不如兕。《考工記》所説是也。《左傳正義》引《交州記》以一角者爲兕[一]，三角者爲犀。劉逵《吴都賦注》説犀狀亦與郭説同，李時珍混而爲一，非也。犀亦有二角者，見陶宏景《本草經》、蘇頌《圖

[一] 正義：原脱。

之也。

經》。其一角者，李時珍謂之兕犀，亦曰獨角犀。郭注所謂一角者當即此種。未可即以兕當

成䝞音也。《正字通》犬部引《通雅》。

貔，貉類，色白，尾小，如狗。北人謂之皮狐子，亦曰貔子，讀若䝞，蓋北人讀貉之入聲轉而

謹案，今畿南人皆讀貉聲如䝞。

豬，北燕謂之豭。《方言》八。

謹案，郭注云：「豭，猶云豭斗也。」豬、豭音轉字。《説文》：「豭，牡豕也。」《方言》則通呼

爲豭。《周禮·天官·醢人》注云：「今河間名豚脅聲如鍛膊。」鍛疑鍜字之訛，以《方言》證之，

蓋豚聲如鍜也。

上谷名豬曰㹠。《説文》豕部。

謹案，《初學記》《太平御覽》引《説文》豬下有曰字，據補。《廣韻》㹠，豬之别名。《玉篇》：

「豱豕也。」或作豯。㹠與豕、彘、豨、豯，俱音近字。

騾，北方或曰罔。《御覽》九百一引《廣志》。

謹案，《説文》：「羸，驢父馬母也。」又云：「駃騠，馬父羸子也。」段云「馬父」下疑奪「驢母」

二字。崔豹《古今注》曰：「驢爲牡，馬爲牝，生騾；馬爲牡，驢爲牝，生駏驉。」《御覽》引作騰驚。

案，今北方人呼馬牡驢牝所生者爲驢騾。

北人以黄牛、烏牛爲牛。《本草拾遺》。

謹案，李時珍曰：「牛有㹇牛、水牛二種。㹇牛小而水牛大。㹇牛有黄黑赤白駁雜數色。水牛色青蒼，大腹，鋭頭，其狀類猪，角若擔矛，能與虎鬬，亦有白色者。」孟詵《食療》曰：「黄牛動病，黑牛尤不可食。」蓋亦戒殺之意，其實不盡然也。

羖羊亦謂之羖䍽羊，北人引大羊以此爲羊首，又謂之羊頭。蘇頌《圖經本草》。

謹案，羖䍽羊，毛長而多黑色，亦有白色、褐色者。寇宗奭曰：「出陜西河東，尤狠健，毛長而厚，入藥最佳。如供食，則不如北地無角白大羊也。」今日北人引大羊者，猶如蘇氏所云。

右古方言。

今順天人謂然爲唉，音哀。郝懿行《爾雅義疏·釋詁》。

謹案，《説文》：「唉，譍也。」又曰：「誒，然也。」《方言》：「欸，然也。」唉、誒、欸，皆同字。今人皆謂譍爲唉。

只當，魏之方言，己知其誤而自恕之辭，猶云只以爲也。崔述《只當行詩序》。

謹案，北人言只當有二意，一人將行事而有所吝惜，旁人慫恿爲之曰只當如是。一事已誤而自解亦曰只當。

阜，小徐符九反。符九，如河間之俗讀缶。苗夔《説文建首字讀》。

謹案，苗夔古韻分七部，以尤部半入支之、半入蕭宵，故九從姚伯昂音絞，而又以俗讀證之。

卯、柳同聲，北人音卯爲柳，此古音也。臧庸《拜經日記》。

謹案，古者蕭宵與尤侯韻皆相通，故談古韻者互爲分併。

苦，困也。北人不善乘車謂之苦車。《經韻集字析解》艸部。

謹案，今人不善乘車者，保定人謂之暈車，身不安穩者曰苦底慌。

今北人呼虹爲絳。沈濤《銅熨斗齋隨筆》八。

謹案，沈濤云：「世皆知霓字有入聲，而不知虹字有去聲。」元稹《送客遊嶺南》詩：「水面波疑縠，山頭虹似巾。」自注云：「虹音近絳。」郝經《使宋過濟南宴北渚亭》詩：「虹橋桁柳平分破〔一〕，巨壑雲莊入煙暝。」於虹自注云：「去聲。」案，《廣韻》四絳：「虹，古巷切。」今北人皆呼虹爲絳。

開州有土城，土人呼爲骨堆。崔述《豐鎬考信别録》。

謹案，今保定人亦呼土塚爲土骨堆。

永清縣宋石幢稱大父耶耶，北人猶有此稱。《十駕齋養新録》十五。

謹案，永清縣信安鎮龍泉寺有金大定三年碑，其文有「王孝子耶耶」之文，錢大昕云：「當

〔一〕桁：原誤作「衎」，據《全元詩》改。

亦謂其大父也。」

今之土豪，里庶之醜稱。京師人或謂此輩爲土包。郝懿行《晉宋書故》。

謹案，豪、包疊韻，今時人或稱土包，或稱土棍。

魏人於凡人之科名不遂僅以舉貢終其身，與仕宦不遂僅以州縣終其身者，皆目之爲薄皮繭。崔述《考信録自序》。

謹案，薄皮繭，喻人之樹立淺者，謂之無成不可，謂之有成又不足道，故目之爲薄皮繭。

北人稱室女曰女兒，稱婦曰娘子。喬鉢《奕心》。

謹案，今保定稱室女曰姑娘，稱婦曰媳婦。

北人稱餚饌爲下飯，飯借此而下也。喬鉢《奕心》。

謹案，畿南人有下飯之語，保定以北無之。

今燕齊閒以插地起土者爲鐵鍬。《爾雅義疏·釋器》。

謹案，鍬與斛同。鍬古音讀如喬，説詳古方言。

耩，北人播種之名也。耩必以耬，故呼植者爲頭耬，稍遲旬日種者爲二耬。程瑶田《九穀考》。

謹案，《廣韻》：「耩，耕也。」蓋耕而下種者也。程瑶田曰：「耩必以耬，耬形如斗，底中有孔。爲三股，迤立於前。股空其中，上通於底孔。股端有鐵，鋭其末。於斗兩旁施轅設軛，牛駕之行。行則股端鐵畫地，鐵上皆有小孔向後，一人在後扶其斗而摇之，穀種從底孔入三孔，復自小孔中漏出，恰入畫中，所謂耩也。」

北人呼幡布爲轉布。趙翼《陔餘叢考》四十三。

謹案，陸容《菽園雜記》言吴中舟行諱翻〔一〕，故呼幡布爲抹布。轉布則又因翻字而轉。今保定人又聲轉爲展布。

北人呼縻爲縻黍，亦稱穄子。王念孫《廣雅疏證·釋草》王引之説。

今京師人謂穄爲縻。《爾雅義疏·釋草》。

北方稷穄音相邇，穄奪稷名，承譌日久。程瑶田《九穀考》。

稷黏者爲秫，北方謂之高粱，或謂之紅粱，通謂之秫秫，又謂之蜀黍。程瑶田《九穀考》。

蜀秫高至丈餘，北人謂之高粱。張爾岐《蒿庵閒話》。

今北方謂高粱之黏者爲秫秫，亦曰胡秫。胡亦大也。《爾雅義疏·釋草》。

黍稷之稷，漢以來謂之粟。今北方農人謂之穀，乃黍屬之不黏者。今北方往往讀入爲去，或遂有讀稷與穄同音者。崔述《唐虞考信録》。

謹案，唐以前誤以粟爲稷，唐以後誤以黍之黏者爲稷，或以黍之不黏者爲稷。程瑶田《九穀考》據《説文》謂：「禾，嘉穀。粟，穀實〔二〕。米，粟實。粱，米名。此北方所謂穀子，而米爲

〔一〕 翻：原作「原」。

〔二〕 穀：原誤作「殻」，據《説文解字》改。

小米者也。穈，穄也。此北方所謂穈子，或稱穄子者也。稷，齋也，五穀之長。秫稷之黏者曰秫〔一〕。此北方所謂高粱，呼其稭爲秫稭者是也。」説詳古方言中。崔氏説稷穀之名皆誤。

北人呼禾爲穀。程瑶田《九穀考》。

北方人呼穀米曰米。程瑶田《九穀考》。

禾有赤苗、白苗之異，今直隸人猶别而呼之曰紅苗穀、白苗穀。程瑶田《九穀考》。

今北言猶呼粟之純者曰粱米。《九穀考》。

粟，北方直名之曰穀，脱殼爲米，亦曰小米。楊元錫《東强縣志》。

謹案，程瑶田云：「秦漢以來，稷粱溷一，莫之能辨。獨鄭康成改司農九穀之説，稷粱並舉，與《説文》合。《漢書·平當傳》注：如淳曰：『《律》，稻米一斗得酒一斗爲上尊，稷米一斗得酒一斗爲中尊，粟米一斗得酒一斗爲下尊。』《漢律》所載稷粟二穀兩不相冒，亦可爲諸經之一證。」互見古方言中。

今北方人謂禾莖曰秆草，以飼馬牛，又以爲簾簿。《廣雅疏證·釋草》。

謹案，《説文》：「稈，禾莖也。《春秋傳》曰：『或投一秉稈。』或從干作秆。」今本《左傳》作秆，杜預注曰：「秆，稿也。」王念孫曰：「杆之言幹也，禾之幹也。」今北人皆呼秆草。

〔一〕秫：原作「术」。

臨洺取黄瓜之長細者陰乾，嚼之有聲，名响瓜。《廣平府志》。

謹案，黄瓜即胡瓜，説詳古方言。响瓜，取其聲也。

王瓜，五月開黄花，花下結子，形如小瓜。今京師名爲赤雹子。《爾雅義疏·釋草》。

謹案，《爾雅》：「鈎，𦸈姑。」郭璞注曰：「鈎瓠也。一名王瓜，實如瓟瓜，正赤，味苦。」陶宏景曰：「生籬院間，子熟時赤如彈丸。」鄭玄注《月令》王瓜，以爲菝葜，殊謬。蘇恭曰：「四月生苗，延蔓，葉似括樓葉，但無叉缺，有毛刺。五月開黄花，花下結子如彈丸，生青熟赤。」李時珍曰：「其蔓多鬚，嫩時可茹，俚人呼爲公公鬚。」

苦蕒，北方人呼爲苣蕒菜也。程瑶田《釋草小記》。

謹案，蘇恭曰：「《爾雅》云：荼，苦菜也。」《易通卦驗元圖》：「苦菜生於寒秋，經冬歷春，得夏乃成，一名游冬，葉似苦苣而細，斷之有白汁，花黄似菊，所在有之。」李時珍曰：「春初生苗，有赤莖、白莖二種。葉似花蘿蔔菜，而色緑帶碧。上葉抱莖，梢葉似鸛嘴。花黄如野菊，一花結子一叢。花罷則收斂，子上有白毛茸茸，隨風飄揚，落處即生。」今北人通呼爲苣蕒菜，亦呼苣菜。

鷄菌，今北方謂之鷄腅蘑茹。桂馥《説文解字義證》四。

謹案，菌種甚多，生於地者惟鷄腅蘑茹最香美。《毛詩名物解》引《莊子》鷄菌即此也。南人謂爲鷄㙺。

蓬，北人今呼埽帚菜，又呼爲刺蓬。《九穀考》。

謹案，《爾雅》：「荓，馬帚。」荓、蓬一聲之轉。此草莖圓有刺，較王蔧疏勁。北人呼爲刺蓬科。

瓠顱，或作壺盧，或作瓠甎，京師人則通謂之瓠顱。而以瓠顱之已剖者爲瓢。《廣雅疏證·釋草》。

謹案，《詩·匏有苦葉》毛傳曰：「匏謂之瓠。」陸佃駁之，謂「長而瘦上曰瓠，短頸大腹曰匏」。今保定人猶如此分別，古人則匏、瓠一物也。

莣，今北人呼之音同忙也。《釋草小記》。

謹案，《爾雅》：「莣，杜榮。」郭璞注曰：「今莣草似茅，皮可以爲繩索履屩也。」《釋文》莣音亡，字亦作芒。《廣韻》音同忙。蓋方言有輕重耳。《通雅》曰：「菅，芒也。」《儀禮·喪服》菅屨，即是芒屨。菅長於茅，白華，菅柔忍而茅脆，茅但可覆屋，不可以爲繩屨。蓋菅爲茅屬，故《説文》菅、茅互訓，承古訓詁家之舊説，其實菅非茅也。

荍，今順天人呼回回秫稽。《爾雅義疏·釋草》。

謹案，《爾雅》：「荍，蚍衃。」郭璞注曰：「今荆葵也。似葵，紫色。謝氏曰：小草，多華少葉，葉又翹起。」陸璣疏曰：「芘芣，一名荆葵，似蕪菁，華紫緑色，可食，微苦。」《爾雅翼》曰：「荆葵花似五銖錢大，色粉紅，有紫文縷之，一名錦葵。」郝懿行曰：「錦、荆、荍，俱聲相轉。荍之言翹也，高二三尺，葉頗不似蜀葵，華如羅願所説，其實則如蜀葵，惟形小耳。即經典所謂葵也。」

蜀葵，京師呼秫稭華。《爾雅義疏·釋草》。

謹案，《爾雅》：「菺，戎葵。」郭璞注曰：「今蜀葵也。似葵，華如木槿花。」蘇頌曰：「蜀葵花有五色，小花者名錦葵。」李時珍曰：「春初種子，冬月宿根亦自生苗，嫩時可茹食。葉似葵而大，似絲瓜葉，有歧叉，莖五六尺。花有深紅、淺紅、紫、黑、白色，單葉、千葉之異。實大如指頭，皮薄而扁，內仁如馬兜鈴仁。一種小者名錦葵，即荆葵也。」

莓，北人呼爲婆門，即藨莓聲之轉也。《爾雅義疏·釋草》。

謹案，《爾雅》：「葥，山莓。」郭璞注曰：「今之木莓也。實似藨莓而大，亦可食。」莓，《説文》作苺。陳藏器曰：「莖上有刺如懸鈎，故名懸鈎子。」李時珍曰：「樹高四五尺，莖白色，有倒刺。葉有細齒，青色無毛，似櫻桃葉而狹長。四月開小白花，結實色紅。今人亦通呼爲藨子。」郝懿行謂：「南人呼普盤。」普盤與婆門聲相轉。

蔏蔞，今京師人以二三月賣之，即名蔞蒿。《爾雅義疏·釋草》。

謹案，《爾雅》：「購，蔏蔞。」郭璞注曰：「即蔞蒿也。生下田，初出可啖。江東用羹魚。」陸璣曰：「葉似艾，白色，長數寸，高丈餘，好生水邊及澤中。正月根芽生旁莖，正白，生食之香而脆美，其葉可蒸爲茹。」李時珍曰：「有水陸二種。陸生辛熏不美，不及水生者香美。」景差《大招》

云：「吴酸蒿蔞，不沾薄只。」〔一〕謂吴人善調酸瀹蔞蒿爲齏，不沾不薄而甘美。此正指水生者也。

雀李，順天人呼爲側李。《爾雅義疏·釋木》。

謹案，雀李，即奥李也。東齊人呼策李。策、側俱雀聲之轉。郝懿行曰：「其樹高一二三尺，華葉實俱如李而形小耳。其實正赤，甘酸微澀，寡於肉而豐於核。今藥中郁李用此。」

樝，今順天人呼之鐵梨。《爾雅義疏·釋木》。

謹案，《説文》：「樝，果似梨而酢。」《齊民要術》引《風土記》曰：「樝，梨屬，肉堅而香。」郝懿行曰：「樝即今鐵梨，黄赤而圓，肉堅酸澀，而入湯煮熟則更甜滑。」《齊民要術》所云凡醋梨易水熟煮則甘美，斯言信矣。

羊棗樹小，北人有植於園圃者，實紫黑而甘，俗呼爲羊妳棗，因羊矢而訛也。邵晉涵《爾雅正義·釋木》。

謹案，《爾雅》：「遵，羊棗。」郭璞注曰：「實小而圓，紫黑色。今俗呼之爲羊矢棗。」郝懿行曰：「此《上林賦》所謂楟棗。《説文》楟棗，似柿，即今軟棗。其樹葉實皆頗似柿〔二〕。《齊民要術》所謂根上插柿者也。郭以此爲羊棗，恐誤。羊棗小而圓，其味善，故曰羊。羊，善也。」

螻蛄，今順天人呼拉拉古，亦螻蛄之聲相轉耳。《爾雅義疏·釋蟲》。

〔一〕只：原脱，據《大招》補。

〔二〕上二「柿」字原誤作「棟」。

謹案，《説文》：「螻，螻蛄也。」又云：「蠹，螻蛄也。」蠹即《夏小正》之彀，《方言》謂之蛄諸、杜蛒、螻螲、蝝蛉、杜狗、蛞螻，《爾雅》謂之天螻，《廣雅》又謂之炙鼠、津沽，《古今注》謂之仙姑，《荀子》謂之梧鼠，皆方俗語之遞轉者也。《埤雅》引孫炎曰：「雄者喜鳴善飛，雌者腹大羽小不能飛翔，食風與土也。」此蟲立夏後夜鳴，聲如蚯蚓，四足，狗頭，黄色，故俗呼土狗。人即其處以甎磨之，即出類從，所謂磨鐵致蛄，物相感也。蔡邕言：「碩鼠五能，不成一技。」五能者，能飛不能過屋，能緣不能窮木，能游不能度谷，能穴不能掩身，能走不能免人，蓋指此言。禾稼新生時，此蟲最爲害，故《魏詩》以爲比。先儒俱謂碩鼠爲大鼠，恐非。

蜩，順天謂之蝍蟟。《爾雅義疏·釋蟲》。

謹案，蜩之名不一，北人通謂之蝍蟟。蟟、蜩疊韻。《廣雅》曰：「蛴蛄，蟬也。」郭璞注《方言》曰：「蛴音技。」蝍蓋蛴蛄聲之轉。蝍蟟，二字如呼其聲。

蚻，順天人呼咨咨。《爾雅義疏·釋蟲》。

謹案，《爾雅》：「蚻，蜻蜻。」郭璞注曰：「如蟬而小。」《方言》云：「有文者謂之螓。」《夏小正》曰：「鳴蚻虎懸。」然則咨咨即《詩》之所謂螓矣。毛傳曰：「螓首，顙廣而方。」今案，此蟬形小方頭，身青有文，鳴聲清高。今保定人通謂之小蝍蟟。咨咨，蓋蚻蚻語聲之轉也。

蛁蟟，色青碧，形小修長。順天人謂之夫爹夫娘者也。《爾雅義疏·釋蟲》。

謹案，郝懿行謂：「蛁蟟，東齊人謂之德勞，或謂之都盧，揚州人謂之都蟟，皆語聲相轉。」

今保定人謂之伏天弗涼，亦自呼之聲。説互見古方言。

蟋蟀，今順天人謂之趨趨，即促織、蟋蟀之語聲相轉耳。《爾雅義疏・釋蟲》。

謹案，《爾雅》：「蟋蟀，蛬。」郭璞注曰：「今促織也。亦名青蛚。」案，此種今保定人謂之屈屈。屈即蛬之轉音。屈屈即促織之合聲也。説互見古方言。

草蟲，順天人謂之聒聒。《爾雅義疏・釋蟲》。

謹案，郝懿行云：「聒聒，體青緑色，比蝗蠃短，狀類蟋蟀。振翼而鳴，其聲清滑。及至晚秋，鳴聲猶壯。《詩・出車》箋『草蟲鳴晚秋之時』，及陸《疏》『奇音，青色』，唯此足以當之。」今案，聒聒，自五月鳴，至九月即凍死。鄭謂「鳴晚秋」恐非此類。郭注、毛傳謂「草蟲，常羊」，亦未聞。唯陸所云「奇音，青色，好在草茅中」類此。

負勞，大而青者順天人呼老琉璃，亦曰馬郎。馬，古讀如姥。姥、負音近，郎、勞聲轉，然則馬郎即負勞之遺語乎？《爾雅義疏・釋蟲》。

謹案，《爾雅》：「虰蛵，負勞。」郭璞注曰：「或曰即蜻蛉也。江東呼狐棃。」《吕覽・精諭》篇高誘注曰：「蜻蛉，小蟲，細腰，四翅，一名白宿。」《爾雅翼》曰：「水蠆化蜻蛉，蜻蛉相交還於水上，附物散卵，復爲水蠆。」今驗此種，如羅願所説。保定人呼紅色者爲火馬郎，青色者爲青頭馬郎。琉璃，即狐棃語聲之轉。

蚍蜉，今順天人呼馬蟻。《爾雅義疏・釋蟲》。

謹案，《方言》蚍蜉有蚼蟓、元蚼、蛾蛘諸名，皆語聲相轉。今北人呼小而黑者爲蟞蜉，大而黄者爲馬蟻。馬者，大也。《易林》曰：「蟻封户穴，大雨將集。」今時農人猶以占驗。說互見古方言。

蛷，順天人謂之錢龍。《廣雅疏證・釋蟲》。

謹案，《廣雅》：「蛷螋，蟱蛷也。」《説文》：「蛷，多足蟲。」《通俗文》作蚑蛷，《周官》鄭注作肌求，皆語聲之轉。《博物志》：「蠷螋蟲溺人影，隨所著生瘡。」盧氏曰：「塗以鷄腸草，經日即愈。」蠷、蛷亦聲轉字。此蟲足多，行駛壁上往來，其形髟髟，保定人呼爲錢串子。

蠃，順天人呼水牛。《爾雅義疏・釋蟲》。

謹案，《士冠禮》注：「今文蠃爲蝸。」蠃、蝸同字，故郭注《爾雅》、鄭注《書・大傳》皆謂「蠃，蝸牛也」。《古今注》曰：「蝸牛，陵螽也。」《本草》：「蛞蝓，一名陵蠡。」蛞蝓，即《爾雅》螔蝓語聲之轉。先儒皆以蠃爲螔蝓，然《本草别録》蛞蝓、蝸牛並出，陶注謂蛞蝓無殼、蝸牛頭形如蛞蝓但背負殼，顯分二物，與經典異義。

鴟，今順天人呼鷂鷹。《爾雅義疏・釋鳥》。

謹案，陶注《本草》鴟即俗呼老鴟者，又有雕、鶚，並相似而大。案，鴟似鷹而稍小，其尾如舵，善高翔，捉鷄雀。今北人或呼鷂鷹，或呼老雕。

赤觜鳥，薊州有之，此州之人名爲賜喜兒也。《爾雅義疏・釋鳥》。

謹案，《爾雅》：「鸓，山烏。」郭注曰：「似烏而小，赤觜，穴乳，出西方。」《水經·濛水注》曰：「火山出雛烏[一]，形類雅烏，純黑而姣好，音與之同，繢采紺發，觜若丹砂，性馴良而易附，丱童幼子，捕而執之。亦曰赤觜烏，亦曰阿雛烏。」今人呼此爲紅觜鴉。

鴉烏，一名大觜烏，順天人呼寒鴉。《爾鴉義疏·釋鳥》。

謹案，《爾雅》：「鸒斯，鵯鶋。」郭璞注曰：「雅烏也。小而多羣，腹下白。江東亦呼爲鵯烏。」《小爾雅》曰：「純黑而反哺者，謂之慈烏。小而腹下白不反哺者，謂之雅烏。」今保定人俱呼此烏爲黑鴉，天寒時即至，其聲雅雅。

鼬鼠，順天人呼黃鼬。《爾雅義疏·釋獸》。

謹案，郭璞曰：「鼬似鼦，赤黃色，大尾，啖鼠。江東呼爲鼪。」此種狀如鼠，身長尾大，氣臊臭，健於捕鼠及禽畜。《莊子》所謂「騏驥捕鼠，不如貍鼪」者也。其毫與尾可作筆。今人亦呼黃鼠狼。

鼴鼠，今順天人猶呼鼢鼠。《廣雅疏證·釋獸》。

謹案，《説文》：「鼢鼠，地中行鼠，伯勞所化也。」一曰偃鼠。陶宏景曰：「一名隱鼠，形如鼠而大，無尾，黑色，尖鼻，常穿地中行。」今案，此鼠保定人名爲地排子，體肥扁，毛色灰黑，目

[一] 火：原誤作「水」，據《水經注》改。

極小，農人即其行處安竹弓射取之。

右今方言。

附各州縣志方言

學讀作鴞。郁讀作於。覺讀作絞。獲讀作槐。略讀作料。閣讀作槁。雹讀作包。阜讀作富。以上贊皇、寧河、平山、元氏、定州志同。

習讀作西。瘧讀作要。國讀作鬼。胞讀作抛。以上贊皇、平山、元氏、定州志同。

極、吉讀作幾。鞘讀作峭。役讀近異。以上贊皇、平山、元氏、大名志同。

禄讀作路。贊皇、元氏、定州志同。

色讀作灑。贊皇、寧河、平山、内邱、定州志同。

格、隔讀作潔。贊皇、平山、元氏、内邱志同。

客讀作怯。贊皇、平山、内邱、元氏志同。

欲、玉、毓讀作愈。贊皇、寧河、平山、元氏、大名、内邱、萬全志同。

讀讀作都。贊皇、平山、元氏、定州志同。

翟、宅讀作齋。贊皇、寧河、平山、元氏志同。

一、亦讀作以。曈讀作團。峪讀作又。歐讀作偶。耿讀作景。糜讀作梅。以上贊皇、平山、元氏志同。

雜讀作咱。局讀作居。以上贊皇、平山、元氏、大名、定州志同。

突讀作堵。摘讀作債。筆讀作彼。以上贊皇、寧河、平山、定州志同。

索讀作埽。宦讀作煥。以上贊皇、元氏志同。

入讀作肉。贊皇、平山、定州志同。

麥讀作賣。樂、落讀作勞去聲。耕、更讀作經。以上贊皇、寧河、平山、元氏、内邱志同。

給讀作紀。贊皇、寧河、平山、元氏、大名、内邱、定州志同。

闊、括讀作渴。郭、合讀作葛。以上贊皇、寧河志同。

錫讀作洗。贊皇、内邱、定州志同。

墨讀作美。贊皇、平山、内邱志同。

額讀作葉。贊皇、元氏、内邱、定州志同。

箔讀作鑣。贊皇、元氏志同。

□□□□□□□□□〔一〕

史讀作石。來讀作雷。其讀作起。廈讀作紗上聲。湖讀作呼。以上贊皇、平山志同。

苦讀作楕。足讀近南音沮。托讀近南音套。殼讀近南音巧。族、卒讀近南音左。物、勿

〔一〕原文如此,作九「□」。

讀俱近五。以上贊皇志同。

蜀、熟、屬、贖、述、秫、菽，讀俱近南音儒。伏讀近南音腐。以上贊皇、内邱志同。

福讀近府。贊皇、寧河、内邱志同。

軸、粥讀作豬。以上贊皇、平山、元氏、大名志同。

俗、宿、粟、素、肅讀作須。贊皇、寧河、平山、元氏、大名志同。

德、的讀作堆上聲。屋讀作烏上聲。泉、全讀近南音川。《雲壽縣志》。

屋讀作烏。大名志同。

德讀作的。《贊皇縣志》。

墨讀作密。萬全志同。

北讀作卑。錫讀作西。以上大名志同。

白讀作拜平聲。元氏、萬全志同。

藥讀作耀。我讀作挪。愛讀作乃。窄讀作齋。雀、鵲讀作肖。國讀作鍋。訛讀作挪。熬讀作鐃。鶴讀作蒿。血讀作捨。索讀作鎖。鞋讀作蛇。道讀作刀。飯讀作泛。霍讀作火。瑞讀作蕊。木、牧、目、某、畝、牡、墓、慕、暮，並斂口作鼻音。《寧河縣志》。

緱讀作高。賣讀作滅。郭讀作哥。趙讀作卓。《平山縣志》。

麥讀作賣。墨讀作妹。以上定州志同。

肉讀作柔。萬全志同。

物、勿讀作務。大名志同。

筆讀作比。莫讀作磨。獄讀作遇。蜀、熟、贖、述、屬、秫讀作書。族、卒讀作租。立、力讀作利。葉讀作夜。白讀作百。陸、六讀作劉。牛讀作紐。道讀作到。達讀作打。石讀作担。律讀作慮。率讀作衰。樂讀作要。羅、敵讀作低。《元氏縣志》。

六讀作溜。萬全志同。

十、實、石、拾讀作時。服、佛、伏讀作扶。以上元氏志同。

逸、邑讀作移。暇讀作霞。合、盍、曷讀作何。痕讀作恒。臯讀作稿。賡讀作梗。淹讀作揜。懲讀作逞。危、微讀作委。活讀作和。偉讀作爲。畫讀作化。叔讀作暑。溺、匿讀作膩。俗讀作徐。一讀作依。足讀作睢。昔、夕讀作西。八讀作巴。卜讀作波。没讀作謨。屈、曲讀作區。突讀作都。福讀作夫。束、菽讀作書。速讀作蘇。勖讀作吁。質、執讀作支。出讀作初。失讀作師。谷、轂讀作姑。割讀作歌。遏讀作哦。掇讀作多。赤讀作癡。甲讀作家。寘、置讀作直。逐、竹、燭讀作朱。《大名縣志》。

日呼作異。如呼作虜。茶呼作扯。硯、眼呼作現。筆、北、畢呼作背。鼻呼作避。腳呼作厥。薦呼作西。急呼作幾。一呼作意。六呼作柳。快呼作磨利須兒。今日、明日呼作今兒、明兒。昨日呼作異各。闊呼作寬。石呼作矢頭。利害呼作苛。吆喝呼作老登。閨女呼作妮子。壞呼作乖。藥呼作效。《内邱縣志》。

軸、粥音近周。麥音近滅、密。賊，争枝切。宅音近哉。他，堂加切。呵，何加切。隔音近甲。客音近切。北音近畢。百音近别。三音近沙。錢，其兒切。扛，渴上聲。缸，哥加切。雙音近梭。椿〔一〕，坐何切。梆音近波。楊、羊音近牙。香、箱音近瑕。張音近遮。長、楊、嘗，塵加切。梁、涼、糧，連加切。藏、倉音近叉。狼音拉平聲。漿、豇、繮音近加。娘，年加切。腔、牆，前加切。桑音近沙。湯，貪加切。襠，當加切。糠，康加切。贓，查平聲。搶，前假切。光音近鍋。王音近窩。旁音近坡。房、妨，夫何切。黄音近禾。莊、裝，坐何切。忙音近魔。窗、瘡音近磋。雙、霜音近梭。忘音近臥。養音近啞。晌，賒上聲。兩，良假切。響、想音下上聲。嚷，人假切。生長之長，掌加切。網、輞音窩上聲。幌、謊音近火。丈，古亞切。狀音近坐。爽音近鎖。唱，昌亞切。讓，穰亞切。放，方坐切。向音近下。傍，播去聲。上、尚，賒亞切。匠、醬音近嫁。漲，張假切。樣音近亞。當音近大。亮，良亞切。炕，康亞切。廠，昌假切。《萬全縣志》。

□□〔二〕

客讀作且。《定州志》。

暹退，上音先，下音生，俗呼瞽者之能巫卜也。猪猪，上音客，下音婁，小猪也。噠，亂説

〔一〕椿：原誤作「椿」。
〔二〕原文作兩「□」。

也。圪塔，小山相連峯起者之名。圪塄，上音格，下音勞讀去聲，山之窩處也。𠮷吉〔一〕，上音格，下音喇，縫也。虮蜡，即八蜡，俗將八字加虫旁。虸蠍，神名，即虸蚄。刄，俗呼器具爲家使，作此字。稴，音然去聲，俗以麥稭和泥塗壁謂之稴草。丼〔二〕，瞎同，人入井也。𠓝〔三〕，戲同，三人不出頭也。旲，音蚌，火炒豆則旲也。坬，音蛙去聲，山之汙下也。𨈖，音掙，能自立身也，宋時有劉𨈖者。垧，同晌，牛之耕地曰幾垧也。𠮷〔四〕，同縫，土開口也。汆，音鑽去聲，水入土也。坔，同漫，水冒土上而流也。卡，音嗄，食在喉中上不上下不下也。𡈽，同嗲，土入口也。《宣化縣志》。

爹，父也。媽，母也。爺，祖也。奶奶，祖母也。老爺，外祖也。姥姥，外祖母也。哥，兄也。呼小兒亦曰哥兒。阿，應聲也。上頭，女冠笄也。指手，拱手也。躴躿，大不潔也。蘘茬，不謹飭也。謕，口喫也。攙，相扶也。摜，擲地也。操，推擊也。唧查，耳語也。瞥，乍見也。蹬蹬，小兒學立也。踏踏，小兒學步也。嗄，驚也。粘瑣，言之多也。璺，器破未離也。烌烌，火盛也。都都，呼馬驢也。𤛱𤛱，呼牛也。嗾嗾，呼犬也。喌喌，呼鷄也。頣頣，呼鴨也。歎歎，呼猪也。够，多也。癟，不飽滿也。𩭐，小睡也。㫋子，酒帘也。補丁，補衣布角也。引酵，

〔一〕𠮷吉：原誤作「吉吉」。
〔二〕丼：原誤作「井」。
〔三〕𠓝：原誤作「來」。
〔四〕𠮷：原誤作「吉」。

發麫糟也。膩肥，味厚也。嗄行子，甚麽也。奏做，不直爽也。落頦把，喜過甚也。拏卡兒，使轉動不得也。滴溜，圓也。車科，車夫也。頭口，牲口也。雜了，如何是好也。姑都著，蹲踞也。今兒箇，今日也。夜兒箇，昨日也。候上，晚上也。多趲，多少時候也。《寧河縣志》。

呼後輩爲相公。月曰月亮。雹曰冷子。黎明曰冷明，亦曰一撲明。向晦曰擦黑。夜曰黑家。昨日曰夜箇。去年曰去年箇。將及曰到好。突如其來曰猛不防，亦曰不徐顧。兩不相涉曰犯不著。無礙曰不相干。曉事曰再行。是人言曰可不。手拂物曰摸拉。爽快曰鎌利。遲緩曰摸索。料理曰經張。修理曰整治。性緩曰粘。不和平曰圪賴，或曰圪料。遲疑不決曰揉肚。性情不常曰潮道。事壞曰喪。爭攘曰賴口角，曰吵。搶白人曰齟。逃走曰跑。怨言鎖細曰聒瀆。背有憎言曰嘍咕。罵曰捲。褻語曰撒村。美曰齊整。富曰方便。吝嗇人曰夾榆頭。無賴人曰無二鬼。市井之豪曰行家。三曰薩。醜曰磣。縫曰敹。壓酒曰笮。除草曰薅〔一〕。足踐曰跐。飲水曰欱。醵錢飲酒曰打平火。女繼室曰填房。婦再醮曰擡身。雇工人，本邑曰做活的，新倂曰覓頭。牡曰吽子，去勢曰犍子。牝者曰牸牛。牡驢曰叫驢。牝驢曰草驢。母鷄曰草鷄。棒曰棓。几下函曰替。貯水器曰坻。彼處曰那裏，新倂曰那圪塔。此處曰這裏，新倂曰這圪塔。嘔吼，隔遠相呼之聲。撲拉，被困拂離之狀。撒拉，鞋半著足之謂。苗，窺面

〔一〕薅：原作「薅」。

相戲之聲。不知而問曰廈，猶云甚麽。做廈，猶云作何事。怎讀近咱上聲著，詢問之意。不怎著，言無妨也。這克怎著，無可如何之詞。《大名縣志》。

常音曰剎，曰舍，曰咱，出自牙音，兩口張。變音，呼父爲伯，呼母爲姐，呼昨爲夜。顛倒反覆無字義。《肥鄉縣志》。

〔民國〕隆化縣志

【解題】羅則遜修，施崎纂。隆化縣，今河北省承德市隆化縣。「方言」見卷三三《風俗志》中。録文據民國八年（一九一九）鉛印本《隆化縣志》。

方言

言語爲京音，俗諺則山東、山西、直隸、奉天諸省所參雜。如事物壞亂謂治不的了。邋遢爲墨台。閒談爲拉話。强盜爲馬達子〔一〕。婚喪賀弔爲隨人情。誑言爲謊天。煩悶爲懊糟。山嶺爲梁。大山頂爲壩。醫病爲扎骨。不肖爲不招弔。鬭口爲打吵子。鬭毆爲打飢荒。偷鷄賊爲桿手。寄信爲稍信。

且間有蒙古語，如ㄋ，音同憂，義爲忽驚聲，與《孟子·公孫丑》篇「惡是何言也」之「惡」

〔一〕 强：原誤作「雖」。

同；[illegible]，音如哈巴氣，義爲窄狹；[illegible]，音如鬧海，義爲狗；[illegible]，音如十八里台，義爲泥塘；[illegible]，音如伊遜，義爲九之類，甚多，蓋不勝詳述耳。

〔道光〕萬全縣志

【解題】左承業原本，施彥士續纂修。萬全縣，今河北省張家口市萬全縣。「方言」見卷三。録文據道光十四年（一八三四）增刻乾隆本《萬全縣志》。

方言

扛，渴上聲。窻，磋。釭，歌加切。雙，梭。腔，前加切。椿〔一〕，坐何切。梆，波。豇，加。錢，其而切。他，堂加切。呵，何加切。楊羊，牙。香箱，瑕。張，遮。長場嘗，塵加切。梁涼糧，連加切。藏倉，叉。狼，拉平聲。漿繮，加。娘，年加切。牆，前加切。桑，沙。湯，貪加切。襠，當加切。穅，康加切。臟，查平聲。搶，前假切。光，鍋。王，窩。旁，坡。房妨，夫何切。黄，禾。莊裝，坐何切。忙，魔。瘡，磋。霜，梭。忘，臥。三，沙。耕更，經。養，啞。晌，賒上聲。兩，良假切。響想，下上聲。嚷，人假切。長，生長之長，掌加切。網輞，窩上聲。幌謊，火。丈，古亞切。狀，坐。爽，鎖。唱，昌亞切。讓，穰亞切。放，方坐切。向，下。傍，播去聲。上

〔一〕椿：原誤作「椿」。

尚，賒亞切。匠醬，嫁。漲，張假切。樣，亞。當，大。亮，良亞切。炕，康亞切。廠，昌假切。肉，柔去聲。隔，甲。玉，遇。客，切。北，畢。百，别。白，擺平聲。麥，滅密。墨，密。六，溜。賊，争枝切。軸粥，周。宅，哉。巷，下。

〔民國〕萬全縣志

【解題】路聯逵修，任守恭纂。萬全縣，今河北省張家口市萬全縣。「方言」見卷九《禮俗》中。録文據民國二十三年（一九三四）鉛印本《萬全縣志》。

方言

我縣地處邊陲，交通至爲不便，距以文化中心素稱之北平雖僅四百餘里，而言語大異，字音多歧。自平綏路通，横貫縣境南端，交通較昔爲便，文化灌輸全境。於是方言亦隨之略變。然窮鄉僻壤之區，株守舊習，殊難更易。既未蒙交通直接之利，而語言習慣亦難易其本來面目。故鄉人接談，已有紛歧，何異外來者之語言不同耶。兹將本縣方言列表説明，以便參考。惟舊志所列盡屬單字，顧名思義，似不能包括方言也。今於單字之外，略補語句，並增拼音釋義，俾閲者不致以訛再轉於訛，愈趨愈遠，失其真象。至表内有係原音原語轉訛，有迹可尋者，即將原音或原語注出其純粹土音或土語；無原音原語可近者，即以釋義明之。

扛　渴上聲，ㄎㄚ，以肩扛物也〔一〕。
窻　磋，ㄘㄨㄛ，窻户也，室中藉以通氣、透光也。
缸　哥加切，ㄍㄚ，瓦器之大者，盛物也。
雙　梭，ㄕㄨㄛ，偶也，猶言成對。
梆　波，ㄅㄛ，梆子也，斲木背穿孔，擊之有大聲。
腔　前加切，ㄑㄚ，歌調曰腔。
樁　坐何切〔二〕，ㄗㄨㄛ，插木幹入土謂之樁。
豇　加，ㄐㄚ，豆名，即俗所謂豆莢所結之實也。
錢　其而切，ㄑㄦ，錢幣也。
他　堂加切，ㄊㄤ，彼也，别於此者皆謂之他。
呵　何加切，ㄏㄚ，責也，又吹氣使煖也，又呵呵大笑也。
楊　牙，ㄧㄚ，樹名，又姓氏。
羊　牙，ㄧㄚ。

〔一〕原爲列表形式，主要列有「原音、轉音（即方言）、方言拼音、釋義」四項，今轉爲文字形式。如「扛，渴，ㄎㄚ，以肩扛物也」，分别表示原音、轉音（即方言）、方言拼音、釋義四項。
〔二〕坐：原誤作「生」，據道光《萬全縣志》改。

香　瑕，ㄒㄚ，香氣也。
箱　瑕，ㄒㄚ，盛物所用者也。
張　咱，ㄗㄚ，紙張，又姓氏。
長　壓加切，ㄔㄚ，短之反面。
場　壓加切，ㄔㄚ，闢空地以備秋收之用也。
嘗　壓加切，ㄔㄚ，嘗試也，又口味，又曾也。
梁　連加切，ㄌㄧㄚ，屋梁也，又橋梁，又姓氏也。
涼　連加切，ㄌㄧㄚ，薄也，又薄寒也。
糧　連加切，ㄌㄧㄚ，穀食，又錢糧也。
藏　查，ㄔㄚ，藏匿也。
倉　查，ㄔㄚ，儲藏米糧之屋也。
狼　拉平聲，ㄌㄚ，野獸名。
漿　加，ㄐㄚ，麪粉調水曰漿，又飲類之總稱。
繮　加，ㄐㄚ，馬繮線也。
娘　年加切，ㄏㄚ，俗呼母也。
牆　前加切，ㄑㄚ，牆壁也。

桑　沙，ㄙㄚ，樹名。

湯　貪加切，ㄊㄚ，熱水曰湯。

襠　當加切，ㄉㄚ，褲襠也。

糠　康加切，ㄎㄚ，穀類之皮也。

臟　渣平聲，ㄗㄚ，竊盜之物曰臟，又納賄也。

搶　前假切，ㄑㄚ，搶奪也。

光　鍋，ㄍㄨㄛ，光亮也。

王　窩，ㄎㄛ，尊稱也，又姓氏。

旁　坡，ㄆㄛ，側也。

房　夫何切，ㄈㄛ，房屋也。

黄　禾，ㄏㄨㄛ，黄色。

莊　坐何切，ㄓㄨㄛ，村莊也，又莊稼也。

裝　坐何切，ㄗㄨㄛ，裝扮也，又納物也。

忙　魔，ㄇㄛ，忙迫也。

瘡　磋，ㄘㄨㄛ，瘡痍。

霜　梭，ㄙㄨㄛ，水氣凝結而成顆粒謂之霜。

忘　臥，ㄨㄛ，不記也。
三　沙，ㄕㄚ，數目。
耕　經，ㄐㄣ，耕地也。
更　經，ㄐㄣ，打更也。
養　啞，ㄧㄚ，養育也，又保養。
晌　賒上聲，ㄙㄚ，正午也。
兩　良假切，ㄌㄧㄚ，二也，又十錢爲兩。
響　下上聲，ㄒㄧㄚ，響聲。
想　下上聲，ㄒㄧㄚ，思想也。
嚷　人假切，ㄖㄚ，大聲言語也。
長　掌加切，ㄗㄚ，長成也〔一〕。
網　窩上聲，ㄎㄛ，用線結成，其隙甚鉅大，取以捕魚鳥者。
輞　窩上聲，ㄎㄛ，車輞也。
幌　火，ㄏㄨㄛ，賣貨標幟也。
謊　火，ㄏㄨㄛ，以言語欺人也。

〔一〕此條有「備注：生長之長」。

丈　古亞切，ㄓㄚ，十尺爲丈。
狀　坐，ㄓㄨㄛ，形狀也，又訴呈曰狀。
爽　鎖，ㄙㄨㄛ，清爽也，爽快也。
唱　昌亞切，ㄘㄚ，歌唱也。
讓　穰亞切，ㄖㄚ，禮讓也。
放　方坐切，ㄈㄛ，置也，又開放也。
向　下，ㄒㄚ，方向也。
傍　播去聲，ㄅㄛ，倚靠也。
上　賒亞切，ㄕㄚ，上下之上。
尚　賒亞切，ㄕㄚ，貴也，又姓氏。
匠　嫁，ㄐㄚ，工匠也。
醬　嫁，ㄐㄚ，食物之用以調和味者。
漲　張假切，ㄓㄚ，漲起也。
樣　亞，ㄧㄚ，式樣也。
當　大，ㄉㄚ，以物抵錢也。
亮　良亞切，ㄌㄧㄚ，明亮也。

炕　康亞切，ㄎㄛ，寢鋪也，以土爲之。
廠　昌假切，ㄘㄚ，露舍也，或屋無壁野，如工廠、粥廠。
肉　柔去聲，ㄖㄡ，骨肉也。
隔　截，ㄐㄧㄚ，隔離也。
玉　遇，ㄩ，玉石也。
客　切，ㄘㄧㄝ，賓客也。
北　畢，ㄅㄧㄜ，方向。
百　别，ㄅㄧㄚ，數目也。
白　擺平聲，ㄅㄞ，顔色。
麥　滅或密，ㄇㄧㄞ，五穀之一。
墨　密，ㄇㄧㄜ，黑也。
六　溜，ㄌㄧㄡ，數目也。
賊　争枝切，ㄗㄟ，盜賊也。
軸　周，ㄗㄡ，車軸也。
粥　周，ㄗㄡ，煮米使熟也。
宅　哉，ㄗㄞ，住宅也。

巷　下，ㄒㄧㄚ，街巷，即胡同也。
這　哉上聲，ㄗㄞ，此也。
那　外上聲，ㄨㄞ，彼也。
官　鍋而切，ㄍㄨㄦ，官吏也。
漢　何而切〔一〕，ㄏㄦ，男子也。
婦　付而切，ㄈㄦ，婦女也。
個　圪，ㄍㄜ，數目。
哩　□〔二〕，ㄌㄞ，語尾辭。
抓　巴，ㄅㄚ，抓住也。
上　沙去聲，ㄕㄚ，上下也。
解迷　几迷迷去聲，ㄐ ㄇㄧ，明白也。
糊塗　霍突，ㄏㄨㄛ ㄊㄨㄜ，不明白也。
健壯　結實，ㄐㄧㄜ ㄕㄜ，堅固也。
這個　在圪，ㄗㄟ ㄍㄜ，此物也。

〔一〕而：原作「面」。
〔二〕□：此處轉音原爲空格。以下原音或轉音處爲空格者均以「□」表示，不出校。

那個　位圪或物圪，ㄨㄟ ㄍㄜ，彼物也。

□　没啦，ㄇㄛ ㄌㄚ，没有。

雀兒　巧兒，ㄑㄠ ㄦ，小鳥也。

□　白不渣，ㄅㄞ ㄅㄛ ㄗㄚ，不要緊也。

不當　不大大平聲，ㄅㄛ ㄌㄚ，不當爲也。

□　坎，ㄎㄢ，棄也。

□　鑾，ㄇㄢ，擲也。

摸　毛，ㄇㄠ，揣摸也。

□　喬去聲，ㄑㄠ，癡也。

□　冷去聲，ㄌㄣ，癡也。

懲治　整治，ㄗㄣ ㄗ，治罪也。

□　結記，ㄐㄧㄜ ㄐㄧ，懸念也。

□　圪思，ㄍㄜ ㄙ，發嬌也。

□　圪究究平聲，ㄍㄜ ㄐㄡ，人蹲下也。

□　圪倒，ㄍㄜ ㄉㄠ，玩弄人也。

□　圪出，ㄍㄜ ㄘㄨㄜ，不展也。

□圪擠眼，ㄍㄜ ㄐ一ㄢ，閉目也。

□圪塝塝，ㄍㄜ ㄌㄠ ㄌㄠ，牆角也。

□置，ㄗ，用秤用斗用尺量物皆曰置。

□稀貨，ㄒ一ㄏㄨㄛ，可憐也，又奸巧也。

□乞塔，ㄑㄜ ㄉㄜ，小兒平安也。

□出溜，ㄘㄨㄜ ㄌ一ㄡ，滑也。

□咕咕鳩，ㄍㄨ ㄍㄨ ㄐ一ㄡ，鳩。

□猫性虎，ㄇㄠ ㄒ一ㄣ ㄏㄨ，猫頭鷹。

□嘓嘓由，ㄍㄜ ㄍㄜ 一ㄡ，梟鳥也。

□路道，ㄌㄡ ㄉㄠ，謂人之態度不好也。

□渴細，ㄎㄜ ㄒ一，䶑也，又喻人之態度不好也。

□夷廝，一ㄗㄛ，蒼蠅。

□麻胡，ㄇㄚ ㄏㄨ，狼。

□敵留，ㄉ一ㄜ ㄌ一ㄡ，不以禮召人也，又提物也〔一〕。

□溜達，ㄌ一ㄡ ㄉㄚ，遊行也。

〔一〕此條有「備注：一作踢留」。

□倒失，ㄉㄠ ㄙㄜ，小兒糾纏也。
□纏磨，ㄘㄢ ㄇㄛ，小兒糾纏也。
□區區，ㄑㄩ ㄑㄩ，蟋蟀。
不當擅道　不大三道，ㄑㄜ ㄉㄚ ㄙㄢ ㄉㄠ，不當隨便言語也。
□敵留二來，ㄉㄧㄜ ㄌㄧㄡ ㄦ ㄌㄞ，謂人之不修邊幅也。
□零幾八星，ㄌㄧㄣ ㄐㄧ ㄅㄛ ㄒㄧㄥ，零星。
□脛獨濕不條，ㄐㄧㄣ ㄉㄨㄛ ㄙㄛ ㄅㄜ ㄊㄧㄠ，謂人之裸體也。
□忽性，ㄏㄨㄛ ㄒㄧㄥ，謂物緩動也。
□忽顫，ㄏㄨㄛ ㄘㄢ，謂物顫動也。
受用　受應，ㄙㄡ ㄧㄣ，謂人之滿意也。
□涼棒，ㄌㄧㄚ ㄅㄤ，謂人之粗野也。
□冷坨，ㄌㄥ ㄊㄨㄛ，謂人之粗野也。

〔康熙〕宣化縣志

【解題】陳坦修。宣化縣，今河北省張家口市宣化區。「土音字義」見卷十五《風俗志》中。録文據康熙五十年（一七一一）刻本《宣化縣志》。

土音字義

暹退，上音先，下音生。俗呼瞽者之能巫卜也。猪猪，上音客，下音婁〔一〕。小猪也。噠，亂説也。圪塔，小山相連烽起者之名。圪塄，上音格，下勞，讀去聲。山之窩處也。吉吉，上音格，下音喇。縫也。虮蜡即八蜡，俗將八字加虫傍。蚜螯，神名，即蚜蚄。刄，俗呼器具爲家使作此字。稴，音然去聲。俗以麥稭和泥塗壁謂之稴草。丼，瞎同，人入井也。夾，戲同，三人不出頭也。炅，音蚌。火炒豆則炅也。坬，音蛙去聲。山之汙下也。竳，音挣。能自立身也，宋時有劉竳者。垧，晌同。牛之耕地曰幾垧也。吉〔二〕，縫同。土開口也。汞，音鑽去聲。水入土也。坔，漫同。水冒土上而流也〔三〕。卡，音嗄。食在喉中上不上下不下也。圡，嗲同。土入口也。

〔民國〕盧龍縣志

【解題】董天華等修，胡應麟等纂。盧龍縣，今河北省秦皇島市盧龍縣。「方言」見卷十《風土志》中。録文據民國二十年（一九三一）鉛印本《盧龍縣志》。

〔一〕「婁」上原衍「吃」字。
〔二〕吉：原誤作「吉」。
〔三〕「水」上原衍「同」字。

方言

目録[一]

〔一〕稱人

（ㄅ）家庭

漢人稱父爲爹，稱母爲媽、爲娘。滿人稱父爲爸，稱母爲阿娘，稱嫂爲姐。漢人稱祖父爲

[一] 目録爲編者所加。

爺，稱祖母爲奶，稱曾祖父母爲太爺、太奶，稱高曾祖父母爲老太爺、老太奶，稱大、二伯母爲大嬤、二嬤。婦女稱翁、姑爲公公、婆婆，對面稱爹、嬤。稱夫兄弟爲大伯子、小叔子，伯讀如ㄅㄞ陰平，叔讀如ㄕㄡ陰平，然對面仍稱哥、弟。稱夫之伯叔父母爲大伯公公、叔公公、大婆婆、嬸婆婆，對面稱大爹、二叔，某嬤、某嬸，一如其夫。稱夫之姑母爲姑婆婆，對面仍稱某姑。稱夫之姊妹爲大姑子、小姑子。對面稱某姊妹。普通稱家中已嫁之女年長者爲老姑奶奶，未嫁女之年幼者爲姑娘。俗亦稱妓爲姑娘。稱家中主事者爲當家的。婦人對他人多稱其夫爲當家的。

（ㄆ）戚屬

稱外祖父母爲老爺、老姥，稱舅母爲妗母，稱岳父母爲丈人、丈母，對面仍稱岳父母。稱内兄弟爲大、小舅子，稱内兄弟之妻爲大、小妗子，對面仍稱某兄嫂或某弟婦。稱妻之姊妹爲大、小姨子，對面稱某幾姨。稱壻爲姑爺，年長者爲老姑爺，年幼者爲少姑爺，普通稱姑爺，其當面稱壻者極少。稱盟兄弟爲把兄弟，把字取八拜結交之義。或稱乾兄弟，稱義父母爲乾爹、乾娘，對面稱爹、嬤。稱義子爲乾兒子。

（ㄇ）社會

對於階級較高或有職守者稱老爺，知識階級以稱先生爲高尚。即稱其妻爲太太，老爺、太太之名，近世未免太濫。稱仕宦之子女爲少爺、小姐，稱普通男子爲老爺們，爺字讀陽平。稱婦女爲老娘們，年長之男女爲老爺子、老娘子，稱男女童爲小小子、小丫頭，稱客人爲ㄑㄧㄝ，讀如且上聲。稱介紹人爲引進人，稱調停人爲中人，稱鋪長爲掌櫃的，又稱老板〔一〕，有大老板、二老板之别。稱工頭爲掌作的，亦稱工頭，稱男傭爲作活的，或稱夥計，如張夥計、王夥計。稱女僕爲老媽子，如張媽、王媽。稱侍女爲梅香，亦稱丫環，稱御者爲車夫，又稱車把式，稱牧人爲放牲口的，稱舟子爲水夫，或稱擺船的，稱乞丐爲化子，又稱跑腿的，通稱男女巫爲跳神的，單稱男巫爲丹公子，女巫爲尸婆子，稱穩婆爲收生的，亦名老娘婆，稱産婦爲作月子的，男僧爲和尚，女僧爲尼姑，或簡稱姑子。稱偷兒爲賊，小偷爲小綹，官面謂之扒手。拆白家爲迷驢的〔二〕，以婦女誘人者爲放鷹的，紈袴子弟爲落道幫子，好訟者爲訟棍，或名官司由子，豪横不可理諭者爲滚刀肉，或稱花脖子，迹近欺詐爲蒙事的，又名虎式的，武斷鄉曲、一手遮天者爲莊主。

〔二〕名物

（ㄅ）用物

木料曰木頭，石料曰石頭，五金之屬曰金的、銀的，紙幣曰錢帖子，或曰洋錢票子，土牀曰匟，箸曰筷子，長衫曰大褂，背心曰坎肩兒，耳環曰墜子，釧曰鐲子，舶來品曰洋貨，火柴曰洋火，又曰洋取燈兒，銀幣曰洋錢，人力車曰洋車子，煤油曰洋油。

〔一〕 板：原作「版」。
〔二〕 家爲：原誤作「爲家」。

（ㄆ）食物

杏子、桃子曰杏兒、桃兒，蔴油曰香油，猪油曰葷油，棉籽油曰黑油，湯圓曰元宵，油條曰香油果子。但用香油者少。

（ㄇ）畜類

畜類不一，以陰陽性而異其名。馬之牝者曰騍馬，牡者曰兒馬，牛之牝者曰乳牛，牡者曰犍牛，亦曰犍子，或以已閹者爲犍子。驢之牝者曰草驢，牡者曰叫驢，羊之牝者曰母羊，牡者曰羯子，團尾者曰緜羊，舒尾者曰山羊。犬之牝者曰母狗，牡者曰兒狗，猪之牝者曰母猪，又曰窠猪，窠讀如科陽平。牡者曰跑狼，係指未閹者，若已閹則有正兒、科兒之别。鷄之雌者曰草鷄，亦曰母鷄，雄者曰公鷄，猫之牝者曰女猫，牡者曰郎猫，鼠曰耗子，鼬鼠曰黄鼠狼，以製筆稱狼毫。兔曰ㄇㄠ兒。ㄇㄠ陰平，以其終日蟄伏得名也。北方謂蟄伏曰ㄇㄠ，如小隱曰ㄇㄠ處。又呼喚家畜者，如呼牛曰魔，呼犬曰色，又呼黄頭、灰頭、黑頭、花頭之類。呼猫曰狸，呼鷄爲觳觳，呼豕曰勒勒，又呼劣劣，呼驢爲都劣，呼騍馬爲ㄏㄛㄏㄛ。

（ㄈ）蟲類

蛇曰長蟲，蜻蜓曰螞蜋，螞讀陰平〔一〕。壁虎曰蝎虎子，蚓曰曲蟺，蟬曰吉了兒，螗蜩曰熱古都

〔一〕陰平：原作「平陰」。

兒，蟯蜋曰屎科蜋。

（丂）鳥類

烏鴉曰老鴰，鴰讀如瓜陰平。麻雀曰家雀兒，黃鸝曰黃胡魯兒，鳩曰水鴣鴣，梟曰貓貓頭。

（ㄉ）魚類

泥鰌曰沙鑽子，鯰魚曰大嘴，甲魚曰忘巴，鯽之小者曰鯽古ㄌㄚ，海螺曰海ㄅㄦㄅㄦ。陰平。

〔三〕表行，即關於動作者

取物曰求，上聲。不工作曰不幹活，泡茶曰沏茶，割肉曰砍肉，買酒、買鹽曰打酒、打鹽，飲酒、飲茶曰喝酒、喝茶，吸烟曰抽烟，猜拳曰豁拳，豁讀如華，取其高會之意。小寢曰打盹，長眠曰睡覺，沈睡曰酣睡，遲眠曰熬眼兒，又曰熬夜兒，汲水曰挑水，樵採曰打柴禾，支更曰打更，讀如京。稍憩片時曰待一會兒，微有疾曰不舒服，又曰不愛動，新設肆曰開市，初次成交曰開張，閒談曰洛科兒，科讀如丂ㄦ。詼諧曰取笑兒，偷閒曰偷游兒。

〔四〕狀事

（ㄅ）性行

作事直截了當曰痛快，反之曰顢頇，作事不光彩者曰埋態，作事冒失曰愣張，又曰半標子，猝遇疑難不決之事現於顔色者曰發愣怔，作事恰巧滿意曰辦的俏皮，呼書痴爲書獃子，呼憨蠢爲笨漢子，又曰二憨頭，又曰二大ㄌㄣ，ㄌㄣ讀陽平。呼土頭土腦爲老桿。

（ㄆ）身體

遇事依違兩可者曰滑頭，操行不端者曰壞骨頭，又曰ㄍㄚ雜子，ㄍㄚ上聲。呼壯健之人曰硬楞，有精神病者曰瘋子，目失明曰瞎子，耳失聰曰聾子，缺唇曰豁子嘴，豁讀如ㄏㄨㄛ陰平。跛足曰瘸子，又曰拐子，佝僂曰羅鍋子，少年婦女好修飾儀容曰俏皮，名乳房爲ㄇㄢㄦ，名乳頭爲ㄇㄢㄦㄇㄢㄦ頭，乳汁爲ㄇㄢㄦㄇㄢㄦ水，又曰奶。ㄇㄢㄦ陰平，小兒食乳曰吃ㄇㄢㄦ，又曰吃奶，故俗謂乳娘爲奶媽子。

〔五〕紀時

（ㄅ）屬於自然者

羊角風曰旋風風，霾曰黄風，雲曰雲彩，朝霞、晚霞曰火燒雲，以占晴雨曰朝霞晴晚霞雨，霹靂曰暴雷，反之曰沈雷，電光曰打閃，小雨曰濛濛雨，又曰膩蟲雨，大雨曰暴雨，又曰箭桿雨，霪雨曰連陰雨，雨後虹現曰起絳，天將陰雨或風雪曰變天，雨後初霽曰開晴，微雪曰下雪花兒，大雪曰鵝毛雪，又曰棉花套子雪，雹曰冷子，又曰凍子，太陽曰日頭，又曰日頭老爺兒，太陽正照處曰向陽兒，照不到處曰背陰兒，太陰曰月亮，新月曰月亮牙兒，月暈曰風圈，星宿曰星星，彗星曰掃帚星，流星曰賊星，晝間曰白天，黎明曰曚曚亮兒，鷄鳴曰鷄叫時候，晨曰早晨，正午曰晌午，黄昏曰撒黑兒，一日曰一天，半日曰半天，夜間曰晚上，又曰黑價，一宿曰一休，上聲。當日曰今兒，昨日曰夜隔，短時間曰一會兒。

（夕）屬於風俗者

元旦曰大年初一，是日多食糕，謂之年糕。正月初五曰破五兒，是日多食餃，俗謂捏破兒。十五曰燈節兒，是日多食湯圓，曰元宵節。十六至二十日爲小填倉，新婦有填倉之俗。二十五日爲大填倉日，二月二日爲龍抬頭日，立春曰打春日，清明曰寒食節，是日多掃墓。端午曰當午兒，是日多食角黍。重陽節曰九月九，是日多食糕。十月朔曰十月一，亦名寒衣節。十二月八日曰臘八，比户食臘八粥。二十三日曰小年，是日爲祀竈日，祭用糖果，小兒以粱藷心製成犬馬以火化之，謂送竈王上天。歲杪曰大年下〔一〕，五鼓祀神曰五更鼓兒。

〔六〕計數

書曰幾本，或幾册。筆曰幾管，或幾枝。墨曰幾塊，或幾錠。刀曰幾把，或幾口。魚曰幾條，書曰念幾回，曲曰唱幾遍，飯曰吃幾頓，狀人之結小團體者曰ㄙㄢ一羣ㄌㄧㄢ一夥，ㄙㄢ即三字之土音，陰平，ㄌㄧㄢ即兩字之土音，上聲。謂物之少者曰一星半點，又曰不多點兒，鐘讀如ㄉㄧㄢㄦ上聲。稱作事有能力者曰推倒ㄙㄢ搡倒ㄌㄧㄚ，作事未達目的曰白跑了幾蹚。

〔七〕定位

事不挂在心上曰擱到一不ㄌㄢㄦ兒，或曰放在一邊兒。ㄌㄢㄦ讀上聲，邊讀如ㄌㄢㄦ陰平。物在僻

〔一〕 杪：原誤作「抄」。

處不易尋覓曰ㄍㄚㄍㄚㄌㄢㄦㄌㄢㄦ兒，ㄍㄚ陰平。無處尋覓曰摸不着看不着，着讀如ㄓㄠ陽平。事怕當道人作梗曰怕大腦瓜兒，瓜讀如ㄍㄨㄦ陰平。得當道人相助曰借勁兒，物在此處曰在ㄓㄦ兒，去聲。在彼處曰在ㄋㄢㄦ兒，ㄋㄢㄦ去聲。數事集於一時或數人集於一處曰湊在一塊兒，喻人之憂事者曰作南爲北，喻人之迷惘者曰不認的北了。

〔八〕喻義

冷手抓熱饅頭。事前毫無準備，遽欲立收實效也。上房撤梯子。喻置人於患處，己則縮手不理也。哄着小孩子不哭，攛掇禿老婆上轎。喻敷衍目前，不爲他人謀善後也。繡花兒枕頭。喻虛有其表也。刺刺不休。譏不決也。抹不開灣兒，轉不開向兒。喻遇事失敗，慚愧無地也。黄鼠狼給鷄拜年。喻不懷善意也。老虎帶念珠。喻假慈悲也。搬不倒兒揩屁股。喻作踐小孩也。狗咬耗子。喻多管閒事也。啞子喫黄連。有苦難言也。張三帽子給李四戴上。即張冠李戴。大簍ㄊㄨㄥ油滿地揀芝蔴。喻失大惜小也，ㄊㄨㄥ上聲，即灑了之意，吾邑謂灑了爲ㄊㄨㄥ。武大郎賣燒餅，人軟貨ㄋㄤ。ㄋㄤ陰平，喻無英爽氣也。武大郎的腳指頭。喻一個好樣的無有也。猪八戒照鏡子。喻裹外不相人也。快刀打豆腐。兩面見光也。二更打兩下。喻一點不差也。

〔九〕發問

ㄚ，讀如陽平或上聲者爲疑問詞。ㄇㄟ，讀如陽平或上聲者有促其速答或促其速行之意。ㄣ，讀如陽平或上聲而以鼻出聲者亦爲疑問詞。ㄏㄢ，讀陽平或去聲者爲問詞，如俗言什麽話、什麼事。ㄇㄢ，讀音或解均同上。ㄓㄢㄦ，讀上聲俗作什麼解，如這可怎好。

〔十〕抒情

ㄟ，讀去聲者可作失意詞，亦可作滿意詞。ㄞ，讀上聲者爲否詞，讀陰平者爲歎詞。ㄥ，讀去聲口緊閉而以鼻出聲者，一爲可詞，一爲否詞； 讀陰平者亦可詞，惟明瞭某事意旨時常用之。ㄦ，讀去聲者爲驚異詞，又爲惜詞，讀陰平者爲詫異詞。ㄓㄢ，讀陰平者爲是詞、爲可詞。ㄏㄞ，讀陰平者爲歎詞，讀陽平者作還是那樣解，如仍字之義。ㄏㄛ，讀去聲者爲惜詞，又爲讚美詞。ㄏㄢㄏㄢ〔一〕，讀陰平，凡事之出於意外者每用之，如哈哈糟了，又如哈哈這樣巧呢。

〔民國〕昌黎縣志

【解題】陶宗奇等修，張鵬翱等纂。昌黎縣，今河北省秦皇島市昌黎縣。「方言例式」見卷五《風土志》中。録文據民國二十二年（一九三三）鉛印本《昌黎縣志》。

方言例式

稱人

邑人稱父曰爹，稱母曰媽。稱外祖父曰老爺，稱外祖母曰姥姥。稱大父曰爺爺，稱大母曰

〔一〕ㄏ：原作「ㄕ」。

奶奶。稱閨女曰姑娘，稱子婦曰媳婦，外人稱曰娘子。婦人稱夫兄曰大伯子，稱夫弟曰小叔。稱夫伯曰大伯公公，稱夫伯母曰大媽婆婆，稱夫叔曰叔公公，稱夫叔母曰嬸婆婆。稱岳父曰丈人，稱岳母曰丈母娘。稱女壻曰姑爺。稱小孩曰娃娃。稱扶侍人之媼曰老媽子。稱叟曰老爺子。稱傭工曰打頭的，又曰夥計。稱婢女曰丫頭。俗謂我爲喒們〔一〕，謂人爲他們。孿生之兒曰雙棒郎。

名物

蟋蟀曰趨趨。草蟲曰聒聒。蟬曰圓廝、曰吉留、曰老哇哇。蛙曰河蟆。蠆曰蝎子。蛇曰長蟲。蚯蚓曰曲車。鼠曰秏子。螳螂曰老刀，又曰刀郎。蜻蜓曰麻郎。螻蛄曰拉拉古。蛾曰燈火蟲。螽斯一名螞蚱，又名老扁。蝸角曰奔奔。蜥蜴曰蛇虎魯子。蠨蛸曰長腿蜘蛛。鵲曰喜雀。鸛曰老等。烏鴉曰老鴰。布穀曰姑姑。鶺鴒曰小柳葉。桑扈曰扈八拉。鶯曰黃雀、曰黃栗留。啄木曰鉗打木。鴟鴞曰猫頭。海東青曰窵魚狼子。鷂鷹曰鳶窵。河豚魚曰樂頭棒子。

莧曰馬家菜。菘曰白菜。芣苢曰車前菜。莫曰酸把留留。山芋曰白薯。樗曰臭椿。芡曰鷄頭。燈籠草曰紅姑娘。蓼生水中者曰水蓬科，生陸地者曰調子花。葵曰日頭花。鳳仙曰

〔一〕喒：原誤作「喈」。

打手指甲花。

附注：物類甚多，方言習慣，名稱各異，不堪枚舉。

表行

擸掇，俗謂之傳多。作事囑人酌量曰顛奪。譏人與己作事不合曰不配。作事有缺點者謂之丢人。謂野蠻之人爲泥腿。稱忠厚之人曰老實。

狀事

謂人作事敷衍曰顢頇。謂愚弄人者曰賺人。受人賺者謂之上當。謂撒謊者曰扯票。謂人介紹而設法誘人者曰拉縴。謂害羞曰害臊。謂人不潔曰邋遢，亦曰埋苔。謂人心術不正曰拐骨，亦曰生骨。謂人聰明曰伶俐。謂人心術不端者曰鬼頭。謂土豪爲生雜子。

附注：此類對於善惡兩途稱道，不一而足。

紀時

明年，即下一年。頭年，即去年。夜隔，謂隔一夜之昨日也。前晌，早起至十一時也。後晌，午後至日暮時也。今兒個，當日也。昨兒個，昨日也。一回，謂轉眼間也。改日，他日也。靡定準，不定那一天也。

計數

食一次飯爲一頓。堆積物若干爲一堆。一大爬啦，亦一堆之義也。一鈎子，指布疋之四尺也。一大把，謂物之少數也。一大扛、一大綑，多數也。

定位

頂尖上，謂山之巔、房屋樹木之高處也。底低下，謂極卑矮之處也。當子腰，謂中間也。緊東頭，謂方位之東邊也，西南北方位類是。前把啦，前面也。後把啦，後面也。

喻義

無皮虎，指市井無賴也。混星子，指土匪也。土鼈，指有財勢受人欺騙之人也。借花獻佛，喻取人之財以答情也。過河拆橋，喻人忘恩負義也。

發問

怎麼樣，問事體如何也。多咱，問那天也。這是那葫蘆子藥，謂不知是何原故也。

抒情

真不錯，喜意也。咳嘆，恨之聲也。怎麼好，無主意也。歪呀，驚愕之意也。

其他

嗇嗇，叫狗也。滑滑，叫猫也。故故，叫鷄也。依依，叫鴨也。門門，呼牛也。都都，呼馬驢也。歎歎，呼猪也。

〔光緒〕灤州志

【解題】楊文鼎修，王大本等纂。灤州，今河北省唐山市灤縣。「方言」見卷八《封域》中。録文據光緒二十四年（一八九八）刻本《灤州志》。

方言

方言之殊，域於風土四聲，南音多入，北音祇有平上去。蓋入聲短促，北人尋常言語，音高而長，故於入聲不叶。然分之爲四聲，約之止二，曰平曰仄而已。灤俗讀學若囂，學本仄也，音作平。讀而若爾，而本平也，音作仄。止平仄兩音，且顛倒互換，類此者不可殫述。

讀灤若蘭。案《遼史》天贊二年始有灤州之名，前此皆作濡。濡、灤字異音同，讀近難，宜合口呼，蘭字則開口呼矣。乃土俗讀灤若蘭，直與甘肅之蘭州相混。

呼父曰爹。案《南史·始興王憺》：「詔徵還朝，人歌之曰：『始興王，人之爹。赴人急，如水火。何時復來哺乳我？』」爹之稱始此。爹音舵上聲，俗讀的耶切。又稱爲爸爸。母曰媽。俗讀平聲。祖曰爺爺。即耶字。祖母曰奶奶。本字作嬭。曾祖曰太爺。曾祖母曰太太。叔父曰叔叔。叔讀若收。叔母曰嬸子。伯父曰大爹，又大大、大伯，皆伯之稱也。伯母曰伯孃，又稱大媽。兄曰哥哥。兄之妻曰嫂子〔一〕。弟曰兄弟。弟之妻曰弟妹。姊曰姐姐。妹曰妹子。稱卑幼曰相公。稱女曰閨女，曰姑娘，曰丫頭。

〔一〕曰：原脱，據文例補。

女婢曰丫頭。劉賓客《寄贈小樊》詩：「花面丫頭十二三。」凡童稚乳名，無男女，字必雙，下一字統呼爲頭，以上一字分别之。稱妻父母曰丈人、丈母。妻之兄弟曰大舅、小舅。妻之姊妹曰大姨、小姨。妻兄弟之婦曰大妗、小妗。妻稱夫之父母不曰翁姑，曰爹媽。夫之兄弟亦稱哥哥、兄弟，外稱則謂之大伯子、小叔子。夫之姊妹亦稱姐姐、妹子，外稱則謂之大姑子、小姑子。姑舅親皆冠以表字。兩姨親皆冠以連字。兩壻相見，大者呼小者亦曰妹夫，小者呼大者亦曰姐夫。稱妹妹之子曰外甥。女之子曰外孫。稱母之父曰老爺。母之母曰老老。媪字之轉音也。

稱天曰老天爺。稱客曰且。《明史》童謡云：「委鬼當頭坐，茄花滿地生。」後應於魏忠賢客氏。北方讀客爲且，且茄音相近也。內詞曰咱們，曰我們。外詞曰你們，曰他們。們音悶。們渾，肥滿貌〔一〕。詈人以小子，藐之曰崽子。《水經注》：「孌童丱女〔二〕，弱年崽子。」稱穩婆曰老娘。女巫曰師婆。讀若破。貧無聊賴者曰窮棒子。行不正者曰尬子。尬，蓋雅切，俗書作乍，無此字。

惡語侵人曰得罪。言侮人而已得罪也。一足行曰各郎。案此國語也，灤有此語。跳行曰踫。踫，蒲孟切，音烹去聲。物相似曰活脱。案《輟耕録》：「摶丸之技曰活脱〔三〕，謂塑工也。」曉事曰在行。音杭。爽快曰廉利。兩不相涉曰犯不著。無礙曰不相干。恨人曰譽怨。見焦竑《字學》。量物以五尺爲庹。音託。

〔一〕貌：原誤作「藐」。
〔二〕孌：原誤作「娈」，據《水經注》改。
〔三〕摶：原誤作「轉」，據《輟耕録》改。

兩腕引長謂之庹。俗作討音。數錢以五文爲一花。凡花多五出，故云。今數錢有誤者曰花數，用錢皆曰花錢。呼三曰薩。《北史》：「李興使梁，武帝問其宗門多少，答曰：『薩四十家。』」不知而問曰廈、猶云甚麼，亦云拾没，見《字典》。作廈、猶云作甚麼。咱者。猶云怎麼者。謊語曰扯譚。二木相擊爲戲曰打⿱竹意。村童每於冬季，折柴相擊，劃界以賭勝負，呼爲打⿱竹意。有音無字，以同音之字代之。醵錢作酒食曰打平夥。三字見《四友齋叢説》。謂妄語曰吹。謂狡黠爲奸。謂不慧曰傻。謂愚魯曰笨。謂游嬉曰頑。宋陳造《田家謡》：「小婦初嫁當少寬，令伴阿姑頑過日。」自注：「房俗以嬉爲頑。」閒遊曰逛。光去聲。《玉篇》：「走也。」以時乞人財物曰打秋風。案《暖姝由筆》載一靖江知縣詩云：「馬駝沙上縣新開，城郭民稀半草萊。寄語江南諸子弟，秋風切莫過江來。」〔一〕言語不通相誚曰咵。苦瓦切。不潔曰婄臟。不整曰邋遢。磊諄曰累贅。利害曰寫嚇。讀若火。驚遽聲曰嚄。案《史記·外戚世家》：「褚先生云：武帝下車泣曰：『嚄，大姊何藏之深也。』」飾羽於錢以足拋之爲戲曰毽。毽，本音建。見《帝京景物略》謡曰：「楊柳青，放空鐘。楊柳死，踢毽子。」俗呼若欠。物不良曰尬骨。人不順曰乖骨。言其惡在骨也。棉曰棉花。蝗子曰蝻。字書無蝻字，當是蝝字之訛。以手頽人曰搡〔二〕。擊人曰打。打，本音頂，與撻同義不同音。其義本爲考擊，故人相毆皆謂之打。土音呼作撻，而字仍書作打。補不足曰找。找，本音華，與划同。《正韻》：「撥進船也。」俗音爪。今作找數、找補等義，俱音爪。補綻曰補靪。靪，音頂。《博雅》：

〔一〕駝：原誤作「沙」。半：原誤作「坐」。秋：原誤作「北」。據《暖姝由筆》改。
〔二〕頽：似爲「推」之誤。

「補也。」或借作頂。元楊瑀《山居新話》：「頭縛上有補頂〔一〕，可謂至貧。」女工作屨用布褙紙作襯曰圪泊。案《武林故事》：「小經紀有賣圪泊紙者。」捲棉爲筒以紡者爲拘節，又曰擦條，俗謂之布節。纏綫作緯以織者曰繀。音歲，俗作穗誤。以羽毛布帛去塵曰担。音亶。《玉篇》：「拂也。」物乾枯而縮小曰癟。音別。案《七修類稿》：「張士誠在姑蘇，專用黄敬夫、蔡彦文、葉得新三人。民間作十七字詩云：『丞相作事業，專用黄蔡葉，一夜西風起，乾癟。』」今土俗困於事、困於財、困於文，統謂之乾癟。

案方言專書，古不多見。楊子而後，直到國朝杭大宗始有《續方言》二卷。然古之所謂方言，今則見爲極雅極奥，故箋注家多取以證經，以其文既古而其義皆可爲典據者也。夫千里不同音，千年不同韻，時代既殊，語言自異，名義寖失，其實雅俗即因以判，其勢然也。如燕謂筆爲弗，燕俗名湯熱爲觀，北方以二十兩爲鋝，東海樂浪人呼容十二斛爲鼓，今北語何嘗有此。兹記灤人方言，祇就今俗所通謂習稱者筆之，固無取乎侈附舊文，牽合古語，致汩其真也。

〔民國〕灤縣志

【解題】袁棻修，張鳳翔纂。灤縣，今河北省唐山市灤縣。「方言」見卷四《人民志》中。録文據民國二十六年（一九三七）鉛印本《灤縣志》。

〔一〕上：原誤作「土」，據《山居新話》改。

方言

編者按，土俗言語，由積年習慣所成。始而讀音流轉，稱謂殊異，久則通行一方，殊難矯正。或不詳來由，但覺鄙俚而不雅馴，然在境内無慮也。有時離鄉遠出，無意中發出土音，聽者或不解所謂，實爲交際之障礙。近年鄉村教育，特重國音，即防此弊。舊志謂方言之殊，域於風土四聲，南人多入，北音祇有平上去。蓋入聲短促，北人尋常言語音高而長，故於入聲不叶，然分之爲四聲，約之止二，曰平曰仄而已。灤俗讀學若囂，學本仄也，音作平。讀而若爾，而本平也，音作仄。讀止平仄兩音，且顛倒互换。類此者，不可殫述。案，舊志所列舉者，今仍通行，故録全文，并補充若干條，以備參考，非謂即此可盡灤縣之方言也，乃述其稱謂之最普通者耳。

讀灤若蘭。按，《遼史》天贊二年始有灤州之名，前此皆作濡。濡、灤字異音同，讀近難，宜合口呼，蘭字則開口呼矣。乃土俗讀灤若蘭，直與甘肅之蘭州相混。

呼父曰爹。俗讀的耶切。又稱爲爸爸。按，《南史·始興王儋》：「詔徵還朝，人歌之曰：『始興王，人之爹，赴人急，如水火，何時復來哺乳我？』」爹之稱始此。爹音舵上聲。母曰媽。俗讀平聲。祖曰爺爺。即耶字。祖母曰奶奶。本字作嬭。曾祖曰太爺。曾祖母曰太太。叔父曰叔叔。叔讀若收。叔母曰嬸子。伯父曰大爹，又大大、大伯，皆伯之稱也。伯母曰伯孃，又稱大媽。兄曰哥哥。兄之妻曰嫂子。弟曰兄弟，弟之妻曰弟妹。姊曰姐姐，妹曰妹子。稱女曰閨女，曰姑娘，曰丫頭。女婢亦曰丫頭。劉賓客《寄贈小樊》詩：「花面丫頭十二三。」〔一〕凡童稚乳名，無男女，字必雙，下一字恒呼爲頭，（亦有呼爲子者。）以上一字分别之。稱妻父母曰丈人、丈母。妻之兄弟曰大舅、小舅。妻之姊妹曰大姨、小姨。妻兄弟之婦曰大妗、小妗。妻稱夫之父母不曰翁姑，曰爹媽。夫之兄弟亦稱哥哥、兄弟，外稱則謂之大伯子、小叔子。姑舅親皆冠以表字。兩姨親皆冠以連字。兩壻相見，大者呼小者亦曰妹夫，小者呼大者亦曰姐夫。姊妹之子曰外甥。女之子曰外孫。稱母之父曰老爺。母之母曰老老。媪字之轉音也。妻稱夫之伯叔亦曰大大、或大伯。叔叔，外稱則謂之大伯公公、叔公公。夫之伯母、叔母亦曰大媽、嬸子，外稱則謂之大媽婆婆、嬸婆婆。

稱天曰老天爺。稱客曰且。《明史》童謡云：「委鬼當頭坐，茄花滿地生。」後應於魏忠賢客氏，北方呼客爲且，且茄音相近。或云陶潛《歸去來辭》：「悦親戚之情話。」且者，戚之轉音也，北方無入聲，往往讀作上聲，灤縣呼親戚曰且，頗近之。稱叟曰老爺子。媪曰老娘子。傭工曰打頭的，又曰夥計。孿生之子曰雙棒郎。内詞曰咱們，曰我們。外詞曰你們，曰他們。詈人以小人，藐之曰崽子。《水經注》：「孌童丱女〔二〕，弱年崽子。」稱穩婆曰老娘。女巫曰師婆。讀若破。貧無聊賴者曰窮棒子。行不正者曰尬子。尬，蓋雅切，俗書作乍，無此字。

惡語侵人曰得罪。言侮人已得罪也。一足行曰各郎，跳曰蹩。蹩，蒲孟切，音烹去聲。物相似曰活

〔一〕花：原誤作「前」，據《輟耕録》引詩改。
〔二〕孌童丱女：原誤作「娶童草女」，據《水經注》改。

脱。曉事曰在行。音杭。爽利曰廉利。兩不相涉曰犯不著。無礙曰不相干。恨人曰譽怨。見焦竑《字學》，今通作抱怨。量物以五尺爲庹。音託。兩腕引長謂之庹。俗作討音。數錢以五文爲一花。凡花多五出，故云。今數錢有誤者曰花數。用錢皆曰花錢。呼三曰薩。《北史》：「李興使梁，武帝問其宗門多少，答曰：『薩四十家。』」不知而問曰廈，猶云甚麽，亦云什麽。見《字典》。作廈，猶云作甚麽。咱者。猶云怎麽者。謊語曰扯譚。二木相擊爲戲曰打篙。村童每於冬季折柴相擊，劃界以賭勝負，呼爲打篙。有音無字，以同音之字代之。醵錢作酒食曰打平夥。三字見《四友齋叢説》。謂妄語曰吹。謂狡黠爲奸。謂不慧曰傻。謂愚魯曰笨。謂游嬉曰頑。宋陳造《田家謡》：「小婦初嫁當少寬[一]，令伴阿姑頑過日。」自注：「房以嬉爲頑。」閒游曰逛。光去聲。《玉篇》：「走也。」以時乞人財物曰打秋風。俗以自遠干求曰打秋風。按《七修類稿》：「米芾札中有抽豐字，即世俗秋風之義。（秋風，當即抽豐之轉音。）蓋彼處豐稔，往抽分之耳。」言語不通相誚曰侉。苦瓦切。不潔曰婄臟。不整曰邋遢。磊竫曰累贅。利害曰寫嚇。讀若火。驚遽聲曰嚄。按，《史記·外戚世家》：「褚先生云：武帝下車泣曰：『嚄！大姊何藏之深也。』」飾羽於錢，以足拋之爲戲曰毽。毽，本音建，見《帝京景物略》謡曰：「楊柳青，放空鐘。楊柳死，踢毽子。」俗呼曰欠。物不良曰尬骨。人不順曰乖骨。言其惡在骨也。棉曰棉花。蝗子曰蝻。以手頹人曰搡[二]，擊人曰打。打，本音頂，與撻同義不同音，其義本爲考擊，故人相毆皆謂

[一]「當」上原衍「者」字，據《江湖長翁集》改。

[二] 頹：似爲「推」之誤。

之打，土音呼作撻，而字仍書作打。補不足曰找。找，本音華，與划同。《正韻》：「撥進船也。」俗音爪。今作找。找數〔一〕、找補。等義俱音爪。補綻曰補靪。靪音頂。《博雅》：「補也。」或借作頂。元楊瑀《山居新話》：「頭繡上有補頂，可謂至貧。」女工作屨，用布裱紙作襯曰圪泊。按，《武林故事》：「小經紀有賣圪泊紙者。」捲棉爲筒以紡者爲拘節，又曰擦條，俗謂之布節。纏线作緯以織者曰繀。音歲。以羽毛布帛去塵曰担。音亶。《玉篇》：「拂也。」物乾枯而縮小曰癟。音別。按，《七修類稿》：「張士誠在姑蘇，專用黄敬夫、蔡彦文、葉得新三人，民間作十七字詩云：『丞相作事業，專用黄蔡葉。一夜西風起，乾癟。』」今土俗困於事，困於財，困於文，統謂之乾癟。舊志。

名蟋蟀曰趨趨。草蟲曰聒聒。蟬曰吉了。蛙曰河蟆。蛇曰長蟲。蜻蜓曰麻郎。螳螂曰刀郎。螻蛄曰拉拉古。桑扈曰扈巴拉。蜥蜴曰蝎虎溜子。河豚曰蠟頭棒子。謂不知自愛者曰没價錢。才小而自炫者曰半瓶醋，又曰滿瓶不摇半瓶摇。腦筋過敏者曰唧伶。貪婪者曰見錢眼開。受人愚弄曰上當。愚弄人者曰賺人。無才而妄冀者曰妄想爬高。無事自擾者曰找麻煩。事須考慮者曰犯敁敠。詈人輕狂曰奸詐。譽人忠厚曰老實。事不可能曰不中。物不可意曰不强。物可人意曰不離。乳兒岐嶷者曰乖。兒童頑皮者曰柴。愛曰稀罕。甚詞曰推，太之轉音也。拿物曰秋，上聲。取之轉音也。不知而妄爲曰瞎帳。無理而强爲者曰混帳。譏人闊綽曰抖。誚人出風頭曰露讀如漏臉。詈人失節操曰丢臉。稱無行之人曰下三亂。無事而

〔一〕「數」上「找」字據光緒《灣州志》補。

過往鄰右者曰閑串門。出游邀伴侣曰打幫。閑談曰拉上聲科。語言無味曰扯淡。諂媚人者曰流虚。慕人勢利曰䂇𥏐。俗作巴結。詈人無賴曰泥腿。故暴人短者曰憨蠢人。心術不端者曰尬骨人。心術光明者曰正經人。乘機進取者曰出息人。暗地中傷曰折散。多人陰謀曰編笸。孤立無援曰光杆。行無目的曰瞎趧獐。理不當爲曰犯不上。人不老成曰不靠稍。物不堅牢曰不結實。人不爽利曰不快當。光棍曰要人的。土匪曰混星子。土豪曰尬雜子。運氣不好曰倒竃。舉動不開展者曰眠娗。讀如緬忝。謂物翻騰曰撲楞。不整潔曰躴躿。累贅曰邏𨑨。物體由伸而縮曰鷦鷦〔一〕。正午曰晌火。私藏財物曰梯己。梯或作體。心思煩亂曰鏖糟。做作虚憍曰摘搦。讀如拿捏。慫恿教唆曰攛掇。讀若妥。器破未離曰裂璺。厭惡其人曰嫛音戈盈。甚麽事曰廋勾當。怎讀如咱上聲著，詢問之意。不咱著，猶言無妨也。這可咱著，猶言無可如何也。此處曰這裏，亦曰這圪塔。彼處曰那裏，亦曰那圪塔。罵人曰捲。褻語曰撒村。夜兒箇，昨日也。候上，晚上也。多趲，多少時候也。突如其來曰冷不防。是人言曰可不。修理曰整整。

右述爲灤人通謂習稱者，類此猶多，不勝枚舉。

〔一〕鷦鷦：原作「雛雛」，據《玉篇》改。

〔光緒〕豐潤縣志

【解題】牛昶煦等纂修。豐潤縣，今河北省唐山市豐潤區。「土音」見卷九《風俗》中。有光緒十七年（一八九一）刻本。録文據民國十年（一九二一）鉛印本《豐潤縣志》。

土音

五，讀作無。閣，讀作稿。若，讀作饒。筆，讀作彼。藥，讀作耀。麥，讀作賣。略，讀作料。俗，讀作須。訛，讀作挪。鶴，讀作豪。福，讀作府。阜，讀作富。鞋，讀作邪。給，讀作紀。飯，讀作泛。霍，讀作火。墨，讀作密。錫，讀作西。雹，讀作包。郁，讀作宇。闊，讀作渴。瑞，讀作睿。所，讀作灼上聲。碩，讀作韶。色，讀作曬上聲。我，讀作挪上聲。愛，讀作乃去聲。落，讀作勞去聲。窄，讀作齋上聲。北，讀作卑上聲。白，讀作拜平聲。或獲，俱讀作槐。學小，俱讀作鴞。覺腳，俱讀作絞。摘謫，俱讀作齋。耕更，俱讀作經。國郭，俱讀作鍋。翟宅，俱讀作齋。車，讀如差役之差。善惡之惡，讀作平聲。一七八十等字，俱讀作平聲。木牧目某墓慕暮，俱斂口作鼻音。此類不可悉舉。

〔光緒〕玉田縣志

【解題】夏子鎏修，李昌時纂，丁維續纂。玉田縣，今河北省唐山市玉田縣。「方音」「方言」見卷七《輿地志》中。録文據光緒十年（一八八四）刻本《玉田縣志》。

方音

學讀平聲。希堯切。足讀平聲。族卒同。託讀作拖。德讀平聲。登河切。福讀作府。藥瘧岳約、禮樂之樂，並讀作要。欲玉毓育，並讀作愈。拍讀平聲。蒲歪切。宅擇翟，並讀平聲。之柴切。摘讀作齋。疊讀平聲。覺角腳，並讀上聲。己巧切。筆讀作彼。墨讀作密。錫讀作西。郁讀作與。或平聲。薄雹箔，並讀平聲。不豪切。突禿，並讀平聲。略讀作料。白讀平聲。北讀上聲。麥讀作賣。肉讀柔去聲。石讀平聲。合讀作和。國讀作果，又平聲。席讀平聲。耕更，讀作經。役亦，並讀作異。伏服，並讀作扶。熟贖，並讀平聲。時儒切。落烙，並讀作勞去聲。穀谷骨，並讀作古。縠讀作孤。積讀平聲。秦宜切。集極，並讀平聲。昨讀平聲。客讀作且上聲。雜市，讀作咱。各格，並讀平聲。衰老之衰，讀作説篩切。勒讀作列平聲。又作離威切。歇讀平聲。察讀作茶。拉讀平聲。街讀借平聲。鞋讀寫平聲。

方言

往往有音無字，難以實指，或權用假借，或仿李氏《音鑑》以翻切明之。各種依類繫綴，用便檢閱。

昝兒者。猶云何故。蓋怎麽二字之訛。煞啀。猶云何謂也。煞讀作平聲。收麽。猶什麽、甚麽也。枚咧。猶云無矣。枚蓋靡、没等字之訛。又以未曾曰枚有，凡了字多訛作咧。謂那爲乃，又謂之内。如問以某人曰乃位，示以某人曰内位。乃者，曲詢之詞，其訛由上聲之那。内者，直指之詞，其訛由去聲之那。謂就爲奏，又謂作爲奏。如人即時來曰奏來，事即時辦曰奏辦。又作工曰奏工夫。摹不著。猶云不知也，摹讀牟妖切。又不能得者亦云然。嘔咧。久處而厭也。又曰臭了。冷不及的。猶云不防。隄流。蓋提了之訛，如筐籠曰隄流來也。又言圓轉之形。骨董腔。言行不以正，如相戲玩也。犯不上。猶云不相干，亦云合不著。了不了。慮事敗也。亦云了不的、了不成。糟蹋。毁謗也。又曰糟踐。又凡毁棄各物也。颫磨。蓋尋覓之訛。凡徘徊曰左颫。此颫字讀作平聲。又恃愛奪取人物曰颫。此則讀本音呼決切。興譍。喧聲聒人也。聒吵。義同上，惟彼爲惡喧之詞，此則恐人惡而自罪之詞。頻氣。厭瀆之詞。又曰厭氣。別架。禁戒之詞，猶云莫要。咱們。猶云我輩。溜溜的。催趲之詞，又曰緊緊的、快快的、馬馬力力的。掽近兒。猶云偶爾、適然也。該著。猶云時也、命也。不賴。賴對好而言，不賴猶云不醜。又曰不錯、不離。感茲的。猶云宜。其又羡詞。最獨孤。枯寂。最或作嘴。不興。禁止詞，猶不許也。也許。猶云或者。又曰也興。感行好。猶云固所願也。肯那們著。猶云時時有之。昝兒好。猶云如何則可。恍恍的。偶然也。恍去聲。不是味兒。猶無顔、無趣。約者是。揣測之詞。約讀平聲。白足者。猶云固知如此。你足者。使自思也。凡揣度曰足者。忽爾濱。忽然也。忽上聲。鬧一圈兒。究竟之詞。又曰鬧一遭兒。一獨的。美無匹也。一百成。美詞。又或云一百百。一塊兒。相聚也。得兒故的。猶故意也。得賀。快足也。結咧。或以爲相絶之詞。馬哈。蓋模糊之訛。哈上聲。嚇一機靈。驚遽也。又曰嚇一跳。又人性機警曰機靈。不答應。不允也。又怒意。枚要緊。寬緩之詞。枚即無也。拉倒算咧。罷息也。找秀氣。自利也。又云占相洋。又云討便宜。不吃渣兒。猶云不好惹。驅逐曰撚。撚或作攆。攢搭。猶慫恿也。搭貧夥。醵也，共出貲爲飲食。不對近兒。違失也。創光棍。自雄也。又云立字號。窩拱。唆使也。打光棍兒。鰥居也。拔創。代人爭勝也。攩橫。代人禦侮，亦拔創之意。掌腰眼。意同攩橫。打八叉。拮据治生也。拉沓。不潔也。沓讀貪鴉切。白呆著。閒居也。打墜突魯。不堪提挈也。凡爽約曰突魯。放賴放訛。猶撒潑也。攪局。使人不得安業也。護弄。欺飾也。打嘴。遺羞也。殘頭。急遽也。抲者辦。抑勒也。抲作何牙切。凡以氣凌曰抲，又曰哈，又曰掐。拏捏。猶留難也。拏土癟。欺弱也。癟作別上聲。又云欺老受兒。又云拏受。硬拍。猶抲者辦也。拍讀平聲。厏皮。事歧阻也。厏作叉上聲。創家兒。猶云光棍。急竄、馬力。皆敏速也。打包裹。鬭毆也。包裹疑保辜之訛。摔脆、刷刮。皆言不沾滯。撒殘怔。夢中舞蹈也。矌空兒。伺隙也。凡看視曰矌矌，或曰瞧瞧。空讀去聲。拏法。挾制也。找衅。尋仇也。又曰找查。搭棱。猶蹉跎也。耽延曰搭棱工。拏歪。以不端謹之事相責怪也。鬧閒偏兒。瑣語妄責。虛飄兒。不切實也。破罐破摔。猶言將錯就錯。弔歪。多疑怪也。弔猴。難駕馭也。有牙爪兒。能制服駕馭也。管約兒。有制服也。踢撒兒。敗人之約。又曰拆散。生秧兒。滋生事端。捻窩窩兒。私約也。習溜胡都。悠忽也。泄利哈哂。怠玩之態。賓住了。兩讓不進取也。向住了。兩相抵制難和同也。打游飛。奔走無正業也。泥皮丢。巧滑無行之意。抄者。約以必終其事。又曰兜者。單挑兒。獨任之辭。湊膽子。共濟之辭。小區區。不正大也。枚四至。猶云無方向。包胡盧頭。終其事也。硬扛。不受抑制也。殘撻混撞。輕進不畏難也。磨蹭。不敏於事。盪人。爽約也。擎者。坐待也。歹住了。歹蓋得之訛。茶酸、茶鹹。皆故爲遲緩意。喝者幹。輕進也。又曰喝出去。栽格子。蹉跌也。故以爲不能直遂之喻。作面子。爲觀美也。凡全人之恥曰留面子。轉場。洒恥也。又曰贖臉。能奈。智力也。又曰本事。各人。自己也。又云自各兒。收科。猶結尾也。又云末末都兒。熬者。静待也。使硺。求强助也。凡有大援曰有硬硺。扛者、横者。皆阻撓也。打濕拉。故爲遲緩也。廉利。言行斬截也。慷强。好勝也。棒。有力也。礴矶。贊人耿介。又凡美詞也。搊拉。用力也。對叉口。逢其會也。十拏九準。大可望也。轉影碑。被欺困也。串門子。出入人家也。走者瞧。難豫定也。又曰再看罷、再説罷。批者。相形爭勝也。批疑比之訛。使撚子。代爲私計也。打急慌。爭鬭也。又得財濟困也。鬧糟羔。混爭不靖也。當菜兒。欺以爲魚肉也。擺交。失舊好也。罷讀曰歪切。疲者。不敏也。丢醜。遺羞也。又曰丢人。硬朗。猶强健也。流離。行不端謹也。混帳羝的。又曰混混兒。又曰滚子泥餒、無賴尤，皆惡也。寃大腦戴。良懦也。莊稼把子。農民也。力伯頭。不諳習也。猶云笨伯。膿包。無能也。澇道幫子。不安正業。好賴人兒。善惡兼有之謂。不害臊。無恥也。臊讀去聲。横軋。猶云横行。胡餧、瞎鬧。皆言不端謹也。餧當是作之訛。王道、霸氣。皆言豪强。僻流。好詼諧也。咧遽、喇張。皆不謹也。頦頭。猶膿包也。搊子。惡人也。搊讀上聲。走的臭。猶云穢德彰聞。枚人緣兒。衆惡也。打閒。游手也。脾氣各自。猶云異性。拐孤。多疑怪也。懤别。執拗也。拗捩。意同上。撇邪。言行不以正也。傴牙。吝嗇也。怯僻。貪鄙也。又慳吝曰怯也。浲。固執也。又羹稠也。老好子。忠厚也。窩囊廢。忠厚無用之謂。老肉頭。同上。又曰蘗頭。顛奪。思忖也。打迭子。意同上。又曰迭主意。有渣子。猶云有芥蒂。歪。多疑怪也。嬉憨。愛也。蓋喜歡之訛。格扭。嫌怨也。点者。記念也。点讀如店。犯思乎。疑怪也。又曰犯含糊。不耳乎。若弗聞也。有折兒計。多謀也。動拏守。難摇奪也。畫和連兒。熟慮也。納者氣兒。含忍也。出壞鎚兒。施惡計也。看不上。不愛也。瘪悶。愁苦也。凡處困曰作瘪子。

滑擦。難誘脅也。鑽套。難制也。又曰鑽圈兒。晝回兒。思慮也。老牛筋。慳吝之比。苦掙。竭力治生產也。梯奚。私積也。拉飢荒。借債也。頑闊。豪奢也。訛人。强索人財也。傎。騙取人財也。歸。訛作根尾切。與人物之辭也。猶山東曰給，江南曰把。狼。獻媚以取人財者曰狼家。撌。以智力抑取人財。又曰拍。呑摟。與人同財而自私也。包鍋。代借償也。又償事曰礫鍋。白鈔邊。不費而得也。鈔讀去聲。凡恃愛奪人曰鈔。颫。意同上。骨頭拔筋。艱於出貲之喻。鬧嘴眼。卑幼怒形於色也。裂咱。穢也。又曰拉沓囊贓。俏皮。華飾不正也。寒嗔。醜也。喃。以口拾物也。讀上聲。打殘。不聽敏也。摔交。相持角力也。搢。以瓦石自殘也。抹。以金刃自殘也。刺。割也。讀平聲。劄。刺也。讀平聲。跐。踏也。又讀作此，義同。扔。抛擲也。或作上聲，或讀若棱。札姑。華節也。打磨磨兒。徘徊也。搄。擊也。薅。亦擊也。又或曰聽。大模大樣。驕態也。眼𥇽者。親見也。瞧者罷。使人酌量也。高抗臉兒。猶云瞧不著。憨者臉兒。忍辱也。很眉目。甚自喜也。要標。不自重而自矜也。動筋兒。以力競也。筋讀去聲。搢筋。用力也。筋去聲。搢拳頭。手握曰搢，讀鑽黜切。打把勢。舞拳棒也。跌孤魯子。失足也。亦曰跌跟頭。又孤魯爲詈罵之辭。儫。貧困也。輸耍。謂賭博也。該錢。欠償債也。謂欠爲該。搗賭。相約逞能也。或賭食物曰搗東兒，搗讀平聲。又謂之鬪土。打秋風。所謂颫也。又曰打尊兒，惟博場云然。蓋總如南方所謂打抽豐、打把拾也。撞木鐘。以財託人代營事業而失之也。積搢。如積蓄也。白洗手。無利也。又曰白拉倒、白落忙、白扯臊、白白的。劄刺。驚遽而言也。跳搭。盛怒而言也。翻臉。忽怒也。詐刺。卞急喧呼之態[一]。嚇誂。欺以所懼也，讀爲蝦呼。又曰嚀虎。暇白。閒談也，並讀平聲。瞎

[一] 態：原誤作「熊」。

白。妄語也。猶云瞽談，並平聲。胡搘勒。意同上。打皮科。戲詞也。喇科兒。猶暇白也。勞切。絮語也。刀刀。斥責也。吵包子。混争喧鬧也。打諜諜。喧争也。又曰混嚷嚷。要頻嘴。浮薄之詞。下作。大嚼長醱之態〔一〕。漚氣。語相激也。包寒。詆譏也。湊趣兒。相戲也。又曰鬪笑兒。鬧者玩兒。意同上。玩平聲。打吵子。猶打諜諜也。流哄。諂也。賭氅兒。隱相争敵。亦曰賭氣。横贈兒的。詞氣不平。洚嘴。反脣相譏也〔二〕。陽暴氣排。矜飾。又云架弄。鬧褻。戲謔也。胡數流丟。妄言肆詈也。瞎白流久。閒談無濟也。拍伏。淩制也。拍讀平聲。呱吸。私相慫恿也。打瓜皮匠。戲言無當也。不搭撒。問而不對也。瞎吹瞎鎊。妄自矜誇也。得詁。怒而絮語也。數落。斥責也。數讀上聲，落讀勞去聲。或云數搭，又云數數落落。搗鬼。自言也。混鋪吃。責人妄言也。數白嘴。多言無用也。數上聲。胡譸白咧。妄言也。胡説吧道。亦妄言也。悄不聲的。禁使勿言也。搘舌頭。傳言搆衅也。吆喝。斥責也。又喧呼也。倔伯頭。婞直也。老髒兒。同上，即古云骯髒也。幸氣。驕也。又曰硬氣。擡擱。以言相觝也。喝呼。斥責也。喝讀作何銀切。低詁。猶呱吸之意。冤損。諷刺也。黏誏。戲詞和緩也。窪苦。猶冤損也。婁京腔。非都人而爲都人語。科巴。口吃也。又曰結巴。阿答者。緩商也。不彀一句。責人失言也。挫磨。絮言相責也。奓詑。矜張也。胡罵、亂卷、直撅。皆肆出穢語也。大語抨人。自矜也。多昝。何時也。又多前兒、多回兒。這當兒。此時也。對著當兒。適其會也。呆回兒。俟一時也。呆即待之訛。那回兒。猶云適纔也。又云剛纔，又曰纔剛。一晃兒。倏忽

〔一〕態：原誤作「熊」。
〔二〕譏：原誤作「稽」。

也。一休。一夜也。休讀上聲，蓋宿之訛。列兒個。前日也。疑夜隔之訛。根兒個。今日也。根即今之訛。又或云真兒個。後晌。日夕也。晌午歪。過午也。清早些。侵晨也。前兒個。前二日也。悠逗。故爲遲緩也。繞對。紆折以相取也。又曰繞濠。拏摹。思量也。拏準兒。定計也。又云拏主意。格硬、刺嫌。皆厭憎也。幺幺。稱量也。擡起來。收藏物也。猶云閣起。端者。捧持物也。格攩兒。秫稭之短節者。箭笴兒。秫稭尾梢長節者。席美兒。秫稭皮之剥下者。寨子。以秫稭爲籬也。排子。以秫稭爲門也。排蒲歪切。炕頭炕腳。炕以代牀，其近火者曰頭，遠火者曰腳。窑窠兒。壁閒爲洞。又曰牆廚。套閒。内複室也。袼袦兒。屋隅。又凡隱處。敞棚。屋無門牆。廈子。平屋也。汗搨子。小單衣也。搨讀平聲。搭包。腰帶也。坎肩兒。衣無袖者，南方謂之背心。髢笄。婦人以分嫡庶者，凡娶人離異之婦曰娶黑髢笄兒、活人妻，娶寡婦曰白髢笄，又曰娶後婚。當家的。婦謂夫也，並有子以稱父者。皆與人問答之詞，非面稱。燒火的。愚賤戲稱其妻也。老伴兒。村俗稱年高夫婦，亦或自相稱，又或謂老公母兩兒。老爺老姥。外祖父母也。姥讀同老。爺爺嬭嬭。祖父母也。爹媽。父母也。又稱父曰爸爸。爺們孃們。男婦通稱。又以男婦之尊長而統卑幼之辭。大爺大孃。伯父母也。收收嬸子。叔父母也。大伯子。婦人謂夫兄也。伯讀蒲歪切。大嫂兒。婦人謂夫之嫂。小收子。婦人謂夫弟也。收蓋叔之訛。小嬸兒。婦人謂夫弟婦。掌櫃的。稱商賈也。忌曰老板。奏活的。傭工也。夥計。農商聚處之稱。和麻。蝦蟆之訛。夫貼兒。蝴蝶之訛。又青蚨也。馬幾溜。蟬也。取叉。蚓也。長蟲。蛇也。拉拉古。螻蛄之訛。兩麼。二數也。兩讀離雅切。薩麼。三數也。薩即三之訛，平聲。溜哇。六數也。溜即六之訛。官板兒。錢也。又曰老官板。兜有咧。猶云都有了。都訛兜。

按陸清厭公《靈壽志》采方音以便聽訟，今敬仿之，並廣以方言若干條，在土人或對之噴飯，然恐有乍見而茫然者矣。昔人詩詞用方言，今乃非注解不能曉，亦其類也。或責以乖離經訓，豈漢揚子雲爲傖父，而不敢題糕者乃詩豪歟？敢以質爲學爲治而留心聞見者。

〔民國〕遷安縣志

【解題】滕紹周修，王維賢纂修。遷安縣，今河北省遷安市。「方言」見卷十九《謡俗篇》中。録文據民國二十年（一九三一）鉛印本《遷安縣志》。

方言

聲音之道，隨世變遷，亦易地殊異，欲合全國之語言而統一之難矣。然欲統而一之，必先分而著之，著其所以分，乃可求其所以合。邑雖蕞爾地，亦有一邑之方言，著之於篇，以爲由分求合者取資焉。

與人周旋謂之應酬。裘萬頃詩：「病餘猶覺應酬艱。」今習用應酬二字本此。

陵虐脅迫謂之欺負。陸游詩：「欺負六國囚侯王。」〔一〕

與人同事謂之火伴。《木蘭詞》：「出門看火伴。」

〔一〕負：陸游《劍南詩稿》作「侮」。

財産多謂之寬綽。《晉書》〔一〕：「性寬綽以從容。」《毛詩》：「寬兮綽兮。」皆形容舒緩意。今人引伸爲多財之義，凡稱富家曰寬綽日子。

事理不明謂之糊塗。《宋史》：「呂端小事糊塗，大事不糊塗。」

發怒謂之生氣。《國語》：「子犯曰：『我曲楚直，其衆莫不生氣。』」

心不悦謂之不耐煩。劉希夷詩：「幽人不耐煩，振衣步閒寂。」

事無妨礙謂之不相干。《淮南子》：「前後不相蹠，左右不相干。」按干與關音近，或以關訛干耳。《北史·趙綽傳》：「上曰：『不關卿事。』綽曰：『陛下置臣法司，欲妄殺人，豈得不關臣事。』」又南唐李璟謂馮延巳曰：「風乍起，吹縐一池春水，干卿何事！」是借幹作關，自古已然。今邑俚語皆曰干，不曰關矣。

事不如心謂之不快活。《朝野僉載》：「桑維翰曰：『居宰相如著新鞋襪，外面好看，其中不快活也。』」

不願人之奉承謂之不敢當。《儀禮》：「非敢求見。」注：「嫌褻主人〔二〕，不敢當也。」又《莊子·讓王》篇、《呂氏春秋·審應覽》《史記·刺客傳》《漢書·杜周傳》皆有此語，可見此語傳之

〔一〕書：原誤作「語」。
〔二〕褻：原誤作「襲」，據《儀禮注》改。

最古。

男幼者謂之小子。《漢書·張禹傳》：「禹小子未有官〔一〕，上臨候禹，禹數視其小子。」今俗主呼僕曰小子，僕之僕曰三小子。

女幼者謂之丫頭。劉賓客《寄贈小樊》詩：「花面丫頭十三四，春來綽約向人時。」今俗以爲女子之賤稱。

食謂之吃。賈誼《新書》：「越王之窮，至乎吃山草。」

飲謂之喝。《至正直記》：「元時親王貴卿飲酒，必令執事唱一聲，謂之喝盞。」

受損失謂之吃虧。杜牧詩：「卻笑吃虧隋煬帝，破家亡國爲誰人？」〔二〕

得好處謂之便宜。《漢書》：「臣願見上言便宜。」按便去聲，今俗讀如平聲。

多口謂之嘴尖。《揮麈餘話》：「詹大和坐累下大理，李傳正操俚語詬之曰：『子嘴尖如此，誠姦人也。』」

運敗謂之倒竈。《通俗編》：「《太玄經》：『竈滅其火，惟家之禍。』今俗語倒竈即本此。」

不行好事謂之作孽。《書·太甲》〔三〕：「天作孽，猶可違。自作孽，不可活。」

〔一〕禹：原誤作「禺」，據《漢書》改。
〔二〕破：原誤作「敗」。誰：原誤作「何」。據《樊川文集》改。
〔三〕太甲：原誤作「伊訓」。

與人傭式謂之作活。《魏書·北海王詳傳》：「高太妃云：『今不願富貴，但令母子相保，共汝掃市作活也。』」

相聚工作之地謂之作坊。《五代史》：「隱帝夜聞作坊鍛甲聲，以爲兵至，達旦不寐。」

關係重要之事謂之打緊勾當。《元典章》：「海道官糧運將大都裏來，是打緊勾當。」

物謂之東西。明思陵謂詞臣曰：「今市肆交易，止言買東西，不及南北，何也？」

作事不光明謂之黑暗。《酉陽雜俎》：「海賈以象牙爲白暗，以犀爲黑暗。」杜甫詩：「黑暗通蠻貨。」〔一〕今人引伸爲不光明之意。

應諾謂之者者。《天順日録》：「也先荅張善曰『者者』。」

以上方言與古暗合者。

高祖父呼爲老太爺。曾祖父呼爲太爺。祖父呼爲爺。父呼爲爸爸，或呼爲爹爹。高祖母呼爲老太太。曾祖母呼爲太太。祖母呼爲奶奶。母呼爲媽，或呼爲娘。伯父呼爲大伯。伯母呼爲大娘。叔呼爲收。嬸母呼爲嬸子。外祖父呼爲老爺。外祖母呼爲老老。舅父呼爲舅。舅母呼爲妗母，或呼爲妗子。姻兄弟呼爲表兄弟。室女呼爲閨女。婦呼爲媳婦。妻父謂之丈人。妻母謂之丈母娘。兒女姻親謂之親家。親讀如慶。僚壻謂之連襟。壻謂之姑爺。繼室謂

〔一〕貨：原誤作「貢」，據《杜工部集》改。

之填房。再醮婦謂之後婚。再醮婦所攜子女謂之帶犢。鰥夫謂之光棍漢。妻兄弟謂之大舅子、小舅子。妻嫂弟婦謂之大妗子、小妗子。事之易者謂之利落。事之難者謂之邏棱。事之不順謂之别謬。事之順心謂之得意。物之不潔者謂之拉塌。物之潔者謂之乾凈。言語無味謂之扯淡。大聲急呼謂之叫讙。敷衍謂之水過地皮濕。作事草率謂之三下五除二。土豪謂之光棍。好惡同人謂之隨和。何事謂之甚麼。往何處謂之上那裡。無故起事謂之憑白地。畢竟謂之到底。不破謂之囫圇。修理謂之整治。少遲謂之等一會。會字捲舌讀。有心謂之竟故意。敝者完之謂之收拾。言人過失謂之數刣。託故謂之搪塞。欺人謂之胡弄。胡讀如户，弄讀如能。穩恰謂之妥當。貢諛謂之奉承。訴訟謂之打官司。追謂之蹨。讀如輦。打謂之奏。以言教人謂之囑咐。老而不明謂之悖晦。驚謂之荒章。頭謂之腦袋。頸謂之脖子。頷謂之下巴。額謂之頁落蓋。手掌謂之巴掌。面謂之臉盤，亦謂之模樣。布販謂之貨郎。成衣匠謂之裁縫。工匠謂之師父。富户謂之財主。牙儈謂之牙紀。家丁謂之跟班。法警謂之班頭。同學謂之同窗。相契謂之相好。修飾謂之打扮。鬥毆謂之打架。棄材謂之没出息。謝罪謂之賠不是。鹵莽謂之冒失。有過謂之不對。仗勢劫財謂之訛詐。憒勉修業謂之賭氣。蟬謂之唧嘹兒〔一〕。蝗謂之螞蚱。螳螂謂之刀螂。黄鶯謂之黄魯兒。否認謂之不中。承認謂之可以。

〔一〕 唧：原誤作「喞」。

取謂之拿。是謂之可不。

以上方言不見典籍者。

方言根據方音，方音不正，即無以見方言之真。邑之語音，全境無大殊異，多半於入聲字讀若平上去三聲。略舉數端，以見其概。

淑菽叔。讀如書。逸邑。讀如夷。辱孺。變作如。菊橘。讀如居。七漆膝。讀如妻。服伏。讀如扶。一揖。讀如衣。讀獨毒。讀如都。十石實。讀如時。吉及。讀如雛〔一〕。息錫。讀如西。屋。讀如巫。曷合盍。讀如何。屈曲。讀如趨。八。讀如巴。爵。讀如交。屑脅協。讀如邪。出。讀如初。暇匣。讀如霞。割隔。讀如哥。狄笛敵。讀如低。則。讀若兹柯切。脱托。讀若通何切。國郭。讀作果。忽笏。讀若荒胡切。佛。讀若夫何切。六。讀若溜。穀谷。讀作古。欲玉毓。讀作愈。燭。讀作住。禄陸。讀作路。麥陌。讀作賣。學。讀小平聲，或雪平聲。雀鵲。讀作巧。物勿。讀作霧。達。讀打平聲。藥約岳。讀作要。握沃。讀作臥。立力。讀作利。入。讀儒去聲。直值質。讀止平聲。屬蜀。讀作暑。略。讀作料。覺角。讀吉咬切。墨。讀迷去聲，或磨去聲。福黼。讀作府。北。讀卑上聲。莫。讀作磨。色。讀設上聲，或篩上聲。局。讀舉平聲。筆。讀作比。葉。讀作夜。宿肅粟。讀作素。德。讀當何切。織。讀作之。穡瑟。讀作設。楫緝。讀作計。職。讀作止。足族。讀若子無切。孰熟贖。讀若雙無切。識。讀作是。發罰伐法。讀若夫娃切。

〔一〕雛：似當作「雞」。

〔民國〕三河縣新志

【解題】曹楨等修，吴寶銘纂。三河縣，今河北省廊坊市三河縣。「方言」見《經制志》卷八《禮俗篇》中。録文據民國二十四年（一九三五）鉛印本《三河縣新志》。

方言

目録〔一〕

關於個人者　關於家庭者　關於鄉党者　關於官家者　關於買賣者　關於工藝者　關於稱呼者　農家經驗話

辦事仔細謂之小心。事欠檢點謂之大意。事不干己謂之没關係。受人欺騙謂之上當。己受損失謂之吃虧。排難解紛謂之説合。聯合甲乙謂之介紹。不務正業謂之潦倒。與人傭工謂之作活。商家經理謂之掌櫃。練習生意謂之學徒。商家開幕謂之開張。人不開展謂之眠娗。人不安静謂之張狂。商家歇業謂之關門。游民謂之四不像子。好惡同人謂之隨和。與衆不同謂之個様。言不由衷謂之撒謊。語言無味謂之扯淡。與人玩笑謂之奚落。與人同

〔一〕目録爲編者所加。

遊謂之隨喜。與人起訴謂之打官司。間接利害謂之受影響。有債務謂之飢荒。有錢謂之富餘。身體摇動謂之哆嗦。慕人勢力謂之犮结。遇事驚恐謂之荒倬。體質薄弱謂之溓膿。討人喜歡謂之奉承。事不出力謂之蹭滑。招人嬰盈謂之討厭。言無可考謂之荒唐。

關於個人者

有狀元的徒弟，無狀元的師傅。

師傅領進門，學藝在個人。此言學貴自强。

個人自掃門前雪，勿管他人瓦上霜。

管閒事，落不是。此君子守己之道。

隨得方，就得圓；吃得輕，擔得重。此君子處衆之道。

蹲得下，跳得高；屈得灣，伸得直。此君子可大可小、能屈能伸之道。

當一日僧，撞一日鐘。

管弓弓灣，管箭箭直。此言人宜盡責任。

病從口入，禍從口出。

一言興邦，一言喪邦。

話到舌前留一半。

緊睁眼，漫開口。此謹言之法。

好事多魔，好事忙做。
事要三思，免來後悔。此處事之法。
不受魔，不成佛。
不受苦中苦，難得甜上甜。自古聖賢豪傑無一不受折磨困苦。
儉衣增福，儉食增壽。
晚飯少入口，壽活九十九。此言衛生宜節飲食。
交人交强的，拄棍拄長的。此毋友不如己之意。
寧給好漢子提鞋，不給癩漢子當爺。
寧扶竹竿，不扶井繩。此言扶他助人，宜須選擇。
守勤的，没有懶的；守饞的，没有攢的。
跟好人學好人，跟巫婆跳假神。此近朱者赤、近墨者黑之意。
千里銀子當面錢。
財帛分明大丈夫。此言臨財宜清楚明白。
人向高處走，水向窪處流。
鴿子向旺處飛。此言人皆有向上之心。
人怕見面，樹怕剥皮。

錢怕下挂，人怕品。此言人之對人，宜留有餘地步。

不爲名利，誰肯早起。鷄鳴而起，孳孳爲名與孳孳爲利者同。

早起三光，晚起三慌。此言人宜早起。

關於家庭者

當面教子，背地教妻。子，嗣也，當面教之，以令其服從。妻，齊也，背地教之，以養其體面。

家有千口，主事一人。無主乃亂，國如是，家亦然。

不當家不知柴米貴，不養兒不知父母恩。

吃飯穿衣量家當。生活程度隨環境而高下。

會擇擇兒郎，不會擇擇家當。此指嫁女而言。

年年防賤，日日防賊。即有備無患之意。

醜妻近地家中寶。娶妻重德不重貌。

家有萬貫，也有一時不便。

窮兒不可富喪。即喪事稱家之有無之意。

家有賢妻，男兒不做横事。此人所以貴有賢内助。

窮竈户，富水缸。此曲突徙薪、蓄水救火之意也。

小兒要管，小樹要鑹。小兒管，則長大可以成人；小樹鑹，則長大可以成材。

教子嬰孩，教婦初來。人性本善，孩時教之以正終身，自無不正。新婦初來亦然。

家要興，看人丁。即子孫賢族將大之意也。

家貧莫言宗祖貴，好漢不怕出身低。此言人宜説現時富貴貧賤，不必溯其已往。

户咬户，光髀骨；莊咬莊，必飢荒。此言處家處鄉，宜互相維持，不宜挾嫌報復。

在家敬父母，何必遠燒香。百行孝爲先，孝則攸往咸宜，故不必遠燒香。

有東無西，家無老妻；有西無東，家無老翁。此指蓋房而言，雖近迷信，然亦有時而驗。

坎宅巽門，不用問人。此言築房方位最吉祥者。

父債子還，父業子擎。

前十年看父敬子，後十年看子敬父。

養兒强過我，要錢做什麽；養兒不如我，要錢做什麽。

好兒不要多，一個頂十個；養兒莫養兩，養兩輪官馬。以上四者均指父子有密切關係。

爹親叔大，孃親舅大。此人所以宜愛其所親也。

養兒像叔，養女像姑。此言血統之關係。

七歲看大，八歲看老。初生試啼便知是否英物，况七八歲耶？

關於鄉党者

房連間，地連邊。即鄉里同井之意。

遠親不如近鄰，近鄰不如對門。守望相助，疾病相扶持，全恃近鄰。

親戚遠來香，街坊高打牆。

好人護三村，好狗護三鄰。此言精幹之人宜保護鄰里。

富貴不壓鄉黨。鄉党爲父母之邦，縱富貴亦如貧賤時態度，不可有驕傲氣象。

撒謊難瞞當鄉人。

一家有事，十家不安。通慶弔，共往來，故如上云。

一家飽暖千家怨。此專指富而不仁者言，然亦有忌有笑無之小人。

不願莊中出王侯，但願莊中置馬牛。此專指惡劣王侯而言，不可概論，牛馬可以借乘。

關於官家者

要得安，先辦官；封完糧，自在王。即國課早完，雖囊橐無餘，亦多至樂之意也。

家種十頃田，常欠衙門錢。大地主對於官家納税攤款，終年不斷。

軟過關，硬過渡。關主詰姦禦暴，不輕放行，故宜軟過。渡則畏强欺弱，任意訛索，故宜硬過。

窮不交富，富不交官。上交近於諂，且無益而有害。

公門中好修行。即有權須行方便之意。

衙門口向南開，有理無理拿錢來。貪吏多，廉吏少，興訟不需錢者能有幾人。

屈死不告狀，窮死不做賊。好訟終凶者多，慣賊漏網者少，故云然。

殺人的知縣，滅門的知州。此指專制時酷吏而言。
一字入公門，九牛曳不出。此言訴訟起滅不能自由。
寧打真贓實犯，不打性命干連。專制時命案最重，盜案稍輕，故云然。
吏不舉，官不究。一切檔案悉掌老吏之手，官則不知，故云然。
一輩做官，十輩擂磚。此言雖近刻薄，然觀其已往，其有所試，可不懼哉？可不戒哉？
鐵打衙門流水官。宦任署任能幾何時，宜及時立德立功，以流芳千古也。
九狀不離原詞。狀詞如一，是非曲直不難判決。
一輩舉紙，十輩結冤。當堂不讓父，何況其他，故告狀爲結冤媒介，其戒之宜。

關於買賣者

要得富，開久鋪。富商大賈均久於其業。
南京到北京，買的沒有賣的精。賣主有原本關係，比本不多，必不肯賣。
分毫利，吃飽飯。利薄銷路廣，獲利反多。
一分錢一分貨，十分錢買不錯。此言賣主不可貪賤。
秤平斗滿，一手托兩家。內不虧東家，外不虧顧主，如此生財方合大道。
做莊稼不離地頭，做買賣不離櫃頭。職責所在，不得擅離。
内怕長支外怕欠。買賣内支外欠，如人内虛外感。

買飯不怕大肚漢。

買賣好做，夥計難搭。三人同心，其利斷金，若合夥非人，勢必凶終隙末。

買布不怕扁擔量。

一心公道，不虧自家。愈公道則顧主愈多，獲利愈厚。

出手的金子，不如在手的銅。金雖貴，出手則無主權。銅雖賤，在手可以自便。

本大利寬，無本難取利。本，母也。利，子也。無母何以生子？無本何以取利？

千零不如一整。千零不易歸整，其數易短；一整好散爲零，其數易長。

關於工藝者

藝不壓身。藝不壓身，可學而不用，不可用而再學。

要學驚人藝〔一〕，須下苦功夫。古來多材多藝，皆自刻苦得來。

積財千萬，不如薄技在身。積財則有水火盜賊之虞，薄技在身，隨時隨地均有效用。

拙匠人，巧主人。主人役人，能做主張，雖拙亦巧；匠人受役於人，宜服從，雖巧亦拙。

没有規矩，不能成方圓。百行手藝，皆以規矩爲主。

活糙線不糙。線者，即工人之凖繩也。

〔一〕驚：原作「警」，據文義改。

錢壓奴婢，藝壓當行。有出類拔萃之技能，人皆敬服。

關於稱呼者 各地相同者不贅述

稱父之父曰祖父。俗稱爺爺，回教稱爲把爸。

稱父之母曰祖母。俗稱嬭嬭。李商隱《雜俎》七不稱意，其一「少阿嬭」。滿人呼爲太太。

稱父曰爹。俗稱爲爸爸，又稱爲爺。《木蘭詞》：「阿爺無大兒。」

稱母曰媽。又曰娘。《木蘭詞》：「朝辭爺娘去。」滿人呼爲奶奶。

稱庶母曰姨。

稱父之姊妹曰姑。回教呼爲娘，如大娘、二娘是也。

稱父之兄曰大爺。回教呼爲伯伯。

稱兄之妻曰嫂。《晉書·謝朗傳》：「家嫂情詞慷慨。」《孟子》謂「嫂溺則援之以手」。滿人多呼爲姐姐。

稱弟之妻曰弟婦。又稱爲弟妹。

婦人呼夫之父曰公公。又曰翁、曰舅。唐詩：「待曉堂前拜舅姑。」唐德宗謂郭子儀曰：「不痴不作阿家翁。」隨夫亦呼爲爸爸。

呼夫之母曰婆婆。《爾雅》：「婆，老女稱也。」隨夫亦呼爲媽媽。滿人呼爲奶奶。

呼夫之兄曰大伯。《五代史補》：「李澣婦拜李濤，濤答拜。澣曰：『新婦參阿伯，豈有答禮？』」隨夫亦呼爲哥哥。

呼夫之弟曰小叔。唐詩：「嫂叔不親授。」又呼爲小郎。謝道蘊爲小郎解圍。隨夫亦呼爲弟弟。

呼夫之姊妹曰大姑、小姑。唐詩：「先遣小姑嘗。」隨夫亦呼爲姊妹。

農家經驗話

過了芒種，不可强種。指河北一帶而言，不違農時意也。

甲子豐年丙子旱，戊子年蝗庚子亂。若逢壬子水滔滔，須在正月上旬看。此初旬建子歌訣，屢試不爽。

高糧老黑，十年九得。此指條河兩岸高糧地間種黑豆而言。

正月念五刮東風，豌豆大麥不出蓊。是日東風主春旱，豌豆麥子不收。

早黍晚麥，一定必壞。播種百穀均宜適時，若忽早忽晚，難望大有。

七九河開，八九雁來，九九加一九，徧地犂牛走。天氣由寒漸暖，農人開始播穀。《詩》所謂「三之日于耜，四之日舉趾」是也。

今年槐，來年麥。伏日有雨，槐花盛開。花落結子，纍纍下垂。即來年收麥之兆。諺云：「三伏無雨休種麥。」誠然。

一鷄，二犬，三猫，四猪，五牛，六馬，七人，八穀，九果，十菜。正月上旬以天之晴陰，驗人畜穀菜之否泰豐歉。

夏至端陽前，麥貴一千天。即夏至難得五月中之意。

穀雨前芝麻棉，棗芽發棉花瓜。又云穀雨前後，栽瓜種豆。此即民事不可緩、農時不可違之意。

養鷄勝似養鴨，栽花不如種瓜。

清明刮去攻前土，莊稼老二白受苦。清明時節宜雨，刮風主旱，故如上云。

處暑不露頭，割去喂老牛。節交處暑，天氣漸涼，此時苗而不秀，縱秀亦不能實，故云喂牛。

打魚摸蝦，躭悮莊稼。此業精於勤而荒於嬉之意。

使活使雛，使牛使犢。人畜小時有服從性，且力量充足。

久晴逢戊雨，久雨望庚晴。

過了寒露節，不怕二月雪。此專指種秋麥而言。

念書要講，種地要鎊。書講理明，故貫通。地鎊土松，故多穫。

榆錢落，種穀子。即古時瞻榆束來望杏開田之意。

三月清明不見青，二月清明偏地青。

種麥不交股，不如土裏撫。此言麥宜及時種也。

夏至東風摇，麥子水裏撈。此言夏至刮風，急宜拔麥，以免水沖之患。

八月初一下一陣，旱到來年五月盡。八月初一落雨主旱。

八月十五雲遮月，正月十五雪打燈。

九月九，撒猪放狗。

五月小，瓜果茄菜吃不了。

一連三個大，神鬼也害怕。連三大建，不有天灾，即有人禍。

一年打兩春，帶甲貴如金。

穀改穀〔一〕，抱著哭。此言穀不够苗，改種玉黍等均可，不可再種穀也。

拖泥秀穀。水分充足，穀秀必茂。

豆子正開花，就怕夜雨砸。豆類入夜開花，若被夜雨催殘，則花落不能結實。

高糧拋花地裂縫。高糧拋花宜晴，日月照臨其粒，必含三露七；若霪雨連綿，其粒必秕。

處暑抓暑，白露割穀。又處暑十天徧割穀。

半吐半咽，坌鋤一遍。

糞大水勤，不用問人。此指種菜者言。

頭遍開，二遍栽，三遍上土，四遍埋。此鋤地之要訣。

六月六，看穀秀，春打六九頭。六六穀秀，有時不准。春打六九頭，百年不易。

收不收，六月二十頭；潦不潦，馬神廟。六月二十三日爲馬神誕辰。

夏甲子乘船入市，秋甲子百穀生芽。甲子爲干支之首，是日落雨，天久不晴。

天河當壩，有雨不下。有雲横遮銀河，如堤壩然，是有雨不下之兆。

隴大苗稀稭稈粗。地之面積大則養分足，苗稀則分肥者少，收穫恒豐。

〔一〕穀：原誤作「榖」，下同。

緊做的莊稼，磨蹭的買賣。春耕夏耘秋收，均有定時，若工作不緊，則必有愆期之害。諺云「争秋奪麥」，誠然。

天河掉腳，棉褲棉襖。約在七月杪。

天河生岔，單褲單褂。約在四月杪。

早鸛陰，晚鸛晴，半夜鸛子到不了天明。鸛知陰晴而鳴，與鳶先風而飛、蟻先潦而徙同。

早春晚秋，十年九收。立春早，則天氣早暖。立秋晚，則天氣晚寒，故云十年九收。

有錢難買五月旱，六月連陰吃飽飯。五月田苗稚弱，宜旱以受折磨，至六月禾稼繼長增高，非水分充足不能暢茂。

日没老雲接，明天把工歇。俗云晚看西北，晚雲起乾方，主雨。

八月葱，九月空。葱性喜熱忌寒，宜八月除畦，若至九月津液即無。

大雁叫一聲，窮漢吃一驚。即雁陣驚寒之意。

種地不使糞，一定瞎胡混。此言種地須用肥料，不然難言出産。

頭伏蘿蔔，二伏菜，三伏種蕎麥。此言種菜藝穀，均有定時。

寒露不見田。寒露早晚，禾稼均已收穫完畢，故不見田。

冷在三九，熱在三伏。此指寒暑之極而言。

臘七臘八，凍死寒鴉。寒鴉耐冷，勢將凍死，其寒極矣。

小暑大暑，灌死老鼠。雨集溝盈，鼠穴奚能倖免。

頂至拔秋麥。麥日至之日皆熟。

入伏莫種豆。入伏種豆太晚，不易成熟。

〔民國〕香河縣志

【解題】王葆安修，陳式謀纂。香河縣，今河北省廊坊市香河縣。「方言」見卷五《風土》中。録文據民國二十五年（一九三六）鉛印本《香河縣志》。

方言

今輕讀箇。明讀如滅字平聲箇。後箇。大後箇。夜箇。前箇。大前箇。去年箇。前年箇。大前年箇。後年。大後年。晌或後晌。一擦黑。一撲亮。鷄叫前。前字輕讀。喂猪前。前字輕讀。亮寅時。日末酉時。上燈時。半夜子時。

以上時候。

爺爺。稱祖父。奶奶。稱祖母。爹。稱父。爸爸。稱父。媽。稱母。娘。稱母。嬸子。稱叔母。嫂子。老爺。稱外公。姥姥。稱外婆。舅舅。稱母之兄弟。舅母。俗稱妗子。姨。稱母之姊妹。大小姨子。稱妻之姊妹。填房。繼娶。後老婆子。再嫁婦。小老婆子。稱妾。敗家子。不成器的子孫。吴二鬼。無賴子。滚刀肉。稱皮。做活的。工人。小夥子。這一夥仔。一估堆兒。謂衆人。夥計。老爺兒。太陽。

以上名稱。

豆鼠子。地裡排讀灰聲子。皆田中之鼠也。錢串子。即《説文》：「蚿，多足蟲。」馬郎。即蜻蜓。拉拉古。即螻蛄。吉了。伏凉。即蟬。螞蚱。擔擔鈎。即螽斯。蛐蛐。即促織，蟋蟀之轉音。蟈蟈。曲查。即蚯蚓。河螞。即蝦蟆。夜猫子。即鴟鴞。長蟲。即蛇。

以上動物。

車軲轤圓。即車前子。苦蔴子。即苦菜。紅姑娘兒。即錦燈籠。刺兒菜。即小薊。馬齒菜。即馬齒莧。棒子。即玉蜀黍。婆婆英。即蒲公英。僿了换。即柿子。心裏美。即羅蔔之紅心者。乍蓬科。即飛蓬。

以上植物。

河漏。讀如河拉。瓢漏。以瓢鑿眼，用蕎麥麵由上漏之。餑餑。餃子。包子。疙疸湯。片湯。窩窩頭。用玉蜀黍麵爲之。

以上食物。

大傢夥。這傢夥。打補丁。補破衣之稱，任何事物缺而再補者，均作此語。打平夥。即衆人醵錢飲酒之謂。買東西。歇歇罷。讓人坐一坐。憨蠢。即難看之謂。腌臢。讀如囊臟，穢也。廉利，馬利。均急速、爽快之詞。真在行。讀如杭。行家子。謂人之曉事也。俏皮。苗條。稱人俊俏。嗄作鬼。謂人貪多無厭。彆扭。不順利。

以上事物。

偺。幹偺。這是偺。那是偺。偺耶。偺事。瞎嘍嘍。無事妄説之謂。瞎吵。胡鬧。摸摸。

以手捫物之謂。馬呼。遇事不經意之謂。唉。應人呼喚聲。直不的。膩咧。彀了。壞了。罷了。完了。算了罷。冷不防。突如其來之意。不理會。犯不着。和不着。不相干。可不是呢。那不是呢。誰不説呢。花馬掉嘴。無理强辨。草鷄了。失敗後不敢再作。怎們咧。怎們着。不怎的。稀流花拉。聲音亂意。拉倒。媽媽論兒。俗鄙之意。烏理烏禿。不涼不熱。亂七八遭。郎哩郎康。不精細。提溜起來。手提起意。郎哩郎當。作事不用力之意。好生着。勉人語。摩摩蹭蹭。遲緩意。啾咕甚麽。私語。打個梯息。背人語。胡説八道。不講理。裝傻充愣。改人，捲人。均罵人之稱。改透了。罵人太過。挖苦。責損之意。發酸，擺邪，燒包。均貧兒乍富之詞。擺的了。

以上語詞。

〔民國〕固安縣志

【解題】錢仲仁修，王尚義等纂。固安縣，今河北省廊坊市固安縣。「方言」見卷二《經制志·風土》中。

録文據民國三十一年（一九四二）鉛印本《固安縣志》。

方言

辦事不順心曰逆歪。毁人物件曰糟蹋，又曰無公德心。辦事不好曰瞎正。家境充裕曰寬綽。遇事多忘曰拉糊鬼。不大方曰小器。行動冒昧曰懞忼。贊人能辦事曰真行。時運不好曰倒霉。戲言曰鬥樂，穢語曰罵街。謂人不整齊曰邋遢。稱人不才曰不成器。不能成事曰無能爲。譏人唐突曰冒失鬼。被人欺負曰挨剋。下平。辦事不順曰撇拗。不善其事曰外行。

稱日曰太陽，亦曰日下平頭，又曰老爺。尖音。月曰月亮。大雨曰暴雨。巨雷曰劈雷。流星曰賊星。彗星曰掃帚星。逆風曰頂頭風。羊角風曰旋風。一日曰一天。一夜曰一宿。社市曰集，赴市曰趕集。

稱家主曰當家的，又曰掌櫃的；主婦曰内當家的。稱營商者曰買賣人；務農者曰莊稼人，亦曰莊稼老二。稱工頭曰掌作的；同事的曰夥伴，又曰夥計。男子年高者曰老頭兒，年青者曰小夥子。女子年高者曰老婆，又曰老太太；年青者曰小媳婦。女子未出嫁者曰閨女，又曰大姑娘；已出嫁者曰姑奶奶。男孩曰小子；女孩曰姑娘，又曰小丫頭。鄰居曰街坊。同縣曰鄉親。

稱祖父曰爺爺。祖母曰奶奶。稱父親曰爸爸，又曰爹。母親曰媽媽，又曰娘。稱父之兄曰伯父，亦曰伯伯。稱父之弟曰叔父，亦曰叔叔。父之姊妹曰姑姑。稱兄曰哥哥。弟曰弟弟。姊曰姐姐。妹曰妹妹。稱兄之妻曰嫂子。弟之妻曰弟妹。稱夫之父曰公公，夫之母曰婆婆。普通皆隨夫稱翁姑曰爹娘。稱夫之兄曰大大伯子，嫂曰大嫂兒。稱夫之弟曰小叔子，弟婦曰小嬸。稱大嫂小嬸曰妯娌。稱夫之姐曰大姑子，妹曰小姑子。稱妻之父曰岳父，又曰丈人；母曰岳母，又曰丈母娘。稱妻之兄曰内兄，又曰大舅子；弟曰内弟，又曰小舅子。稱妻之姊曰大姨，妹曰小姨；大小姨之夫曰連襟，亦曰一担挑。稱母之父曰外祖父，又曰老爺；母之母曰外祖母，又曰姥姥。稱母之兄弟曰舅，母之姊妹曰姨母。稱舅之子曰表兄弟，女曰表姊妹。稱女之夫曰婿，又曰姑爺。稱姊之夫曰姐夫，又曰姐丈；妹之夫曰妹夫，又曰妹丈。

饅頭俗曰飽子，又曰麪飯。一切麪食皆曰餑餑。米食曰米飯，又曰乾飯。油條曰油炸鬼。飲水曰喝水。食飯曰吃飯。粥曰周。飼曰餧。

長衣曰袍子。短衣曰褂子。冬衣曰棉衣。夏衣曰單衣。春秋兩季之衣曰袷衣。腰巾曰腰帶，又曰搭包。頂上蓋髮者曰帽子。冬曰暖帽。夏曰涼帽。用草製者曰草帽。春秋則戴帽墊，俗曰帽盔。護耳者曰耳帽。避風者曰風帽。無頂小風帽曰媽護。老年人多用之。破衣曰藍褸。補破衣曰打補靪。

大門曰街門。重門曰二門。門無楣曰旋門。門限曰門檻。複室曰裏室，又曰裏套間。

鴟鴞曰夜猫子。布穀曰光棍多處。啄木鳥曰奔嗒木子。麻雀曰家雀，又曰老家。鼹鼠曰地拉排子。鼬曰黄鼬，亦曰黄鼠狼。馬之牡曰兒馬。兒馬之去睾丸者曰騸馬。牝者曰騍馬。牛之牡者曰牤牛，亦曰犍子。牝者曰乳牛。驢之牡者曰叫驢。牝者曰草驢。馬驢之子曰駒。牛之子曰犢。羊之子曰羔。驢配馬生者曰騾子。馬配驢生者曰驢騾。公猪曰牙猪，又曰跑糊魯。牝猪曰母猪。公犬曰牙狗。牝犬曰母狗。公猫曰郎猫。牝猫曰嫲猫。雄鷄曰公鷄。雌鷄曰母鷄，又曰草鷄。雛鷄曰小鷄。蟬曰蝍蟟。螻蛄曰拉拉姑。螳螂曰刀螂。蝗蟲曰螞蚱，初生者曰蝻子。蟋蟀曰趨趨。蟻曰蟞蜉。

慣説虛話者曰大江東。與人借財物者曰打饑荒。善於交際者曰江湖。辦事不料始終者曰糊裡糊塗。貶人過甚者曰改透啦。用力過度曰累的哄。突然發生的曰楞孤丁的。没妨事曰不礙的，又曰無關係，亦曰不要緊。事不關心者曰不理會。先佔地步者曰略下苕帚佔住磨。説人固窒曰一竅不通，亦曰軸子，俗曰棒錘。話不合理曰胡説八道。粉飾其詞曰天花亂墜。無秩序曰爛七八糟。心忙意亂曰馬不停蹄。説話没根據者曰少天没日頭。虛與周旋曰扯臊。按縣北土音近大、宛兩縣，東南近永、霸兩縣，正西近涿縣，西南正南近新城，東北近安次。自柳泉鎮迤南語尾無「兒」字，其餘都有「兒」字。語頭有「我説」二字，北京市間有之。語尾有「哈」字，似商量語。又附帶有「他媽的」三字，此極粗野語言，中國南部安徽、湖南北、江西等省有之。境内流行語言，雖俗雅不同，人民個性或可略見一般。

〔民國〕霸縣志

【解題】唐肯修，崔汝襄等纂。霸縣，即今河北省廊坊市霸州市。「方言」見卷二《人民志》中。録文據民國十二年（一九二三）鉛印本《霸縣志》。

方言

稱祖父爲爺爺。宋燕王府永清縣大佛寺内有石幢，係王士宗建，末云「王爺爺」「王娘娘劉氏」，是稱其大父、大母也。則爺爺之稱，宋時已有之。

稱父爲爹。《廣韻》：「爹，北人呼父也。」

稱母爲孃。《古樂府》：「不聞爺娘哭子聲。」杜甫《兵車行》：「爺孃妻子走相送，塵埃不見咸陽橋。」

稱母爲媽。《集韻》《類篇》並引《廣雅》：「媽，母也。」

婦稱舅爲公公。《漢書·賈誼傳》：「婦謂舅曰公。」

婦稱姑爲婆婆。婆婆本佛名，見《法苑珠林》。今北人呼夫之母曰婆婆。

稱父之弟妻爲嬸，稱母之弟妻爲妗。宋張文潛《明道雜志》：「『經傳中無嬸、妗字。』嬸字乃世母字二合呼，妗字乃舅母字二合呼。二合，如真言中合兩字爲一。」即如今之拼音。

稱母之姊妹夫爲姨夫。盧思道文：「馮子琮以姨夫之戚。」

稱妻之父爲丈人。《漢書》：單于謂「漢天子，我丈人行」。其時漢以女妻單于，故有此稱。是爲妻父稱丈人之始。唐憲宗時，杜黄裳久不遷，及其壻韋執誼相，始遷太常卿。黄裳勸請太子監國，執誼曰：「丈人甫得一官，奈何議禁中事？」

稱妻之母爲丈母。柳子厚有《祭楊詹事丈人獨孤氏丈母文》，《通鑑》載韓滉稱元佐母爲丈母，皆婦人長老之通稱。後因以妻父爲丈人，隨尊以妻母爲丈母也。

稱妻之叔父爲叔丈。任淵注山谷《次韻子瞻以紅帶寄王宣義》詩《序》：「王淮奇，字慶源，東坡叔丈人也。」因以妻父爲丈人，妻叔爲叔丈人。

兄弟婦相呼爲妯娌。《廣雅》。

婦人哭亡夫呼其夫爲天。蔡邕賦：「當春之嘉月，將言歸於所天。」

婦人哭兒爲肉。《宋史》：「陸秀夫負帝昺赴海死，楊太后大慟曰：『我忍死至此者，爲趙氏一塊肉耳。』」

男女兩姻家相呼爲親家。親，去聲，讀如慶。男曰親家翁，女曰親家母，簡稱則曰親家。見《唐書・蕭嵩傳》。盧綰《王駙馬花燭》詩：「人主人臣是親家。」

婦謂夫之女妹曰小姑。唐王建詩：「未諳姑食性，先遣小姑嘗。」

稱姊妹之子爲外甥。按《爾雅》，四甥皆外姓兄弟，今則止稱姊妹之子矣。

兩壻相謂曰連襟。見《嬾真子》。

謂小兒爲孩子。《莊子》：「未至乎孩而始誰。」

呼小女孩爲丫頭。言頭上方梳雙髻，未成人時也。劉賓客詩：「花面丫頭十三四，春來綽約向人時。」〔一〕爲小樊而作。花面，未開臉也。

稱縣官曰大老。《孟子》：「二老者，天下之大老也。」

稱縣知事爲縣長。《吴志・鍾離牧傳》：「縣長聞之，召民繫獄。」

稱顯宦者子曰少。少，施要切。《晉書・王羲之傳》：「羲之與王承、王悦爲王氏三少。」又「郗鑒曰：『王氏諸少。』」

友朋相狎呼姓字好加老字。白樂天詩：「每被老元偷格律。」元謂微之。「試覓老劉看。」劉謂夢得。亦有以老自稱者。《北史》：「石曜持絹一匹謂斛律武都曰：『此是老石機杼，聊以奉贈。』」蘇東坡詩：「不知老奘幾時歸。」奘謂玄奘。

作工爲作活。《魏書・北海王詳傳》：「高太妃云：『今不願富貴，但令母子相保，共汝埽市作活也。』」張籍詩：「貧

〔一〕四：原誤作「時」。時：原誤作「癡」。據《輟耕録》引詩改。

窮作活似村中。」

不整齊曰邋遢。《明史》：張三丰爲張邋遢。

有負委任曰不中用。《史記·外戚傳》：「武帝擇宫中不中用，斥出歸之。」

責人言語支吾曰之乎者也。《湘山野録》：「太祖幸朱雀門，獨趙普從幸，上指門額問曰須著之字何用，普曰：『語助。』太祖大笑曰：『之乎者也，助得甚事。』」

品評事物之可取者曰不離。徐渭賦〔一〕：「覺固不離，覺亦不即。」〔二〕

責人不明白曰糊塗。《宋史》：「吕端小事糊塗，大事不糊塗。」

回想舊事曰在先。《方言藻》：「王仲初詩：『在先教士小千牛。』」

事不敢定而預料其成何結果曰多半。林逋詩：「常憐古圖畫〔三〕，多半寫漁樵。」

謂作事爲勾當。《唐書·第五琦傳》：「勾當公事。」

喫一回飯曰一頓，打一回人亦曰一頓。晉謝僕射、陶太常詣吴領軍，曰：「日已中，客比得一頓食。」杜詩：「頓頓食黄魚。」《南史·徐湛之傳》：「今日有一頓飽食。」《唐書》：「宜付有司，決痛杖一頓處死。」一頓，猶言一次也。

説人固窒曰一竅不通。《吕氏春秋注》：「紂心不通，安於爲惡，若其一竅通，則比干不殺矣。」

〔一〕渭：原誤作「謂」。

〔二〕下「覺」字原誤作「黨」，據《青藤書屋文集》改。

〔三〕圖畫：原誤作「畫圖」，據《全宋詩》改。

整理物曰收拾。《漢光武詔》：「家羸弱不能收拾。」

鞻鍼線縫開曰綻。《古詩》：「故衣誰當補？新衣誰當綻？」

隙地曰空。讀去聲，苦貢反。《通鑑輯覽》「漢平帝四年徵能治河者」〔一〕，注：「聞禹治河時，本空此地。」

責人話無根據曰胡説八到。唐《元和郡縣志》詳載四至八到。按四至，《左傳》：「東至於海，西至於河，南至於穆陵，北至於無棣。」

物足用而有餘曰賸。《唐書・杜甫傳》：「殘膏賸馥，沾丐後人多矣。」

奔馳某事曰張羅。《古詩》：「南山有鳥，北山張羅。」

不以現錢買物曰賒。《周禮・地官・司市》：「以泉府同貨而斂賒。」注：「無貨，則賒貰而予之。」〔二〕

稱事物之劣者曰不及。《論語》：「過猶不及。」

心滿意足曰够。《廣韻》《集韻》作夠，《集韻》云「多也」。《魏都賦》：「繁富夥夠，不可單究。」

過午爲晌午趖。趖，讀錯。《花間詞》：「荳蔻花間趖晚日。」

稱巷爲衚衕。衕，《廣韻》徒弄切。《篇海》云：「衚衕，街也。」

颶風曰颷風。李長吉詩：「旋風吹馬馬踏雲。」〔三〕

〔一〕　帝：原誤作「章」，據《通鑑綱目》改。治，原脱，據《通鑑綱目》補。

〔二〕　貨：原誤作「物」，據《周禮》鄭玄注改。

〔三〕　馬馬：原誤作「鳥鳥」，據《李長吉歌詩》改。

一事合作曰夥頤。《史記·陳涉傳》：「夥頤，涉之爲王沈沈者。」頤，讀爲期。
出門同行曰火伴。《木蘭詩》：「出門看火伴。」
稱人貧曰寒苦。《晉書·王裒傳》：「北海邴春，寒苦自居。」
妬人勝己曰不分。分，去聲，夫問反。唐詩：「不分桃花紅勝錦。」
不能守業曰不成器。《禮》：「玉不琢，不成器。」
惡少年曰無賴。《漢書·昭帝紀》：「發三輔及郡國惡少年屯遼東。」師古曰：「無賴子弟也。」
不能成事曰無能爲。《左傳》：「老夫耄矣，無能爲也。」
事辦不成曰不行。《論語》：「有所不行。」
讀書不見進益曰不長進。晉王夫人云：「女何以都不長進？」
諷人無故作事與不作事曰何苦。蘇軾《上神宗皇帝書》。
自慚命薄曰不如人。《左傳》：「臣之壯也，猶不如人。」
令人作事曰教人。《詩》：「毋教猱升木。」
人身短曰遳。遳，平聲。《唐書·王伾傳》：「貌遳陋。」
責人曰數。《左傳》：「乃執子南而數之。」〔二〕《史記》范雎數須賈，漢王數項羽。數上聲。

〔二〕南：原誤作「商」，據《左傳》改。

馬不鞍而騎曰驏騎。令狐楚詩：「少小邊州貫放狂，驏騎蕃馬射黄羊。」

馬覆鞍皺曰備馬。宋《南渡録》：「康王質於金，間道南奔，倦息崔府君廟，夢神曰：『追騎已至，子宜速去，已備馬候矣。』」

以土爲牀曰炕。《舊唐書・遼東高麗傳》：「冬月皆作長炕，下然熅火以取煖。」此即今之土炕也。

以符號記數曰畫馬。《禮記・投壺》：「爲勝者立馬，一馬從二馬，三馬既立，請慶多馬。」立馬者取算以爲馬，表其勝之數也。畫馬之名蓋取諸此。

謂出門鋪蓋爲行李。《左傳》僖公三十年：「行李之往來，共其困乏。」

物恰好食曰可口。《莊子》：「楂梨橘柚，皆可于口。」

誚人太靈警曰眼裏説話。龍輔《女紅餘志》云：「寵姐每嬌眼一轉，憲則知其意，宮中謂之眼語。又能作眉言。憲，寧王也。」

不願動曰不耐煩。見《宋書》庾登之弟仲文傳。

賞工人食曰犒勞。《左傳》：「使展喜犒師。」注：「勞師也。」

在法庭起訴曰打官司。《通俗編》：「元人《抱粧盒》曲有此三字。」

向親友化錢曰打秋豐。米元章帖作打秋豐，雪濤《諧史》作打抽豐。言於豐多處抽分之也。

苛摘人過曰吹毛求疵。《漢書》〔一〕：漢武時，議者多言鼂錯之策是而見殺爲冤，有司緣此欲摧抑諸侯王，數奏

〔一〕漢書：原誤作「史記」。

謂人善以口舌宣揚者曰説箇天花亂墜。梁武帝時，有異僧雲先法師講經於天龍寺，天雨寳花，嬪紛而下。其過惡，吹毛求疵。

預揣不知之數曰若干。《食貨志》：「或用輕錢百加若干。」

預計事有多半曰十有八九。《漢宣帝紀》：「畜産大耗十八九。」

言人懈怠不經意曰紇梯紇榻。唐張佑《贈戲營妓》詩有云：「更有一雙皮屐子，紇梯紇榻到門前。」

以手離物曰斯。斯，俗作撕。《説文》：「斯，析也。」《爾雅・釋詁》：「斯，離也。」《詩・陳風》：「斧以斯之。」《吕覽・報更》篇：「趙宣見桑下餓人，與之脯一朐〔一〕，曰：『斯食之。』」注：「斯，析也。」

言朋友極親密曰莫逆之交。《莊子》：「相視而笑，莫逆於心，遂相爲友。」

借人勢力欺人者曰狐假虎威。《戰國策》：「江乙曰：『狐行，虎隨其後，獸見之皆走，虎不知畏己而走也，以爲畏狐也。』」

以財營業爲作買賣。《周禮・天官・小宰》：「聽買賣以質劑。」《地官・司市》：「掌其買賣之事。」

稱人好游蕩曰風流。《南史》：「王儉曰：『江左風流宰相，惟有謝安。』」

娶女冠帶曰上頭。花蕊夫人《宫詞》：「年初十五最風流，新賜雲鬟使上頭。」

〔一〕 朐：原誤作「胸」，據《吕氏春秋》改。

傭工人有長工、短工。《唐史》：凡工匠以州縣爲團，五人爲火，置長一人。四月至七月爲長工〔一〕，二三月、八九月爲中工，十月至正月爲短工。

凡以此物誘彼物曰𡈾子。𡈾，音由，與囮同。今俗鵪鶉由子、畫眉由子之謂也。唐呂温有《由鹿賦序》云：「由，此鹿以致羣鹿也。」《説文》曰：「率鳥者繫生鳥以來之，名曰𡈾。」呂温得其意而不知《説文》有此𡈾字也。

稱古物品爲古董，稱人新巧亦爲古董。蘇東坡作古董，晦庵作汨董，見《霏雪録》。

稱短人爲車軸漢。《畫墁録》：「宋太祖招軍，不專取長人，要琵琶腿，車軸身，取多力也。」

喫小食爲點心。《唐史》：「鄭傪爲江淮留後，家人備夫人晨饌，夫人顧其弟曰：『治妝未畢，我未及餐，爾且可點心。』」

駡人之妻室不正曰王八。《五代史》：王建，人呼爲賊王八。

稱無能爲人曰賴子。《五代史》：荊南主高季興無行，所稱臣諸國呼爲高賴子。

言輩行不同曰論左右。《左傳》：「楚人尚左，君必左，無與王遇，且攻其右，右無良焉，必敗。」

以足量地爲步。《吳越春秋》：「禹治水，使大章步東西，豎亥步南北。」

謂普通物爲東西。杜甫詩：「禾生隴畝無東西。」又：「居人不自解東西。」黄庭堅詩：「美酒玉東西。」〔二〕近人用東西二字似與古意不同，殊不知不言物名而渾言東西，蓋合四方而盡有之。其不曰南北者，省文，與古用東西字意正合。不

〔一〕工：當作「功」，下二「工」同。

〔二〕玉：原誤作「至」，據《山谷外集》改。

然，杜詩云「無東西」「不解東西」，豈禾生竟不向南北、居人自當知南北耶？

應尊長之吩咐曰者，亦曰是。者，滿語也。《天順日録》：也先答楊善曰「者」。者，是。《論語》：「『是魯孔某與？』曰：『是也。』」

不務正曰郎當。唐玄宗時，人言鈴聲似言「三郎郎當」。

倚仗人之開口語曰多虧。明英宗時，王振語「多虧三位老先生」。

一家人自相盜爲家賊。宋神宗時，吕公弼將論安石變法，其從孫嘉問竊其疏藁示安石，安石白帝，罷公弼。吕氏號嘉問爲家賊。

語言無著曰荒唐。《莊子》：「以謬悠之説，荒唐之言。」

合股抽利曰抽分。明憲宗時，置工部官三員，往南專理抽分。

謂晨夕餐爲吃飯。後晉契丹執出帝諭曰：「兒孫勿憂，必使汝有一吃飯處。」

辦事有精神曰高興。唐令狐綯云：「詩人託此爲高興耳。」

話不説全令人自歇曰歇後語。唐昭宗時，鄭綮好爲歇後詩，及爲相，搔首曰：「歇後鄭五作宰相，時事可知矣。」

正人不作正事曰偷狗的。南朝宋蒼梧王至新安寺偷狗，醉還被弑。

作事無退步曰騎虎不下。隋文帝時，獨孤后謂帝曰：「騎虎之勢，必不得下。」

對卑幼責其年已長曰娶妻生子。漢武帝時，張騫使月氏，留三十年，娶妻生子，不失漢節。

謂忘本者爲過河拆橋。元順帝罷科舉。許有壬，科舉進士也，爲班首，宣詔，御史溥化誚之曰：「參政可謂過橋拆橋者矣。」

以肩挑兩木稍取水曰擔水。《南史・齊敬兒傳》：「敬兒家擔水。」

於井上以物汲水曰打水。《歸田録》：「汲水曰打水。」

譏人言無變換曰印板話。元王恂對太子問守心之道曰：「人心猶印板，板本不差，雖摹千萬紙皆不差。」

稱人作事便捷曰廉立。《孟子》：「頑夫廉，懦夫立。」

求人讓我曰借光。紇干俞《海日初出賦》：「冀餘光之一借。」沈佺期詩：「行樂光輝寒食借。」

所占地方有餘曰寬綽。綽，吃昭切，讀如超。《詩》：「寬兮綽兮。」

謝人來慶祝曰增光。《徐穉傳》：「必能翼宣盛美，增光日月。」

謂所在地方曰地分。《草木子》：「元末官史貪汙，除得美州曰好地分。」

謂不從曰不算。《論語》：「何足算也。」

罵人幼孩曰崽子。崽音宰。《水經注》云：「孌童丱女，弱年崽子。」〔一〕

觀不常見之事物曰看希罕。希罕，皆少字義。《老子》：「視之不見曰希。」《論語》：「子罕言。」

牝馬曰課馬。《唐六典》：「凡牝四游五課，羊則當年而課之。課爲歲課駒犢。」〔二〕

〔一〕年：原誤作「季」，據《水經注》改。

〔二〕五：原誤作「而」，據《唐六典》改。

牝驢曰草驢。《北齊書·楊愔傳》：「選人魯漫漢在元子思坊騎秃尾草驢。」〔一〕

牝猫曰女猫。《隋書·外戚獨孤陁傳》：「猫女可來，無住宫中。」

公牛曰犍子牛。犍，去勢之名。

牡猪曰牙猪。《易》：「豶豕之牙吉。」

小孩之乳名曰小名。唐陸魯望有《小名録》。

主一家事曰當家。范成大詩：「村莊兒女各當家。」

謂稷爲糜子。唐蘇恭云：「《本草》載稷不載穄，稷即穄也。楚人謂之稷。關西謂之糜。」

謂蟬爲蝍蟟。《爾雅疏》：「青徐人謂之螇蚸。又自關而東謂之虭蟧。」蝍蟟即螇蚸、虭蟧之轉音也。

謂蟋蟀爲趨趨。《爾雅疏》：「蟋蟀，促織也。幽州人謂之趨織。」《古今注》名蛩秋，趨趨即此之訛音。

謂蜻蜓爲馬郎。《爾雅義疏》。

謂草蟲爲聒聒。聒，讀如哥。《爾雅義疏》。

謂蚳爲蚍蜉。《爾雅》：「蚍蜉，大蟻。」

謂蠆爲蝎。《詩義疏》〔二〕：「蠆一名杜伯。幽州謂之蝎。」

〔一〕漢：原脱，據《北齊書》補。

〔二〕義：原脱。

謂蛇爲長蟲。《傅子·附録》：「放長蟲於左右也。」

謂發麪包爲饅頭，中裹餡者曰包子。《續搜神記》：諸葛亮征蠻，遇風，瀘不能渡，命行廚假麪爲人頭祭之，風果息。故有饅頭之稱。陸放翁有《食野味包子》詩：「放箸摩便腹，呼童破小團。」

譏人以賄賂運動事曰錢能通神。張延賞判度支，有獄頗久不決，公欲判明。忽案上有一帖云：「奉錢三萬貫，乞勿問此獄。」公怒收吏訊之。明日又一帖云：「奉錢十萬貫，乞勿問此獄。」因曰：「錢至十萬貫，可通神矣。無不可回之事，吾懼禍及，不得不止。」

謂候人來爲等。作待字用。張仲景《傷寒論·傷寒例第三》：「不等早晚。」

以勺取水謂之舀。舀，遥上聲。《説文注》〔一〕：「以彼注此謂之舀。」

物已斷尚連曰折。折，音舌。《正韻》石列切。《説文》：「斷也。」《廣韻》：「斷而猶連也。」

稱一夜爲一宿。宿，息流切，音羞。《莊子·天地》篇：「至無而供其求，時聘而要其宿。」

擔當多事曰兜攬。《楊慈湖遺書》：「此身乃天地間一物，不必兜攬爲己。」

解婦人從人之義曰嫁鷄隨鷄嫁狗隨狗。《埤雅》：「語曰：嫁鷄與之飛，嫁狗與之走。」

譏人唐突曰冒失鬼。梁恭宸《池上草堂》有《冒失鬼》篇。

譏人鄙野曰村氣。唐薛萬徹尚丹陽公主，太宗嘗謂人曰：「薛駙馬村氣。」主羞之，不與同席。

扇扇風，油膏車。第二扇字平聲，膏去聲。白居易《和令狐相公》詩：「仁風扇道路，陰雨膏閭閻。」

〔一〕注：原脱。

教唆事曰挑事。挑，上聲。王建《贈李僕射》詩：「每日南城空挑戰。」追述事之發端開口曰應爲。杜甫詩：「應爲西陂好。」謂兩物之中曰當間。間，去聲。《孟子》：「間於齊楚。」謂衣之辟積曰輒。《朱文公家禮》注：「每一幅作三個輒子。」

〔民國〕霸縣新志

【解題】張仁蠡等修，劉崇本等纂。霸縣，即今河北省廊坊市霸州市。「方言」見卷四《風土》中。録文據民國二十三年（一九三四）鉛印本《霸縣新志》。

方言

謂心中悲痛曰心酸。謂吉利之消息曰喜信。言積惡甚多曰惡貫滿盈。遇事費尋思曰琢磨。詼語無稽之話曰有天没日頭。

稱祖父爲爺爺，稱祖母爲奶奶。稱父爲爹，又稱爸爸。稱母爲孃，亦稱爲媽，亦有呼爲婭者。婦稱舅爲公公，稱姑爲婆婆，普通隨夫稱爲爹媽。稱父之弟妻爲嬸，稱母之弟妻爲妗，又稱爲舅母。稱母之姊妹夫爲姨夫。稱妻之父爲丈人，又稱爲岳父。稱妻之母爲丈母，又稱爲岳母。稱妻之叔父爲叔丈。兄弟婦相呼爲妯娌。婦謂夫之兄爲大伯，謂夫之弟爲小叔，又爲小叔子。婦謂夫之姊曰大姑，又曰大姑子；謂夫之妹曰小姑，又曰小姑子。男女兩姻家相呼爲親家。婦稱姊妹之子曰外甥。兩婿相謂曰連襟,俗名一擔挑。謂小兒爲孩子。呼小女孩爲丫頭。友朋相狎呼姓字好加老字。作工爲作活。不整齊曰邋遢。有負委任曰不中用。責人言語支吾曰之乎者也。謂人慣說大話曰鬧點子大江東。謂借貸錢者曰打飢荒。謂人熟悉世故曰江湖。品評事物之可取者曰不離。責人不明白曰糊裏糊塗,又曰稀裏糊塗。迴想舊事曰在先。指示一物而言曰乜個。俗稱哈文安乜霸州。謂貶抑過甚曰改透啦。謂某事某物着實之語曰革平聲了怎麽啦。謂事之忽然曰冷孤丁的。謂事物之些微者曰略薄的。謂事之不相妨者曰百怎麽不怎麽的,又曰不怎樣,又曰不礙的。謂事之不經心者曰不理會。謂心不安者曰馬不停蹄,又曰馬踹着車是的。謂事將大舉者曰武不善作。求人讓我曰借光。所占地方有餘曰寬綽。謂所在地方曰地分。謂不從曰不算。謂不辦曰拉倒。謂我們爲偺們。謂人多爲大夥子。謂事之先佔地步者曰略下苕幕佔住磨。

牝馬曰騍馬。牝驢曰草驢。牝猫曰女猫。公牛爲犍子牛,又曰牤牛,母曰氏牛。牡猪爲牙猪。

謂稷爲穈子。謂白薯爲山藥。

謂蟬爲唧蟟。謂蟋蟀爲蛐蛐。謂蜻蜓爲馬郎。謂草蟲爲蟈蟈。謂蟻爲蚍蜉。謂蠆爲蝎子。謂蛇爲長蟲。

謂發麪包爲饅頭，中裹餡者曰包子。

以勺取水謂之舀。物已斷尚連曰折。舌音。稱一夜爲一宿。解婦人從夫之義曰嫁鷄隨鷄嫁狗隨狗。謂兩物之中爲當間。謂衣之辟積曰輒。吃一回飯曰一頓，打一回人亦曰一頓。説人固窒曰一竅不通。責人話無根據曰胡説八道。謂人太靈警曰眼裏説話。謂人善以口舌宣揚者曰説個天花亂墜。稱古物品爲古董，稱人新巧亦爲古董。稱短人爲車軸漢。稱無能爲曰賴子。言輩行不同曰論左右。謂普通物爲東西。應尊長之吩咐曰者，亦曰是。稱人作事便捷曰廉利。稱人之出衆者曰數一數二。謂事之不已者曰一不作二不休。謂事物之不妙者曰三不靈四不巧。謂心神不安者曰五脊六獸。謂事之紛亂者曰七爛八糟。謂事物之圓滿者曰九足十成。

〔民國〕涿縣志

【解題】宋大章修，周存培等纂。涿縣，今河北省保定市涿州市。「方言」見第八編《三坡志》中，《三坡志》由邑人吴爲憲纂。三坡位於涿、宛、淶三地交界處。録文據民國二十五年（一九三六）鉛印本《涿縣志》。

方言

三坡語言口音甚濁，不能讀而字。用字之法間有不同，如叫誰説唤誰，看看去説對對去，進來説入來，稱母親爲娜，呼兒子爲楔子，名馬褂爲臥龍袋等，其餘與普通無異。

〔民國〕新城縣志

【解題】張雨蒼修，王樹枏纂。新城縣，今河北省保定市高碑店市。「方言」見卷二一《地俗篇》中。録文據民國二十四年（一九三五）鉛印本《新城縣志》。

方言

目録〔一〕

釋言　釋天地　釋山水　釋人　釋親　釋飲食　釋衣服　釋宅第　釋器　釋穀　釋草　釋木　釋魚　釋蟲　釋鳥　釋獸　釋畜

五方之衆，萬億異齊。清濁剛柔，言語隨之。代隔今古，人雜華夷。流傳既久，轉變分歧。一字之差，千里毫氂。《詩》《書》雅言，向有留貽。康成注經，偶拾其遺。三代正音，厥惟皇畿。父母之邦，朝斯夕斯。証厥同異，取法京師。志方言。

遮蓋，蓋也。遮猶蔽也。《通俗文》：「天子出，虎賁伺非常，謂之遮迾。」《淮南·説林》：「日月欲明，而浮雲蓋之。」蓋即遮也。今人有過而掩護之，謂之遮蓋，猶《論語》「父爲子隱，子

〔一〕目録爲編者所加。

爲父隱」之義。《説文》云：「隱，蔽也。」王弼注《老子》云：「蔽，覆蓋也。」

當，遮也。《論語》：「一言以蔽之。」包咸注云：「蔽，猶當也。」今人謂遮爲當，讀如黨音。

舀，抒也。《説文》：「舀，抒臼也。從爪臼，會意。」或從手從宂作抭，或從臼從宂作㕻。字亦作掏。《廣雅》云：「掏，抒也。」凡水從器中挹出曰舀，音讀如要。今人猶云舀水。

應當，當也。《爾雅》：「應，當也。」今人言凡事之宜如此者曰應當如此。應、當連文。

敵當，敵也。《爾雅》：「敵，當也。」當音如黨。《吕覽·無義》篇云：「魏使公子卬將而當之。」何休注莊十三年《公羊傳》云：「當，猶敵也。」今人謂敵禦爲敵當，當，丁浪反。

滲，漉也。《説文》云：「滲，下漉也。」曹憲《廣雅音》滲，所蔭反，云「滲盡也」。今人呼水下謂之滲。

漉，漏也。漉、盪、淥、盝，古皆通用。《方言》云：「盪，涸也。」「漉，極也。」《爾雅》云：「盝，渴也。」渴與竭同。《説文》淥即漉之重文。漉，聲轉爲漏。今人謂水漉下謂之漏。漉聲斂，漏聲侈，方俗語有輕重耳。

嘉賀，好也。《覲禮》云：「予一人嘉之。」鄭注：「嘉之，美之也。」今文嘉爲賀。古讀嘉如柯，音轉爲何。《詩》「假以溢我」。襄二十七年《左氏傳》作「何以溢我」。何、賀音同。今人誇美人曰好嘉賀，猶古訓之遺也。

奘，粗也。《爾雅·釋言》云：「奘，駔也。」釋文云：「奘，徂朗反。駔，在魯反，又子朗反。」《方言》云：「秦晉之間〔一〕，凡人之大謂之奘，或謂之壯。」今新城人猶謂物之麤大者爲奘，强壯者爲壯。

不中，無用也。韓愈《毛穎傳》：「不中書矣。」言無用也。《史記·外戚世家》〔二〕：「武帝擇宮中不中用者，斥出歸之。」

不肯，不可也。《爾雅·釋言》：「肯，可也。」《春秋》宣四年《經》云：「公及齊侯平莒及郯，莒人不肯。」即不可也。《齊策》云：「客肯爲寡人來靖郭君乎？」高誘注云：「肯，猶可也。」

不行，不成也。《論語》云：「有所不行。」昭公十年《左氏傳》：「千人至，將不行。不行，必盡用之。」杜注云：「行，用也。」今邑人謂行不去者曰不行。

嚏，咳嚏也。《詩·邶風·終風》「願言則嚏」，釋文云：「鄭作嚏，音都麗反，讀如啻。」今邑人謂之嚏噴。鄭康成云：「今俗人嚏，云『人道我』，此古之遺語也。」今時猶然。

呻喚，痛也。《匡謬正俗》云〔三〕：「今痛而呻者，江南俗謂之呻喚，關中俗謂之呻恫，太原俗謂之恫喚。」今邑人猶云呻喚。呻，讀如嗔。

〔一〕秦：原誤作「春」。
〔二〕世家：原誤作「傳」。
〔三〕匡謬正俗：原作「匡俗正謬」。

劤，力也。劤，《玉篇》音靳，引《埤蒼》云：「劤，多力也。」《廣雅·釋詁》云：「劤，力也。」今邑人猶謂力爲劤。劤與筋音義俱近。《釋名》云：「筋，靳也。肉中之力，靳固於身形也。」〔一〕

招，招呼也。今邑人喚人曰招呼。

考，問也。今邑人質訊人曰考問。

妬，嫿也。《廣雅·釋言》：「妬，嫿也。」嫿，讀若酒酢之酢。俗語謂妬色曰嫿。今人不知嫿乃正字，通以酢字當之，謂之喫酢，可笑也。

寒心，灰心也。哀十五年《左氏傳》：「寡君是以寒心。」《秦策》注云：「寒心，懼也。」案，寒心謂使人心寒冷，不親熱也。

只當，意想之辭也。崔述《考信録》有「只當行」。凡事之無真把握者，出於自己意想，曰只當如此。

我謂之俺。俺者，卬之轉音。王汝璧《芸簏偶存》云：「北方多呼我爲卬。《詩》：『卬須我友。』」

富謂之哿。《詩·正月》：「哿矣富人，哀此惸獨。」〔二〕毛傳云：「哿，獨單也。」非也。趙岐注《孟子》云「可也」，亦非也。今邑人謂人之富足華美者曰哿，即此哿字。此古語之僅存於今者。

〔一〕下「靳」字原誤作「勤」，據《釋名》改。

〔二〕惸：原作「窮」。

活謂之生活。《詩·邶風·擊鼓》：「於嗟闊兮，不我活兮。」毛傳云：「不與我生活也。」《孟子》云：「民非水火不生活。」今人謀事曰求生活，蓋靠此喫飯也。

引之使長謂之弤。《爾雅·釋詁》云：「引，長也。」引與矧同。矧，古字作弤。《方言》云：「弤〔一〕，長也。東齊曰弤。」今新城人謂物之卷者引而伸之爲弤，音辰。

嘔而不出爲㱿。哀二十五年《左氏傳》：「褚師曰：若見之，君必㱿之。」《說文》作㱿。㱿，許各反，歐皃。今新城人謂嘔而不出曰㱿，此古語之存於今者。

欲嘔爲鬧膺。鬧，擾也。鬧膺，即胸間不靜也。

堅，堅牢也。《一切經音義》三引《字書》云：「堅，謂堅牢。」今時語猶然。

等，待也。郝懿行云：「今語謂待爲等，等即待聲之轉也。」

梗直，直也。《爾雅·釋詁》云：「梗，直也。」今新城人謂直人曰梗直。梗亦通作骾。骨骾，謂强直人也。

沾滯，滯也。今新城人謂不通方者曰沾滯。滯者，不通之謂也。

歇息謂之歇泄。《說文》云：「歇，息也。一曰氣越泄也。」歇、息雙聲。又轉爲歇泄。《方言》云：「戲、泄，歇也。」注云：「歇，泄氣。」《廣雅》云：「歇，泄也。」

〔一〕弤：原作「矧」，據《方言》改。

去滓留清謂之振。《爾雅》：「抯，清也。」抯與振同。《一切經音義》七云：「古文扂、抯二形。」《曲禮》云：「振書、端書於君前，有誅。」鄭注云：「振，去塵也。」今人謂去其渣滓而挹取其清者曰振，新城人語猶然。

破聲謂之㾷拉。《方言》云：「㾷，散也。東齊聲散曰㾷，秦晉聲變曰㾷，器破而不殊其音亦謂之㾷。」亦作㽻。《埤蒼》云：「㽻，聲散也。」《禮·内則》注：「沙，猶嘶也。」《漢書·王莽傳》注云：「嘶，聲破也。」其義全從斯得聲。《爾雅·釋言》云：「斯，離也。」今人謂器破而不殊者曰㾷拉。㾷拉即㾷裂、斯離音轉之字。

譍謂之答譍。《爾雅·釋言》云：「盒，然也。」盒，古答字。《祭義》云：「如語焉而未之然。」鄭注：「如有所以語親而未見答。」答，譍也。答、譍複文。

富足謂之寬綽。《爾雅·釋言》云：「寬，綽也。」《詩·衛風·淇澳》：「寬兮綽兮。」寬、綽，皆有餘裕也。今邑人謂富足者爲寬綽，地方寬敞者亦謂之寬綽。

塗字謂之點。《爾雅》：「滅謂之點。」〔一〕《説文》云：「點，小黑也。」點從黑，故云小黑，謂以墨筆點去也〔二〕。今時語猶然。

笨重謂之磊𦜆。《説文》：「磊𦜆，重聚也，從立𦎧聲，丁罪切。」今俗語猶然，而改爲累贅。

〔一〕「滅」上原衍「筆」字，據《爾雅》删。
〔二〕以：原作「之」。

以虚言欺人謂之謊。《説文》云：「謊，夢言也。」襄二十九年：「季氏取卞，公曰：『欲之而言叛〔一〕，祇見疏也。』」惠棟云：「疏，當爲謊字之誤。」《吕覽·先識》篇：「無由接而言見謊。」高誘注云：「謊，讀如誣罔之誣。」

以手析物曰斯。《説文》云：「斯，析也。《詩》云：『斧以斯之。』」

以手扼人之腕曰捘。定公八年：「晋師將盟衛侯于鄟澤，將歃，涉佗捘衛侯之手及捥。」〔二〕釋文云：「捘，子對反。」今讀捘爲鑽。

以被掩肩不使透風曰摁。唐寅《冬晚睡起》詩云：「白木棲牀厚疊氈，烏綾裌被緊摁肩。」賽之平聲。

以足量地曰步。《吴越春秋》：「禹治水，使大章步東西，豎亥步南北。」

呼上曰上頭，下曰下頭，前頭，後頭，外頭，裏頭。《古樂府》：「東方千餘騎，夫壻在上頭。」項斯詩：「王母前頭作伴行。」又朱慶餘詩：「鸚鵡前頭不敢言。」王建《宫詞》：「乍到宫中憶外頭。」嘉靖初童謡：「後頭好個秤。」宣和初北讖：「臻蓬蓬，外頭花花裏頭空。」又杭諺云：「杭州風，一把葱花，蔟蔟裏頭空。」

厭惡爲隔膺。膺，胸也。《中庸》則「拳拳服膺」。隔，障也，不相合曰隔。駱賓王文：「性

〔一〕叛：原誤作「頓」，據《左傳》改。
〔二〕及：原誤作「反」，據《左傳》改。

隔，則軒冕若塵埃。」隔膺，即兩情相隔之意。

行動冒昧爲懞忼。即懞懂，昏昧不明也。忼，讀康上聲。《集韻》：「咉忼，很戾也。」

贊人能辦事爲真行。《詞源》：「事之施布謂之行。凡人遇事能施爲，故曰真行。」《書斷》：「魏有鍾、胡二家爲行書之法，兼真者爲真行。」

遇事多忘爲拉糊鬼，不大方曰小器。拉即拉雜。糊，模糊也。凡失人格，土人皆加鬼字。《論語》：「管仲之器小哉。」

贊人富有爲有福氣。《山谷題跋》：「完書者，是國初翰林侍書王著寫，如富貴人家子，非無福氣。」

慌忙爲冒失。《詞源》：「不加審慎曰冒失。」

事不順心爲逆歪。逆，不順也。《書》：「有言逆于汝心。」歪，《正字通》云：「俗合不正二字爲歪。」

虛語爲瞎説。謂其言毫無眉目也。

辦事不好爲瞎張。瞎，目盲也。張即張皇。《書》：「張皇六師。」

佇候爲等。等，待也。范成大詩：「父老年年等駕回。」

極小之稱謂之等子。李方叔《師友談記》：「秦少游言邢和叔嘗曰：文銖兩不差，非秤上秤來，乃等子上等來耳。」

毁棄物件謂之糟塌。即蹴蹋一音之轉。陸游詩：「雲表恣蹴蹋。」

捉住謂之得，讀如歹。凡求而獲皆曰得。《孟子》：「求則得之。」

驅逐則曰趕。《字彙》：「追也。」《類篇》：「馬走也。」凡追逐急走謂之趕。通作赶。

看不起人謂之不配。《玉篇》：「匹也，合也，當也。」《禮記》：「女子附于王母則不配。」

相當謂之看好。看，語助辭。《傳燈録》：「汝等且説箇超佛越祖底道理看。」好，美也，善也。《詞源》：「俗稱作一事竟曰好。」韓渥詩：「糙好方長歎。」

戲言謂之鬥樂。樂，《韻會》《正韻》喜悦也。《孟子》：「與民同樂。」鬥即玩笑、比賽之意。

穢語謂之駡街。《詞源》：「詈也。謂以惡言加人也。」《史記》：「高祖輕士善駡。」駡街，即在街上隨便駡人，與駡座意同。

整理物事曰收拾。漢光武詔：「或在壞垣毁屋之下，而家羸弱不能收拾者。」〔一〕

奔馳某事曰張羅。古詩：「南山有鳥，北山張羅。」今移漁獵之語以形容用力作事者。

教人作事曰攛掇。朱子書：「告老兄，且莫相攛掇。」

責人曰數落。《左傳》：「乃執子南而數之。」〔二〕數落，讀如拉。

向親友化錢曰打秋豐。《米元章帖》作打秋豐，《諧史》作打抽豐。言於豐多處抽分之也。

〔一〕弱：原脱，據《後漢書》補。

〔二〕南：原誤作「商」，據《左傳》改。

亦曰打把式。

營商曰買賣。《周禮·地官》：「司市掌其買賣之事。」

求人相讓，或向人問路曰借光。紇干俞《海日初出賦》：「冀餘光之一借。」

教唆人曰挑事。挑，上聲。挑事者，挑撥是非，使兩方争鬥也。

與人周旋曰應酬。裘萬頃詩：「病餘猶覺酬謝艱。」

陵人曰欺負。陸游詩：「欺負六國囚侯王。」俗亦稱欺壓。

發怒謂之生氣。《國語》：「子犯曰：我曲楚直，其衆莫不生氣。」

心不悦謂之不快活。《朝野僉載》：「桑維翰曰：居宰相如著新鞋韈，外面好看，在中不快活也。」亦曰不痛快。

運敗謂之倒竈。《通俗編》：「《太玄經》：『竈滅其火，惟家之禍。』此俗語倒竈之所本。」

修飾謂之打扮。《中原雅音》：「俗以妝飾爲打扮。」或曰妝扮。

事情順心謂之得意。《荀子·儒效篇》：「揚揚如也。」揚揚，得意貌。

注意爲留神。《後漢·朗顗傳》：「丁寧再三，留神於此。」

不整潔謂之邋遢。《敬止録》〔一〕：「俗謂人之不潔者曰邋遢。」又《明史》張三丰稱張邋遢。

〔一〕止：原誤作「正」。

人不明白曰糊塗。《宋史》：「吕端大事不糊塗。」按，塗，俗讀都。俗亦稱希拉胡塗。

俗亦稱離拉邋遢。

貧窮曰寒苦。《晉書·王裒傳》：「北海邴春寒苦自居。」

稱人不才曰不成器。《禮·學記》：「玉不琢，不成器。人不學，不知道。」

惡少年曰無賴。《孟子》：「富歲，子弟多賴。」賴，善也。無賴，不善之謂也。《漢書·昭帝紀》：「發三輔及郡國惡少年屯遼東。」師古云：「惡少年，無賴子弟也。」《高帝紀》：「始大人常以臣亡賴。」晉灼曰：「許慎云：『賴，利也。』無利入於家也。或曰江淮之間謂小兒多詐狡獪爲亡賴。」《張釋之傳》：「尉亡賴。」張晏曰：「材無可恃也。」亡與無同。

不能成事曰無能爲。《左傳》：「老夫耄矣，無能爲也。」

不見進益曰不長進。晉王夫人云：「女何以都不長進？」

自慚曰不如人。《左傳》：「臣之壯也，猶不如人。」

稱人好游蕩曰風流。《南史》：「王儉曰：江左風流宰相，唯有謝安。」

語失實曰荒唐。《莊子》：「以謬悠之説，荒唐之言。」邑人凡稱人虚浮不實者皆曰荒唐。

不常見之事物曰希罕。按，希即稀之本字。罕，少也。

譏人唐突曰冒失鬼。袁枚《子不語》有《冒失鬼》篇。梁恭宸《池上草堂隨筆》亦有之。

譏人鄙野曰村氣。唐薛萬徹尚丹陽公主，太宗嘗謂薛駙馬村氣〔一〕，主羞之。按，村氣亦曰土氣。罵人曰撒村。

不善其事曰外行。語見《詞源》。如云「非此道中人也」。

被人欺壓曰挨磕。挨，《詞源》：「身受之也。」又相近曰挨。磕，石相擊聲也。楊雄賦：「登長平兮雷鼓磕。」挨磕與挨打、挨駡俗語相類。

不潔謂之腌臢。即昂臧音轉之字也。

走路不穩曰離拉歪邪。如醉人行路也。

念佛爲口頭禪。《詞源》：「謂不能領會禪理，但襲取僧家膚淺之常語，資爲談助也。」

多言曰韶刀。按，韶刀，即取燒刀酒名之義，酒後多言故也。或謂即少道二字之平聲，戒之之意。

趨炎赴熱曰奔湊。陸士衡《輓歌》：「周親咸奔湊。」

事不順者謂之撇拗。《元曲選·生金閣》云：「我這夫人有些撇拗。」按，撇讀如別，拗讀如扭。又作彆扭。《遷安縣志》作別謬。

辦事爽快謂𨅍𨄅。《傳燈録》：「守山宗曰：賣鞋老婆脚𨅍𨄅。」按，俗謂利速，讀如溜叟。

〔一〕嘗：原誤作「當」。

事之難者謂之絡索。古詩：「絡索阿姑餐。」絡索，一作邏逤。《遷安縣志》作邏梭。

聽人之言以爲是，則答之曰可不是。不是，是也。猶《詩》言「不顯不承」，不顯，顯也。不承，承也。

人品端方謂之正經，又謂之正氣。《論語》：「攻乎異端。」疏：「言人不學正經善道。」《文子・符言》篇：「君子行正氣。」

作事規矩謂之本分，亦謂之老成。《荀子・非相篇》：「見端不如見本分。」又白居易詩：「未得心中本分官。」《詩》：「雖無成老人，尚有典刑。」〔一〕又俗語少年老成。

品行不端謂之潑皮。《元典章》：「有新附軍人，結連惡少潑皮，爲害尤甚。」

人無正業爲游手好閑。《後漢書》：「章帝詔勿令游手。」《史記・貨殖傳》：「游閑公子。」

以上釋言。

日謂之日頭，月謂之月亮。《田家五行》：「諺云：日頭⿱䒑是雲障，曬殺老和尚。」又吴諺：「早晨大日頭。」《童女謡》云：「月亮光光孥來望。」又《讀曲歌》：「日没星不亮。」

星謂之星星。《詞源》：「星星，猶點點也。」又俗諺云：「星星之火，可以燎原。」

風起謂之刮。占年諺云：「夏至西風刮，麥子乾場打。」

〔一〕刑：原作「型」，據《詩經》改。

羊角風謂之旋風。《詞源》云：「螺旋狀之風也。南半球旋風，方向與時針迴轉之方向同，北半球反之。」高適詩：「一日千里如旋風。」

雲謂之雲彩。王儉詩：「雲彩復經春。」又白居易詩：「雲彩誤居青瑣地。」

大雨謂之暴雨。《辭源》：「雨勢之猛迅者。」《禮》：「猋風暴雨總至。」

雹謂之冷子。《辭源》云：「冷子，山東人呼雹也。」今河北人亦通呼之。

巨雷謂之劈雷。劈雷，即霹靂。《爾雅注》云：「雷之急擊者。」《説文》云：疾雷，一名震，劈歷振物破之是也。《埤雅》作「辟歷，折也，所歷皆破折也」。

雷聲不斷謂之磨子雷。元稹《樂府》云：「騰騰擊鼓風雷磨。」

電謂之閃，又謂之閃電。《田家五行》：「諺曰：南閃千里，北閃眼前。」《隋書》：「突厥大畏長孫晟，覩其走馬，稱爲閃電。」

重陰謂之沈。《辭源》云：「沈，積陰也。」《禮》：「季春行夏令，則天多沈陰。」

雲下垂謂之雨腳。《宣和畫譜》：「僧巨然所作雨腳，如有爽氣襲人。」杜牧詩：「林黑山高雨腳長。」亦稱雲腳。韓愈詩：「雲腳飛銀線。」李山甫詩：「雲腳上禪袍。」

層雲謂之魚鱗。《田家五行》：「諺云：魚鱗天，不雨也風顛。」

逆風謂之頂頭風。案，頂頭風〔一〕，即打頭風也。《雜俎》：「吴越王顧左右曰：『此豈遇打

〔一〕風：據文意補。

頭風耶?』」

流星謂之賊星。《漢書·天文志》「六賊星」,注:「形如彗芒。」

彗星謂之掃箒星。《詞源》云:「後曳長尾如彗,故名。」彗,帚也。《史記·天官書》注:「天彗者,一名掃星。」北人呼帚如除音,遂又名掃除星。

虹謂之絳。《爾雅·釋天》:「螮蝀,虹也。」釋文云:「《字林》工弄反,陳國武古巷反,郭音講,俗亦呼爲青絳。」今北人稱呼爲絳。講、絳同音。元微之詩:「山頭虹似巾。」亦讀虹爲絳也。《漢書·天文志》云:「螮蝀,謂之虿。」

露謂之露濕。李義山《元微先生》云:「夜夜桂露濕。」

霧淞,北人謂爲樹挂。樹挂,古人謂之樹稼。周櫟園《書影》云〔一〕:「樹若稼,三公怕。」《舊唐書·五行志》云:「開元廿九年十一月廿二日,雨木冰,凝寒凍裂〔二〕,寧王見而歎曰:『樹木稼,達官怕,必有大臣當之。』其月王薨。」諺亦曰樹介,皆同音字。

霞謂之火燒雲。岑參詩:「三峯火雲蒸。」又里諺:「晚霞火燒天。」

不見日光處謂之背陰。趙秉文詩:「背陰花氣隔牆開。」

避風謂之背風。庾信詩:「烏巢喜背風。」陸游《梅花》詩:「背風千片遠隨人。」

〔一〕櫟:原誤作「棣」。

〔二〕二:原誤作「九」。木:原誤作「水」。寒:原脱。均據《舊唐書》改補。

一日謂之一天。蔡襄詩：「白玉樓頭第一天。」

半日謂之半天。皮日休詩：「鎔銷半段天。」

一夜曰一秀，半夜曰半秀。秀與宿同音。《莊子》：「止可以一宿，而不可以久處。」王昌齡詩：「一宿楚雲裏。」

五更曰天亮。《田家五行》：「諺云：雨露怕天亮。」

月終有大盡、小盡之稱。《竹坡詩話》：「頃歲，郡縣不頒曆，所至晦朔不同。朱希真作《小盡行》詩云：『藤州三月作小盡，梧州三月作大盡。』《嬾真子録》：『中國節氣與印度遞争半月，中國以廿九日爲小盡，印度以十四日爲小盡。』」

歲歉曰凶。《孟子》：「凶年饑歲。」

論歲豐歉曰年頭。戴式之詩：「歲尾年頭一局碁。」《平江碑讖》：「會在午年年頭。」

市謂之集，赴市則謂之趕集。《廣韻》：「集，聚也，會也。」《辭源》云：「商人定日聚于一地而相交易，既則散去。」趕，《篇海》云：「趆也。」《類篇》云：「䞁趆，走急貌。」如趕廟、趕會等，均係北人通語。

路謂之大道，徑謂之小道。《爾雅》：「一達謂之道路。」又唐詩：「大道直如髮。」又江總《閨怨》：「寂寂青樓大道邊。」《史記·藺相如傳》：「乃使其從者衣褐懷璧，從徑道亡。」案，徑道，即小道也。

野謂之野地。《周禮・秋官》注：「地距王都二百里以外至三百里曰野。」楊雄《羽獵賦》：「刬野掃地。」

地卑濕謂之窪。《唐書・南蠻傳》：「扶南在日南之南七千里，地卑窪。」今北俗通謂低下之地曰窪。

不平者謂之坡。《説文》：「阪也。」滇俗稱山嶺曰長坡。案，坡通陂。《爾雅・釋地》注：「陂陀，不平也。」

有穴謂之窟籠。《宋景文筆記》：「孔曰窟籠。」《集韻》别有竉字，訓曰孔。

土性饒厚謂之肥。《書・禹貢》：「田之高下肥瘠。」

劣則謂之薄。地瘠曰薄。《左傳》：「土薄而水淺。」

土黏謂之膠泥。《釋名》：「土黃細密，黏昵如脂。」《辭源》：「凡物之黏者，皆稱膠。」

黑泥謂之滓泥〔一〕。《廣雅》云：「澱，謂之滓。」《釋名》云：「緇，滓也。泥之黑者曰滓。」澱，即今之滓泥也。今北人呼黑泥爲滓泥，音如紫。

塵謂之塵土。塵爲𪋻之省〔二〕。《説文》：「𪋻，鹿行揚土也。從麤從土。」《玉篇》：「𪋻，埃𪋻也。」昭三年《左氏傳》：「湫隘囂塵。」杜注：「塵，土也。」今人猶呼爲塵土。

〔一〕黑：據文意補。
〔二〕本條「𪋻」字原均誤作「麤」，據《説文解字》及《玉篇》改。

呼東西南北皆加頭字曰東頭、西頭、南頭、北頭。竇鞏《新羅進白鷹》詩：「白鷹來自海東頭。」又《平江碑識》：「日出屋東頭。」白居易詩：「黄河東面海西頭。」《三輔黄圖》〔一〕：「長安城東出南頭第一門曰霸城門。」

兩界謂之兩頭。蘇、湖二州語云：「湖接兩頭，蘇連三尾。」又李白《江上吟》云：「玉管金簫坐兩頭。」

地邊謂之地頭。《唐書·食貨志》：「大曆元年有地頭錢。」

以上釋天地。

山頂謂之山頭。《爾雅》：「山頂，冢。」注云：「山巔。」即山頭也。《古木蘭詩》：「暮宿黑山頭。」韓偓詩：「山頭水從雲外落。」

山腳謂之山根。《釋名》云：「山足曰麓。」山足即山根也。庾信文云：「雲出山根。」

向日謂之陽坡，背則謂之陰坡。《爾雅》：「山東曰朝陽。」注云：「旦即見日。」《周禮·柞氏》疏引《爾雅》「山南曰陽，山北曰陰」〔二〕。鄉俗呼向陽者爲陽坡。陽坡草木蕃茂，禽蟲建美。余昔山居，十月間猶聞蟲鳴，陰坡則否。

〔一〕黄：原誤作「皇」。

〔二〕柞：原誤作「祚」。

山田謂之山場。《芝田録》：「含元殿換一柱〔一〕，勑右軍採造，下盩厔山場，彌年未構。」

險陵謂之陡。陡，《玉篇》作㞳，峻也。《韻會》云：「崖壁峭絶也。」杜甫詩云：「陡上捩孤影。」

堆石作山謂之山子石。《宋史》真宗詔輔臣觀粟於御山子。案，山子，即今之假山，俗呼爲山子石也。

石謂之石頭。唐詩云：「高枕石頭眠。」紹興中童謡云：「天雷飛石頭。」

大波謂之浪頭。《爾雅》：「大波爲瀾。」《釋名》云：「瀾，連也。言波體泛流相連及也。」〔二〕木華《海賦》云：「洪濤瀾汗。」浪、瀾音近。鄉俗凡呼水之波濤曰浪頭。李頎詩云：「秋江浪頭白。」又賈島詩：「去路江西白浪頭。」

池塘謂之阬。《蒼頡篇》云：「阬，壑也。」同坑。《莊子》：「在谷滿谷，在阬滿阬。」

小水謂之河溝。戰國時秦伐魏，引河溝以灌大梁。

逆流謂之上水，順者謂之下水。王建詩云：「逆風上水萬斛重。」《國策》云：「西周不下水。」案，船行順流而下，言其速也。俗諺云：「下水船，仕宦錢。」《晏子春秋》云：「潛行逆流百

〔一〕元：原誤作「光」，據《芝田録》改。
〔二〕泛：原作「轉」，據《釋名》改。

步，順流七里。」

回流謂之漩渦。《説文》：「漩，回泉也。」《廣韻》云：「漩，洄漩。」《爾雅・釋水》云：「過辨，回川。」郭注云：「旋流。」《荀子》云：「水深則回。」楊注云：「回，旋流也。」今北人呼回流爲漩渦。渦，即《爾雅》之過也。

冰謂之冰凛。《爾雅》：「凌，慄也。」釋文引樊本作凌，冰凛也。今時人謂水初冰時曰冰凛。

渡口謂之碼頭。《通鑑》：「史憲誠據魏博，於黎陽築馬頭。」注云：「附岸築土，植木夾之，以便舟渡。」案，馬頭，即碼頭也。

船資謂之水脚。《宋史・食貨志》：「盡取木炭銅鉛及衣糧水脚之費。」又《趙開傳》云：「奏減利州水脚錢十分之三。」

以上釋山水。

心呼心頭。韓偓詩云：「尋思閑事到心頭。」

口呼爲口頭。孟郊詩云：「面結口頭交。」《詞源》云：「凡不用文書直以語言達意者爲口頭答覆。」今北俗亦呼爲嘴頭。

舌呼爲舌頭。《詞源》云：「生理學名詞有舌乳頭。」《元曲選》云：「嘴快舌頭尖。」

眉呼爲眉頭。《五代史》宦官言「郭崇韜眉頭不伸」。

指呼爲指頭。《高僧傳》有僧過天龍，天龍豎一指示之，僧大悟。後示寂曰：「吾得天龍一指頭禪。」

膝呼爲磕膝頭。《水經注·沔水》：「中有物如三四歲小兒，七八月中好在磧上自曝膝頭。」

鼻曰準頭，亦曰鼻頭。《詞源》云：「相術家以鼻之下部爲準頭。」《史記》：「高祖爲人隆準。」隆準，高鼻也。又洛中謡云：「妻從南來鼻頭汗。」

耳曰耳朵。楚蜀諺云：「凍落耳朵絃。」

髪曰頭髪。《史記·項羽紀》：「噲入，披帷西向立，瞋目視項王，頭髪上指。」

臂曰胳膊。《詞源》云：「胳，腋下也。」「膊，上肢也。」近肩之處曰上膊，近手之處曰下膊。亦曰戈臂。

肩曰肩膀，又曰肩頭。《詞源》云：「生理學肩膀曰肩帶。」俗謂人之肯任事者曰有肩膀。又薛逢詩云：「肩頭薪續廚中烟。」

脊曰脊背，亦曰脊梁。案，屋脊謂之梁。梁，屋之正中也，故脊背亦曰梁。《莊子》：「緣裻以爲經。」裻即脊背衣之中縫也。《急就篇》：「太嶽爲禹心吕之臣，封吕侯，以人身有脊吕骨也。」《説文》云：「吕，脊骨也。」吕、梁音相轉。

兩脅曰肋條，又曰肋巴骨。《詞源》云：「肋骨，在軀幹上部之兩旁，共十二對。」俗凡長物一箇爲一條。肋巴骨，即肋骨也。

肩前左右兩横骨曰鎖子骨。吴澄《牡丹》詩：「化魄他年鎖子骨。」

足幹曰腿。《玉篇》云：「腿，脛也。」俗謂股，大腿；腓，小腿。

家主謂之當家，主婦則加内字。《史記·秦始皇紀》：「百姓當家，則力農工。」〔一〕又范成大詩：「村莊兒女各當家。」内當家，即内助之意。《魏書·郭后傳》：「不惟外輔，亦有内助。」又《玉篇》云：「内，裏也。」今北俗呼主家事者，亦曰外當家、裏當家。

師傅謂之先生。《禮》：「從於先生，不越路而與人言。」注：「先生，老人教學者。」

經商謂之買賣人。《詞源》云：「外蒙古庫倫之北有買賣城，係中外交易之地。買賣人即以運售貴賤物品爲營業者。」又《戰國策》云：「良賈不與人争買賣之價。」

奴僕謂之底下人。唐洋州刺史趙臣《議選舉疏》曰：「授官多底下之人。」

務農謂之莊稼人。《詞源》云：「今北人以農爲業者稱曰莊户，或稱爲莊家。」莊家，即莊稼，同聲字也。

傭工謂之長工、短工。《唐書》：「凡工匠以四月至七月爲長工，十月至正月爲短工。」《三餘贅筆》云：「吴中田家凡久傭於人者爲長工，暫傭者爲短工。」與北俗同。

〔一〕力：原誤作「主」，據《史記》改。

工頭謂之掌作。案，傭工古稱客作，即傭人相聚共同工作。掌作者，謂主領羣工應作之事，故北俗又呼掌作爲領作。

同事謂之伙伴。案，古兵制以十人爲火，故稱同火爲火伴。古詩云：「出門看火伴。」今俗作伙伴云。

工作謂之作活。《詞源》云：「謂作工以謀生計也。」張藉詩云：「貧窮作活似村中。」

土作、木作，匠人也。《方言》云：「杼、柚，作也。東齊土作謂之杼，木作謂之柚。」今人呼土木工人猶曰土作、木作。

凡工藝之人均謂之爲匠，如花匠、畫匠、油漆匠、裱糊匠、紙紮匠。韓偓詩云：「入意雲山輸畫匠。」陸龜蒙詩云：「花匠礙寒應束手。」《詞源》云：「用油漆以塗木材及屋壁器物等爲裝飾兼防腐朽，此等匠人北俗亦呼爲油匠。」又《禮記》：「霜始降，則百工休。」注云：「寒而膠漆之作不堅好也。」膠漆作，即今之油漆工匠。《唐書·百官志》：「校書郎，有裝潢匠八人。」《歸田録》云：「裝潢匠，即今之表背匠。」今北俗又通呼爲裱糊匠矣。《類篇》云：「紮，纏束也。」紙紮匠，係束稭葦成人物各形，表以色紙，專備喪家購用，間亦有供神者。

瓦匠、石匠，凡一切匠人又皆謂之爲師夫。猶《周禮》鍾師、笙師、園師、牧師之類。

使婢謂之鴉鬟，亦呼爲鴉頭。王炎詩云：「捧頤卻立鴉鬟奴。」白居易詩云：「繡面誰家婢，鴉頭幾歲奴。」劉賓客詩云：「花面丫頭十二三。」

壽高者爲之老頭，幼者謂之小夥。《侯鯖録》云：「杞人楊朴被召，其妻作詩送之曰：『這回斷送老頭皮。』」又王蘭生夜侍聖祖，立久欲睡，聖祖笑曰：「汝年輕小夥，尚不如吾老頭子之精神也。」

鄰家呼爲街坊。《韻會》：「坊，邑里之名。」《演義》云：「言人所在之里爲坊。」街坊，即共居一街一坊者。袁桷詩云：「鄰坊爲約張隱居。」鄰坊，即街坊也。

同縣人均呼爲鄉親。《晉書・皇甫謐傳》：「其鄉親勸令應命。」今北俗泛稱同鄉曰鄉親。又韓翃詩云[一]：「錢塘蘇小是鄉親。」

身高者呼爲大漢。《桯史》云：「淳熙時，姑蘇有民家唐姓，一兄兩妹，長皆丈有二尺，人謂之唐大漢。」

身低者呼爲矬，又呼曰矮子。《韻會》矬，徂禾切。《博雅》云：「短也。」《北史・宋世景傳》：「孝王學涉，形貌矬陋。」《正韻》矮，雅蟹切。《説文》云：「短人也。」《易林》云：「猨墮高木，不矮手足。」

男孩呼爲小子。《詩》：「肆成人有德，小子有造。」

身體重拙呼爲狼抗。《世説新語》：「周嵩泣對母曰：『嵩性狼抗，恐不容於世。』」《玉篇》

[一] 韓翃：原誤作「王逮」。

作躴躿，「身長貌」。讀郎康。

以上釋人。

呼父母爲爹娘。荊州方言父母呼曰爹娘。《木蘭辭》：「不聞爹娘喚女聲。」杜詩：「爹娘妻子走相送。」〔二〕蓋爹娘之稱由來久矣。

父亦呼爲罷罷。吴處厚《青箱雜記》：「閩人呼父爲郎罷。」顧况詩：「兒餒嗔郎罷。」陸游詩：「阿囝略知郎罷老。」罷罷之稱蓋本乎此。又《玉篇》作「爸，父也。吴人呼父亦曰爸」。

母又呼爲嫣。嫣者，母之轉音。母，古音如米。今廣東人尚稱阿母如米音。此古音之僅存者。《廣雅》：「嫣，母也。」字本音姥，今轉讀如馬。

父之昆弟先生爲世父，後生爲叔父。今北人呼世父爲伯父，或單稱伯。《釋名》：「伯，把也。把持家政也。」《禮》：「天子同姓謂之伯父。」叔父，亦單呼爲叔。《釋名》：「仲父之弟曰叔父。叔，少也。」《詞源》稱父之弟曰叔父，亦曰叔。

父之兄妻爲世母，弟妻爲叔母。今人稱世母爲伯母，叔母又稱爲嬸。《禮》：「伯母叔母疏衰，踊不絶地。」《野客叢談》：「俗呼叔母曰嬸。」始于北宋。

男子先生爲兄，後生爲弟。兄，《說文》：「長也。」《玉篇》：「昆也。」《詩・小雅》：「凡今之

〔二〕《木蘭辭》及杜詩中「爹」作「耶」。

人，莫如兄弟。」《廣雅》：「弟，順也。言順于兄。」此今古之相同而無異者也。

兄又呼爲哥哥，弟則呼爲弟弟。今北人通稱兄爲哥。案，《説文》：「哥，聲也。」古無以哥爲兄者，惟唐白居易《祭浮粱大兄文》稱曰「大哥」。又《元史》泰定帝即位詔云：「諸位哥哥兄弟每也都理會的。」古人凡一言而重者，皆足其文詞，無別義也。

兄之妻呼爲嫂。嫂，《説文》：「兄妻也。」通姟。《後漢·馬援傳》：「援敬事寡姟。」

弟之妻呼爲婦。《説文》：「婦，服也。」《爾雅·釋親》：「服事於夫也。」今皆呼弟婦爲弟妹，餘稱古今皆同。

兄弟之子女通呼爲姪男、姪女。姪，從子也。案，姪，本姑謂兄弟之子之稱，晉以後始爲對于伯叔之通稱。《聞見録》：「宋真宗過洛，幸吕蒙正第。問諸子孰可用，對曰：『臣諸子皆豚犬，有姪夷簡，宰相才也。』」柳宗元《祭六伯父文》稱姪男。姪女，即女姪也。《柳毅傳》：「女姪不幸。」

女子先生爲姊，後生爲妹。姊俗呼爲姐姐〔一〕，妹則稱妹妹。姊，女兄也。妹，女弟也。姐與姊同。《四朝聞見録》：「上嘗語憲聖曰：『俟姐姐歸，爾其選矣。』」原注：「姐姐，謂太后也。」案，宋宮禁中呼其母與姑皆曰娘娘，不知高宗何以有姐姐之稱。《路史》注：「桀妻妹喜。

〔一〕姊：據文義補。

妹者，以妹妹目之。」古時亦有稱婦爲妹妹者。

女子謂晜弟之子爲姪。《儀禮注》：「謂吾姑者，吾謂之姪。姪。從子也。」

女子之子爲外孫〔一〕。謂女之子也。《儀禮疏》：「以女外適而生，故曰外孫。」

夫之父謂之公公。案，夫父稱舅，又稱翁。今北人通呼爲公公。《吕氏春秋》：「孔子弟子從遠方來，孔子荷杖問之曰：『子之公公有恙乎？』」所云公者，祖也。浙東人猶有稱祖曰公公者，蓋方俗之不同。

母則謂之婆婆。《詞源》：「北方婦稱夫之母曰婆婆。」明《孝慈録》：「舅姑即公婆。」案，公婆之稱，古已有之。《焦仲卿妻》詩：「便可白公姥。」乃謂舅爲公也。晉樂府：「後來新媳今爲婆。」

夫之兄謂之伯。《衛風·伯兮》：「伯兮朅兮。」正義云：「伯仲叔季，長幼之字。而婦人所稱曰伯也。」案，今婦人稱夫之兄曰大伯。

弟謂之小叔。古時稱夫弟爲小郎。小叔，亦古稱也，今北人通呼之矣。

夫之姊若妹謂之大姑、小姑。王建詩：「先遣小姑嘗。」又《順適堂吟藁·蠶婦吟》：「大姑不似三姑巧。」此大姑則泛言之。

〔一〕「之」上原衍「子」字，今删。

夫兄弟之妻相謂爲妯娌。妯娌，古亦稱築娌。《方言》築娌，一聲之轉。《廣雅》：「妯娌、娣姒，先後也。」

妻之父爲嶽父，又俗呼爲泰山。土俗呼妻父爲丈人，因東嶽有丈人峯、丈人觀也，故尊稱之。

妻之母爲嶽母，又俗呼爲泰水。《小知録》：「呼嶽母，或因嶽父而然。呼爲泰水，此何義耶？」

妻之兄弟稱内兄、内弟。土俗則稱兄爲大舅，弟爲小舅。舅之子爲内兄弟，見《儀禮注》。後亦稱妻之兄弟爲内兄、内弟。顔真卿《家廟碑》：「祖昭甫工書，與内弟殷仲容齊名。」《新唐書》：「楊行密曰：得舅代我，無憂矣。」謂其妻弟朱延壽也。

妻之姊妹同出爲姨。《左氏》莊十年《傳》：「蔡侯曰：吾姨也。」《詩》：「邢侯之姨。」其子稱姨母。《左氏》襄二十三年《傳》：「穆姜之姨子也。」杜注：「穆姜姨母之子與穆姜爲姨昆弟。」正義云：「據父言之，謂之姨。據子言之〔一〕，當謂之從母。但子效父語，亦呼爲姨。」今北人通呼爲姨，蓋自昔已然。

姨之子女遂呼爲姨兄弟、姨姊妹。《魏書・房景遠傳》：「平原劉郁言：『齊州主簿房陽是

〔一〕子：原誤作「母」，據《左傳正義》改。

我姨兄。』〔一〕陽，景遠小字也。」《江表傳》潘濬姨兄蔣琬。

母之兄弟呼爲舅父。《詩·秦風》：「我送舅氏。」《史記·孝文紀》：「封淮南王舅父趙兼爲周陽侯，齊王舅父駟鈞爲清郭侯。」今土俗亦呼爲舅舅。

母兄弟之妻爲舅母。北人通呼爲妗。《晉書》：「武帝楊后，母早卒，依舅家。舅母仁愛，親乳之。」又《明道雜志》：「妗，乃舅母二字合呼也。」

舅之子女爲表兄弟、表姊妹。《宋史·魏野傳》：「李瀆爲野中表兄。」表與外同義。王羲之《和方帖》：「表妹委篤，示致向。」

女之夫爲壻。古皆稱壻爲甥。《孟子》：「帝館甥于貳室。」今皆稱壻，無稱甥者。又作女聟。同壻。《博物志》：「王粲與族兄凱依劉表〔二〕，表有女，周率謂粲非女聟才，乃妻凱。」土俗則尊稱曰姑爺。

姊之壻爲姊夫。《釋名》：「兩壻相謂爲亞。並來女家，則姊夫在前。」

妹之壻爲妹夫，亦曰妹壻。《漢書》：「陸侯延壽坐知女妹夫亡命，笞二百。」又白居易詩：「覓得黔婁爲妹壻。」

〔一〕州：原誤作「川」，據《魏書》改。

〔二〕粲：原誤作「桀」，下同。據《博物志》改。

女子未嫁以前通謂之閨女。《宛署雜記》〔一〕：「燕都自五月一日至五日，飾小閨女〔二〕，盡態極妍，謂之女兒節。」

既嫁則謂之媳婦。《詞源》：「子婦之稱。」《元史·裕宗徽仁裕皇后傳》：「世祖每稱之爲賢德媳婦。」案，媳應作息，子息也。今土俗凡稱新嫁嫁娘爲新媳婦，即年幼之婦，亦均稱爲媳婦矣。

以上釋親。

食謂之吃。賈誼《新書》云：「越王之窮，至乎吃山草。」

飲謂之喝。《至正直記》云：「元時親王貴卿飲酒，必令執事唱一聲，謂之喝盞。」

餓謂之餧。案，餧與餒同字。桓寬《鹽鐵論》引：「語曰〔三〕：『路有餧人。』」

飼則謂之餧。《廣韻》云：「於僞切。」今北俗哺幼孩曰餧，蓄鳥獸亦曰餧。《楚辭》云：「鳳不貪餧而妄食。」

饕謂之饞，貪食亦謂之嚵。趙抃詩云：「紅嘴山杷口似饞。」案，饞、嚵通。黄山谷詩云：「嚵獠應殘達窗竹。」又貪財亦曰饞。韓愈詩云：「爲利而止真貪饞。」

共爨謂之敆火。《爾雅》云：「敆，合也。」《説文》云：「敆，合會也。」《玉篇》公答反。今人

〔一〕雜：原脱。
〔二〕閨：原誤作「閏」，據《宛署雜記》改。
〔三〕曰：原脱，據《鹽鐵論》補。

亦謂之合火，謂共一爐也。

粥謂之周。《説文》云：「鬻，犍也。」郝懿行云：「鬻即粥字。今讀若周，此古音也。犍是粥之稠者。」《後漢書·馮異傳》：「倉卒無蔞亭豆粥。」〔一〕今北人通呼粥爲周。

塗謂之餬。昭七年《左傳》：「以餬余口。」正義云：「將糜向口，故曰以餬余口。猶今人以粥向帛，黏使相著，謂之糊帛。」《玉篇》鬻或作糊。鬻即糊字。

淅米謂之濤米。《詩·大雅·生民》：「釋之叟叟。」毛傳云：「釋，淅米也。叟叟，聲也。」釋文云：「叟又作溲。濤米聲也。」北人謂之淘米。濤即淘也。郭璞注《爾雅》作洮米。

餾，飯氣蒸也。《爾雅·釋言》云：「饙、餾，稔也。」稔當爲飪。今蒸飯氣起曰餾起，謂熟也。又蒸飯更炊謂之餾。北俗凡麪食熟者重蒸均謂之餾。

食饐謂之餿。《論語》：「食饐而餲。」《字林》云：「饐，飯傷熱食也。」葛洪《字苑》云：「饐，餿臭也。」今人謂食久而臭謂之餿。

蠻頭謂之饅頭。《七修類藁》：「蠻地以人頭祭神曰蠻頭。諸葛征孟獲，命以麪包肉爲人頭以祭，謂之蠻頭，今訛爲饅頭也。」顧遯園載南唐烈祖受禪有「子母饅飤」，即饅頭也。

饅頭有餡者古謂之籠餅，亦曰蒸餅，今謂之包子。《晉書·何曾傳》：「蒸餅上不拆作十字

〔一〕無：原誤作「蕪」，據《後漢書》改。

不食。」《朝野僉載》云：「侯思止食籠餅，必令縮葱如肉。」籠餅即饅頭也。今北俗饅頭有餡者呼爲包子。《鶴林玉露》云：「有士人在京師買一妾，自云是蔡太師包子廚中人。」《東京夢華録》：「更外買軟羊諸色包子。」

渾屯謂之混沌。程大昌謂混沌出於渾氏、屯氏，乃混沌之轉。《食物志》言蘇家餛飩，可以瀹茗。此非今之所謂餛飩也。《稗史》云石崇造餛飩。

湯餅，今之煮麪也，又謂之麪條。案，湯餅，古亦曰湯玉。陶穀《清異録》：「釋鑒興《天台山居頌》：『湯玉入甌，糟雲上筯。』〔一〕湯玉，謂湯餅瑩滑。」又歐陽修《歸田録》云：「湯餅，唐人謂之不托。今俗謂之餺飥矣。」〔二〕或謂不托，今之水角子，與湯餅爲一，歐陽公所謂飲食名號，隨時俗言語不同也。《稗史》：「魯敬姜作不托。」崔寔《四民月令》云：「立秋，無煮餅及水溲餅。」案，水調粉麪謂之溲。水溲，當即今作箇答湯之法。煮餅，即湯餅，爲今之麪條。《急就篇注》：「餅之爲言并也，言其粘而也。」而，訓爲膩。又端平中語云：「喫了西湖水，打作一鍋麪。」即煮麪條也。

蕎麪軋成條者謂之河漏。王楨《農書》云：「北方多磨蕎麥爲麪，或作湯餅，謂之河漏。」漏讀如洛。《説鈴》曰：「山東以蕎麥作麪食曰河洛。」案，作河洛有木牀，下木有圓孔，孔底鋪以

〔一〕筯：原誤作「筯」，據《清異録》改。
〔二〕飥：原誤作「飩」，據《歸田録》改。

鐵篩，上木有圓枘〔一〕，與孔相值，孔中實以麪，人持其尾而軋之。近亦有用麥麪者。凡一切麪食通呼爲波波。《丹鉛新録》云：「麪食，北俗均呼爲波波。今南人訛爲磨磨。」

菽乳謂之豆腐。《庶物異名疏》云：「菽乳，豆腐也。」《物姓志》：「傳自淮南王，以豆爲乳，脂爲酥。」古人謂之來其。放翁詩注云：「蜀人名豆腐曰黎祁。」即來其同音字。

茗糲謂之粽子。《通鑑》胡三省注云：「糲，粽也。」《南史》虞悰作扁米糲。《戒庵漫筆》：榮王賜醫官不落筴，即今之粽子。粽子古亦名角黍。角黍，北俗通呼爲粽子。粽、糉通，讀宗去聲。《正韻》云：「蘆葉裹糯米。」《風土記》云：「以菰裹粘米。」

油果子亦謂之油條。案，油果子，即古之寒具也。李綽《尚書故實》：「《晉書》中有飲食名寒具者，《齊民要術》並《食經》所謂鐶餅也。桓玄請客觀法書、名畫，客食寒具，不濯手而執書畫，因有涴。玄不懌。」東坡、山谷詩嘗用寒具字。《詞源》云：「寒具，即今之饊子。以糯粉和麪搓成細繩，挽曲如環，油煎。」油果子，較饊條稍巨，四股，兩頭粘合，兩股者爲油條。

寬焦謂之薄脆。《通雅》云：「寬焦，今之薄脆。一名甘脆。」《東京夢華録》云〔二〕：「胡餅店賣寬焦，側厚。」〔三〕今北人猶呼爲薄脆。

〔一〕枘：原誤作「柄」。
〔二〕華：原誤作「餘」。
〔三〕胡：原作「糊」；側：原作「薄」。均據《東京夢華録》改。

烏膩糖謂之白糖，堅固成塊者謂之冰糖。范石湖詩注：「烏膩糖，即今之白糖、冰糖也。」北俗分白糖、黑糖、青糖、冰糖數種。

以上釋飲食。

繹棉謂之紡。《急就篇注》云：「紡麻絲之屬爲纑縷也。」案，引棉成紗曰紡紗。棉之紡爲絲縷者，撚合之則成線。劉詵詩云：「木棉紡盡白雪紗。」

穿針謂之紉。案，紉針，將線擘開兩股，撚合之以穿針也。《禮·内則》云：「衣裳破裂，紉針請補綴。」《法苑珠林》：「阿那律未得天眼，盲無所見，而以手縫衣，時針紝脱，曰：『誰爲福德，爲我紝針？』」紉、紝通。

剪衣謂之裁，綴衣謂之縫。《周禮注》云：「女御裁縫王及后妃之衣服。」

女工謂之箴黹，又謂之鍼線。《説文》云：「黹，箴縷所紩衣。」《爾雅》云：「黹，紩也。」郭注云：「今人呼紩衣爲黹。」鄭注《書·益稷》「絺繡」云：「絺，讀爲黹。黹，紩也。謂刺繡也。」〔一〕今北人猶謂女紅爲鍼黹。又喬知之詩云：「曲房理鍼線。」俗稱刺繡、縫製之事均謂之鍼線。

密縫又謂之納。《廣雅》云：「紩〔二〕，納也。」《急就篇》云：「納刺謂之紩。」今北人呼縫紩爲納。

〔一〕繡：原脱，據《周禮》鄭注補。
〔二〕紩：原誤作「鉄」，據《廣雅》改。

布帛謂之匹，馬亦謂之匹。《漢書·食貨志》云：「布帛廣二尺二寸爲幅，長四丈爲匹。」今北俗布帛每匹各有定制。《公羊》僖三十二年注云：「匹馬，一馬也。」

長衣謂之袍子。案，清時襌袷綿衣各有禮服，皆呼爲袍子。《國史補》云：「有客譏宋濟曰：『近日白袍子何紛紛也？』」〔一〕

長袍外着短衣謂之馬褂。案，褂，俗字，外衣也。清制，禮服加於袍外者爲外褂，馬上所衣爲馬褂，扈從及出使時呼爲行裝、禮服。今北方鄉俗皆效用之，改爲長袖者多。

裲襠謂之背心。《釋名》云：「其一當胸，其一當背也。」案，背心亦名背褡，短衣無袖，止蔽胸背。今北方鄉俗均呼爲坎肩。

袍之下端謂之下襬。《急就篇注》云：「裙，即裳也，一名襬。」今北俗凡長衣之下端幅廣均曰下襬。

純謂之緣邊。《玉篇》云：「緣，循也。」《禮·深衣》：「純袂、緣、純邊，廣各半寸。」

編緒謂之絛子。《説文》：「絛，扁緒也。」《急就篇注》云：「一名編緒，織絲縷爲之。」《周禮·巾車》注〔二〕：「其樊及纓皆以絛絲飾之。」絛絲、絛子，音相近。

裙之上端曰裙腰，褌之上端曰袴腰，下曰袴腳。《南史·魚腹侯子響傳》云：「密作啓數

〔一〕下「紛」字原誤作「衍」字，據《國史補》改。
〔二〕巾：原誤作「帛」。

紙，藏妃王氏裙腰中。」案，北俗於裙上另綴布帛一幅曰裙腰。袴腰與裙腰製同。又韓愈詩云：「袴腳凍兩骭。」

束袴腳曰腿帶。《晉書・五行志》：「太康中，以帶絡袴口。」即袴腳也。

腰巾曰腰帶。謝惠連《擣衣》詩云〔一〕：「腰帶准疇昔。」李廓詩云：「金裝腰帶重。」吴以均《去妾》詩：「蓮花帶緩腰。」又《談苑・端拱中詔》作胯帶，胯帶即腰帶也。

帽纓曰帽帶。李賀詩云：「春風帽帶垂。」案，北俗呼爲帽絆。《玉篇》云：「絆，羈絆也。」《增韻》：「絡首曰羈，繫足曰絆。」今鄉俗稱履帶亦曰絆。

帽謂之帽子。《樂府雜録》：「汝陽王花奴戴砑光絹帽子。」又王建《宫詞》云：「未戴柘枝花帽子。」

朝冠謂之朝帽。白居易詩云：「朝帽挂烏紗。」

夏謂之涼帽。薩都刺詩云：「御羅涼帽插珠花。」

秋冬謂之纓帽。《晉書・輿服志》：裁纓施于帽，上自乘輿宴居，下至庶人無爵者皆服之。案，纓帽至清時，非有官職及供差役者不准服用。

皮製者又謂之暖帽。白居易詩云：「重裘暖帽寬壇履。」

〔一〕連：原脱。

帽之禦寒者謂之風帽。李白《高句驪》詩云：「金花折風帽。」

毛製者謂之氈帽。《唐書·五行志》：「太尉長孫無忌以羊毛爲渾脱氈帽，人多效之。」

禕謂之蓋頭。《爾雅》：「婦人之禕謂之縭。縭，緌也。」孫炎云：「禕，帨巾也。」《詩·東山》傳云：「縭，婦人之禕也。母戒女，施衿結帨。」結帨，即結縭也。蓋頭，蓋古之遺制也。王安石詩云：「地僻獨無茅蓋頭。」此借用。

破衣謂之藍縷。宣公十二年《左氏傳》〔一〕：「篳路藍縷。」服虔云：「藍篓，言衣敝壞其篓。」《史記》作「篳露藍篓」。藍，藍然。篓、縷同字。今北人猶謂衣之破壞者爲藍縷。此古語之存於今者。

縫補敝衣謂之打補靪。《説文》云：「靪，補履下也。」段注云：「今俗謂補綴爲打補靪。」

脛衣謂之套袴。案，袴，本訓爲套袴。《急就篇注》：「合襠者謂之褌，套於褲外無襠者謂之套褌。」《釋名》云：「褌，貫也。貫兩腳，上繫要中也。」《瑯環記》：「太真常着膝袴。」即套袴所從出。

足衣謂之襪子。《説文》：「韤，足衣也。」《一切經音義》引作袜。《玉篇》云：「袜，腳衣。」《釋名》云：「在腳末也。」《樂府集·雜曲》有結韤子辭。襪、韤、韈通。

〔一〕宣公十二：原誤作「昭公十」。

履邊謂之鞋幫。《廣韻》云：「幫，衣治絲履。」《集韻》：「治履邊也。」《六書故》：「幫，裨帖也。」

衾端謂之被頭。《喪·大記》注云：「被頭，紞以組類爲之，綴之領側。」孔疏云：「領爲被頭。」韓偓詩云：「被頭不暖空沾淚。」

袜腹謂之兜肚。《釋名》云：「上下有帶，抱裹其腹，而施鈎肩，鈎肩之間施一襠以奄心也。」〔一〕今北俗均稱爲兜肚。兜肚，亦抱腹之意。

以上釋衣服。

世閥謂之門第，又謂之門户。《晉·王述傳》：「王導以門地辟述。」韋莊詩云：「不説文華與門地，自然毛骨是公卿。」案，門地，即門第也。《三國志注》云：「桓範謂曹羲云：『卿等門户倒矣。』」又古詩：「健婦持門户。」

房院謂之宅子。宋王銍《默記》云：「先公與閻二丈詢仁同赴省試，遇王元澤。詢仁問荆公出處。答曰：『大人先遣來京尋宅子耳。』」

衖門謂之大門，又謂之街門。《禮記》云：「車驅而騶，至於大門。」又：「客車不入大門。」故鄉俗又稱大門爲車門。案，街門，即臨街之門也，古謂之衖門。《爾雅》：「衖門謂之閎。」閎，

〔一〕《釋名》作：「抱腹，上下有帶，抱裹其腹上，無襠者也。心衣，抱腹而施鈎肩，鈎肩之間施一襠以奄心也。」

衖頭門。頭門即大門也。又《左氏傳注》云：「閎，巷門。」巷從巷省。衖、巷古通用。

衖門覆瓦謂之門樓。《國老談苑》：「范質爲相，性儉約。世宗嘗語質曰：『卿所居舊宅耶？門樓一何小哉。』」

無楣謂之旋門。曹大家《東征賦》：「看成皋之旋門。」又鄭愔詩云：「旋門霧裏看。」

闔謂之門扇。《説文》：「闔，門扇也。」案，一扇爲户，兩扇爲門。北俗有單扇門、雙扇門、風門、格扇等别。

門限謂之門犕。《爾雅・釋宫》：「柣謂之閾。」郭注云：「閾，門限。」《説文》謂之門榍。榍，限也。郭音柣，千結反，讀爲切。切、犕一聲之轉。《匡謬正俗》云：「俗謂門限爲門犕。」今北語猶然。

呼房曰房子。《漢書・地理志》：「常山郡縣房子，莽曰多子。」子與爾《論語》：「則可謂云爾已矣。」皆語助辭。凡實物下加子字者，如窗子、棹子、盆子、罐子、褥子、被子等，均北人口頭語也。

複室曰裏屋。《冥通記》：「司命云：『裏屋人有木道士者，是北斗鬼官所使，勿信之。』」

僕婢居室曰下房。《漢書・武帝紀》：「詔曰：上帝博臨，不異下房。」

屋壁呼曰山。范成大詩：「一段農家好風景〔一〕，稻堆高出屋山頭。」又王安石詩云：「落

〔一〕風：原作「光」，據《石湖居士詩集》改。

葉回飈動屋山。」

階曰台階。《廣雅》：「丰、梯，階也。」《説文》：「梯，木階也。」台、梯一音之轉。《王仲寶碑》云：「外耀台階。」又杜甫詩云：「台階詡戴全。」台階指宿位而言，俗語借用。

窗曰窗户。《説文》窗本作囱，在屋曰囱[一]。郭璞詩云：「風出窗户裏。」又何遜詩：「窗户映朝光。」今北俗每言窗必帶户字。

竈曰竈火。《釋名》云：「竈，造也。創造食物也。」駱賓王詩云：「竈火通軍壁。」又李中詩：「功就不看丹竈火。」

臥處曰坑。北人居室皆築坑，無用牀者。《唐書・高麗傳》：「窶民盛冬作長坑，熅火以取暖。」今人無貧富無不築坑以爲臥具者。金趙秉文有《夜臥暖坑》詩。又俗諺云：「賣席人，睡土坑。」

檐謂之滴水。《説文》云：「樀，户樀也。」引《爾雅》：「檐謂之樀。」讀如滴。今北人呼檐爲滴水，即樀字也。周曇《吴隱之》云：「徒言滴水能穿石。」滴水，又謂之檐霤。《説文》云：「霤，屋水流也。」又椽下承雨水之器也。《釋名》云：「水從屋上流下也。」《廣雅》作⿰霝瓦。今北俗檐瓦下垂者爲滴水，檐霤較滴水增巨，故復從瓦。

〔一〕屋：原作「户」，據《説文解字》改。

屋上薄謂之包。《釋宫》云：「屋上薄謂之筄。」今北人呼屋上鋪席爲包。包，即薄音之轉。又謂屋頂之席去舊换新曰挑蓋。挑即筄，此古語之僅存者。

苫謂之蓋。《説文》苫、蓋互訓。又云：「茨，以茅葦蓋屋。」《爾雅》云：「白蓋謂之苫。」李巡云：「編菅茅以蓋屋曰苫。」今北人通呼曰蓋房。

囱謂之竈桶。案，竈桶即竈突。竈上煙囱也。《孔叢子》：「竈突炎上。」〔一〕《吕氏春秋·諭大》篇云：「竈突決則上火焚棟。」〔二〕《廣雅》作埃，注云：「通突。」桶、突一聲之轉。

堂廂間處謂之天井。案，天井，古承塵也。上棟之中，交木爲方形，如井幹然。陸機詩云：「外觀天井懸。」今謂室外院落曰天井。北俗則專指主屋兩極與廂壁距離之間爲天井矣。

屋頂穴孔謂之天窗。案，天窗，高窗也。梅堯臣詩：「巖裂天窗窄。」又王延壽賦云：「天窗綺疏。」

宅無人居謂之閑房，室則謂之閑屋。曹植詩：「閑房何寂寞。」又王昌齡詩云：「苔蘚入閑房。」梅堯臣《朱學士寄澄心堂紙》詩云：「漫堆閑屋任塵土。」〔三〕北俗呼閑屋亦曰空屋。《魏志·曹爽傳》注云：「丁謐住鄴，借人空屋居其中。」空，俗讀作入聲。

〔一〕炎：原誤作「焚」，據《孔叢子》改。
〔二〕上：原脱，據《吕氏春秋》補。
〔三〕土：原誤作「上」，據《宛陵先生集》改。

垣頂謂之牆頭。劉禹錫《百花行》云：「紅焰出牆頭。」又張蠙詩：「牆頭雨細垂纖草。」

垣隅謂之轉角。元稹詩云：「稀星轉角樓。」

茅屋謂之團挑。團挑，即團焦，草屋也。《北齊書》：「抵邑人龐氏團焦中。」《丹鉛録》作團標。案，團挑皆作圓形。《莊子・大宗師》：「撓挑無極。」注云：「宛轉循環貌。」故團挑當係象形語。今北俗間有磚築堊，頂作方形者，惟頂尖與常屋異耳。焦、挑音亦相近。

禾場築室謂之場屋。案，場屋，言于廣場中築屋也。元稹《連昌宮詞》[一]：「賀老琵琶定場屋。」

碑亭謂之碑樓。《五代史・王處直傳》云：「初，有黄蛇見于碑樓。」

以上釋宅第[二]。

耒謂之犂。《説文》：「耒，手耕曲木也。」《釋名》云：「耒，推也。」《考工記》：「車人爲耒，庛長尺有一寸。直庛則利推，句庛則利發。」又《玉篇》云：「犂，耕具也。墾田器。」《釋名》云：「犂，利也。利發土掘草根也。」鄉俗通呼曰犂張。一張，即一犂也。

播種之器爲耬。耬形如斗，底中有孔，爲三股，迆立於前。股空其中，上通於底孔。股端有鐵，鋭其末於斗兩旁。施轅設軛，牛駕之行。行則股端鐵畫地。鐵上皆有小孔向後，一人在

〔一〕連：原誤作「建」。

〔二〕釋：原脱。

後扶其斗而摇之，穀種從底孔入三孔，復自小孔中漏出，恰入畫中所耩也。案，王禎《農書》云：「耬車，下種器。」《通俗文》曰：「覆種曰耬，一云樓犂，其金似鑱而小。」《魏志略》曰：「皇父隆爲燉煌太守，教民作耬犂，省力過半，得穀加五。」崔氏論曰：「趙邑教民三犂共一牛，若今三腳耬矣。」案，新邑有獨腳、兩腳之制，古有三腳、四腳者。近又有下糞耬，耩時隨種而下，其制益省而捷矣。

鍤謂之鏵。《釋名》云：「鍤，插也。插地起土也。或曰鏵。鏵，刳地爲坎也。其板曰葉，象木葉也。」今人呼爲犂鏵。《爾雅》：「斛謂之疀。」疀，即古鍤字也〔一〕。

鋤謂之鋤頭，柄則謂之杠。《韻會》云：「鉏同鋤。」《説文》：「立薅所用也。」〔二〕《釋名》云：「鋤，助也。去穢助苗長也。」《釋名》云：「鋤頭曰鶴，似鶴頭也。」今世亦謂鋤頭曰鶴觜。《四民月令》引農謡云：「鋤頭三寸澤。」杠，《説文》作橿，鋤柄也。《逸雅》云：「齊人謂鋤柄曰橿，橿然正直也。」杠，北俗呼爲鋤杠。

斛謂之鍬。《爾雅》：「斛謂之疀。」郭注云：「斛，古鍬字。」《文選注》：《爾雅》作「鍬謂之鍤」。今人皆呼曰鐵翹。鍬同翹。

釜謂之鍋。釜，《方言》作鍑。《説文》又作鬴，云：「鍑屬也。」《廣雅》訓鬴爲釜。《急就

〔一〕鍤：原誤作「鏵」。

〔二〕立：原誤作「去」，據《説文解字》改。

篇》：「釜、鍑、鍪。」顔注云：「鍪似釜而反脣，小釜類，即今所謂鍋也。」鍪又作堥，土釜也。《説文》云：「鬵，三足釜也〔一〕，有柄喙。」案，鬵、鍋一聲之轉。北俗鍋之巨者曰九刃，次七刃，又次五刃。刃即脣也。土製曰沙鍋，即土釜也。柄足者謂之小鍋，即古之鬵也。

盎謂之盆。《説文》云：「盎，盆也。」《爾雅》：「盎謂之缶。」可以盛水、盛酒，即今之瓦盆也。杜甫詩云：「喚婦呼兒索酒盆。」是古時亦用盆貯酒。今北俗有瓦盆、磁盆及銅鐵等類。

飯盂謂之盌，飲器謂之杯，小者謂之盅。《説文》：「盌，小盂也。」又飲器也〔二〕。《方言》云：「宋楚魏之間盂謂之盌。」《南史·沈炯傳》：「茂陵玉盌，遂出人間。」杯，《説文》作桮，飲酒器。《禮·玉藻》：「母没而桮棬不飲焉。」盅，《説文》云：「器虚也。」小杯爲盅。北俗呼茶杯曰茶碗。古人飲茶有七碗、三碗之言，見盧仝《新茶》詩及《五燈會元》如寶禪師語。酒杯曰酒盅。

箸謂之筷子。《説文》云：「箸，飯攲也。」《太平御覽》引《通俗文》云：「以箸取物曰攲。」《曲禮》：「羹之有菜者用梜。」梜猶箸也。《急就篇注》云：「梜，所以取食也。」北俗箸取曰夾。夾即梜也。梜、攲音近。又呼箸爲筷子。《菽園雜記》：「吴俗舟行諱言住，住、箸同音。故以箸爲筷兒。」子與兒均語助。

〔一〕足：原誤作「尺」，據《説文解字》改。
〔二〕飲：原誤作「飯」。

箸箭謂之筷子籠〔一〕。《玉篇》云：「箸箭謂之籫。」籫，盛匕箸籠也。《方言注》云：「今俗呼小籠爲桶檧。」檧，即桶籠也。北俗猶用柳或竹製小籠，挂竈壁間，專盛匕箸。蓋古制也。

箱謂之炊帚。《廣雅疏證》〔二〕：「箱，即今之刷鍋帚也。」《説文》：「陳留謂飯帚曰箱。」箱之言捎也，所以捎去餘飯也。《廣韻》作筅帚。《通雅》云：「析竹爲帚，以洒洗。」即炊帚也。案，古時製帚多用竹，今北俗尚有束竹爲帚者，餘均易以草。巨者曰掃帚，見《南史·劉休傳》。次苕帚，見《捫蝨新話》〔三〕。再次炊帚。炊帚，飯帚也。

匵謂之匱。《説文》：「匵，匱也。」《書·金縢》：「乃内册于金縢之匱。」《六書故》：「今通以藏器之大者爲匱。」

箕謂之簸箕。《篇海》云：「簸箕，揚米去糠之具。」《詩》云：「維南有箕，不可以簸揚。」盛物者謂之籓籬。《廣雅》：「籓籬，箕也。」今北人無以籓籬爲箕者。《集韻》籓，逋潘切。讀如波。

甓謂之甓。《陳風·防有巢鵲》：「中唐有甓。」毛傳云：「甓，令適。」《説文》同。《考工記》賈疏云：「漢時名堂除爲令甓裓，令甓則今之甎也，裓則甎道也。」甎之已燒者爲甓，未燒者爲

〔一〕箸：原作「著」。
〔二〕疏證：據下引文補。
〔三〕話：原誤作「語」。

墼。今北人以未燒者爲甓。甓，讀如披。

杙謂之橛。《説文》弋、橛互訓。「弋，象析木衺鋭者形。」案，橛之用廣，長短大小象其物爲之。《爾雅·釋宫》云：「樴謂之杙。」杙、弋同字。今北人通呼曰橛。

鏝謂之瓦刀，圬謂之抹子。《爾雅·釋宫》云：「鏝謂之圬。」郭注云：「泥鏝。」《説文》云：「鏝，鐵杇也。」或從木作槾。李巡云：「泥鏝，一名杇，塗工之作具也。」〔一〕案，今圬者，塗工皆用鐵器，無用木者。一名瓦刀，一名抹子。瓦刀爲磚瓦之用，抹子爲灰泥之用。塗房用抹子，築房用瓦刀，二者不相離也。

枹謂之槌。《説文》：「枹，擊鼓杖也。」《左傳》成二年：「左並轡〔二〕，右援枹。」《唐韻》：「槌，擊也。」《魏書·李崇傳》：「崇令各村建樓，樓置鼓，盜發，雙槌亂擊。」北俗呼鼓杖曰鼓槌，鑼曰鑼槌，鐘槌，磬槌，擣衣曰棒槌。《上藍和尚遺鐘傳偈》云：「柳條堪作打鐘槌。」槌，讀爲捶。

金銀謂之釘。《説文》云：「釘，錬餅黄金。」《玉篇》云：「釘，都定切。」今俗以金銀稱錠，即釘字也。

錫謂之錫鑞。顔注《急就篇》云：「錫，一名鈏，在銀鉛之間，即今白鑞也。」《周禮·職方

〔一〕工：原誤作「土」。之作：原誤作「作之」。據《經典釋文》改。

〔二〕左並：原誤作「在執」，據《左傳》改。

氏》：「其利金錫竹箭。」鄭注云：「錫，鑞也。」今北人或單稱錫，或稱錫鑞，無單稱鑞者。

了鳥謂之了弔，屈戌謂之屈趨。李義山詩：「鎖門金了鳥。」〔一〕何義門云：「了鳥即屈戌，今北語猶然。」案，了鳥與屈戌不同，皆在門上。屈趨爲門上挂鎖之物，了弔則扣於屈趨上者。何氏指爲一物，非也。

潼潼，擊鼓聲也。《管子・輕重》篇：「潼然擊鼓。」此字無正義，取其聲。《廣韻》作韸：「云韸韸，鼓鳴也。」又作鼕鼕。張翥詩：「官街人静鼓鼕鼕。」亦作通通。陳造詩：「通通已報衙。」

郎當，鐸摇聲也。《説文》：「鐸，大鈴也。」《世説》：「晉荀勖逢趙賈人牛鐸鳴。」今鄉俗每懸大鈴於牛頭或車上以識警。又明皇幸蜀，歸聞鈴聲郎當，感作《雨淋鈴曲》。

丁當，鈴動聲也。《説文》：「鈴，令丁也。」《正韻》云：「圜形，半裂以出聲，錮銅珠於内以鳴之。」亦有環口懸舌如鐸形者。寶祐朝門語「閣馬丁當」。閣馬，即檐馬借用。又作玎當。温庭筠詩：「小嚮玎當逐迴雪。」

轆轆，車行聲也。元好問詩云：「白沙漫漫車轆轆。」案，轆轆，車聲也。《阿房宮賦》：「轆轆遠聽，杳不知其所之也。」〔二〕指宫車而言。

〔一〕金：原誤作「今」，據《李義山詩集》改。

〔二〕杳：原誤作「緲」，據《阿房宮賦》改。

隆隆，碾磨聲也。隆隆，聲也。沛城鑄鐵，隆隆如雷聲。案，碾磨聲均似雷，故俗呼長雷曰磨子雷。韓愈《詠雪》詩：「雲平想碾雷。」又作磷磷。王禹偁詩云：「磷磷水磑聲。」水磑，水磨也。

磨曰磨扇。《説文》：「磨，石磑也。」《正字通》云：「俗謂磑曰磨。以磑合兩石，中琢縱横齒，碎物使成屑也。」今鄉俗呼上下兩石曰磨扇。嘉靖初童謡云：「西街吃磨扇。」

斧曰斧子。案，斧，古名戉戚〔一〕。《説文》云：「斫也。」《釋名》云：「斧，甫也。甫，始也。凡將製器，伐木，已乃製之也。」神龍以後民謡云：「斧子不施柯。」

箑曰扇子。《説文》云：「箑，扇也。」《方言》：「自關而東謂之箑，關西謂之扇。」又作翣。《吕氏春秋·有度》篇：「冬不用翣。」箑、翣通。《田家五行》：「諺云：扇子弗離手。」又《天寶遺事》：「王元寶家有一皮扇子，製作甚質。」

硯曰硯臺。《釋名》云：「硯，研也。研墨使和濡也。」司空圖詩云：「似要題詩落研臺。」文人又呼曰硯田。唐庚詩：「硯田無惡歲。」臺、田一音之轉。

紙曰紙張。楊萬里《讀山谷詩》詩云：「千載功名紙半張。」又并州童謡云：「一張紙，兩張紙，容量小兒作天子。」北俗呼紙必帶張字。

〔一〕戉：原誤作「戊」。

鐙曰鐙臺，燭曰蠟燭，持行者曰燈籠。《説文》云：「鐙，錠也。」徐鉉曰：「錠中置燭，故謂之鐙。」又通作燈。《玉篇》云：「火也。」近俗多於錠中置膏使然。宋時俚諺云：「趙老送燈臺。」置燭者曰蠟臺。《歸田録》云：「鄧州花蠟名著天下。」〔一〕杜甫詩：「題詩蠟炬紅。」蠟炬，蠟燭也。江西奉使宣撫，謡云：「官吏黑漆皮燈籠。」《東齋記事》：「宋劉隨爲通判，明達，號水精燈籠。」

屏曰屏風。《説文》：「屏，蔽也。」《儀禮·覲禮》曰：「天子衮冕負斧依。」依之制如屏風然。依，扆也。《三禮圖》云：「扆，從廣八尺，畫斧文，今之屏風則遺象也。」《釋名》云：「屏風，障風也。」《史記》：「孟嘗君待客坐語，屏風後嘗有侍史。」白居易詩云：「畫我作屏風。」温庭筠詩：「金尾屏風孔雀開。」

椅曰椅子。案，椅本作倚。《朱子家禮》作椅。《正韻》：「俗呼坐凳爲椅子。」《正字通》云：「坐具，後有倚者。」故名。今北俗如凳子、板凳等，形制雖異，均無倚具。

荷物曰擔子。《廣韻》：「荷，胡可切。以肩承物也。」《左傳》昭七年：「其子弗克負荷。」注云：「荷，擔也。」《論語》：「有荷蕢而過孔氏之門者。」疏云：「荷，擔揭也。」擔揭，即擔子之音轉。楚、蜀、滇諺云：「壬辰裝擔子。」凡語末有子字者，皆語助。

〔一〕州：原誤作「山」，據《歸田録》改。

以上釋器。

蕎麥謂之棱子。蕎麥，北人呼爲棱子，象其實也。近黑龍江城蕎麥最佳，其麪宜煎餠、宜河漏，甘滑潔白，他處所無。河漏類挂麪，俗稱河洛。《本草綱目》謂之河漏。春夏旱潦及秋始得雨，百穀皆不能下種，惟種蕎麥而已。

穄謂之糜子。糜子，從黍類也，其粒與黍全相類，所别者黏、不黏耳。《説文》以糜爲穄。《吕覽》：「陽山之穄。」高注：「冀州謂之糜。」汪氏昂《本草注》云：「穄乃黍類，似粟而粒大疏散。」北人呼爲糜黍，蓋一類即二種。黑龍江土人呼黍爲伊喇，而諸書往往以爲稷。稷，今之高粱，黑龍江人呼曰斐式赫。訛穄爲稷，真大謬也。

稷謂之高粱。稷爲首種，其粒最粗。《論語》「飯疏食」，即此也。社稷單取稷爲名，以其於五穀中最高大故也。程易疇《九穀考》言之最詳確。

禾心謂之穰，禾身謂之稈。《説文》云：「穰，黍㮨已治者。」〔一〕今人以禾皮以内謂之穰，禾身謂之稈。

禾則謂之穀，其實謂之小米，莖又呼曰秆草。《九穀考》據《説文》謂：「禾，嘉穀。」「粟，嘉穀實。」〔二〕「米，粟實。」「粱，米名。」北方所謂穀子，而米爲小米者也。《説文》云：「稈，禾莖

〔一〕已治者：原脱，據《説文解字》補。

〔二〕嘉穀：原誤作「㲄」，據《説文解字》改。

也。」《左傳注》云：「秆，藁也。」《廣雅疏證》：「北方呼禾莖曰秆草，以飼馬牛。又以爲簾薄。」簾薄，即藁薦也，貧寒之户多用之。《東京夢華録》：「近新城有草場廿餘所，每遇諸鄉繳納稈草，堆積如山。」案，秆、稈通。秆草，北人亦呼曰穀草。

黍稷去米謂之穰。《廣雅》云：「黍穰謂之稝，稻穰謂之稈。」《説文》云：「稝，黍穰也。」「穰，黍稝已治者。」〔一〕《檀弓》：「以巫祝桃茢先袚殯。」鄭注云：「茢，萑苕。」〔二〕謂藃穗也。今世苕帚或用藃穗，或用黍穰，即此也。去實謂之穰，竹去皮亦謂之穰，北人通語。

收五穀謂之割，連根收謂之拔。《爾雅·釋言》〔三〕：「割，裂也。」謂以刀裂之也。《玉篇》云：「截也。」俗用刈、鉤截斷禾草，均謂之割，故穫禾曰割穀〔四〕，芟蕪曰割草。《增韻》：「拔，抽也。」《易·泰》：「拔茅連茹。」《前漢·高帝紀》〔五〕：「攻碭，三日拔之。」注云：「破城邑而取之，若拔樹木，并得其根本焉。」

高粱、芝麻謂之殺，連根謂之鉊。《禮·王制》注曰：「殺，穫也。」又《月令》：「利以殺草。」

〔一〕已治者：原脱，據《説文解字》補。
〔二〕苕：原誤作「苔」，據《禮記》鄭注改。
〔三〕言：原誤作「詁」。
〔四〕穫：原誤作「護」。
〔五〕高帝：原誤作「帝高」。

注云：「薙草曰殺。」鉊，音昭。《管子·輕重乙》篇云：「鉊之言釗也。」《説文》：「釗，刓也。」北方農人刓取禾根，通呼曰鉊。

收穫禾穗謂之銍。案，銍，知乙切，音紙。《説文》云：「穫禾短鐮也。」《小爾雅》：「禾穗謂之穎，截穎謂之銍。」銍，俗讀如找，亦作挃。

收拾五穀謂之打場。案，打即打撲。趙參政概《聞見録》云：「須當打撲。」猶安排料理之意。場即場圃。《詩》云：「九月築場圃。」又陸游詩：「溪北溪南打稻場。」

簸揚謂之揚場。《廣韻》云：「揚，舉也。」《急就篇》：「碓磑扇隤舂簸揚。」揚場者，禾穗置中，碌碡旋壓後，迎風舉箕簸揚之，除無秕。

曬晾謂灑碎。案，灑碎，即灑掃之音轉。又作灑落，即灑晾也。鄉人每遇風日晴和，將各種糧粟曝之使乾，持箕簸灑掃去土穢，收貯倉箱。

五穀去皮謂之碾。《正韻》云碾應作碾，「所以轢物」器也〔一〕。俗均作碾。製石如碌碡形，附以盤柱，旋轉壓物，使成碎屑，或脱除皮殼也。

麪謂之磨。案，兩石相合旋轉以碎物，北俗謂之磨麪。《鄴中記》：「石虎有磨車，置石磨於車上，行十里輒磨一斛。」〔二〕

〔一〕物：原誤作「揷」，據《洪武正韻》改。

〔二〕一：原誤作「十」，據《鄴中記》改。

成屑謂之拉拉。《正韻》云：「拉，落合切。」《説文》云：「摧也。」《廣韻》：「敗也。」案，拉拉，應作砬砬。《集韻》：「砬，里亥切，磨也。」

以上釋穀。

馬莧謂之馬勺菜。《本草注》云：「馬莧，布地生實，俗呼爲馬齒莧。」李時珍云：「馬齒莧小葉者爲鼠齒草。」今北人通呼爲馬勺菜。案，馬勺菜，園野自生，莖微赤，亦有白者，蔓延地上，葉厚而軟，莖葉嫩時可爲蔬菜，解瘡毒。

女蘿謂之兔兒絲。《神農本草》名松蘿，一名女蘿。《小雅·頍弁》「蔦與女蘿」，傳云：「女蘿，菟絲，松蘿也。」《楚辭·九歌》注云：「女蘿，菟絲也。無根，倚物而生。」北方呼曰兔兒絲。

苦菜謂之藘苣菜。《通藝録》云：「苦菜有二種，一爲苦蕒，一種北方呼爲藘蕒菜。」案，苦蕒與藘蕒菜相類。李時珍曰：「苣蕒菜，春初生，苗有赤白二種，取其莖葉和醬食之，或和餳皆可，其味微苦。」北人通呼爲藘苣菜。

鷄菌謂之鷄腿磨菇。《説文》：「菌，地蕈也。」《莊子》：「朝菌不知朔晦。」蔡氏《毛詩名物解》引《莊子》作鷄菌。今雲南呼鷄㚇，北方謂之鷄腿磨菇。雨後叢林中生，象如鷄腿，味最肥美。

邱葵謂之望日蓮。《漢書·楚元王傳》注引張晏云：「邱，大也。」葵之大者謂之蘬。《廣雅疏證》：「蘬，葵也。性向日。」案，葵，一年生草，七八尺高，莖頭開一花，徑六七寸，常向太陽旋轉，故名向日。鄉俗通呼曰望日蓮，以其花瓣環跗中盤，結子形似蓮花，且花盤向東、向南者多，並非旋轉也。

蜀葵謂之秫稭華。《爾雅》：「菺，戎葵。」郭注云：「今蜀葵也。似葵，華如木槿華。」案，蜀葵葉如葵而大，莖高丈許，江南呼爲丈紅華，北人名爲秫稭華。今園林中到處有之。甘肅蘭州諸處有黑色者，種植輒數十畝，以之染菸葉，作紫黄色。

草蒿謂之青蒿。《爾雅》：「蒿，菣。」郭注云：「今人呼青蒿。」《本草》：「草蒿，一名青蒿，一名方潰。」陶注云：「即今青蒿。」人亦取雜香菜食之。蜀本《圖經》云：「葉似茵陳而背不白，高四尺許，北人呼爲青蒿。」此古今語之同者。

莠謂之穀莠。《小雅・甫田》：「維莠驕驕。」《鄭志》：「韋曜問：莠今何草？答曰：今之狗尾也。」《魏策》：「幽莠之幼也似禾。」〔一〕案，今人呼此草爲穀穀莠。莖葉穗全似穀子，而秕輕，外多毛，即陸機所謂宿田翁及謂之守田者。穀穗有實，重而下垂；莠穗無實，稃而上翹。穀田中最多。《大田》：「不稂不莠。」稂即莠類，《爾雅》之「孟狼尾」是也。莠，鄭《志》謂之狗尾，毛傳釋《詩》之稂以童粱當之，誤矣。

竹表謂之筤。《廣雅》云：「笁，竹也。其表曰筤。」〔二〕謂竹外青皮也。《説文》云：「筤，竹

〔一〕之：原誤作「三」，據《戰國策》改。

〔二〕曰：原脱，據《廣雅》補。

膚也。」笢之音轉爲篾。《埤蒼》云：「篾，析竹膚也。」笢又轉爲籋，音彌。《説文》云：「籋，筡也。」「筡，析竹笢也。」《禮記》：「竹箭之有筠。」正義筠竹，是竹外青皮。筠通作縜。《考工記·梓人》鄭衆注云：「縜，讀爲竹青皮之縜。」〔一〕

麻幹謂之麻䕸。《説文》云：「菆，麻蒸也。」〔二〕「蒸，析麻中幹也。」〔三〕「𪎭，麻䕸也。」《廣韻》䕸與秸同，麻幹也。《玉篇》：「䕸，麻莖。」又音皆。今北人猶謂麻幹爲麻䕸，此古語之僅存者。

漬麻謂之漚。《説文》云：「漚，久漬也。」《詩》：「東門之池，可以漚麻。」毛傳云：「漚，柔也。」鄭箋云：「於池中柔麻，可緝績作衣服。」鄭注《考工記》引作渥，釋文云：「渥，烏豆反，與漚同。」哀公八年《左氏傳》：「拘鄫人之漚菅者。」菅似茅，漚之宜爲繩索。今北人凡漬麻者皆曰漚麻，此古今語之皆同者。

刈草謂之打草。《五代史》：「契丹滅晉，四野劫掠，號爲打草穀。」又《開元遺事》：「王魯爲宰貪賄，部民狀訴，魯判曰：『汝雖打草，吾已蛇驚。』」

以上釋草。

〔一〕青：原誤作「中」，據《考工記》鄭衆注改。
〔二〕麻：原作「蔴」，據《説文解字》改。
〔三〕析：原誤作「折」，據《説文解字》改。

栭謂之茅栗。《爾雅》：「栵，栭。」郭注云：「樹似槲樕而庳小〔一〕，子如細栗可食，今江東亦呼爲栭栗。」《圖經本草》云：「茅栗，細如橡子，其樹雖小，葉亦不殊，但春生、夏秋實、冬枯爲異耳。」今茅栗有二三實作一梂者，是其子細也。北人通呼爲茅栗。《廣韻》云：「楚呼爲芧栗。」芧，當爲茅字之訛。

栗之大者謂之板栗。《事類合璧》云：「栗木高二三丈，苞生，多刺如蝟毛，每枝不下四五個。苞有青黄赤三色，中子或單、或雙、或三四。其殼生黄熟紫，殼内有膜裹仁。九月霜降乃熟。北人呼之爲板栗。」

棠實謂之杜梨。《爾雅》：「杜，甘棠。」注：「今之杜梨。」《爾雅翼》：「每梨十個子，一惟子生梨，餘生杜。」案，杜爲梨之母，以梨接之方爲梨。

棘謂之酸棗。《爾雅》：「樲，酸棗。」注云：「樹小實酢。」《孟子》曰：「養其樲棘。」《稗雅》云：「大曰棗，小曰棘。」棘，酸棗樹也。平原不多見，近山則處處有之，叢生於荒邱土埠間，人亦不甚重惜。《詞源》云：「幹高丈餘。」當另一種，非樲棘也。

榆莢謂之榆錢。《爾雅》：「榆，白枌。」《草木疏》云：「榆有十種。」北方則多白榆，仲春之月，葉尚未發，枝條間先結榆筴，狀如錢而小，色白成串，俗呼爲榆錢。孔平仲詩云：「春盡榆

〔一〕小：原脱，據《爾雅》補。

錢堆狹路。」

槐實謂之黄蠟膽。案，槐花色黄，實爲長莢，土俗則呼爲黄蠟膽，以其色黄，液粘如蠟，而味苦於膽，又纍纍懸垂如膽狀，故名。

樹刺謂之革針。今漁陽上谷人呼棘針曰革針。棘、革同音。北人均呼爲革針。

修樹謂之穿。《説文》：「穿，通也。」《聞奇録》云：「吕知隱于洞庭山，穿一松造草屋而居。」

伐木謂之刨。案，連根剜取曰刨。《集韻》：「刨，蒲交切。削也。」謂用鐵器刨挖，削去其土，並削斷餘根也。

以上釋木。

鰋謂之鮎魚。《爾雅》：「鰋，鮎。」《爾雅翼》云：「鮧魚，偃額，兩目上陳，頭大尾小，身滑無鱗，謂之鮎魚。言其黏滑也。」案，鮧即鮷。《廣雅》云：「鮷，鮎也。以其頭扁，故曰鰋。」《説文》云：「鮷，大鮎也。」李時珍云：「鮧魚〔一〕，北人曰鰋。」

鱮謂鰱子。《廣雅》：「鰱，鱮也。」《詩疏》云〔二〕：「鱮似魴，厚而頭大〔三〕。幽州人謂之䲹鴞，或謂之胡鱅。」《埤雅》云：「鱮魚，色白，北土呼爲白鱮。」又通呼爲鰱子。

〔一〕鮧：原誤作「鮷」，據《本草綱目》改。
〔二〕詩疏：原誤作「義疏」。
〔三〕厚：原脱，據陸璣《詩疏》補。

魧謂之魴魚。《爾雅》：「魴，魧。」注云：「江東呼魴魚爲鯿，一名魧。」《正字通》云：「魴魚，小頭縮項，闊腹穹脊，細鱗，色青白，腹内肪甚腴。」梁水魴尤美，故鄉語曰：「居就糧〔一〕，梁水魴。」

鱣謂之鯉。《爾雅》：「鯉，鱣。」郭璞以爲二魚，云：「鯉，今赤鯉魚。」舍人則謂「鯉，一名鱣」。今則無以鯉爲鱣者。

鰼謂之泥鰌。郭璞注《爾雅》「鰼，鰌」云：「今泥鰌。」邢昺疏云：「穴於泥中，因以名之。」《莊子》司馬注云：「委蛇，泥鰌也。」而《庚桑楚》篇又作鯢鰌。泥、鯢同聲字。今北人通謂之泥鰌。

石首謂之黄花魚。《廣雅》：「石首，鯼也。」李善注《江賦》：「鯼、鮆常以三月八日出。」《字林》云：「鯼魚出南海，頭中有石，一名石首。」劉恂《嶺表録異》云：「石頭魚狀如鱅魚，隨其大小，腦中有二石子如蕎麥，瑩白如玉。」王念孫云：「今石首有二種，小者名黄花魚，長尺許；大者名同羅，長二三尺。弱骨細鱗，首函二石。」

盆畜者謂之金魚。《述異記·關中有金魚神》：「北方畜魚家，種色繁異，如龍頭、鳳尾、龍睛、鴨蛋等，通呼爲金魚。」《爾雅》：「魵，鰕。」釋文云〔二〕：「班魚謂之魵。」又曰：「魵魚，赤白雜美，色似鰕魚。」金魚則五色璀璨，文班間雜，是不僅赤白二色也。

〔一〕糧：原誤作「粱」，據《埤雅》改。
〔二〕此句及下文「又曰」不見於《經典釋文》。

卵謂之魚子。《本草》：「凡魚生子，有牡魚隨之灑白覆子，數日即化出，謂之魚苗。」案，魚子已生者謂之魚苗，亦稱魚花，稍大者曰魚秧。

捕魚謂之打魚。花蕊夫人《宫詞》云：「隔花催喚打魚人。」汪元量詩：「半揭蓬窗看打魚。」

以上釋魚。

草蟲謂之聒聒，其雌謂之緑駒。《詩・召南》：「喓喓草蟲。」鄭箋云：「草蟲鳴，阜螽躍而從之。」陸機《疏》云：「一名負蠜，大小長短如蝗，奇音，青色，案，亦有灰色者。好在茅草中。」案，如陸所云，則今之所謂聒聒也。人家多畜之，此蟲鳴於草尖，則下必有雌者從之，古謂之阜螽。今北人謂之緑駒。緑，讀如律。大於聒聒。阜者，大也。

虰蛵謂之蜻蜓，俗呼爲馬蛉。《淮南・説林》〔一〕：「水蠆爲蟌。」高誘注云：「水蠆化爲蟌。蟌，青蜓也。」細腰，四翅。案，蜻蜓有大小數種，今北人通呼爲馬蛉。蛉，讀如梭。

螻蛄，土狗也，謂之拉拉姑。《爾雅》：「螜，天螻。」郭注云：「螻蛄也。《夏小正》曰：『螜則鳴。』」螻蛄之名甚多，見《本草》《方言》《廣雅》。《方言》所謂杜狗，即土狗也。郝氏懿行云：「螻蛄翅短，不能遠飛。黄色，四足，頭如狗。喜夜鳴，聲如蚯蚓。喜就燈光。」案，兒童每近鳴

〔一〕林：原脱。

處，用兩甎中隔一小圓棍磨之，聞聲即出。今北人呼爲拉拉姑。

白魚謂之蟫魚。《爾雅》：「蟫，白魚。」郭注云：「衣書中蟲[一]，一名蛃魚。」今北人通呼爲蠹魚。《穆天子傳》：「蠹書於羽陵。」郭注云：「暴書蠹蟲，因曰蠹書也。」蠹魚身長不及寸，形似魚，歧尾，身如傅粉，華色可觀，故書中多有之，衣中少見者。

蟬謂之蝍蟟。蟬之類甚多，其見於《爾雅》《方言》《説文》者曰蟬、曰蜩、曰螅蜩、曰蚼、曰螗蜩、曰螃、曰蝒馬[二]、曰蠑、曰蠦[三]、曰寒蜩、曰蛥蚗、曰螇螰[四]、曰蟪蛄、曰蛉蛄、曰虭蟧、曰蝭蟧、曰蜓蚞，今北人統呼爲蝍蟟。《説文》之蛁蟟，即《夏小正》之蜈蠑。陶注《本草》云：「七月、八月鳴者名蛁蟟。」今案，此蟬身小，三伏時鳴，其聲自呼，北人謂之伏天伏涼。

蠛蠓謂之蠓蟲。《爾雅》：「蠓，蠛蠓。」郭注云：「小蟲似蚋，喜亂飛。」孫炎云：「此蟲微細，羣飛。」郭又云：「蠓飛磑則天風，春則天雨。」而《圖讚》則曰：「風春，雨磑。」二説不同。今人謂蠓飛而上下如舂，主風；回旋如磑，主雨。每日將落時，迎面羣飛。今北人呼爲蠓蟲。蠓，讀如猛。

[一] 蟲：原誤作「魚」，據《爾雅注》改。
[二] 蝒：原誤作「面」。
[三] 蠦：原誤作「應」。
[四] 螰：原誤作「蛯」。

蛭蟷謂之駱駝蟲。《爾雅》：「王蛈蜴。」郭注云：「即蛭蟷，謂似鼅鼄，在穴中，有蓋，今河北人呼蛈蜴。」《金華子》云：「長安閭里中小兒〔一〕，常以纖草刺地穴間，共邀勝負，以手撫地曰：『顛當出來。』既見草動，則釣出赤色小蟲，形似蜘蛛。江南小兒謂之釣駝，其蟲背有若駝峯然也。」今案，此蟲兒童常戲釣之。此蟲穴極勁地，有小孔如蟻穴，以髮繫一蟻入穴中，此蟲捕食，即隨髮而出。土色，如駱駝形，大如土蜘蛛，而其形不類。郭璞與《酉陽雜俎》謂其窠有蓋，能啓閉。劉崇遠謂赤色小蟲。皆非余所見者，當是同種而異類。

蛺蝶，蝴蝶也。司馬彪《莊子注》云〔二〕：「胡蝶，蛺蝶也。」今北人通呼爲蝴蝶。蝶，《廣韻》作他協切，音讀如帖。

蟋蟀謂之趨趨。王念孫云：「《古今注》：『蟋蟀一名蛩蛩。』蛩與蛬同。今人謂之屈屈，則蛬之聲轉也。」〔三〕蛬謂蟋蟀〔四〕。「陸機《詩疏》云：『幽州謂之趨織。里語云：趨織鳴，嬾婦驚。』」今北人通謂之趨趨。趨趨，即趨織之轉聲也。

蟻謂之蟞蜉。《廣雅·釋蟲》：「蟞蜉，蟻也。」郭注《方言》：「蚍蜉，亦呼蟞蜉。」蚍與蟞一聲

〔一〕間：原誤作「間」，據《金華子》改。
〔二〕注：原脱。
〔三〕之聲：原作「聲之」，據《廣雅疏證》改。
〔四〕蛬：原誤作「悬」。

之轉。蟞、蜉亦一聲之轉。今北人通呼蟻爲蟞蜉，亦呼爲馬蟻。凡名馬者，皆其種之大者也。

蠐螬謂之慈螬。《本草》：「蠐螬，一名蟦蠐。」蠐、螬雙聲。北人通呼爲慈螬。慈爲蠐之聲誤。

螾衕，蚰蜒也。蚰蜒之名甚多，今北人通謂之蚰蜒。《爾雅》：「螾衕，入耳。」蚰蜒、螾衕一聲之轉。

蟯蜋謂之菌科蜋。《玉篇》：「蟯螂，啖糞蟲也。」案北人俗呼蟯螂爲菌科蜋。

螳螂謂之刀蜋。《爾雅》：「不過，蟷蠰。」郭璞注云：「蟷蠰，螗蜋别名。」王念孫云：「螳蜋，今謂之刀蜋。聲之轉也。其性鷙悍，喜捕擊。」案，北人通謂之刀蜋。刀、蟷聲轉字。高誘注《吕覽》云：「兖州謂之拒斧。」即刀字義也。

蝗蟲謂之抹札。郭注《方言》：「蚣蝑，江東呼虴蛨。」案，此皆蝗類也。虴蛨，爲抹札聲之轉。王念孫云：「揚州人謂色青者爲青抹札，班黑者爲土抹札。」今北人凡蝗類皆呼爲馬札。至元京師童謡云：「馬札望北跳。」抹、馬一聲之轉。

蛷螋謂之錢龍，俗呼爲錢串子。《説文》：「蛷，多足蟲也。」案，蛷即蛷螋，今北人呼爲錢龍，鄉俗通呼曰錢串子，長可盈寸，往來壁上，其行甚捷。

孑孓，化蚊蟲也。案，孑孓，北人呼跟頭蟲。生止水中，其形首大尾鋭。行則掉尾至首，左右回環。止則尾浮水面，首反在下。故謂之倒跂蟲。久之，蜕於水面而蚊出焉。《淮南子》

云：「孑孓爲蟁。」高誘注云：「孑孓，蛣蟩，水上倒跂蟲也。」〔一〕

蛭謂之馬蟞，亦謂之馬蟥。《爾雅》：「蛭，蟣。」郭璞注云：「今江東呼水中蛭蟲入人肉者爲蟣。」《論衡》云：「蛭，食血之蟲。」蛭入人肉而咂其血，多生水田，耘者苦之，治之以鹽滷。今漚麻坑多有之。俗謂之馬蟞，亦有呼馬蟥者。

蜥蜴謂之蟹虎。《爾雅》蝶螈、蜥蜴、蝘蜓、守宮，《廣雅》蛤解、蠦蝘、蚵蠪，皆是一類，而大小、顔色、名稱所在不同。今北人通謂之蟹虎。又蝎虎好緣壁食蝎，蝎虎在上，蝎在下，相隔一二尺，蝎虎以口吸其氣，久之，蝎墮地，則空皮矣，故謂之蝎虎。

蛙謂之蛤馬。《周禮》：「蟈氏掌去蛙黽。」黽與馬一聲之轉，青色者爲菜蛤馬，能食，土人謂之田鷄，其鳴聲絡繹似播鼓。土色者其身似疥，土人謂之疥蛤馬，能醫瘡毒，其鳴聲甚壯，聒人耳。

螔蝓謂之蝸牛。《爾雅》：「蚹蠃，螔蝓。」郭璞注云：「即蝸牛也。」《士冠禮》「葵菹蠃醢」，鄭注云：「蠃，今文爲蝸。」《内則》「蝸醢」以下二十六物，鄭皆以人君燕所食也。今則無以爲食物者。《名醫别録》云：「蝸籬，味甘無毒，主燭館，明目。」燭館即燭睆也。許慎云：「燭睆，目中疾。」王念孫云：「今順天人謂之水牛。」鄉人無此稱，通謂之蝸牛。

〔一〕蛣：原誤作「結」。跂：原作「蚑」，據《淮南子》高注改。

蚌謂之蛤蝲。《説文》云：「蚌，蜃。」《吕覽》云：「月望則蚌蛤寔，月晦則蚌蛤虚。」盧辯注《大戴記》云：「月者，太陰之精，故黿蛤之屬因之以盛虧。」今北人呼蚌蛤通謂之蛤蝲。蝲者，蜊之轉音。亦謂之瓦蚌。

以上釋蟲。

玄鳥謂之燕。《爾雅》：「燕燕，鳦。」《御覽》引舊注云：「齊曰燕，梁曰鳦。」《説文》云：「乙，燕燕，玄鳥也。齊魯謂之乙。」乙春分來，秋分去，籋口，布翅，枝尾，象形。或稱燕，或稱燕燕。燕爲蟄鳥，多藏深山大空木中。《夏小正》云：「九月陟，玄鳥蟄。」傳云：「先言陟而後言蟄何也？陟而後蟄也。」凡燕將入蟄時，必羣飛於空際，三二日即不見矣，故《夏小正》先言陟而後言蟄。

布穀謂之姑姑敦。《本草拾遺》：「布穀，江東呼爲郭公，北人云撥穀。」又謂之布姑，又稱卜姑，又稱保姑，又稱擊穀，又稱穫穀，皆聲轉。蓋鳩之類，《説文》所謂尸鳩也。身灰色，翅末、尾末並雜黑色，以三四月間鳴，其聲如姑姑敦。敦，蓋其尾聲也。東坡詩以此鳥爲「脱卻布褲」。今邑人呼爲「光棍得處」，皆隨其聲而以意名之。

鴟鴞，夜猫也。《爾雅》：「怪鴟。」郭璞注即《廣雅》之鴟鵂也，今北人通呼爲夜猫子。在人屋宅中鳴，謂之不祥，尤忌其笑。《説文》云：「雖〔一〕，鵋也。籀文從鳥。」又云：「萑，雖屬也。」

〔一〕雖：原作「鵖」，據《説文解字》改。下同。

從隹，從𦫳，有毛角，所鳴，其民有禍。」鴟鵂，晝無所見。王念孫云：「案，怪鴟頭似猫而夜飛，今揚州人謂之夜猫，所鳴有咎。」一如昔人之說。今北人通呼夜猫爲不孝鳥。

鴿謂之鴿鵓，鵓謂之黄蠟鴰子。鴿、鵓本二物，故《廣雅》分釋之。今則通呼爲鴿鵓。郭璞注《爾雅》云：「鵓，鴿屬。」高誘注《淮南》云：「鵓，鴿也。」蓋二鳥相似，對文則鵓與鴿異，散文則通。今北人呼鴿爲鴿鵓，呼鵓爲黄蠟鴰子。鴰音俗轉爲捫。

鳭鷯謂之葦咋子。《爾雅》：「鳭鷯，剖葦。」郭璞注云：「好剖葦皮，食其中蟲，因名云。」案，此鳥巢於葦中，以馬尾繫其巢。其鳴聲如云「泥滑滑」，今北人通呼爲葦咋子。

鷣謂之鷂子。《爾雅》：「鷣，負雀。」郭璞注云：「鷣，鷂也。江南呼之爲鷣，善捉雀。」《毛詩義疏》云：「隼，鷂屬也，或謂之雀鷹，春化爲布穀者是也。」今北人通謂之鷂子，人多養之者。

瓦雀謂之家雀。案，家雀，以其專住人家房屋也。亦呼爲老家。《詩》云：「誰謂雀無角，何以穿我屋？」即此也。

烏謂之烏雅，或曰老雅。《説文》：「烏，孝烏也。」《後漢書·趙典傳》云：「烏烏反哺報德。」《廣雅》謂之慈烏。今北人聞烏鳴爲不祥。

鴉謂之墨雅。鴉鳥小於烏，而有白頸。天寒始至，其飛成羣。故又謂之寒鴉。墨，言其色。

斲木鳥俗呼奔嗒喇木。《爾雅》：「鴷，斲木。」郭璞云：「口如錐，長數寸，常斲樹食蟲。」羅願云：「此鳥褐者是雌，斑者是雄。」又有青黑者，有如鶴頂者，山中人呼爲山啄木。今北人亦有呼啄木者。奔嗒喇木，狀其啄之聲。

雉謂之野鷄。《廣雅》：「野鷄，雉也。」顔師古注《漢書·郊祀志》云：「野鷄，亦雉也。避呂后諱，故曰野鷄。」呂后名雉。案，《易林·睽之大壯》云：「鷹飛雉遽，兔伏不起。狐張狼鳴，野鷄驚駭。」以雉與野鷄爲二。或據《急就篇》説六畜，以野鷄爲家畜之鷄，野謂鄙野人家。今北人無以家鷄爲野鷄者。

伏翼謂之檐蝙蝠。《爾雅》：「蝙蝠，服翼。」《方言》云：「蝙蝠，自關而東謂之服翼，或謂之飛鼠，或謂之老鼠，或謂之僊鼠。自關而西秦隴之間謂之蝙蝠。」曹植《蝙蝠賦》云：「二足爲毛，飛而含齒。巢不哺鷇，空不乳子。不容毛羣，斥逐羽族。下不蹈陸，上不馮木。」是其情狀也。今北人通呼爲檐蝙蝠，間有俗呼爲檐老鼠者，以其多居於檐下也。檐，讀仄聲。

車搹謂之笠鳩。《廣雅》：「車搹，鵻禮也。」《淮南·説林訓》云：「烏力勝日，而服鵻禮。」鵻禮即鵻禮。鵻、鵻一聲之轉。高誘《淮南注》云：「《爾雅》謂之䳭笠。」今《爾雅》䳭作鵧，云「笠鳩」。鵧，郭璞注云：「小黑鳥，鳴自呼。」今案，笠鳩小於烏，而烏最懼之。《荆楚歲時記》云：「春分有鳥如烏，聲如加格，即車搹也。民候此鳥鳴則入田，以爲催人駕犂格也。」此鳥黑身長尾。今北人呼爲笠鳩。鳩讀如駒，故又訛爲旅駒。

以上釋鳥。

虎謂之大蟲，又通謂之老虎。《説文》：「虎，山獸之君。」《大戴禮》云：「毛蟲三百六十。」

是古時動物皆稱蟲。《就日録》：「不孝子有三變，初如蝗，次如蠹，再次如大蟲。」謂賣人而食，如虎之食人也。又王惲《趙邈齪虎圖行》：「耽眈老虎底許來。」虎與彪形相似，但頭無王字耳。余在新疆，每歲皆有人獻虎一隻，其言彪與虎形象甚悉。

豾謂之貍。《説文》：「貍，伏獸也。似貙也。」鄭注《周官・射人》云：「貍，善搏者也。」貍大於猫，夜入人家捕鷄爲食。今北人呼爲野貍子。

貒謂之貛。《説文》：「貛，野豕也。」《本草衍義》云：「貒，肥矮，毛微灰色，頭連脊毛一道黑，觜尖尾短。」貛有二種，或如豬，或如狗，皆穴於地中，夜出食人鷄鴨，其毛脆而易折，北方到處有之。

黄鼬謂之黄鼠狼。《廣雅》：「鼠狼，鼬。」《爾雅》「鼬鼠」郭璞注云：「今鼬似鼦，赤黄色，大尾，啖鼠。」《廣志》云：「黄鼬善走。」今俗通呼黄鼠狼，北人亦呼爲黄鼬，夜出食人鷄，有小隙，即能出入。人捕取之，以其尾毛爲筆，謂之狼毫。

鼹鼠謂之地排子。《説文》：「鼢，地中行鼠，伯勞所化也。一曰偃鼠。」《廣志》云：「鼢鼠，深目而短尾。」此鼠所在，田中皆有之，尾長寸許，體肥而扁，前肢短，爪似靶外向，絨毛色灰黑，行於地中，起土上出若犂，故又謂之犁鼠。北人呼爲地排子。

䶈鼠謂之倉老鼠。《廣雅疏證》云：「䶈鼠，即鼸鼠也。」《爾雅》孫注云：「鼸者〔一〕，頰裹

〔一〕鼸：原誤作「䶈」，據《經典釋文》改。

也。」郭璞云：「以頰内藏食也。」《夏小正》「正月田鼠出」，傳云：「田鼠，兼鼠也。」案，田鼠生居曠野，與倉鼠異，每值仲秋，穴地築巢，盜糧分貯，若人家之倉困然，故鄉俗呼曰倉老鼠。

彙謂之刺猬。《爾雅》：「彙，毛刺。」注云：「今猬狀似鼠。」《説文》彙作㣇，云：「㣇蟲〔一〕，似豪猪。從虫作蝟。」案，蝟，芒刺攢蔟，惟腹足生毛，多居場院僻處，竊食糧果，形雖似鼠，而巨則增倍。取棗之技甚慧巧，每於夜間緣登樹杪，齒其蒂斷，縮身墮地，反側旋轉，刺棗徧身，運歸巢穴以食之。

豹之子謂之豹崽子。《水經注》：「弱年崽子。」《方言》：「崽，子也。湘沅之間，凡稱子皆謂之崽。」案，豹子，大如狸，暮時即至人家竊食猪羔〔二〕，淶水山農夜聞猪羔鳴〔三〕，急驚曰「豹崽子來矣」。幼孩遇之，亦有傷生命者。

兔之子謂之兔崽子。楊子《方言》云：「崽，子也。」兔崽子，北俗詈人之語。

熊謂之狗熊。案，狗熊，熊之小者，即《爾雅》所謂「熊虎醜，其子狗」者也。《廣東新語》：「嶺之南，熊有三，狗熊居其一。」

狐謂之狐狸。案，狐、狸二獸名。狐似犬而小，體瘦，頭尾皆長，以蹠行。狸全身黑褐色，

〔一〕㣇：原脱，據《説文解字》補。
〔二〕暮：原脱，據文意補。
〔三〕聞：原誤作「間」。

背有灰色班紋，口突出，尾粗而長，四肢甚短，形似狐。《莊子》：「是狸德也。」注云：「謂貪如狐狸也。」今北人呼狐必帶狸字。

以上釋獸。

牡馬謂之兒馬，騸者謂之扇馬。《五代史・郭崇韜傳》云：「當盡去宦官，至於扇馬，亦不可用。」

牝者謂之課馬。孔平仲《雜説》：「俗呼牝馬爲課馬，謂凡四歲而課一駒也。」案，《魏書・蠕蠕傳》云：「父、草馬五百匹。」今北人皆云騸馬、課馬，無稱父馬、草馬者，且牝馬歲課一駒，獲利甚厚。

牡牛謂之犍子，亦謂之牻牛。牝牛謂之牸牛，又謂之乳牛。案，犍，牛之去勢者。《説文》：「犍，犗牛也。」《正韻》：「犗，居拜切，音戒。」《增韻》云：「凡畜健强者爲犗。」犍、犗一音之轉。《説苑》：「愚公畜牸牛，生子而賣之。」牸牛，牝牛也。

牡驢謂之叫驢，牝驢謂之草驢。案，叫，鳴也。《詩・小雅》云：「或不知叫號。」牡驢善鳴，故云。陸游詩云：「平頭奴馭草驢歸。」

牡豕謂之牙猪，牝者謂之母猪。公狗謂之牙狗，牝者謂之母狗。案，牙，應作爺。《玉篇》爺，以遮切，入麻韻。對母畜而言。亦猶牡馬稱父馬也。

牡猫謂之郎猫，牝者謂之嬭猫。案，婦稱夫曰郎。郎猫，即牝猫之郎也。《廣韻》：「嬭，奴禮切。音嬭。母也。」嬭猫即母猫，古韻讀母如嬭。今廣東人呼母曰阿嬭，此古韻之僅存者。

雄鷄謂之公鷄，雌者謂之母鷄，亦謂之草鷄。案，凡稱公者皆謂牡，今草鷄與草驢同意。今鄉人呼雄雌皆曰公母。

馬驢之子曰駒，牛之子曰犢，羊之子曰羔，小鷄曰雛。《爾雅·釋畜》〔一〕：「玄駒，褭驂。」注云：「玄駒，小馬，別名褭驂耳。」〔二〕又《説文》：「馬二歲曰駒。」今北俗呼馬之子曰馬駒，驢之子曰驢駒。《物類相感志》：「驢駒初生時，口中有物如肉，名驢駒媚。」《禮》：「天子適諸侯，諸侯膳以犢。」犢，牛之穉者，鄉俗通呼曰犢子。唐李全交性酷，訊囚縛枷著樹，名曰犢子懸車。《魏書》：「正始元年，鄯善鎮送羊羔一頭。」羊羔，小羊也。《説文》：「雛，鷄子也。」《爾雅·釋鳥》：「生噣，雛。」注云：「生能自食者。」〔三〕案，鷄雛生即啄米，無須母飼。

孚雛謂之抱鷄。《説文》：「孚，卵孚也。」《方言》云：「北燕朝鮮洌水之間謂伏鷄曰抱鷄。」抱，即孚也。孚有抱音，故《説文》云「古文孚從禾」。禾，即古文保字。又手部捊或從包作抱。今人亦謂抱鷄爲孚鷄。

鷄榤謂之鷄架，鷄塒謂之鷄窩。《爾雅·釋宮》云：「鷄棲於弋爲榤，鑿垣而棲爲塒。」郭注

〔一〕畜：原誤作「獸」。
〔二〕褭驂耳：原脱，據《爾雅注》補。
〔三〕食：原誤作「含」，據《爾雅注》改。

云：「寒鄉穿牆棲鷄。」今時亦然，但質言之曰鷄架、鷄窩而已。木製者亦曰鷄籠。黄庭堅詩曰：「鶴亦怕鷄籠。」

以上釋畜。

右方言。

〔民國〕雄縣新志

【解題】秦廷秀等修，劉崇本等纂。雄縣，今河北省保定市雄縣。「方言」見《故實略四・謡俗篇》中。録文據民國十八年（一九二九）鉛印本《雄縣新志》。

方言

目録〔一〕

言語　人倫　形體　宫室　器用　飲食　衣服　時令　地理　動物　植物

言語

者　膺詞。尤侗《明史樂府》：「明宗北狩，風吹草低，橐駝盈野，送君還歸，羣呼『者者』。」注：「伯顔曰：『中國遣使迎還，一旦復坐寶位，豈非萬世美名哉。』衆皆曰：『者者。』然詞也。」

〔一〕目録爲編者所加。

得　助詞。俗與的混。《國史補》：「陸衮爲刺史，有家僮遇參軍不下馬，鞭之，請去。衮曰：『奴見官人不下馬，打也得，不打也得。打了去也得，不去也得。』」

箇　語詞。如這箇、那箇、今箇、明箇之類。唐時已有此語。朱慶餘詩：「恨箇來時路不同。」皮日休詩：「檜身渾箇矮。」羅隱詩：「應挂云帆早箇回。」

若个　猶云那个也。《方言藻》：「唐鹿門詩：若个傷春在路旁。」《演繁露》云：「若个，猶云幾何枚也。」按，若音惹，語轉爲乜，乜、那雙聲，故又轉爲那。

哩咧啦　語助詞。哩，古作里。《大雅・雲漢》云「如何里」，又《正月》「悠悠我里」是也。《莊子・人間世》：「嘗以語我來。」哩即來之轉。咧啦，了之轉。古人用矣字，今用了字。了，《康熙字典》：「訖也，畢也。」

兒　亦名物助詞，與子字同。唐宋多有此語。盧仝詩：「病客還聽百舌兒。」蓋嘉運詩：「打起黄鶯兒。」《夢粱録》載小兒耍物有鼓兒、鑼兒。

老　《容齋三筆》：「東坡詩用人名，每以老爲助語，如『老濞宫妝傳父祖』〔一〕『便腹從人笑老韶』。白樂天亦嘗云『每被老元偷格律』。」惟古繫名，今則繫號。

頭　語詞也。如上頭、下頭。唐項斯詩：「王母前頭作伴行。」

殺　甚詞。古詩：「白楊多悲風，蕭蕭愁殺人。」又：「打殺長鳴鷄。」《晉書》：「看殺

〔一〕父祖：原作「祖父」，據《東坡詩集》改。

衛玠。」

都　總詞。《廣韻》：「都，總也。」《漢書·兒寬傳》：「嘗爲弟子都養。」注：「都，凡衆也。」漢之都司空、都水監、都尉，猶今言某事總辦耳。曹丕《與吴質書》：「頃撰其遺文，都爲一集。」韓愈《答崔立之書》：「若都不可得。」皆訓爲總。

這箇　那箇　這般，那般。朱子《語録》多用之。

這邊　那邊　王衍《醉妝詞》：「者邊走，那邊走，只得尋花柳。」

不成　反詰詞。朱子《語録》常用，然多用之語首，今則用之語尾。

動不動　見《元曲選》楊氏勸夫語。雄縣則云值不值，戒人輕動意。

呀　古借用啞字，又作唉呀，發語歎詞，即也字、耶字之轉。

嚄　驚歎詞，讀如火，平聲。《史記·外戚世家》：「武帝下車，泣曰：嚄，大姊何藏之深也？」《陳涉世家》「夥頤」二字，翟灝以爲均屬驚詞。

呸　相争而唾也。《説文》作音〔一〕，解云：「相與語唾而不受也。」音配。古止作啐，《説文》：「咅，語相訶拒也。」

自然　《儀禮·喪服記》：「童子惟當室緦。」傳曰：「不當室則無緦服也。」疏云：「惟當室緦，自然不當室則無緦服。而傳言之，恐若《曲禮》文之同也。」

〔一〕 音：原作「否」，據《説文解字》改。

業已　歐陽修《與梅聖俞簡》云：「業已如此，當少安之。」

方纔　朱子《苦雨》詩：「仰訴天公雨太多，纔方欲住又滂沱。」二字倒讀。

惟獨　《戰國策》：「齊城之不下者，惟獨莒、即墨。」

儻若　謝靈運《酬惠連》詩：「儻若果歸言〔一〕，共陶暮春時。」

幾乎　《水經·澮水注》：「魯定公問：一言可以喪邦，有諸？孔子以爲幾乎。」乎字絶句。王實甫《西廂記》：「幾乎險被先生饌。」

無奈何　《國策》：「秦士曰：陳軫，天下之辯士也，熟視寡人而言，寡人遂無奈何也。」《唐書·承天皇帝倓傳》作「末奈何」。

樂得　《禮·樂記》：「君子樂得其道，小人樂得其欲。」《易林》：「還於次舍，樂得自如。」

千萬　顏師古《漢書注》云：「多謝，若今人言千萬問訊。」《長慶集注》：「令狐與夢得手札云：見樂天君，爲申千萬之誠也。」歐陽公《與兒發簡》：「酒須少飲，千萬千萬。」

尋常　唐詩：「飛入尋常百姓家。」

容易　易也。東方朔《客難》：「談何容易。」容、易二字連文〔二〕。楊倞《荀子注》：「忽然，言容易也。」自唐以後言易者，即兼言容矣。

〔一〕　歸言：原誤作「言歸」，據《謝康樂集》改。

〔二〕　容易：原誤作「何容」。

豈有此理　《齊書・虞悰傳》〔一〕：「王、徐遂縛袴廢天子〔二〕，天下豈有此理耶？」

些　少也。《舊唐書・楊嗣復傳》：「臣近日未免些些不公。」《方言》：「尐，少。」讀若屑，即些之正字。今俗有些微、些許語，惟讀若靴。又些爲形容辭，讀若斜，入麻韻，如言近則曰不遠些，言小則曰不大些，言短則曰不長些。

著落　朱子《語録》：「看道理，看得分合各有著落，方是仔細。」

討便宜　寒山詩：「凡事莫過分，盡愛討便宜。」

不待見　不喜愛也。寒山拾得問對，拾得念彌勒偈云：「世人愛榮華，我卻不待見。」《元曲選・傷梅香》：「我一生不待見婦人面。」

扯談　言語無味也。拾得念彌勒偈云：「我看世上人，都是精扯談。」

儻來之物　《莊子》：「物之儻來寄也。」江總《自序》：「軒冕，儻來之物，豈是預要乎？」今俗概以言財。

零碎　《唐書・懿宗紀》：「除陌錢有折色零碎。」

屈律　不直也。《南部新書》：「黄巢令皮日休作讖，云：欲知聖人名，果頭三屈律。」一作

〔一〕悰：原誤作「惊」，據《南齊書》改。

〔二〕廢：原誤作「爲」，據《南齊書》改。

拘律。皮日休詩：「拘律樹邊齋散後。」即屈律也。

囫圇　朱子《語録》：「乾是鶻淪一箇。」即古渾淪字。

藞䃎　音拉槎。黄山谷云：「藞䃎，泥不熟也。」引申爲粗率意。《指月録》：「綿州人五祖演禪師造白雲端，端謂曰：川藞苴。」苴，即䃎字。

操剌　粗猛也。《五代史》耶律德光指劉知遠曰：「此都軍甚操剌。」

札剌　讀平聲。《晉書·楊駿傳》：「徵高士孫登，遺以布被。登截被於門，大叫曰：斫斫剌剌。」陳泰詩：「斫斫剌剌單于曲。」斫應讀如札。

邏迯　《顔氏家訓》：「時諺云：絡索阿姑餐。」今又作囉唣。

擔閣　林逋詩：「聊爲夫君一擔閣。」俗作耽閣。

含胡　《唐書》：「顔杲卿含胡而死。」《周禮·司市》注：「物行苦。行苦，物粗惡也。」

閃賺　《清波雜志》云：「脱籠，乃京師虚詐閃賺之諺語。」

蔫　《韻會》：「物不鮮也。」引申爲萎。杜牧詩：「蔫紅半落平地脱。」

擺　馬融《廣成頌》：「擺牲班禽。」

撥　治也。《公羊傳》云：「撥亂世反之正。」何注：「撥，猶治也。」今俗有撥治之語。

收拾　《光武紀》：「或在壞垣毁屋之下，而家羸弱不能收拾者。」

認真　《元史》：「王克敬，大寧人。世俗喜言勿認真，非名言，臨事不認真，豈盡忠之道乎？」

打算　《錢塘遺事》：「賈似道忌害任事閫臣，行打算法以汙之。」

打疊　《言鯖》打疊作打揲。趙槩《聞見録》云：「須當打揲，先往排辦。」

料理　料，平聲。唐杜甫詩：「未須料理白頭人。」韓愈詩：「爲逢桃李相料理。」黄庭堅詩：「平生習氣難料理。」《晉書·王徽之傳》：「桓沖謂曰：卿在府日久，比當相料理。」

使唤　使令也。許彦周《詩話》云：「『兩驂如手』，此驵語所謂熟使唤也。」

般　俗作搬。《夢華録》：「諸軍打糧不許雇般擔。」

填還　宋吴處厚《青箱雜記》云：「雷有終有將略，自平蜀後，人爲立祠。又嘗以私財犒士，貧不能足，貸錢以給。比捐館時，猶逋三萬緡，真宗特出内帑償之。故魏野哭有終詩曰：『新祠人祭祀，舊債帝填還。』」按今亦有此語，特指贈與，或牛馬出力皆曰填還。

整頓　《後漢·劉寵傳》：「整頓洒埽，以待劉公。」

公道　公平《文子·上義》篇：「人欲釋而公道行。」《管子·形勢解》：「天公平，故美惡莫不覆；地公平，故大小莫不載。」

矹硉　音兀六。吕坤《四禮翼》：「硯不穩，而磨之有聲。」

發作　《吴志·孫皓傳》：「權讓之曰：聞卿與甘興霸因飲酒發作。」

剌跋　一作跋剌，又作潑剌，驚起也。又魚躍鳥飛聲。

亭當　《説文》：「亭，民所安定也。」故事之安定者曰亭當。

無常　《唯識開蒙》云：「今有後無，謂之無常，死之異名。」按俗云「一旦無常萬事休」，即謂死也。

穿鼻　邵康節云：「馬牛爲人穿着鼻孔，要行則行，要止則止，不知世上一切差遣得我者，皆是穿我鼻孔者也。」

黑心　《説林》：「人懷不良之心，俗稱黑心，當被雷擊。蠶花豆開，聞雷則不實，以花心黑也。」

要　始見《篇海》。元曲有要孩兒。

雌黄　《容齋隨筆》：「雌黄與雄黄同類。古用黄紙，字誤則塗以雌黄改易之，故俗謂改人爲信口雌黄。」

紅黑　《詞源》：「紅黑不指顔色。聲勢烜赫者爲紅，否爲黑。」

战敠　讀如顛奪。《韻會》：「手知輕重也。」《莊子·知北游》：「大馬之捶鈎者。」郭象云：「捶，丁果反。謂玷捶鈎之輕重。」是古字作玷捶。

摸稜　《唐書》：「蘇味道爲相，嘗曰：決事不欲明白，誤則有悔，摸稜持兩端可也。」

擔待　楊椒山遺囑：「若有些衝撞，擔待他罷。」

斟酌　《周語》：「耆艾修之，而後王斟酌焉。」注：「斟，取；酌，行也。」

落下　俗作擱，音略。《紅樓夢》因之《舊五代史》：「同光元年，應隨駕及帶兼官者，並望落下，只守本官。從之。」按此落字即俗擱字。落下，放下也。

荒唐　《莊子·天下》篇「荒唐之言」，釋文：「荒唐，謂廣大無域畔。」《詩·桑柔》「具贅卒荒」，注：「荒，虚也。」《説文》：「唐，大也。」

句　《北史》：元法僧在任貪殘，獠句引梁兵圍逼晉壽。句，音鈎。

看看　漸漸之義。《傳燈録》：「夾山將示滅，曰：石頭一枝，看看即滅矣。」

往往　約舉前事曰往往。

靠　唐曹松詩：「靠月坐看山。」宋代用者漸多。又俗稱妥實曰可靠。

趔趄　《傳燈録》二十三：「守山宗曰：賣鞋老婆脚趔趄。」按俗以行快者曰溜速，速讀若叟。

寬窄　富與貧也。《五種遺規·教女篇》：「隨他寬窄，不要怒傷。」

倸　渠凶切，齊人謂詈曰倸，字出《方言》，今音轉爲捲。自捲字流行，倸音湮矣。

情面　《烈皇小識》：「上問閣臣：『近來諸臣奏内多有情面二字，何謂情面？』周道登對曰：『情面者，面情之謂也。』」

熱鬧　《清異録》：武宗詔王才人曰：「我非不能取熱鬧快活。」白居易詩：「熱鬧漸知隨意盡。」語起于唐。

不入行　唐李德裕不中進士，故不喜科目，曰：「好騾馬，不入行。」

灌米湯　世俗以相娱悦之言爲灌米湯，而歡場尤甚。李冰叔詩云：「英雄末路孥稀飯，混沌初開灌米湯。」曾文正公下金陵，得頌賀詩文彙成帙，題曰「米湯大全」。

高帽　世俗謂媚人爲頂高帽子。

輸贏　《説文》：「輸，委輸。」段注：「以車遷賄曰委輸。引申之，凡傾寫皆曰輸。輸於彼，則彼贏而此不足，故勝負曰輸贏。」

安伏　《元曲選·合汗衫》：「恰才我説了他幾句，那廝有些怪我。我着幾句言語安伏他。」

罷休　《史記·孫武傳》：「吴王詔武曰：將軍罷休。」

把滑　語起明代後。《紫桃軒雜綴》：「李日新詩：三尺雛孫堪把滑，常常閒卻一枝藤。」

剔騰　《元曲選·合汗衫》：「他剔騰了我些好家緣。」一作踢騰。《元曲選·争報恩》：「直這般踢騰了些舊窩巢。」

指望　《元曲選·謝天香》有「休指望」語。

文傷傷　《元曲選·謝天香》：「則今番文傷傷的施才藝。」

篤速速　《元曲選·合汗衫》：「篤速速的掉了。」今作抖擻。

刓劃　《元曲選·争報恩》有「刓劃」語。刓，音擺。劃，胡乖切。

兀兀禿禿　《元曲選・生金閣》：「店小二云：可釃些不冷不熱、兀兀禿禿的酒與他喫。」按兀禿，即温暾之轉音。

揉眵抹淚　《元曲選・瀟湘雨》。

説謊調皮　《元曲選・度柳翠》：「這和尚説謊調皮。」

口磣　《元曲選・兒女團圓》：「虧你不害口磣，説出這等話來。」〔一〕磣，初錦切。俗以可恥爲可磣。又《岳陽樓》曲：「正末吐，郭云：可磣殺我也。」可磣，嫌汙穢之詞。

佯風詐冒　《元曲選・生金閣》：「店小二云：吃兩鐘酒佯風詐冒。」

憋拗　《元曲選・生金閣》：「龐衙内云：我這夫人有些憋拗。」按俗讀別扭，猶言執拗。執拗拗字俗讀如扭。

鬼話　《通俗編》：「今以虚誑之詞爲鬼話。當屬詭話之訛。」

鬧事　《國史補》有此字，俗以妄起風波爲鬧事。

訕　《孟子》：「訕其良人。」按俗謂譏笑人爲訕，讀如雙岸切。

惡貫滿盈　《左傳》宣公六年：「使疾其民，以盈其貫，將可殪也。」杜注：「驕則數戰，爲民所疾。貫，猶習也。」林注：「民疾其君，習俗既滿，則衆莫爲用，一舉擊之，將可盡殪。」

〔一〕話：原誤作「説」，據《元曲選》改。

迤邐　朱子滄州精舍諭：「學者，就此積累工夫，迤邐向上去，大有事在。」按迤邐二字俗語多疊用之，漸漸之意也。

狼巵　狼之喻最多，言悾梁則曰狼巵〔一〕。

饒《説文》：「飽也。」段注：「甚飽之詞。引申之爲凡甚之稱。漢謡：今年尚可後年饒。謂後年更甚也。近人索饒、討饒之語，皆已甚而求不已也。」

捎帶《説文》：「關西謂凡取物之上者爲撟捎。」注：「取物之上者，謂取物之顛也。今俗語云捎帶是也。」

不蔵《左傳》「不蔵」謂不成。今訛爲濟或及。如曰不濟事，或才力不及是也。

吆喝　邵伯温《聞見後録》：「歐陽公曰：蠅可憎矣，尤不堪蚊子自遠方嘤喝來咬人也。」《金史·儀衛志》：「一品邀喝四人，二品邀喝二人。」是吆又作嘤、邀。

殕《集韻》：「物敗生白膜也。」俗引申爲引蓋之稱，音膴，即覆也。又覆有膴音，俗人不識，妄撰捂字代之。

焐　烏去聲，暖也。《元曲選·燕青博魚》有「焐腳」語。

唸　俗作惦，惦念也。《元曲選·合汗衫》：「唸題道有十餘徧。」按俗又有「惦記」語。

〔一〕悾梁：疑爲「陸梁」之誤。宋王楙《野客叢書·以物性喻人》：「惟狼之喻尤多，言其陸梁則曰狼巵。」

布施　俗以施僧爲布施，見《金剛經》。不知佛經乃借中國字也。《莊子·外物》篇：「生不布施，死何含珠爲？」又《荀子》《韓非》《文子》《淮南》皆有此字。

館金謂之束修。　見《論語》。

開市謂之開張。　《易林》：「開市作喜，建造利事。」〔一〕商賈初次開門交易，俗稱開張，古稱開市。

腳費　元脱脱丞相重賄，人弔以詩曰：「可惜太師無腳費，不能搬運到黄泉。」

鬼推磨，人頂缸。　《説林》：明宏治時，南京龍霓代金御史澤子逵入試中式，人嘲之云：「有錢使得鬼推磨，無學卻將人頂缸。」

花費　《大清律·損壞倉庫物財條》：「花費，用財也。」

抽豐　言彼處豐富抽取之耳。見《野獲編》。《七修類稿》：「俗謂之打秋風，又謂之打網，言網取人財也。米元章帖作打抽豐。」

盤纏　見《元典章》。方回詩：「三日盤纏無一錢。」元以前不聞此，或即腰纏之遺意。

日費謂之澆裹〔二〕。　晉州人謂之纏澆。

〔一〕事：原誤作「市」，據《易林》改。

〔二〕裹：原誤作「裏」。

博資謂之注。　此語蓋本《莊子》「以瓦注者巧，以鈎注者憚」〔一〕。《淮南·説林訓》作鉒，注云：「提馬也。」博家謂之投翩，今壓寶者謂之下注。　有曰「孤丁」者，即孤注也。

借財於人謂之賒。　《周禮·泉府》：「凡賒者祭祀無過旬日。」《後漢書·劉盆子傳》〔二〕：「少年來沽者，輒賒與之。」賒，遠之不即取償也。今賣物不用現錢謂之賒欠。

折閲謂之賠。　《升庵外集》：「高歡立法，盜私物十備五，盜官物十備三。　備，音裴。　後作賠字。」

不可謂之叵。　《説文》：「叵，不可也。」保定凡禁人勿爲此事皆曰叵，即不可二字之合聲也。他縣有讀如罷者，古歌麻通韻，平仄不分也。

𡖖𡖖　《廣韻》訓新睡起。　又殑𣩘，困病貌。

隨和　《漢書·梅福傳》：「求黨與，索隨和。」李奇曰：「求索與己和及隨己者。」〔三〕

難爲　《禮·表記》：「君子以義度人，則難爲人。」

得罪　《韓詩外傳》〔四〕：「麥邱叟謂齊桓公：『無使吾君得罪於羣臣百姓。』」

〔一〕 注：原脱，據《莊子》補。
〔二〕 後：原脱。
〔三〕 己和：原誤作「和己」，據《漢書注》改。
〔四〕 外傳：原脱。

拼命　古作并命。

情願　顔延之《廷誥》：「施其情願，庀其衣食。」

心機　《後漢書·宦者傳》：「鄭衆爲人謹敏，有心幾。」

三本書　俗有「三本書先生」語，以誚爲人師之無學者。尤西堂云：「京師士大夫案頭有三本書，一紅面搢紳，一黄面歷也，一黑面報也。」

多心　《吕氏·審應覽》：「周公口唶不言，以精相告，紂雖多心，弗能知矣。」

留心　《文子》：「聖人常從事於無形之外，而不留心於已成之内。」

留神　《後漢·郎顗傳》：「丁寧再三，留神於此。」

得意　《詩箋》：「錫我百朋，得禄多，言得意也。」《荀子·儒效篇》：「揚揚如也。」注：「揚揚，得意。」

挂意　《唐書·同昌公主傳》：「公主薨，上日夕惴心挂意。」

争閒氣　《東坡志林》：「桃符與艾人争詈不已，門神解之曰：『吾輩方傍人門户，何暇争閒氣耶？』」

忐忑　《五音集韻》音毯忒。

不耐煩　《宋書·庾登之傳》：「弟炳之爲人，强急而不耐煩。」

放肆　陳琳《檄》：「猶𣪊卵，始生翰毛〔一〕，而便陸梁放肆。」

容情　《宋史·選舉志》：「考官容情任意，許臺諫風聞彈奏。」

自由　《後漢書·五行志》：「劉盆子爲天子，然視之如小兒，百事自由。」

習氣　東坡詩：「習氣除未盡。」

皂白　《毛詩·桑柔》箋：「非不能分别皂白，言之於王也。」《三國志·鍾繇傳》：「弟於人何太無皂白耶！」

軟弱　《史記·春申君傳》：「李園，軟弱人也。」

不敢攀　《古碧玉歌》：「碧玉小家女，不敢攀貴德。」

欺負　李翊《俗呼小録》：「見陵於人爲欺負。」

泥　杜詩：「忽忽窮愁泥殺人。」俗作膩。元稹詩：「泥他沽酒拔金釵。」

搪塞　唐彦謙詩：「阿母出搪塞。」

逮　《王莽傳》：「逮治黨與。」今法律書稱逮捕。

頑皮　皮日休賦龜詩嘲歸氏子：「頑皮死後鑽須徧。」

打扮　《中原雅音》：「俗以妝飾爲打扮，或曰妝扮。」

〔一〕翰毛：原脱，據陳琳《檄吴將校部曲文》補。

話頭　《鶴林玉露》：「陳了翁每食已，必舉一話頭令家人答。」

數落　《左傳》昭二年：「子産使吏數之曰：『爾有死罪三。』」

央亡　《廣雅》作軮罔。《証俗文》：「小兒無其事而相詐者，爲央亡。」

詏　《説文》：「誧，大言也。」又謂之詏，詏、誧雙聲。　又作奅，匹貌切。

空口説　《舊唐書·憲宗紀》：「上謂裴度曰：『卿等既言之，當行之，勿空説。』」

不做聲　朱子《語録》：「鄉原是不做聲、不做氣、陰沈作罪過的人。」

話欛　《鶴林玉露》：「安子文自贊曰：『今日到湖南，又成閒話靶。』」靶同欛。　欛，柄之轉。

招呼　《倉頡篇》：「挑，招呼也。」《書》「籲俊」，疏：「招呼賢俊之人，與之共立於朝。」

訬鬧　《夷堅志·吴升九》條云：「我留汝必遭訬鬧。」俗作吵、作炒。

譽怨　焦竑《字學》：「俗以恨人陷害曰譽怨。」

調戲　《左》襄六年：「少相狎，長相優。」注：「優，調戲也。」《後漢·馮衍傳》：「房中調戲，散布海外。」

跐　履也。左思《吴都賦》：「將抗足而跐之。」

踹　蹴也。

瞎字也不識。　宋馬永卿《嬾真子》云：「臧武仲名紇，孔子之父叔梁紇，皆音恨發反，而世人多呼爲核。有一小説，唐蕭穎士輕薄，有同人誤呼武仲名，因曰：『汝紇字也不識。』或爲『瞎字也不識』，誤矣。」按今人譏不識字者曰「一个瞎字也不識」，即目不識丁之意。

當一日和尚撞一日鐘。《逸老堂詩話》引陳聲伯《渚山詩話》云：「近世士大夫遇事退恕，則曰：『過背之後，不知和尚在鉢盂在。』其担任者則曰：『當一日和尚撞一日鐘。』」

致名　名刺也〔一〕。俗呼名片。趙德麟《侯鯖録・刊誤》云：「古無文刺，唯書竹簡以代結繩。魏禰衡致名於紙，是紙上題名，投刺公侯。自後相承，刺謁者見通名紙爲公狀也。至今士子之家存焉。」

賽願　祈神還願也。《搜采異聞録》：「予頃使金國，時辟景孫弟輔行，弟婦在家，許齋醮。及還家賽願，弟作青詞。」

許願　《五國故事》：「延鈞僭號改元，即位日恍惚不能自知，乃心許飯僧三萬，繕經三百藏。後於諸寺賽祈許願，文疏中明述其事。」

款　史容《山谷詩注》：「《匡謬正俗》云：『今官曹文案，於紙縫上記之，曰款縫。何也？曰：此語出魏晉律令，《字林》本作欵。欵，刻也。古者簿領皆用簡牘，其編連之處，于縫上刻記之，呼爲欵縫。今紙縫上書名，猶取舊語，呼爲款。』」按此即今之落款。

〔一〕刺：原誤作「剌」，下同。

赿　《説文》：「赿，走意。」注：「今京師人謂日昳爲晌午赿。」

鈔襲　《説文》：「鈔，叉取也。」段注：「手指突入其間而取之，謂之鈔。《曲禮》勦即鈔之假借。今人謂竊取文字曰鈔，俗作抄。」

搒　《廣韻》：「笞打也。」

歹鬬　猶慘毒也。《元曲選·殺狗勸夫》：「這好歹鬬的書生。」鬬，一作毒。

𩮀　《説文》：「𩭤也。」〔一〕「𩭤，忽見也。」段注〔二〕：「今俗謂卒然相遇曰撞。」

相　《説文》：「省視也。」段注：「目接物曰相〔三〕。故凡彼此交接皆曰相。古無平去之別。」按今男女結婚之前，各先相其面貌謂之相，意即《詩》稱「相攸」之相，但俱讀平聲。

享福　《後漢書》：「是故高宗以享福。」今謂富貴壽考者曰享福，本此。

賦閒　晉潘岳有《閒居賦》，後人因以失職家居者爲賦閒。

起草　《省盧讀書筆記》：「今人作文輒曰起草，二字本於《周禮》『宰夫之職』，鄭注曰：『贊治，若今起文書草也。』」

壯　《夢溪筆談》：「醫用艾一灼謂之一壯者，以壯人爲法。其言若干壯，壯人當依此數，

〔一〕也：原誤作「忽」，據《説文解字》改。

〔二〕「段注」二字原在「𩭤忽見也」之上，據《説文解字注》改。

〔三〕接物：原誤作「相接」，據《説文解字注》改。

老幼羸弱量力減之。」

念　《韻鶴軒筆談》謂昔吴主女諱二十，故至今吴人猶以二十爲念。按今世俗猶如此也。

打啞謎　屠隆《清言》：「針水不投，亦徒猜乎啞謎。」按俗有「打啞謎」之語。《齊東野語》：「古之所謂廋詞[一]，即今之隱語，而俗所謂謎也。鮑照集有井字謎。」

腳錢　《朝野僉載》有「御史禄米，不出腳錢」之語。《新唐書》記李畬母事，改腳錢曰車庸，宋人又稱腳費。

齣　《詞源》：「傳奇中一回爲一齣，讀如尺。」青藤山人《路史》：「高則誠《琵琶記》有第一齣、第二齣，考諸韻書，並無此字，必齝之誤也。牛食吞而復吐曰齝，以優人入而復出也。」按齝音癡，與尺近，或轉爲出。

點戲　梁同書《直語補証》引《教坊記》云：「凡欲出戲，所司先進曲名，上以墨點者即舞，不點者即否，謂之進點。」今概稱之。

點丢　《聞見俗録》：「畫家之筆法，隨筆點染，以成花葉，若甚不注意者，謂之點丢。」按丢讀如篤，今讀如都，或轉爲低憂切。俗以遺失爲丢。又《篇海》載丟字，丁羞切，引揚子《方言》一去不還也。俗作丟，非。

[一] 廋：原誤作「庾」。

鼓子詞　宋趙德麟述《會真記》事，凡《蝶戀花》詞十闋，又別作二曲爲起結。見《侯鯖録》，自記云：「撰成鼓子詞十章。」近世有鼓兒詞，殆襲斯名。

官銜　《隨園隨筆》：「《家語・禮運》篇『官有銜，職有序』注：『銜，治也。』錢希白《南部新書》：『官銜者，取其相銜不斷之義。』」

家譜　《嬾真子》：「古人重譜系，雖世冑緜遠，可以考究。後世累經亂離，譜籍散亡然。」又：「士大夫因循滅裂，不如古人，所以家譜不傳於世，惜哉！」

要姦　楊氏《正韻箋》：「律有要姦之條。要，音鷄。將男作女也。今以男淫爲鷄姦，誤矣。」

上番　番，甫患切。上番，俗云第一番也。今轉爲乏之下平，如俗云「棗樹發芽，扈伯拉來一番」。《集説》趙云：「上番，乃川語。」《杜臆》：「種竹家，初番出者壯大，養以成竹。後出漸小，則取食之。」宋曾幾《食筍》詩：「丁寧下番須留取，障日遮風卻要渠。」又讀盆去聲，如俗語「話説一陣，花開一番」。

保辜　《説文》：「嫴，保任也。」師古《漢書注》：「保辜者，各隨其輕重，令毆者以日數保之，限内致死，則坐重辜也。」按保辜，唐律、今律皆有之。辜者，嫴之省，與保同義。

什麽　俗以不知而詢問者謂之什麽。此語由來已久，唐時即有，《摭言》曰：「韓愈、皇甫湜一代龍門，牛僧孺攜所業謁之。其首篇説樂，韓始見題，即掩卷問曰：『且以拍板爲什麽？』」

僧孺曰：『樂句。』二公大稱賞。」又《傳燈録》云：「在此作什麽？」

人倫

公子哥　近人以浮浪子弟爲公子哥。按哥即家之轉。唐李山甫有《公子家詩》。又稱囊家，李肇《國史補》：「囊家十一而取，謂之乞頭。」蓋即今之聚賭抽頭也〔一〕。《塵史》〔二〕：「世之糾率蒱博者，謂之公子家，又謂之囊家。」

絶户　《唐律疏議》：「户内並無男夫，直以女人爲户，其終則爲絶户。」按此則唐時婦女持門户者，謂之女户頭，猶存其户也。今則夫亡無子之户，俗謂之絶户。

老娘　《輟耕録》：「世謂穩婆爲老娘。」今保定有呼姥姥者，音如老。

説書　《隨園隨筆》：「今之説演義小説者，稱説書，賤人所爲，如左寧門南下柳敬亭是也。若宋金元崇政殿説書之官，則似經筵講官之類，非世俗之説書者矣。」按近世多以説書、唱戲並稱，殆亦優伶之流歟？

花旦　《隨園隨筆》：「今稱女伶女妝者爲花旦，誤也。黄雪槎《青樓記》曰：『凡妓以墨點面者號花旦。』是妓女名，非伶人也。《鹽鐵論》有『胡蟲奇妲』之語，方密之以『奇妲』爲小旦。」余按《漢·郊禮志》樂人有僞飾女樂者，此乃今之小旦、花旦也。《莊岳委談》云：「雜劇旦有數

〔一〕即：原誤作「印」。

〔二〕塵：原誤作「塵」。

色，以墨點面者謂之花旦。」是女妝亦可稱花旦。

結髮　劉岳《書儀》：「成婚之夕，男左女右合其髮，曰結髮。」蓋取「髧彼兩髦」之義。古詩「結髮爲夫妻」亦此意。

同窗　《丹鉛總録》：「寮，小窗也。古人稱同官爲寮，指其齋署同窗爲義。今士子同業曰同窗。」按亦稱同學。

漢人　《嬾真子》：「今之夷狄謂中國爲漢者，蓋有説也。《西域傳》載武帝《輪臺詔》曰：『匈奴縛馬前後足，言「秦人，我丐若馬」。』注：『以中國人爲秦人，習故言也。』故今夷狄謂中國爲漢，亦由是也。」按秦漢以後，至唐與四夷交涉最多，故日韓多謂中國爲唐人。今則中國人亦自謂漢族矣。

尋媳婦　古謂尋爲索。明崑山俞弁《逸老堂詩話》：「索新婦，吴人俗諺也。按《三國志》孫權欲爲子索關羽女，袁術欲爲子索吕布女。今人呼索爲煞，音似而訛。」按北人娶婦多曰尋。尋、索一也。《元曲選·鴛鴦被》：「尋一個風風流流、俊俊俏俏的姐夫。」又：「只要尋的人兒停當。」

紅綵纏酒壺。　山谷詩：「誠堪壻阿巽，買紅纏酒缸。」任淵注：「今人定婚者，多以紅綵纏酒壺云。」按，此俗自宋時已然矣。

成親　唐岑參有《送陝縣王主簿赴襄陽成親》詩。

添孩子　《元曲選·兒女團圓》：「姐姐你添了個什麽？」

訛頭　《日知録》：「京師游手有謂之拿訛頭者。」注：「偵知一人作奸，則尾隨其後，陷人於罪，從而嚇詐之也。」按，俗以拿訛頭爲訛人。

乃　《高帝紀》：「上曰：此後非乃所知也。」補注：「沈欽韓曰：『《雜記》：祝稱卜葬虞，夫曰乃。乃本夫對妻之詞。』王先謙曰：乃者，暱近之詞，音轉爲你。」

姬　《孝文帝紀》：「母曰薄姬。」如淳曰：「姬言怡，衆妾之總稱。」補注：「錢大昭曰：六朝人稱妾母爲姨。即此意，但不知姬有怡音，因變文爲姨，此俗間之謬耳。《釋親》妻之姊妹同出爲姨，豈可以稱衆妾。」案，鄉俗妻妾亦以姐妹相稱，非若舊日官僚嫡庶名分之嚴也。

熟人　《北夢瑣言》：「葆光子常見范陽熟人説『李匡儔妻張氏，國色也』。」

酒保　《鶡冠子》曰：「伊尹酒保，立爲世師。」酒保之名始見於此。

西席　《説林》：「今人稱先生設帳爲西席，謂席設於西而東向也。古以東向爲尊。」

幺子　《説文》：「幺，小也。象子初生之形。」段注：「子初生，甚小也。俗謂一爲幺，亦謂晚生子爲幺。於堯切。」按俗謂晚生子爲老兒，老者，幺之轉也。幺，影母，老，來母也。又《爾雅·釋獸》「幺幼」注：「豕最後生俗呼爲幺豚。」亦同此意。

慶八十　宋曾季貍《艇齋詩話》：「王思温，明州人，年八十，其鄉人作慶八十致語，一聯云：『九老未應高白傅，四明豈止數黄公。』對甚的切。」按，今俗作壽亦有此語。

里長　《棗强縣志》：「明制一百一十户爲一里，每里爲社，推丁糧多者一户爲長，餘爲十甲。歲役，里甲長各一人以供差徭。」

擔榜　宋趙朝升《朝野類要》：「第五甲末名爲擔榜狀元。」按，俗以列名榜末爲扛榜或背榜，本此。

行李　《嬾真子》：「古之李字，從山下人、人下子作孛。乃轉作李也。一介行李，謂一介行使。今人以行李爲隨行之物，失之遠矣。」

老子　《老學庵筆記》：「南鄭俚語俗謂父曰老子，雖十七八，有子亦稱老子，乃悟西人稱大范老子，乃尊之以父也。」宋以前爲老人通稱。

令兄　令弟　《詩》：「此令兄弟。」《欒城遺言》：「劉貢父謂子由曰：君作强於令兄。」謝靈運《酬惠連》詩：「末路值令弟。」此稱己弟也。《北史·王晞傳》：「邢子良與晞兩兄書曰：賢弟彌郎，意識深遠。」〔一〕此稱人之弟也。今稱人弟曰令弟，自稱弟曰賢弟，與古語正反。

内人　《周禮》内人，即天子八十一御妻。《天録識餘》：「唐女伎入宜春院，謂之内人。」今以稱妻。《禮·檀弓》：「敬姜言文伯死，内人皆行哭失聲。」鄭注：「内人，妻妾也。」

小　《詩》：「愠於羣小。」注：「小，衆妾也。」《漢書·元后傳》：「小婦弟張美人。」師古曰：「小婦，妾也。」

〔一〕深：原作「彌」，據《北史》改。

小子　《晉·王藴傳》：「王道子醉，叫爽爲小子。爽曰：『亡祖長史與簡文帝爲布衣交，亡姑、亡姊伉儷二宫，何小子之有？』」

義服　《容齋隨筆》：「自外而入非正者曰義。義父、義兒、義服、義兄弟之類是也。」

義父　《洛陽伽藍記》：「汝南王聞隱士趙勉而異之，拜爲義父。」

姑夫　《新五代史·唐家人傳》：「石敬塘兵犯京師，王淑妃謂太后曰：『事急矣，宜少回避，以俟姑夫。』」

妹夫　《漢書·王子侯表》隆元后坐知女妹夫亡命，匿罪，免。《晉書》賈太后詐妹夫韓壽子養之。

鄉親　《晉書·皇甫謐傳》：「其鄉親勸令應命。」《宋書·翟法賜傳》：「雖鄉親中表，莫得見之。」

干兒　黄協塤《鋤經零墨》：「今人謂螟蛉子曰乾兒，亦可作干兒。《水經注》：『夫人以兩手將五百道乳向干兒。』」

乾娘　《史記》注云：「但祭不立户曰乾封。」乾有權假之義。《北齊書》陸令萱鞠養後主，謂之乾阿嬭。《東坡尺牘》有「葬卻老嬭」語，注：「子由乾嬭也。」古以乳母爲乾嬭，今同。

餪飯　《俟鯖録》：「世之嫁女，三日送食，俗謂之暖女。」《廣韻》中正有此説，使餪字。按，俗讀元。

學生　《後漢·靈帝紀》：「始置鴻都門學生。」

秀才　《管子·小匡》篇：「其秀才之能爲士者，則足賴也。」《日知録》：「唐代舉秀才者止十餘人，其次明經，其次進士。《國史補》通稱謂之秀才。」

白丁　劉禹錫《陋室銘》：「往來無白丁。」《魏書·食貨志》作白民，《唐書·選舉志》作白身。

脚色　《北史·杜銓傳》楊素薦杜元正之才，奏屬吏部。選期已過，注色令還〔一〕。《朝野類要》：「初入仕必具鄉貫三代名銜，謂之脚色。」《朱子文集》《元典章》皆有是語。

行家　盧仝詩：「莫教宫錦行家見，把此文章笑殺他。」

孝子　《禮·雜記》祭稱孝子、孝孫，喪稱哀子、哀孫，晉宋以來以居喪爲孝子。《宋書》廢帝欲酖王皇后，左右止之曰：「若行此，官家便作孝子。」梁邵陵王綸道逢喪車，奪孝子衣而著之。

風子　《蔡寬夫詩話》：「楊凝式落迫，不事檢束，自號楊風子。」

門子　此語始唐以來。《李德裕傳》：「吐蕃濳將婦人嫁與此州門子。」《周禮》《韓非》門子字與此異。

仵作　宋《折獄龜鑑》：「有妻爲人殺而失其首者，誣認殺妻，府從事疑之，乃追封内仵作

〔一〕還：原誤作「選」，據《北史》改。

行人，令供近日與人安厝去處。」

頭　《百丈禪門規式》：「主飯者曰飯頭，主菜者曰菜頭。他皆仿此。」按，俗呼園頭、場頭，皆以主其事者爲言，不獨僧家也。

貞婦　漢宣帝神壽四年賜貞婦順女帛，周壽昌曰：「孝宣有此詔，而後世婦女節孝之旌準諸此矣。」按，《史記·貨殖傳》：「秦王爲築女懷清臺。」當爲旌表節孝之先聲。

幹事　《北史·李訢傳》：「此人舉動異衆，必爲朕家幹事臣。」

當家　《史記·始皇紀》：「百姓當家則力農工。」

上學　放學　陸游詩：「貪看忘卻還家飯，恰似兒童放學時。」又：「更挾殘書讀，渾如上學時。」

倍書　《周禮·大司樂》注：「倍文曰諷。」疏云：「謂不開讀之。」又生書，字見唐姚合、杜荀鶴詩。

化緣　《夷堅志·普光寺》條：「既作僧，爲街坊化緣。」

打官司　元人《抱粧盒》曲有此三字。

出家　還俗　《廬山蓮社録》：「謝靈運謂生法師曰：『不知我在家、出家。』」《宋書·徐湛之傳》：「沙門惠休，世祖命使還俗。」

有喜　《番禺志》：「廣州謂婦人娠者曰有歡喜。」保定只稱有喜。

坐草　《淮南子·本經訓》注：「孕婦，將就草之婦也。」《七修類稿》：「諺謂臨産曰坐草。」

捉迷藏　《瑯嬛記》：「玄宗與太真以錦帕裹目在方丈間互相捉戲，謂之捉迷藏。」

手下　《三國志·甘寧傳》：「權賜米酒衆殽，寧乃料賜手下百餘人食。」《太史慈傳》注：「先君手下兵數千。」

叫街　《元曲選·合汗衫》：「我叫了這一日街。」

討飯　俗以乞丐爲討飯。黄庭堅頗以討飯養千百閒漢爲笑。

念書　世以讀書爲念書。《漢書·張禹傳》：「禹説《論語》最後出而尊貴，諸儒爲之語曰：欲爲《論》，念張文。」

發送　《元曲選·盆兒鬼》：「你倒也落的一個好發送。」

形體

眉頭　《南史·王玄謨傳》：「時人言彦德眉頭不伸。」

眼珠子　《文選注》引《韓詩疏》：「無珠子曰矇，珠子具而無見曰瞍。」

眼眵　韓愈《短檠歌》：「兩目眵昏頭雪白。」

耳朵　《説文》：「耽，耳大垂也。」音轉爲朵。

耳頣　《説文》訓頰，後俗呼耳頣臺，讀如根。

跟　《釋名》：「足後曰跟。」

鎮　低頭也。渠錦切。

妣　《説文》：「臍，妣𪗉也。」囟部：「妣𪗉，人臍也。」按，俗謂臍爲肚皮西，即妣𪗉也。

瞘　深目也。俗呼窩瞘眼。

笑面虎　龐元英《談藪》：「王公衮居常若嬉笑，人謂之笑面虎。」

擡頭　《開元遺事》：「華陰主簿張彖爲令所抑，歎曰：立身矮屋之下，令人擡頭不起。」《朱子文集》亦有此語。今俗語云：「既在矮簷下，誰敢不低頭。」

踼　《吴都賦》：「魂褫氣懾，而自踼跦。」〔一〕俗作躺。

作面子　《舊唐書·張濬傳》：「楊復恭奉卮酒屬濬，濬辭，復恭曰：『相公獨不領復恭意作面子乎？』」

眼力　劉禹錫：「減書存眼力。」

眼中刺　白居易詩：「新人迎來舊人棄，掌上蓮花眼中刺。」

嘴尖　《揮麈餘話》：「詹大和坐累下大理，李傳正操俚語詬之曰：『子嘴尖如此，誠奸人也。』」

骬　焦竑《俗書刊誤》：「骨骾在喉曰骬。」俗作卡。

〔一〕跦：原誤作「伏」，據《吴都賦》改。

手印　《周禮・司市》注：「質劑，若下手書。」疏云：「漢時下手書，即今畫指券。」《涪翁雜説》引此云：「豈今細民棄妻子手摹者乎？」元人雜劇所謂離婚手印。俗云剁給手。

掊　《説文》：「掊，杷也。」注：「杷，收麥器。引申凡用手之稱。《史》《漢》言『掊視得鼎』，師古曰：『掊，手杷土也。』今俗用之刨也。《後漢・百官志》『鹽官』注：『鹽官掊坑而得鹽。』」

撦　《博雅》：「撦，開也。」俗作扯。

掐　音恰。《説文》：「爪刺也。」《玉篇》：「爪按曰掐。」《晉書・郭舒傳》：「掐鼻灸眉頭。」

掀　《左傳》：「掀公出於淖。」

搯　音叨。《説文》：「搯也。」注：「搯義與抉略同，今人俗語亦曰搯出。」按，俗又作掏。

叉　《説文》：「手指相錯也。」注：「凡布指錯物間而取之曰叉。因之，凡歧頭皆曰叉，是以首笄曰叉〔一〕，今作釵。」

寒心　《逸周書・史記解》：「刑始於親，遠者寒心。」

壯胆　《唐書》汝陽王璡醉不能下殿，上遣人掖之出。璡曰：「臣以三斗壯胆，不覺至此。」

小便　《左傳》定公三年：「夷射姑旋焉。」注：「旋，小便也。」《説文》：「尿，人小便也。」

屎　《莊子・知北遊》：「道在屎溺。」

〔一〕 曰：原脱，據《説文解字注》補。

搩　《佛學小詞典》：「以手度物曰搩。人一搩周一尺，今八寸也。佛搩倍之。」按，《集韻》搩，陟格切，音磔。今讀如扎。

耳背　今人以耳聾爲耳背。《傳燈録》：「福谿和尚。僧問：『師音如何？』師云：『山僧耳背。』」

驚乳　《齊書》宣帝陳皇后生高帝，高帝年二歲，乳人乏乳，后夢人以兩甌麻粥與之，覺而驚乳，因此豐足。

齊心　《後漢書》：「齊心合衆，邯鄲不足平也。」

黶　《史記·高帝紀》：「左股有七十二黑子。」注：「今中國通呼爲黶子。」按，黶，音掩。黶子，皮膚上黑色小點也，俗呼烏子。讀如物。

噎嗔　《嬾真子》：「俗説以人噎嗔爲人説，此蓋古語也。《終風》之詩『寤言不寐，願言則嚏』，箋云：『言，我；願，思也。嚏讀當爲不敢嚏咳之嚏〔一〕。我其憂悼而不能寐〔二〕，女思我心如是〔三〕，我則嚏也。今俗人嚏，云人道我，此乃古之遺語也。』」《説林》：「俗凡小兒噴嚏，呼千歲及大吉。」考《燕北録》：「戎主太后噴嚏，近侍臣僚齊聲呼治夔離，猶漢呼萬歲也。」俗蓋本

〔一〕嚏讀當爲不敢嚏咳之嚏：原誤作「嚏當爲不嚏咳」，據《嬾真子》改。
〔二〕其：原誤作「真」，據《嬾真子》改。
〔三〕女：原誤作「如」，據《嬾真子》改。

此。按二者俗語今皆有之，唯一作噓噴，一作噴噓，方言不同耳。

記　《説林》：「今小兒乳哺時，值母有孕，輒眉心青黑，泄瀉羸瘦，俗謂之記。」案《爾雅翼》言伯勞能療繼病，繼病者，母有娠而乳子，使子得疾如痁。《淮南鴻烈解》曰：男子植蘭美而不芳，繼子得食肥而不澤，蓋情在腹中之子。故於所乳之子，情不相與往來，所以病而不澤，此即繼病云云。案，時醫呼此病謂積氣，有食積、乳積之名，不復知有記與繼也。

琵琶腿，車軸身。《輟耕録》：「太祖招軍格，不全取長人，要琵琶腿、車軸身，取多力。」

蹩　真西山《教子齋規》：「勿得伏蹩靠背。」按，蹩音盤，屈足也。俗云盤腿，宜作蹩也。

口快　朱彧《可談》云：「客次不可妄談，俗謂之口快，乃是大病。」《元曲選》有「口快心直」語。

嘴硬　《朝野僉載》：「陸餘慶轉洛州刺史，其子嘲之曰：陸餘慶，筆頭無力嘴頭硬。」

濕濕　《元曲選·兒女團圓》：「王獸醫云：孀子，我要濕濕去。」今俗以小兒溺曰濕濕。

皮裹抽肉　言瘦也。《元曲選·謝天香》：「你覰我皮裹抽肉。」

白頭疊雪　言老也。見《元曲選·謝金吾》。

麻嗏眼　李涉詩：「趁愁得醉眼麻嗏。」〔一〕麻嗏，謂欲睡眼將合縫也。

〔一〕醉：原誤作「罪」，據《全唐詩》改。

抱龘腿《元曲選·誶范叔》：「抱粗腿，向前跳。」

墊背的《元曲選·誶范叔》：「我先殺了你這老匹夫，落個墊背的。」

宫室

屋頭 螭頭也。李誠《營造法式》有《殿陛螭首圖》，曰：「螭首，施之對柱及殿四角，隨階斜出，其長七尺。」按，今北人屋角外出者曰屋頭，讀如烏，當即《五代史·李自倫傳》之烏頭，亦曰茨頭。茨、螭聲近。

獸頭 鴟吻也。《墨客揮犀》：漢以宫殿多火災，術者言天上有魚尾星，宜爲其象，冠於室以禳之。自唐以來，寺觀殿宇尚有爲飛魚形尾指上者。不知何時名爲鴟吻，狀亦不類魚尾。《蘇氏演義》作蚩，云海獸也。漢柏梁殿置蚩尾。《菽園雜記》：「螭吻，形似獸，立屋角上。」按蚩、螭，鴟同字。今殿庭曰鴟吻，亦曰大吻，衙舍曰獸頭。

天花板 藻井也。《事物紺珠》：「鬬闢八，天花板門八角，井口内畫藻，曰藻井。」按，又曰承塵，施於上承塵土也。今呼天花板，或曰頂棚。

擺轄 門鋪也。《漢書·五行志》注：「鋪首，銜環。」《演繁露》稱浮漚釘。《名義考》：「明公侯一二品門鋪用獸面擺錫環，三品至五品惟擺錫環。」是明代又呼鋪爲擺矣。今北人凡櫥箱置鎖處多以銅藉之，作圓形，呼爲擺轄。

天棚 凉棚也。《開元遺事》：「唐時長安，富人於林亭内，植畫柱結綵爲凉棚，爲避暑會。」今富人夏時於院中支蘆席以蔽日，高出屋上曰天棚。婚喪致客搭蘆席棚居之。段氏《説文注》「今謂架上以蔽下者皆曰棚」是也。

垛門　旁牆也。《説文》：「垛，堂塾也。」塾夾門堂謂之垛者。朵者，木下垂，門堂伸出門之前後，略取其義。吴方言左右个，謂之垛頭。後世有朵殿，即此。今俗謂門旁伸出之牆曰垛子，其遺語也。

門扇　門板也。《禮·月令》：「仲春乃修闔扇。」注：「治門户也。雙曰闔，單曰扇。」今北人通謂之扇，曰雙扇門、單扇門。

大廳　聽事也。《集韻》：「中庭曰聽事。言受事察訟於是。」漢晉皆作聽事〔一〕，後語省直曰聽，加广作廳。北人呼大廳，以較大於他屋也。

柁　大樑也。《事物紺珠》：「駝梁，大梁。」案，駝俗書作柁，字書柁與舵同，蓋借用之。《惜抱軒筆記》云：「屋大梁，語不分明。焦循斷以爲此施南北云，今俗云駝梁，其解不可復易，蓋其形上穹，似度水之梁，故名。」

檩　棟也。《集韻》：「檩，屋上横木。」郭璞《爾雅注》：「棟，即屋脊也。」按，棟今俗稱脊檩，其前後者亦皆曰檩。

〔一〕 事：據語意補。

房山　韓愈詩：「每騎屋山下窺矙。」王安石詩：「落木迴飈動屋山。」《老學庵筆記》：「葉夢得刺史常州，民起屋，屋山覆蓋鄰家。鄰家訟之。」戴侗《六書故》作栜，曰「東西榮柱外之宇也」。

壽堂　陸機《輓歌》云：「壽堂延魍魎。」注：「壽堂，祭祀之所也。」又林逋《壽堂》詩曰：「湖外青山對結廬，墳前修竹亦蕭疏。茂陵他日求遺稿，猶幸曾無封禪書。」今人於父母誕辰其稱慶之地曰壽堂，大不可也。

天窗　古中霤。《文選·靈光殿賦》：「天窗綺疏。」注：「高窗也。」

門框　根門兩旁木。俗呼門框。見《説林》。

門扇　《漢書·霍光傳》：「黄門宦者，各持門扇。」

中框　闑門中豎木俗呼中框。見《説林》。

上馬石　《升庵外集》：「今之上馬臺，古之乘石也。」《周禮》：「隷僕下士二人，王行，洗乘石。」注云：「王登上車之石。」

棚　《説文》：「棚，棧也。」注：「《通俗文》曰：板閣曰棧，連閣曰棚。今人謂架上以蔽下者皆曰棚。」按，若豆棚、席棚。

鋪　《資暇録》有星貨鋪，即今雜貨鋪。

廟會　《説林》：「京師隆福寺每月九日，百貨雲集，謂之廟會。」

占鰲頭　《説林》：「俗謂狀元獨占鰲頭。傳臚畢，禮官引東班狀元、西班榜眼二人前至殿陛下，迎殿試榜。抵陛，則狀元稍前進，立中陛石上。石正中鎸升龍及巨鰲，蓋警蹕出入所由。即古所謂螭頭也。」

雜貨鋪　《傳燈録》仰山云：「如人將百種貨物與金玉作一鋪貨賣。」又云：「我者裏是雜貨鋪。」

質庫謂之當鋪。《左傳》哀八年：「以王子姑曹當之。」注：「交質。」《後漢書・劉虞傳》：「虞所賚賞典當胡夷。」〔一〕又當鋪，唐曰寄附鋪，見蔣防《霍小玉傳》〔二〕。宋曰抵當鋪，見《清河書畫舫》。

黄堂　《隨園隨筆》：「黄堂二字見《後漢書・郭丹傳》注『大守之廳事也』〔三〕。《郡國志》曰：『鷄陂之側，黄歇假居之所，屢有火災，太守塗雌黄以厭之，故曰黄堂。』」

籠門　《夢溪筆談》：「唐制，丞郎拜官，即籠門謝。今三司副使已上拜官，則拜舞於階上，百官拜於階下，而不舞蹈。此亦籠門故事也。」按，後世試院大門稱龍門，或取化龍之意而訛耳。

〔一〕胡：原誤作「於」，據《後漢書》改。
〔二〕蔣防：原誤作「薛仿」。
〔三〕事：原脱，據《後漢書注》補。

角落　《禮》：「公室視豐碑。」疏：「角落相望，故云四角。」按，俗謂屋内四隅爲角落，讀如疙拉。《元曲選·玉鏡臺》正末唱：「你在黑閣落裏欺你男兒。」是以角落作閣落。黑閣落，猶云暗地。

器用

鋅　斤也。《説文》：「斤，斫木之器。」王筠《文字蒙求》云：「蓋即今之鋅也。」

斪　斫地器。《説文》：「斪斸，所以斫地也。」《爾雅》：「斪斸謂之定。」斪斸合二字成文。斧斤所以斫木，斪斸所以斫地。斪，音衢，古音鉤。保定讀如高，上聲。其寬者曰板斪，窄者曰線斪，有齒者又有三齒斪、二齒斪、四齒斪之别。

剷　鉄也。《説文》：「鉄，斫莝刀也。」注莝：「斬芻也。斬芻之刀今之剷刀。」

潤斗　熨斗也。《説文》熨，持火申繒也。一曰火斗。古音鬱，今轉音暈。暈、潤聲近字。其不作斗，而置火中燒以熨貼者，曰烙鐵。

木經尺　營造尺也。營舍之法謂之《木經》，或云喻皓所撰。皓，宋人，見《夢溪筆談》。今木工所用之尺稱木經尺，實清代工部營造尺也。約當裁衣尺九寸。

拐　杖也。《五代史·漢本紀》：「劉知遠遣牙將王峻奉表契丹耶律德光，賜以木拐一。木拐，虜法貴之，如中國几杖。」案保定人呼杖爲拐杖，或曰拐棍。

蒸米之器曰箅。《説文》：「箅，蔽也。」段注：「甑有七穿，必以竹席蔽之，米乃不漏。」今北人蒸飯及饅頭用之，呼曰箅子。

囤　篅也。《説文》：「篅，以判竹圜以盛穀者。從竹耑聲。」段注：「盛穀圜笹。」

毽　足戲具也。毽用雄鷄細羽，聚而納之錢孔，布縛之，男女皆以爲戲。蓋下肢之運動也。劉侗《帝京景物略》：「諺云：『楊柳兒死，踢毽子。』」

硯瓦　硯臺　硯也。《邵氏聞見後録》：「硯瓦者，唐人語也。非謂以瓦爲硯也，蓋硯之中心隆起如瓦狀，以不留墨爲貴。司空圖詩：『似要題詩落硯臺。』」

磟軸　磟碡也。徐光啓《農政全書》：「磟碡，以石爲圓箭形，外施木匡，曳行而轉壓之，以平場圃，碾麥禾，亦謂之輥軸。北人則稱磟軸。」

砌末　雜戲用具也。元代雜劇中，凡出場所用雜具謂之砌末。《輟耕録》云：「諸雜砌，有變猫、拔蛇、走鸚哥之類。」

不登　響葫蘆也。《倚晴閣雜鈔》：「響葫蘆，小兒口銜，嘘吸成聲，俗名倒掖氣。」案，北人謂之不登，以聲如不登也。

搬不倒　不倒翁也。糊紙作人形，下塞以泥土，仆之復起，俗呼搬不倒。吴偉業有《不倒翁》詩，即此。

酒鼈　偏提也。《山家清事》：「酒鼈，酒器名。舊稱偏提。」按，其形圓而扁，上有口，旁有兩耳便於攜帶。謂之鼈者，以形似也。

看囊　《韻府羣玉》〔一〕：阮孚游戲會稽，謂人曰：「恐其羞澀，但有一錢看囊。」杜甫詩：「囊空恐羞澀，留得一錢看。」按，看，守也。囊，俗讀如郎。今人用物稍留有餘以備緩急者曰看囊，本此。

紙札　北人呼冥衣鋪紙糊之車馬僕從爲紙札。札，讀如張。《桃源縣志》載向文奎讀《家禮》「造明器」注説曰：「後世浮屠，巧於誘惑，乃襲明器，造一切紙札，不瘞於土而畀於火，不附於柩而託於空觀。」此是紙札代明器，蓋在佛教盛行後也。

頭面　《東京夢華録》：「相國寺兩廊，賣繡作、領末、花朵、珠翠頭面之類。」劉熙《釋名》有首飾，不分男女。

比余　《匈奴傳》注比余一作比疏，比櫛也。疏，梳也，辮髮之具。

酒墰　唐許渾詩：「橋邊沽酒半墰空。」

炊帚　《通雅》：「筅，析竹爲帚，以洒洗也。」即炊帚。

斫頭　《説文》：「斫，柯擊也。」

鏑　《字學訂訛》音佗，錘也。

鋦　《集韻》古作鋦，居玉切，音菊，以鐵縛物。

〔一〕韻府群玉：原誤作「晉書」。

乳鉢　《宣和書譜》有虞世南行書《借乳鉢帖》。

烟袋　張學禮《中山紀略》：「琉球人腰兩旁插扇子、烟袋、小刀之類。」

楥　《説文》：「履法也。」俗作楦。

棺材　俗呼棺爲材，蓋亦有本。《左傳》哀公十一年：「子胥將死，曰：樹吾墓檟，檟可材也。」

杉木棺　《齊東野語》：「漳有富民，蓄油杉甚佳，林氏子弟欲求而價穹不可得。」觀此則杉木爲棺，古亦重之，不獨今世爲然也。

柴木　《説文》：「栫，以柴木雝水。」段注：「柴木謂散木不整齊者。」

表背　《歸田録》：「裝潢匠恐是今之表背匠。」〔一〕按表亦作褾。《東坡尺牘》云：「近購得先伯父手啓一通，躬親褾背是也。」背，又見陸游詩「自背南唐落墨花」。今俗用裱爲領巾，褙爲襦，皆别字也。

刀鞘　《通俗文》：鞞之言裨也，刀室所以裨護刀者。漢人曰削。削，陗也，其形陗殺裹刀體也。俗作鞘〔二〕。

轉肘　《敬止録》：「户樞曰轉肘。」按，俗有此稱，唯肘作軸耳。

〔一〕《歸田録》未見此條，似出《嬾真子》。

〔二〕《通俗文》未見此條。前半出《説文解字注》，後半出《釋名》。

蕖荐《元曲選·合汗衫》：「但得那半片兒羊皮，一頭兒蕖薦。」

鋪蓋《元曲選·合汗衫》：「我如今無鋪無蓋。」

色子《元曲選·謝天香》：「錢大尹云：就將這骰盆中色子爲題。」

車脚《世説》：荀公曾在晉武坐，賜食筍進飯〔一〕。即謂坐人曰：「此是勞薪炊也。」坐者未之信。帝遣問，外答云：「實是故車脚。」

馬後砲《元曲選·隔江鬭智》：「不要做了馬後砲，弄的遲了。」

瓦查《元曲選·盆兒鬼》：「做幾片零星瓦查。」

一張　器物計數也。《左傳》昭公十三年：「子産以帷幕九張行。」

約秤　江湜《伏敔堂詩録·岸旁》詩：「岸旁何人家？黄牛繫門衡。倚門一媪立，手約秤上星。」

飲食

餛飩《演繁露》：「世言餛飩是虜中混氏、屯氏之所作。」

麪筋《夢溪筆談》：「凡鐵之有鋼者，如麪之有筋。濯去柔麪，筋自見。」

海味　北人以海菜爲海味，如海參、魚肚之類。耿湋《送友人歸南海》詩：「海味應甘久

〔一〕筍：原誤作「荀」，據《世説新語》改。

住人。」

熌　讀如會。《字學訂訛》：「熟食以火再煮曰熌。」

煦　蒸也。北人以熱氣蒸之曰煦。

酒令　《韓詩外傳》：「齊侯置酒令，曰：後者罰。」此酒令之始。

打鬮　《斯陶説林》：「親朋招飲，團坐十餘人，猜拳行令，人各一周，名曰打鬮。」

家常　僧齊己詩：「腥羶市裏叫家常。」陸游詩：「茅檐喚客家常飯。」《獨醒雜志》：「范文正公云：家常飯好喫。」

擾人　《書儀》：「凡弔送喪葬者，必助其事而弗擾。」注：「擾，謂受其飲食。」

打毻　《國史補》：「得第者謂之前進士，俱捷者謂之同年，不捷而醉飽謂之打毻毻。」毻，音噪。按，今人以酒食之餘盡食之曰打毻。

連展　陸務觀詩：「拭盤堆連展。」連，上聲。王漁洋云：「今山東製新麥作條食之，謂之連展。」連，讀如輦。

烄　《集韻》本作洑，實米於釜也。按，今俗蒸食於釜曰烄鍋。

爨　《集韻》爨，麤尊切，音村。爨爨，欲沸貌。按，俗以沸水煮魚肉曰爨魚、爨肉。與爨字別。又爨，七丸切。《周禮·夏官·挈壺氏》：「及冬，以火爨鼎水，而沸之。」注：「以火炊水。」又爨字之義，大約動音爲平，静音爲去聲。按，今俗讀平聲。

澆　《説文》：「浚乾漬米也。」《集韻》渠映切，音競，濕也。《孟子》曰：「孔子去齊，接淅。」注：方言漚米未淘曰漬米，不及淘抒而起之曰澆乾。按，俗讀若控。

漬　《説文》：「漚也。」《集韻》音胔。按，北人讀若居。

渫　《博雅》：「渫，瀹也，湯渫也。音牐。」桂未谷《札樸》云〔一〕：「菜入湯曰煠。」

汕　洗刷也。《客座贅語》：「用二大盃輪飲，桌中置一大碗，注水滌盃，更酌送次客，曰汕碗。」

造　造即糙字。《集韻》：「糙，米未舂。」又作草。《孟子》：「飯糗茹草。」《史記·孝景本紀》：「後二年，爲歲不登，禁天下食不造。」按，俗謂粗糙，糙字即此。

缹粥　陸游《寺居睡覺》詩自注：「僧雜菜餌之屬作粥，名缹粥。」按，缶字部《廣韻》缹音缶，火熟也。今俗轉爲熬粥。

麪起餅　俗言發麪餅。《初學記》：「蕭子顯《齊書》：『永明九年正月，詔太廟四時祭，荐宣皇帝，麪起餅。』」

釃茶　濃茶也。《指月録》：「仰山曰：釃茶三兩碗，意在钁頭邊。」

豁拳　拇戰也。《六研齋筆記》：「俗飲以手指屈伸相搏，謂之豁拳。」按，俗讀豁如划，

〔一〕樸：原誤作「璞」。

音畫。

趕嘴　謂趨承人而乞其飲食也。《元曲選・殺狗勸夫》：「孫大駡孫二云：『你那裏是與我作生日，明明是趕嘴來。』」

長壽麪　宋馬永卿《嬾真子》：「湯餅，即今之長壽麪。」《詞源》：「按今俗誕日湯餅筵猶有長壽麪之稱。」

磕瓜子　《元曲選・燕青博魚》：「且磕些瓜子等着他。」

寡酒　有酒無殽曰寡酒。見《元曲選・燕青博魚》。

舀　以沼切。抒臼也。《詩》：「挹彼注兹。」

乾園潔淨〔一〕　《元曲章》：「人户赴倉納糧米，須一色無糠粃，乾圓潔淨。」

衣服

繚　《丹鉛總録》《集韻》：「縫衣曰繚。」今俗穿針繚線是也。

靴靿　《夢溪筆談・故事》：「中國衣冠自北齊以來，乃全用胡服。窄袖、緋緑短衣、長靿靴、有鞢䪙帶，皆胡服也。」

霞頭　《齊東野語》：「染物霞頭謎云：『身居色相中，不染色界塵。一朝解纏縛〔二〕，見姓

〔一〕園：疑當作「圓」。
〔二〕纏：原誤作「繩」，據《齊東野語》改。

自分明。』」按世人染布，先於布之一角記姓名，以繩縛之，使不相混。及布乾，繩縛處色淺，謂之霞頭云。

光紗　《青箱雜記》：「天聖以前，烏幘惟用光紗，自後始用南紗。」按，今俗呼官紗，當是光字之訛。

脱韉　《舊唐書·崔戎傳》：「戎去華州刺史，將行，州人戀惜，至有解韉斷鐙者。」《通俗編》云：「好官去任，遮道脱韉，雖出自一時民情，歷今遂循爲故事。」

屎頭巾　即俗稱臭帽子。指妻有淫行者，如緑頭巾。

時令

破五　《歲時瑣事》：「正月五日，俗呼破五。欲有所作爲，必過此五日始行之。」

三伏　《隨園隨筆》：「《史記》秦德公二年初伏，注：三伏始於秦，周無伏也。劉熙《釋名》云『金氣伏藏』也。故三伏皆庚。」

月忌　《齊東野語》：「俗以每月初五、十四、二十三爲月忌，出行必避之。其説不經。衛道夫云：『聞前輩謂此三日，皆河圖數中之中宫五數耳。五爲君象，故民庶不可用。』此説頗有理。」

過節　杜甫詩注：「秦人呼寒食爲熟食，謂不動煙火預辦熟食物過節也。」按，此過節二字所自始。

節帳　《清嘉録》：「土俗，貿易場中，以端五、中秋、除夕爲三節。按節索欠謂之三節帳。」

麥熟　北人以麥秋爲麥熟。唐人已有此語。王建《江陵使至汝州》詩：「寒食離家麥熟還。」

忽剌八　《元曲選·金安壽》：「忽剌八掘斷俺前程路。」

多咱　多咱言幾何時也。《元曲選·蝴蝶夢》：「多咱是宜假不宜真。」

年紀　《魏志·魏武紀》注：「建元去官之後，年紀尚小。」《晉·魯褒傳》：「不計優劣，不論年紀。」《侯鯖録》：「年紀者，紀，記也，記其年之數。」

大盡　小盡　朱子《語録》：「月之生時，大盡則初二，小盡則初三。」

侵早　杜詩：「門常侵早開。」

直日　《晉語》：「史黯曰：臣敢煩當日。」韋昭注：「直日也。言不敢煩主之值日以自白。」漢京房《傳》：「分六十四，更直日用事。」

登時　《魏志·管輅傳》：「水火之難，登時之驗。」

月亮　李益詩：「庭木已衰空月亮。」

六十花甲子　《説林》：「星家年月支干謂之六十花甲子者，以鐵樹開花得名。此樹必遇甲子年，方開花結實。」

下霜　《淮南子》：「秋風下霜，到生挫傷。」

歸《説文》：「不久也。」段注：「今人語曰一晌、曰半晌，皆歸字之俗。」

光景　境遇也，又曰時光。見《釋文》。今謂人之處境豐嗇曰光景。

地理

萬里雲南　《説林》：「語云萬里雲南。自江寧至雲南省，實五千餘里，然道里遼闊，每百里抵江南二百里。」

坑　炕　《日知録》：「北人以土爲牀，而空其下以發火，謂之炕。古書不載。《舊唐書·東夷高麗傳》：『冬月皆作長坑，下燃熅火以取煖。』此即今之土坑也，但作炕字。」按，《魏書·儒林陳奇傳》：游雅取奇所注《論語》《孝經》焚於坑内。是炕之制，已先于唐矣。

合龍門　《夢溪筆談》：「凡塞河決，垂合〔一〕，中間一埽謂之合龍門。」

腹地　《元史·地理志》：「中書省統山東西、河北之地，謂之腹裹。」今俗呼本地爲腹地，讀如乎。

父母國　《元史·儒學傳》：「世祖問趙復曰：『我欲取宋，卿可導之乎？』對曰：『宋，父母國也，未有引他人以伐吾父母者。』世祖悦。」按，父母國，與孔子所謂魯爲父母之邦同。今華僑呼中國爲祖國，意蓋本此。

〔一〕合：原誤作「塞」，據《夢溪筆談》改。

大地　《明史·食貨志》：「元河北里社之制，其里甲或以社分，或以屯分。社民土著，屯民後遷。社民先占其畝廣，屯民後占其畝狹。故社地謂之大畝，屯地謂之小畝。宣德地額溢於舊，有司乃以大畝當小畝，以符原額，或數畝當一畝，且步尺參差，土田不均，未有如北方者。」

海子　《夢溪筆談》：「鎮陽池苑之盛，冠於諸鎮，乃王鎔時海子園也。」

土骨堆　韓退之《飲城南古墓上逢中丞過》詩：「偶上城南土骨堆。」注：「《檀弓》：『骨肉復歸於土。』今古墓則唯土與骨而已，故曰土骨堆。」按，此説太拘。今俗凡積土而高者，皆曰骨堆。堆，讀如追。

莊　田舍也。《通鑑》史炤釋文：「唐置莊宅使。」〔一〕胡三省注：「蓋主莊及外舍之事。」《詞源》：「大農所居曰莊。如言莊户、莊家。」

田地　朱子《語録》：「湯武身之〔二〕，是做到那田地。」《五燈會元》：「須到這田地始得。」

左近　《南史·夷貊傳》：「自燃洲有樹生火，左近人剥皮績火浣布。」

集　《白香山詩注》：「汪立名曰：洪氏《隆興職方乘》：『嶺南村落有市，謂之虚，以其不常會，多虚日也。西蜀曰痎，言如痎疾，間而後作。江南惡以疾稱，因止曰亥。』獨徐筠《水志》

〔一〕使：原誤作「史」。
〔二〕身：原誤作「反」，據《朱子語類》改。

云：『荆吴俗，以寅申巳亥日集於市。』觀公詩用亥日甚多，則徐氏之説爲是。」〔一〕按，虚，商賈貨物輻湊處，古謂之務，今謂之集。方宗誠《棗强縣志補正》云：「《漢書》《通鑑》市鎮多以聚名之集，蓋古之聚也。」按，集、聚雙聲疊韻字。

掘地皮　徐知訓在宣州聚斂科暴，入覲侍宴，伶人嘲之曰：「吾宣州土地神也，吾主入覲，連地皮掘來，故得至此。」

動物

蜡　《説文》：「蠅蛆也。」段注：「蠅生子爲蛆，蛆者，胆之俗字。已成爲蛆，乳生之爲蜡。」蜡，鉏駕切。按，今俗呼蠅卵爲白蜡，以色言之耳。

尾　《堯典》：「鳥獸孳尾。」注：「乳化曰孳，交接曰尾。」尾，今讀爲以，或作日。

打魚　《歸田録》：「網魚曰打魚。」

下鼻　《鐵槎見聞録》：「王將軍買白馬，患下鼻，交看塋人牽去放青。馬方有孕，以胎火患下鼻，就水草旋愈。」今俗稱鬧鼻子，涕泗如膿，蓋内火所致也。

步馬　《漢書·貢禹傳》：「廄馬食粟，苦其大肥〔二〕，氣盛怒至，乃日步作之。」補注：「步

〔一〕西：原誤作「而」。言：原脱。巳：原誤作「已」。爲是：原誤作「誤矣」。據《白香山詩集》注文改。
〔二〕大肥：原誤作「肥大」，據《漢書》改。

馬，習馬。《左傳》：『左師見夫人之步馬。』案，《周禮·廋人職》〔一〕：『教駣攻駒。』注：『教駣，始乘習之也。』」今俗謂之溜馬，亦曰壓馬。

囮　𡈈　俱音譌，又音由。《射雉賦》注：「雉媒謂之游。」唐呂温有《由鹿賦》，游與由，皆𡈈字也。

犗　《説文》：「騬牛。」段注：「馬部曰：騬，犗馬也。今謂之騸馬。」犗音戒。按，俗呼牡牛爲犍子，讀如尖，或即犗字之轉音也。

韛驢　《五代史補》：「常有人向官街中韛驢，置鞍於地，值牛車過，急行碾破其鞍。」

犕　犕字不見字書，或云即「白牡騂犅」牡字。特牛去勢曰犍，俗作吽。

雄猪曰朴。《楚詞》：「焉得夫朴牛。」今移以言猪，讀如脬，俗呼朴葫蘆。

牙狗　牙字即豭字之轉，本言猪而移以言狗。

四不像　非驢、非牛、非鹿、非羊曰四不像，即黄羊。俗以目游手。又麈，一名駝鹿，又名堪達罕。

驏　不鞍馬而騎也。令狐楚《少年行》：「驏騎蕃馬射黄羊。」

騎虎　《晉書·温嶠傳》：「騎虎安可下哉？」《隋書·獨孤后傳》：「騎虎之勢，必不

〔一〕廋：原誤作「庾」。

得下。」

吣　《玉篇》：「犬吐也。」讀侵，去聲。

丙《説文》：「舌貌。」讀如忝。《六書精藴》：「舌在口，露其端以舐物也。」

擔杖　阜螽也。阜，長也。擔杖亦以身長得名。

撒豥《廣韻》：「豥，讙也。」秦韜玉詩：「席箕風緊馬豥豪。」

植物

人參　人參古亦重之。唐張讀《宣室志》云：「天寶中，有趙生性魯鈍，後掘椴下得人參，瀹而食之。自是豁然明悟，所覽書自能窮奧。」按，此雖小説，亦可知是物之貴重矣。

春不老《字典》云蕻，音閧。四明有菜名雪裏蕻，雪深諸菜凍死，此菜獨青。北人呼爲春不老。按，春不老形如蔓荊，葉大而根小，保定多種之。

棘針科《元曲選·忍字記》：「我行來到墳地側，長出此棘針科。」

影身草《元曲選·誶范叔》：「他每只是些趓避當差影身草。」

命根《華嚴經》：「如人護身，先護命根。」種樹書以木之直根爲命根。

瓜葛《獨斷》：「凡與先帝先后有瓜葛者皆會。」

葛藤《傳燈録》：「陳弓宿謂一長老曰：『請不煩葛藤。』」

藥材《三國志·趙儼傳》：「忘持其常所服藥，雍州聞之，乃追送雜藥材數箱。」

鶯粟　本中國産。唐雍陶詩：「馬前初見米囊花。」宋方岳詩：「朝饑空對米囊花。」

席箆　俗以織席之葦剖開者曰席箆，讀若敏，或曰篾子，讀若枚。按，《説文》：「篻，簝也。」注簝下云「析竹箆也」，箆下云「竹膚」。篾竹亦作篻，同簟，並音彌。《醫方》「竹茹」，音如，即簝字。

骨棓　《説文》：「蒸，析麻中幹也。」注：「麻中莖謂之蒸，今俗所謂麻骨棓也。」按，北人呼秫稭中瓤曰骨檔棓，棓讀若泡，平聲。

煙草　《淥水亭雜記》：「今所噉之煙草，孫光憲已言之，載於《太平廣記》：『有僧云：世尊曾言山中有草，然煙噉之，可以解倦。』則西域之噉煙，三千餘歲矣。」

苧麻　《爾雅》：「苧，麻母。」郭注：「苴麻盛子者。」〔一〕按，今俗呼子麻。

樹栽　北人呼樹枝截斷而可移植者爲樹栽。杜甫有「覓桃栽」「覓果栽」等詩，仇滄柱注：「桃栽，猶俗云桃秧檤栽，松栽亦然。」

秧　段玉裁《説文注》：「今俗謂稻之初生者曰秧，凡草木之幼可移栽者皆曰秧。」

桄　樹横枝也。段玉裁《説文注》：「横音桄，今俗語讀光去聲是也。」按，北人呼樹桄，桄字正作光去聲。

〔一〕盛：原誤作「成」，據《爾雅》邢疏改。

香菜　芫荽，即胡荽，北人呼香菜。《文選注》引《韻略》曰：「荽，香菜也。」

稙　早種禾也。《詩·魯頌》：「稙稺菽麥。」傳：「先種曰稙，後種曰稺。」按，北人通呼春種之穀物曰稙莊稼，夏種曰晚莊稼。至用以稱之於人，凡未成年而生子者曰得子甚稙，蓋亦早義也。

方言亦謡俗之一，通志均有記録，邑志間亦有之。右所録者，特雄邑所習用者，不能徧及也。考其來歷，用資多識，目爲多事，所弗恤也。

〔民國〕徐水縣新志

【解題】劉延昌修，劉鴻書纂。徐水縣，今河北省保定市徐水區。「方言」見卷六《風土記》中。録文據民國二十一年（一九三二）鉛印本《徐水縣新志》。

方言

畫界而居者，方也。由衷以出者，言也。南北不同，東西各異，習之既久，自然成風。兹就徐水方言，分爲語音、慣語，撮記之。

語音

頭，爲語詞，如上頭、下頭之類。箇，亦語詞，如這箇、今箇、明箇之類。者，爲膺詞，俗與應混。得，爲助詞，俗與的混。咧、啦、哩、呢，均爲助詞，有含蓄終結之意，又爲了之轉音。兒，爲名物助詞，如這兒、那兒、今兒、明兒之類。若个，猶云那个也。按，若音惹，語轉爲乜，乜、那變聲，故又轉爲那。都，總也，土音誤轉爲兜。去來，去也，有誤讀爲棄者。吃喝，有誤讀爲齒合者。動曰：你吃咧、你喝咧。對不對，反詰之詞。不待見，是不喜愛也。待當爲愛，訛爲待。哈不是，乃指明而又反言之也。呀，古借用啞字，又作唉呀，爲發語歎詞，即也字、耶字之轉。鬼話，如虛誑之詞即爲鬼話，當屬詭話之訛。咧隔，普通謂昨天爲咧隔，想是夜隔二字之訛。屈律，不直也，當作屈曲，訛作屈律。

按，徐水語音，在本境亦不一致，有鄉人自爲風尚之概。以上不過略舉數端，其餘自可類推。以普通口音論，徐水與滿城無差別，再縣之北界，其音似定興。縣之南界，其音似清苑。西山一代居民，其出語生硬，又近似易縣。亦水土使然歟？姑志之以備考〔一〕。

慣語

著實的，例如對人交誼好的則曰著實的好。一會兒，即片刻工夫之謂也。拉倒吧，即作罷，或罷手之謂。幹什麽，即問人作何事情。不在乎，即認爲無關係而意不在此之謂也。不理會，即不注意、没瞧見之謂。不大離，言事將垂成，有相離不遠之意。七八成兒，如事情大可望成，有七八分光景。一箍腦兒，即歸總之意。有邊咧，即事之有頭緒也。豈有此理，言事之不

〔一〕以：原誤作「似」。

近情理也。無可奈何，言事無辦法也。剛纔，即工夫不大之謂。惟獨，即無偶之意，包含美惡而言。没落子，窮苦之謂。一丁點兒，言太少也。没著落，言無所歸宿也。糊塗蟲，謂人之不明白如物之無知也。了不得，謂關係重大而預料其無好結果也。熱鬧，即凡事盛興之謂。有指望，即有盼望之謂。鬧事，俗以妄起風波爲鬧事。捎帶，即煩人取物、帶物之謂。吆喝，即叫物品之聲，或誤作呵斥。擔得，例如有些衝撞求人寬容之謂。苦打算，即打點盤算而無餘裕也。難爲他，謂人所難能者而能之，人知之而特許之也。隨和，言人遇事不拘己見，即謂之隨和。習氣，凡人闊排場即謂之有習氣。欺負，如以非禮加諸人是。裝扮，即修飾之義。數落，即責備之謂。許願，即祈禱酬報之義。老子，即父親之别稱，凡對尊長老人亦有稱老子者。老娘，即母親之别稱，亦有呼穩婆爲老娘者。行家，即精通某事之意。嘴尖，言人説話快而譎也。擾人，受人飲食之謂。命根子，即事之重大如生命也。插把，即當初之謂。碰咧，即有所請求而人不認可也。咱們，即我們。你老，長老之稱。勾當，即事情之代名詞，如問人「你有什麼勾當」。老爺兒，即俗人所稱日頭。老母兒，即俗人所稱月亮。

以上習慣語，皆爲徐水土話，本無足取。欲求免俗，須以北平談話爲標準。

〔民國〕滿城縣志略

【解題】陳寶生等修，陳昌源等纂。滿城縣，今河北省保定市滿城區。「方言」見卷八《風土》中。録文據民國二十年（一九三一）鉛印本《滿城縣志略》。

方言

年生箇、過年兒。即去年、明年。前年箇、大前年箇。即前追想第二年及第三、四年之詞。今兒箇、明兒箇、前兒箇。即今日、明日、前日。南省山東讀日皆作兒音，河北亦有讀兒音者，呼日爲兒頭。夜來隔。即隔夜倒語。來，助詞。後晌。讀如吼。夜晚。多趲。趲即早晚之切音，猶云多少時候也。如呼精爲機伶、孔爲窟窿之類。一擦黑兒。向晦也。一撲亮兒。天將明。以上時候。

爹、爸。呼父爲爹，丁邪切。亦呼爸。《正字通》：「夷語稱老者爲八八，或巴巴。後人因加父作爸字。」爸，蒲可切，音作皤。本地讀作八音呼八八，但呼爹者較多。孃、媽、嬸、嫂。呼母爲孃，呼伯母爲媽。亦有呼母爲媽者，則呼伯母爲大孃，呼叔母爲嬸。女呼夫之弟曰小叔子，婦曰小嬸兒。呼夫之兄曰大伯子，婦曰嫂。對夫之父母稱公公婆婆，平常呼喚則隨夫之稱爹媽等名。爺爺、嬭嬭。呼祖父爲爺爺，或單呼爺。呼祖母爲嬭嬭，俗作奶奶。按嬭，奴蟹切，音疓，乳也。或作妳，小兒食乳曰喫疓，乳母曰疓媽。今呼祖母爲奶奶，全縣普通。又稱曾祖曰老爺，高祖曰老老爺，曾祖母曰老太太，或稱老奶奶。又稱祖之齒最少者亦稱老爺。老爺、姥姥。呼外祖父曰老爺。但爺音延長爲曾祖父，老音延長爲外祖父。若尋常官稱，則兩音皆短促。呼外祖母爲姥姥。按本音母，今俗讀老。又母之兄弟稱舅，妻稱妗子，母之姊妹稱姨，若稱妻之兄弟曰大小舅子，妻曰大小妗子，姊妹曰大小姨子。填房兒。繼娶。後老婆子。再嫁婦。敗家子。不成器的子孫。做活的。工人。小夥子。粗壯人。土包、土棍。皆土豪稱。夥計。同謀合作之人曰夥計。這一夥仔。謂衆人。涪觜子。喜言人過失。涪，音破。五二鬼。無賴子。滾刀肉。生死不怕，纏不清也。老爺兒。太陽。老母兒。太陰。以上名稱。

地把排子。即鼴鼠。又隱鼠。錢串子。即《説文》:「蚰,多足蟲。」馬郎。即蜻蜓。蝍蟟。即蜩。拉拉古。即螻蛄。伏天弗涼兒。即古蛁蟟。俗又謂夫爹夫娘兒。螞蚱。即螽斯。擔丈勾。即螽斯之長大也。蛐蛐。即促織,蟋蟀之轉音。聒聒。草蟲,似螞蚱而大,色青。又俗名羅駒,鼓翅善鳴。蟞蜉。讀如别胡。即蚍蜉之轉音。河螞。蝦蟆總名。青眼河螞。色青者。疥毒河螞。土色,身有疥毒者。以上動物。

鞋底片。即車前子。猪媽媽科。即地黄。紅姑娘兒。即燈籠草。刺兒菜。即小薊。馬勺兒菜。即馬齒莧。稜子。即蕎麥。棒子。即玉蜀黍。乍蓬科。即飛蓬。以上植物。

河漏。讀如河拉。以機器軋作圓條,蕎麥麵者尤佳。餑餑。用麵作之,乾糧。亦曰波波。餃子。亦稱便食。用麵皮包餡煮之。包子。亦稱饅頭。用餑麵揉而蒸之。疙疸湯。調麵作小疙疸煮之。片兒湯。用麵趕作片兒,引長煮之。窩窩頭。用玉蜀黍麵揑之,中空無底,蒸之。苦纍。即塊壘之轉音。用粗麵合水入釜内攪作疙疸。乾糧之一。以上食物。

大假貨。見物之大者震而驚之也。讀如大家伙。璺兒。器破未離,即有裂痕之意。璺音汶。打補丁。補破衣之稱。任何事物缺而再補者,均作此語。打平倌兒。釀錢飲酒也。土骨堆。土塚。上墳。祭墓也。土之高者曰墳。買東西。購買什物。歇歇罷。讓人坐一坐。咕啾兒着。蹲踞。鬼張。呼人之靈黠者。憨蠢。讀如含臣。醜也。腌臢。讀如囊贓。汙穢也。廉利、馬利。均急速、爽快之詞。但稱人之身體曰廉利,作事曰馬利。在行。讀如杭。曉事也。又稱人之有能力者曰行家。行讀本音。俏皮。誇人俊俏。嘎作。謂人貪多無厭。彆扭。不順利。以上事物〔一〕。

〔一〕上:原誤作「事」。

嚷嚷。無此事妄傳之意。瞎吵。又名打聒口角。摸摸。手捫物也。讀毛平聲。侔莫。讀如抹摩。相勉緩作曰侔莫着。末豁。讀如馬呼。遇事不經意曰太末豁。唉。音哀。應人呼喚聲。只當。只當無有，只當輸了，皆事已誤而自解之詞。直不的。不值也。膩咧。作了瘡匹滅切子了。難辦也。又曰砸了。壞了。作不成之詞。冷不防兒。突如其來之意。不覷顧。讀如吕户。不理會也。犯不着。兩不相涉。不相干。無礙。可不是呢。不錯。一門兒呢。言不如此意思好也。不當家呼拉的。勸人知足勿爲已甚。花馬掉嘴。無理强辯〔一〕。草鷄了。失敗後不敢再作。哈不喇。即那不是。怎們咧。是怎樣了。好説咧。不聽人言之意。怎們着。詢問之意。不怎們。言無妨。這克怎們着。無可如何之意。稀流花拉。聲音雜亂之意。亂的樣子。踢仰禿嚕。邋遢之貌。饒搭是介。物件散亂到處皆是。孤瘡兒喪氣。一人寂寞之意〔二〕。鬧壞了。失敗後悔之意。拉倒。勸人止。媽媽論兒。俗鄙之言。烏哩烏禿。不涼不熱。亂七八遭。亂貌。郎哩郎康。不精細。提讀如堤溜起來。手提起。當郎下去。下垂。磨騰。作事遲緩。騰着。事下即辦。郎哩郎當。作事不用力。好生着。勖勉人。靡摩蹭蹭。遲緩。啾咕甚麽。私語。胡説八道。不講理。裝懣憨。即裝傻。啾咕。胆小主意不定。改人、捲人。均駡人之稱。改透咧。駡人太過。挖苦。責損之意。坑谷。設法陷人之意。坑，讀古朧切。發酸、擺邪、燒包。均貧兒乍富之詞。一叮叮耳。小也。一嚀嚀耳。少也。以上語詞。

〔一〕辯：原誤作「辦」。
〔二〕意：原誤作「高」。

〔民國〕高陽縣志

【解題】李大本等修，李曉泠等纂。高陽縣，河北省保定市高陽縣。「方言」見卷二《風土》中。録文據民國二十二年（一九三三）鉛印本《高陽縣志》。

方言

搧涼翅，事關於己而反置身局外者，他人謂之爲搧涼翅。夜拉個，俗稱昨日曰夜拉個。二古眼，稱人與物之劣者曰二古眼。不大離，稱人與物之稍優者曰不大離。延適延，恰合之意。不覺捏，處憂患而猶歡樂者，俗稱爲不覺捏。搭咧咧，御牛使其快走呼曰搭咧咧。鼓得著，蹲踞也。一作開始工作講。無二鬼，稱無賴人也。黏皮四兩肉，謂此人不可相與之意。哈個，即那個之意。唧咕，俗稱狡猾難鬥之人曰唧咕，又謂語言絮叨之意，又數人聚而小語亦曰唧咕。咕咕，叫鷄呼曰咕咕。瞎架，凡事雜亂無章且難處理者曰瞎架。聳鬆，挑唆之意。哩哩，俗呼猪爲哩哩，蓋來來之意。遼遼，俗呼犬遼遼，亦來來之轉音。叫驢，稱牡驢也。草驢，稱牝驢也。草鷄，稱母鷄也。客郎，俗呼小猪也。奏做，不爽直之意。土包，謂其人鄙而無能之意。態海，形貌豐碩大方之意。試巴試巴，試辦試辦之轉音。船到貨也齊，不誤事又行易之意。夥巷，俗稱共有之巷曰夥巷。夥者，多也，即多人共有之意。《史記·陳涉世家》：「楚人謂多曰夥。」

絳，俗呼虹爲絳，虹去聲音近絳。鬼，俗稱人之狡黠者曰鬼。郭璞《方言注》曰：「今名黠爲鬼𧍯。」〔一〕《詩》「爲鬼爲蜮」亦此義。他拉，用牛馬等磨麵俗謂之他拉。

〔民國〕完縣新志

【解題】彭作楨修，劉玉田纂。完縣，今河北省保定市順平縣。「方言」見卷八《風土》中。録文據民國二十三年（一九三四）鉛印本《完縣新志》。

方言

揚子雲著《方言》，歷二十七載始成。《方言》十五卷，張伯松謂爲「垂日月不刊之書」，郭璞爲之注釋，戴東原爲之疏證，杭世駿復有《續方言》，近今章太炎又有《新方言》之作。誠以方言者，所以通異地之語言，而藉以知民情、察治理也。乃世多以其俚俗而輕之，不知語雖俚俗，蒐其根荄，皆有所自來。苟得其本，則聲音之道與水土之剛柔、風氣之淳雜，均有密切關係。斯亦關心政教者所不可不知者也。故略述一縣之方言，間或加以考證，以俟賢哲采擇焉。

兒，名物助詞。例如草帽兒、大褂兒等，猶言草帽子、大褂子也。麽，疑問助詞也。的，定在語詞也。哈，欣然有得之意；又那哩，縣人稱哈兒哩；那不是麽，縣人謂哈不是麽。哼，讀平

〔一〕原脱「𧍯」字，據《方言》補。

聲。允許之意。哼，庚亨切。疑惑之發語詞。唉，讀下平聲。太息聲。唉，讀上平聲。譍也。嗳，音愛。反對之發語詞。嗔，音趁。極端反對意。囁，讀上聲。猛省之發語詞。唔，臥號切。醒悟意。唉呀，詫異之發語詞。哈哈，冷笑意。

你說、你說說、你看，皆慣用之發語詞，尋常談話起首往往冠以你說、你說說等字，並無若何意味。

有局面曰氣派。視爲當然曰氣使。忽然間曰忽拉八兒的。憑空的曰百不緣兒的，即百不因爲意也。不順手曰不得勁讀晉兒。用力曰使勁。音晉。不識竅曰没眼色。慫恿曰攛掇。攛，粗酸切。掇讀朵。不長進曰没出息。厭惡或心作惡均曰嫛音戈盈。對人表示不滿曰嗔是的。憑空的曰憑白的。不注意曰不慮論。不曾見曰不須會。不在意曰不打單兒。未列入曰没有打着排。疲勞曰使的慌。

一切的曰統共籠兒。不和睦曰不滑頭。謂人無能曰倯。揚子《方言》：「庸謂之倯。」倯即庸之轉語也。謂人死曰不在了。謂因循曰郎當，俗作浪蕩。謂猝無備曰冷不防。

謂人家屬有同一之習性曰門風兒，意謂一家之風氣也。《世説新語》謝中郎云王修載樂託之性出自門風。

謂寡婦再醮曰嫁漢子。按漢子，賤丈夫之稱也。北齊魏愷自散騎常侍遷青州長史，固辭，文宣帝大怒曰：「何物漢子，與官不就。」其意正同。

謂女孩曰丫頭。《輟耕録》云：「吴中呼女子之賤者爲丫頭。劉賓客《寄小樊》詩云：『花面丫頭十二三，春來綽約向人時。』」〔一〕完稱女子爲丫頭，乃習慣上稱謂，并不論貴賤。

謂不美曰憨頪，臣診切。又曰可愛，蓋反言之也。

謂娼妓曰樂姐，即隸樂籍之女子也，俗作窰姐誤。又曰出門子的，意謂女子以不出閨閣爲尊重，出門即倚門賣笑之蕩婦也。

謂人無用曰草包。紀文達爲和珅題園亭匾額曰「竹苞」，尋常以爲即竹苞松茂意，解者謂「個個都是草包」也。紀後被戍烏魯木齊，其禍即基於此。

謂事項曰勾當。歐陽修《歸田録》云：「曹彬平江南，詣閤門求見，其榜子云：『奉敕江南，勾當公事。』」勾當，本辦理意，完人直謂事曰勾當。現有事，多云有勾當。

謂狡黠曰黠戈戛切雜子。謂猛浪曰冒失。謂撻曰奏。慕勢曰妭姞，俗作巴結。兒童頑皮曰發費，猶平津各處所謂討氣也。惱怒曰生氣。報怨曰出氣。不潔曰邋塌，又曰骯髒。損毁曰蹧蹋，又毁謗人亦曰蹧蹋。不充分曰二五眼，此係普通用語，其義未詳。論人短處曰包貶，義猶包彈，均瑕疵意也。藉事希圖沾潤曰打秋風，即抽豐之轉音也。捲與日、泱皆嫚駡也。愛憐卑幼曰疼。謂父母不慈愛曰背晦。不遽許可曰尚拏捏，或云摘搦，字異義同。卑幼對尊親

〔一〕向：原誤作「問」，據《輟耕録》引詩改。

語言頂撞曰僵嘴。望眼欲穿曰肥肥錐兒的。聞異鄉人語則曰著聲兒，謂其人言語係土著之聲音也。閒扯臊，猶言太無聊也。郎康，謂不細緻也。物不舒展曰起雛。音抽。謂人機警曰機靈，或作唧伶，義同。平地起孤堆，謂無中生有也。夜裏隔，昨日也，又云列裏格，均曰昨個音之轉〔二〕。光棍兒，無妻者也。又賭棍亦稱光棍。潦倒，即流氓之別稱。以手推物曰搡。覆手取物曰抓。揚飽，謂闊綽也，又曰揚氣，或曰抖。迷迷藏，小兒捉迷藏之名詞也，又曰藏麻胡。光屁股蟲兒，謂裸體之兒童也。按人爲百蟲中之裸者，故云。折騰，翻騰也，又稱倒騰。《石頭記》作叨登，義與此同。媌條，謂女美也；姣好者，亦謂之俏皮，即北平邊式義。乾没謂之有落頭。既失而復欲得之曰撈摸。百不怎麼的，無任何妨害也。這是怎麼説的，驚歎之詞，兼用於弔唁時。作何事曰幹麼，即幹什麼之省語也。失意曰倒楣，又曰倒竈子。這箇，此也。哈箇，彼也。尊稱前輩曰你老。呼蟻曰別虎，其形體較大者謂之馬蟻。呼蜻蜓曰螞螂。呼蝙蝠曰燕蝙蝠。李時珍名爲夜燕，亦以形狀類似也。

呼水馬曰梆梆油，以此物尾端有油氣。而完境售油者率以木梆爲宣傳器。名曰梆梆油，此之謂歟？

呼梟鳥曰夜吼子，又曰土角。角即梟之轉音也。按，梟又名猫頭鷹，或以其首有角而名

〔二〕曰：似爲「爲」字之誤。

通稱婦女曰娘兒們，猶南方稱奶奶們也。

稱幼年男子曰小伙子，伙或作夥。

謂人有小疾曰不耐煩。嵇康《與山巨源絶交書》云：「心不耐煩，而官事鞅掌。」按，不耐煩，非必有疾，而完人稱疾爲不耐煩，諱言有疾之意，且有疾亦未有耐煩者也。

謂才力不及曰不能彀。《唐書·張巡傳》云：「才千餘人，皆癯劣不能彀。」按，此語本謂力弱不能引弓，而今則施之於凡事不能作、不勝任皆曰不能彀。

謂人物不善曰黠古，係屬普通用語，當是可惡之轉音。

填房兒，續娶妻也。後到兒，娶再醮之婦也。好八淺子，差不多也。有模分兒，言有幾分希望也。僚壻互稱曰挑擔。南方有一擔挑之稱，義與此同，究未知何所本。調鬼、搗鬼，均黠也。揚子《方言》：「趙魏之間謂之黠，或謂之鬼。」彼此忿争曰格業，又曰打架。有交涉曰鬧話説。作工曰作活。作讀奏。晌火，正午也。晌火，當即晌午音之轉。午一鐘時曰晌火趓。音錯。足曰够，不足曰不够。够，應作彀。狡辯曰打麻煩。有求借於人曰打饑荒。單指金錢而言。家主曰當家的，稱謂人妻亦曰當家的。窩昂，言受委屈也。又謂人物齷齪亦曰窩昂。祖護小兒曰護犢子。稱太陽曰老爺兒，當即老陽音之轉也。謂月曰老母兒，即太陰義也。邏沙，言辦事不爽利也，又俗説爲膩外。抬起來，猶言收藏也。浮頭兒，謂表現於外者。謂驕傲曰象。人所不注意之處曰隔讀各垃音拉兒，又隱僻處曰背隔垃兒。謂熱鬧曰混合。謂說得過去曰混場。幾幾乎曰剛估麽兒。急流隔垃兒，猶言到處也。將果了兒，謂將來之結果。剛果了兒，即剛纔之義。一鋪松，猶言一大堆也。按，松當是叢之轉音，即衆多義。一寧寧兒、一星星兒、一點點兒、一滅滅兒，均極少義。

謂物之不善者曰蛤彀。按，蛤彀當是可惡之語轉。蛤、可雙聲，彀、惡疊韻，故可惡轉而爲蛤彀。

謂以物投人曰對，讀平聲。《詩》云：「王事敦我。」鄭箋云：「敦，猶投擲也。」注疏釋音引毛「如字」、鄭「都回反」，據此，則都回之合聲爲堆，正對字之平聲，而堆、敦又皆一聲之轉也。

謂人不務正業曰落倒。倒，當作拓。《北史·楊素傳》云：「少落拓，有大志。」與落倒之義正同。

謂物之飽滿者曰鶻伶。王實甫《西廂曲》云：「鶻伶淥老不尋常。」蓋言眼球飽滿流動也。

謂人之誠實者曰老實。《輟耕録》云：許魯齋在中書日，命牙儈僱一僕，役特選能應對閑禮節進，卻之曰：「特欲老實耳。」

謂買賣說合人曰牙子。《字典》引《中山詩話》云：「古稱駔儈，今謂牙，非也。」《舊唐書·史思明傳》互市郎，《安禄山傳》互市牙郎，蓋爲後人添一牙字。此說甚是。按牙當爲互字之訛，義則同互。完縣稱牙子，乃去郎字，而綴以語尾之子字耳。

〔民國〕清苑縣志料

【解題】佚名纂。不分卷。記事至民國二十年（一九三一）。清苑縣，今河北省保定市清苑縣。「方言」見第六册《風土》中。録文據民國鈔本《清苑縣志料》。

方言

天下無難事，就怕纏魔頭。省着省着，窟窿等着。鐵打房樑磨繡針，功到自然成。人逢喜事精神爽，悶到愁場盹睡多。若要人不知，除非己莫爲。耳聽爲虚，眼看是實。説人莫揭短，打人莫打臉。没有不透風的牆。前有車，後有轍。路遥知馬壯，日久見人心。成事在天，謀事在人。福無雙至，禍不單行。有福之人不用忙，無福之人跑斷腸。不聽老人言，饑荒在眼前。穿不窮，吃不窮，打算不到就受窮。寧走十步遠，不走一步險。在家不賢良，出門大風揚。當家纔知柴米貴，養兒纔知父母恩。在家敬父母，何必遠燒香。要吃還是家常飯，要穿還是粗布衣。要發家，種芝蔴。頭伏羅卜二伏菜，三伏有雨多種麥。二月清明花開罷，三月清明花不開。八月十五雲遮月，準備來年雪打燈。收花不收花，單看正月二十八。八月初一下一陣，下到來年五月盡。六月六，看穀秀。重陽無雨看十三，十三無雨一冬乾。小雪不耕地，大雪不行船。

〔民國〕清苑縣志

【解題】金良驥等修，姚壽昌等纂。清苑縣，今河北省保定市清苑縣。「方言」見卷三《風土》中。録文據民國二十三年（一九三四）鉛印本《清苑縣志》。

方言

爹，父也。《方言》《博疋》《廣韻》爹音皆徒我切。孃，母也。始於六朝，俗誤作娘。爺爺，俗呼祖曰爺爺。嬭嬭，俗稱祖母爲嬭嬭，又作奶。大爹，呼伯父也。大孃，呼伯母也。叔叔。嬸嬸。丈人，俗妻父之稱。丈母，俗妻母之稱。老爺，俗呼外祖父也。姥姥，俗呼外祖母也。舅舅，母之兄弟。舅母，舅之妻也。姑爺，女之夫也。大姑、小姑，夫之姊妹也。大舅、小舅，妻之兄弟也。嬭母，乳母也。丫頭，幼女也，俗呼使女曰丫頭。光棍，無妻之稱。公公，俗稱夫之父也。婆婆，俗稱夫之母也。填房，再娶妻也。妯娌，娣姒之俗稱也。姐姐，女長於弟妹之稱，即姊也。妹妹，女少於兄姊之稱。哥哥，男之長於弟妹者。嫂嫂，兄之妻也。姪娘，兄弟之子女也，《禮》稱兄弟之子曰猶子。弟，男之少於兄姊者，俗呼兄弟。孫，祖呼子之子曰孫。姐夫，姊之夫也，亦曰姐丈。妹夫，妹之夫也，亦曰妹丈。外甥，兄弟對姊妹之子稱甥。姑姑，父之姊妹也，即姑母。姨母，母之姊妹也，亦稱姨母〔一〕。媳婦，子之妻也，又少婦之通稱。

〔一〕原文如此。

炕，《日知録》：「北人以土牀空其下以發火曰炕。」坎肩，半臂也。簸箕，箕也，《詩》：「維南有箕，不可以簸揚。」小米，粟之去糠者。大米，稻之去糠者。高粱，見物産。稜子，即蕎麥。黄米，即黍之性黏可製糖酒者。

糊塗，不明白也，見《宋史·吕傳》。腌臢，不潔也。暴躁，性急也。冒失，孟浪也。把持，不放也。漂亮，出色也。顢頇。麻煩。囫圇。容易。打算，計較也。兜攬，包攬外事也。搪塞，猶言搪差塞責也。隄防，有備無患之意，亦曰防備。没出息，無進益也。

兩全其美，言作事雙方周到也。四平八穩，絶無坎坷之意。五方雜處，言市井繁華，人煙稠密也。八成，有八分把握之意。貪多嚼不爛，喻人多事終無結果也。十指不齊，言處事不可固執成見也。前有車後有轍，喻作事不出軌外也。念完經打和尚，喻人反面無情也。各掃門前雪，喻人不多事也。這山望着那山高，喻人妄想也。樹大招風，言人不安分遭人忌也。遠水不解近渴，猶言緩不濟急也。過河拆橋，喻待人太苛也。藕斷絲連。冷在三九，熱在中伏。立夏三天見麥芒。寧折十年壽，不受老來貧。能得罪遠親，不得罪近隣。路遥知馬力，日久見人心。嘴上無毛，辦事不牢。有根的多栽，張嘴物兒少養。八月八，穀子高粱進了家。潦梨旱棗，雨多收梨，雨少收棗。胳膊肘往外撇，即薄其親而厚其疏之意。九牛二虎之力，事之成敗未定而如九牛二虎之力也。巧婦難做無米粥，言人雖巧而苦於無利。整瓶不動半瓶摇，喻人學術短淺，偶得一知半解輒自詡也。一碗水端平，言人處事宜公正，不可左右袒也。靛缸裏扯不出白布來，言不可同流合汙也。

〔民國〕望都縣志

【解題】王德乾修，崔蓮峯纂。望都縣，今河北省保定市望都縣。「方言」見卷十《風土志》中。録文據民國二十三年（一九三四）鉛印本《望都縣志》。

方言

屬於時候者

年上箇，去年也。過年兒，明年也。今兒，今天。明兒，明天。夜拉過兒，昨日也。前半晌兒，上午也。晌火，午也。後半晌兒，下午也。一擦黑兒，向晦也。多昝，甚麼時候。一撲亮兒，天將曉。

屬於稱謂者

爹，父也。孃，母也。爺爺，祖父也。嬭嬭，俗作奶奶，祖母也。老爺，曾祖父。老太太，曾祖母。伯，呼伯父。媽，呼伯母。叔叔，讀如書，呼父弟也。嬸子，呼叔之妻。哥哥。兄弟。嫂。弟妹。閨女。小子，謂兒也。當家的，夫婦彼此相謂。姐姐。妹妹。姐夫。妹夫。大舅，呼妻兄。小舅，呼妻弟。舅舅。妗子。填房兒，繼娶之妻。新媳婦。後老婆子，再嫁婦。客，讀如切，來賓也。敗家子，不成器的子孫也。夥計，一鋪同事之稱。做活的，工人。打短的，短工也。小伙子，壯漢子。土棍，土豪也。五二鬼，無賴之人。哈個女人，謂他人妻。

屬於語詞者

是甚麽，問詞也。值不得，言事小不可進行也。提不起來，言不足稱，謙詞也。胡說八道、瞎說，統言人語不在情理。別胡鬧咧，勸人不可妄行也。怎麽好、怎麽辦，與人商量之語。胡來，言行事不合理。混張東西，説人不好也。不占，亦言人不好。好大傢伙，驚言物之大。生箇子，言人不知道大小。這事真不趣，意想不到之語也。想不起來、説不上來，忘也，不知也。幹甚麽哩，問人作何事也。受屈吧、莫生氣了，統勸人息訟也。打官詞不讓他，與人互争也。他按贓哩，謂人揑造蜚語。使黑錢，謂人花錢行賄賂也。入了黑窟窿，花錢被人騙也。差多，事太不相符也。磨稜打層，謂作事不用力也。向那裡去來，問人往何方也。又騎週又打週，言被人欺太重也。太草鷄，言人軟弱也。烈害，言人毒辣也。不説理，言强横也。人王不怕，言任意横行無所畏也。吵包子，兩造喧嚷也。話不中聽，話不合人情也。半慓子，言人不精細也。滚刀肉，言人不怕生死也。傻大黑粗，言人不明白也。根毛不拔，言人吝嗇也。白日裏連個乾油燈借不出來，亦言人太吝嗇也。土鬥兒，言人不文明也。科膌，不好看也。邋娑，一時不能辦齊也。手裏粘搗，做事不爽利也。廉利，乾净之稱。馬利，速快。草包貨，言人無能也。浪蕩梆子，言人不正經也。浪裏浪蕩，言人游手好閒也。那個去兒，謂某地方也。哈兒，謂那個地方也。移，收拾之義。嘎古，不好之義。嚷嚷。瞎吵。摸摸，讀如毛平聲，以手捫物。太末豁，遇事不經意也。唉，音哀，應人呼喚之聲。只當。膩咧。作了癟匹滅切子咧，難辨也。壞咧。冷不防兒。不吕户，正字爲覶顧，言不理會也。這克怎們着，没辦法也。啾咕，主意不定。捲人，駡人也。好説咧，不聽人言也。好生着，勉人之意。啾咕甚麼，謂人私語也。一叮叮兒，甚小也。一嚀嚀兒，甚少也。彆扭，不順當也。在行，曉事也，讀如杭。俏皮，誇人俊俏也。嗄作，謂人吝也。璺兒，器破有痕也。憨蠢，醜也。腌臢，讀如囊贓，汙穢也。哼，應嘉讀作國音ㄫㄥ拼音。

屬於食物者

餃子。餸子。餑餑。包子。麵條。酥酪，讀如河拉，以機器軋作圓條，蕎麥麪者佳。餅子，以玉米麪爲之。白粥，粥讀周，煮小米爲之。菜粥，小米和菜煮食也。乾飯，煮小米爲之，主要食品。掛麪，以白麪爲之。疙疸湯，調麪作疙疸煮食。片兒湯，以麪作片引伸煮食。苦壘，用粗麪和菜蒸之，攪作疙疸食之，亦乾糧之一。酸菜，望人貧户無力食鹽，多以菜葉、樹葉等煮之，入甕發酵變酸以佐食者。麻糖，以麪爲條用油炸食。碾轉，在大麥將熟時取而炒之，去皮，以磨磨之，作碎條。

屬於身體者

腦袋，頭也。耳朵。後腦勺兒。額列蓋兒。肩膀。脊仰。肋窩子。屁股，臀部也。大腿，膝上部。骼拉瓣，膝蓋也。腳鴨兒。

屬於植物者

鞋底片，即車前草也。猪媽媽科，地黄也。刺兒菜，即小薊。馬勺兒菜，馬齒莧也。稜子，即蕎麥。棒子，即玉蜀黍。椿樹，椿讀殳。辣椒，即蓁椒。倭瓜，即北瓜。乍蓬科，即刺蓬。高粱。穀子。黍稷。

屬於農俱者

紡車，織布機。棉弓，彈棉器。軋車，軋棉去子器也。犂，耕地器。蓋，以棗條穿木框編爲之，以平地者。耙，以木爲三角架，布以鐵齒，以耙地者。種食，耩地器。砘子，以石爲之。鋤，耘地去草器，短柄者曰小鋤，長柄者曰大鋤。轆轤，汲水俱。碌碡，以石爲之，軋場器。戳橱，立橱也。杌子，圓坐俱。橙子，方坐俱。低桌，炕桌也。八仙桌，方桌也。椅子。

屬於動物者

錢串子，《説文》爲蝨，即多足蟲。大老家，麻雀也。魚，讀如玉兒。馬郎，即蜻蜓。蝍蟟，即蜩。拉拉古，即螻蛄。弗涼兒，似蟬而小。螞蚱，即螽斯，蝗屬。擔丈勾，螽斯之長大而色緑者。蛐蛐，即促織，亦名蟋蟀。羅駒，即聒聒，似螞蚱而大，色青，鼓翅善鳴。螌蟳，即蟻也。河螞，即蝦蟆。長蟲，蛇也。蝎子。

〔道光〕直隸定州志

【解題】寶琳修，勞沅恩纂。直隸定州，今河北省定州市。「方音」見卷十九《政典·風俗》中。録文據道光三十年（一八五〇）刻本《直隸定州志》。

方音

學讀作鴞。習讀作西。祿讀作路。郁讀作於。色讀作灑。客讀作且。讀讀作都。覺讀作絞。瘧讀作要。麥讀作賣。給讀作紀。獲讀作槐。錫讀作洗。墨讀作昧。額讀作葉。雜讀作咱。局讀作居。突讀作堵。略讀作料。摘讀作債。入讀作肉。閣讀作稿。筆讀作彼。國讀作鬼。雹讀作包。阜讀作富。胞讀作抛。

〔民國〕定縣志

【解題】何其章修，賈恩紱等纂。定縣，今河北省定州市。「方言」見卷二一《志餘·雜志下》中。録文據民國二十三年（一九三四）刻本《定縣志》。

方言

前志記方音，如學讀作鴞、習讀作西之類。案，此記類出自傳聞，未爲實録。昔人謂讀書識字，漢時學童識字九千方習爲吏，非徒解字讀也，音訓、文義必盡之。近世亦重識字，第《毛詩》外，傳聞者恒稀。《韻補》《韻考》諳者尤鮮。且習熟見聞，如一叶讀兮，《參同契》。十轉讀諶，白居易詩。德，篤木切，謝惠連《雪賦》。草，脞五切，甯戚《商歌》。此類不可枚舉。方音之譌，無足論矣。至方語之流播，境内寖繁，耳聞以熟覺，其中不無取義。又或各有原本，概以齊東目之，固未可也。姑志其略，爲見聞之一助。

老天　急呼天也。俗嘗呼天爲老天，情急語也。《史記·屈原傳》：「天者，人之始；父母者，人之本。故勞苦倦極，未嘗不呼天也。疾痛忉怛，未嘗不呼父母也。」

天地間　歇後語也。俗斥絶人曰天地間，言少此人也。類鄭五歇後語。

燒煙　炊煙也。人口多則燒煙大，少則燒煙小，故俗以燒烟大小，言人口之多少。

掃帚星　彗星也。魏鄭公《諫録》：鄭公對太宗曰：「典籍所載有長星，有孛星，有彗星。長星形極長，孛星小短，彗星如掃帚形。」今人所謂掃帚星，即是彗星。

陰護闌　月暈也。俗以月暈爲陰護闌。《辨姦論》：「月暈而風。」《釋名》：「暈，捲也。氣在外捲結之也。」

閃　電也。金聖歎云：「小兒怕電光，電光故向小兒面前一閃一閃。」故俗呼電爲閃。

旋風　羊角風也。《莊子·逍遥游》：「摶扶摇羊角而上者九萬里。」注：「羊角，風之曲屈勢。」今旋風上如羖羊角也。

連陰雨　霖雨也。《左氏傳》：「凡雨，自三日以往爲霖。」

忽雷　胡琴也。俗以雷響曰忽雷，然實琴名也。《南部新書》：「胡琴大曰大忽雷，小曰小忽雷。」

雪糈　音深。霰雪也。《説文》：「霰，稷雪也。」《詩》：「相彼雨雪，先集維霰。」閩俗謂之米雪，言其霰粒如米也。俗呼爲雪糈。

凌綴　冰筋也。《天寶遺事》：「冬至日大雪，簷溜皆爲冰條。妃子使侍兒敲下二條看玩。帝問之，曰冰筋也。帝曰：妃子聰慧，此象可愛。」

冰凌　凍也。《説文》冰作仌，「凍也，象水凝之形」。《風俗通》：「冰壯曰凌。」又：「積冰曰凌。」俗總呼爲冰凌。

零星　辰神也。《風俗通》：「辰之神曰零星。」俗以瑣屑物爲零星。

瘧子鬼　瘧疾也。俗以瘧疾爲瘧子鬼。方書云：「瘧子鬼，不是食，就是水。」

年成　豐年也。《禮·郊特牲》：「年不順成，則八蜡不通，以謹民財也。順成之方，其蜡乃通。」又《詩·周頌》：「豐年多黍多稌。」

爺　祖父也。《字彙補》爺，古作爺。俗祖父之稱。

奶　祖母也。今俗則重言之。

爹　父也。《廣韻》：「爹，父也。」北人呼父爲爹，吴人則呼爲爸爸。

婆　母也。《説文》：「婆，老母稱。」案，今山西洪洞人猶稱母曰婆。定人多遷自洪洞，以母爲婆，不忘所自始也。間稱曰娘，亦沿之故習。西北鄉曰嫫，又媽之轉音。

公婆　舅姑也。《字典》〔一〕：「方俗稱舅姑曰公婆。」又尊老媼曰老婆，至稱村婦，又曰婆子。

媽　母也。俗間稱母曰媽。《博雅》：「媽，母也。」本音姥，俗讀若馬平聲。

哥　兄也。《説文》哥從二可，古文以爲謌字。《韻會》：「潁川語小曰哥。」今人以配姐字，爲兄弟之稱。

伯伯　父之兄也。《説文》：「伯，長也。」《釋名》：「父之兄曰伯父。伯，把也。言把持家政也。」俗呼伯伯，文言之曰伯父。

叔叔　季父也。《釋名》：「叔，少也。幼者稱也。」方音父之弟也。《爾雅・釋親》：「婦謂夫之弟曰叔。」

妐妐　夫之父也。《集韻》：「關中呼夫之父曰妐。」今俗呼妐曰妐妐。

媳婦　子婦也。《字彙》：「俗謂子婦曰婦。」《釋親》：「子之妻曰婦。又女子已嫁曰婦，婦之爲言服也，服事於夫也。」

嫽嫽　外祖母也。揚子《方言》：「青徐之間謂好爲嫽。」北人呼外祖母曰嫽嫽，盧好切。

〔一〕字典：原誤作「説文」。

親家　姻家也。《説文》：「姻，壻家也。」《白虎通》：「婦人因人而成，故曰姻。」又壻父曰姻。今男女之家皆曰姻。

欸　然也。《説文》：「欸，呰也。」一曰然也。揚子《方言》：「欸、䜩，然也。南楚凡言然者，或曰䜩，或曰欸。」又歎聲也。

歍　不然也。《説文》：「歍，心有所惡，若吐也。」今於人不然其説則歍之。

𠙽　同乏。廢也。俗斥人不振作曰𠙽。《莊子》：「子往矣，勿乏吾事。」注：「乏，廢也。」《左》宣十五年《傳》：「於文，反正爲乏。」今詈人曰𠙽，即廢壞不正意。

咱家　自己家也。咱音匝。俗稱自己家也。山西人亦多是稱。

麻子　麻面也。俗稱麻面爲麻子。晉有趙孟，面麻，時稱麻面尚書。

呆子　癡獃也。呆同槑，省，又古文某字。《説文》：「梅，杏類。」〔一〕倒杏爲呆，俗誤爲癡獃字。《廣韻》：「獃，癡也。」

傻子　輕慧也。《廣韻》傻，沙瓦切。《韻會》：「輕慧貌。」輕慧，少智慧也。

草計　雌鷄也。俗以膽怯爲草計，實謂之雌鷄也。趙溫曰：「大丈夫能爲雄飛，不爲雌伏。」

〔一〕《説文解字》無此訓。最早出陸璣《毛詩草木鳥獸蟲魚疏》。

能耐　能也。俗以善事爲能耐。能，本奴登切。《説文》：「熊屬，足似鹿，堅中。」故稱賢能而强壯者爲能傑也。

抛撒　潑散也。田農以飯潑地而祭曰抛撒，然爲潑散之轉音。

混賬　溷章也。俗駡匪類爲混賬，實則溷章也。《選·賦》：「白鷺溷章。」溷章，雜文鳥也。匪類混雜是非，故謂之溷章。

蟲盜　如蟲之盜物也。《左氏傳》於文血蟲爲蠱，穀之飛亦爲蠱，養蠱者以蠱盜財物，故俗斥作非者曰蟲盜。

麻胡　糢糊也。俗以人不曉事爲麻胡。麻胡，糢糊也。杜工部詩：「駝背錦糢糊。」注：「糢糊，漫貌。」言不分明也。

忽突　糊塗也。俗以人不了了爲忽突。《宋史》：「吕端小事糊塗，大事不糊塗。」《金壺字考》：「糊塗，音忽突。」

落刀　潦倒也。俗以游閑人爲落刀，即所謂潦倒也。嵇康《與山巨源絶交書》：「潦倒麤疏。」潦倒，言不整頓也。

郎當　猶潦倒也。俗以潦倒人爲郎當。明皇小字三郎，幸蜀，回棧道，聞夜雨淋鈴，曰：「何聲也？」侍者云：「似曰三郎郎當。」郎當亦曰浪當。

摩挲　挼抄也。韓愈《石鼓歌》：「誰復著手更摩挲。」《玉篇》：「摩抄，手挼抄也。」

扯埽　扯淡也。俗以無甚關係曰扯埽，即所謂扯淡也。

熱鬧　熱惱也。蘇詩：「江南無雪春瘴生，爲散冰花除熱惱。」

淹纏　遷延也。方書：久病曰淹纏。俗以爲遷延時日之稱。

小的　小底也。王銍《默記》「王介甫家小底不如大底，謝師宰家大底不如小底」是也。

㚘姑　奔兢也。《廣韻》：「㚘姑，身短貌。」一説努力也。俗以爲奔兢也。

毛騷　毴毸也。俗以地方不潔爲毛騷。唐《國史補》：「舉子不捷而醉飽謂之打毴毸。」毴毸，煩悶意，猶毛騷也。

攢採　攛掇也。《字考》：「勸人作事曰攛掇。」今俗催促人曰攢採，字異義通。

褦襶　不曉事也。俗斥無能曰褦襶。《類篇》以爲「不曉事」。魏程曉詩：「今世褦襶子，觸熱到人家。」

丁當　丁東也。《字考》：「丁東，聲也。」凡玉佩、鐵馬聲皆曰丁當。當、東二音古通。

睖瞪　猶籠東也。俗以癡呆爲睖瞪，即籠東意。《荀子》作東籠，摧敗披靡之貌。

睡煞　睡蛇也。俗謂癡睡人曰睡煞，不知爲睡蛇也。佛《遺教經》：「煩惱毒蛇，睡在汝心。」蘇詩：「睡蛇已死不須鈎。」

華離　不正也。華，《韻略》作㼌，《説文》作竵〔一〕，「不正也」。俗謂譎詐曰華離。

〔一〕竵：原誤作「楇」，據《説文解字》改。

抖擻　斗藪也。俗以振作爲抖擻精神。抖擻，即斗藪也，言斗藪煩惱，以歸正真也。

襯心　稱心也。俗以如意爲襯心。宋賈似道至西湖縱游，諸妓家室燈火異常，帝詢之，有一妓曰潘妓，似道之稱心者。

邋塌　不整也。俗以不整潔爲邋塌。

把勢　技藝也。俗稱有技藝者曰把勢。見武漢臣《玉壺曲》：「年長者稱老把勢。」

壞旦　媒但也。俗斥詐人曰壞旦，即媒但也。《淮南子》：「媒但者，非學謾也，但成而生不信。」高誘注：「但，詐也。」

虎勢　虎士也。俗稱健兒雄猛曰虎勢。案，《猗覺寮雜記》：「王介甫云：『虎士閒閶闔，鷄人唱早朝。』虎士，衛士也。」

科頭　叩頭也。俗以叩頭爲科頭。又云科頭如搗蒜，目卑小官爲叩頭蟲。

战掇　以手稱物也。俗以乘馬不穩曰战掇，以手稱物亦云。案，《莊子・知北游》「大馬捶鉤」，注：「玷捶物之輕重。」玷，丁兼切，同战。捶，同掇。

喫醋　婦妬也。《知新録》：「世以妬婦比獅子，獅子喜喫醋也。」

招呼　叫呼也。俗以閧鬧爲招呼，然招呼，叫呼也。《集韻》：「吴人謂叫呼爲詨。」蘇軾《新釀桂酒》詩：「招呼明月到芳尊。」

滑礤　滑澾也。俗以泥濘曰打滑礤。皮日休《吴中苦雨》詩：「蓋檐抵礙首，蘚地滑澾足。」

出殯　出柩也。俗名發引爲出殯。喪家懼有水火災，於壁下塗之曰殯。殯淺而葬深，故欲葬而出之，俗謂開靈者是也。

擡重　擡重主也。俗名擡靈柩曰擡重。重禮今不復，詳《禮・檀弓》：「重，主道也。」注〔一〕：「始死未作主，以重主其神也。」孔疏〔二〕：「主者，吉祭，所以依神。人始死作重，猶若木主。」方殁日始死則有柩，又設重，所以爲重。除重乃復作主。今紙牌位似其遺意。

招廟　招魂也。招魂始於屈原，或曰宋玉。案，招魂曰復。《禮・檀弓》：「復，盡愛之道也。」注：「復，謂招魂。庶幾其精氣之返也。」今招廟已漸廢不用。

嘻嘻　喜笑也。《易・家人》：「婦子嬉嬉。」疏：「嘻嘻，喜笑之貌。」

草草　簡率也。韓愈《送劉師服》詩：「草草具盤飧。」《玉篇》：「苟簡曰草草。」

尖頭　筆頭也。元魏有臣古弼，頭尖，帝名之曰筆頭，又曰尖頭奴，時人號筆頭公。今俗斥黠人曰尖頭。

白浄子　白浄也。俗以潔白人爲白浄子，以白浄而名也。《牟子》曰：「臨得佛時，生於天竺，假於王家，父名白浄。」

〔一〕注：原脱。
〔二〕孔疏：二字原誤在「所以依神」下。

孫奔子　孫賁也。俗鄙懦人曰孫奔子。《侯鯖録》：「孫公素名賁，昔爲程宣公門賓，後娶程徽之女，性極悍妬，賁甚畏之。」

迷迷忽忽　昏憒也。《韓詩外傳》：「迷迷然以富利爲隆，是俗人也。」《淮南子》：「與忽忽往，與忽忽來，莫知其所之。」

糊塗鬼　非曉人也。《平播全書·彈庸吏疏》：「聽斷不聰，衆號之曰糊塗鬼。」

不怎麼　無礙也。怎，吴人讀尊上聲。《廣雅》：「麽，微也。」《維摩經》：「辨才無礙。」

好漢子　豪横人也。《游俠傳》：「豪暴侵陵孤弱。」注：「豪暴言豪横。」俗訛作好漢。

好小子　好男子也。《禮》：「男子生，桑弧蓬矢六，以射天地四方。四方者，男子之所有事也。」又小子，門人之稱。

伊優亞　辭未定也。伊優與咿嚘同。蘇詩：「兒女自咿嚘。」又：「嘔啞莫與談。」注：「嘔啞，小兒學言也。」與優亞字義同。

不要緊　不喫緊也。朱子《大學語録》説誠意要緊跟致知來。吴程曰：「喫緊，猶俗云著急。」

不耐煩　厭煩也。《史·倉公傳》：「病使人煩懣。」俗以幼孩有疾曰不耐煩，病者喜静厭煩惱也。

不害羞　不知恥也。宋高若訥詆毁范仲淹，歐公謂若訥「不知人間有羞恥事」。

青瞪眼　青盲眼也。方書：青盲眼症，謂目内外並無障翳氣色，只自不見者。是乃玄府幽深之源鬱遏，不得發此靈明。其因有二：一曰神散，一曰膽澀。傷於七情則神散，傷於精血則膽澀。惟保真固本，有不治而愈者。

雀矇眼　雀瞀眼也。《莊子・徐無鬼》：「予適有瞀病。」注：「瞀，視眩易也。」《埤雅》：「雀目夕昏，人有至夕昏不見物者，謂之雀瞀。」

翻白眼　不入眼也。晉阮籍能爲青白眼，遇俗客則以白眼當之。王維詩：「白眼看他世上人。」

吉了嘴　如秦吉了也。《仇池筆記》：「秦吉了，似鸜鵒，頭有肉冠，能言笑。」白居易《秦吉了》詩：「耳聰心慧舌端巧，鳥語人言無不通。」

個對個　一與一也，諺云個對個。王守仁《明賞罰以厲人心疏》：「盜賊習知官府之不彼與。」曾滌笙曰：「與，敵也。」《左》襄二十五年《傳》「一與一」，謂一人敵一人也。

歸命關　鬼門關也。俗謂難過的歸命關，實鬼門關也。秦少游《竹枝詞》：「身過鬼門關外天。」

老奘頭　老壯人也。奘音葬。《方言》：「秦晉間人大謂之奘，或謂之壯。」蘇軾《和合浦上人》詩：「爲問庭松尚西指，不知老奘幾時歸。」

這個物件　或言這個東西，即阿堵物也。《大學》：「身有所忿懥。」〔一〕《語類》：「這都是爲物所係縛。便是有這個物事。」晉王衍口不言錢，其婦夜令婢以錢繞牀不得行，夷甫見錢，命婢「舉阿堵物去」。《世説》注：「阿堵，猶言這個也。」

橫蹋豎臥　橫眠豎臥也。《集韻》：「蹋，伸足臥伏也。」《五燈會元》：「僧問：『如何是鹿門山？』師曰：『石頭大底大，小底小。』『如何是山中人？』師曰：『橫眠豎臥。』」

騎驢找驢　忽忘也。俗以忽忘者爲騎驢找驢。

鉢椀　盋盂也。俗以椀之大者曰鉢椀。《玉篇》：「鉢，器也。」

鋪墩　蒲團也。俗以編茅藉地曰鋪墩，實僧家蒲團之訛也。顧況詩：「蒲團坐如鐵。」

油鈷　音項。炙輠也。《史記》：「談天衍，炙輠過髡。」〔二〕《别録》曰：「輠，車盛膏器也。炙之雖盡，猶有餘流者，言淳于髡知不盡如炙輠也。」

釃茶　醲茶也。蘇軾游諸佛舍，一日飲釃茶七盞。《傳燈録》夾山偈曰：「釃茶三五椀。」《廣韻》：「釃，醲也。」

餅子　米粉也。東坡詩引：「劉監倉家煎米粉作餅子。」〔三〕俗以小米麪或高粱麪團而蒸

〔一〕身：原誤作「心」，據《大學章句》改。
〔二〕過：原脱，據《史記》補。
〔三〕家：原脱，據《東坡詩集》補。

食者曰蒸餅子，貼鍋邊者曰貼餅子。

磨磨　饅首也。《升庵外集》：「饅頭，北人曰波波，南人曰磨磨。」俗又曰蒸餅。

穀穀　布穀也。《爾雅》：「鳲鳩，鴶鵴。」郭注：「今之布穀也，江東呼爲穫穀。」古樂府云：「布穀鳴，農人驚。」

老鴰　烏也。《廣韻》：「鴰，鶬鴰也。」《爾雅注》：「鵶烏也。」《廣雅》：「純黑，反哺，謂之烏。小而腹下白，不反哺，謂之鵶烏。」

水老鴰　鸛也。《廣韻》：「鸛，水鳥，好水，將雨則鳴。」《詩·東山》：「鸛鳴於垤。」《禽經》：「鸛仰鳴則雨，俯鳴則陰。」

唧略　知了也。俗名蟬爲唧略，實則知了也。杭諺：「一聲知了出黃梅。」知了即謂蟬也。

伏底伏涼　寒蟬也。《月令》：「孟秋之月，寒蟬鳴。」注：「寒蜩也，似蟬而小，青赤。」蔡邕云〔一〕：「應陰而鳴，鳴則天涼，故曰寒蟬。」

鏼咤木子　啄木也。古詩：「南山有鳥，自名啄木。飢則啄樹，暮則巢宿。無求於人，自得所欲。」俗呼爲鏼咤木子。

夜白虎　蝙蝠也。韓愈詩：「黃昏到寺蝙蝠飛。」《方言》：「自關而東謂之飛鼠。」又俗以

〔一〕邕：原作「雍」。

蝙蝠爲鼠之變。

河蟆科特　科斗也。《爾雅》疏：「蝦蟆子，一名科斗，一名活東，頭圓大而尾細，古文似之。故孔安國皆云『科斗文字』是也。」

長蟲　蛇也。《韻會》：「蛇音闍。毒蟲也。」《酉陽雜俎》：「蛇有水草木土四種。本作它。」《説文》：「它，從虫而長，象冤屈垂尾形。」〔一〕

海拉蚆子　海蠃蚌也。《玉篇》：「蠃，蚌屬。」《釋魚》注：「蠃，大者如斗，出日南漲海中，可爲酒杯。」蠃，本作螺，又通蜾。

蝎虎　蜥蜴也。蘇軾《蝎虎》詩：「窗間守宫稱蝎虎。」《方言》：「蝎虎，秦晉西夏謂之守宫。」

牛鰻　蝸牛也。《釋蟲》：「蚹蠃，螔蝓。」注：「即蝸牛也。」《本草》陶注：「生人家及山中，頭形似蛞蝓，但背負殼耳。」

螞蝍　蜻蜓也。《廣韻》：「蜻蜓，蟲也。」《埤雅》作：「蝍蜓飲露，六足四翼，其翅輕薄如蟬，晝取蚊蝱食之，好集水上飛舞。」

蠀螬　蛴螬也。《釋蟲》「蛴螬」注：「在糞土中。」《本草》：「大者如足大指，以背滾行。」

〔一〕冤：原誤作「宛」，據《説文解字》改。

蛛蛛　蜘蛛也。《關尹子》：「聖人法蜘蛛而立網罟。」

蝱子　牛蝱也。《説文》：「蝱，齧人蟲也。」《爾雅翼》：「好集牛馬尾，故名。」《中山靖王傳》：「明月曜夜，蚊蝱宵見。」

臭蟲　蠦蜰也。《爾雅·釋蟲》：「蜚，蠦蜰。」疏：「蜚，越之所生，其蟲臭惡，南方濕氣之所生也[一]。《本草》：『蜚，厲蟲，臭惡，害人之物者。』」[二]

刀螂　螳螂也。《月令》：「螳螂生。」《説苑》：「齊桓公出獵，螳螂臂以當車轍，桓公欲避之，曰：『此天下勇蟲也。』」

溷尸蟲　尸蟲也。俗詈人曰溷尸蟲，即尸蟲也。

麻虎　麻祜也。俗怖小兒曰麻虎，實麻祜也。隋煬帝使麻祜濬河，麻祜以木鵝試工淺深，鵝止輒謂夫役不忠，結隊死冰下，故小兒聞説麻祜即懼。猶張遼戰合肥，江南人爲之膽落，曰遼來，小兒不敢夜啼也。

猫豹子　貍也。《正字通》：「貍，野貍也。毛雜黄黑，有班如猫。圓頭大尾者爲猫貍，善竊鷄，皮可爲裘領。文如豹而作麝香氣者爲香貍，即靈猫也。」《四子講德論》：「養鷄者不畜貍。」

[一] 濕：原誤作「溼」，據《爾雅注疏》改。

[二] 厲：原誤作「風」。之：原誤作「衣」，據《爾雅注疏》改。

刺猬　毛刺也。《釋獸》：「彙，毛刺。」注：「即蝟也。」《韻會》通作貍。《玉篇》：「似豪猪而小。」陸佃曰：「可治胃病。」《炙轂子》：「刺端分兩歧者猬，如棘針者豖。猬性獰鈍，物少犯，近則毛刺鑽起如矢。」

羊溝　楊溝也。《中華古今注》：「羊性喜觸，爲溝以限之，名曰羊溝。」《三輔黄圖》〔一〕：「長安御溝謂之楊溝，謂植楊其上也。」俗以廁之洩穢處爲羊溝。

星星草　穀精草也。《本草》：「穀精草，收穀後荒田中生，葉似嫩秧，花如白星，入藥明目退翳，在菊花之上。」

鞋底片　車前草也。《本草》：「車前草，好生道旁，性甘寒，能利小便，而不走氣子尤勝。」

馬疕泡　馬勃也。《正字通》：「一名馬疕。」《本草》：「生濕地朽木上，狀如肺肝，紫色，虚軟，彈之粉出，治睺痺咽痛，外用傅諸瘡良。」

浮炭　桴炭也。《老學庵筆記》：「浮炭者，謂投之水中而浮，今人謂之桴炭。白居易詩『日暮半爐桴炭火』是也。」

〔民國〕青縣志

【解題】萬震霄修，高遵章總纂。青縣，今河北省滄州市青縣。「方言」見卷十一《風俗志》中。録文據

〔一〕黄：原誤作「皇」。

方言

邑志論列方言，爲通俗之正義，顧村謡里諺最雜以蕪，甚有遍檢字書不能得其正字者。茲僅就青人當時之語，擇要叙述，不務求全，其有習見載籍及散著他類者，俱置不録。

呼空中曰半懸空。日曰日頭。亦曰爺爺。夕陽曰日頭西。晝曰白下。夜曰黑下。夕曰後上。將午曰小晌午。午音如火。午後曰晌午趓。對日曝物曰晾。音亮。月曰月亮。月下曰月亮地。無月之夜曰月黑天。月暈曰風圈。雲曰雲彩。雨後雲飛曰跑乏雲。露曰露濕。雹曰打閃。霹靂曰瓜拉。無正字。星曰星星。流星曰賊星。虹曰絳。無正字。霞曰火燒雲。霰曰飯不拉。無正字。野曰窪。近宅地曰牛腳地。可建屋之地曰造建。建讀如柬。不毛之地曰荒場。地上曰就地。亦曰就地下，就音平聲。門外曰當街。庭中曰當院。水灣曰坑。穴曰窟竉。俗誤作窿。塋域曰墳地。右天地。

呼父曰爹。或曰爸爸，農家則曰伯。母曰孃。亦曰呀，無正字。或曰媽。祖父曰爺。祖母曰嬭嬭。音乃，俗作奶。曾祖父曰老爺。曾祖母曰老太太。伯父曰大伯。伯母曰大娘。翁曰公公。姑曰婆婆。對面時則呼爹與孃。兄曰哥。弟曰兄弟。姊曰姐。妹曰妹妹。外祖曰老爺。老字重讀，與曾祖父之重讀爺字異。外祖母曰姥姥。讀如老老。母之姊妹曰姨。祖母之兄弟曰舅爺。祖母之姊妹曰姨嬭嬭。母之姑母曰姑姥姥。妻父曰丈人〔一〕。亦曰岳父。妻母曰丈母。亦曰岳母。妻之祖父曰爺丈人。妻之祖母曰嬭嬭丈母。妻之兄弟曰大小舅。妻之姊妹曰大小姨。妻兄弟之妻曰大小妗。妻兄弟之子曰内姪。妻族皆非對面稱。男孩曰小子。女孩曰小丫頭。稍大曰閨女。婦人曰孃兒們。亦曰嬭嬭們〔二〕。男子曰爺兒們。老翁曰老頭兒。老婦曰老婆兒。繼娶者曰填房。再嫁者曰後婚。鰥夫曰光棍。童養媳曰團圓媳婦。塾師醫士卜者説書者皆曰先生。同學曰同窗。工匠曰手藝人。尊稱之曰司夫，無正字。商號經理曰掌櫃。宦家子曰少爺。宦家女曰小姐。傭工曰年做。做讀如造。按日計值者曰短工。女僕曰跟屋的。亦曰老媽子。乞丐曰花子。花爲化字轉音。隨後婚改嫁之子曰帶犢子。武術師曰把勢師父。工匠御者亦稱把勢。成衣工曰裁縫。縫讀如房。受傭之乳母曰嬭母。收生婆曰老孃婆。綹竊曰小李。李讀如縷。長隨曰跟班的。亦曰茶房。鄰佑曰鄰舍家。舍讀如世。對人稱己父曰老人家。對人稱己妻曰我家裏。亦曰我屋裏。對人稱己夫曰當家的。亦曰男人。族人曰當家子。指稱平等或晚輩人曰你。指稱衆平等或晚輩人曰你們。指稱尊長曰你老。指稱自己曰俺〔三〕。亦曰我。指稱自己一流人曰俺們。指稱第三人曰他。指稱衆第三人曰他們。指稱自己與人曰偺們。右身分。

〔一〕曰：原誤作「父」，據文例改。
〔二〕曰：原誤作「白」。
〔三〕曰：原脱。

呼甚麼曰麼。讀如碼。能做曰會。無正字。流質濃曰糊。讀如絳，無正字。流質薄曰稀。洗衣曰涑。音酬。重曰沈。輕曰輕鬆。鬆讀如生。粗曰憨。無正字。細曰媌。凋萎曰蔫。人之精神不振者亦有此稱，又曰蔫洪。足用曰足够。辦不到曰不能彀。彀字借用。興致煥發曰高興。興去聲。差不多曰不大離。諒其然曰一高興。佯作不知曰打張致。私藏之財曰梯己。己讀如息。又背人私語曰打梯己。湊趣曰門湊。俊俏之人曰俏皮。作事便捷曰馬利。色彩鮮明曰漂亮。亦喻人之作事出色。取辱曰栽觔斗。觔斗讀如跟頭。任意搬移曰折騰。騰讀如登，無正字。昨日曰夜裏格。明日曰明兒格。亦曰到明。鹵莽曰冒失。以人言爲是曰可不是。亦曰可不。一批曰一槅。音泡。一番曰一遍遭。物不破曰囫圇。繁瑣曰累贅。亦曰邋遢，無正字。珍貴曰稀罕。心愛亦曰稀罕。事壞曰蹧臯。無正字。毀人毀物皆曰蹧踐。亦曰蹧蹋。人能幹曰鬼。借用。有疵曰有毛病。商議曰查對。整齊曰嫛結。嫛讀若格，借用。懊喪曰鏖糟。借用字，或讀如那扎。面折人過曰數落。數上聲，落讀如羅。中斥曰訾打。無正字。支吾曰閃展騰挪。展讀如戰。失而欲復得曰撈摸。無端加入曰攙和。和讀如火。追趧曰蹨。音輦。懦弱人曰菜虎子。没志氣曰没煖氣。煖讀如囊。不曉事曰不知好歹。諂諛曰奉承。牽就曰就和。和讀如火。罵詈曰罵街。亦曰捲，又曰絶，皆無正字。忿争曰打仗。有趣味曰有意思。機警曰唧伶。餽贈曰人事。食中飯曰打尖。搔癢曰契。音蒯。撻曰奏。含辱詈意，無正字。推曰搡。挹流質曰舀。咬音。棄於地曰摔。遠擲曰扔。音仍，借用。牢握曰攥。欠伸曰打瞌欠。讀如火先。愚弄人曰捉摸。以兩指取物曰㧜。讀如聶之去聲，一作搦。以指甲按物曰掐。木强曰梗。

讀如根之上聲，無正字。老悖曰悖晦。糊塗曰們渾。不佳曰潦倒。借用。索性曰投性。性讀如信。運去曰倒霉。蓄心破壞曰發壞。久不了結曰淹纏。淹讀如黏。不能辦事曰材頭。材讀如粲。羞澀曰靦覥。覥讀如貼。怒而不言曰生氣。急忿曰着急。欲尋短見曰尋死。賣弄曰擺當。延宕曰磨蹭。做作曰搐搦。讀如拿捏。體弱曰賴唉。無正字。不能進益曰没出息。老前輩死曰老了。亦曰不在。厭惡曰嫛盈。借用。欠債難償曰有急惶。行不納履曰遢邋。裂痕曰裂璺。音問。不潔曰臢。讀如臧。不整齊曰邋塌。不知恥曰不害臊。借用，亦曰不要臉。譏刺曰臊脾。臊字借用。性躁曰有脾氣。賀喜曰道喜。弔喪曰弔紙。祭祖祭神皆曰上供。掃墓曰上墳。男婚曰成家。亦曰娶媳婦。女嫁曰出門。亦曰做媳婦。婦歸寧曰住孃家。染疾曰生病。兒出痘曰生花。蓋取痘曰天花之義。奉教曰在教。凡在家、在理、在幫，並同此意。承繼曰屬過繼。析産曰分家。婦産嬰曰坐月子。亦曰倒下。赴市曰趕集。赴會曰趕廟。主持家政曰當家。入塾曰上學。醫者切脈曰號脈。施針曰札針。迷信曰論道。諏吉曰看好晌。建屋曰蓋房。占卜曰算卦。酬神曰還願。度歲曰過年。求傭曰造活。傭工曰扛活。扛讀如抗。孩童滋事曰發皮。無正字。訴訟曰打官司。賣地曰出地。買地曰置地。契紙曰文書。放債曰放帳。俗作賬。典地曰當地。當去聲。典衣物曰當當。二當字並去聲。用錢曰花錢。路費曰盤纏。亦曰占錢。日費曰澆裹。飲讌曰坐席。右人事。

呼巷曰衚衕。小巷曰夾過道。承塵曰頂隔。隔音轉如間。土牀曰炕。牆隅曰嘎拉。無正字。門階曰礓礤。亦曰抬階。照壁曰映壁。壁讀如背。磚砌向外牀面曰炕套。窗曰窗户。門側曰門闤。俗作框。廁所曰茅廁。廁讀如子。牀邊曰炕沿。沿讀去聲。寺廟前門曰三門。俗訛山門。市房前面曰門面。炊室曰廚房。貯糧室曰倉房。貯柴室曰柴火篷。宅内水道曰陽溝。籬曰籬笆。車屋之門曰柵欄。音轉如乍拉。或曰箦門。屋之前後牆曰檐。左右牆曰山。炕之外端曰炕頭，裏端曰炕梢頭。竈曰鍋台。窗下曰窗台。廳事曰大廳。亦曰客屋。屏風門曰屏門。外短衣曰馬褂。半臂曰坎肩。汗褂曰近身。近讀如緊。抹胸曰肚兜。紐扣曰扣襻。音泮。衣補曰補丁。無正字。婦人托肩曰雲肩。便帽曰帽墊。錢囊之大者曰錢衩，衩字借用。小者曰錢褡褳。借用。載重馬車曰大車。人坐有篷之車曰轎車。人力推物之車曰小車。拖載農器赴野者曰拖車。碎塊農具曰耙。讀如罷。佈種農具曰耬。碌碡曰流軸。擣衣砧曰箠邊石。杵曰棒鎚。鐵質掘地之物曰鐵杴。音掀。木質挹取糞土之物曰木杴。稱重物之權曰秤。稱金銀或輕物之權曰等。無正字，俗造爲戥字。敲石取火之具曰火鐮〔一〕。簸揚糧米之具曰簸箕。留粗去細之竹器曰篩子。箸曰快子。快，俗造爲筷字。掃庭院之帚曰掃帚。掃牀榻之小帚曰笤帚。滌釜之小帚曰炊帚。爆竹曰爆仗。音轉讀如炮長。紙錢曰燒紙。蔽雨窗簾曰雨簒。讀如打。紡線車曰紡車。紡線銓曰筳桿。筳讀如定。編柳漉湯之具曰笊籬。削木盛平聲音承湯之具曰馬勺。拄杖曰拐棍。鎮紙寫字之具曰仿圈。布裝夾護試卷之具曰卷夾。紙製懸牆貯字之具曰書挂。收貯廢紙之具曰紙簍。簪珥之屬曰首飾。剪席貯布之箱曰胡箱。編席貯糧之具，大而無底者曰囤，小而有底者

〔一〕上「火」字原誤作「水」。

曰簍。銀幣曰洋錢。銅幣曰銅子。綫製布袋曰口袋。麻製布袋曰麻袋。瓴甋曰墼。音激，轉讀如匹，俗作坯。攙和墍壁之碎麻曰麻搗。牲畜曰生口。或曰頭口，口又轉讀如勾。火柴曰取燈。北平寫作此二字，燈又音轉如廷。麪粉所切之條曰麪條〔一〕。其以牀軋出者曰河漏。漏轉讀如洛，此物亦有用紅秫麪製作者。麵粉和礬油炸者曰餜子，亦曰油炸檜。其和糖炸如繩式者曰麻花。圓形小餅，面有脂麻者曰燒餅，其無脂麻者曰火燒。饅首曰餑餑，細而高者曰饅頭。其有餡而蒸食者曰包子，其有餡而烙食者曰合子，其有餡煮食不和湯而長形者曰餃子，其有餡煮食和湯而圓形者曰餛飩。燙麪有餡蒸食，長形者曰燙麪餃，其圓形者曰燒麥，其無餡捲麪蒸食者曰捲子。器具總稱曰傢伙。亦曰家事，或曰東西。右器物。

〔民國〕滄縣志

【解題】張鳳瑞修，張坪總纂。滄縣，今河北省滄州市滄縣。「方言」見卷十二《禮俗》中。録文據民國二十二年（一九三三）鉛印本《滄縣志》。

方言 滄縣方言，與青縣、鹽山大致相同。故已見於青、鹽二志者不録。

得　事之畢也。朝鮮方言事之畢曰得，與滄語同。

〔一〕條：原誤作「倐」。

會　能也。考《畫繼》云：「靳東發，字茂遠，其性多能，工畫藝，人目之爲靳百會。」即作能字解也。

別　禁止之辭也，如別鬧、別哭之類，即不要二字合聲之轉。不要合讀爲包，包之入聲爲別。

倄　呼痛聲也。《顏氏家訓》：「《蒼頡篇》有倄字，訓詁云痛而呼也。」自注：「下交反，痛聲也。」按，今俗痛呼哎喲，或單呼喲。喲爲俗字，正當作倄。

絳　虹也。胡三省《通鑑注》：「漢虹縣，今泗州虹縣。」《漢書音義》虹音貢。今人讀如絳，蓋東、江古韻本通，所音之貢，亦讀如槓也。

八　以手分物也。《説文》：「八，別也，象分別相背之形。」

綪　物之展也。《猗覺寮雜記》：「凡布物多曰争，去聲。布網曰争網，布紙曰争紙，合用綪字。《史記·楚世家》：『綪繳蘭臺。』徐廣曰：『綪，縈也。音争。』」

餔　以舌舐物也。《鑒誡録》：「陳裕《過舊居》詩：『昔日顏回宅，今爲裹飯家。不聞吟秀句，只見餔油麻。』」知不足齋注：「餔字，字書所無，疑有誤。」按，今滄人謂以舌舐物曰餔，當是俗字，非誤也。

放　置物也。《論語》：「隱居放言。」包氏注：「放，置也。不復言世務。」今置物曰放，本爲古義。

打　以手當物也。《歸田録》言：「世俗言語之訛，舉世君子小人皆同其謬莫如打字。」因歷數俗言用打字者。《蘆浦筆記》《浪迹叢談》又增益之，蓋有累紙不能盡者。惟《能改齋漫録》云：「打，从手从丁，其音如梃，其義以手當物。」然則凡用打字者，皆以手當物之義，並非訛謬。後世惟知作撻解，竟以代撻擊之撻，無怪打鐵、打繩、打戳、打碼、打扮、打掃等語，多講不去。復由手之當物，引申至於全體。如打聽，以口問也。打量，以目相也。打探，以耳聽也。打拌，足之蹶也。打噎噴，以鼻嗽也。打嘟嚕，以舌轉也。打嘯，以脣吹也。打算，以心計也。打戰，身動也。打坐，身不動也。打油、打醋，買也。打官事，訟也。打點衙門，行賄也。復由人之動作，引申至凡物之動作。如打雷、打閃、雪打燈、雨打梨花之類。至最近以物之十二枚曰一打，則由英文譯音，非此之類。

弄　玩也。按。《説文》：「弄，玩也。从廾持玉。」蓋兩手玩玉之意也。今滄人用此字幾與打字相埒，引申至一切動作。屈指而計之，則更僕不能盡也。

朩　手剥草木皮成縷也。《説文》：「朩，分枲莖皮也。從中，八象枲之皮莖也。讀若髕。」按，今滄音讀上聲，與品同。

浪　淫也。東坡譃山谷《綄溪紗》云：「方出新婦磯〔一〕，又入女兒浦，此漁父毋乃大瀾浪乎？」此浪字，即作淫字解也。

〔一〕磯：原誤作「機」，據《詩話總龜》《苕溪漁隱叢話》等改。

惄　心中不快也。揚子《方言》：「悼、惄、悴、慭，傷也。自關而東汝潁陳楚之間通語也。汝謂惄，秦謂之悼，宋謂之悴，楚潁之間謂之慭。」今滄境此語最通行，如曰惄煩、心裏惄等語，皆當作惄，而俗恒用膩字。

賴猷　無能無恥而欲争勝也。按，褦襶，衣厚貌，一云不曉事也。賴猷或褦襶之轉變。

藞苴　物不滑潤也。《居易録》：「五祖禪師，綿州人，造白雲端，端謂曰：『川藞苴，汝來耶？』又明覺禪師與棲賢提禪師藞苴不合。按，字書云：藞，力瓦切。藞䔎，泥不熟貌〔一〕。郭一經曰：出《安子文贊》。苴，側下切，音鮓，土苴〔二〕，渣滓也〔三〕，糞草糟粕之類。蓋謂其但講教典，未經罏鞴，所得者糟粕也。今山東謂物之不磨礱滑潤者及人性情乖角不平易者〔四〕，皆有此稱，其來古矣。」按，今滄人或疊呼藞藞苴苴，苴音轉作茶。

厥撥　戇直也。《容齋四筆》：「舉措脱落，觸事乖忤者，謂之厥撥。《曲禮》：『衣毋撥，足毋蹶。』鄭氏注云：撥，發揚貌。蹶，行遽貌。大抵亦指其荒率也。」今滄人謂戇直言動與人乖忤者爲掘巴，正當作厥撥。

〔一〕泥：原脱，據《居易録》補。
〔二〕土苴：原脱，據《居易録》補。
〔三〕渣：原誤作「查」，據《居易録》改。
〔四〕性：原脱，據《居易録》補。

刺撥　行立坐臥，二足寬張過一尺之外，均謂之刺撥。考《説文》癶下注云：「足剌癶也，从止少〔一〕，讀若撥。」概即此意。此古字之原意，不見用於文章，而尚幸存於方言者也。

几几　此狀辭也。凡物之行走速而屢作停頓，其貌均謂之几几。《説文》几下注云：「鳥之短羽飛几几也，象形，讀若殊。」按短羽者，短尾也。短尾之鳥，若啄木、布穀之類，其行雖速，而屢斂翅作停頓狀。此亦與刺撥相同，見廢於文章，而存乎方言。

匆匆　物行速也。《禮記》：「喪事欲其匆匆爾。」按，《説文》：「州里所建旗曰勿，所以趨民，故遽稱勿勿。」是勿釋速，本爲古義，後斜加點讀曰聰，匆匆行而勿勿廢，惟今方言仍存古音古義。

鬼歸　事之究竟也。其取意蓋謂鬼有所歸，爲人生終了之極端。二字均須捲舌讀始合方言之音。

掇敠　以手量物輕重也，見《莊子注》。

滴旒　懸也。物懸則若冕之旒欲滴也。

提旒　懸持也。凡物懸持則下垂若旒然。

合腰　罄折也。《隋書・高麗傳》：「跪拜曳一腳，立則反拱。」按，跪拜曳一腳，即清禮之

〔一〕少：原誤作「少」，據《説文解字》改。

打謙也。立則反拱，滄人謂之合讀如哈腰，其式兩手向後而腰微罄折。

陽溝　洩水道也。《古今注》：「長安御溝，一曰羊溝。謂羊喜抵觸，故爲溝以隔之。」按，穴地出水，覆以磚者曰陰溝。地面作溝，則名陽溝。溝爲通汙潦而設，與羊抵觸無關。或曰溝中可容一羊故名。

火燒　胡餅之無脂蔴者也。《武林舊事》：「九月十五日，明堂大禮。十三日值雨，未時，奏請宿齋北内，送天花蘑菇、蜜煎山藥、棗兒、乳糖〔一〕、巧炊、火燒、角兒等。」

燒餅　胡餅之有指蔴者也。宋何光遠《鑒誡録》：「天復初，車駕走幸石門，絶糧數日，左街沙門懷寶進蕎麥燒餅。」

陪送　嫁女妝奩也。唐永徽四年，定天下嫁娶受財之數，毋得受陪門財。胡三省曰：「陪門財者，女家門望未高，而議姻之家非耦，令其納財，以陪門望。」自有此禁，高門勒財愈甚，此嫁女陪妝所由始也。

尿鼈　溺器也，其形似鼈故名。或呼夜壺，以其用而言也。古名虎子。《侯鯖録》：「李廣於宜山射虎，斷頭爲枕，鑄銅像其形爲溲器。」至今溲器謂之虎子。

小燕王　稱捻酋張總愚也，謂其蹂躪滄鹽，與明成祖相類。

〔一〕乳：原脱，據《武林舊事》補。

糠齊旒　飼犬之蒸食也，團糠作球而蒸之。按，古以火齊珠作旒，以飾簷廊，今或以綢布結縈象其形，亦名火齊旒。糠齊旒者，以其形似火齊旒也。

小糧食　尼也。俗呼尼謂姑子，又呼粟曰穀子，粟於糧食中爲最小者，穀、姑同音，故謂尼曰小糧食。

寸地王　謂家庭中之霸者也。

輦輦轉　連展也。陸放翁詩：「拭盤堆連展。」王文簡曰：「連上聲，今山東製新麥作條食之，謂之連展。連讀如輦。」滄境讀如輦轉，去聲。又呼輦輦轉。

不落子　榆莢拌麵散蒸，熟後拌糖而食之也。《明史·禮志》：「大宴儀四月八日，賜不落莢。」蓋本未落之榆莢，故以爲名。今凡用各種野菜及紫籐花仿作者，亦概名不落矣。滄境讀落如剌。

二五眼　平凡無奇也。蓋人皆有七竅，二加五爲七。眼者，竅也。七竅之人，何奇之有。或曰平字上一下十，中藏兩點，一十者，二五也，兩點者，眼也。

下三爛　下流也。磨麥成麪，凡過籮六次，每次俗呼一爛。初三次，細而白，後三次，粗而黑。下三爛者，後三次也。以粗麪喻人之鄙劣也。

離八頭　門外漢也。凡物有八方，以繞之人於其八方均相離而不近，則其於物不明也必矣。

捽瓦瓿　謂人失業落魂也。天方教之行乞者，至人家之門則呼此三字。此蓋爲撤拉森語，未知其原義，三字譯音耳。

五脊六獸　譏人之好誇也。舊式瓦屋，恒燒瓦作獅狁形，以飾四簷角及頂脊之兩端，四簷及頂脊統謂五脊。四簷之各端及頂脊之兩端，共蹲六獸。屋之用此飾者，亦好誇者也，故云。

四山五岳　喻物之離散不整也。謂或在四方之山，或在五方之岳。

黄花白草　謂多誑語也。黄花之音，與謊話之音相近。白草者，因黄花而類及之耳，與義無關。

我們老達子　小兒相鬭爲戲，自雄之謂也。此語蓋昉於清初，想見當時滿人之勢焰。

永樂二年的　譏物之老舊也。明成祖靖難之師數次南下，而滄鹽一帶人民死亡逃散殆盡，故至今有燕王掃北一語。今之居斯土者，概於永樂二年由他方遷而來者。考世家大族之家乘，其永樂以前之家寥寥若晨星焉。是以溯物之老舊，亦以永樂二年爲止。

不是老意思　謂確實不虚也。意思過老，則成思想落伍者，不適用於現代。不是老意思，則成新思想，恰合於世代而不虚矣。

〔民國〕獻縣志

【解題】薛鳳鳴修，張鼎彝纂。獻縣，今河北省滄州市獻縣。「方言」見卷十七《故實志四·謡俗篇》中。

録文據民國十四年(一九二五)刻本《獻縣志》。

方言

今學者皆欲統一全國語言矣,吾謂合全國之語言而統而一之,必先考全國之語言而分而著之。著其所以分,乃可求其所以合。陸清獻作《靈壽縣志》,特立「方言」一門,其意未嘗不在於此。後之述者,競相仿效,原意寖失,詳於考古,而略於徵今,甚無謂也。大抵聲音之道與世推移,試一披揚子《方言》、陸璣《詩疏》,有古爲燕趙之音而今無聞者,有古非燕趙之音而今通用者。夫無聞而録之,是韓子之所謂陳言也。通用而芟之,是劉郎之不敢題糕也。吾邑自元明以來,久不見唐宋以前之土著,今之林林總總者,强半徙自他方,當其襁負而來,蓋已攜母省之元音以俱至。徵諸俗諺,正可見世運之遷流。必貴耳而賤目,是古而非今,典則典矣,其如玉巵無當何。爰本斯旨,著之於編,蔑古固不敢,泥古亦不敢也。

大謂之嘏。揚子《方言》:「嘏、戎、京、將,大也。衛謂之嘏,燕之北鄙或曰京,或曰將。」今案,《畿輔通志》嘏、假通字。《鄉飲酒義》:「夏之爲言假也。」《方言》:「凡物之壯大者而愛偉之謂之夏,周鄭之間謂之嘏。」郭璞曰:「嘏,音賈。」與假同音。今北人見物之大者震而驚之曰大假貨。蓋古方言遺義。

張小使大謂之廓。揚子《方言》:「青幽之間,張小使大謂之廓。」今案,《爾雅》:「廓,大也。」《廣韻》廓,苦郭切。今邑人凡服用奢侈、家族强盛,皆謂之廓,猶是張小使大之義。或書作闊。《廣韻》闊，苦括切。與廓同母聲轉。

慧謂之黠，或謂之鬼。　揚子《方言》：「慧，自關而東謂之黠，或謂之鬼。」今案，《字典》引《唐韻》《正韻》黠，胡八切。《廣雅》：「黠、鬼，慧也。」仲長統《覈性賦》曰：「推此而談，孰癡孰黠？」郭璞《方言注》曰：今名「黠爲鬼蜮」。《詩》「爲鬼爲蜮」，亦此義。今邑人於譎詐不實者，謂之黠雜子，或謂之鬼頭鬼腦，於小兒之聰慧者，則曰很鬼的。

婦人放蕩謂之姅。　揚子《方言》：「嫷，好也。燕代之間曰姝，或曰姅。」今案，郭璞曰：姅，「言姅容也」。姅與丰同。《詩》毛傳曰：「丰，豐滿也。」《廣韻》：「丰茸，美好也。」〔一〕今邑人於婦女治蕩謂之姅，甚其詞則曰姅光盜世，言其以冶容欺世而盜人之財也。俗作風，非。

激人使怒謂之獎。　揚子《方言》：「獎，欲也。趙曰獎。」今案，《說文》：「獎，嗾犬厲之也。从犬，將省聲。」《字典》子兩切，音獎。蓋以我所欲而强人之從也。今邑人凡激人而怒之則曰獎，挑人使鬬，輒曰此事乃某人獎起來的。

大言不慚謂之獎。　揚子《方言》：「凡相被飾亦曰獎。」今案，被飾，猶掩飾也。凡一切賤儉慕奢之事，或本非富而自詡爲富，邑人皆謂之獎，總是被飾之義。

惜謂之悽。　揚子《方言》：「悽，哀也。燕代之間曰悽。」今案，悽、憐一聲之轉。邑人呼

〔一〕好：原脱，據《廣韻》鍾韻補。

人之可哀者曰可憐，即此意也。《方言》謂憐，愛也，又哀也，汝潁之間曰憐，又曰陳楚江淮之間曰憐，又曰㥄、㥐，憐也。而總之曰：憐，通語也。則憐之爲字，各地普用，不必限以一方矣。

大聲而呼謂之譙讙。　揚子《方言》：「譙、讙，讓也。凡言相責讓，北燕曰讙。」今案，《說文》：「讙，嘩也。」今邑人譙、讙二字往往連用，其聲轉爲叫讙，如韓文之「提兵叫讙」，譙、叫以聲近而轉也。讓字單用，或作嚷，非。

庸謂之倯。　揚子《方言》：「庸謂之倯，轉語也。」又：「倸倯，罵也。燕之北郊曰倸倯。」今案，《玉篇》倸渠凶切，音筇。《廣韻》倯息恭切，音松。郭璞曰：「羸小可憎之名也。」今邑人往往二字分用，如勞而無功則曰倸忙，傲而自大則曰倸酸，庸懦無能則曰倯包，外可畏而實不足畏則曰稀倯，罕有二字連用者。然皆不外羸小可憎之義。

推謂之攩。　揚子《方言》：「柲、扰，推也。幽之語或曰攩。」今案，《方言注》攩，郭音晃，云今江東人亦名推爲攩。《列子·黃帝篇》：「攩柲挨扰。」張湛注引《方言》：「扰，擊背也。」古又借攩爲推攩字，《唐韻》多朗切，《集韻》底朗切，音黨，此聲同假借之證。今俗語以堤禦水謂之攩水，以手拒人不使入室謂之攩人，有客來訪拒而不見謂之攩駕。

取物謂之摸。　揚子《方言》：「抾摸，猶言持去也。」今案，《方言》以抾摸爲齊趙之總語，可見二字不可以一方限也。今邑謂以手捫物皆曰摸。

身心愉快恬適謂之舒鳧。《爾雅》：「鶩，舒鳧。」《禽經》云鳧能高飛，而鴨舒緩不能飛，故曰舒鳧。按舒緩有從容之意，人愉快恬適則從容矣，故以鴨之舒緩喻之。俗作舒服，非。

置立謂之樹植。揚子《方言》：「燕之外郊凡言置立者，謂之樹植。」今案，邑人謂植立曰樹植立兒，則三字併用矣。

口吃謂之嚔。《方言》郭璞注：「嚔，吃也。北方通語也。」今案，《一切經音義》引《通俗文》曰〔一〕：「言不通利謂之謇。」謇、讓同字，今北方轉其聲，讀如皆。郭璞曰：「江南名吃爲嘩。苦葉反。」〔二〕

懸物謂之佻。揚子《方言》：「燕趙之郊，縣物於臺之上謂之佻。」今案，郭注曰：「了佻，縣物皃。丁小反。」王念孫曰：「今俗語謂縣物爲弔，聲相近也。」案今邑人謂舉於上爲佻，或作挑。

老嫗謂之媪。《漢書音義》：「幽州謂老嫗爲媪。」今案，《説文》：「嫗，母也。」「媪，女老稱也。」《史記索隱》曰：「媪是婦人之老者通號，故趙太后自稱媪，及王媪、劉媪之屬是也。」〔三〕嫗、媪皆母老尊稱。今邑人呼外王母曰媪媪，音惱，又轉爲老老。

長衣謂之袍，下裳謂之帬。揚子《方言》：「褒明謂之袍。繞衿謂之帬。」今案，褒明，廣

〔一〕文：原作「義」，據《一切經音義》改。
〔二〕苦：原誤作「吉」，據《方言校箋》改。
〔三〕王媪劉媪：原誤作「劉媪衛媪」，據《史記索隱》改。

雅云「長襦也」。《方言注》：「繞衿，俗人呼接下，江東通言下裳。」今邑人皆曰袍、曰帬。

劍室謂之削。　揚子《方言》：「劍削，燕趙之間謂之室。」今案，《説文》：「削，鞞也。」《玉篇》：「削，所以貯刀劍刃。」《釋名》：「刀，其室曰削。削，峭也。其形峭殺，裹刀體也。」〔一〕字或作鞘。鞘，《小爾雅・廣器》：「刀之鞘謂之室。」蓋室爲刀削之通名。又《方言》：「自關而東或謂之廓。」按廓爲庫之聲轉。今邑人謂刀削爲鞘，或謂之庫，則揚子所謂自關而東之語音猶存於今，無人謂刀削爲室者矣。

黍謂之黄米，秫謂之粱米。　蘇頌《圖經》：「黍之粘者爲秫，北人謂爲黄米。」《本草綱目》：「秫，北人亦曰粱米。」今案，《畿輔通志》云：「蘇頌謂秫爲粘黍，李時珍謂秫爲粱米，皆誤。程瑶田曰：『自漢唐以來言稷之穀者屢異，而黍爲粘稷則不能異，綴文之士其講説秫之義者雖異，而天下之人呼秫爲高粱，其稭爲秫稭者，卒未有異。舊名之在人口，世世相受，雖經喪亂，不能一日不舉其名，此所謂禮失求諸野者乎？』」餘詳物産。　按動植物名與物産篇互爲詳略，後俱仿此。

粟有殼謂之穀，無殼謂之小米。　《羣芳譜》：「穀粟之連殼者，北方直名之曰穀。」《本草綱目》：「粟，北人謂之小米。」今案，今人連殼者謂之穀，去殼者謂之小米。

〔一〕刀：原脱，據《釋名》補。

芣苢謂之牛舌草。陸《詩疏》：「芣苢，幽州人謂之牛舌草。芣苢，一名馬舃，一名車前，一名當道，喜在牛迹中生，故曰車前、當道也。」今藥中車前子即此。邑人皆呼之爲老牛舌，或曰牛舌棵。

蕾謂之燕葍。《詩疏》：「葍，一名蕾。幽州人謂之燕葍。」今案，《爾雅》：「葍，一名蕾，一名蕧茅，一名蕘。」陸《疏》一名燕葍。今案，此草蔓生，花葉皆如牽牛花，粉紅色，其根甘美，可蒸爲茹。邑人謂之䰕婦苗。䰕婦乃燕葍之聲轉也。馬印溪有《䰕婦苗》詩，純從䰕婦涉想，則以其花如婦人面也。

莫謂之乾絳。《詩疏》：「莫，冀州人謂之乾絳。」今案，陸《疏》云：「莫，莖大如箸，赤節，節一葉，似柳葉，厚而長，有毛刺，其味酢而滑，始生可以爲羹，又可生食，五方通謂之酸迷，冀州謂之甘絳，河汾之間謂之莫。」今案此狀即邑人所謂獨流酸者也，然邑人又有所謂薄地絳者，形似苜蓿，亦可飼馬，喜生磽瘠之地，故謂之薄地絳。其所以名爲絳者，或因乾絳而譌歟？

蠆謂之蝎。《詩疏》：「蠆，一名杜伯。幽州人謂之蝎。」今案，蠆，《説文》作「蠆，毒蟲」也。《詩》釋文引《通俗文》「長尾爲蠆，短尾爲蝎」。今俗通呼爲蝎子。

蟻謂之蛘。《釋文》：「北人謂蚍蜉曰蟻。」《方言》云：「蚍蜉，燕謂之蟻蛘。」〔一〕今案，

〔一〕蚍蜉：原誤作「蜉蚍」，據《方言》改。

《方言注》云：「蚍蜉，亦呼蟞蜉。」蚍、蟞聲轉字。今北方謂小而黑者爲蟞蜉，大而黄者爲馬蟻，蟻乃蛾之俗字，蛾蛘即蚼蟓聲之相轉，故《廣韻》蚼蟓作蚼蛘。今邑人謂之米蛘，以共好銜米也。

蜘蛛。《方言》：「鼅鼄，鼄鼅也。北燕曰蝳蜍。」謹案，今邑人謂之蛛蛛，或有呼蜘蛛者，蝳蜍即其轉音矣。

黄離謂之黄鸝，亦謂之黄鳥。《詩疏》：「黄鳥，幽州人謂之黄鸝。」今案，《毛詩傳》：「黄鳥，摶黍也。」此種較黄離身小，黄緑色，今人謂之黄雀，《爾雅》「皇，黄鳥」是也。《詩》言黄鳥皆指此。陸《疏》、高注以黄離留當之，非是。黄離留，或作黄麗留，或作黄栗，即離皇也。毛亨、許慎皆謂「倉庚，離黄」，《爾雅》倉庚與黄鳥亦别出，不以爲一物。離黄，身大，毛黄，嘴赤，羽毛末黑色相間，其鳴自呼如黄栗留，今人呼爲黄鸝。《詩·桑扈》傳：「鶯然有文章也。」故謂之黄鶯。鶯、鸎同字。

蝙蝠。揚子《方言》：「蝙蝠，北燕謂之蟙䘃也。」今案，《廣雅》：「伏翼、飛鼠，蟙䘃也。」李時珍曰：「伏翼形似鼠，灰黑色，有薄肉翅，連合四足及尾如一，夏出冬蟄，日伏夜飛，食蚊蚋，自能生育，俗以爲鼠食鹽所化。穿鑿之詞也。」《新序·雜事》篇謂之燕服翼，今人謂之燕蝙蝠。

以上本方古語之僅存者。

大謂之奘。此語傳自秦晉。　揚子《方言》曰：「秦晉之間凡人之大謂之奘，或謂之壯。」今案，奘，《廣韻》徂朗切，莊上聲。今邑人凡人由貧而富謂之弄奘了，即含大義。《正韻》：「奘，駔大也。」駔，粗之聲轉。邑人謂物之粗大曰奘，但人之奘不以形體限，物之奘則以形體限，是與古義微異處。按，《明史》永樂二三年兩次遷山西民以實畿輔〔一〕，故邑人原籍山西者居其太半。又明初北直隸地曠人稀，故興屯田之法，今邑以屯名者，皆當年屯田之遺也。募兵屯田，何省之人蔑有，故邑之方言以古秦晉之音爲最多，其餘各省語言之羼入者亦復不少。此正可見世運之變遷，若以古無今有爲疑，則將禁今人不得作他方語乎？不通孰甚焉。後仿此。

多謂之夥。此語傳自楚魏。　揚子《方言》曰：「楚魏之際曰夥。」今案，《廣雅》：「𣨼，多也。」𣨼與夥同。邑人謂衆人曰一夥，同謀合作曰夥計，或曰夥契。

凡震而驚之曰夥頤。此語傳自楚。　《史記索隱》：「楚人謂多爲夥。又言頤者，助聲之詞也。驚而偉之，故稱夥頤也。」今案，邑人有所驚訝則曰夥頤。俗讀夥近華，頤又譌作咦。又譌作咳呀。其實即夥頤之聲轉也。

凡事得其要領謂之摸着肯綮。此語傳自楚。　《莊子注》：「肯，骨間肉。肯，肯著也。綮，司馬云：猶結處也。」今案，《莊子注》徐云：肯，苦等反。崔云：綮，苦挺反。據此則肯綮

〔一〕畿：原誤作「幾」。

二字同母同韻，讀如硜硜之上聲。邑之文人學士讀如肯起，而諺語則讀如硜硜，正與古音相合。此方言之考見古音處。

疲萎謂之薾然。此語傳自楚。《莊子注》：「薾然，簡文云疲困狀。」今案，《莊子注》薾，徐、李並乃協反，崔音捻。今邑人於人之精神委頓，或物之枝葉憔悴，皆謂之薾然，其音如年之上平聲，乃合二字急讀如一字。在古謂之切音，今之所謂拼音也。或作茶，或作苶，皆同。或又作蔫，訓物不鮮，與此義似。

凡物求得曰得來。此語傳自齊。《公羊傳注》：「齊人名求得爲得來。」今案，《公羊傳》「登來」，何注謂：「登來，讀言得來。」今邑人捕魚謂之得魚，牲畜偶逸而求得之謂之得住，亦曰得來，皆不失古者求得之義，但得之聲轉讀若歹，則又與登來微異耳。

女嬌好謂之娃。此語傳自吴楚衡淮。揚子《方言》：「娃，美也。吴楚衡淮之間曰娃。」今案，《廣韻》：「娃，於佳切，美女也。」吴時有館娃宫，蓋美女所居宫名。今邑人謂女之少好者曰娃氣，即此義。

好大言謂之泡。此語傳自江淮。揚子《方言》：「泡，盛也。江淮之間曰泡。」今案，《方言注》：「泡肥，洪張貌。」《字典》：「泡，水上浮漚也。」梵書如夢幻泡影，大而不實，乃泡之正義。邑人謂言大而夸曰冒大泡，即此義。

爽，猛也。此語傳自齊晉。揚子《方言》曰：「齊晉曰爽。」謹案，今人謂作事直捷曰爽利，即此義。

今人謂破木爲鎃。又作釽。此語古與梁益晉趙同。揚子《方言》曰：「鎃，裁也，又斲也。梁益之間裁木爲器曰鎃。晉趙之間謂之鎃。」今案，《集韻》釽音霹，《字典》通作鎃，《漢書·藝文志》「鈎鎃析亂」，師古曰：「鎃，破也。」今破木猶曰鎃，俗作闢，或作劈，俱非。

怱遽謂之茫。此語傳自吳揚。揚子《方言》曰：「茫，遽也。吳揚曰茫。」今案，邑人書作忙。考《集韻》《正韻》《韻會》曰「忙，心迫然」，則茫之與忙，音雖相同，應以身心別之。《孟子》「茫茫然歸」，正見怱促之神形於外者，不得以心忙之忙相混也。俗誤爲一字，非是。

倉猝謂之詐。此語傳自齊。《公羊傳注》曰：「詐，卒也。齊人語也。」今案，詐、乍、迮三字本通用，《孟子》云：「今人乍見孺子將入井。」《公羊》襄二十九年何注：「迮，起也。倉卒意。」是三字隨書之便而用之，均無不可。

憎謂之惡。此語傳自秦晉。揚子《方言》曰：「凡相惡謂之諄憎，若秦晉言可惡矣。」今案，可惡二字，邑人最爲通行。

以物向日謂之曬。此語傳自秦晉。揚子《方言》曰：「曬、晞，暴也。秦晉之間謂之曬，東齊北燕海岱之郊謂之晞。」今案，曬爲秦晉之語，而今邑人習用之，若案揚子之說而謂之晞，曰此固東齊北燕之所宜然，未有不啞然笑者。他志載直隸方言往往晞而不取曬，殆所謂膠柱鼓瑟歟。

以火乾物謂之𤈦，或謂之炒。此語傳自關西秦晉。　揚子《方言》云：「關西隴冀以往謂之𤈦，秦晉之間或謂之㷄。」今案，《集韻》𤈦，平秘切，音備，火乾也。炒，楚絞切，音吵，熬也。《篇海》㷄同炒。此二語者，邑人習用之，俗作焙，非。

破物謂之㾷。此語傳自秦晉。　揚子《方言》云：「㾷、披，散也。秦晉聲變曰㾷，器破而不殊其音亦謂之㾷。器破而未離謂之璺。」今案，《説文》：「㾷，散聲也。」《集韻》音斯。《方言》：「㾷、披，散也。」是㾷爲破物之本義，秦晉因物破其聲必變，故破音亦物之㾷。邑人因破物必以手，故又改作撕。按撕古無破物之訓，誤也。璺音問，亦通行語。

以箸爲快子。此語傳自吴。　《菽園雜記》〔一〕：「呼箸爲快子。」今案，《雜記》云：「吴中凡舟行諱住、諱翻，故呼箸爲快子，幡布爲抹布也。」又案，幡布或呼轉布，亦切舟行之義。今邑人又或呼爲展布。

餳謂之餹。此語傳自江東。　揚子《方言》郭注：「江東皆言餹。」今案，《正韻》餳，徒郎切，餹，亦徒郎切，是二字一音，特字畫異耳。《唐韻》：「餹餅，黍膏。」今案，稀清者爲飴，俗謂之餹稀。

今人語尾帶嘍音者。此語傳自邾。　《公羊傳注》：「邾人語，聲後曰婁。」今案，嘍本俗

〔一〕園：原誤作「原」。

字，今人多用之於語尾，蓋本《公羊傳》邾婁遺義而誤加口也。

謂豕爲豬。此語傳自吴揚。《方言》云：「豬，北燕朝鮮之間謂之豭，吴揚之間謂之豬子。」今案，《爾雅》「豕子，豬」，郭注：「今亦曰彘，江東呼豬，皆通名。」案今人皆言豬而不言豭，後世志直隸方音者，皆引《方言》「北燕謂豭」之語而不引「吴揚謂豬」之語，大與俗背，正所謂無徵不信，不信，民弗從也。書生何不通至此。

以上他方古音之傳入者。

凡事整而有序謂之嫛潔。揚子《方言》：「秦晉之間凡細而有容謂之嫛。」今案，嫛讀若格，邑人於其下加潔字爲嫛潔。

謂然爲唉。今案，《爾雅義疏·釋詁》云：「順天人謂然爲唉，音哀。」郝氏似以唉爲順天專有也者，然《説文》云：「唉，膺也。」又曰：「誒，然也。」揚子《方言》亦云：「欸，然也。」今按，唉、誒、欸三字皆同，如嘆字左口右莫之字與左莫右欠之字同爲一字，則左口右矣之唉字，與左矣右欠之欸字，正與嘆字一例，古訓昭然，正不得以順天限之。

能生急智謂之唧伶。明田汝成云：「杭人有以反切爲語者，如以秀爲鯽溜，以精爲鯽令。」今案，或作機靈。總之皆謂人能生急智。又邑人謂人有智慧亦曰精。

物壞謂之郎康。《晉書》《世説》有狼抗字，言性抗厲，與今俗語義異。或作躴躿，訓不潔；又不佳者亦謂之躴躿，與此義近。又俗謂物壞亦曰浪蕩，亦與此音近。

凡物有瑕謂之毛病。徐咸《相馬書》:「馬之善旋五,惡旋十四,所謂毛病,最爲害者也。」今案,此語謂馬,故曰毛病,今人移之於人,亦習而不察矣。

物之縮者謂之皺皺。《札樸》云〔一〕:「收束曰皺。」今人則重言之,讀若抽,或竟作抽,非是。

有才謂之能幹。《後漢·循吏傳》:「能幹絶羣。」《文公家禮》云:「護喪,以知禮能幹者爲之。」

凡事計較謂之打算。《錢塘遺事》:「賈似道忌害任事閫臣,行打算法。」按此以打算二字爲對待人之詞,今人以心計對待人謂之打算人。凡事能以心計,亦謂之有打算。

事爲己任謂之兜攬。《慈湖遺書》云:「不必兜攬爲己。」按兜攬即佛經總持之義,但總持有善無惡,兜攬則善惡皆有。

以手捉物謂之撈摸。《朱子文集》云:「如此空空蕩蕩,恐無撈摸處也。」今人於財物之失而復得者,謂之撈摸上來。

相契謂之相好。《左傳》成十三年:「昔我獻公及穆公相好。」此相好二字所自出,今習用之。

〔一〕樸:原誤作「璞」。

交際謂之應酬。陸詩：「老來萬事懶，不得廢應酬。」

以手捫物謂之摸索。《隋唐嘉話》[一]：「許敬宗云：若遇何、劉、沈、謝，暗中摸索亦自可識。」

議事謂之商量。《易》「商兑」注：「商量制裁之謂也。」《大唐佳話》：「睿宗呼明皇爲三郎，羣臣奏請，必曰：『與三郎商量未？』」

繁華謂之熱鬧。《清異録》：「武宗詔王才人曰：我非不能取熱鬧快活。」白香山詩：「熱鬧漸知隨念盡。」

有備謂之隄防。漢賈讓《治河策》：「隄防之作，近起戰國。」按二字本備水之詞，今則凡有備者皆謂之隄防，則引伸譬喻之意也。

同爲一事謂之火伴。《木蘭詞》：「出門看火伴。」此火伴見於文詞之始。今或作夥、作伙，則音近也，而伙尤俗。

多財謂之寬綽。《毛詩》：「寬兮綽兮。」《説文》：「綽，緩也。」《爾雅》：「寬，綽也。」今謂富者曰寬綽。

可用謂之中用。《史記·秦本紀》：「始皇曰：吾收天下書不中用者盡去之。」今於凡無

[一] 嘉：原作「佳」。

用者，皆謂之不中用。

語言無味謂之扯淡。《委巷瑣談》：「杭人有諱本語而爲俏語者，如謂胡説爲扯淡。」

陵人謂之欺負。唐詩：「冷豔全欺雪。」此欺字含陵字義。陸游詩：「欺負六國囚侯王。」此欺負二字連用者。

不整潔謂之邋塌。《廣韻》：「邋塌，不謹事也。」《札樸》作𧏙蝰。今於不整潔者皆曰邋塌。

事難進謂之𩭾鬁。《札樸》：「努力曰𩭾鬁。」今人引伸爲附灼趨炎之義，然於求富貴者亦曰𩭾鬁功名，則合努力與趨炎義而兼有之。

怒謂之生氣。《晉語》：「子犯曰：我曲楚直，其衆莫不生氣。」今以爲怒之通名。

洩忿謂之出氣。《五代史·伶人傳》：「諸伶侮弄縉紳，羣臣莫敢出氣。」按此乃敢怒而不敢言之意。今人於怒而敢言者，皆謂之出氣。

謂日跌爲晌午趆。《順天志》云：「日午爲正晌午，少西曰晌午趆。午讀若火，趆讀錯。」《説文》無晌，有餉，云：「餉，晝食也。」今俗謂日西爲晌午趆，頃刻爲半晌，猶餉之遺語也。

邑人呼虹爲絳。沈濤云：世皆知霓字有入聲，而不知虹字有去聲。元稹《送客游嶺南》詩：「水面波疑縠，山頭虹似巾。」自注云：「虹，音近絳。」案《廣韻》四絳虹，古巷切。今邑人皆呼虹爲絳。

呼土塚爲土骨堆。　崔述《豐鎬考信別録》：「開州有土城，土人呼爲骨堆。」今邑人凡土阜皆呼爲骨堆。

土豪或稱土棍。　郝懿行《晉宋書故》云：「今之土豪，里庶之醜稱。京師人或稱此輩爲土包。《畿輔通志》云：『或稱土包，或稱土棍。』」今案，土棍之名尤爲通行，邑人呈詞中往往見之。

稱大父耶耶。　《養新録》云：「永清縣宋石幢稱大父耶耶，北人猶有此稱。《畿輔通志》：『永清縣信安鎮龍泉寺有金大定三年碑，其文有工孝子耶耶之文。』」錢大昕云：「當亦謂其大父也。」今案，耶與爺通，本古人呼父之稱。《木蘭詩》云：「卷卷有爺名。」一本作耶，是也。今邑人此字最通行，而用法頗爲參差，但無用以呼父者，特分別如下：一爲汎用之尊稱，以其人之行輩記之行幾，即爲幾爺，行二爲二爺，行三爲三爺。一爲外孫呼外祖父之稱，曰老爺，爺聲在上去入之間。一爲僕呼主人之稱，亦曰老爺，爺讀如字。一爲姪呼伯父之稱，曰大爺，爺聲與呼外祖父同。一爲汎尊稱，亦曰大爺，讀如字。　爺字之外，又有讀法義意各不同者，莫如叔字。一爲姪呼叔父，叔讀如收，表叔、姻叔則讀如書。一爲嫂呼夫之弟曰小叔子，叔讀如書。伯字讀法義意亦有不同，一爲伯父之伯，一爲呼父或曰伯伯，雖非通縣皆然，亦所時有。　則以伯與爸音相近而轉也。

邑人稱室女曰女兒，稱婦人曰娘子。　今邑人稱室女曰閨女，婦曰媳婦。

嬭嬭，祖母稱也。　《廣雅》：「嬭，母也。」《廣韻》：「嬭，楚人呼母也。奴蟹切。」《集韻》女蟹切，並音疓。今邑人呼嬭嬭音如乃，遂於乃旁加女作奶，其實誤也。爺爲古呼父，而今用之王父，嬭爲古呼母，而今用之王母，其理相通。

呼外祖母爲嫽嫽。《字典》嫽，盧皓切，音老，與媪通。漢有馮夫人名嫽，善史書，錦車持節，和戎而歸。今邑人用爲外祖母稱，俗作姥姥，非。説又見前媪下。

我謂之俺。《詩》：「卬須我友。」《正韻》：「俗謂我爲儂。」《集韻》：「北人稱我曰俺。」今案，卬、儂、俺三字，皆一音之轉，特卬不經用，儂、俺二字用於詩詞，而俺又爲俗語所通用。

你老，尊輩稱也。《廣韻》《集韻》：「你，乃里切，汝也。」《通雅》：「爾汝若而，一聲之轉。爾又爲尒，俗書作伱。」《集韻》：「伲，你本字。」邑人不以你呼尊輩，即《孟子》不受爾汝之實誼也，故加老字。

小兒學立謂之蹬蹬。《集韻》蹬，都騰切，立貌。邑人謂兒學立曰蹬蹬，亦古義之存也。

小兒學步謂之踏踏。踏，《玉篇》足著地，《集韻》踐也。邑人重疊呼之，以爲小兒學步之名。

蹲踞謂之姑都着。姑都二字，殊無意義。《順天府志》以爲骨朵之轉音，其説曰：「《宋·儀衛志》：『殿之東西曰朵殿，又鹵簿用骨朵，以骨飾之，或範金爲之。』《輟耕録》：『骨朵讀如胍都。』朵又通作垛。《説文》：『朵，堂塾也。』《唐六典》〔一〕。吴方言左右个爲垛頭。

〔一〕《康熙字典》作「《唐六典》：武舉制有長垛馬射」。

《玉篇》：『垛，射垛也。』今順天人謂花之含苞，亦曰姑都，蓋即朵也。今淮南北人謂之骨堆。蓋皆敦字之轉音。《爾雅》『敦丘』，俗作墩。《詩》『敦彼獨宿』，傳以墩釋之。皆是蹲踞也。蹲踞也者，《説文》：『蹲，居也。』『居，蹲也。』是爲轉注云云。」

作僞謂之奏做。《寧河志》謂奏做，「不直爽也」，亦是作僞之意。

呼鷄曰喌喌。《説文》：「喌，呼鷄，重言之。从吅，州聲，讀若祝。」《博物志》：「祝鷄翁善養鷄，故呼祝祝。」《風俗通》呼鷄朱朱。今案，祝、朱、喌皆一聲之轉。

呼鴨曰呷呷。《埤雅》：「鶩，一名鴨。蓋自呼其名曰鴨也。」《禽經》：「鴨鳴呷呷，其鳴自呼。」邑人呼鴨曰呷呷，亦古義之尚存者。

衣破而補之謂之補靪。《説文》：「靪，補履下也。從革，丁聲。」《廣韻》《集韻》並都挺切，音頂。《博雅》：「補也。」是古人言補即省靪，言靪即省補，今人特並用之耳。

婦人之笄謂之提地。《野獲編》謂提地爲鬏髻之聲轉，非也。《字典》無鬏字，髻，乃結髮爲之。《儀禮疏》：「大夫、士之妻用象，天子諸侯之后、夫人用玉爲笄。」是笄乃象、玉爲之，豈可誤爲結髮之髻乎？《順天志》以提地爲笄之聲轉，則近之矣。

婦人約髮之具謂鬢。《集韻》鬢，子罕切，音攢。又《廣韻》則罕切，音瓚。《玉篇》：「髮光澤也。」今婦人約髮之具，或以馬尾爲之，或以絲爲之，其形如小舟，亦使髮光澤之義。

耩，五穀播種之名也。耩也必以耬，故呼植者爲頭耬，稍遲旬日種者爲二耬。《廣韻》：

「耩，耕也。」程瑶田曰：「耩形如斗，底中有孔。爲三股，迤立於前。股空其中，上通於底孔。股端有鐵，鋭其末。於斗兩旁施轅設軛，牛駕之行。行則股端鐵畫地，鐵上皆有小孔向後。一人在後，扶其斗而摇之，穀種從底孔入三孔，復自小孔中漏出，恰入畫中，所謂耩也。」

苦蕒呼爲苣蕒菜。《字典》：「苦菜，一名苦苣。」《韻會》：「野生曰褊苣。」李時珍曰：「春初生苗，有赤莖、白莖二種，葉似花蘿蔔菜，而色緑帶碧。上葉抱莖，梢葉似鸛嘴。花黄如野菊，一花結子一叢，花罷則收斂。子上有白毛茸茸，隨風飄揚，落處即生。」今邑人通呼爲苣菜。

蓬謂之刺蓬，地膚謂之掃帚。程瑶田以蓬爲掃帚。按《爾雅》：「莽，馬帚。」莽、蓬一聲之轉。此草莖圓有刺，邑人呼爲刺蓬科。至於掃帚菜，另爲一種，與蓬原非一物。《廣雅》云：「地葵，地膚也。」《名醫别録》云：「一名掃帚，《圖經》一名獨帚，初生薄地，五六寸，根形如蒿，莖赤葉青，大似荊芥。」《畿輔通志》云：「苗最柔弱，可作羹，至八月幹老子成，用爲帚最耐久。一科數十枝，北人皆呼爲掃除科。」《爾雅》云：「葥，王蔧。」郭注：「王帚也，似藜，其樹可以爲掃蔧。江東呼之曰落帚。」〔一〕即此。今案，地膚、刺蓬判然二物，掃帚菜乃地膚，程氏混而一之，誤矣。

〔一〕落：原誤作「薄」，據《爾雅注》改。

燈籠草、苦耽、酸漿，名曰紅姑娘。按外垂絳囊，中含赤子如珠，酸甘可食。姑娘乃瓜囊之譌。古者瓜、姑同音，以娘爲囊，音亦相近耳。《畿輔通志》云：「紅姑娘，有殼五稜，實大如栗，赤而圓，一枝一顆，有甘苦二種。」苦耽、酸漿詳物産。

今人謂禾莖曰秆草，以飼馬牛，又以爲簾箔。《説文》：「稈，禾莖也。《春秋傳》曰：『或投一秉稈。』或從干作秆。」今本《左傳》作秆，杜注：「秆，稾也。」王念孫曰：「秆之言幹也。」禾之幹也，今北人皆呼秆草。

蜀葵呼秫稭。《爾雅》：「菺，戎葵。」郭注：「今蜀葵也。」《爾雅義疏》：「京師呼秫稭，登萊又呼秫齊華，並蜀葵之聲轉。」

荍，蚍衃，今呼回回秫稭。《義疏》云：「荍之言翹。今順天人呼回回秫稭，高二三尺，葉頗不似蜀葵，其實如蜀葵之實，惟形小耳。」

呼樗爲臭椿。掌禹錫曰：「樗有花者無莢，有莢者無花。其莢夏月常生臭樗上，未見椿上有莢者。然世俗不辨椿、樗之異，故呼樗莢爲椿莢耳。」今邑人呼椿爲香椿，樗爲臭椿。

螻蛄今呼拉拉蛄，亦螻蛄之聲相轉耳。《説文》：「螻，螻蛄也。」又云：「蠹，螻蛄也。」蠹即《夏小正》之螜，《方言》謂之蛄詣〔一〕、杜蛒、螻螲、蟓蛉、杜狗、蛞螻，《爾雅》謂之天螻，《古今

〔一〕詣：原誤作「諸」，據《方言》改。

注》謂之仙姑，《荀子》謂之梧鼠，皆方俗語之遞轉者也。此蟲立夏後夜鳴，聲如蚯蚓，四足，狗頭，黄色，故俗呼土狗。今邑人大都呼爲拉拉蛄，拉、螻音近也。

蜩之名不一，通謂之蝍蟟。《帝京景物略》云：「螗，土人呼爲蝍蟉。三伏鳴者，聲躁以急，曰伏天。入秋而凉鳴，則淒短，曰秋凉。」《爾雅義疏》云：「蛣蟟，順天謂之蝍蟟；蜓蚞，順天人謂之夫爹夫娘。」今按，蜩螗種類頗多，《帝京景物略》所謂伏天，即《爾雅義疏》所謂夫爹，今邑人名爲伏停。《帝京景物略》所謂秋凉，即《爾雅義疏》所謂夫娘。今邑人亦名爲秋凉。

蟋蟀謂之素素，亦曰素珠。《詩》：「蟋蟀在堂。」蟋蟀，即促織，京師謂之趨趨，邑人謂之素素，或謂之素珠。《唐韻》促，七玉切。《集韻》《韻會》織，質力切。皆入聲字。邑人不善讀入聲，故讀促聲與素近，讀織聲與珠近也。

草蟲，一種青色善鳴者謂之聒聒，音如乖。今人所謂聒聒者，其雄背上有翼，俗謂之梁，鼓其梁則聲清越以長，謂之叫聒聒。其雌無翼有尾，不能鳴，謂之驢駒。按聒，邑人讀如乖。

負勞，大而青者亦曰馬郎。《爾雅》：「虰蛵，負勞。」郭注：「或曰即蜻蛉也。江東呼狐棃。」《爾雅翼》曰：「水蠆化蜻蛉，蜻蛉相交還於水上，附物散卵，復爲水蠆。」今邑人呼水蠆爲水蝎子，蜻蛉爲麻稜，其紅色者謂之火麻稜，青色尾端如雙榆莢者謂之錢麻稜，方首有冠者謂之冠麻稜。麻稜，即馬郎之聲轉。稜亦蛉之聲轉也。

蛷謂之錢龍。此蟲足多，行駛壁上往來。邑人呼爲錢串子。

布穀，邑人云撥穀。《爾雅》：「鳲鳩，鴶鵴。」郭注：「今之布穀也。江東呼爲穫穀。」《本草拾遺》又呼郭公。《畿輔通志》云：「保定人呼爲歌穀，又呼爲郭嫂打婆。」今邑人呼爲光棍拖鋤。雖農人因其鳴聲而附會之，然光棍乃郭公之聲轉，拖鋤乃撥穀之聲轉也。此鳥於三四月間桑椹熟時，食椹則鳴，食多則醉，而墜於樹下，農人往往拾得之。即《詩》所謂「吁嗟鳩兮，無食桑椹」者也。

鼬鼠呼爲黄鼬。郭璞曰：「鼬似鼦，青黄色，大尾，啖鼠。江東呼爲鼪。」《畿輔通志》曰：「狀如鼠，身長尾大，氣臊臭，健於捕鼠及禽畜，《莊子》所謂『騏驥捕鼠，不如貍鼪』者也。其毫與尾可作筆，今人亦呼黄鼬狼。」

以上方言起自近古，於載籍有徵者。

凡事少遲謂之待會。欲速謂之急如星火。如讀若於。作事草率謂之三下五除二。借用算經語。遇事敷衍謂之水過地皮濕。至極謂之頂，頂讀如挺。野外謂之窪。鰥夫謂之光棍漢。好惡同人謂之隨和。土豪謂之光棍。此與前土棍同義，但土棍有厭惡意，光棍有稱讚意。再醮婦謂之後婚。事有成心謂之特故意。何事謂之甚麽。或將甚麽二字拼作一音，讀如蛇。牆隅之裏面謂之圪辣。土阜謂之疙瘩。往何處謂之上那裏。閉口不言謂之骨都着嘴。無緣而起謂之憑白地。畢竟謂之到底。不勝任謂之不能彀。不相妨謂之不相干。佳謂之不善。此反言也。駡人謂之捲，亦謂之掘。是謂之可不是。此亦反言，與上不善二字下皆當加乎字。一周謂之一僧。亦作遭。一番謂之一出。亦作齣。不破謂之囫圇。修理謂之整治。事速了謂之利落。事不速了謂之邋遢。不潔謂之腌臢。臢讀如臧。少謂之希罕，愛惜亦謂希罕。盡力所業謂之作活。貢諛謂之奉承。不耐謂之着急，怒亦謂之着急。以言教人謂之囑付。囑讀如珠。敝者完之謂之收拾。條舉人短謂之數説。託故謂之搪塞。行事而有所得謂之落頭。追謂之蹨。蹨讀如聳。用財不當謂之破費。穩愜謂之妥當。事物佳者謂之有意思。乞人之財謂之抽豐。以財自私謂之梯己，亦曰體己。川資謂之盤纏，亦曰盤費。輕便謂之馬利。馬讀如麻。筋斗謂之跟頭。南人讀筋如跟，此必南音之未改者。反覆謂之折騰。騰或音如登。僻地謂之逴遠。搔謂之契。契讀如蒯。愛謂之疼。看謂之瞧，亦謂之瞅。撻謂之奏。以瓢取水謂之舀。舀讀如咬。訴訟謂之官司。得不應得謂之占便宜。失不應失謂之吃虧。給人謂之胡弄。老而不明謂之悖惑。精神不振謂之苔颯。驚謂之荒偉。無信謂之荒唐。不明謂之糊塗。不務正業謂之潦倒。閒談無益謂之磕牙。物質不美謂之浪蕩。人而無用謂之不及。亦作不濟。棄材謂之没出息。有過謂之不是。謝罪謂之賠不是。喬樣謂之摘搦。讀如拿捏。以勢劫人財謂之訛詐。鹵莽謂之冒失。怨人形己短而修業謂之賭氣。憒而棄業亦謂之賭氣。修飾謂之打扮。同學謂之同窗。妻父謂之丈人。兒女姻謂之親家。僚壻謂之連襟。壻謂之姑爺。繼室謂之填房。工匠謂之師父。富翁謂之財主。牙儈謂之經紀。家丁謂之跟班。捕役謂之馬快。里亭長謂之頭役。布販謂之貨郎子。成衣匠謂之裁縫。穴謂之窟窿。技藝擅場謂之把勢。再醮婦所攜子謂之帶犢。銀錠謂之元寶。下見上之名刺謂之手本。官檄謂票子。契約兩家同者謂之合同。階謂之礓礤。音將察。頭謂之腦袋。面謂之臉盤，亦謂之模樣。額謂之頁落蓋。頷謂之下巴。頸謂之脖子。手掌謂之巴掌。踵謂之後跟。膀胱謂之尿脬。蝗謂之螞蚱。喫人跳蟲謂之虼蚤。

以上方言之通用而不見典籍者。間有出小説雜記者，以非重要省之。

獻境幅員遼闊，語言最爲紛歧，其大别爲子牙、滹沱兩河流域。自縣北至商家林，循子牙河迤邐東北行，抵河間界，是爲子牙流域，語音大略相同。自縣南至富莊驛，循滹沱河迤邐東北行，抵滄縣界，是爲滹沱流域，語音大略亦相同。方言不正，即無以見方言之真，兹略述方音如下：

舌上音、正齒音，子牙流域讀本音，滹沱流域有轉爲齒頭音者，例如下表：

本字	子牙流域舌上音或正齒音	滹沱流域轉齒頭音	推類
中	知母，陟弓切	精母，作冬切	忠鐘鍾衷終盅皆同
窗	穿母，初江切	從母，七江切	[illegible]同
之	知母，真兒切	精母，子兒切	支枝芝脂皆同
師	審母，疏夷切	心母，息兹切	獅尸詩時蓍屍篩施葹同
芻	穿母，楚徂切	清母，倉胡切	鋤初雛皆同
齋	照母，莊皆切	精母，祖才切	

續表

本字	子牙流域舌上音或正齒音	滹沱流域轉齒頭音	推類
山	審母；師間切	心母；蘇甘切	删芟跚訕皆同
箾	審母；師交切	心母；蘇遭切	稍髾蛸弰旓皆同
沙	審母；師加切	心母；司加切	奢賒闍皆同
茶	徹母；直加切	清母；此加切	查差叉杈皆同
莊	牀母；淛羊切	清母；兹羊切	妝同
生	審母；時庚切	心母；四庚切	笙牲甥皆同
種	知、照母；直勇切	精母；子勇切	踵腫冢皆同
數	審母；爽主切	心母；四主切	
撰	牀母；雛莞切	精母；子莞切	轉饌賺皆同
爽	審母；勝往切	心母；僧往切	
重	知母；陟用切	精母；子用切	種衆同
至	知母；真義切	精母；子義切	
順	禪母；食潤切	邪母；司潤切	舜瞬同
沖	澄母；持中切	從母；慈恭切	衝崇重充浺种蟲同
雙	審母；疏江切	心母；蘇江切	瀧艭及陽韻之霜皆同

續表

本字	子牙流域舌上音或正齒音	滹沱流域轉齒頭音	推類
垂	徹母；姝爲切	從母；從爲切	陲椎吹炊皆同
誰	禪母；是維切	邪母；思維切	
柴	穿母；鉏佳切	清母；倉來切	差釵靫豺儕猜皆同
春	徹母；昌脣切	清母；祖脣切	椿淳醇純脣鶉皆同
川	穿、徹母；昌緣切	清母；才緣切	傳釧船椽穿皆同
巢	穿母；鋤交切	清母；慈交切	繅同
撾	知母；陟瓜切	精母；咨邪切	檛同
牀	穿母；鋤莊切	從母；全莊切	創瘡皆同
爭	照母；致莖切	精母；咨莖切	錚同
愁	穿母；鋤尤切	從母；慈尤切	
紙	知母；直里切	精母；子里切	只止指皆同
準	照母；主尹切	精母；祖尹切	
舛	穿母；充荛切	清母；葱荛切	喘同
省	審母；勝景切	心母；四景切	
事	審母；疏誼切	心母；息吏切	士仕是同

續表

本字	子牙流域舌上音或正齒音	滹沱流域轉齒頭音	推類
助	狀母；莊遇切	精母；宗遇切	

齒頭音之字，子牙流域讀本音，滹沱流域則轉爲牙、喉二音，例如下表：

本字	子牙流域齒頭音	滹沱流域轉牙音或喉音
將	精母；資良切	見母；紀良切
獎	精母；資良切	見母；紀良切
醬	精母；資樣切	見母；紀樣切
宵	心母；息堯切	曉母；馨堯切
笑	心母；私妙切	曉母；馨妙切
進	心母；子晉切	見母；吉蔭切
心	心母；息林切	曉母；許斤切
蕈	心母；息進切	曉母；許晉切
翦	精母；子兖切	見母；吉兖切
踐	從母；在演切	見母；紀硯切
線	心母；私箭切	曉母；許見切

續表

本字	子牙流域齒頭音	滹沱流域轉牙音或喉音
酒	精母；子酉切	見母；吉有切
秋	清母；七由切	溪母；起由切
秀	心母；七又切	曉母；喜就切
切	清母；七結切	羣母[一]；及葉切
積	精母；子昔切	見母；紀昔切
悉	心母；息七切	匣母；喜七切
精	精母；咨盈切	見母；紀盈切
井	精母；子郢切	見母；紀郢切
浄	精母；子浄切	見母；紀浄切
小	心母；私兆切	曉母；馨兆切
津	精母；子因切	見母；吉因切
信	心母；息晉切	曉母；許蔭切
尋	邪母；徐林切	曉母；虚林切

〔一〕羣：原作「郡」。

續表

本字	子牙流域齒頭音	滹沱流域轉牙音或喉音
尖	精母；子廉切	見母；紀廉切
淺	清母；七衍切	溪母；卿衍切
先	心母；蘇前切	曉母；許賢切
揫	精母；即由切	見母；紀由切
僦	精母；子久切	見母；吉又切
修	心母；息由切	曉母；喜由切
節	精母；子結切	見母；及結切
泄	心母；私列切	曉母；欣列切
七	清母；親吉切	羣母〔一〕；欽吉切
爵	精母；即略切	見母；及略切

〔一〕羣：原作「郡」。

東冬庚青蒸董迴逕敬諸韻之字，邑人捲舌讀之，捲舌讀法紀文達公謂之吹唇輕呼。往往轉入歌哿箇諸韻。例如下表：表内但舉平聲，上去聲類推，每韻但舉一二字或三字，餘字類推。

正讀	捲舌讀	語意
中	讀如朱何切	人以中命名之者，或爲尊長，或爲輕視之人，則捲舌讀。
盅	同上	譬如酒盅，正讀必云酒盅子，捲舌讀但云酒盅。
松	讀如蘇何切	説同中字。
瀛	讀如以何切	説同中字。
興	讀如奚何切	説同中字。
青	讀如起何切	植花草以賞心，謂之看青，必捲舌讀。若正讀，則看青乃農人守護禾稼之名。

江陽講絳漾養諸韻之字，邑人捲舌讀之往往轉入麻馬禡韻。例如下表：

正讀	捲舌讀	語意
缸	讀若更牙切	大缸必正讀，小缸則多捲舌讀。
雙	讀若書牙切	説同前表中字。
娘	讀若泥牙切	呼母必正讀，泛稱婦人多捲舌讀。
光	讀若古牙切	日月之光必正讀，眼鏡或他物之光皆捲舌讀。
瘡	讀若初牙切	病重正讀，病輕捲舌讀。

支齊真文侵元紙寘薺霽軫震吻問寢沁諸韻之字，邑人捲舌讀之往往轉入微尾未韻。例如下表：

正讀	捲舌讀	語意
皮	讀若旁微切	鄭重者正讀，輕微者捲舌讀。
絲	讀若四微切	物多則正讀，物少則捲舌讀。
臍	讀若羌微切	臨文必正讀，俗語多捲舌讀。
鷄	讀若吉微切	大者多正讀，小者多捲舌讀。
神	讀若石微切	鬼神固宜正讀，謂人目有神、面有神亦正讀。若輕其人而鄙其神則捲舌讀。
魂	讀若胡微切	謂人有魂捲舌讀則爲常詞，正讀則近於駡詈。
真	讀若智微切	説同前表中字。

先寒刪咸鹽覃潸銑儉感翰諫霰勘豔陷諸韻之字，邑人捲舌讀之往往轉入灰隊賄泰韻。例如下表：

正讀	捲舌讀	語意
邊	讀若補來切	邊□必正讀，如椀、如几、如硯諸物，言其邊則捲舌讀方合。
錢	讀若氣來切	鄭重之意正讀，愛惜之意捲舌讀。
三	讀若斯來切	説同前表中字。
單	讀若低來切	單獨之單宜正讀，開單之單多捲舌讀。
尖	讀若精來	形容詞則正讀，捲舌讀則變爲名詞。

以上所列語尾皆帶兒音，語氣之間輕重大有分別。讀不捲舌語尾亦無兒音，而轉入他韻者，惟三、兩二字。例如下表：

三	讀若斯鴉切	此二字純由習慣，並無義意，不似前表所列之大有分別也。
兩	讀若力雅切	

凡入聲字皆轉入平上去三聲，分別如左：

學，讀作鴞。德，讀若當何切，或當微切。略，讀作料。習錫，皆讀作西。伯白，皆讀作擘上聲。叔淑菽，讀作蘇，惟伯叔讀如收。國，讀作鬼或果。屋，讀作烏。極吉及，皆讀作幾。握沃，讀作臥。色瑟，讀似改切。格隔，或讀哥，或讀皆。欲玉毓，皆讀作愈。一揖，皆讀作衣。潔捷，皆讀吉耶切。筆，讀作碑。墨默，讀作妹。摘責，讀作哉。麥陌，皆讀作賣。樂落洛，皆讀作老去聲。石十實，皆讀上而切。族卒足，皆讀子無切。物勿，皆讀作霧。蜀熟述屬，皆讀雙無切。福，讀作夫。陸祿，讀作路。俗粟宿肅，皆讀須。闊括客，皆讀作咢。約藥岳，皆讀作耀。雀鵲，皆讀作巧。鶴豁黑鶡，皆讀作荷。合闔曷盍，皆讀作禾。郭，讀作果。木牧目某畝牡暮慕墓沐，皆斂口作鼻音。立力，皆讀作利。葉，讀作夜。六，讀作溜。七漆，皆讀作妻。八，讀作巴。佛，讀夫何切。服伏，讀作扶。逸邑，讀作移。暇，讀作霞。穀谷，讀作古。犢瀆，讀作篤。菊，讀作居。獨毒，讀作東胡切。曲，讀窮玉切。覺角捔玨，皆讀吉咬切。斲倬涿卓諑，皆讀竹沃切。室識失，皆讀作史。黼韍紱弗紼，皆讀作府。髮發伐罰，皆讀夫娃切。忽笏，皆讀荒胡切。達，讀打平聲。脱托，皆讀通何切。割，讀作哥。活，讀作和。奪，讀若多。雪血，讀許耶切。列烈，讀力也切。説，讀若樹窩切。落，讀若犒勞之勞。爵，讀若交。弱若，讀作日耀切。澤擇宅，讀作在平聲。笛敵狄，讀若低。北，讀若卑上聲。息，讀若洗。則，讀若茲柯切。

右方言。

〔同治〕鹽山縣志

【解題】王福謙修，潘震乙纂。鹽山縣，今河北省滄州市鹽山縣。「方言」見卷五《風土志》中。録文據同治七年（一八六八）刻本《鹽山縣志》。

方言

與人方便，自己方便。世上無難事，只怕心不專。喫飯防噎，走路防跌。若要好，大做小；若要寬，先辦官。不聽老成言，終有悽惶事。小心天下去得，大膽寸步難行。扒得高，跌得重。前人撒土，迷了後人眼。識人多處是非多。饒人不算癡，過後得便宜。得饒人處且饒人。早起三光，晚起三慌。要知前世因，今生受者是；要知來世因，今生作者是。好漢學喫虧。做箇無用漢，頭上有青天。善惡到頭終有報，只争來早與來遲。人有善願，天必隨之。惡人自有惡人磨。酒中不語真君子，財上分明大丈夫。不癡不聾，難作家主公。路遥知馬力，日久見人心。人無千日好，花無百日紅。人争一口氣，佛受一爐香。君子愛財，取之有道。平生不作虧心事，夜半敲門心不驚。有麝自然香，何必當風揚。

案，方言雖近俗俚，然聖賢不廢。諺語中多格言，故仍前志。

〔民國〕鹽山新志

【解題】孫毓琇修，賈恩紱纂。鹽山縣，今河北省滄州市鹽山縣。「方言」見卷二四《故實略·謡俗篇上》中。録文據民國五年(一九一六)鉛活字本《鹽山新志》。

方言

目録〔一〕

釋言詞　釋人事　釋色目　釋器物飲食居處附　釋形體　釋動植　附摘録格言　附占侯

古語

自楊子雲作《方言》，遂爲小學不刊之作，後世方志往往著録，固志謡俗者之要典也。顧或古今並陳，文雅兼收，非與時語不符，即與字書無異，俾後世無以考見當時，抉擇是非，雖不作

〔一〕目録爲編者所加。

可也。北方語言多近古義，各州縣同者七八，異者一二。兹概取鹽人當時之語，凡習見經典及士林雅言，姑置不録。雖挂漏猶多，而尋常習用約亦可得七八。閒附考証，率取確當者，述其一二，力矯附會誇多之弊，因求簡易。姑分六目，以俟君子其尚有取于斯。

子　名物助詞也。名物以子爲助詞，其來蓋久。《中華古今注》：「始皇元年詔：近侍皆服衫子，妃嬪當暑戴芙蓉冠子。」古樂府：「艇子打雨槳。」李白詩：「頭戴笠子日卓午。」杜詩詠棕拂子之類，不可枚舉。鹽境名物幾於無不助以子字者，非名物亦多助以子字，如性子之類。保定則概用兒字爲助，與鹽境子字同，鹽則罕用兒也。

麽　問詞之助也。凡問於人而待答者，則以麽爲語助。如怎麽、甚麽一作什麽之類。殷文圭詩：「擬把公卿換得麽。」劉兼詩：「白首無成歸去麽。」皆以麽入詩爲韻。慶雲則讀如厦，樂陵讀如乍，各隨鄉音而異。

怎　疑問助詞也。《廣韻》《集韻》皆未收，惟韓孝彦《五音集韻》收之。朱子《語録》多用怎生字。鹽境多言怎麽，或謂樂陵之乍，即怎之轉，又恁與怎疑係一字。《廣雅》：「恁，思也。」曹憲曰：「恁，而審反。疑之也。」《説文》：「恁，下齎也。」徐云：「心所齎卑下，俗言如此也。」此與審疑之義亦通。然則怎殆恁之俗字歟？辛棄疾詞：「且教兒童莫恁麽。」恁麽，一作什麽。《摭言》：「韓愈問牛僧孺：『且道拍板爲什麽？』」《集韻》：「不知而問曰拾没。」《别雅》云：

「麽即没之平聲。語音有高下，固無定字也。」今按，拾没即什麽，什麽即恁麽，又或作甚麽，皆一語之轉。又鹽境言如此則云者麽着，此語見《元典章》最多，凡詔旨末尾用者麽道三字，猶清代之欽此也。

那　語餘助詞也。《漢書·方術傳》：「有女從韓康買藥，曰：公是韓伯休那？」語餘助詞由來久矣。《左傳》：「棄甲則那。」則那訓無傷，與語餘義别。

的　定在語詞也。的本借字，而語詞則幾徧全國，凡事物確指其定在，皆以的爲助詞。宋儒語録凡用的字處，皆作底。

阿　應詞也。《老子》：「唯之與阿，相去幾何。」按，應之速曰唯，緩曰阿。

呢　《商君書》用此爲相問餘詞。

唉　譍也。《説文》：「唉，譍也。」阿改切。《方言》：「欸、𧬈，然也。」《莊子》：「唉，予知之。」皆與譍訓合。有訓唉爲歎恨聲者，《史記·項羽本紀》：「唉！豎子不足與謀。」此應讀平聲。又有訓飽聲者，乃應讀倚駭切，與阿改切義皆别。

喊　驚人聲也。《桂海虞衡志》：「粤中有𠆙字，和馘切，隱身忽出驚人之聲也。」鹽俗讀若駭，又讀若欬上聲。

哏　極是詞也。哏讀如很。翟灝《通俗編》曰：「哏字不見字書，而其辭則至今承之。蓋哏字出《元典章》，有『哏不便當』之語，其實不妨假很爲之，如很好、很是，猶云甚好、甚是也。」

這箇　此也。那箇　彼也。寒山詩：「不省這箇意。」王刑公詩：「只緣疑這箇。」又「人人有這箇」「這箇没量大」。朱子《語録》用此等最多，如「這箇是《易》之體，那箇是《易》之用」。這，蓋者之俗。東坡《十二時偈》：「遮箇在油鐺。」又作遮，方言本少正字也。

你　我之對也。小學中代我之字甚衆，而對我稱人之字則無之。君公卿皆尊人之辭，爾汝乃輕人之詞，均非平等，惟「子亦來見我乎」之子，爲平等之稱，然俗語則不用。今普通通行者惟你字，蓋本尔字加人旁，讀乃里切，以爲稱人之詞。此吾國小學中之闕文也。《北史·李密傳》：「宇文化及曰：與你論相殺事，何須作書傳雅語？」此字之始見於史者。又俗尊敬前輩，則呼曰你老。

們　輩也。俗言你們、我們、他們、偺們，猶云你輩、我輩也。《愛日齋叢鈔》：「樓大防在勅局時，見元豐中原案不改俗語，有云『我部領你懣』，又云『我隨你懣去』。」蓋本無正字，北宋時先借懣字，疑即輩聲之轉。南宋别借爲們，元時又借爲每。《元典章》詔令中他每甚多，又如秀才每、軍人每、百姓每，凡每皆們音之轉，元雜劇亦皆用每。

俺、偺　我也。《廣韻》於驗切，我也。《詩》：「卬須我友。」俺當即卬之音轉。偺與朕，一音之轉。《説文》：「朕，我也。」惟朕則專稱我，偺則並近我者可並言之，爲異。

見在　現有也。二字屢見《周禮》鄭注及《漢書》。

登時　即刻也。見《魏志·管輅傳》及《抱朴子》，又《焦仲卿詩》「登即相許和」，蓋即登時之謂，此語蓋甚古。

海蓋　大概也。劉敞詩：「海蓋午時消。」自注：「海氣如霧，土人謂之海蓋。」今俗言大概則作此語，當即本此。

會　能也。能者曰會，不能者曰不會。會本心會也，能知則能行，故曰會。《方言》：「魏，能也。」當亦會音之轉。

漿讀若絳　流質重也。以麪爲糊曰漿讀去聲子，引伸爲凡流質稠密之詞。《韻海》作糨，又或作糡，皆後出字。

憨　粗也。此無正字，假憨爲之。憨本義訓愚，與粗義亦近。

媌　細也。俗於凡物之細者曰媌相。

蔫　凋萎也。俗讀衣言反，《韻會》：「蔫，物不鮮也。」引伸爲凡不振之稱。俗於人之乏精采者曰蔫洪。宋詞作蔫紅。

蹺　薄弱也。凡較而弗如者曰蹺，讀去聲。較而勝者曰不蹺。

㼌　裂也。《漢書·藝文志》注：「㼌，破也。」此與劈音義古皆同。今俗以力破物則作劈，物自裂則云㼌，與古訓微異。

邦邦　硬也。《傳燈録》有硬綳綳語，綳、邦一音之轉。

挺挺　直也。《左傳》：「周道挺挺。」注：「直貌。」

等　俟也。《傳燈録》：「或問和尚作甚麽，曰：等箇人。」按，等字本無俟義，以等訓俟，蓋見於宋元以來俗語。等與待皆從寺，蓋待音之轉。

麇　束也。麇，邱隕切，俗作捆。

弔　懸也。《方言》：「佻，縣也。」郭璞云：「了佻，懸貌。」佻、弔一音之轉。唐人懸人於樹而抶之，或戲之曰：「此弔民伐罪也。」

够　足也。《廣韻》：「够，多也。」音遘。《升庵外集》：「今人謂多曰够，少曰不够。」亦作彀。

堵　塞也。古作杜。《晉語》《國策》皆作「杜門不出」。杜亦塞也。據《説文》字當作敗，閉也。

光　盡也。罄盡爲光。

撲楞　翻騰也。鳥飛亦曰撲楞。

打閃　電也。《札樸》作打㶣。

瓜拉　霹靂也。俗言打瓜拉，以其聲名之，無正字。

絳　虹也。冬韻轉入江韻也。

夜裏格　昨日也。猶言昨夜之意。格，語助詞。

毗劉杷剌　雜聲也。《爾雅》：「毗劉，暴樂也。」注：「謂樹葉缺落蔭疏。」

丁當　響也。唐詩多用之。

撲通　聲也。狀鼓聲及跳水聲。元曲云：「撲通的瓶墜井。」一作撲蓼。

撥剌　聲也。狀魚鳥驚聲，讀撥如撲，二字見《思玄賦》。

犽䂢　兒呼聲也。《集韻》：「吴人謂赤子曰䂢犽。」〔一〕

骨堆　邱墳也。《傳燈録》有「平地起孤堆」語。今俗亦有此諺，孤當作骨。

著　火起也。著讀昭上聲。

平白地　無故也。太白《越女詞》：「相看月未墮，白地斷肝腸。」〔二〕言平白地爲伊腸斷也。今俗語亦云平白無故地。

零碎　細碎也。朱子《語録》：「有屋舍了，零零碎碎，方有安頓處。」

些　少也。《説文》：「尐，少也。」《廣韻》讀若屑，即些之正字。《舊唐書·楊嗣復傳》：「臣近日未免些些不公。」

若干　幾何也。見《曲禮》鄭注，云：「若，如也。干，求也。」言事無定當如此求之也。

到底　究其終也。《舊唐書·李渤傳》：「似投石井中，非到底不止。」

邪許　驚異詞也。凡事之驚人者曰邪滸。凡雙聲皆無定字。《淮南》所云「前者唱邪，後

〔一〕䂢犽：原作「犽䂢」，據《集韻》改。

〔二〕墮：原誤作「墜」。肝：原誤作「人」。據《全唐詩》改。

者唱許」，即此二音。

動不動　不審之詞。俗於事之未詳審而輒爲之，曰動不動。三字見《元曲選》。

只管　《朱子文集》嘗用之。

不能彀　《漢書·匈奴傳》有「不能彀努」語。《唐·張巡傳》：「皆癯劣不能彀。」俗凡不勝任、不滿意，皆借此爲詞。

保不住　不敢自信也。

不中用　不堪用也。見《史記·始皇本紀》《外戚世家》。

不相干　無妨也。見《淮南子·原道訓》《兵略訓》。按，干，犯也。

不善　善也。此反言之詞，凡贊事之佳者曰不善。

可不是　是也。以人言爲是則曰可不是，亦反言之詞。

一僧　一週也。楊子《方言》：「一周曰一僧。」今通作遭。

一坌　及時産也。凡及時而産之物曰一坌。鹽山諺云：「棗芽一寸，快魚一坌。」又有坌興之語，亦此義。

一出　一番也。《世説》：「今日與謝孝劇談一出來。」戲文中以一場爲一齣，與此亦同音同義。

一宗　一件也。《游覽志餘》：「杭州諺云：好和歹，立一宗。」

一頓　一飯也。《文字解詁續》：「食曰頓。」引伸語打一頓、駡一頓。二字亦見《世説》，其來已久。計打曰頓，自唐人已言之。《章懷太子傳》：「子守每歲被勑杖數頓。」

一橇　《篇海》音匏。俗謂四十斤爲一橇。鹽俗買物若干則云一橇，無定數也。

即伶　伶利也。盧仝詩：「不唧溜鈍漢。」即唧伶也。伶利亦俗語，明田汝成云：「杭人有以反切爲語者，如以秀爲鲫溜，以精爲鲫令。」

郎康　粗也。《晉書》《世説》有狼抗字，言性抗厲，與今俗語義異。或作躴𨉁，訓不潔，與此義近。

籠統　不分也。一作儱侗。《廣韻》訓「未成器」。俗言直籠統，言上下不分粗細也。引伸爲凡不分晰之稱。二字見《唐書》。

囫圇　不破也。俗語囫圇吞棗，囫讀如核。

整治　修理也。

末豁　草草也。魏泰《詩話》云：「予在真定，有大校斥一卒曰：『你可末豁如是。』予召問之，大校笑曰：『北方謂粗疏也。』」

邋遢　累贅也。凡言累贅者曰邋遢。《朱子文集》有「一落索」語，亦即此語，無定字也。累贅亦俗語。

模糊　不真也。俗謂遇事不盡力者爲模糊。

嫛結　潔浄而有次序也。《方言》：「秦晉之間，凡細而有容謂之嫛。」嫛讀若格。

毛病　有瑕疵也。徐咸《相馬書》：「馬之善旋五，惡旋十四，所謂毛病，最爲害者也。」此毛病字所出，然謂馬，非謂人。《韓非·五蠹》篇云：「不才之子，父母怒之，鄉人譙之，師長教之，三美加焉，而其脛毛不改。」此於喻人之義方合。

䳡䳡音抽　伸者縮也。《札樸》：「收束曰䳡。」

蹧皋　壞也。凡物敝壞曰蹧，重言爲蹧皋，引伸毁人爲糟蹋、爲蹧踐。又專言蹧，亦壞也。

𣿍讀若煤　物傷濕也。見《札樸》，一作黴。

鏖糟　心煩亂也。《漢書·霍去病傳》注：「俗以盡死殺人爲鏖糟。」與今義異。

腌臢　不潔也。臢讀如臧，一作婄臟、作骯髒，疑即《周禮注》之脅屧字。

希罕　少也。物少則珍，引申爲珍惜之詞。

晌火　正午也。晌火，午音之轉。李後主詞有「一晌貪歡」語。俗於日在未申，則云晌火趖。

右釋言詞。

事體　事之體統也。《後漢書·胡廣傳》：「練達事體，明解朝章。」

工夫　爲工久也。《晉書·范寧傳》：「工夫萬計。」《後漢書·王肅傳》、唐元稹詩皆作功夫，古工、功通用。鄉人謂傭工者曰工夫若干。

能幹　謂人能也。《後漢書·循吏傳》：「能幹絶羣。」《文公家禮》：「護喪以知禮能幹者爲之。」

有調令　長心計也。宋朱彧《可談》云：「都下謂作事無據者爲没雕當。入聲。」當即調令之轉語。

勾當　幹事也。《唐書·第五琦傳》：「拜監察御史，勾當江淮租庸。」按，唐宋以來公文中屢見句當字，率以幹事爲訓。後相沿直以事爲勾當，自《元典章》而已然矣。

習慣　見《家語》、《漢書·賈誼傳》作貫。

作活　作工也。見《魏書·王祥傳》，唐張籍詩云：「貧窮作活似村中。」按，此活當與活計之活同訓。鄉人呼傭工者爲做活。蘇詩：「經卷藥爐新活計。」小説多作夥計。俗呼傭工爲活計，以活字爲正。《通俗編》謂作火計，非是。

着急　心不耐也。按尋常語有兩讀，一急讀上聲，不耐也；一讀入聲，言急急也。

容易　易也。二字本東方朔「談何容易」之語，其實漢「何容」二字連文，容與易，非連文也。自杜詩與「奮飛」爲偶，楊倞注《荀子》云：「忽然，言容易也。」轉相傳習，言易者即兼言容矣。

代勞　《廣異説》：「魏元忠呼蒼頭不應，犬代呼之。元忠曰：此犬乃能代我勞。」

走作　失故處也。《傳燈録》：「若不遇師，幾成走作。」朱子《語録》亦常用之。

囑付　分付也。囑付、分付皆俗語，古作屬。《孟子》：「乃屬其耆老而告之。」俗加口旁。唐賈餗《大慈禪師碑》云：「密承屬付。」分付，見《漢書·原涉傳》。俗讀囑若豬。

鄭重　不輕掉也。《王莽傳》顏注：「鄭重，頻煩也。」《廣韻》釋爲殷勸，皆不甚確。

交代　《漢書·蓋寬饒傳》：「及歲盡交代。」《白虎通論》：「交代之處。」

收拾　斂者完之也。《光武紀》：「或在壞垣毁屋之下，而家羸弱不能收拾者。」

辛苦　甘苦。辛苦見《史記·伍子胥傳》，辛苦、甘苦皆以味喻事有所嘗歷之詞。

驚動　《晉書·劉聰載記》云：「不勞驚動將士也。」今以煩擾人爲驚動。

斟酌　度事也。《國語》韋注：「斟，取也。酌，行也。」

把持　不放也。《白虎通》：「把持其政。」

數説　責人也。范雎之數須賈，漢高之數項羽，皆見《史記》。今南北皆以責人爲數説。

打算　計較也。《錢塘遺事》：「賈似道忌害任事閫臣，行打算法。」《元史·循吏傳》亦見二字。

管事　《史記·李斯傳》：「管事二十餘年。」

擺脱　唐韓偓詩：「擺脱是良圖。」《宣和書譜》：「李邕擺脱舊習。」

搪塞　《淮南子·人閒訓》：「唐有萬穴，塞其一，魚何遽無由出。」〔一〕蓋二字之本，後皆加

〔一〕其、何：原脱，據《淮南子》補。

手作搪。

兜攬　包攬總任也。楊慈湖《遺書》云：「不必兜攬爲己。」

撈摸　捉摸也。《朱子文集》云：「如此空空蕩蕩，恐無撈摸也。」今俗語於失而欲復得者曰撈摸。

尋思　《漢書·循吏·劉矩傳》：「使歸更尋思。訟者感之。」

躲閃　離開也。《玉篇》躲訓身無逃匿義，《元典章》有此二字。

牢固　堅固也。《三國志·陸抗傳》：「況江陵牢固。」於今俗又云牢穩、牢靠，皆此意。

擔閣　延時也。林和靖詩：「聊爲夫君一擔閣。」今俗作耽閣。

有緣　有因也。魯褒《錢神論》：「人亦有言，有因有緣。」

不採　不顧也。《北齊書》：「后既立，更不採輕霄。」俗作睬。

相好　見《左傳》成十三年。

不忘本　語本《檀弓》。

落頭　所得也。章炳麟云：「吴越謂所乾没者爲略頭，聲亦如洛。」今俗正作落頭。

行李　見《左傳》襄八年。

信　寄書也。《東觀餘論》：「古者謂使爲信。古樂府『有信數寄書，無信常相憶』，蓋信本使人。後世以遺書餽問爲信，遂失古義。」《日知録》曰：「以使爲信，始自東漢以下。若古之所謂信，乃符驗之別名，如今人言印信、信牌之類。」

應酬　交接也。宋陸游詩：「老來萬事懶，不得廢應酬。」

年紀　《後漢・光武紀》：「詔下州郡，檢户口年紀。」

隨和　和同也。見《漢書・梅福傳》。

安頓　安置也。《乾淳起居注》云：「令幕士安頓寢殿前。」楊萬里詩：「客心未便無安頓。」引伸爲安穩之稱。

託夢　見王粲詩及《三國志注》。

摸索　手捫也。《隋唐嘉話》〔一〕：「許敬宗云：若遇何、劉、沈、謝，暗中摸索，亦自可識。」

蹤　趕追也。蹤音輦。

擡舉　唐元白詩常用之。

提拔　見《庾子山集》：「謬垂提拔。」

照管　歐公《與焦千之簡》云：「欲奉託照管三數小子。」

奉承　諛人也。《左傳》：「奉承以來，不敢失隕。」蓋皆奉法之謂。今世以諛揚尊貴者爲奉承，殊失古義。范質《示從子》詩云：「舉世好承奉，昂昂增意氣。不知承奉者，以爾爲玩

〔一〕嘉：原作「佳」。

戲。」此與今解相合，殆顛倒承奉爲奉承耳。

捲、絶　罵也。

調停　和解也。《周禮》有調人。《言鯖》云：「今此職不舉，而親友於兩造有關者，爲之調停。」猶存古意。

商量　《易·商兑》注：「商量裁制之謂也。」《大唐嘉話》：「睿宗呼明皇爲三郎，羣臣奏請，必曰：『與三郎商量未？』」

計較　《三國志·孫堅傳》：「畫地計較。」按，争論、商量均可言計較。

安慰　見《古焦仲卿妻詩》，今又以禱神之詞爲願慰。

搭對　安排也。《五燈會元》：「山僧意好相撲，只是無人搭對。」

勾引　見《北史·蠻獠傳》。

破費　費財也。蘇東坡詩：「破費八姨三十萬。」

安排　處置也。《莊子》：「安排而去。」

飛來福　《易林》：「飛來之福，入我居室。」今俗語誤爲飛來鳳。

償來物　見《莊子》。

本分　見《荀子·非相篇》。

過分　《論語集解》：「顔子怒，不過分。」

分外　《莊子・達生》篇郭注：「生之所無以爲者〔一〕，分外物也。」

格外　見《北史・賀若弼傳》。

暴富　《五代史・安重榮傳》：「暴至富貴。」

方便　《維摩經》：「摩詰以無量方便，饒益衆生。」

不便當　《元典章》屢言「哏不便當」「兩不便當」之語，即不便也。

妥當　妥帖也。

熱鬧　繁華也。《清異録》：「武宗詔王才人曰：『我非不能取熱鬧快活。』」白居易詩：「熱鬧漸知隨念盡。」

有意思　有興趣也。見《南史・齊宗室傳》。宋龐元英《談藪》云：「此僕意思有異於衆。」

快活　喜悦也。白居易詩：「快活不知如我者。」杜荀鶴詩：「田翁真快活。」蓋唐以來語。

隄防　有所備也。隄防，本以備水，引伸爲凡有所備之名詞。漢賈讓《治河策》：「堤防之作，近起戰國。」俗又於猝無備者則曰冷不防。

自由　《後漢書・五行志》：「劉盆子爲天子，然視之如小兒，百事自由。」杜詩：「送客逢春可自由。」

〔一〕所：原脱，據《莊子》郭注補。

高興　殷仲文詩：「獨有清秋日，能使高興盡。」

子細　見《北史·源思禮傳》。杜詩：「醉把茱萸子細看。」白居易詩子作仔。

佯不知　《史記·范雎傳》：「佯爲不知永巷。」又見《封禪書》。佯亦作陽，或作徉。

三不知　《左傳》：「今我三不知而入之，不亦難乎。」姚福云：「三不知，謂始中終三者皆不知也。」俗云一問三不知。

知會　通知也。《通雅》：「唐武后甲申轉帖百官，令拜表。此若今之都吏送知會、部堂堂帖，使司官知之。」

火伴　《通典》：「五人爲列，二列爲火，五火爲隊。」《木蘭詞》：「出門看火伴。」今俗作夥、作伙。又曰鍋伙曰一伙。劉貢父《詩話》：「岳州天慶觀柱以震折，有倒書謝仙火字，何仙姑謂雷部神名。或曰南方賈人以火自名，一火猶一部也。此賈謝仙刻之以記己物者。」

放帳　放債也。《漢書·谷永傳》顔注：「富賈有錢，假其名代爲之主，放與他人以分利。」此放字所由起。

花費　用財也。見《大清律》「損壞倉庫物財」條下。

梯己　私財也。《元典章》：「出使經過州縣中閒，要做梯己人情者，必然惠送段匹禮物。」今俗以私藏財物曰梯己。梯亦作體，己讀若西。

抽豐　乞人惠也。俗作打秋風。《七修類藁》：「米芾札中有抽豐字，即世之秋風之義。」

盤纏　路費也。《元典章》户部例有「斟酌盤纏」條，刑事例有「侵使軍人盤纏」條。元以前未見二字。

資本　以財牟利也。見《周禮·朝士》疏、韓文《柳子厚墓志》，皆作子本，今俗作資本。

開市　《易林》：「開市作喜，建造利事。」按，商賈歲初開門交易曰開市，亦曰開張。

手藝　工技也。見柳宗元《梓人傳》。

賒　以財物借人也。見《周禮·泉府》。《漢書·劉盆子傳》：「少年來沽者，輒賒與之。」此經史初有賒字者。

賠　償也，又折閲也。字書無賠，始見《字彙》。古只作備。《升庵外集》：「高歡立法，盜私物十備五，盜官物十備三。」音裴。今俗商賈折閲，則云賠錢。

賺錢　得利也。市物失實、賣物得利曰賺錢。引伸欺人者謂之賺人。

寬綽　財裕也。《説文》：「綽，緩也。」《爾雅》：「寬，綽也。」俗謂富家曰寬綽。

禮數　儀節也。見《毛詩》「我行其野」箋。《左傳》：「子太叔爲張趯説朝聘之禮，趯曰：善哉，吾得聞此數。」是謂禮爲數也。

人事　餽遺也。《晉書·武帝紀》：「頒五條詔書，五曰去人事。」韓退之有《謝許受王用男人事物狀》，後撰《平淮西碑》：「韓宏寄絹五百匹充人事。」蓋唐代已以餽遺爲人事。

人情　餽物也。杜詩：「粔籹作人情。」《都城紀勝》云：「或講集人情分子。」俗以物賀人者曰隨人情，數人公賀者曰出分子。

客氣　虚憍也。《左傳》定八年：「盡客氣也。」《論語》「居不容」，唐石經及釋文皆作客，當即客氣之訓。

不敢當　見《莊子·讓王》篇，又見《儀禮·士相見禮》注。

璧還也。俗於餽而弗受者曰璧，世皆云取藺相如返璧歸趙之義，然《左傳》「僖負羈饋重耳盤飧置璧焉，公子受飧而返其璧」，似當取義於此。

家務　《南史·張務傳》：「率嗜酒，於家務尤忘懷。」

中用　堪用也。見《毛詩》「白華菅兮」箋、《周禮·巾車》注。《秦本紀》：「始皇曰：吾收天下書不中用者盡去之。」

吉利　《易》：「大有吉，无不利。」《三國志注》：「魏太祖名吉利。」

鬥湊　湊趣也。明田汝成《委巷瑣談》云：「或云吴越除日互擎炒豆交納之，且餐且祈，曰湊投。」殆此語所從出歟？

受用　享有也。《周禮·太府》：「頒其賄於受用之府。」

長進　進德也。《吴志·張昭傳》：「長子承，勤于長進。」《宋書·前廢帝紀》：「孝武讓其書不長進。」《摭言》：「人謂李敬曰：夏侯孜，一箇窮措大，有何長進。」

倒頓　名次最後者。《方言》：「大袴曰倒頓。」今無此語。而以稱名次最後者，蓋袴下垂曰倒頓。今語仍大袴之引伸義。

俏　俊也。《集韻》：「俏，好貌。」《方言》字作釗，俗語又曰俏皮。

媌條　窈窕也。二語俗語均用之。《方言》：「凡好而輕者謂之媌。」

胖大　《大學》注：「胖猶大也。」

㒓矮　身短也。身短曰㒓子。《唐書·王伾傳》：「形容㒓陋。」俗作矬，矮讀愛上聲。

麤笨　《宋書·王微傳》：「王樂小兒尤麤笨。」

馬利　輕便也。

漂亮　出色也。漂本字當作暴，《説文》：「暴，晞也。」

摩挱　手捫也。此與摸索字音義同。

母量　估量、揣度也。

揚飽　澎漲也。謂人之飛揚者。

唧查　耳語也。《説文》：「咠，聶語也。」此耳語正字。

睡覺　眠也。

打盹　假寐也。

打尖　旅食也。古祖人於道曰餞，尖當即餞之轉音，道食皆曰餞也。今俗食曰打尖，不食曰茶尖。

傀儡　偶人戲也。《通典》：「《窟礧子》，亦曰魁𩩲子[一]，作偶人以戲，本喪樂也，漢末始用之。」《顔氏家訓》作傀儡。俗引伸凡運動由人者，皆曰傀儡。

趄步　舉足也。俗作邁。《左傳釋文》：「距躍三百：百音陌。」今字作趄。

跟頭　筋斗也。《樂府雜録》：「旋槃觔斗。」《通俗編》以跟頭爲正字。

藏迷迷　捉迷也。捉迷藏見元稹詩，俗讀迷如抹。

逗諢　相絞訏也。諢讀若艮，伶人有打諢語，見《遼史·伶官傳》，互鬬機趣，以相嘲笑也。

折騰　翻騰也。俗謂行不正曰胡折騰，騰或讀如登。又或云掉登，亦此意。

雇　以錢傭人也。《漢書·丙吉傳》：「吉以私錢顧胡組。」《南史·武陵王紀》曰：「以此顧鄉。」古衹作顧，後俗作僱，以别於顧。

賃　以錢貸物也。

租　田賦也。俗有官租、私租之分。

夥　多也。《方言》：「凡物盛多，魏曰夥。」《廣雅》：「夥，多也。」今俗謂多人爲一夥，專以屬人。

逴　遠遠也。《説文》：「逴，遠也。」公文作窵。《方言》：「釗，遠也。」亦即逴音之轉。

[一] 子：原脱，據《通典》補。

瘺　涨者落也。蒲結切。《玉篇》訓爲枯病。《七修類稿》云：張士信在姑蘇，民爲十七字詩曰：「丞相做事業，專用黄蔡葉，一夜西風起，乾瘺。」

契　搔也。《説文》：「契，齘契，刮也。」今謂搔癢曰契。

疼　愛憐也。《集韻》徒登切。

擺　陳列也。

嚷　喧也。此即古之讓字。古讓訓責讓，責讓則聲高，引伸爲喧嚷。《説文》：「䙴，亂也。讀如穰。」與嚷義亦近。

瞧　看也。《漢·趙充國傳》顔注：「樵爲高樓以望者。」相沿曰譙樓，即樵樓，取遠望爲義。今俗不分近察遠望皆曰瞧。

瞅瞧　注視也。瞧讀愁上聲。

奏　撻也。《説文》：「盭，引擊也。」奏當即盭音之轉。

虔　截也。《方言》：「燕之北郊謂賊爲虔。」古訓虔劉爲殺，今鹽俗截高粱之穗曰虔，蓋古語之僅存者。

酋　久熟也。《廣雅》：「酋，熟也。」即酋字。俗讀去聲。鹽人惟作臘八粥曰酋餁，亦古語僅存者。

訬鬧　吵嚷喧争也。《説文》：「訬，擾也。」訓健、訓輕捷者與此異。俗作吵。

搡 推也。《集韻》寫朗切，搷也。

蘸 以物近水也。讀若贊。

舀 挹水也。讀若咬。鄭板橋詩：「帶月連星舀一瓢。」《説文》訓臾。

潑 棄水也。

捧 兩手掬也，單手曰抄。

抓 手搔也。讀若嗟。《博雅》訓搔，引伸覆手取物曰抓。

攥 手握也。字見《札樸》。

溱溱 汗下也。《靈樞經》：「汗出溱溱，是謂之津。」今俗讀爲汗津津。

搁 手推也。俗作滚，引伸爲凡推去之稱。

呵呵 嚇嚇笑也。嚇嚇笑見《朝野僉載》。

打官司 訴訟也。元人《抱粧盒》曲有此三字。

討便宜 得所不應得也。古只作便利。寒山詩：「凡事莫過分，盡愛討便宜。」

嬾惰 見《後漢·王丹傳》，作墮嬾。今俗語二字傎倒並稱，墮惰、嬾嬾古字通。俗又云懶待。

彊梁 暴横也。《莊子》：「從其彊梁。」《詩》「武人東征」疏：「荆舒彊梁而難服。」

噎噴 氣悟也。噴讀若分。

疲倦　見《三國志·張裔傳》，疲亦作罷。

打瞌欠　欠伸也。見《札樸》。

扯淡　語無味也。《委巷瑣談》云：「杭人有諱本語而爲俏語者，如謂胡説爲扯淡。」

欺負　勢陵也。按《史記索隱》及《漢書·韓延壽傳》均以欺紿爲訓，鹽人獨以以勢陵人爲欺負。陸游詩：「欺負六國囚侯王。」此與今義爲近。

揉搓　摩挲也。揉搓、摩挲皆俗語，揉亦讀若由。

愚弄　見《左傳》襄四年。

掐　爪按也。

搋　指取也。搋，俗作捻，讀若聶上聲。

狡賴　强辭欺人也。《左傳》：「今鄭人貪賴其田，而不我與。」即狡賴之義。賴兼美惡二訓，一訓恥，「富歲子弟多賴」是；一訓欺、訓讐，「此狡賴」是。故俗又云抵賴。

梗　木强也。《方言》：「梗，猛也。」王逸《楚詞注》：「强也。」今俗於木强者亦曰梗罷。

答颯　不振貌也。《南史·鄭鮮之傳》云：「卿居僚首，今答颯，去人遼遠，何不肖之甚？」《文與可集》有「嬾對俗人常答颯」。范成大詩：「生涯都塌颯。」今俗音答正讀如塌。

背惑　乖背也。《元曲選·盆兒鬼》劇有「老背悔」語，是自元已有此語，疑其字當作悖惑。疏廣書云「吾豈老悖不念子孫哉」，正此意。

流落 不遇也。《史記》有云留落，即流落。《霍去病傳》「留落不遇」，注云：「遲留零落。」江總詩：「流落今如此。」

荒傽 忙也。《楚詞》：「遽傽偟兮驅林澤。」注：「驚恐貌。」今俗語謂荒忙者爲荒荒傽傽，亦云荒忙荒忙，見白居易詩。荒本字作㤺，《廣韻》作慌。

荒唐 無憑也。《莊子》：「繆悠之詞，荒唐之言。」

們渾 不明了也。《方言》郭注：「們渾，肥滿也。」引伸爲不明了之稱。

懵懂 不曉事也。《廣韻》：「懵懂，心亂也。」《談藪》：「甄龍友平生給捷，一時懵懂。」鹽山歇後語曰：「賈夢因家管事人，言孟董也。」取其音同。反之則曉事謂之懂。

摸棱 《唐書·蘇味道傳》：「決事不欲明白，誤則有悔，摸棱持兩端可也。故世號摸棱手。」

糊塗 見《宋史·呂端傳》，俗讀塗音如獨。

潦倒 不美也。

刁鮑滄 鹽謂以勢恐人者也。俗於自炫其勢者輒曰刁耶、鮑耶。刁氏、鮑氏爲漢晉巨族，當時爲齊民所畏敬，後世遂演爲口實，此碻爲鹽人土語。

包彈 瑕疵也。俗於物之有瑕者曰包彈。《野客叢書》云：「宋包拯不恕朝列，有過必彈。相戒『莫犯包彈』云。」包或作褒，非。

細作　閒諜也。《爾雅·釋言》：「閒，俔也。」注：「今之細作。」《左傳釋文》：「諜，今謂之細作。」其詞蓋古。

磕牙　閒談也。《聊齊志異》有詞云「何處與人閒磕牙」，《札樸》磕作齝。

操刺　粗猛也。《五代史》耶律德光指劉知遠曰〔一〕：「此都軍甚操刺。」今俗爲凡不細緻之稱。

浪蕩　浮夸也。俗以不斂攝爲浪蕩。《管子》有琅湯字，即浪蕩也。又郎當，飄零也。音義皆近。唐明皇聞鈴聲，似云三郎郎當。

含胡　不明了也。唐顏杲卿含胡而死。東坡《石鐘山記》作函胡。

可領　醜惡也。《越語肯綮録》：「人訾物之醜者曰堪。或詢之，曰：堪者，不堪也，反詞。今觀《隋韻》，知爲領字。」按，領當讀讖上聲。今俗謂物之醜惡者曰可領。

邋塌　不潔也。《廣韻》訓云不謹事也。明張三丰，人呼張邋塌。《札樸》作喇㗇。

嬰盈　厭惡也。《方言》：「凡言呵叱者，謂之嬰盈。」嬰讀如戈。今爲凡厭惡者之代詞。

急惶　情有所難也。字應作悽惶，俗音轉若急，訓本如字。引伸爲凡有困難之事皆曰急惶。又引伸爭難之事亦曰急惶。諺曰：「不聽老人言，必有悽惶事。」梁武帝《孝思賦》：「踐霜

〔一〕知：原作「智」。

露而悽惶。」

窮到骨　見杜詩。

寒賤　《南史·王崑傳》：「外方小郡，當乞寒賤。」今俗謂猥瑣者曰寒賤，謂卑汙者曰下賤。

薄福　見《北史·李諧傳》。今俗以暴腆者爲薄福，言不知惜福，乃薄福耳。

可憐見　《元史·泰定帝紀》即位詔有「薛禪皇帝可憐見嫡孫」等語，《元典章》屢見此言，憐作怜。今俗語亦云可憐不大見的。

没出息　無進益也。

不濟　不佳也。《周語》：「民所曹好鮮其不濟也。」俗引伸爲凡不美之稱。

不是　過也。《北史》：隋元德太子未嘗忿怒，有深可嫌責者，但云「大不是」。今俗引伸爲凡過失之稱。

不在　死也。《左傳》：「多陵人者皆不在。」《桯史》：秦檜爲相，士大夫一言合意，立取顯秩，皆不肯外遷。有客投刺於朝士，閽者以不在告。客叱曰：「凡人死者稱不在。嗣後但言出外去可也。」閽者曰：「我官人寧死，卻是諱『出外去』三字。」

妭姞　慕勢也。俗作巴結。《札樸》：「努力曰妭姞。」慕勢蓋引伸義。

鑽　鑽營也。班固《答賓戲》：「商鞅挾三術以鑽孝公。」蓋自古而然矣。

運動　鑽營也。古但訓手足運動，無鑽營義。近十年以來，則以運動爲鑽營之名詞。昔言鑽營，尚知諱，以爲恥。自改爲運動，則稠人廣衆不以爲諱，廉恥道喪，此世變之至可驚者。

頑　嬉也。陳造《田家謠》：「令伴阿姑頑過日。」自注云：「房俗謂嬉爲頑。」按，此當以玩爲正字。今玩耍字，玩頑通用，俗又有頑皮之語。

乖　慧也。乖之本義爲戾、爲背，無慧義。楊雄《方言》：「凡小兒多詐而獪，或謂之姡。」姡，長言之則轉爲乖。今俗以小兒黠獪曰乖。乖，當是姡之變也。

蹭　足觸也。讀根上聲，引伸凡有所觸皆曰蹭，於作事遲緩曰磨蹭。

笨　不靈也。《晉書》：「史疇以體肥大，目爲笨伯。」《集韻》有「体，性不慧也」。字皆從大從十，而不作本。世皆書作笨。《説文》笨爲竹裹，與笨伯之笨不同，當是誤沿。

掮掫　做作、虚憍也。《札樸》：「拮据曰掮掫。」讀若拿捏。

歹　好之對也。字當作歺，俗作歹。《元典章》有「或好或歹」之語，宋以後始有之。

僯　庸也。《方言》：「庸謂之僯。」又曰：「倸僯，駡也。」今俗駡人之庸懦者。

濂讓　空虚也。《爾雅》：「濂，虚也。」言人中無有者則曰濂。《方言》：「梁益之間，凡人言盛謂之讓。」盧文弨云：「今江淮謂質弱力薄者爲讓，語之反也。」今俗或濂讓並言。

哄　假慰也。引伸爲欺哄、騙哄。俗又曰哄籠，哄轉音若胡，亦欺哄之義。

賴唉　無理之鬧也。俗於無理取鬧者曰賴唉，與無賴義近。

訛詐　無故索財也。今訟牘常有此語。訛本訓舛，此假音字，非正義也。俗亦曰敲詐。

瘒　不曉事也。字見《札樸》。

傻　不慧也。讀奢上聲。

黠詐子　人刁猾也。詐讀上聲，《札樸》：「黠詐曰猾。」

張狂　不穩也。《札樸》：「不安静曰倀狂。」俗云老要張狂少要穩。

護短　見嵇康《與山濤書》及韓愈《紀夢》詩。

冤家　《朝野僉載》：梁簡文之生，寶志謂與冤家同年，其年侯景亦生雁門也。

暴躁　性急也。《札樸》作謈譟。

作孽　見《書・太甲》。

冒失　孟浪也。

落魄　《史記・酈食其傳》「家貧落魄」注：「志行衰惡貌。」

猥㱥　無能也。俗亦曰猥囊，皆瑟縮之意。

尋死覓活　《隋唐嘉話》：胡元禮承武后旨欲陷人死，大理李日知不從，胡曰：「元禮在此，人莫覓活。」李答云：「日知在此，人莫覓死。」

攛掇讀若妥　慫恿也。《札樸》：「誘人曰攛掇。」今爲人慫恿者曰受攛。讀平聲。《方言》㥅字義是，而音不同。

性急　《北史·陳元康傳》：「神武曰：我性急。」

索性　朱子《語録》：「比干則索性死了。」俗讀索如所。

甘心　快意也。《左傳》：「管、召，仇也，請受而甘心焉。」俗亦曰心甘。

黑心　無良也。《法苑珠林》：「如來在家時，心不染黑，故得斯報。」陶穀述《黑心符》：「黑心，繼婦之名也。」

生氣　怒也。《晉語》：「子犯曰：我曲楚直，其衆莫不生氣。」

出氣　報怨也。《五代史·伶人傳》：「諸伶侮弄縉紳，羣臣莫敢出氣。」

賭氣　怒而爲所不當爲也。

杜撰　不典之詞。《湘山野録》：「盛度撰碑文，或問誰撰，盛曰：『度撰。』滿堂大笑。」蓋度、杜同音也。《野客叢書》云：「杜默爲詩，多不合律，故言事不合格者曰杜撰。」然盛度在杜默之前，則此説爲不確矣。《路史》云：「杜本土音，相沿舍土而直用杜。」杜撰，當即土撰，言無稽也。凡以姓爲訓者，殆皆望文生義之詞。或云《道藏》五千卷，《道德經》外皆不真，係杜光庭撰，故號杜撰。

吃虧　失所應得也。杜牧詩：「卻笑吃虧隋煬帝。」

倒竈　運去也。《太玄經》：「竈滅其火，惟家之禍。」即倒竈語所本。

翻臉　怒也。古所謂「怒於色」者。

摔腔　以言示人以不欲也。

發壞發費 爲不善也。

眠娗 不開展貌。俗言舉止羞澀也，見《列子》。明田汝成《委巷瑣談》云：「蘊藉不躁暴者曰眠娗。」俗讀如緬忝。

弔詭 黠也。字出《莊子》。詭，俗作鬼。《方言》：「趙魏之閒謂之黠，或謂之鬼。」此語甚古。今黠、鬼二語尚然，亦有言弔詭者。

殺材 人不良也。俗於人之無行者曰殺材。

裂璺音問 器破未離也。

置物 廢物也。物之不堪用者曰置物。《廣雅》：「廢、措、寘〔一〕、奠，置也。」凡置物曰廢，此則專取擱置不用爲義。

淹纏 病久也。《札樸》云：「鄉人以病久爲淹纏，語譌也。」《集韻》：「痷瘱，疫病。」今讀淹若黏。

打扮 女飾也。《中原雅音》：「俗以妝飾爲打扮，或曰妝扮。」

涑音酬 浣衣也。《說文》：「涑，澣也。」《曲禮》：「諸母不漱裳。」《札樸》謂：「今俗讀涑若酬，即一音之轉。」

〔一〕寘：原誤作「置」，據《廣雅》改。

調戲　以言狎人也。《左傳》：「少相狎，長相優。」注：「優，調戲也。」

嫖　淫邪也。《字典》：「俗謂淫邪曰嫖。」此字古無淫邪之訓。

跳槽　易所歡也。《丹鉛録》：「元人傳奇以魏明帝爲跳槽。」俗語本此。

喫醋　婦人妒也。《在閣知新録》：「世以妒婦比獅子，獅子日食醋酪各一瓶。喫醋説當本此。」

養漢　婦人私蓄男子也。俗以男作賊、女養漢並稱，漢爲男子之稱，婦人有外遇而私蓄之曰養漢。元李文蔚曲有養漢精。

右釋人事。

朝廷　天子也。俗呼天子爲朝廷，以其所居名之，與陛下同義。

娘娘　后也。《鐵圍山叢談》：「太祖賜后詔云：錢三貫與娘娘。」宋代已有此稱。

先生　教學者也。俗稱先生頗泛，醫卜胥徒皆呼之，惟教學者獨擅其名，實合經訓。《韓詩外傳》云：「古謂知道者爲先生何也？猶言先醒也。」《禮記》鄭注：「先生，老人教學者。」民國興，則官吏儕輩彼此皆相呼以先生，是稱謂之一變。

同窗　同學也。宋龐元英《談藪》：「樓鏞初入大學，與同窗友厚善。」

爺爺　祖父也。《木蘭詞》：「阿爺無大兒。」《南史·侯景傳》：「先世不復憶，惟阿爺名標。」是爺本父稱。俗呼祖爲爺爺，猶言爺之爺也。《宋史》北方呼宗澤爲宗爺。永清宋石幢稱大父耶耶。

爹　父也。《方言》《博雅》《廣韻》爹音皆徒我切。《南史·始興王傳》以爹與火、我爲韻。《集韻》始增涉邪一切。蓋此音起唐後也。

伯　鄉人呼父稱也。此鹽山一隅鄉音，本無正字，假伯音耳。其音讀若擘，疑與爸爲一音之轉，重脣轉輕脣也。

爸爸　呼父也。《字典》：「北方呼父。」〔一〕鹽人多呼爹，閒呼爸爸，近多呼者。韓文有阿八，即爸也。

大爺　呼伯父也。鹽人呼伯父爲大爺，讀爺爲曳。保定呼伯父爲大爹。

大伯　弟妻謂夫兄也。此本姪稱其伯之詞，鹽俗以爲夫兄之稱。《五代史補》：「李澣婦拜李濤，濤答拜。澣曰：『新婦參阿伯，豈有答禮？』」呼夫兄爲伯，蓋亦久矣。

哥哥　呼兄也。《舊唐書·讓帝憲傳》：「玄宗出手書曰：大哥孝友，近古莫儔。」哥，本古歌字，無訓兄者。《廣韻》始云「今呼兄爲哥」，則此稱蓋自唐始。《五代史》：「孔謙兄事伶人景進，呼爲八哥。」又有以哥呼子弟者，宋王荆公謂子雱曰「大哥」，趙善湘語子范曰「三哥甚有福」，謂其三子也。今俗亦有此語。

〔一〕「父」下原衍「稱」字，據《康熙字典》删。

翁翁　舅也。唐德宗謂郭子儀曰：「不癡不聾，不作家翁。」今俗謂舅爲翁翁，字亦作公公。《漢·賈誼傳》：「抱哺其子，與公併倨。」

丈人　外舅也。《鷄肋編》：「稱妻父爲丈人，自柳宗元呼楊詹事爲丈人始。」《清波雜志》：「《蜀·先主傳》載獻帝舅董承爲獻帝丈人，古無丈人之稱，故謂之舅。」後呼丈人爲外舅，其本此乎。

親家　子女之舅姑也。見《後漢書·應奉傳》。《唐書》蕭嵩子尚主，嵩妻入謁帝，呼爲親家。嵩又自稱天子親家翁。親字今讀去聲，古音亦然。盧綸詩「人主人臣是親家」可證。

舅爺　父之舅也。

大舅、小舅　内兄弟也。妻之兄曰大舅，妻之弟曰小舅。

連襟　同門壻也。《嬾真子》云：「江北人呼連袂，又呼連襟。」

姑爺　女之夫也。

孃　母也。孃，《説文》訓煩擾也、肥大也，不訓母。以孃呼母，蓋始六朝。《南史·齊宗室傳》：「子良曰：孃今何處，何用讀書？」《木蘭詞》：「朝辭爺孃去。」今俗又誤作娘。《北史·后妃傳》凡馬娘、李娘等，皆賤媵之稱。古詩於男女期會之詞皆作娘。《廣韻》曰：「孃，母稱。」「娘，少女之號。」分别最晰，自當嚴别之。

呀　鄉人呼母稱也。此亦鹽山鄉音，本無正字，疑本媽音之轉。呀，讀若押。

嬭嬭　祖母也。《博雅》：「嬭，母也。奴解反。」俗稱祖母爲嬭嬭。《説文》爾本作尒。故嬭亦作妳，俗又作奶。李商隱《雜俎》七不稱意，其一少阿妳。或云即祖母也。蓋婦人尊老者皆有阿妳之稱。故今普通亦稱婦人爲妳妳。鹽山鄉人亦或呼母爲嬭，與《廣韻》「齊人呼母爲嬭」説合。

太太　婦人通稱也。《甲乙剩言》云：「有一邊道轉御史中丞者，作詩云：『幸喜荆妻稱太太。』蓋部民於有司眷屬惟中丞以上得呼太太。」何良俊云：「松江近年士夫妻年未三十即呼太太，此大可笑。」《通俗編》云：「今燕秦之地，雖丐婦亦稱太太。」而太太之名濫矣。

姐姐　呼女兄也。古女兄但呼姊。《列女傳》：「家姊有宋伯姬之風。」今通呼姐姐，疑姊之轉音。《説文》訓云：「蜀人謂母曰姐。」《廣雅》亦云：「姐，母也。」《四朝聞見録》：「高宗吴后稱太后曰大姐姐。」《能改齋漫録》：「近世稱女兄爲姐，蓋尊之也。」小姐見下。

家嫂　稱兄妻也。對人曰家嫂。《晉書·謝朗傳》：「家嫂情詞慷慨。」

大孃　呼伯母也。與大爺同，蓋言大於爺、大於孃也，亦鹽人土語。

嬸嬸　叔之妻也。《明道雜志》：「經傳無嬸字，乃世母二字合呼也。」蓋五代以後之字。

小姑　夫之女弟也。《焦仲卿詩》：「卻與小姑别。」唐人詩：「先遣小姑嘗。」俗又謂夫之姊曰大姑。

妯娌　兄弟之妻也。《方言》：「築娌，匹也。」築、妯通。唐宋若昭《女論語》有「和睦妯娌」語。

妗　舅之妻也。母之兄弟曰舅，舅之妻曰妗。《集韻》巨禁切，俗亦曰妗子。

婆婆　姑也。《廣雅》：「婆，老女稱也。」《證俗文》：「東齊稱舅姑曰公公婆婆。」晉樂府：「後來新婦今爲婆。」

丈母　外姑也。《顔氏家訓》云：「今中外丈人之婦，猥俗呼爲丈母。」柳子厚有《祭獨孤氏丈母》，蓋唐代已如此。

姥姥、姥娘　外祖母也。唐呼穩婆爲老娘。《倦游録》苗振云「豈有三十年老娘而倒綳孩者」可證。今呼外祖母，不知始何時？或云姥字當作媄，媄與媪通。

小姐　仕女也。唐寧王樂伎寵姐，《清異録》有平康伎瑩姐，《東坡集》妓人楊姐，皆以姐爲賤稱。《説文》：「媎，嬌也。」與姐形近。而賤稱者，當屬媎字之變。姐本字訓母，故元曲於仕女概稱小姐也。

姑娘　女子也。俗稱室女爲姑娘。

老爺　民稱官也。一云外祖也。爺本尊稱，民稱縣官及巨紳皆曰老爺，府道以上官則稱大人。民國惡其不平等，一例改稱先生，而鄉民對官迄不能變。俗又呼外祖爲老爺，公子爲少爺。

小底　庶民自稱也。《宋會要》云：「以殿前小底爲軍額。」《字典》：「凡供役使者曰小底。」金代亦有小底，如古之虎賁。今爲庶民對官長自稱之詞，與古微異。

填房　再娶妻也。

師父　工匠總稱也。郝懿行《證俗文》云：「今俗呼師父，蓋司務之訛。《日知録》謂其名起於宋，未知何據。」

大夫　醫也。《日知録》：「北人呼醫爲大夫。」

工頭　領工者也。《考工記》疏：「此以下言工之頭數。」

財主　富室也。見《周禮注疏》。按，古云財主，皆對負債者而言，非若今人之泛稱富室也。《世説》陳仲弓曰：「盜殺財主。」與今義尚合。

長工、短工　《唐書・百官志》：「凡工匠以四月至七月爲長工，二、三、八、九月爲中工，十月至正月爲短工。」《三餘贅筆》：「吴中田家，凡久傭於人者曰長工，暫傭者曰短工。」鹽俗從後説，工讀如官。

經紀　牙儈也。經紀見諸文史者，乃幹運之謂，俗引伸爲商販牙儈之稱。鹽俗各市率有經紀，如驢經紀、牛經紀、菜經紀之類也。

跟班　家丁也。

馬快　捕盜役也。《日知録》云：「快手之名起自《宋書》。」今北人但稱馬快，范寅《越諺》同。

鄉地　地方也。如古之里長、亭長之類，他邑多作地保、地練，鹽人呼曰鄉地。

衙役　胥役也。衙門官役之名，分之則有民、壯、皂、快四種。

行販　《晉書》：「石勒年十四行販洛陽。」此行讀如字，今俗讀爲杭。

貨郎　販布者也。文嘉嚴氏《書畫記》有《嬰兒戲貨郎圖》，又《貨郎擔》十四軸，《九宫譜》曲牌有「貨郎兒」。大率古以貨郎爲販物之總名，鹽俗則專屬販布者。

主顧　久相交易者也。《日知録》：「《後漢書》有主故字，顧當是故之訛。元人曲已作主顧。」

裁縫　成衣工也。二字見《周禮·縫人》注。今俗不曰縫人，直呼爲裁縫。縫，讀如房。

骨鹿　扁圓器也。《樂府雜録》有骨鹿舞於小毬子上。以其旋轉之捷名之。一作骨碌。俗呼樹身未解者曰骨鹿。

婣嫪　《説文》：「婣嫪，戀惜也。」俗音讀爲固魯，以稱婦人所私者。

窟窿　穴也。《宋景文筆記》作窟籠，《集韻》作孔籠。皮日休詩「中有庫露真」，竟作庫露，明田汝成謂即孔字之反切。

老把勢　見元武漢臣《玉壺春》曲。俗於擅一技之長者，往往呼爲把勢，如車把勢、酒把勢、種瓜把勢、擊技把勢之類。

打跧　半跪也。見尊上，略屈右足，欲作拜勢，謂之打跧。清代滿人率習此禮，世遂謂始自滿人，然實不始於清。《史記・滑稽傳》：「帣鞲鞠䐕。」徐廣曰：「䐕與跽同，謂小跪也。」《説文》：「跧，蹴也，卑也，絭也，莊緣切。」《後漢書》：「高句驪在遼之東，跪拜曳一足。」與《周禮》之奇拜相近。鄭注爲「屈一膝」者也。蓋此禮始自東胡，而中土參用之。

帶犢子　再嫁所攜子也。買牛帶犢，故在繼父之家曰帶犢子。犢，讀若督。

叫化子　乞丐也。此以沿街叫化而名。

小李　隨人行竊者也。《水東日記》：「京師小李，取人腰藏於稠衆中如己物。小李云者，意其爲此盜之首，因以爲此盜之通名耳。」今俗音作小吕。

崽子　《水經注》：「弱年崽子。」《方言》：「崽者，子也。湘沅之間，凡言是子者謂之崽子。」音讀如宰。俗以爲罵小兒語，失古義矣。

漢子　男子也。《北齊書・魏蘭根傳》：「何物漢子，我與官，不肯就。」《舊唐書》武后謂狄仁傑曰：「安得一好漢用之？」《老學庵筆記》：「今謂賤丈夫曰漢子，蓋始於十六國時。」

光棍　無妻者也。光棍合音爲鰥，又爲横霸之名，《大清律》有懲治光棍律。

賣婆　女販也。米芾《書史》：「歲荒節迫，往往使老婦駔攜書畫出售。」楊慎曰：「婦駔，今賣婆也。」俗亦呼賣婆子。

媽媽　母之輕稱也。媽之稱不一，鄉人呼母爲媽，士人庶子呼生母爲媽，女傭亦呼媽媽。

孄母　乳母也。《宋書・何承天傳》荀伯子嘲承天爲孄母。

丫頭　幼女也。劉禹錫詩：「花面丫頭十三四。」俗呼幼女爲丫頭，婢亦曰丫頭，又曰丫鬟。宋人《異聞雜録》有「小鴉鬟」語，鴉即丫之誤。

王八婦　不貞者也。《五代史》：「王建少無賴，里人謂之賊王八。」按，俗呼龜爲王八。雄龜不自交，負蛇以與雌龜交，故妓女之夫及縱婦私人者呼爲王八，此語出元代以後。

婊子　娼也。《字典》：「俗呼娼家爲婊子。」

老鴇子　老妓也。《元曲選》引丹邱先生云：「妓女之老者曰鴇，鴇似雁而大，喜淫無厭，諸鳥求之即就。」蓄雛妓者曰鴇母。

樂姐　娼也。明代有樂籍，以没入女子充之，今呼娼寮爲窰子，當是樂籍之訛，窰姐當作樂姐。

右釋色目。

元寶　大銀錠也。《宋史·食貨志》：太宗鑄太平通寶，淳化鑄淳化元寶。唐高宗亦有開通元寶。蓋凡改元更鑄，皆曰元寶。此皆銅錢之稱，近鑄銀錠名元寶，不詳其始。

錢文　《漢·食貨志》：「錢文大亂。」按，錢曰文者，以其面有字而言，故一枚曰一文。《孟子疏》：「西子至吴市，觀者各出金錢一文。」

字幕　錢面背也。《東皋雜録》：「擲錢爲博者，以錢文面背爲勝負，曰字、曰幕。」幕讀如漫。去聲。

骨董　寶也。《通鑑》：唐玄宗幸望春樓，崔成甫居前船唱《得寶歌》。胡身之注：先是俚歌曰「得丁紇反董紇那耶」，其後得寶符於桃林，成甫乃更紇董曰《得寶歌》。觀此知唐人方言呼寶近董，而得董之音，即今骨董二字之原。俗呼販珍寶者曰骨董客，引伸爲凡滑稽之稱。

見錢　《漢書·王嘉傳》：「水衡少府見錢多也。」師古注：「見在之錢也。」

直錢　見《史記·灌夫傳》。

喫錢　索賄也。《元典章》：「使臣每到外頭取受錢物，更多喫，没體例。」

錢露陌　見《五燈會元》。今俗語訛作露白，凡行旅齎財物而爲人所見曰露白。

燒紙　紙錢也。《唐書·王璵傳》：「漢以來葬者有瘞錢，後世稍以紙寓錢爲鬼事，至是璵乃用爲禳祓。」《杜詩辨證》云：「東昏侯好鬼神，翦紙爲錢以代束帛，至唐盛行其事。」鹽呼紙錢爲燒紙。

帳簿　《周禮·遺人》疏：「當年所税多少，總送帳於上。」《北史·高恭之傳》：「詔令道穆總集帳目。」按，幃幄曰帳，而計簿亦曰帳，運籌必在幃幄也。俗作賬，乃市井杜撰字。

手本　名刺也。《五石瓠》云：「官司移會用六扣白柬，曰手本。萬曆間，士夫刺亦用六扣。門生初見座師，則用紅綾殼爲手本。」

音信、家信　寄書也。宋沈約詩：「若欲寄音信，漢水向東流。」《北史·劉璠傳》：「尋而家信至。」

票子　官檄也。縣官以檄傳人曰票子，即官符之類。錢鈔亦曰錢票子。

合同　契券之一也。《周禮·天官·小宰》注：「質劑謂兩書一札，同而別之。」又《秋官·朝士》「凡有責者，有判書以治」疏云：「半分而合者，即質劑傳別，分支合同，兩家各得其一者也。」今以一契兩書於紙，而又中分各執其一曰合同。

八仙桌　《鷄助集》有《八仙案銘》。按，桌名，北宋有之，所謂八仙，乃飲中八仙也。

太師椅　《桯史》：「秦檜賜第設燕，並假以優伶。有參軍方拱揖就椅，忽墜其幞頭，露巾鐶。伶問曰：『此何鐶？』曰：『二聖鐶。』伶曰：『爾但坐太師交椅，此鐶掉在腦後可耶。』」

抽替　《癸辛雜志》：「李仁甫爲長編，作廚十二枚，每廚作抽替匣十二枚，每替以甲子志之。」

拐　棒杖也。《五代史》有木拐字，即此。拐，正字作柺，見《集韻》。

秤　權也。古字只作稱，秤始見《廣韻》。《史記》：「廉頗食肉一秤。」《小爾雅》：「斤十爲衡，衡半爲秤。」讀分平云二音。

等子　《三器圖義》：「皇祐新樂圖有銖秤，如民間金銀等子。」俗別造戥字爲之。

鑰匙　開鎖具也。《史記·魯仲連傳》正義：「籥，鑰匙也。」

了鳥　屈戍也。李商隱詩：「鎖門金了鳥。」懸門户以備扣鎖者。鳥音讀如弔。

鉎鏉　鐵生鏽也。

解手　小刀也。俗呼小刀爲解手刀子。《博異志》：「木師古取篋中便手刀子，於席下，用壯其膽。」便手，即解手也，大曰刀，小曰刀子。

喇叭　樂器也。《舊唐書・音樂志》：「西戎有吹金者，銅角是也。長二丈，形如牛角。」當即喇叭。其大者曰號頭，見《唐・薛懷素傳》、《紀效新書・號令》篇亦有之。

泑子　陶器上色也。字見《札樸》。

茶托子　承茶盌具。《資暇録》：崔寧女以茶盃熨指，取楪承之〔一〕，既啜而盃傾，乃以蠟環楪之央〔二〕，其盃遂定。乃命匠以漆環代蠟，進於蜀相，名爲茶托子。自後傳者愈精，其製百出焉。

楪子　《酉陽雜俎》：俗書楪子誤，以其可疊故名，當作疊。唐白居易詩：「一楪膠牙餳。」今俗字又作碟。

熨斗　熨衣具。《漢・王莽傳》有威斗，即熨斗。威、熨音近。晉《東宮舊事》：「皇太子納妃，有金熨斗三枚。」按，尉字本從火，俗又加火，贅矣。鹽人轉音，讀如運頭。

快子　箸也。《儼山外集》：「吴俗舟行多諱，諱住、諱翻，以箸爲快兒，幡布爲抹布。」今俗造筷字。

〔一〕楪：原誤作「揲」，據《資暇録》改。

〔二〕楪：原誤作「揲」。之央：原誤作「夾」。據《資暇録》改。

箸籠子　盛箸者也。《方言》：「箸筩，陳楚宋衛謂之筲。」注云：「盛札箸籠也。」

爆仗　爆竹也。古以真竹著火爆之曰爆竹，後卷紙裹藥爲之曰爆仗，二字見《武林舊事》。

炊帚　灑洗食器者也。《廣韻》有筅字，《通雅》云：「析竹爲帚，以洒洗也。」即炊帚。以竹爲大帚以掃庭宇者曰掃帚，以草或棕爲小帚以掃室者曰苕帚，二字見《周禮·夏官》注。

簸箕　箕也。《詩》：「維南有箕，不可以簸揚。」

調羹　小勺也。章炳麟謂即漢刀圭二字之轉音。

火鐮　取火具也。以鋼刃鑲皮如鈎鐮之狀，擊石出火，清代常賜羣臣以備吸煙。宋王得臣《登蓮花峯記》有「火金之具」，當即火鐮。自火柴出，而火鐮漸廢。

胡胡　胡琴也。

車梯　車轅也。

蓬籠　車蓬也。《方言》：「車枸簍，魏謂之䉋籠。」今俗小車曰車蓬，大車則曰蓬籠。蓬，讀如蒲，蓋音之轉。䉋字與蒲音亦近。

卸車　舍車解馬也。《説文》卸正作此訓。《晉書·潘岳傳》：「發槅寫鞍。」借寫爲卸。

卯筍　木器鑿孔也。《木經》作卯眼，即卯筍。程子《語録》：「榫卯員則員，方則方。」俗讀筍如寢。

臬鈎　臿類也。《廣雅》：「臬，臿也。」《新序》：「魏王起中天臺，許綰負操臿入。」操即臬字。他邑或轉音爲卓皋。

草包　飼畜橐也。《方言》：「飤馬橐，燕謂之帳。」即草包也。今俗無帳之名。

榺音憎〔一〕　織機持經者。

筳讀若定桯　紡絲銓也。

雨篛　蔽雨具也。施於窗牖。李東陽有《雨篛》詩。讀如踏。今俗作雨打。

鑼　摩田器也。木著鐵齒以摩田曰鑼，音如霸。

鉋子　木工平木器也。

籠頭　馭牲畜具也。《説文》鞥下云：「轡鞥。一曰龍頭繞。」〔二〕即今之籠頭。

苫子　藁薦、草薦也。

杴臿　可歛土者。有木杴、鐵杴，音若先。

欛柄　器之柄也。《藝林伐山》張無垢言：「欛柄入手，則開道之際，改頭換面。」今講學者悉用此語，而不知所出。

笊籬　編柳漉湯也。

東西　器物也。古酒器曰玉東西。《齊書·豫章王傳》：「上謂嶷曰：百年亦何可得？止

〔一〕榺：《説文解字》作「滕」。

〔二〕繞：原誤作「統」，據《説文解字》改。

得東西一百，於事亦濟。」《兔園册》：「明思陵曰：『今市肆止言東西，不及南北，何也？』周延儒云：『南方火，北方水，無待於求，故惟言東西。』此亦便給之辭耳。」

傢伙　家事，器物總名也。宋邢居實《拊掌録》：「東坡摩章惇之腹，惇問：此中何有？坡曰：都是謀反的家事。」

棺材　見《南齊·宗室傳》。棺材，本謂中爲棺之材木，而俗呼已成之棺，齊梁時已然。

夜壺　溺器也。漢人以爲馬子。

公館　官寓也。見《曾子問》。

牙門　官廨也。《資暇録》：「軍中必豎牙旂於門，是以史傳咸作牙門字。」《封氏聞見記》〔一〕：「近謂府庭曰公衙。」字本作牙。

三門　寺門也。《釋氏要覽》：「寺宇開三門，謂空門、無相門、無作門也。」俗訛爲山門。

門𨴹　門側也。俗作框。

礓礤　石階也。俗引伸爲凡階之稱。京都有礓礤門。《武林舊事》：「諸小經紀有賣礓礤子。」鹽讀礤若倉。

影壁　照壁也。以壁遮門曰影壁。《畫繼》云：「楊惠之塑山水壁，爲天下第一。郭熙又出新意，令圬者以手施泥，任其凹凸隨畫，峯巒人物宛然天成，謂之影壁。」

〔一〕聞見：原誤作「見聞」。

衚衕　巷也。衕字見《説文》，訓通街也。或云即巷字之雙聲。

天井　中庭也。江南屋宇庭院窄狹，故有天井之號。北方庭院多寬，亦用其語，於義未合。

夾行　兩隅之間也。兩行相夾曰夾行。俗於兩物之間曰夾當，疑亦夾行也。俗於兩隅間讀若嘎哈。

馬頭　商埠也。《程途一覽》云：「臨清水馬頭，南宫旱馬頭。」《通鑑》史憲誠築馬頭，《晉書·地志》新興馬頭。

炕　《日知録》：「北人以土爲牀，而空其下以發火，謂之炕。《舊唐書·高麗傳》：『冬月皆作長坑，下然熅火以取煖。』即今之土炕也。」音讀爲亢。史以坑字代之。《漢書·楊雄傳》顔注：「炕，絶。」此炕亦假字也。

窨子　地室也。窨子亦曰地窨，北人掘坎，織布或編柳器於中。

籬　笆籬也。

羊溝　宅内水道也。《太平御覽》引《莊子逸篇》：「羊溝之鷄。」《中華古今注》：「羊喜抵觸垣牆，爲溝以隔之，故曰羊溝。」《七修類稿》：「俗以暗者爲陰溝，則明者宜爲陽溝。」《三輔黄圖》〔一〕：「長安御溝謂之楊溝。」今通用羊字。

〔一〕黄：原誤作「皇」。

墼　土磚也。《後漢書》：「周紆常築墼自給。」《埤蒼》：「摶土而方曰墼。」今之土磚也。《急就章注》：「墼者，笵泥土爲之。」晉陶侃運甓，甓音同墼，從瓦則土磚，從土則磚，俗字作坯。

麻搗　石灰墍壁，和以麻搗。《夢溪筆談》：「韓王治第，麻搗錢一千二百餘貫。」

馬褂　外短衣也。清代有賞穿黃馬褂之制，蓋始於滿洲也。間或有襟，或長袖者，呼曰阿翎帶。翎或云當作娘。

坎肩　半臂也。此與古裲襠近似。《說文》：「無袂衣謂之䙬。」趙宧光曰〔一〕：「半臂衣也。」俗亦呼爲背心子。古爲背子，其實半臂。背子均與今坎肩稍異，《通俗編》常辨之：「今之坎肩，元明時樂伎所著皂褙也，本爲妓妾輩之常服，今燕服，無貴賤皆著之。」有有襟、無襟之分。惟坎肩之名不知始於何時。肩，讀若甲。

號衣　軍士上衣也。高駢詩：「早晚催縫帶號衣。」

歪髦鬌角兒　頭左右髮也。《既夕記》：「主人說髦。」注云：「男角女鬌，否則男左女右。」《札樸》作偏髦。

首飾　劉熙《釋名》有首飾篇，劉氏不論男女，凡加於首者，通謂之首飾。今俗專以號婦人釵珥之屬，並鐲釧不加於首者亦稱焉。直以爲婦所用金銀珠翠之總名矣。

〔一〕宧：原誤作「宦」。

頭面　首飾也。《東京夢華録》：「相國寺兩廊賣繡作領抹、花朵、珠翠、頭面之類。」此語蓋起於宋。

尺頭　緞匹也。

近身　汗衣也。《釋名》：「汗衣，近身受汗汙之衣也。」《詩》謂之澤。今呼汗衣爲近身，讀近若緊。亦名汗褂。鹽人於起自微賤者曰汗褂出身。

頓子　小兒無袖近身也。《方言》：「大袴爲倒頓。」以頓名衣，其稱亦古。

補町　衣補也。《説文》有靪字，訓補履下也，當即補丁名所由昉。町，一作丁。

篼篼　袜肚也。

扣襻　系扣者也。《集韻》：「衣系曰襻，器系曰鋬。」

荷包　《宋書·禮志》：「朝服肩上有紫生袷囊，綴之朝服之外，俗呼曰紫荷。蓋漢代以盛奏章，負荷以行也。」按，荷應讀去聲，而歐陽公以紫荷對紅藥，讀爲芰荷之荷。今俗爲小袷囊，綴之腰間，亦得見尊上。清廷常頒賜槟榔荷包。

幫　鞋幫也。逋旁切。《集韻》：「治履邊也。」俗省作幇。

旐子　酒帘也。引伸凡商標多曰旐子，字見《篇海》。

骰子　博具也。陳繼儒《羣碎録》云：「骰本股字，不音投，字應作投。蓋取投擲之義。古曰投瓊。」據此，明代尚爲投音，今俗則讀如色。

紙牌　葉子戲也。

骨牌　賭具也。一名牙牌。

火燒、燒餅　小餅也。面有芝蔴者曰燒餅，無者曰火燒。《齊民要術》引《食經》「作燒餅法」。《河東記》：「板橋三娘作新燒餅與客點心。」

茶食　糕點也。《大金國志》：「金人舊俗，壻納幣，戚屬偕行，以酒饌往，次進蜜糕各一盤，曰茶食。」此名當始於滿洲，號滿漢茶食。

點心　稍食總名也。《唐書》：「鄭傪夫人曰：我未及餐，爾且可點心。」此語蓋古，即經典之稍食也。

饅頭　見束晳《餅賦》〔一〕。俗又呼爲餑餑。《升庵外集》云：「北人呼爲波波，南人呼爲磨磨，有餡者曰包子。」

條麪　湯餅也。古名不托。束晳《餅賦》所言「火盛湯涌」即此。

糰子、煎餅　《乾饌子》：「竇乂製造煎餅、糰子，召小兒擲瓦礫，擊標中者以煎餅、糰子啗之。」

灌腸　《齊民要術》有灌腸法，與今法了無異。

〔一〕晳：原作「晢」。下條同。

滚　湯沸也。正字應作涫，《説文》：「涫，灒也。」

豆䂧音策　磨豆也。俗呼磨碎之豆爲䂧子，見《唐書・張孝忠傳》。

麪筋　《老學庵筆記》：「仲殊性嗜蜜，豆腐、麪筋皆用蜜漬。」

秫米　高粱米也。《九穀考》：「説秫者雖多異義，而世呼高粱爲秫，其稭爲稭秫，則其語不能異也。古脱粟米亦即此。」高粱黏與不黏，其米均曰秫米。《九穀考》專以屬黏者，非是。

餜子　油炸檜，古寒具也。晉桓玄恐因客食寒具油汙其畫，遂不設寒具。《齊民要術》云：「即環餅，手搦團，長八寸許，屈令兩頭相就，膏油煮之。」據此即今之餜子可知。今俗以麥粉和礬作之，一名油炸檜。《越諺》云：秦檜害岳飛，民心不平，以麪粉捏檜夫妻，兩身扭纏，減其四肢，油烹食之。檜讀如鬼。又名麻花。

河漏　湯餅類也。王禎《農書》云：「北方多種蕎麥，磨麪作湯餅，謂之河漏。」今漏讀若哀樂之樂，或作河洛。

葱白　葱身也。《禮記》鄭注有「葱白色」語，其來已古。染色中取蔬菰爲名者亦多，如薑黄、豆青、茄皮紫、棗紅、豆緑之類。

瓜葛　引伸爲繫屬義。《獨斷》：「凡與先帝先后有瓜葛者皆會。」其語古又云葛籐，俗引伸爲凡有枝蔓之語。

餿　食敗也。見《札樸》。

右釋器物。飲食居處附。

腦袋　頭也。頭長如袋，故名腦袋。

臉盤　面也。俗呼面爲臉，亦曰臉盤。元曲中呼臉爲龐兒，即臉盤也。章炳麟謂臉正字當作䫌〔一〕。《説文》：「䫌，頭頰長也。」其後通爲面稱。

模樣　形容也。章炳麟云像本讀若養，自唐至今皆讀爲象，遂别造樣字。俗又呼模樣爲樣子。

寒毛　膚上毛也。《晉書·夏統傳》：「聞君之談，不覺寒毛盡戴。」〔二〕寒，俗作汗。

頁落蓋　額也。蓋言頁之蓋也，落乃語助詞。

眨眼　目動也。眨本側洽切。《説文》訓目動也。今俗讀爲昝，蓋先誤讀眨音，而又轉爲昝也。《五燈會元》有「殺人不眨眼」語，今俗亦有之。

下巴　頷也。

嗓　喉也。

脖子　頸也。

肩膀　肩也。

〔一〕䫌：原誤作「顩」，據《説文解字》改，下同。

〔二〕戴：原誤作「戰」，據《晉書》改。

胳髆　肱臂也。《説文》：「髆，肩甲也。」胳亦即腋下也。今二字俗讀若戈佩，爲自肩至手之通名，與古但訓肩腋者亦微異。

巴掌　掌也。諺云：「巴掌大，蓋不了天。」

胯股　股也。股首曰胯。

屁股　臀也。鹽俗讀臀爲定，亦曰定腄，山東亦然，蓋齊語也。

後跟　踵也。

踝子　足骨也。《札樸》：「踝讀若懷。踝，胡瓦切，與蘹同音，皆轉爲懷。」

薄洛蓋　膝蓋也。章炳麟曰：「山東直隸謂之構櫨頭，取斗拱之義，義殊迂曲，且構櫨頭語亦罕聞。」《札樸》作髍髁蓋。

尿脬　旁光也。《説文》：「脬，旁光也。」脬音拋。尿脬本脬名，俗因以小便爲尿脬，以静字爲動字也。

𪎭𪎊　腰曲也。字見《札樸》。𪎊，讀若鍋。

瘸缺上聲　跛足也。

鷄巴　男子勢也。此語頗普通，而莫知其孰爲正字。或云當作筋欛。欛，柄也，勢多筋故名。章炳麟云：「《説文》：屌，尻也。」移亦言陰器，亦殊迂曲。

屄　女陰也。此後出之字，始見《正字通》，音卑。章炳麟曰：「牝，引伸爲女陰，讀如毗。」

尾把　尾也。俗讀尾若倚。

右釋形體。

頭口　生口，牲畜也。《元典章》刑例有偷頭口條：「凡達達漢兒人偷頭口一箇陪九箇。」今俗音讀若頭勾。《魏志·永昶傳》注：「任嘏與人共買生口，各雇八匹。」漢以來史所言生口多指俘虜而言，與《魏志注》異。

螃蟹　二字見《周禮·梓人》疏。以其旁行曰螃蟹，字當作旁，後人加蟲耳。

蝦米　《急就章注》：「海蝦，堪爲脯鮓，即今之所謂蝦米者。」米之稱亦舊矣。

蟲豸　豸，《説文》作池爾反，今俗讀若易，即池爾之轉。《爾雅》：「有足謂之蟲，無足謂之豸。」《五代史》盧程罵任圜曰：「爾何蟲豸！」今俗罵人亦有此語。

螞蚱　蝗也。

虼蚤　跳蚤也。《元曲選》：「哈叭兒咬虼蚤。」虼或作獦。

蟣子　蝨卵也。

米蚌　馬蟻也。《酉陽雜俎》：「秦中多巨蟻，好鬭。」俗呼爲馬蟻。馬有大義，如馬蘭、馬蜂之類。《爾雅》：「齊人呼蟻爲蚌。」

螞郎　蜻蜓也。郎讀若楞。

刀郎　螳螂也。《容齋三筆》作突郎，一音之轉。

趨趨　促織也。俗音讀促織、促章。

即蟧　小蟬也。《詩》之蜩也。

曲蟮　見《考工記·梓人》疏，即蚓也。俗亦呼爲地鼃。蟮，一作蟺。

蚰蜒　見《方言》，俗作蚰蜒。

蟯蜋　蛣蟯也。

蝎虎溜　蜥蜴也。

蹝騎　騎馬無鞍也。字見《札樸》。

治讀若池魚　剖魚也。

麻胡　俗云狼也。俗兒啼，則怖以麻胡即止。相傳皆謂麻胡即狼，其實非是。《隋遺録》云：煬帝將幸江都，命麻祜濬黄河入汴隄，麻以木鵝試工之淺深，鵝止輒謂夫役不忠，結隊死冰下。至今兒啼，聞言麻胡來即止。此名之所自起。俗又以狼爲羔，羔讀骨豪反，亦用以止兒啼者。

秆草　禾莖也。《春秋傳》杜注：「秆，藁也。」《廣雅疏證》：「北方謂禾莖曰秆草，以飼馬牛，以爲簾箔。」北人呼藁薦。

鋪　刈禾計數也。《詩》：「此有不斂穧。」《廣韻》：「穧，刈禾把數。」今之鋪正古之穧也。鹽人刈麥曰麥鋪子。

穀黴　高粱不秀者。《札樸》作霧黴。

右釋動植。其已見物産者從略。

附摘録格言

與人方便，自己方便。世上無難事，只怕心不專。喫飯防噎，走路防跌。若要好，大做小。不聽老人言，終有悽惶事。小心天下去得，大膽寸步難行。飛不高，跌不重。前人撒土，迷了後人眼。饒人不算癡，過後得便宜。得饒人處且饒人。早起三光，晚起三慌。要知前世因，今生受者是；要知來世因，今生作者是。好漢學吃虧，做箇無用漢。頭上有青天。善惡到頭終有報，只争來早與來遲。人有善願，天必隨之。惡人只有惡人磨。酒中不語真君子，財上分明大丈夫。不癡不聾，不作家主公。路遥知馬力，日久見人心。人無千日好，花無百日紅。人争一口氣，佛受一爐香。君子愛財，取之有道。平生不作虧心事，半夜敲門心不驚。有麝自然香，何必當風揚。雪中送炭真君子，錦上添花是小人。兒孫只有兒孫福，莫與兒孫作馬牛。貧賤之交不可忘，糟糠之妻不下堂。

附占侯古語

八月初一雨一陣，旱到來年五月盡。八月十五雲遮月，準備來年雪打燈。十月初一陰，柴米貴如金。九九陰陽都不數，但看十月二十五；此日晴，一冬凌；此日陰，一冬温。雲往北，一陣黑；雲往南，水過檐；雲往東，一陣風；雲往西，水過脊。

〔民國〕南皮縣志

【解題】王德乾等修，劉樹鑫等纂。南皮縣，今河北省滄州市南皮縣。「方言」見卷四《風土志下》中。録文據民國二十一年（一九三二）鉛印本《南皮縣志》。

方言

目録〔一〕

一、關於言詞者　二、關於人事者　三、關於稱謂者　四、關於器物者　五、關於形體者

易曉者方言，苟非其地，則最難曉者亦方言。《盤庚》《大誥》佶屈聱牙，豈當日曉諭百姓故爲艱深乎？其中必有方言明矣。欲其普通，則須土語而以文言解之。兹就本縣所常言，分門登記。字之雅者，則爲之徵古；字之俗者，則無妨從今。庶幾揚子《方言》之意，且於同文之治，有裨益焉。

一、關於言詞者

子，名物助詞也。如言摺子、劄子。俗指實物多用之。又嗣也、息也。古人對於所生，不

〔一〕目録爲編者所加。

論男女皆稱。今通俗則以男子子爲子，女子子爲女。古者稱師爲子，如《公羊傳》中子沈子、子司馬子之類。夫婦相稱曰子，如言内子、外子。草木之實曰子，如桃子、梅子。動物之卵曰子，如鷄子、魚子、蝦子之類。

怎麽，問詞之助也。凡問於人而待答者則以麽爲語助，如怎麽、什麽之類。殷文圭詩「擬把公卿换得麽」〔一〕，劉兼詩「白首無成歸去麽」，皆以麽入詩爲韻。

那，語餘助詞也。《漢書·方術傳》：「有女從韓康買藥，曰：『公是韓伯休那？』」《左傳》：「棄甲則那。」則那訓無傷之義，與語餘助詞義别。

的，定在語詞也。凡事物確指其定在，皆以的爲助詞。宋儒語録凡用的字處皆作底。

阿，應詞也。《老子》：「唯之與阿，相去幾何。」按應之速曰唯、緩曰阿。

呢，互商語助詞也。《商君書》用此爲相問餘詞。南皮東西北三境均用呢〔二〕，南境則間用哩字音。

唉，膺也。阿該切，音哀。歎聲也。《方言》欸與唉同。《莊子》：「唉予知之。」皆與膺訓合。有訓唉爲歎恨聲者，音僖。《史記·項羽本紀》：「唉，豎子不足與謀。」

嘓，驚人聲也。讀如騃，又讀若欸上聲。

〔一〕殷：原誤作「啟」。
〔二〕均：原誤作「均」。

哏，極是詞也。哏讀如很。翟灝《通俗編》曰：「哏字不見字書，而其詞則至今承之。」蓋哏字出《元典章》，有「哏不便當」之語。其實不妨假很爲之，如很好、很是猶言甚好也。

這箇、那箇，猶言彼此也。寒山詩：「不省這箇意。」王荆公詩：「祇緣疑這箇。」朱子《語録》用此等最多，如「這箇是《易》之體」「那箇是《易》之用」是也。

你，我之對也。小學中代我之字甚衆，而對我稱人之字則無之。君、公、卿皆尊人之詞，爾、汝皆輕人之詞，均非平等，惟「子亦來見我乎」之「子」爲平等之稱，然俗語則不用。今普通通行者惟你字，蓋本爾字加人旁，讀乃里切，以爲稱人之詞。此吾國小學中之闕文也。《北史·李密傳》：「宇文化及曰：『與你論相殺事，何須作書？』」此你字之始見於史者。又俗尊敬前輩則呼你老。

們，輩也。俗言你們、我們、他們、偺們，猶云你輩、我輩也。《愛日齋叢鈔》：「樓大防在勅局時，見元豐中原案不改俗語，有云『我隨你懣去』，又云『我部領你懣』。」蓋本無正字。北宋時借爲懣，南宋時借爲們，元時借爲每。《元典章》詔令中他每字甚多，如「秀才每」「軍人每」「百姓每」等。凡每字皆們音之轉也。

俺、偺，我也。《詩》：「卬須我友。」卬當即俺音之轉。偺與朕音近，朕，我也。惟朕則專稱我，而偺則並近我者亦可概言之，俗說如偺們。

見在，現有也。二字屢見《周禮》鄭注及《漢書》。

登時，即刻也。見《魏志·管輅傳》及《抱朴子》，又《焦仲卿詩》「登即相許和」，此語蓋甚古。

海蓋，大概也。劉敞詩「海蓋午時消」，自注：「海氣如霧，土人謂之海蓋。」今俗言大概當即本此。

會，能也。能者曰會，不能者曰不會。能知則能行，故曰會。

嘻嘻的，笑聲也。《易》：「婦子嘻嘻。」

噥噥，細聲語也。《楚詞》：「羣司兮噥噥。」〔一〕

嚕嗦，言語太多之意也。

扯淡，俗謂胡説曰扯淡，言之無味也。見《西湖志餘》。

攛掇，勸人有所舉動也。朱子與人書曰：「告老兄切莫相攛掇。」

吐露，俗謂洩漏真情也。又白沫外溢亦曰吐露。

喓喝，大呼也。《聞見後録》：「歐陽公曰：『蠅可憎矣，尤不堪蚊子，自遠喓喝來咬人也。』」亦作吆喝。

媌，細也。俗於物之細者曰媌相。

蔫，凋萎也。俗讀衣言反。《韻會》：「蔫，物不鮮也。」凡物不振或人乏精采均謂之蔫洪。

〔一〕羣司兮：原誤作「司羣公」，據《楚辭》改。

蹺，薄弱也。凡較而弗如者曰蹺，較而勝曰不蹺。
邦邦，硬也。《傳燈録》有「硬綳綳」語，綳、邦一音之轉。
挺挺，直也。《左傳》「周道挺挺」注：「直貌。」
等，俟也。《傳燈録》：「或問：『和尚作甚麼？』曰：『等箇人。』」
纍，束也。纍，邱隕切，俗作捆。
弔，懸也。唐人懸人於樹而抶之，或戲之曰：「此弔民伐罪也。」今人論錢亦謂之弔。
夠，足也。《廣韻》：「夠，多也。」《升庵外集》：「今人謂多曰夠，少曰不夠。」
堵，塞也。古作杜。《國策》作「杜門不出」，杜亦塞也。
光，盡也。罄盡爲光。
撲楞，翻騰也。鳥飛亦曰撲楞，亦曰忒楞。
毗劉把剌，雜聲也。《爾雅》「毗劉，暴樂也」注：「謂樹葉缺落蔭疏。」
丁當，響也。唐詩多用之。
撲通，聲也。狀鼓聲及跳水聲。元曲云：「撲通的瓶墜井。」一作撲鼕。
撥剌，聲也。狀魚鳥驚聲。讀撥如撲。見《思玄賦》。
犽㹞兒，呼聲也。《集韻》：「吴人謂赤子曰㹞犽。」〔一〕

〔一〕㹞犽：原作「犽㹞」，據《集韻》改。

骨堆，邱墳也。《傳燈録》有「平地起孤堆」語。今俗亦有此語。孤亦作骨。

著，火起也。著讀昭，上聲。

平白地，無故也。太白《越女詞》：「相看月未墮，白地斷肝腸。」〔一〕言平白地爲伊腸斷也。

今俗語亦云平白無故地。

零碎，細碎也。朱子《語録》：「有屋舍了，零零碎碎，方有安頓處。」

些，少也。《廣韻》讀如屑，即些之正字。《舊唐書·楊嗣復傳》：「臣近日未免些些不公。」

又俗云好些箇，多之意。

到底，究竟也。《舊唐書·李渤海傳》：「似投石井中，非到底不止。」

邪滸，驚異詞也。凡事之驚人者曰邪滸。凡變聲皆無定字。

動不動，不審之詞。於事之未詳審而輒爲之，曰動不動。三字見《元曲選》。

只管，《朱子文集》嘗用之。

不能彀，言力弱不能引弓也。《漢書·匈奴傳》：「七日不食，不能彀弩。」按世凡不勝任、不滿意俱借此爲詞。

不中用，不合用也。《希通録》：「俚談以不可中爲不中用，晉時亦有此語。《左傳》『克於

〔一〕 墮：原誤作「墜」。肝：原誤作「人」。據《全唐詩》改。

先大夫，無能爲役』注：不中爲之役使。『無能爲役』，即不中用之謂也。」《史記》：「秦始皇曰：吾前收天下書不中用者，盡去之。」是秦時亦有此語。

見笑，謂知識淺近，爲有道者所笑也。《莊子》：「吾常見笑於大方之家。」

不如意。羊祜常歎「天下不如意事，恒十居七八」，見《晉書·羊祜傳》。

不相干，無妨也。《淮南子》曰：「前後不相燃，左右不相干。」

保不住，不敢自信也。

不善。此反言之詞，凡中之佳者曰不善。

可不是，是也。以人言爲是，則曰可不是。亦反言之詞。俗又有「原法是那可不現成是甘是的」等，俱是應答不錯之意。

一僧，一週也。楊子《方言》：「一周曰一僧。」今通作遭。

一坌，凡及時而産之物曰一坌。俗云棉花論坌，又有坌興之語。

一頓，一飯也。《文字解詁續》：「食曰頓。引伸語打一頓、駡一頓，唐人已言之，《章懷太子傳》：『子守每歲被勅杖數頓。』」

唧伶，伶利也。盧仝詩：「不唧溜鈍漢。」又：「不是唧溜漢，何由通姓名？」即唧伶也。伶利亦俗語。俗以秀爲唧溜，以精爲唧令。

郎康，粗也。《晉書》《世説》有狼抗字，言性抗厲，與今俗語義異。或作躴躿，訓不潔，與此義近。

籠統，不分也。《廣韻》訓「未成器」。俗言直籠統，言上下不分粗細也。引伸爲不分晰之稱。

囫圇，不破也。俗語囫圇吞棗。

邋沙，累贅也。凡言累贅者曰邋沙。《朱子文集》有「一落索」語，亦即此語，無定字也。

毛病，有瑕疵也。徐咸《相馬書》：「馬之善旋五，惡旋十四，所謂毛病最爲害者也。」此毛病二字所出。

皺皺，音抽。伸者縮也。《札樸》：「收束曰皺。」

蹧皋，壞也。凡物敝壞曰蹧，重言爲蹧皋，引伸毀人爲蹧蹋、爲蹧踐，亦壞義。

醃臢，不潔也。臢讀如臧，一作骯髒，與邋塌二字義同。

希罕，少也。物少則珍，引伸爲珍惜之詞。

晌火，正午也。晌火，午之轉音。李後主詞有「一晌貪歡」語。俗以日過午則云晌火趖。

頂缸，替代之意也。明代諺云：「猪婆龍造殃，老黿頂缸。」

討便宜，謂利己自便也。寒山詩：「凡事莫過分，盡愛討便宜。」

調皮，好詼諧也。《顏氏家訓》：「有一士族，好爲可笑詩賦，誂擎邢魏諸公。」按誂擎即調皮，音義同。

大半。韋昭曰：「凡數三分有二曰大半，有一分曰小半。」俗以有疑者亦曰大半。

訣竅，俗以處置事得法曰有訣竅。

將就，草率也。《詩》：「將予就之。」清黄周星有《將就園記》，見《昭代叢書》。張朝跋語自謙其「草率苟簡」也。

的當，確實也。秦觀詩：「不因霜葉辭林去，的當山翁未覺秋。」

真痛快。《法書苑》：「吴皇象善行草書，世稱沈著痛快。」

倒竈，俗謂時運不濟也。《通俗編》：「《太玄經》『竈滅其火，惟家之禍』，語蓋本此。」

客氣。《左傳》：「盡客氣也。」俗謂不實在曰客氣。

廢物，無用之物也。《吴越春秋》：「不能報讎，畢爲廢物。」

回味，食後回甘也。王元之詩：「良久有回味。」

好眼力。劉禹錫詩：「減書存眼力，省事養心王。」

馬上，俗言現在也。《漢書》：「馬上得之，寧可以馬上治之。」

不長進，猶言不進步也。《世説》王長吏與支道林語，支曰：「身與君别多年，君義言了不長進。」亦即没出息之義。

含胡，不明白也。俗作含糊。《舊唐書》：「朝廷每作含糊，未嘗窮究其直。」

民治民，清末造婦衣服，邊幅纕緣多用本色，呼爲民治民。

不敢當，謙詞也。見《莊子·讓王》篇。

那謨。《法苑珠林》南摩或作那謨，又作納慕，游疑未定詞也。

吧吧，多言也。《五燈會元》：「何得口吧吧。」

哈哈，笑聲也。本作嚇嚇。古諺有「田公嚇嚇」之語。

吩咐。俗謂囑告其下曰吩咐，本作分付。《三國志》有「均平分付」之語。

則聲，猶云做聲。《癸辛雜識》：「道學從來不則聲，行也《東銘》，坐也《西銘》。」

撲嗤，笑也。《後漢書》：「時人嗤之。」

嘁嘁喳喳，細語也。

有口才，善言語也。

胡撲，言過其實也。

數説，責人也。説范雎之數須賈，漢高之數項羽，皆見《史記》。今南北皆以責人爲數説。

踧踧，小孩習立也。

拉聒，聒讀如瓜上聲，相聚而談也。

踸踔。《玉篇》：「跛者行也。」踸，丑錦切。踔，敕角切。

二、關於人事者

行家，行讀如杭，精於其事之意。俗云外行、不在行，皆不善其事意也。

同行，行讀如杭，謂同業之人也。

改人，即作踐之意。

作撻，暴殄之意。楊廷秀詩：「懊惱遊人作撻春。」

下手，猶動手也。《揮麈録》：「不忍下手。」

糊塗，不明白也。《宋史》：「吕端大事不糊塗。」

丢人，事可恥也。

粗糙，不精細也。

霸道，行事蠻横也。

好漢子，勇敢之稱。《詢蒭録》：「漢武帝征匈奴，聞漢兵莫不畏者，稱曰好漢。」

打扮，裝飾也。見《中原雅音》。

打吵子，口角争也。

打盹，小睡也。

打量，審察也。見《歸田録》。

打圍，田獵也。陸游詩：「誰記飛鷹看打圍。」

打補靪。《説文》：「補綴也。」

打跟頭，筋斗也〔一〕。朱熹詩：「只麽虚空打筋斗。」

〔一〕筋：原誤作「觔」。下同。

打官司。《通俗編》：「興訟也。」

逗諢。諢讀若艮。《遼史》：「以諧語相戲弄也。」

安排，處置也。沈彬詩：「須知手筆安排定，不怕山河整頓難。」

擔閣，遲誤也。林逋詩：「聊爲夫君一擔閣。」

抖精神，振作精神也。

打手勢，舉手示意也。《舊五代史》：「酒酣手勢令。」

手藝，有技藝也。柳宗元《梓人傳》：「彼將舍其手藝。」

撈摸，多中得少之意。見朱熹文。

受用，享受也。朱子《語録》：「卒未得過受用。」

光棍，俗謂豪强之人曰光棍。

欺負，猶侮辱也。《漢書》：「或有欺負之者。」

冒失，不審慎也。

溜滑，俗謂輕脱之人曰溜滑。

小心，恭慎也。《詩》：「小心翼翼。」

認真，不苟且也。《元史·王克敬傳》：「臨事不認真，豈盡忠之道乎？」

超脱，謂超然物外，不沾滯也。

仔細，即詳細斟酌之意。白居易詩：「世路風波仔細諳。」

琢磨，思索求精也。《詩》：「如琢如磨。」

有面子，即有光榮也，亦曰體面。《舊唐書·張濬傳》：「平賊之後，方見面子。」

財主，富室也。《世説》：「陳仲弓爲太邱長，有劫賊殺財主。」

窟籠，孔也。《宋景文筆記》：「孔曰窟籠。」

没要緊，言人懈怠也。

没皮丢，不要臉，言不知羞也。

事體，事之體統也。《後漢書·胡廣傳》：「練達事體。」

能幹，謂人能也。《後漢書·循吏傳》：「能幹絶羣。」

作活，作工也。見《魏書·王祥傳》。張籍詩云：「貧窮作活似村中。」

著急，心不耐煩也。

打算，計較也。《錢唐遺事》：「賈似道忌害任事閫臣，行打算法。」

躲閃，離開也。《玉篇》躲訓「身無逃匿」義。

有緣，有因也。魯褒《錢神論》：「人亦有言、有因、有緣。」

隨和，和同也。見《漢書·梅福傳》。

摸索，手捫也。《隋唐嘉話》〔一〕：「許敬宗云：若遇何、劉、沈、謝，暗中摸索亦自可識。」

蹤，趕追也。蹤音輦。

搭對，安排也。《五燈會元》：「山僧意好相撲，只是無人搭對。」

本分，分讀去聲，見《荀子·非相篇》。如越分爲過分、不當得而得爲分外之分均讀去聲。

妥當，妥帖也。

熱鬧，繁華也。《清異録》武宗詔王才人曰：「我非不能取熱鬧快活。」

有意思，有興趣也。見《南史·齊宗室傳》〔二〕。宋龐元英《談藪》云：「此僕意思有異於衆。」

快活，喜悦也。白居易詩：「快活不知如我者。」

高興。殷仲文詩：「獨有清秋日，能使高興盡。」

三不知。《左傳》：「今我三不知而入之，不亦難乎？」姚福云：「三不知，謂始、中、終三者皆不知也。」俗云一問三不知。

火伴。《通典》：「五人爲列，二列爲火，五火爲隊。」《木蘭詞》：「出門看火伴。」今俗作伙，又曰鍋伙。

〔一〕嘉：原作「佳」。
〔二〕室：原誤作「賓」。

梯己，私財也。今俗以私存財物曰梯己，亦作體己。已，讀若西。
盤纏，路費也。《元典章·户部》則例有斟酌盤纏條，元以前未見二字。
開市。《易林》：「開市作喜，建造利事。」按商人歲初開門交易曰開市，亦曰開張。
賒，以財物借人也。見《周禮·泉府》。《漢書·劉盆子傳》：「少年來沽者輒賒與之。」此經史初有賒字。
賠，償也，又折閱也。字書無賠，始見《字彙》。古作備。《升庵外集》：「高歡立法，盜私物十備五，盜官物十備三。音裴。」今俗商賈折閱則云賠錢。
賺錢，得利也。市物失實，賣物得利，曰賺錢。引伸欺人者謂之賺人。
人事，餽遺也。《晉書·武帝紀》頒五條詔書，五曰「去人事」。韓愈撰《平淮西碑》：「韓宏寄絹五百匹充人事。」蓋唐代已以餽遺爲人事。
人情，餽物也。《都城紀勝》云：「或講集人情分子。」俗以物賀人者曰隨人情，數人公賀曰出分子。
吉利。《易》：「大有吉，无不利。」
馬利，輕便也。
漂亮，出色也。漂本字當作暴，《説文》：「暴，晞也。」
摩抄，手捫也。此與摸索字音義同。

母量，估量、揣度也。
揚飽，澎漲也。謂人之飛揚者。
趄步，舉步也。俗作邁。《左傳釋文》：「距躍三百，百音陌。」今字作趄。
折騰，翻騰也。俗謂行不正曰胡折騰，騰或讀作登。
逴，遠遠也。《説文》：「逴，遠也。」公文作窵。
癟，漲者落也。蒲結切。《玉篇》訓爲枯病。
搡，推也。《集韻》寫朗切。
蘸，以物近水也。讀如贊。
舀，挹水也。讀如咬。鄭板橋詩：「帶月連星舀一瓢。」
抓，手搔也。讀如嗟。《博雅》訓搔，引伸覆手取物曰抓。
攥，手握也。字見《札樸》。
嚏噴，氣悟也。
打膣欠，欠伸也。見《札樸》。
哆嗦，身體動貌。
揉搓，摩挲也。揉搓、摩挲皆俗語。
狡賴，强辭欺人也。《左傳》：「今鄭貪賴其田而不我與。」即狡賴之義也。

答颯，不振貌。《南史・鄭鮮之傳》：「卿居僚首，今答颯去人遼遠，何不肖之甚。」一作塌颯，范成大詩：「生涯都塌颯。」答讀如塌。

背惑，乖背也。《元曲選》有「老背悔」語。

荒倖，忙也。《楚詞》「遽倖偟兮驅林澤」注：「驚恐貌。」今俗語謂荒忙者爲荒荒倖倖。

荒唐，無憑也。《莊子》：「繆悠之詞，荒唐之言。」

們渾，不明了也。《方言注》：「們倱，肥滿也。」引伸爲不明了之稱。

潦倒，不美也。

包彈，瑕疵也。俗於物之有瑕疵者曰包彈。《野客叢書》云：宋包拯不恕，朝列有過必彈，相戒莫犯包彈。

嫛盈，厭惡也。《方言》：「凡言呵叱者謂之嫛盈。」嫛讀如戈。今爲凡厭惡者之代詞。

妭姞，慕勢也。俗作巴結。《札樸》：「努力曰妭姞。」慕勢蓋引伸義。

磨蹭，遲緩也。

歹，好之對也。字當作歹〔一〕。《元典章》有「或好或歹」之語。

濂臁，空虛也。《爾雅》：「濂，虛也。」言人中無有則曰濂。盧文弨云：「今江淮謂質弱力

〔一〕原文如此。

薄者爲曩。」
哄，假慰也。引伸爲欺哄、騙哄。俗又曰哄籠。
痺，不曉事也。字見《札樸》。
傻，不慧也，讀奢上聲。
張狂，不穩也。《札樸》：「不安静曰倀狂。」
冒失，孟浪也。
摔腔，以言示人以不欲也。
發壞，爲不善也。
眠娗，不開展也。俗言舉止羞澀也。見《列子》。俗讀如緬忝。
裂璺，音問。器破未離也。
淹纏，病久也。《札樸》以病久爲淹纏。
涑，音酬。浣衣也。《説文》：「涑，澣也。」《曲禮》：「諸母不漱裳。」《札樸》謂漱讀如酬，音之轉也。
跐，足踐也。
姑就，蹲踞也。
丼，音騰，石落井聲也。

搓，水中拔草聲，音賊兒切。

三、關於稱謂者

爺爺，祖父也。《木蘭詞》：「阿爺無大兒。」《南史·侯景傳》：「先世不復憶，惟阿爺名標。」是爺本父稱，俗呼祖爲爺爺，猶言爺之爺也。永清宋石幢稱大父爲耶耶。

爹，北方人呼父也。《正韻》爹，丁邪切。又《廣韻》徒我切。《南史·始興王傳》：「詔徵還朝，人歌曰：始興王，人之爹，赴人急，如水火，何時復來哺乳我？」爹之稱始此。

爸爸，亦呼父也。韓文有阿八，即爸音也。

大爺，呼伯父也。

大伯，弟妻謂夫兄也。《五代史補》：「李瀚婦拜李濤，濤答拜，瀚曰：『新婦參阿伯，豈有答禮？』」呼夫兄史爲伯，蓋亦久矣。

公公，舅也。《賈誼傳》：「抱哺其子，與公併倨。」俗亦作翁翁。唐德宗謂郭子儀曰：「不癡不聾，不作阿家翁。」

丈人，外舅也。《鷄肋編》：「稱妻父爲丈人，自柳宗元呼楊詹事爲丈人始。」《清波雜志》：「《蜀先生傳》載獻帝舅董承爲獻帝丈人。」

親家，子女之舅姑也。《唐書》蕭嵩子尚主，嵩妻入謁，帝呼爲親家。嵩又自稱天子親家翁。親字讀去聲。

舅爺，父之舅也。

大小舅，妻之兄弟也。

連襟，同門壻也。《嬾真子》云：「江北人呼連袂，又呼連襟。」

姑爺，女之夫也。

孃，母也。孃，《説文》訓煩擾也，肥大也，不訓母。以孃呼母蓋始六朝。《南史・齊宗室傳》〔一〕：「子良曰：孃今何處？何用讀書？」《木蘭詞》：「朝辭爺孃去。」今俗誤作娘。《北史・后妃傳》凡馮娘、李娘等，皆賤媵之稱。《廣韻》曰：「孃，母稱。」「娘，少女之號。」分別最晰，當嚴別之。

嬭嬭，祖母也。《博雅》：「嬭，母也。奴解反。」俗稱祖母爲嬭嬭。《説文》嬭亦作妳。俗又作奶。李商隱《雜俎》「七不稱意」，其一少阿妳，或云即祖母也。

嫂，兄妻也。對人曰家嫂。《晉書・謝朗傳》：「家嫂情詞慷慨。」

大孃，伯母也。南皮俗稱。

嬸，叔妻也。《明道雜志》：「經傳無嬸字，乃世母二字合呼也。」

小姑，夫之女弟也。唐人詩：「先遺小姑嘗。」俗又謂夫姊曰大姑。

〔一〕室：原誤作「實」。

家裏，男謂妻也。此稱最古，見《玉臺新詠》。

妯娌，兄弟之妻也。《方言》：「築娌，匹也。」築、娌通。唐宋若昭《女論語》有「和睦妯娌」語。

妗，舅之妻也。母之兄弟曰舅，舅之妻曰妗。《集韻》巨禁切，俗曰妗子。

婆婆，姑也。《廣雅》：「婆，老女稱也。」《證俗文》：「東齊稱舅姑曰公公、婆婆。」

丈母，外姑也。柳子厚有《祭獨孤氏丈母》，蓋唐代已有此稱。

姥姥、姥娘，外祖母也。唐呼穩婆爲姥娘，今呼外祖母，不知始何時，或云姥字當作嫽，嫽與媪通。

經紀，牙儈也。經紀見諸文史者，乃斡運之謂。俗引伸爲商販牙儈之稱。俗以各集市之介紹買賣者曰經紀，有牲口經紀、布經紀、棉花經紀之類。

行販。《晉書》：「石勒年十四，行販洛陽。」此行讀如字，今俗讀爲杭。

貨郎，販布者也。文嘉《嚴氏書畫記》有《嬰兒戲貨郎圖》，蓋古以販物者爲貨郎，今俗專指販布者。

漢子，男子稱也。北齊魏愷自散騎常侍遷青州長史，固辭，宣帝大怒曰：「何物漢子，與官不就。」見《老學庵筆記》。

當家的。俗稱管理家務之人曰當家的。范成大詩：「村中兒女各當家。」又妻對人稱其夫，俗亦稱當家的。

裁縫，成衣工也。二字見《周禮·縫人》注。今俗不曰縫人，直呼爲裁縫，縫讀如房。

把勢，見元武漢臣《玉壺春》曲。俗於擅一技之長者，往往呼爲把勢，車把勢、酒把勢，習國術者亦謂之練把勢之類。

婟嫪。《説文》：「婟嫪，戀惜也。」俗音讀爲固魯，以稱婦人所私者。

崽子。《水經注》：「弱年崽子。」《方言》：「崽者，子也。」讀如宰。俗以爲罵小兒語，失古義矣。

光棍，無妻也。光棍合音爲鰥。又爲横霸之名。大清律有懲治光棍律。

嬭母，乳母也。《宋書·何承天傳》荀伯子嘲承天爲嬭母。

丫頭，幼女也。劉禹錫詩：「花面丫頭十三四。」俗呼幼女爲丫頭，婢亦曰丫頭。

怪物，俗謂性情乖僻者曰怪物。韓愈文：「天池之濱、大江之濆，曰有怪物焉。」

日頭，俗呼日也，亦曰爺爺。

月亮，俗呼月也。

星星，謂星也。

露濕，謂露也。

打閃，電也。

瓜拉，霹靂也。俗言打瓜拉，以其聲名之，無正字。

絳，虹也。

晝曰白天，夜曰黑下，向晦曰插黑兒，黎明曰一早，今日曰今兒個，明日曰明兒個，何時曰多咱，昨日曰夜裏格。

四、關於器物者

箕，簸也。見《説文》。李尤《箕銘》曰：「神農植物，以奉蒸民；箕主簸揚，糠粃及陳。」今人呼箕爲簸箕。

篩子。《廣韻》謂之篩籮，今人呼爲篩子。形圓，竹爲之，有孔漏糠粃，不能簸揚。

字幕，錢背面也。《東皋雜録》：「擲錢爲博者，以錢文面背爲勝負，曰字曰幕。幕讀如漫。去聲。」

骨董，寶也。俗呼販珍寶者曰骨董客，呼好滑稽者曰骨董腔。

錢露陌。見《五燈會元》。今俗訛爲露白，凡旅行財物爲人所見曰露白。

燒紙，紙錢也。《唐書·王璵傳》：「漢以來葬者瘞錢，後世稍以紙寓錢。」《杜詩辨證》云：「東昏侯好鬼神，剪紙爲錢以代束帛，至唐盛行其事。」

信，寄函也。宋沈約詩：「若欲寄音信，漢水向東流。」

票子，官檄也。縣府以檄傳人曰票子，錢帖亦曰錢票子。

八仙桌。《鷄肋集》有八仙案銘。案，桌也。自北宋有之。

太師椅。《桯史》〔一〕：秦檜賜第設燕，並假以優伶。有參軍方拱揖就椅，忽墜其幞頭，露巾鐶。伶問曰：「此何鐶？」曰：「二聖鐶。」伶曰：「爾但坐太師交椅，此鐶掉在腦後可耶。」

抽替。《癸辛雜志》：「李仁甫爲長編，作廚十二枚，每廚作抽替匣十二枚，每替以甲子志之。」

拐，棒杖也。《五代史》有木柺子，即此，正字作枴，見《集韻》。

秤，衡也。熾應切，稱去聲。所以正斤兩之器。《太平御覽》：「諸葛亮曰：我心如秤，不能隨人低昂。」

等子，權小數之器也。一作戥子。

鑰匙，開鎖具也。《史記・魯仲連傳》正義：「籥，鑰匙也。」

了鳥，屈戍也。李商隱詩：「鎖門金了鳥。」懸門户以備扣鎖者。鳥音讀如弔。

銈鍬，鐵生鏽也。

泑子，陶器上色也。字見《札樸》。

楪子。《酉陽雜俎》：俗書楪子誤，以其可疊，故名當作疊。唐白居易詩：「一楪膠牙餳。」

〔一〕桯：原誤作「程」。

今俗作磔。

熨斗，熨衣器也。《漢・王莽傳》有威斗，即熨斗。晉東宮舊事，皇太子納妃，有金熨斗三枚。今俗謂運頭。

快子，箸也。《儼山外集》：「吴俗舟行多諱，諱住，諱翻，以箸爲快兒，幡布爲抹布。」今俗造筷字。

箸籠子，盛箸者也。《方言》：「箸筩，陳楚宋衛謂之筲。」注云：「盛札箸籠也。」

爆仗，爆竹也。古以直竹著火爆之曰爆竹，後卷紙裹藥爲之曰爆仗。二字見《武林舊事》。

炊帚，灑洗食器者也。《廣韻》有箲字，《通雅》云：「析竹爲帚，以灑洗也。」即炊帚。以竹爲大帚以掃庭宇者曰掃帚，以草或棕爲小帚以掃室者曰苕帚，二字見《禮・夏官》注。

調羹，小勺也。章炳麟謂即漢「刀圭」二字之轉音。

火鐮，取火具也。以鋼刃鑲皮如鈎鐮之狀，擊石出火。清代常賜羣臣以備吸烟。宋王德臣《登蓮花峯記》有「火金之具」，當即火鐮。自火柴出，而火鐮漸廢。

胡胡，胡琴也。

篷籠，車篷也。《方言》：「車枸簍，魏謂之䉤籠。」今俗小車曰車篷，大車則曰篷籠。篷讀如蒲，蓋音之轉。䉤字與蒲音亦近。

卸車，舍車解馬也。《説文》卸正作此訓。《晉書・潘岳傳》：「發槅寫鞍。」借寫爲卸。

卯筍，木器鑿孔也。《木經》作卯眼，即卯筍。程子《語録》：「榫卯員則員，方則方。」俗讀筍如寢。

臬鈎，臿類也。《廣雅》：「臬，臿也。」《新序》：「魏王起中天臺，許綰負操臿入。」操即臬字。或轉音爲卓皋。

揬〔一〕，音憎。織機持經者。

筳讀若定桿，紡絲栓也。

雨篛，蔽雨具也，施於窗牖。李東陽有《雨篛》詩。讀如踏。今俗作雨打。

鑃，摩田器也。木著鐵齒以摩田曰鑃，音如霸。

鉋子，木工平木器也。

籠頭，馭牲畜具也。《説文》靲下云「轡靲」。一曰龍頭繞」，即今之籠頭。

笊籬，編柳條漉湯也。

東西，器物也。古酒器曰玉東西。《齊書·豫章王傳》：「上謂嶷曰：『百年亦何可得？止得東西一百，於事亦濟。』」《兔園冊》〔二〕：「明思陵曰：『今市肆止言東西，不及南北，何也？』周延儒云：『南方火，北方水，無待於求，故惟言東西。』此亦便給之辭耳。」

〔一〕揬：《説文解字》作「滕」。

〔二〕兔：原誤作「免」。

家伙，家事，器物總名也。宋邢居實《拊掌録》：「東坡摩章惇之腹，惇問：『此中何有？』坡曰：『都是謀反的家事。』」

礓礤，石階也。俗引伸爲凡階之稱。京都有礓礤門。《武林舊事》：「諸小經紀有賣礓礤子。」䃬讀礤若倉。

影壁，照壁也。以壁遮門曰影壁。

衚衕，巷也。衚字見《説文》，訓通街也。或云即巷字之雙聲。

天井，中庭也。江南屋宇庭院窄狹，故有天井之號。北方庭院多寬，亦用其語，於義未合。

炕。《日知録》：「北人以土爲牀，而空其下以發火，謂之炕。《舊唐書·高麗傳》：『冬月皆作長炕，下然煴火以取煖。』即今之土炕也。」

窨子，地室也。窨子亦曰地窨，北人掘坎織布或編柳器於中。

籬，笆籬也。

羊溝，宅内水道也。《太平御覽》引《莊子逸篇》：「羊溝之鷄。」《中華古今注》：「羊喜抵觸垣牆，爲溝以隔之，故曰羊溝。」《七修類稿》：「俗以暗者爲陰溝，則明者宜爲陽溝。」《三輔黃圖》〔一〕：「長安御溝謂之楊溝。」今通用羊字。

〔一〕黃：原誤作「皇」。

墼，土磚也。《後漢書》：「周紆常築墼自給。」《埤蒼》：「摶土而方曰墼，今之土磚也。」《急就章注》：「墼者，範泥土爲之。」晉陶侃「運甓」，甓，音同墼。從瓦則磚，從土則土磚，俗字作坯。

麻搗。石灰堊壁，和以麻搗。《夢溪筆談》：「韓王治第，麻搗錢一千二百餘貫。」

馬褂，外短衣也。清代有賞穿黄馬褂之制，蓋始於滿洲也。間或有襟或長袖者，呼曰阿翎帶。

坎肩，半臂也。此與古裲襠近似。《説文》：「無袂衣謂之䙌。」趙宧光曰〔一〕：「半臂衣也。」俗亦呼爲背心子。古爲背子，其實半臂，背子均與今坎肩稍異。《通俗編》常辨之：「今之坎肩，元明時樂伎所着皂褙也，本爲妓妾輩之常服，今燕服，無貴賤皆著之。」有有襟、無襟之分。惟坎肩之名不知始於何時。

近身，汗衣也。《釋名》：「汗衣，近身受汗汙之衣也。《詩》謂之澤。」今呼汗衣爲近身，讀近若緊，亦名汗褂。我邑對起自微賤者曰汗褂出身。

頓子，小兒無袖近身也。《方言》：「大袴爲倒頓。」以頓名衣，其稱亦古。

兜兜，袜肚也。

〔一〕宧：原誤作「宦」。

扣襻，系扣者也。《集韻》：「衣系曰襻，器系曰鋬。」

荷包。《宋書·禮志》：「朝服肩上有紫生袷囊，綴之朝服之外，俗呼曰紫荷。蓋漢代以盛奏章，負荷以行也。」按荷應讀去聲，而歐陽公以紫荷對紅蘂，讀爲芰荷之荷。今俗爲小袷囊，綴之腰間，亦得見尊上。清廷常頒賜檳榔荷包。

幫，鞋幫也。逋旁切。《集韻》：「治履邊也。」俗省作帮。

旐子，酒帘也。引伸凡商標多曰旐子。字見《篇海》。

火燒、燒餅，小餅也。面有芝蔴者曰燒餅，無者曰火燒。《齊民要術》引《食經》「作燒餅法」。《河東記》：「板橋三娘作新燒餅與客點心。」

茶食，糕點也。《大金國志》：「金人舊俗，壻納幣，戚屬偕行，以酒饌往，次進蜜糕各一盤，曰茶食。」此名當始於滿洲，號滿漢茶食。

點心，稍食總名也。《唐書》：「鄭傪夫人曰：『我未及餐，爾且可點心。』」此語蓋古，即經典之稱食也。

饅頭，見束晳《餅賦》。俗又呼爲餑餑。《升庵外集》云：「北人呼爲波波，南人呼爲磨磨，有餡者曰包子。」

豆錯，音策。磨豆也。俗呼磨碎之豆爲錯子。

麪筋。《老學庵筆記》：「仲殊性嗜蜜，豆腐、麪筋皆用蜜漬。」

秫米，高粱米也。《九穀考》：「説秫者雖多異義，而世呼高粱爲秫，其稭爲秫稭，則其語不能異也。古脱粟米亦即此。」高粱黏與不黏，其米均曰秫米。《九穀考》專以屬黏者，非是。

餜子，油炸檜，古寒具也。晉桓玄恐因客食寒具油汙其畫，遂不設寒具。《齊民要術》云：「即環餅，手搦團，長八寸許，屈令兩頭相就，膏油煮之。」據此即今之餜子可知〔一〕。今俗以麪粉和礬作之，一名油炸檜。《越諺》云：秦檜害岳飛，民心不平，以麪粉捏檜夫妻，兩身扭纏，滅其四肢，油烹食之。檜讀如鬼。

河漏，湯餅類也。王禎《農書》云：「北方多種蕎麥，磨麪作湯餅，謂之河漏。」今漏讀如哀樂之樂，或作河洛。

葱白，葱身也。《禮記》鄭注有「葱白色」語，其來已古。染色中取蔬蓏爲名者亦多，如薑黄、豆青、茄皮紫、棗紅、豆緑之類。

五、關於形體者

腦袋，頭也。頭長如袋，故名腦袋。

臉盤，面也。俗呼面爲臉，亦曰臉盤。元曲中呼臉爲龐兒，即臉盤也。章炳麟謂臉正字當作顙〔二〕。《説文》：「顙，頭頰長也。」其後通爲面稱。

〔一〕今：原誤作「令」。
〔二〕顙：原誤作「頒」，據《説文解字》改。下同。

模樣，形容也。章炳麟云像本讀若養，自唐至今皆讀爲象，遂别造樣字。俗又呼模樣爲樣子[一]。

寒毛，膚上毛也。《晉書·夏統傳》：「聞君之談，不覺寒毛盡戴。」[二]寒，俗作汗。

頁落蓋，額也。蓋言頁之蓋也，落乃語助詞。

眨眼，目動也。眨本側洽切。《説文》訓目動也。今俗讀爲偺，蓋先誤讀眨音，而又轉爲偺也。《五燈會元》有「殺人不眨眼」語，今俗亦有之。

下巴，頷也。

嗓，喉也。

脖子，頸也。

肩膀，肩也。

胳膊，肱臂也。《説文》：「髆，肩甲也。」胳亦即腋下也。今二字俗讀若戈佩，爲自肩至手之通名，與古但訓肩腋者亦微異。

巴掌，掌也。諺云：「巴掌大，蓋不了天。」

[一]「模樣」上原衍「爲」字。

[二]戴：原誤作「戰」，據《晉書》改。

胯骨，股也。股首曰胯。

屁股，臀也。俗讀臀爲定，亦曰定腄，山東亦然，蓋齊語也。

薄洛蓋，膝蓋也。章炳麟曰：「山東直隸謂之䐿櫨頭，取斗拱之義，義殊迂曲，且䐿櫨頭語亦罕聞。」《札樸》作骬髁蓋。

尿脬，膀光也。《説文》：「脬，膀光也。」脬音拋。尿脬本脬名，俗因以小便爲尿脬，以静字爲動字也。

𠡠𩀿，腰曲也。字見《札樸》。𩀿，讀若鍋。

瘸，跛足也。讀缺上聲。

尾把，尾也。俗讀若倚。